U0611504

● 本书获第二届（1996）中国社会科学院优秀科研成果奖

中国社会科学院文库
经 济 研 究 系 列
The Selected Works of CASS
Economics

中国社会科学院文库·经济研究系列
The Selected Works of CASS · Economics

青铜生产工具
与中国奴隶制社会经济

THE BRONZE TOOLS OF PRODUCTION AND CHINESE
SLAVE SOCIETY AND ECONOMY

陈振中　著

中国社会科学出版社

图书在版编目（CIP）数据

青铜生产工具与中国奴隶制社会经济/陈振中著. —北京：中国社会
科学出版社，2007.3
ISBN 978-7-5004-0926-7

Ⅰ. 青…　Ⅱ. 陈…　Ⅲ. 青铜器（考古）—古代生产工具—研
究—中国　Ⅳ. K876.41　K875.1

中国版本图书馆 CIP 数据核字（2007）第 023855 号

责任编辑　郭　媛
责任校对　李小冰
封面设计　孙元明
版式设计　戴　宽

出版发行　中国社会科学出版社
社　　址　北京鼓楼西大街甲 158 号　　邮　编　100720
电　　话　010—84029450（邮购）
网　　址　http://www.csspw.cn
经　　销　新华书店
印　　刷　新魏印刷厂　　　　　　　　装　订　一二零一印刷厂
版　　次　2007 年 3 月第 1 版　　　　印　次　2007 年 3 月第 1 次印刷
开　　本　710×980　1/16
印　　张　32.625　　　　　　　　　　插　页　2
字　　数　570 千字
定　　价　59.00 元

《中国社会科学院文库》出版说明

 《中国社会科学院文库》（全称为《中国社会科学院重点研究课题成果文库》）是中国社会科学院组织出版的系列学术丛书。组织出版《中国社会科学院文库》，是我院进一步加强课题成果管理和学术成果出版的规范化、制度化建设的重要举措。

 建院以来，我院广大科研人员坚持以马克思主义为指导，在中国特色社会主义理论和实践的双重探索中做出了重要贡献，在推进马克思主义理论创新、为建设中国特色社会主义提供智力支持和各学科基础建设方面，推出了大量的研究成果，其中每年完成的专著类成果就有三四百种之多。从现在起，我们经过一定的鉴定、结项、评审程序，逐年从中选出一批通过各类别课题研究工作而完成的具有较高学术水平和一定代表性的著作，编入《中国社会科学院文库》集中出版。我们希望这能够从一个侧面展示我院整体科研状况和学术成就，同时为优秀学术成果的面世创造更好的条件。

 《中国社会科学院文库》分设马克思主义研究、文学语言研究、历史考古研究、哲学宗教研究、经济研究、法学社会学研究、国际问题研究七个系列，选收范围包括专著、研究报告集、学术资料、古籍整理、译著、工具书等。

 为迎接中国社会科学院建院三十周年，我们将历届院优秀科研成果奖中的部分获奖著作重印出版，作为《中国社会科学院文库》的首批图书向建院三十周年献礼。

中国社会科学院科研局

2006 年 11 月

此项研究受国家社会科学基金资助

甘肃广河齐家文化遗址出土的铜镰

河南罗山县蟒张乡天湖村出土
的商代铜耜

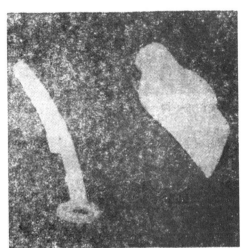

河南洛阳市小屯村出土的东周铜斧和铜刀

图版壹

浙江绍兴市罗家庄五眼桥出土的东周铜耨

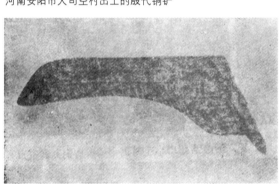

江苏高淳县出土的春秋铜镰

河南安阳市大司空村出土的殷代铜铲

江苏句容县出土的春秋铜镰

河南洛阳市下瑶村出土的
西周铜铲

广东德庆县凤村出土的战国铜铲　　　广东四会县乌旦山出土的战国铜铲

图版贰

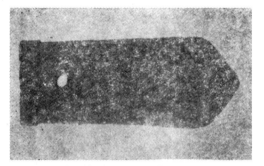

上海博物馆藏殷代铜耜

故宫博物院藏先秦铜耜

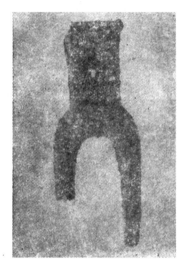

上海博物馆藏西周铜耒

浙江嵊县出土的春秋铜镰

图版叁

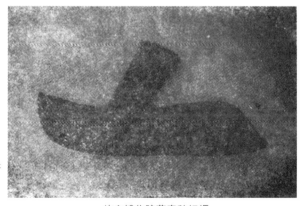

故宫博物院藏春秋铜耨

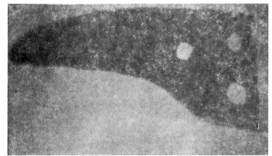

江苏仪征县出土的西周铜镰

上海博物馆藏西周铜钁

上海博物馆藏殷代铜斧

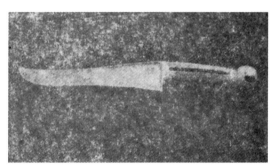

故宫博物院藏西周铜刀

河南郑州市二里冈出土的殷代铜钻

图版肆

目　　录

李　序

　　陈振中同志是经济史专家，他新著成的这部《青铜生产工具与中国奴隶制社会经济》，广泛涉及古代生产工具与社会经济史各方面的问题。本来没有我置喙的余地。只是因为我过去的工作曾接触青铜工具这一课题，承振中同志美意，嘱我作序，也就甘冒贻笑之嫌了。

　　青铜生产工具是古代青铜器的一个重要门类，起源早而且传流久远，但在青铜器著录中长期没有地位。我国的青铜器研究，到宋代已卓然成家，而当时研究的目的首在证经考史，最重视器铭文字，其次及于无字的礼器、乐器。青铜生产工具罕有铭文，又多小件，难怪为收藏家弃若敝屣。现代研究青铜生产工具的先驱者，例如陆懋德先生、唐兰先生，其探讨实为筚路蓝缕，前无凭借。由于很少有人搜集研究，给大家造成的印象是古代似乎没有什么青铜生产工具。

　　新中国成立以来，随着经济史得到发展，越来越多的学者对生产工具的发展史给予重视。我们都记得，殷墟大司空村出土的青铜铲是怎样引起讨论的。不过，几十年来虽然有不少深入的局部的研究，系统地考察青铜生产工具问题的著作却一直缺如。陈振中同志在这个问题上付出了大量精力，他遍访各地文博单位，统计出已出土战国以前的青铜工具近六千件。他在亲身观察的基础上，分门别类地研究了这些古代工具，导出很多重要结论，并以之运用到经济史研究中去。这样的工作，当然是值得我们表示敬意的。

　　这里无法逐一介绍振中同志的创见，只能随意选取一二，供读者见其一斑。

　　本书第一章专设一节，讨论了"同一器形因大小、厚薄、宽窄不同而功用各异，完全相同的器物，也可能是不同工具的刃套"，这是一条很有意义的原则。书中引用民族学的例证来对比，很有说服力。我曾在澳大利亚博物馆中观察土著人民的工具，看到同一形制的石器，可以有多种多样的装柄方式，从而适应不同的用途，青铜工具应可类推。其实古人为器物命名，每每根据其功能、用途，而不拘于形制。比如青铜礼器中，与盘相配而用以注水的盉，形本近于今天的茶壶，后来改用匜，形类于酙酒的觥，因仍用来注水，也可名为盉。这说明，对古器物单一用形制分类是有局限性的。近年有学者利用显微技术观察分析石器的微痕特征，佐以模拟实验，在器物如何使用的问题上获得不少出人意料的结果。对于青铜工具，可能也需要做类似的研究。

中国铜器的起源，从来就是考古学和历史学界的热门话题。由田野考古多年间揭示的线索看，我国的铜器有其独特的发展途径，应该有着自己独立的起源。不过，迄今为止，考古材料尚未能把其始源以至成熟的轨迹充分勾画出来，还有待于未来的工作。已经发现的早期铜器，就其器种而言，基本上都属于工具和饰物两大类。工具中有的是刀削，有的是锥钻，还有小型的斧斤之属。这种现象，和其他古代文明差不多是一样的。古埃及的前王国时期，少数红铜器也是这一类小件工具、饰物。在铜不能大量获得的条件下，铜器从这里起步，其实是自然的。

本书第九、十等章，对夏、商、周时期的社会经济作了详细的剖析。作者就当时的农业技术，提出了比流行观点更高的估价。如治水、沟洫、耦耕等等，都是学术界一贯关心的问题。可以看出，振中同志凭着他多年探索的功力，不苟同于成说，处处有独到的见解。特别是他已超脱出前人过度"疑古"的约束，仔细分析古书的种种记述，新义纷呈。第十章中指出"《周礼》中有关西周农作制的记载应当肯定"，便是一例。如果大家想到在好多古代农业技术专著里没有给《周礼》一席之地，就更可看出本书的特色。

现代学者研究中国古代青铜生产工具，自陆懋德先生算起。时间已逾半个世纪。这半个来世纪的发现和研究，陈振中同志本书不妨说是一个总结。应予说明的是，中国古代文明给人们遗留下极其丰富的宝藏，而现代考古学在我国开始，不过是本世纪 20 年代的事情。考古学业已取得很大的成果，但是地下宝藏仍有绝大部分没有揭示。可以预料，不久的将来会发现更多的青铜生产工具，《青铜生产工具与中国奴隶制社会经济》一书将成为进一步系统探讨的起点。

李学勤

1989 年 2 月

华　序

　　我和陈振中先生是在 1985 年冬相识的。在此之前，我已拜读了他关于商周青铜生产工具的一系列论文，很钦佩他选择这一研究课题的识见和为做好这个题目所下的功夫。为此，特邀请他在浙江绍兴举行的全国金属史学术会议上，作了名为《中国古代青铜生产工具刍议》的专题报告。他的报告受到与会学者的瞩目和好评。

　　生产工具是社会生产力的一大要素，它以物化的形式，集中地体现了特定历史时期的科学技术水平，劳动者的素质与技能，劳动方式和生产效率。一定的生产关系总是相应于一定的生产力而建立起来的，它也将随着生产力的发展而相应地发展变化。因此，对生产工具的观察研究，将从工艺学和物质生产的角度，在更深的层次上揭示社会经济形态的形成与嬗变机制，使史学研究更趋深入和完备。在人类文明史上占有重要地位的商周青铜文化，是以青铜生产工具的制作与使用为基石的。陈振中先生的《青铜生产工具与中国奴隶制社会经济》一书，正是在上述意义上填补了商周史研究的这项空白，从而在学术上和方法论上都作出了贡献。其中，尤为突出的是他对商周青铜农具所做的开创性工作，正如他自己所说，这一工作构成了本书的"重点中的重点"。

　　传统的观点认为：在世界范围内，农具都是从石制直接过渡到铁制的，青铜农具从未普遍或大量使用，更不能构成为独立的农具发展阶段。早期的研究者，特别是不少著名学者都持此说，似乎已成了定论。

　　最早对这种观点提出异议并作了认真研究的是唐兰先生。他在《中国古代社会使用青铜农器问题初步研究》一文中，根据文献记载和传世与出土的实物，探讨了商周青铜农具的命名、形制、功用以及为何很少留传于后世的原因。70 年代以来，随着青铜农具的频繁出土，这个问题引起更多研究者的重视，而陈振中先生的工作是最扎实和出色的。他的工作的一个特点是注重实际，注重基础工作。为获得第一手资料，他不辞劳苦与困顿，遍历25个省市的近百个文物考古单位，考察了近6000件青铜生产工具。凡能看到的实物逐一作了记录和测量、绘图。根据积累的大量原始资料，进行分类排比和统计，由表及里，由浅入深地分析研究，从而详尽地、有说服力地论证了青铜农具的分类、定名、形态、功能及其相互关系，阐明了青铜农具的演化、地域分布等一系列特点，进而论述其在社会生产和经济形态变化发展中所起的作用。他的工作的另一个特点，是多学科综合研究方法的应用。在探索一个问题时，不是单线条和单层面的，而是把文献考订、考古资料的运用，民族学、民俗学调查成果以及历史学、经济学的分析有机地结合起来，成为一个整体，由此建立起一种研究模式和学术优势，有利于避免学术研究中的主观随意性与判断的片面性。这是符合当代科学技术的综合化、整体化发展的总趋势的。例如青铜农具和铁农具的关系问题，在科学技术史界曾有过许多讨论。通过近年来的工作，特别是本书所提供的系列资料与论证，我以为这个问题已趋于明朗。至少在具有较大范围的某些地区，在古代是曾大量地使用青铜农具的，并且，已构成为独立的农具发展阶段。这种情况直接地促进了铁农具的使用和生铁冶铸技术的发明发展，形成农具从石制到铜制和铁制的发展系列。这对于阐明生铁为何在我国最早发明、领先于欧洲达1500年并衍变成具有中国特色的古代钢铁冶炼技术体系，是有重要价值的。

就生产工具的综合研究来说，还有许多文章可做。例如各个历史时期的工具材质、成分、性能的技术性研究，将能定量地表明各该时期社会生产力和科学技术的发展水平，为历史学、考古学、民族学、经济学、科技史研究提供新的研究资料和依据。在这片待拓展的处女地上，只要辛勤耕耘，便会有丰硕的收成。而作为开拓者的陈振中先生，他那勤奋刻苦，老老实实做学问，注重基础研究的工作精神和论从史出，刻意求新，注重综合性研究的治学方法，在进行这项工作中尤其是值得我们效尤和提倡的。

华觉明

1989 年 3 月

前　言

书的开头，先说一下为什么要写这本书，如何写的这本书，以及本书的重点章节和要说明的主要问题。

马克思指出："人们在自己生活的社会生产中发生一定的、必然的、不以他们的意志为转移的关系，即同他们的物质生产力的一定发展阶段相适合的生产关系。"① "生产关系总合起来就构成为所谓社会关系，构成为所谓社会，并且是构成为一个处于一定历史发展阶段上的社会。"② 斯大林更明确地说："社会发展史首先是生产的发展史，是许多世纪以来依次更迭的生产方式的发展史，是生产力和人们生产关系的发展史。"又说："生产的变化和发展始终是从生产力的变化和发展，首先是从生产工具的变化和发展开始的。所以生产力是生产中最活动、最革命的因素。先是社会生产力变化和发展，然后，人们的生产关系、人们的经济关系依赖这些变化、与这些变化相适应地发生变化。"③ 这一历史唯物主义原理的揭示，"像达尔文发现有机界的发展规律一样。马克思发现了人类历史的发展规律"。④ 使"以科学态度研究历史的途径，即把历史当做一个十分复杂并充满矛盾但毕竟是有规律的统一过程来研究的途径"成为可能。⑤

人类社会是从低级向高级发展着的。在社会经济形态方面，从世界范围看，经历了原始社会制、奴隶制、封建制、资本主义制度社会，并朝着共产主义制度社会方向发展。五种社会，后者代替前者依次嬗变，形成马

---

① 《马克思恩格斯选集》第 2 卷，人民出版社 1972 年版，第 82 页。

② 《马克思恩格斯选集》第 1 卷，人民出版社 1972 年版，第 363 页。

③ 斯大林：《论辩证唯物主义和历史唯物主义》，载《列宁主义问题》，人民出版社 1964 年版，第 647—648 页。

④ 《马克思恩格斯全集》第 19 卷，人民出版社 1963 年版，第 374 页。

⑤ 《列宁全集》第 21 卷，人民出版社 1959 年版，第 38 页。

克思主义关于社会发展规律性的科学论断。由于每一个民族都不是孤立发展的，而是相互影响的，因而在常规形式之外，往往产生变异形式。从每一个民族和国家来说，可能缺少某一种或几种社会，或出现某种非典型形态。一般说，这是有条件的。它不妨害我们从全体上把社会经济形态概括为五种社会依次发展的正确性。五种社会经济形态依次发展的理论，实际是对世界范围内人类已走过历史轨迹的极精练高度概括和正确总结。

人类社会从低级向高级的发展是与人类生产从原始向先进的发展同步的。人类生产发展的技术形态大体经历了石器、青铜器、铁器、蒸汽机这样四个时代，并正在向具有更高的生产技术的时代发展。五个时代，后者代替前者依次递进，形成生产技术形态发展的一般轨迹。同样，由于每个民族和国家的生产技术发展不是孤立的，而是相互影响的。从每一个民族或国家来说，不一定遍历五个时代，而是可以跳过某一个或几个时代，进入较先进的时代。这并不妨害我们把生产技术形态发展的全程概括为五个时代依次嬗变的正确性。

把技术形态的发展与社会经济形态的发展联系起来看，大体上是：石器时代为原始公社制社会，青铜器和铁器时代为奴隶制社会和封建制社会，蒸汽机时代为资本主义制度的社会，进入更高技术领域的时代为共产主义制度的社会。对于人类社会发展的这一历史唯物主义的规律性说明，近年来国内有不少学者提出异议。主要集中在这样两个问题：一是近代社会主义制度（共产主义的初级阶段）的建立，主要不在生产力高度发展的发达资本主义国家，而是在生产力相对落后的一些国家；一是对于奴隶制和封建制社会的生产力水平，没有说明其显著差别。从而否认生产关系一定要适合生产力水平（性质、状况）这一历史唯物主义原理的正确性，或认为两者之间具有可以不适合的一面。笔者认为：生产关系一定要适合生产力水平的正确性，要从它所反映的总的历史趋向和线索，即大的历史趋向方面去理解，连西方正兴时的"新史学"派也说："马克思主义是一种长时段的理论"。认为对历史"长时段和整体观察等，马克思是新史学的大师之一"。即在这个范围内肯定历史唯物论的正确性。① 恩格斯自己也说："根据唯物史观，历史过程中的决定性因素归根到底是现实生活的生产和再生产。无论马克思或我都从来没有肯定过比这更多的东西。"接着

① 〔法〕雅克·勒高夫著，顾良译：《新史学》，载《史学理论》1987年第1期，第57页。

又指出："上层建筑的各种因素：阶级斗争的各种政治形式和这个斗争的成果——由胜利了的阶级在获胜以后建立的宪法等等，各种法权形式以及所有这些实际斗争在参加者头脑中的反映，政治的、法律的和哲学的理论，宗教的观点以及它们向教义体系的进一步发展"，都"对历史斗争的进程发生影响并且在许多情况下主要是决定着这一斗争的形式"①。社会主义制度首先在一些相对不发达的资本主义国家产生，是因为那里的工人阶级在共产党的领导教育下掌握了历史发展的规律，并在斗争中获得胜利，因而能够按照历史发展规律的要求改造世界。同尚未建立社会主义制度的发达资本主义国家的工人阶级相比，已建立社会主义制度的国家的工人阶级显示出更多的主观能动性和因掌握历史规律而作出的超前反映。生产力的决定作用归根结底表现在：对已建立社会主义制度的国家来说，第一，必须花大气力发展生产力，创造出比资本主义世界更高的生产力，才能建成真正的共产主义社会；否则只是社会主义的初级阶段，并难以最终巩固。第二，社会主义作为否定资本主义制度的新事物出现，必然要受到国内外敌对势力的仇视。武装干涉同和平演变是它们反对社会主义国家的两手，而以后者更危险。因此，执政的共产党必须坚持不懈地用马克思主义教育干部和群众，以提高历史唯物主义的素养，增强为共产主义事业奋斗的自觉性。如果说老一代因亲身受到资本的残酷剥削压迫而易于接受马克思主义的话，那么新的一代因坐享其成而易于受到资产阶级思想侵蚀。取消或放松马克思主义的教育，则使和平演变的阴谋有机可乘，轻则发生动乱，重则社会主义国家被推翻。出现后一种情况，劳苦大众重新套上资本剥削压迫的枷锁，当然，为反对这种枷锁的斗争又同时产生。再经过一番曲折而艰难的历程，最后也还是走向共产主义社会。

另外，对于那些目前经济上比较发达的资本主义国家来说，其生产力的进步，正是为共产主义创造必要的条件，它们最终也要向共产主义社会转变。总之，从长时段看，全世界都最终走向共产主义社会，这是历史发展的必然。

笔者还认为：尽管生产关系一定要适合生产力水平的原理是正确的，但对每一个社会阶段的说明，在科学性和严整性上是不等同的。有的论述还比较粗率，而不够细致。例如对于奴隶制和封建制社会生产力状况的描

---

① 《马克思恩格斯选集》第4卷，人民出版社1972年版，第477页。

述和其发展水平的区别，以及如何各自决定与其相适合的生产关系的论说，确实是前资本主义政治经济学领域的一个薄弱环节。马克思和恩格斯无专门著作做全面系统的论述，于其他著作中所涉及的，多以欧洲社会历史上某个民族或国家为例。依我看，这些例子很多都不是常规形态，而是变异形态。因此，所作出的理论概括适应面较窄，不能较细致地、如合符节地反映生产关系一定要适合生产力状况这一历史唯物主义原理；而只能是粗线条的，并产生种种矛盾，这往往成为反对者们借以否定这一原理的突击口。其所以如此，正像列宁所说的，马克思、恩格斯对资本主义社会以外的"其余各种社会形态"，"尚未经过专门的实际研究和详细分析"。①特别是当时对亚非古代东方的情况，或有资料而无暇研究，或材料稀少而知之不多，虽有所论及而不能详析。然而，亚非古代东方是人类文明的发源地，世界四大文明古国皆出现在这一地区。从那时的生产技术形态看，属青铜器时代，在世界范围内的编年范围大约是从公元前 4000 年至前1000 年或稍晚。无论在中国或其他文明古国，都长达两三千年以上。地区上包括亚非大陆的绝大部分，是当时文明的中心地带。遗憾的是对之了解研究很不够，迄今尚未做出科学的严肃的高层次的理论概括，以致在前资本主义政治经济学中，没有反映或反映甚少，基本上成为理论的缺环。而要进行这一理论的建设，则必须从对亚非广大地区古代社会的生产力状况、社会关系特点作深入、认真的研究开始，只有对其数千年古代经济史进行扎实的研究，才能发现其间的本质联系，形成规律性的认识。

中国是四大文明古国之一，地域辽阔，文化源远流长。在漫长的岁月中，除资本主义社会经济形态阶段受外部影响较大而不典型外，在此之前的其他三个社会经济形态阶段，虽有外界影响而无伤主体，基本上是独立自主地发展着。因此，中国前三个社会经济形态阶段应属常规典型形态。有鉴于此，本书把研究中国青铜器时代的生产力水平，以及它如何决定与其相适应的奴隶制社会经济形态，作为主要问题。之后，铁器时代更替了青铜器时代，在进到新的生产力水平的情况下，中国奴隶制社会如何瓦解，而为封建制社会所取代，也是本书所涉及的重要问题。通过对中国历史典型事例的研究和论证，说明奴隶制社会和封建制社会产生于、特别是如何产生于不同的生产力水平，以期为前资本主义政治经济学科填补理论

---

① 《列宁选集》第 1 卷，人民出版社 1972 年版，第 13 页。

缺环方面做一些工作。

所谓青铜器时代，即是以青铜作为制造工具、用具和武器的重要原料的人类物质文化发展的阶段。其中直接关乎社会物质资料生产的是青铜工具，因而有关青铜生产工具的论述形成本书的一大重点。

生产工具无疑是代表一个时代生产力水平的重要标志；具有一定生产经验和劳动技能并使用生产工具实现着物质资料生产的人也是生产力的一个要素。有的人认为劳动对象也是生产力的一个要素。近来不少人主张生产力的概念应更宽一些，其中还包括科学技术、分工协作、经济结构、管理系统，以及劳动者的积极性等。从政治经济学的角度看，生产力这一范畴应该包括哪些要素还可以继续讨论和研究，但是研究上述有关方面，对于了解生产力的状况肯定会有帮助。可是，这种对生产力的多侧面的考察和研究，在时间愈靠近的社会中愈有可能进行。在了解同一技术形态下生产力量的差别方面必要性较大。如果研究对象是原始公社制和奴隶制这类较古远的社会，由于资料缺乏而难以全面进行；在这里主要是看生产工具。如果研究的是同一地区生产力技术形态质的变化，其所能利用的劳动对象，实际是一个技术水平问题，因而只需要看生产工具质材的变化即掌握了其实质和必需的部分。例如青铜工具，作为一个时代生产力技术形态的总标志，包含制造工具和使用工具的人的科学技术和劳动技能，可能带来的分工协作、劳动方式，以及劳动者可能发挥出的最大积极性。它实际上是当时生产力状况的最集中的物化表现。

对中国古代使用青铜手工业工具，学术界似无异议；而对于使用青铜农具，则有不同意见。为使后一问题的研究取得进展，关于青铜农具的论述成为本书重点中的重点。可以这样说，全书都是围绕着这一问题进行的。上编是从正面论述，中编是从侧面论述，下编是从反面论述。使用青铜农具的时代距我们过于久远，当时的情况不可能再现，人们无法目睹。因此，要了解当时的真实情况，一方面要靠地下出土物和古文献记载等正面资料，另一方面可以从侧面通过相关的事物去了解和判断。在国外通常使用一种"回归分析"和"相关分析"研究历史的方法，对于已经成为历史，但未保留下信息的事件进行估计、复原。[1]"回归分析"适用于具有因

① 〔苏〕Б. Н. 米罗诺夫、3. Н. 斯捷潘诺夫著，黄立弗摘译：《回归分析与相关分析在历史研究中的运用》，载《史学理论》1987 年第 4 期，第 162—169 页。

果联系的历史事物。如青铜起土工具和农具的使用，与兴修水利、进行农田基本建设有因果关系，二者量的变化是成正比例的，那么在夏商西周，后者是大规模进行的，就可证明前者是大量使用的。又如青铜耕具与耦耕的劳动方式关系密切，因果对应（见后）。在夏商西周，耦耕是耕作的基本劳动方式，则可证明使用青铜耕具是大量的。又如以青铜农具为代表的生产力水平决定了与其相适应的土地关系井田制的存在，而当青铜农具为铁农具所代替时，井田制也便瓦解，从中反证青铜农具与井田制为相互依存的对应关系。后者为当时的基本土地制度，前者也当是大量使用的。"相关分析"就是研究两个量变之间关系的密切程度。例如夏商西周出现大规模的兴修水利和农田基本建设，形成这一结果的原因有大量使用青铜起土工具和农具，但当时使用的还有木、石工具，还有人徒的动员、组织等其他原因。其中每一种原因对结果施加影响的比重，即为二者的相关系数。如果原因中的某一因素影响结果的比重达到 70% 或 50% 以上，则两个量变之间是高度相关或中度相关，即可互证。在中国，距今约一万年前的新石器时代初期发明农业后，一直使用木、石工具，至距今 4000 年前的夏代以前，长达五六千年，而一直没有出现大规模兴修水利和农田基本建设，这一事实就说明木、石工具对形成上述结果的影响比重不会很大。人徒的动员和组织在影响这一结果的原因方面也会占一定比重，但难以设想它会比使用青铜生产工具这一新出现的物质力量更重要，因此，使用青铜起土工具和农具在形成这一结果的原因中，所占比重至少在 50% 以上。因此，先秦时代出现的大规模兴修水利和农田基本建设，可以反证当时确是大量使用青铜起土工具和农具的。

本书对于青铜生产工具作了全面系统并较深入的研究，关于此项内容的撰写，用功夫最大。在写作之前先汇编了一本约 40 万字的青铜生产工具资料，它收集了新中国成立前和新中国成立后所有公开发表的考古报告中有关青铜生产工具的资料，也收集了权威单位（主要是中国社会科学院考古研究所和北京大学考古系）收藏的内部刊物中的有关资料，还跑遍了 25 个省区市（除福建、青海、西藏、新疆外），于近百个收藏文物单位观察实物，并收集了它们未曾发表的一部分库藏品，收集之全堪称国内之最。

另外，将收集记录的近 6000 件青铜工具分门别类做成两类表：一是按地区的先秦青铜生产工具统计表；一是按类别的先秦青铜生产工具分类一览表。记其出土地点、年月及所属时代，著录其形制尺寸。每件工具，只要有图的皆加以收录，无图而在各地博物馆能查看到实物的，皆绘制线图，有的还拍摄照片。大约得图 3000 余具、照片 700 余幅，做成图谱，对于青铜生产工具著录极详。本书有关部分就是在这个汇编的基础上写成的。不仅资料翔实，并提出很多新的科学论点，基本上改变了对先秦青铜生产工具很少研究的局面，彻底动摇了那种先秦不使用或不大量使用青铜农具的流行观点。

像以往研究社会主义政治经济学忽视生产力发展水平一样，在前资本主义社会经济形态的研究中，长期存在着丢开生产力发展水平而只看生产关系的偏向，以致把一些看起来类似、实属不同性质的东西混为一谈，如将东方奴隶制和封建农奴制相混即是常见的一例。然而，二者的生产力水平大相径庭，如果各自联系其生产力水平，分析其经济关系形成的具体历史过程，则二者的社会性质自明。本书始终坚持生产力与生产关系相联系而不可分割的观点，阐述了二者的区别，在澄清前资本主义社会形态的研究中，因丢开生产力发展水平而造成的混乱方面，做了一些工作。

在中国奴隶制社会经济史的研究中，长期存在着一些很不合理、矛盾百出，但却占统治地位的说法：如木石农具、火耕农业（如说西周时一般耕地只种一年就撂荒等）。造成中国古代经济落后论的传统观念，并在理论上造成混乱。本书以所收集的大量史料，从横的、纵的联系中探寻事物的内在规律性，从多角度的比较中对其做出合理的解释，揭示了我国古代经济发展的本来面貌，同时也纠正了一些错误的说法。

上　编

中国古代的青铜生产工具

我国和世界上其他文明古国一样，在新石器时代之后，经历了使用铜器（主要是青铜器）的时代，然后进入了铁器时代。

铜的熔点比铁低，又具有可被广泛利用的工艺技术上的特点：如锤打可以展薄，用作锋刃较为耐久，钝时又可加磨，熔化后可以随物成形，能铸造各种用具，等等。同时铜矿有极显明的外貌特征，容易辨别。因此，人们最早用以做器具的金属就是铜。古人最初使用的是自然界存在的纯铜块，即红铜块（因其色红故名），以后又认识到它的可熔、可铸性，开始铸造器物，并学会以木炭为燃料，从铜矿石中炼取红铜。随着生产实践的发展，又学会把红铜与适量的锡、铅、锌熔铸在一起，制成各种铜合金器物。青铜主要是红铜加锡、铅所制成，色泽青灰，因以得名。青铜比红铜熔点低、硬度高、便于铸造，成为当时制造器具的理想材料，其中锡青铜更优于铅青铜。人类学会制造青铜器，是技术革命史上一个意义深远的成就。

青铜器时代，与前一时代（新石器时代）和后一时代（铁器时代）在物质生产方面最大的不同点是使用青铜工具。在中国，根据文献记载和地下出土物，使用青铜工具的时代开始于距今约 4000 年的夏朝，少数青铜工具的使用还要更早。历殷、西周，至东周逐步为铁工具所代替。这一代替过程，北方地区较早；东南一部分地区，铜、铁两种工具长期并用，代替过程缓慢；少数边远地区直至战国使用的金属工具主要还是青铜工具。

第一章　中国古代青铜生产工具概论

马克思指出：“各种经济时代的区别，不在于生产什么，而在于怎样生产，用什么劳动资料生产。”又说：机械性的劳动资料比只是充当劳动对象的容器的劳动资料“更能显示一个社会生产时代的具有决定意义的特征”。① 因此，对于我国古代青铜生产工具的了解与研究，是了解和研究这一时期生产力状况、社会经济关系特点的具有决定意义的一环。然而，长期以来学术界对这一题目的研究十分薄弱，对青铜工具及其使用情况若明若暗，对它的分析论证有不少意见似是而非，从而影响了对夏商周三代生产力水平的正确描述和社会性质的正确认识。

一　概况和特点

为了填补中国古史研究中的这一空白，本书用一半多的篇幅，直接论述青铜生产工具。在这开宗明义的首章中，先将其概况和特点作一简略描述，以期读者开卷，便能提纲挈领，得其要旨，利于阅读。

（一）使用青铜工具比较早，使用时间比较长

在《逸周书·考德》、《古史考》、《洞冥记》等古文献中，记载有燧人氏、神农氏和黄帝用铜铸造刀、斧、斤等刃器工具的传说；而于甘肃东乡林家马家窑文化遗址和永登蒋家坪马厂文化遗址出土的青铜刀，时代早到分别距今约5000年和4300多年。在距今约4000年的西北齐家文化遗址和北方龙山文化晚期遗址中，出土铜镰②、铜镢、铜斧、铜刀、铜凿、铜

---

① 马克思：《资本论》第1卷，人民出版社1975年版，第204页。
② 甘肃广河齐家文化遗址出土。甘肃省博物馆、甘肃历史文化展览室1982年陈列品。

钻、铜锥、铜铲①等多件，内有铜刀9件，红铜青铜参半。铜锥23件，黄铜、青铜、红铜兼有。在年代相当于夏代的甘肃玉门火烧沟遗址和时限可能跨入夏代的河南偃师二里头文化遗址中，出土铜工具有镰、锄、镬、斧、刀、锥、针、凿、鱼钩等多件，其中仅火烧沟出土的铜刀就有30多件，红铜青铜皆备。二里头文化遗址出土的各种工具，绝大多数为青铜的。考古发掘中的这一系列发现，就为我国早期使用铜工具的传说增加了可信程度。

使用青铜工具较早显然是我国的一个特点。据各家所言，取持重之说，伊朗、两河流域、埃及地区使用红铜器的时代，大致开始于公元前6000纪到4000纪。② 但这一地区进入青铜时代是在公元前3000纪或更晚，大致都经历了2000年或更长一些使用红铜器的时期。特别是埃及迟到公元前21世纪至前17世纪的中王国时期，才开始出现青铜工具。到公元前16世纪至前11世纪的新王国时代，青铜工具才有较广泛的应用。③ 我国红铜器的出现，虽较晚于伊朗、埃及和两河流域地区，但青铜工具的使用则大致在同一时期，似乎还稍早于埃及。或许由于考古发掘方面的偶然因素，迄今出土我国最早的铜工具是青铜器。当然不能由此得出结论说，我国的铜器时代是从使用青铜器开始的；但大致可以肯定，我国单一使用红铜器的时代是十分短暂的。这说明在遥远的古代，我国先民在技术进步方面，用比西亚诸古国短得多的时间掌握了铜合金的冶炼工艺。

从地下出土物来看，我国从公元前3000纪出现青铜工具以来，不断发展；特别是进入阶级社会后，夏、商、周三代持续增长。已知出土战国以前的青铜工具在5862件以上。主要有削、刀、锯、凿、错、钻、锥、鱼钩、斧、锛、镬、耒、耜、铲、锄、耨、铚、镰等。既有手工工具，也有农具，数量较多，种类齐全，形制多样。这说明我国古代使用青铜工具不是偶然的，个别的，暂短的；而是大量的，逐步发展而持续增长的，形成了一个相当长的历史时期。

---

① 1955年河北唐山大城山出土。原报告作铜牌，安志敏认为是"切割用的刀类"，严文明认为是"穿孔小铲"。暂从严说。

② 见《青铜器时代》，苏联大百科全书选译，三联书店1957年版；容庚等：《铜器的起源和发展》，载《中山大学学报》（社会科学版）1962年第3期，第65页；严文明：《论中国的铜石并用时代》，载《史前研究》1984年第1期，第37页。

③ 周一良等主编：《世界通史》上古部分，人民出版社1973年版，第51、57页；苏联科学院主编：《世界通史》第1卷，第361、445页。

表一　各省（区）不同时代出土青铜生产工具统计表

省区	所属时代	耒	耜	锸	犁	铚	镰	铲	锄	耨	镢	锛	斧	刀	立刀	锯	凿	错	钻	锥	针	鱼钩	其他	合计
河北（包括北京、天津）	早期							2						6										8
	商代							1				5	2	8		1	1		2	2	1	1		24
	西周											2	9	11		1	11		1	1	1	1		38
	东周						2	1				10	7	81	13	3	24	2		20	2	2	1	174
	小计						2	4				17	18	106	13	5	36	2	3	23	3	4	1	244
河南	早期								1					10			2		1	3		2		19
	商代		7				2	19	4			42	59	141	12	9	48	1	15	76	6	6		465
	西周							6	1			12	6	10	1	1	3			3				56
	东周						2	3	7			16	41	50	9	7	15		1	20	2	1	1	194
	小计		7				4	28	13			70	66	211	22	17	68	1	17	102	8	9	1	734
陕西	商代											17	3	13	2	2	8		1	2				52
	西周						1	12	4			112	19	94	1	6	28	1	5	51	2			352
	东周								3			9	5	73	3	2	8		1	2	2	2	2	119
	小计						1	12	7			138	27	180	6	10	44	1	7	55	2	2	2	523

续表

省区	所属时代	耒	耜	犁	铚	镰	铲	锄	耨	镢	锛	斧	刀	立刀	锯	凿	错	钻	锥	针	鱼钩	其他	合计
山西	早期															1							1
	商代									6	1	1	9			3							20
	西周		1					1		7	1					4			1				15
	东周						2	3		4	1	1	45	2	2	6			3	3		1	73
	小计		1				2	4		17	3	2	54	2	2	14			4	3		1	109
山东	早期																		4				4
	商代					1				8	7	3	9	1		7				2			38
	西周									2	2		3			2					1		10
	东周						2				2	2	18			2					1		27
	小计					1	2			10	11	5	30	1		11			4	2	2		79
湖北	商代		5				2			8	4	4	13			6					3		40
	西周		4			1		3		4	2		14							2	4		43
	东周	2	1		1	3	2	18		3	3	28	34	5		2			12				117
	小计	2	10		1	4	4	21		15	9	32	61	5		8			12	2	7		200

续表

省区	所属时代	耒	耜	锸	犁	铚	镰	铲	锄	耨	镢	锛	斧	刀	立刀	锯	凿	错	钻	锥	针	鱼钩	其他	合计
湖南	商代										1		238											240
湖南	西周		11												1									12
湖南	东周	3	6					21	1		29	10	24	23	28	1	3							150
湖南	小计	3	17					21	1		30	10	262	23	29	1	3							402
安徽	商代								1				2	2			1							7
安徽	西周												1	3										4
安徽	东周		1			4	13	12	8		6	8	6	16	1	6	1	8				14		107
安徽	小计		1			4	13	12	9		6	8	9	21	1	6	2	8				14		118
江西	商代										4	4	9				1			1				22
江西	西周								1													1		5
江西	东周								2		6		10	3	1							1		28
江西	小计								3		10	4	19	3	1		1			1		2		55
江苏（包括上海）	商代										16													16
江苏（包括上海）	西周						2	1				2		10			2				1	2		35
江苏（包括上海）	东周		7		2	3	37	4	29	11	10	6	8	23	1	2	1		1			1		146
江苏（包括上海）	小计		8		2	3	39	5	29	11	26	8	8	33	1	2	3		1		1	3		197

续表

省区	所属时代	耒	耜	镈	犁	铚	镰	铲	锄	耱	镢	锛	斧	刀	立刀	锯	凿	錾	钻	锥	针	鱼钩	其他	合计
浙江	商代							1			6		1	9			3							20
	西周						2	2																4
	东周		5				12	5	1	19	5		5	30	21	6	3							115
	小计		5				14	5	1	19	5		7	30	21	6	3							121
广东（包括香港）	西周							4	1						2					2				9
	东周	12					1	56	9	8	32	3	62	59	97	1	11					8	1	367
	小计	12					1	60	10	8	32	3	62	59	99	1	11			2		8	1	376
广西	东周		6				1	10	7		3		42	9	19	1	5		1					112
	小计		6				1	10	7		3		42	9	19	1	5		1					112
福建	西周							2																2
	东周		1				1	7					5			1								15
	小计		1				1	9					5			1								17

续表

省区	所属时代	耒	耜	锸	犁	铚	镰	铲	锄	耨	镬	锛	斧	刀	立刀	锯	凿	错	钻	锥	针	鱼钩	其他	合计
四川	商代		2						1		1		1	2			2							9
	西周		3					1	4				2	2			1							13
	东周							125	4		62	1	24	129	46	26	68			5	7			497
	小计		5					126	9		63	1	27	133	46	26	71			5	7			519
云南	商代						1		2		1	2	1	1			2			1		1	1	13
	西周								2				1											3
	东周	6	1		1		2	8	198		131	5	61	89	1		37			12	14	2	5	573
	小计	6	1		1		3	8	202		132	7	63	90	1		39			13	14	3	6	589
内蒙古	早期													3	1					1				5
	西周								2		1	1	10	25			4			6				49
	东周								12		5	6	8	219			13			58			1	322
	小计								14		6	7	18	247	1		17			65			1	376
辽宁	商代													1								1		2
	西周											2	14	17			4			3				40
	东周										1		21	12			13			8		3		58
	小计										1	2	35	30			17			11		4		100

续表

省区	时代	耒	耜	镈	犁	铚	镰	锄	耨	镢	铲	斧	刀	立刀	锯	凿	锸	钻	锥	针	鱼钩	其他	合计
吉林	东周									1		19	39			1			1	1	1		63
	小计									1		19	39			1			1	1	1		63
黑龙江	东周												2										2
	小计												2										2
甘肃	早期						2	1		6		2	42			1		2	24	1		2	83
	商代												1										1
	西周									2	2		9			2			4		1		20
	东周							1		1		2	5			3							12
	小计						2	2		9	2	4	57			6		2	28	1	1	2	116
青海	早期												4						2				6
	西周									1		1	8						3				13
	东周											2	7			1							10
	小计									1		3	19			1			5				29
宁夏	东周							4			3	2	5			1			1				16
	小计							4			3	2	5			1			1				16

续表

省区	所属时代	未	耜	锸	犁	铚	镰	铲	锄	耨	镢	锛	斧	刀	立刀	锯	凿	错	钻	锥	针	鱼钩	其他	合计
新疆	商代													3						1				4
	西周												1	2						3				6
	东周												1	3										4
	小计												2	8						4				14
传世品	商代	1						7	2		28	6	19	48			5							116
	西周	2	8				3	43	26	1	107	12	106	59			13							381
	东周		3		1	2	30	24	19	12	24	24	79	22		1	6			5		2		254
	小计	3	11		1	2	33	74	47	13	159	42	204	129		1	24			5		2	1	751
全国（包括传世品）	早期						2	2	2		6		2	65	1		4		3	34	1	2	2	126
	商代	1	14				5	27	12		122	87	298	264	17	13	86		18	83	9	14	1	1071
	西周	4	28			1	9	69	45	1	265	60	174	270	5	7	75		6	77	3	9	2	1110
	东周	27	25	1	4	15	100	275	324	47	359	145	465	999	244	60	225	11	5	147	28	37	12	3555
	小计	32	67	1	4	16	116	373	383	48	752	292	939	1598	267	80	390	11	32	341	41	62	17	5862

① 本表是根据1987年底以前发表的材料及笔者在各地博物馆看到的一部分实物所做的统计，可以看做是已出土青铜工具的最低数字。

② 早期，包括夏代及其以前的器物。凡时代定为跨时段的器物，发掘品从上限统计，如定为西周末春秋初的，则计入西周。传世品从下限，如定为商代、西周末周初的，皆计入西周。西周末东周初的，暂归西周同器物统计。如笼统定为殷周的，暂归西周同器物统计。

③ 器物的时代利类属，一般遵照原发掘或收藏单位的意见，有不同意见的，尽量择善而从。

（二）使用青铜工具的地域广阔

据已知资料，先秦近 6000 件铜工具中知其出土地点的有 5000 多件（绝大部分是青铜工具），分别出土于北京、天津、河北、河南、陕西、山西、山东、安徽、湖北、湖南、江西、江苏、上海、浙江、广东、广西、福建、四川、云南、辽宁、内蒙古、吉林、黑龙江、甘肃、青海、宁夏、新疆 27 个省（区市）的 322 个县 33 个以上的地点。生活在全国 900 多万平方公里土地上的各族古代先民，都为发展祖国的生产力和古代文明做出过自己的贡献。但是，各地使用青铜工具并不是同步的，而是有先有后。大体上甘肃、陕西、山西、河南、河北、山东等北方地区使用青铜工具较早，湖北、湖南、江西、江苏、浙江等南方地区较晚，吉林、福建、新疆、广东、广西等边远省区基本上到东周才使用青铜工具。云南使用青铜工具开始于殷末[①]，到东周时达到鼎盛阶段，铁器刚刚出现。四川在一定程度上类似云南。江浙地区因盛产锡铜，青铜生产的原料充足，东周开始的铁工具代替青铜工具的过程，进行得十分迟缓。因为有这种发展上的不平衡和其他各种因素的影响，就全国范围来说，东周青铜工具的使用，绝对量仍然很大（见表一）。以上情况足以说明，我国古代使用青铜工具不是零星的，局部的；而是大量的，地区相当广阔的。

（三）各种工具的形制一般都有其发展序列，嬗递演变之迹至为明显

如斧的形制，就有无銎实心斧、直銎斧和横銎斧三式。前者与石斧近似，是铜斧的早期形制。云南、江西、浙江等地都有出土，一般器厚在 1 厘米以上，出土物很少（图二八：1）。后者銎横穿斧身，与刃平行，和近代铁斧基本相同（图三十：12），是铜斧最进步的形制，出土物也很少。出土最多的是中间的直銎斧，它是铜斧的基本形制。器呈长条形，銎在斧顶端与刃成直角，或称空头斧。两面刃，即侧视为二等边三角形。有的刃外侈，宽于銎部，有的一侧还有一纽（图二八：9）。再如凿的形制，有无銎实心凿和有銎凿两大类，前者类似石凿，后者与近世铁凿近似。镰的形制有无銎镰和有銎镰两大类，前者仿石镰、蚌镰的形制（图四五：5），后

者与后世铁镰基本相同（图四六：1）。铲的形制有无銎铲和有銎铲两大类，前者脱胎于石铲、骨铲，后者已具有近世铁铲的基本形制。其他如镬的形制有无銎实心镬、直銎长条形镬、凹形镬和横銎镬各式，依次后一式都较前一式进步。最后的横銎镬（图三十：15）在器形上已与近世铁镬无异。锄耨的形制有长条形铜锄片、各种形状的锄耨铜刃套、各种形状的有銎铜板锄耨三大类，也是依次后一类较前一类为进步。总的看来，我国古代青铜生产工具的形制，上承新石器时代之末，下开铁器之先，其间每种工具的形制变化，反映出其演进的完整序列。这只有在大量长期使用青铜工具的历史过程中才能形成。

（四）同一种工具因时间、地区、部族不同，显示出形制上的多样性

考古发掘证明，由于各个原始氏族和部落居住的地域条件不同，以及各自长期形成的文化不同，因而他们使用的陶、骨、石等器物和工具彼此不同。在这个基础上发展起来的青铜工具自然各有其特点。在古代，因部族间交往不多而形成的相对闭塞状态，使这一差异性得以长期保持。另外，即使是同一部族，因居住地的迁徙而工具形制就有可能改变；前期与后期使用的工具也有变化；前期较原始形制的工具还往往与后期较进步形制的工具并存使用，等等。因为有以上种种原因，同一功用的工具，形制上往往有很大差别。如削刀，柄部形制就各不相同。环首和各类兽头刀多出于河南殷代遗址，当为殷人常用之物。三角形、方形、长方形柄环的多出于陕西西周遗址，显系周人所用工具。方形、矩形、椭圆形、瓜子形实首的，多出于山东、江苏、安徽殷周遗址中。柄端穿有三角形、矩形、圆形孔和带两环、三环的，多出于内蒙古、山西东周遗址。柄末为直銎的，多出于云南东周遗址。四川东周遗址出土较多的一种宽头刀，为他处所不见。这些都是当时生活在该地区部族的遗物。这里需要特别提一下铜铲。长期以来很多人是以后世铁铲的形制识别铜铲，即以有銎、圆肩（或方肩）、弧刃（或平刃）为标准形制，非此者，往往定为他物。如原始形制的铜铲类似石铲，无銎而铲面有孔，考古发掘中往往不定为铲。再如广西平乐县银山岭出土的方銎双肩铜铲（图二八：3），原报告定为钺。类似的器物在广东德庆县和四会县乌旦山都有出土，应是战国具有两广地方特点的铜铲。四川地区出土较多的是圆銎、束腰（也有直腰的）、圆刃的铜铲，考古学界多定为钺，上海博物馆1982年作为生产工具铜铲陈列展览，我

认为后者的意见是对的。因为钺即斧，装横柄用以横砍，加工对象为木柴等较坚硬的质材。从器形上看，圆刃不宜横砍。从有使用痕迹器物的磨损情况看，往往通体磨光，似非加工坚硬质材而仅磨损刃两侧的斧钺，而应是使用于土壤的具有四川地方特点的铜铲。

（五）同一器形因大小、厚薄、宽窄不同而功用各异，完全相同的器物，也可能是不同工具的刃套

青铜工具是从木、石、骨等工具发展而来，多以铜质刃套嵌于木质工具的锋刃部，以代替原来的木质锋刃或原绑扎于其上的石、骨质锋刃。有不少工具锋刃部类似，但功用各异。如出土约在 1900 件以上的空头条形端刃器，就是好多种工具的刃套，一般以短小双面刃的为斧，单面刃的为锛；以长大厚钝的为镤。再细析之，短小或稍长的这类器物，銎部极薄者，则应为锄的刃套。因为如作斧锛用，因器身上部很薄，刃虽入木而材不开裂。且器体上部又接插很薄的木叶，于木叶上再连接横柄，以此砍木极易损坏，当为作业于松土浅层的锄。

在出土的长大厚重的空头条形端刃器中，除镤之外，有一些很可能是扁刃双齿耒的刃套。河南偃师二里头早商灰坑壁上就留有这种双刃工具的痕迹，为一种窄薄的条形器所致，这种实物恰恰能在出土的大量空头条形端刃器中找到。除了扁刃双齿耒的刃套外，还有扁刃单齿耒的刃套。在殷周墓坑壁和窖坑壁上，往往留有条形器的痕迹（过去多认为是镤痕），其中有的可能就是单齿耒的痕迹。空头条形端刃器中宽度在 8 厘米以上的还可能为耜的刃套。总之，古代的青铜条形端刃器是工具的刃套，它可以装在好几种工具的刃部，如果这些工具的木质部分仍然保存，不难区别它们之间的功用。在木质部分腐烂无存的情况下，各种不同工具的这类刃套，只能借助其长短、厚薄、宽窄来区别。不加区别地一概定为斧锛，是不符合历史实际的。

再有，形制尺寸完全相同的也可能是安装于不同工具的刃套，譬如短小单面刃的空头条形端刃器，即令是两件大小全同，一件可能装与刃向垂直的柄做锛，一件可能装与刃向一致的柄做偏刃斧。今日木工使用的横銎斧，就有偏刃的，古代空头偏刃斧肯定也会有的。

另外，凹形器也是多种工具的刃套。这类器物上部为銎槽，下端为刃，长短、厚薄、窄宽各异，平刃、弧刃、圆刃都有。其中窄而銎部厚者可能为镤（图三十：6）。薄者可能为锄；宽而銎部厚者可能为耜，薄者可能为锸、锄（图四二：1、3；图三三：5）。

空头条形端刃器和凹形器是出土较多的两类器物，这两类中有很大一部分为镤、锄、锸、耒、耜的刃套，可知用于农业生产的青铜工具不是很少，而是大量的。

（六）一种工具有多种用途

从使用木、石工具过渡到使用青铜工具，这时工具的种类还不多，专业分工不细，一种工具往往具有多种用途。特别是人们最初使用金属工具，获得了锐利的锋刃器，一定程度上发展了一器多用的倾向。这一点是原来的石、蚌工具难以企及的，也是后来分工更细、专业化更强的铁工具所没有的。殷周的兵器青铜戈，就是从青铜镰发展而来，最初的青铜戈就可能兼有镰的功用。反过来，镰也可能兼有戈的功用。正像陈梦家先生所说："农具中之有锋刃者，稍加改造，即成兵器，二者之间，在初并无太大的区别。"[1] 唐兰先生也说："镰刀又叫做'锯'（见《方言》），又叫做'划'（见《广雅》），就是兵器的'戈'。"[2] 这里讲的都是兵器与农具的渊源关系及在一定时期可能存在的功用上的兼备。

再如，贾逵注《国语·齐语》说："斤，镤也。"这是说，作为手工工具的斤，也可作为镤使用于农业生产。斤也曾做过兵器，斩字、兵字皆从斤就是明证。斧更是多种用途的工具。在古代，到处是茂密的森林，开垦耕地，种植农作物，必先伐木垦荒。特别是实行火耕农业的地区，伐木烧荒是每年种植农作物的必经工序。因此，斧既是手工工具，也是农具，可能还是狩猎工具和武器。这种一器多用，兼做兵器、手工工具、农具的情况，在开始使用金属工具的一些后进民族中，至今还可以看到。如我国西藏米林县珞巴族的铁刀，使用于削竹篾、编竹器、剥兽皮、加工细致用具、切肉、切菜、割鸡爪谷以及防身等多种用途。由此可证我国古代使用的青铜刀削亦是多种用途的工具，其中包括割取禾穗，使用于农业生产。已知出土的战国以前的铜工具中，铜斧、斤和铜刀削的数量皆在千件以

---

① 陈梦家：《殷虚卜辞综述》，第549页。
② 唐兰：《中国古代社会使用青铜农器问题的初步研究》，载《故宫博物院院刊》总二期，1960年，第16页。

上，这几类工具也使用于农业生产，亦可证使用于农业生产的青铜工具不是很少，而是大量的。

（七）使用不够普遍

在古代，开矿、冶铜等生产技术比较落后，生产青铜要耗费大量的人力、物力，低下的农业生产力水平所能提供满足手工业者消费的粮食有限，不可能超过此限度投入更多的劳动力去开矿冶铜。这就使青铜工具不能大量生产，显得比较珍贵。它在生产中，特别是在农业生产中的使用，不如后世的铁工具那样普遍，木、骨、石器还占有相当的比重。恩格斯指出："青铜可以制造有用的工具和武器，但是并不能排挤掉石器，这一点只有铁才能做到，而当时还不知道冶铁。"[①]我国古代的情况正是这样。在发掘的夏商周遗址中，很多都有石、蚌工具出土，而且有的数量较多。这些非金属工具的大量存在本身，就足以证明青铜工具的使用在广度和深度方面的欠缺。

这里需要说明的是：遗址中石、铜工具的比例是不能确切地反映当时社会生产中二者使用的比例的。因为古代遗址的状况并不是当时社会生活的简单、直接的再现。各种遗物能否保存下来，保存多寡是有条件的。如木质农具，是人类早期大量使用而十分普遍的工具，这可从国内外一些后进民族中得到证明，但古代遗址中却很少出土木质农具，因为它易于腐烂。青铜农具虽不易腐烂，但能熔化改铸。在使用中磨损破废，就改铸为新农具，再磨损破废再改铸。到大量使用铁农具时，青铜农具又被改铸为别的器物。青铜器里有一个居簋，铭文载："居趞戡曰：君舍（予）余三镈（铁），城负（赔）余一斧，才锡，负（赔）余一斧，寮负（赔）余一斧，赶舍（予）一斧，余铸此鬲儿。"说明居用3个镈4把斧改铸这件簋。镈即铁，唐兰先生考释为农家断草的铡刀，属农具。斧中长大厚钝的往往是镬，这4把斧中可能有做农具的镬。这里都熔化做簋了。还有一个青铜器齐叔夷钟，铭文说：齐灵公赐叔夷以"吉金铁镈"等物，叔夷用以铸钟。据唐兰先生考释，铁即铚，是割禾穗的短镰，镈即锸，相当于现在的

---

① 《马克思恩格斯选集》第4卷，人民出版社1972年版，第157页。

锹，是起土的工具。铁和镭都是农具，这里改铸钟了[1]。可以看出，青铜农具在使用过程中，不断更新，反复改铸，自己大量消灭自己，很少留下遗骸，因此不可能出土很多。

再看石农具，它既不像木质农具易于腐烂，又不像青铜农具可以改铸。一经严重磨损，便丢弃不用，另做新的。石农具和青铜农具相比，因质料脆软易于损毁，因原料俯拾皆是又易于制作新的，日积月累，积成巨数。它的使用过程是一个长期积累遗骸的过程，前后相加，大体皆在，古代遗址中青铜农具和石农具的悬殊比例就是这样形成的。很显然，这种比例是不能反映当时社会生产中所使用两类农具的比例的。这里还可设想得具体一些。譬如在 10 亩面积的森林地上砍树垦田。平均每亩有 10 棵树，共有 100 棵树，同时用一把石斧和一把铜斧砍这些树，每砍一棵树要损毁二把石斧，一年中砍了 10 棵，垦田一亩，损毁石斧 10 把，工具遗骸都留在现场。与此同时，青铜斧砍了 90 棵，垦地 9 亩，工具仍完好无缺，现场没有留下遗骸。假设同样情况工作 3 年，青铜斧才磨损破废，不能再用，又改铸新的。总计这把青铜斧共砍了 270 棵，垦田 27 亩，而现场仍无一件遗骸，在同一时期内，石斧共砍树 30 棵，垦地 3 亩，现场留下遗骸 30 把。这样，如仅从遗物看，石斧与青铜斧的比例是 30∶0，很容易得出当时全部使用石斧砍树的结论。而实际上工具使用的比例是 1∶1，效果是 30∶270，十分之九的树是青铜斧砍的，绝大部分田地是青铜斧垦出来的。此虽属设想，但所喻情真理确。观乎此，可知仅从遗物之多寡来推断当时不使用青铜农具之说，既不能对古代社会石、铜农具使用比例作出正确的反映，也抹杀了青铜农具在文明初期为人类社会所做的巨大贡献。正确的结论是：青铜农具既是大量使用，但又不够普遍，不能排挤掉石器。

（八）器形较小

在古代，由于青铜产量少，比较珍贵，因而制作成的工具，特别是较大型的农具，一般没有战国和后世的铁工具那样大。如已知出土的从西周到东周的 12 件铜铚，长度为 6—12 厘米，6 件的长度在 10 厘米以下。辽宁宽甸县双山子公社黎明大队出土的 7 件战国铁铚，长度全部在 10 厘米

---

[1]　唐兰：《中国古代社会使用青铜农器问题的初步研究》，载《故宫博物院院刊》总二期，1960 年，第 20—21 页。

以上，12—13.5 厘米的 6 件①；辽宁抚顺莲花堡出土的战国铁铚长 13.5 厘米②。出土的"三代"铜镰约 94 件，绝大多数长度在 11—15 厘米之间，长度 20 厘米和 21 厘米的只各一件。而出土的战国铁镰长度都在 20 厘米以上。如洛阳战国粮仓出土的 29 件铁镰中，16 件长度为 20.5 厘米，13 件长度为 22 厘米③。河南辉县固围村出土的战国铁镰长 24.1 厘米④，辽宁抚顺莲花堡战国遗址出土的长 24.2 厘米⑤，山东临淄故城出土的长 27 厘米⑥，都比铜镰长。

又如出土的铜质空头条形端刃器长度超过 15 厘米的数量很少，宽度在 8 厘米以上的则更为罕见，最宽的个别器物只有十二三厘米。战国时同一类型的铁器，长度超过 15 厘米的是大量的。如河南辉县出土的战国铁空头条形端刃器，长度多数在 15.5—17.5 厘米之间。辽宁抚顺市莲花堡战国遗址出土的长度为 14.2 厘米的有 5 件，接近 15 厘米；另外 10 件的长度为 17 厘米。洛阳战国粮仓出土的 15 件，长度都在 18 厘米左右。他如湖南长沙、广西平乐战国遗址出土的长 15 厘米⑦，天津巨葛庄战国遗址出土的长 16 厘米⑧。

这类器物从铜器向铁器发展中，由于宽度增加，有一些在器形上发生变化，即从原来的空头条形端刃器，转变为空头矩形边刃器。从器物整体看，都是长条形或矩形，但刃部从短边转到长边，刃宽超过 10 厘米的为寻常之物。如河南辉县出土的这类战国铁器 28 件，刃宽都在 13.1—14 厘米之间⑨。山东临淄故城出土的，一件刃宽 13.7 厘米，一件刃宽 18.4 厘

———————————

① 许玉林：《辽宁宽甸发现战国时期燕国明刀钱和铁农具》，载《文物资料丛刊》第 3 期，第 126 页。

② 王增新：《辽宁抚顺市莲花堡遗址发掘简报》，载《考古》1964 年第 6 期，第 288 页。

③ 洛阳博物馆：《洛阳战国粮仓试掘纪略》，载《文物》1981 年第 11 期，第 61 页。

④ 中国科学院考古研究所：《辉县发掘报告》，科学出版社 1956 年版，第 82、91 页。

⑤ 王增新：《辽宁抚顺市莲花堡遗址发掘简报》，载《考古》1964 年第 6 期，第 288 页。

⑥ 山东省文管处：《山东临淄故城试掘简报》，载《考古》1961 年第 6 期，第 292 页。

⑦ 湖南省文物工作队：《长沙、衡阳出土战国时代的铁器》，载《考古通讯》1956 年第 1 期，第 77 页；广西壮族自治区文物工作队：《平乐银山岭战国墓》，载《考古学报》1978 年第 2 期，第 242 页。

⑧ 天津市文化局考古发掘队：《天津南郊巨葛庄战国遗址和墓葬》，载《考古》1965 年第 1 期，第 14 页。

⑨ 中国科学院考古研究所：《辉县发掘报告》，科学出版社 1956 年版，第 82、91 页。

米①。洛阳小屯村 1 号战国墓出土的刃宽达 25 厘米（图四三：14）②，洛阳汉墓出土的，刃宽皆在 19 厘米③。另外如战国铁凿的长度，铁凹形器的宽度，铁铲的刃宽等，一般都比"三代"铜工具的同类器形要大。

（九）形制原始

青铜工具脱胎于石、骨、蚌工具，最初往往具有石、骨、蚌工具的形制。如实心凿、斧、锛，无銎镰、铲、锄等，有一些直到战国仍在使用。东周时出现一些形制先进的青铜工具，如有銎镰、横銎斧、镬，横銎六角形板锄等，但数量很少；而这类器形的铁工具，则是大量的，器形也比铜的大。铁工具中还出现了铁犁铧、三齿锄等新的工具类型。

器形较大一些的青铜工具的基本形制是铜木结构，即在木质工具的器身上加装一个青铜刃套。当时的青铜产量不多，较大型工具，器身制作一般不全部用青铜；而是大部分用硬木，只于刃部施金。只有在使用铁工具，并且铁产量有相当大的增长之后，大型工具的器身才全部使用金属制作，如后世的铁锹、铁锄等。

用人力操作和青铜工具的铜木结构，制约了工具的宽窄、厚薄，大小。如青铜耜，从器形和功用上看，与后世铁锹大体相同，但其结构是在硬木的耜头上加上一个青铜刃套，这就必须做得厚而窄。木质的器面如果做得如后世铁锹那样薄，就易折毁，只能做得厚二三厘米或更多一些。器面厚了，不能做得如后世铁锹那样宽，宽了刺土阻力大，一人之力，不能胜一耜之耕。因而只能做成约宽 5 寸左右（合今 11 厘米左右）或更窄一些。刺土阻力，大体适合一个人的脚力踏耕。

我国古代井田制下的耕地划分为宽一步（6 尺）长 100 步的"长亩"，一个长亩又分为广尺深尺的三个长畎（甽），两畎之间的高地也宽一尺，叫田，又叫亩、垄。一夫所耕的百亩田是由 300 条长畎与 300 条长垄相间并在一起，恰好也是 100 步，是正正方方的一块田。因为畎的宽、深都是一尺，将耕地做成畎、亩，即是挖宽、深一尺的水沟，起土于旁作垄。在当时主要使用青铜耜的情况下，最有效的办法是将二耜系连起来，两人各

---

① 山东省文管处：《山东临淄故城试掘简报》，载《考古》1961 年第 6 期，第 292 页。
② 考古研究所洛阳发掘队：《洛阳西郊一号战国墓发掘记》，载《考古》1959 年第 12 期，第 656 页。
③ 蒋是若：《洛阳古墓中的铁制生产工具》，载《考古通讯》1957 年第 2 期，第 82 页。

踏一耜合力并耕，这就是耦耕。这时如果有像后世铁锹那样宽而薄的工具，挖宽、深一尺的水沟，一人之力即能胜一锹之耕，也就无需二人合耦而耕。因此，耦耕是对耕地实行畎、亩技术措施下，人力使用铜木结构工具的产物。

以上9点中，前6点说明青铜工具在中国古代是大量使用的。所谓大量使用即是在生产中发挥了重大作用。它增强了人类与自然斗争的力量，在一定程度上为个体劳动创造了物质基础；同时也较大地提高了农业生产率，使人的劳动力能够生产出超过单纯维持自身劳动力所必需的产品。正是在出现上述条件的情况下，原始社会土地公有共耕的氏族公社或家族公社把土地分配给各个个体家庭使用，转变为土地公有私耕的农村公社，占有新的劳动力也成为人们向往的事。在此基础上进一步发展为奴隶制社会。

后3点说明青铜工具的数量不足，质量不高，还不能排挤掉石器。它为个体劳动所提供的物质条件很不充分，个体家庭的耕作还不能完全摆脱公社而单独进行，相反，在不同程度上需要公社的协助。我国古代普遍实行的耦耕，即是在公社组织下所进行的二人协同耕作。

另外，在青铜生产工具不能排挤掉石器的情况下，人的劳动力所能生产的财富虽然能够超过单纯维持劳动力所需要的数量，但还不是很多。它尚不能造成各个家庭之间财产分配上的重大不平均，达不到迅速而大量地瓦解农村公社的程度。其结果是：农村公社只能"带着它的非常显著的残余进入历史"①。并长期保持，从而产生中国奴隶制社会的一系列特点。

二　关于青铜农具问题研究的意见

青铜农具的使用与否，以及使用的广度和深度，是先秦经济史的重要问题。过去研究的人很少，近年来似有好者问津，并初步开展了一些讨论，这是难能可贵的。为了使这一问题的研究更加扎实、深入，不揣浅陋，谈几点意见。

（一）要使青铜农具的概念符合历史实际

研究青铜农具，主要是了解它对生产所起的作用，为此，凡是直接使

---

① 《马克思恩格斯选集》第3卷，人民出版社1972年版，第187页。

用于农业生产的青铜工具都在研究对象之列。因而，青铜农具的概念实际上是比较宽的。在开始研究收集资料时，切忌把青铜农具的概念卡的过死过严；而要相反，凡认为是青铜农具或可能是青铜农具的器物，都要加以收集研究。这样做对于研究工作的开展大有好处。

首先，此一问题的讨论刚刚开始，研究很不充分。现在一些人概念中的青铜农具，是比照后世铁农具说的，古代到底使用什么样的青铜农具，老实说还不十分清楚。在这样的情况下，把青铜农具的概念从严，认为这也不是，那也不是，结果使研究对象和线索很少，见闻闭塞，思路窄狭。但是，采取相反的作法，却可以提供更多的线索和可供研究的实物，便于多线索、多角度、多层次地对更多的器物进行研究。后者显然对弄清问题是有利的。

其次，青铜工具是一个特定历史时期的产物。它出现于新石器时代之后、铁器时代之前，其前、后限又与二者有一些交叉。它虽有与石、铁工具可类比的地方，但又具有自己的特点。当时青铜的产量不多，人们获得一件青铜工具，真是如获至宝，要派它更多的用场，而其锐利的锋刃则为此提供了可能。正如上文所述，聚戈、镰于一器，兼斤、镢于只身，斧器多亦工亦农，刀具多用而兼及割禾。青铜农具的概念伸入重要手工工具和一些兵器的领域。历史实际既是如此，较广泛地收集研究可能使用于农业生产的青铜工具，则更易于揭示历史实际的本来面貌。

其三，人对客观事物的认识，随着其知识范围的不断扩大而逐步提高。在一定知识范围内，认为不是农具或不能确认为农具的，在另一知识范围内则会得到相反或肯定的答案。例如与殷周墓葬中出土的青铜铲、镰、镢等，同出的往往还有兵器和礼器。有一种传统的看法，与后二者伴出的不算农具。在一个相当长的时间内我亦奉为信条。后读《仪礼》，发现《既夕礼》有这样的记载："既夕哭，……陈鼎皆如殡……柩于两楹间，用夷床……用器：弓矢，耒耜，两敦、两杅、盘、匜。"贾公彦疏："谓常用之器。弓矢，兵器。耒耜，农器。敦杅，食器。盘匜，洗浴之器。皆象生时而藏之也。"于是了解到农具与兵器、礼器一起入葬是周代的制度。这样就产生了新的认识，青铜铲、镰、镢等与兵器、礼器伴出，更证明它们是农具。

还有一种传统的看法，认为器物上有纹饰的，不是实用器，也不算农具。我也曾这样认为。后来阅读的考古报告和观察的实物多了，发现并非如此。如河南安阳小屯村出土的 3 件殷代铜锄片（原作铲形器），上段都有纹饰，其中两件的刃部就有消耗痕迹①。再如 1980 年四川彭县竹瓦街公社七大队四队出土的 3 件青铜耜刃套（原作钺），形制纹饰相同，大小相近。器呈舌形，上部内收成肩，正面饰牛头纹，肩饰带状圆点纹，背面仅肩部有凸弦纹两道。标本 14 号，长 16.2，宽 12.6，銎宽 8.4 厘米②。从发表的照片看，刃部有严重磨损。为了证实此点，我于 1982 年 3 月，在四川省博物馆的大力支持下看到了实物。器物正、背皆为弧面，两侧形成秃钝刃状。3 件的刃及两侧皆有严重磨损，显系长期使用于土壤所致。磨损部位布满绿绣，可证为原来的磨损。而非发掘后的加磨。这些例子都说明：有纹饰不算实用农具之说不能成立。

另有一种流行的说法，器形小的不是农具。我也曾想当然，认为这意见是对的。1982 年 5 月到 7 月，在北京故宫端门城楼举办的《少数民族文物展览》中，展出拉祜族使用的铁手锄，锄身约长 6 厘米，刃宽 4 厘米，上端还有横銎，供装柄用，由此可知，古代使用的青铜农具一定也会有比较小的。

以上类型的器物，当我们碰到时，如果由于对青铜农具的概念掌握过严而加以摈弃，显然对研究工作是不利的。

其四，有一些器物，发掘之初并不识其用途或未正确地说明其用途，后来由于民族调查工作的开展，发现后进民族中使用的金属农具有相类似者。属于这一类的青铜工具，也应加以收集研究。后进民族是活的社会化石，在他们的生活中常常保存着古代社会生活的遗迹。他们使用的金属农具的形制对我们识别青铜农具极为有用。在研究这个问题上民族学资料最为直接、具体。它不仅提供了金属刃部的形制，而且有完整的柄部，具体操作方式，及用于何种活茬、多大工效等。这些在古文献或考古发掘中是难得找到的。革命导师马克思、恩格斯就十分重视民族学资料，他们关于原始社会的科学理论，主要是根据民族学资料建立的。在青铜农具的研究中使用民族学资料，将使眼界更加开阔，目光更加锐利，能够识别并加以复原的青铜农具会越来越多，对于青铜农具的认识愈来愈接近实际。

---

① 李济：《记小屯出土之青铜器》，载《考古学报》第 4 册，1949 年，第 54 页。
② 四川省博物馆等：《四川彭县西周窖藏铜器》，载《考古》1981 年第 6 期，第 497 页。

（二）努力探寻青铜农具发展的历史真实线索

我们研究古史，在时限上要揭示古代先民活动的历史真实线索，说早了固然不对，说晚了也是错误，二者都是对历史真实线索的歪曲。然而，长期以来在古史研究中有一种宁晚勿早的倾向，而且有意无意地把这种倾向说成是治学严谨，在使用文献资料时，必以同时代人的著述为信史。不管文献中说的哪朝哪代，皆看成是成书年代的情况。对于成书年代也尽可能地说晚，而据以晚断的凭证又往往是靠不住的。中国古史研究中的很多混乱，多数都是由于上述层层非科学处理造成的。对于青铜工具，尤其是青铜农具的研究也是这样。古文献有关较早使用铜器和铜工具的记载，一律认为不可信；而出土器物和工具中，很多都无可靠的绝对年代资料用于断代，只能有一个幅度较大的上、下限年代的推论。通常只把它看作下限时代的器物和工具，一般只能按下限时代使用资料，这几乎是治学中大家共同遵守的通则。其实这是一种有待克服的片面性。对于出土器物时代的推论，一般说上、下限的可能性各占一半，按下限使用资料与按上限使用资料在科学性和可靠性上是同等的。只按下限时代使用资料，仅取了50％的可能性，不全面。

在上述倾向的影响下，近年来相当一部分研究青铜农具的文章，把写作重点主要放在哪些器物不是青铜农具，或不是殷代或西周的青铜农具上面。农具概念偏严，时代只说下限。作为学术研究和讨论问题，从这一角度写文章自然是必要的，有益的；但还不够。还应该有从另一角度写的文章，即哪些器物有可能是青铜农具，或使用于农业生产，这些农具有可能早到什么时代。文献中有关较早使用铜工具的记载，如与出土器物的上限时代接近，即可相补互证，提高其可信程度。只有来自不同角度的研究成果，相互比较，彼此驳难，相得益彰，才能避免研究工作中的片面性，有利于逐步接近我国古代使用青铜农具的历史实际。

（三）要用唯物辩证法,避免形而上学看问题

能不能正确揭示我国古代青铜工具，特别是青铜农具使用的历史实际，目前看来，主要是能不能使用正确的科学的方法。有关青铜农具的不同意见，也主要是由于采用的方法不同所致。长期以来，在历史研究中，基本上使用的是近代实验科学的实证主义与中国传统的考据学相糅合的方

法，它微观地求证某些具体事件，颇具成效。但容易就事论事，习惯于孤立地、片面地看问题；缺乏进行整体的综合性研究的思路。然而，客观历史实际丰富多彩，双边、多边联系普遍，而其发展又是在多层次互相制约的整体中进行，因此，对一些复杂事件，必须在唯物辩证法指导下，采取整体的综合性的研究方法，以克服微观研究方法的局限性。我们认为研究古史，尤其是研究青铜农具问题（因距今古远、遗物少、与各方面联系较多、情况复杂等），比研究其他问题更应注意运用唯物辩证法，避免形而上学地看问题。

　　这首先是要有历史唯物主义的观点。很多学者认为：古代青铜产量不多，相当珍贵，统治者用以制造武器、礼乐器、车马器和一部分手工业工具，不可能用于制造农具。这种说法就不符合历史唯物主义。在人类社会的发展中，和其他活动相比，生产活动是基本的，第一位的。马克思、恩格斯在《德意志意识形态》一书中说："人们为了能够'创造历史'，必须能够生活。但是为了生活，首先就需要衣、食、住以及其他东西，因此第一个历史活动就是生产满足这些需要的资料，即生产物质生活本身。"[1]斯大林进一步明确说："要生产它们，就需要有人们用来生产食品、衣服、鞋子、住房和燃料等等的生产工具，就需要善于生产这些工具，善于使用这些工具。"[2] 农业是全部古代世界一个决定性的生产部门，人们需要善于生产的工具中，农具必然要占重要地位。很难设想，人们获得冶铜术后，铜及其合金只用于生产其他用器，而不用于生产农具。近几十年来，由于考古发掘工作的进展，这已经不是一个难懂的理论问题，而是一个明白无误的历史事实。日本考古学家梅原末治在研究世界各地所出的青铜遗物之后指出："凡明确的表现为青铜器时代之处，其铜制品皆以利器类（包括武器和工具）为首，……及至青铜器时代之盛期，或铁利器出现之时期，铜始被利用为利器以外各种器物之资料，此为明确之事实。"[3] 我国著名考古学家佟柱臣在引述国内外一批遗址出土的早期铜遗物后指出："铜首先

---

　　① 《马克思恩格斯选集》第 1 卷，人民出版社 1972 年版，第 32 页。

　　② 斯大林：《论辩证唯物主义和历史唯物主义》，载《列宁主义问题》，人民出版社 1964 年版，第 645 页。

　　③ 梅原末治著，胡厚宣译：《中国青铜时代考》，商务印书馆 1936 年版，第 7—8 页。

制作了工具和装饰品，其后才制作了容器。"① 我国著名金石学家容庚、唐兰先生通过对大量国内出土实物的研究，得出大体相同或类似的结论②。他们的提法不尽相同，但都以首先制造工具为主要内容之一。1957 年 3 月，于云南剑川海门口出土的 14 件青铜器，与新石器晚期遗物共存，有斧、锛、凿、镰、小刀、鱼钩和环等，绝大部分是生产工具，其中就有专用农具镰刀和兼用农具斧、锛、小刀等③。1976 年于甘肃玉门市火烧沟遗址发掘了一批墓葬，出土了 200 余件铜器，红铜青铜兼有，且与石器和类似马厂、齐家文化的彩陶器物共存，可见其时代之早，主要有斧、镢、锄、镰、凿、刀、匕首、矛、镞、锥、针、泡、钏、管、锤、镜形器等物，其中多数是生产工具，也有镰、锄、镢、斧、刀等专用或兼用的农具④。这两例是该地区出土的最早的铜器，反映该地区先民早期使用铜器的情况。那时的铜及其合金无疑是最贵重的，尚且能够制造农具，那么在中原地区殷周时代青铜大量而较普遍使用的条件下，怎么又会出现不制造农具的情况了呢？

　　另外，历史唯物主义通过对大量历史事实的研究，揭示出各种因素间的本质联系和规律性，可帮助我们在认识事物时修正大的偏差。历史唯物主义所揭示的人类社会发展规律是：以木、石、蚌工具为代表的生产力水平是与没有剥削没有压迫的原始公社制相适应的。随着金属冶炼的发明和金属工具的使用，社会生产力有了较大的发展，社会财富增多，从而出现了剩余劳动，出现了社会分工和商品交换。在此基础上才有可能出现一些人占有另一些人的劳动产品，出现财产占有的不平均，产生奴隶制的剥削，产生维护奴隶主阶级利益的国家政权、军队武装、等级制度、刑律法规等。从中国古代历史发展的实际情况看，上述阶级社会的诸特征，在夏代已初步形成，至殷周则大备。很难设想，在当时社会的最主要生产部门农业中仍普遍使用木、石、蚌农具，会出现这样的情况。以商代财产占有的不平均为例，1976 年于安阳殷墟发掘的妇好墓，出土珍贵随葬器物

---

　　① 佟柱臣：《二里头文化和商周时代金属器代替石骨蚌器的过程》，载《考古与文物》1983 年第 5 期，第 110—111 页。

　　② 容庚等：《殷周青铜器通论》，科学出版社 1958 年版，第 3 页；唐兰：《中国青铜器的起源与发展》，载《故宫博物院院刊》1979 年第 1 期，第 6 页。

　　③ 刘益启：《广西云南所见古文化遗址》，载《文物参考资料》1958 年第 3 期，第 70 页。

　　④ 甘肃省博物馆：《甘肃文物考古工作三十年》载《文物考古工作三十年》，文物出版社 1979 年版，第 142 页。

1600 多件，其中铜器 440 多件，玉器 590 多件。铜器中有两件各重近 120 公斤、制作精美的青铜大方鼎①。就以制造两个大方鼎来说，从开矿、冶炼、制模、造范到浇铸，当时专门从事冶铜的熟练手工业者，也需要上千个劳动日方能成就。推而计之，要制成这 1600 多件随葬的珍贵器物，所需的劳动日总在数万或十数万。墓主人"妇好"据考证可能是殷王武丁的配偶，其死后能随葬如此多的器物，说明殷王室所聚敛的财物十分庞大，这在普遍使用木、石、蚌农具的社会中是不可能出现的，因为在那种生产力水平下，既不可能分离出大量长期从事各种手工业的专业劳动者制造这些精美的器物，也提供不出这样多的剩余劳动，供殷代王室剥削。这一切只有金属工具所提供的生产力才能做到，而当时还无铁工具，自然只能由青铜工具，包括青铜农具肩负此重任了。当然，研究青铜农具问题，一开始就先验地从历史唯物主义的某种原则出发，按其规律框架做出结论，这是不可取的；但是经过一番扎实的研究之后，由于情况不十分明朗做不出结论，或做出结论但证据不足，然后用历史唯物主义所揭示的规律来验证，对于进一步判断事物质的重大差别是有帮助的。

其次，要有全面的观点和事物普遍联系和相互制约的观点。我国有关先秦时代生产和经济方面的情况，一般无较系统的记载，能够了解到的只是在谈其他问题时偶尔提到的个别词句，尤其是甲骨文和金文，往往就是一个字。如果研究者仅从单个字及其结构中推寻当时生产和经济的状况，很容易得出不同的看法，各持己见，莫衷一是。谁距真理更近一些，很难评说。但是，如果把它放在整个社会的多角度的相互制约中去考察，从它上下左右多方面的联系中相互印证，就会做出比较合理的解释，得出接近历史真实的结论。在甲骨文研究的释读中，普遍采用多句式验证的方法。即一字音义的释读放在一两个句子中能读通不算数，要在很多句式中皆能读通方为确释。这即是全面观点的应用。对于古代使用青铜农具的问题也应该如此，要善于从事物的全局、各个方面、多层次的联系中把握其实质，切忌片面地孤立地就事论事。例如，在作出中国古代不使用或不大量使用青铜农具的论断之后，应当左顾右盼加以验证，至少应当了解一下相邻的在理论上和事实上都承认的大量使用青铜手工工具的情况。已出土的

---

① 中国社会科学院考古研究所安阳工作队：《安阳殷墟五号墓的发掘》，载《考古学报》1977 年第 2 期，第 62—63 页。

青铜锯，殷代的只有 7 件，青铜钻西周以前的只有 19 件；而出土西周以前的青铜铲仅河北、河南、陕西三省地区就有 40 件。从手工业工具和农具出土物的对比中，自然会发现所做出的论断之不妥。还可以瞻前顾后加以对比。两汉普遍实行铁犁牛耕，这也是学术界普遍公认的确说，但已出土的铁犁铧只百件左右。以两汉国土之开拓，人口之增多，生产之发展，铁犁牛耕之普遍，出土遗物也只此数。由此可知已有出土的先秦青铜农具之数量，已足以做出大量使用的结论，而应该考虑放弃不使用或不大量使用青铜农具的论断。

再进一步，如把是否使用或大量使用青铜农具问题与"三代"水利兴修、农田基建的大规模进行、农业生产技术的进步、劳动方式的改变、生产关系和社会制度方面的变化联系起来考察（详见后），那么，只有做出肯定的答复才是正确的。前面提到的国外研究历史所使用的"回归分析"和"相关分析"的方法，即是辩证法事物相互联系相互制约这一原理的具体化。只有运用各种层次上的科学方法，从多方位的对应联系和制约中加以验证，才能做出比较符合历史实际的结论。

其三，应用分析的方法，透过现象看本质。在中国古代，青铜农具本来是大量使用的；但目前的出土物不很多。事物的本质与表象不一致，这就需要我们运用分析的方法，揭示其本质。

所谓青铜农具出土少，一是相对石器而言。此点并不难说清。除了前面说的石工具不能改铸、历年积存，青铜农具反复改铸、很少留下遗骸外，还可能有别的原因。从民族学资料中可得到一些启示："云南耿马福荣地区拉祜人死后，某些贵重物品和工具，如手镯、纺织用具可转归女儿使用。死者的精致耳环可留下，用质地差的耳环随葬。男子佩带的刀，作为随葬品时，亦可用质量较差的代替。"① 可以推论类比，当时劳动者使用的青铜工具，一般舍不得随葬，而是用质量差的石工具代替。还有，有些后进民族进入铁器时代之后，生产中使用的是铁工具，但却有把石斧、石刀等作为神圣之物保存的习俗。如我国云南怒江地区的独龙族在他们的"刀耕火种"农业中，实际使用的是铁砍刀，但至今有不少人保存了石刀、

---

① 黄淑娉等：《中国原始社会史话》，北京出版社 1982 年版，第 74 页。

石斧，将它珍藏在谷仓里，认为持有此物，是福气好，不愁吃的①。殷周遗址出土的石质生产工具中，是否也有一些属于这类性质的呢？我看是有的。总之，人们的社会生活是复杂的。古人保存石质生产工具并不都是为了用于生产，这犹如殷周墓葬中经常发现的玉戈、石戈，不是实际使用于作战的武器一样。

所谓出土青铜农具少，另一方面是相对青铜兵器、礼乐器和车马器而言。此点更好解释。出土大量青铜兵器、礼乐器和车马器的主要是统治者的墓葬。奴隶主贵族们生前使用的就是这些器物，死后即随之入葬。有的也随葬一些农具，只是象征性的，数量很少，他们是广大劳动者剩余产品的掠夺者，为了镇压奴隶大众的反抗，就必须掌握当时最先进的青铜武器。统治者们又分属奴隶主贵族的某一等级，按规定他们必然拥有按等级应当享有的礼乐器和车马器；但是，对于农业劳动他们并不亲身参加。这样，按生前生活安排死后的"生活"，农具自然要大大少于兵器、礼乐器和车马器了。总之墓葬的各类出土物是一个特定的领域，只可说明当时的丧俗葬制，它不应该、也不可能反映青铜器物在当时社会生产、生活各方面使用的比例。

今日所能见到的青铜农具不太多，还有后世保存和收藏方面的问题。如铜从东周以后直到新中国成立前，一直是我国铸造货币的原料。历代统治者搜刮铜器铸钱，史不绝书。例如宋太宗雍熙初，命令"京城居民蓄铜者，限两月悉送官。高宗绍兴六年，敛民间铜器。诏：民私铸铜者徒二年。廿八年……大索民间铜器，得铜二百余万斤"。② 在这种情况下，那些青铜礼乐器和兵器，特别是商鼎周彝，历代视为庙堂重器，或有出土，还可能作为宝器保存下来，相反，那些朴素无华破损不堪的青铜农具，纵令不改铸其他器物于当时，一经发现也要销毁改铸货币于后世，很难保存到现在。另外，旧日的金石学家，向重文字花纹，着重收藏著录有纹有铭的鼎、鬲、簋、盘、戈、剑之类器物，对于绝大多数为素面的青铜农具，间有出土，格于无纹无铭不录之例，弃置不问，无书著录。古董家更嫌其粗陋破损，难供庭堂雅赏，有屋不藏。这也是过去长时期很少青铜农具问世的缘由之一。

---

① 和鸿章等：《贡山县四区一村独龙族土地形态调查》，载《独龙族社会历史调查》，云南民族出版社 1981 年版，第 55 页。

② 《宋史·食货志下》。

第二章　削、刀

　　铜刀、削是我国先民最早使用的工具，也是各个地区都广泛使用，社会生产、生活各个方面普遍应用的重要工具。它的出土量在先秦青铜工具中居首位，无疑对当时社会的发展起到积极作用。因而，本书对青铜工具的论述，首先从削、刀开始。

　　削是刀的一种。《考工记》载："筑氏为削，长尺博寸，六合而成规。"《尚书正义》于《顾命》篇引郑玄注云："曲刃刀也。"可知削即一种弧背凹刃的小刀，这里一并称为刀。本章只介绍主要作为工具的铜刀，而主要作为武器的刀，如三銎（或多銎）刀、雕背刀、卷锋刀等一般不涉及。在工具刀中有两大类：一是刃在长边的，即所谓边刃刀；另一是刃在短边的，即所谓端刃刀，也叫立刀。下面先谈边刃刀。

一　边刃铜刀

　　在古史传说中，我国使用铜刀是很早的。《洞冥记》说："黄帝采首山之铜铸"刀"。《古史考》说：燧人氏时"铸金为刃"。这是说黄帝及其以前已经使用铜刀了。1977年于甘肃东乡县林家马家窑文化遗址出土了一件青铜刀，该遗址距今约5000年，这是迄今出土的我国最早的铜刀，而且还是青铜的。在此之前，1975年曾于甘肃永登蒋家坪马厂文化遗址出土青铜刀，该遗址距今约4300多年，也是比较早的。此外在距今约4000年的甘肃武威皇娘娘台、临夏魏家台子、岷县杏林、青海互助土族自治县总寨等齐家文化遗址中出土铜刀12件。在年代相当于夏代的甘肃玉门市火烧沟遗址出土一大批铜刀，仅送交北京钢铁学院冶金史研究室作金相分析的就有17件，红铜、青铜兼有。在属于早商的遗址中（有人认为属于夏代的纪年范围），如河南偃师二里头出土青铜刀5件以上，洛阳东乾沟出土一件，偃师高崖东台地出土一件，山西夏县东下冯村出土一件①。这里暂将早商以前的铜刀称为早期铜刀。考古发掘中这一系列早期铜刀的发现，就为上述早期使用铜刀的传说增加了可信的程度。

属于殷、周两代的青铜刀，各地都有大量出土。见于书刊的发掘品约有1404件，出自北京、天津、河北、河南、陕西、山西、山东、湖北、湖南、安徽、江西、江苏、上海、浙江、广东、广西、四川、云南、内蒙古、辽宁、吉林、甘肃、青海、宁夏、新疆等25个省（区市）172个县305个以上的地点。此外，还有定为这一时期的传世品青铜刀129件，两者相加计有1533件，连同早期铜刀65件，总数在1598件以上。其出土地区之广泛和数量之大，在先秦青铜工具中皆居首位。

（一）边刃铜刀的分类和分式

为了便于对边刃铜刀形制的叙述和对其分类分式，必须先将铜刀各部位的名称介绍一下：刃与刀背之间的主体叫刀体（或叫刀身），连接刀体的把握部分有两类，一类是手直接把握的叫柄，另一类是预备装置在木质或其他质量的柄或柲上的，叫柄舌。刀刃的最前端是锋。刀体与刀柄交界处，凡有凸起的界栏者称栏；凡刀体与刀柄因厚度不同，在交界处显示界限者称为限。在刀柄部分的中间有分界柄为上下两条者，其成空隙者称为空缝，实者为中线。将刀的刃朝下，则在上面的是刀背与柄背②。

上述近1600件铜刀，宽窄长短不同，形制纹饰各异，工艺精粗有别。如何对这些铜刀分类分式，是一个很不容易处理的问题。40年代李济先生著文将殷墟出土的青铜刀，按刀背刀刃的形状，区分为凸背凹刃、凹背凸刃、近于直背凸刃、近于拉长放倒S形等4组，以前三组为主，第四组是介于前三组中间的混合种③。50年代，陈梦家先生对李文有些异议，对分

---

①　北京钢铁学院冶金史组：《中国早期铜器的初步研究》，载《考古学报》1981年第3期；中国社会科学院考古研究所二里头工作队：《1980年秋河南二里头遗址发掘简报》，载《考古》1983年第3期，第202页；《1982年秋偃师二里头遗址九区发掘简报》，载《考古》1985年第12期，第1088页；赵芝荃：《试论二里头文化的源流》，载《考古学报》1986年第1期，第18页。另见《考古》1964年第11期，第546页，1985年第11期，第979页，1986年第4期，第314页。

②　基本上依照陈梦家先生在《殷代铜器》一文（载《考古学报》第7册，1954年，第44页）中对铜刀各部位所定的名称，只将其中的"中缝"改为"中线"。

③　李济：《记小屯出土之青铜器》，载《中国考古学报》第4册，1949年，第30—32页。

组所使用的某些器物加以调整和补充，但总的分类仍按照刀背刀刃的形状分为4组，与李文大同小异①。我们处理殷周铜刀的分类和分式时，对这些分组的意见无疑是应当借鉴的。然而，刀背刀刃形状不同的铜刀，早期、晚期都有，各个地区同存，精粗铜刀并见，因而这种分组不能反映各组铜刀出现的时间早晚、相互间的嬗递演进和工艺上的进步。这一分组方法使用于安阳殷墟一地已见上述不足之处，如使用于全国范围内的铜刀分类，则更有诸多不便论述的地方，特别是不能反映铜刀使用的地区特点。根据大量出土物来看，以刀柄的形成及其形状分类，比上述分组法较能反映铜刀演进的各种关系，弥补上述种种短处。因此，本文试以刀柄的形成及其形状区分总类，每类举例说明时照顾到刀背刀刃形状不同式的铜刀。这样，既在总类上大体可以看出各类铜刀出现的时间早晚、依次演进的过程、制作工艺的进步和地区特点，又可在每类中了解到不同式的铜刀。

　　Ⅰ、刀体刀柄混为一体或分界不明显的。这类是铜刀的原始形态，脱胎于石刀、骨刀。它尚未形成铜刀的固定形制，仍保留非金属刀的多样型和随意性。从刃部看，凹刃、凸刃、直刃都有。1977年甘肃东乡林家马家窑文化遗址出土的青铜刀，通长13厘米，最宽处2.5厘米，刃部略凹（图一：1），系单范铸成。1959年甘肃武威县皇娘娘台齐家文化遗址出土的一件，长条形，弧刃，前端宽平而斜，后端向内凹入，似成弧形柄把。其背部也微向内凹，而头较高。长11.5厘米，宽约3厘米（图一：2），是由锤击方式制成，为红铜器。1972年河南偃师二里头早商遗址出土的一件，长条形，直背直刃，体小而薄（图一：3）。大体早期铜刀多属此类，但是，刀体刀柄混为一体或分界不明显的铜刀在殷周遗址也有少量遗存，例如河南安阳殷墟的出土物中，就有几件这类铜刀②。在边远地区，迟到战国遗址还有出土③。

　　这类铜刀的持拿使用，可能有两种情况：一种是用手把握铜刀片的一端或类似刀柄的一端，进行切割，或将一端镶入较粗大的骨穴内，做成骨柄，便于把握。1979年于青海互助土族自治县沙塘川公社总寨大队齐家文化墓葬中，出土骨柄铜刀2件，铜刀成片状，一端镶在兽骨制的柄内，其

---

　　①　陈梦家：《殷代铜器》，载《考古学报》第7册，1954年，第45—46页。
　　②　李济：《记小屯出土之青铜器》，载《中国考古学报》第4册，1949年版，第28—29页。
　　③　吉林省文物队：《吉林长蛇山遗址的发掘》，载《考古》1980年第2期，第131页。

一长 5 厘米，宽 1 厘米，双面开刃（图一：4）[1]。另一种是将铜刀片的一个长边镶入较长较厚并带槽的骨背柄中，做成骨背柄铜刀，以便握拿骨背柄进行切割。这种装柄方法大概是上承形制类似的骨背柄石刀。新中国成立前，在西宁周家寨仰韶文化遗址出土过这种石刀。以长条宽片骨料为背柄，于仄边刻槽，槽内嵌燧石薄片为刃（图一：5）。

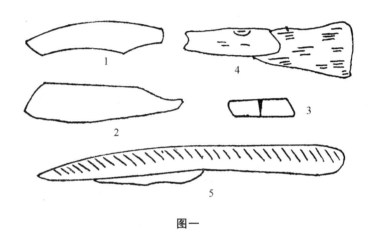

图一

刀体与刀柄的分化是铜刀发展过程中的重要改进，也是具有完整刀具的标准。在早期铜刀中，已出现完成这种分化的少数器物，发展至殷周两代的铜刀，则绝大多数都是刀柄与刀体分界清楚或基本清楚。这说明铜刀已发展到了具有完整形态的阶段。但由于演进程度的差别，工艺精粗之不同和部族、地区间的特点，形成铜刀各种不同的形制。概括为以下各类：

Ⅱ、扁长条柄，柄端光秃的。这类铜刀各地都有出土，一般刀柄窄于刀体，二者之间有限无栏，也有无限的。弧背凹刃、凹背凸刃、直背（包括近直背）直刃，或刃微凸、微凹者都有。早期铜刀中已少量出现，而大量存于殷周遗址。1982 年陕西扶风县召陈村西周遗址出土的一件，弧背凹刃，扁长形柄。通长 12 厘米，刀体最宽处 2 厘米（图二：1）。新中国成立前，河南安阳县小屯村殷代遗址出土的一件，凹背凸刃，长 24 厘米，刀体最宽处 3.3 厘米，背厚 0.6—0.7 厘米，柄窄于刀体（图二：2）。

---

① 青海省文物考古队：《青海互助土家族自治县总寨马厂、齐家、辛店文化墓葬》，载《考古》1986 年第 4 期，第 314 页。

1972 年河北藁城县台西村商代遗址出土的一件，背、刃皆近直，锋微翘，扁长条柄，通长 28.8 厘米（图二：3）。在这类中有一种直背和近直背的宽头刀，多出于四川东周遗址，为他处所不见。如 1980 年四川新都县马家公社晒坝东北战国墓，出土宽头刀 15 件，有大、中、小 3 套，各为 5 件。刀身铸有图形符号，刃微弧，头部较宽，中后部渐窄，扁长条柄。大者长 25.2 厘米，最宽处 6.5 厘米，中、小号长 25.2 厘米，最宽处 2.5—3.4 厘米（图二：4、5、6）。

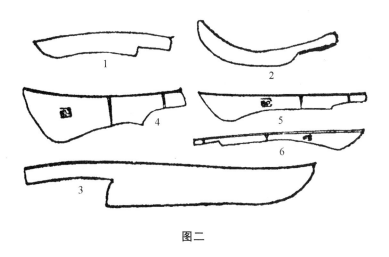

图二

这种扁长条形柄后部较厚者为直接把握之柄，渐窄薄者为柄舌，是预备镶嵌于木、骨等柄中的。在铜刀的演进中，刀柄和刀身分化出来首先产生的可能就是这种扁长条形柄，但由于制作容易，又比较适用，因而使用地区比较广泛，各地皆有出土，殷周两代都很通行。至今很多铁刀、钢刀仍沿用这种形制。

Ⅲ、柄部有凸齿的。这类是从扁长条形柄中镶装木、骨柄把的一类中分化出来的。为了使裹在外部的木、骨柄把牢固，于是在柄部下面制成 2 到 4 个凸齿，便于绳索缠绕。多出于内蒙、辽宁、吉林等北方地区。1949 年吉林省吉林市骚达沟北侧平顶山山顶战国大棺墓出土的一件，弧背、弯刃，柄端有 3 个凸齿，全长 12 厘米，宽 1.6 厘米，背厚 0.4 厘米（图三：1）。1977 年辽宁建平县水泉村西周末东周初的 8 号墓出土的一件，宽背、刃微弧，短柄，柄下端铸成齿牙状。通长 18.3 厘米，柄长 5 厘米（图三：

2)。1965 年沈阳西南郑家洼子第三地点南区 6512 号东周墓出土的一件，弧背曲刃。刀身长 15.4 厘米，宽 2.2 厘米，背厚 0.4 厘米，柄长 3 厘米。刀柄下边有 3 个锯齿状的突起。所嵌骨柄完好，由 3 个骨片组成。通长 20.5 厘米（图三：3）。1973 年内蒙古宁城县青山公社孙家沟春秋墓出土的一件，略成凹背凸刃，锋上卷，柄部下边有 4 齿。通长 16.1 厘米，最宽处 2.4 厘米，背厚 0.5 厘米（图三：4）。1981 年内蒙古敖汉旗古鲁板蒿公社周家地村春秋墓出土 2 件。柄下缘有凸齿。M45：53，弧背，尖锋稍翘，刃略凹。正面有凸棱和凹槽。所夹装木柄及捆扎绳索保存尚好。铜刀长 14.4 厘米（图三：5）。

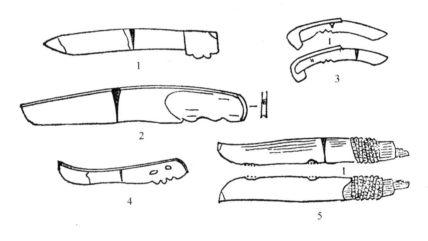

图三

　　Ⅳ、柄端呈长方形、方形、椭圆形、瓜子形等实首的。这类似从扁长条形柄中直接把握（不是用作柄舌的）那种柄发展而来。扁长条形柄端光秃，使用握拿时容易脱滑，于是就在柄端做各种形状的凸出实首，以防止滑把。弧背凹刃、凹背凸刃、近直背直刃和刀背类似拉长放倒 S 形的都有，多有阑无栏。1958 年江苏徐州市利国区高皇庙村庙台子商代遗址出土的一件，弧背凹刃，长 14 厘米，宽 2.2 厘米，刀柄上面有突起的 3 条线纹，柄端作长方形凸出实首（图四：1）。1973 年江苏东海县焦庄西周遗址出土的一件，凹背凸刃，柄末为方形实首（图四：2）。1957 年山东长清县王玉庄附近商代遗址出土的一件，近直背直刃，锋微翘，通长 30.8 厘米，刀身宽 4.8 厘米，柄长 11 厘米，柄末椭圆形实首（图四：3）。河南郑州二里岗商代遗址出土的一件，刀背呈拉长放倒的 S 形，刃中部微凹，长 13 厘米，最宽处 2.5 厘米，柄端为长方形下垂实首（图四：4）。这类铜刀多出于江苏、安徽、山东殷周遗址，河南、陕西也有出土。

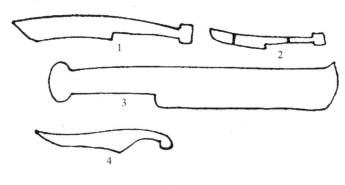

图四

V、柄端一穿的。这类也似从扁长形柄中直接把握的那种柄发展而来。大概是为了便于挟带和放置，则于柄端穿一孔，系以绳索，悬于腰间或挂于壁上案头。孔形有圆、椭圆、三角等各种形状，多数有限无栏。1975 年北京市延庆县西拨子村西周晚期遗址出土的一件，背微弧，刃微凹，柄中间铸有三角形纹，柄端两面对穿一椭圆形孔，通长 7.1 厘米，柄长 3.6 厘米（图五：1）。1961 年内蒙古宁城县南山根夏家店上层文化遗址出土的一件，弧背凹刃，柄中间铸出动物纹，边缘铸出凸棱，柄端穿一圆形孔，长 25.7 厘米，柄长 11.3 厘米（图五：2）。1959 年青海都兰县诺木洪搭里他里哈东周遗址出土的一件，凹背凸刃，柄端穿长方形孔，通长 17 厘米（图五：3）。1973 年内蒙古伊克昭盟杭锦旗桃红巴拉村出土的一件，背近直，柄端一三角形孔（图五：4）。这类刀，弧背凹刃者最多，直背直刃者次之，凹背凸刃者最少。多出于内蒙古地区，河北、青海也有出土，可能为我国古代北方少数民族使用的铜刀。

VI、柄首作圆形、椭圆形或半圆形环的。此类是IV、V 类柄首功用结合的基础上进一步发展形成的。IV类柄末是突出的实首，可以防止脱把，但比较费铜，又不便系绳挟带悬挂。V 类柄末一穿，可以系绳挟带悬挂，但不能防止脱把。于是在铜刀的进一步发展中，产生了柄末一环的形制，既省铜料又兼有上两类的功用。在制作上也比较精致，不仅有限，很多铜

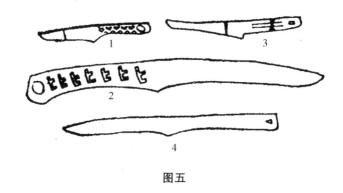

图五

刀还有栏，有的在柄中还有空缝或中线。1936 年河南安阳小屯村殷代遗址出土的一件，弧背凹刃，长 22.8 厘米，刀身最宽处 3.6 厘米，厚约 0.8 厘米，柄有空缝，柄末一圆环（图六：1）。陕西岐山县京当公社出土的一件西周铜刀，凹背凸刃，通长 11.5 厘米，刀身长 6.2 厘米，最宽处 2 厘米，柄端一椭圆形环（图六：2）。1973 年北京市房山县琉璃河镇黄土坡西周墓出土的一件，直背直刃，通长 20.5 厘米，柄末一圆环（图六：3）。河南安阳殷墟西区墓葬出土的一件，锋扬背凹柄抑，全器成拉长放倒的 S 形，通长 19.4 厘米，柄末一圆环（图六：4）。这类铜刀早在时代相当于夏代的甘肃玉门火烧沟遗址和河南偃师二里头早商遗址中已经出现，到殷周则发展为通行形制，出土地区最广，数量最多。西周以前的，多数为圆形、椭圆形环，柄环较小，环边较宽；东周的，多为椭圆形环，也有半圆形环的，柄环较大，环边较窄。如 1933 年安徽寿县李三孤堆楚王墓出土的一件，直背直刃，长 27.6 厘米，柄末为半圆形大环（图六：5）。还有在柄环上有 3 个乳状突起或小纽环的，多出于山西、河南、辽宁的殷代遗址，如 1957 年山西石楼县后兰家沟殷商遗址出土的一件，背微弧，刃微凹，刃、柄之间有栏，柄饰蛇纹，柄环有 3 纽，长 32.5 厘米（图六：6）。大体上这类柄端一环的刀，以弧背凹刃者最多，直背直刃者次之，凹背凸刃和其他形式的较少。

Ⅶ、柄端为双环三环的。这类刀多和柄末一穿的刀伴出，似从后者发展而来。环孔小，环边宽，好像柄端穿了两个或三个较大的孔，但已有环状凸出。其功用与Ⅵ类同，多不及Ⅵ类精致。1978 年山西柳林高红村商代遗址出土的铜刀中，一件弧背凹刃，通长 12.8 厘米，刀身宽 2.3 厘米，柄长 8.3 厘米，刃、柄之间有栏，柄部沿边起棱，上部直通刀尖，下部直

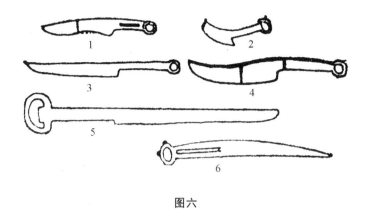

图六

通刀栏。柄后段有二穿，柄末为三环（图七：1）。一件近直背直刃，全长
16.7 厘米，刀身宽 2 厘米，柄长 7 厘米，宽 1.5 厘米，亦有栏，柄后段有
一个三角形穿，柄末双环（图七：2）。上海博物馆展出的一件，出自内蒙
古地区，背微凹，柄微抑，刃微凸，有限无栏，柄后部一方形穿，柄末上
下卷曲，略成双环。长 18 厘米，最宽处 1.8 厘米（图七：3）。这类铜刀
多出土于山西、内蒙古地区，他处不多见。可能为古代北方少数民族使用
的铜刀。

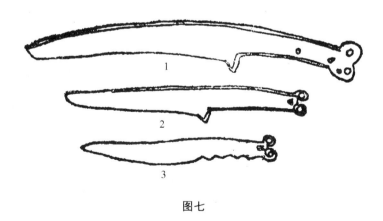

图七

Ⅷ、柄端为方形、矩形、三角形环的。这类刀与Ⅵ类环形不同，功用
类同。大概也是在Ⅳ、Ⅴ类结合的基础上发展而成的，与Ⅵ类并蒂开花，
异枝结果。弧背凹刃、凹背凸刃，直背直刃的都有。陕西岐山县京当公社
出土的一件，弧背凹刃，通长 19.3，最宽处 2.2 厘米。背边较厚，柄两边

起棱，柄末三角形环（图八：1）。1955 年陕西省长安县张家坡西周遗址出土的一件，凹背凸刃，全长 14.2 厘米，柄端为长方形环（图八：2）。1960 年陕西扶风、岐山交界处西周遗址出土的一件，背近直，刃微凹，刀柄饰雷纹，柄端为方环（图八：3）。陕西省博物馆库藏的一件，锋扬、背凹、柄抑，通长 10.2 厘米，最宽处 1.8 厘米，柄端为方环，其两角与刀背同一方向，另两角与刀背成直角（图八：4）。这类刀多出于陕西西周遗址，他处较少。可能为周族使用的铜刀。

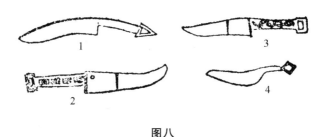

图八

Ⅸ、柄端为直銎的。此类柄端的直銎与Ⅱ类中扁长条形柄舌的作用类似，柄舌是嵌入木、骨等柄内部的，而柄端直銎是装纳木、骨等柄的。这类刀主要出在云南东周遗址，例如云南江川县李家山第一类墓中出土 35件，其中 22 件柄背和刀背成直线，柄端直銎扁圆，有单耳，断面六边形，柄上大多铸双旋纹、三角齿纹、平行线等组合图案。刃部稍有不同，长17—25.8 厘米，刃平直。标本 24:103，长 21.8 厘米（图九：1）。9 件刀背稍弧，刃口内凹，长 18—24 厘米，标本 2:5，长 21 厘米（图九：2）。4件柄作束腰状，柄末作蛇头形，形成扁圆形直銎，刃部微内凹。标本23:4，长 14.8 厘米（图九：3）。1974 年云南呈贡县龙街石碑村一期墓和 1957 年晋宁石寨山一类墓，也各出土这类铜刀 9 件①。另外湖北红安县金盆西周遗址也有出土，其他各省则不多见。

Ⅹ、柄端兽头的。这类刀多数工艺精细，柄部为装饰集中之处，柄端有兽头，以马头、牛头、羊头者居多。兽头和柄上有镶嵌松绿石的，有的兽头还装有活动的舌条纽环，耳下系有双孔链。有些柄部"由镶头刀的长

---

① 云南省博物馆文物工作队：《云南呈贡龙街石碑村古墓群发掘简报》，载《文物资料丛刊》第 3 期，第 87 页；云南省博物馆：《云南晋宁石寨山古墓群发掘报告》铜削登记表，第 23 页。

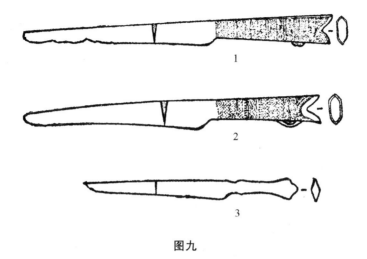

图九

扁条变为腰圆的柱状，把之盈握，用的人必感觉一种特别的方便，刃柄交界处，下栏挺出"，刀背较厚。① 出土物至少在 28 件以上。多出于殷代遗址。河南安阳小屯村出 4 件、侯家庄出 3 件②、大司空村出一件③、陕西绥德墕头村出土一件④，内蒙古东周遗址也有出土。传世品中，故宫博物院藏 5 件、上海博物馆展出 2 件、《邺中片羽》三集卷下著录一件、高本汉撰《殷代的一些武器和工具》中引述 7 件，怀履光撰《中国古代的铜刀》中引述一件⑤，国外马尔孔藏一件⑥。1958 年河南安阳大司空村出土的一件，弧背凹刃、前端较窄，向后渐宽，下为柄，柄有空缝，两边为人字形花纹，柄端为一头牛（图十：1）。上海博物馆展出的一件，背、刃皆近直，柄稍抑，刃、柄间有栏，柄有空缝，柄端一马头。长 23 厘米，最宽处 3 厘米，背厚0.3 厘米，刀身截面为丁字形（图十：2）。解放前，河南

---

　① 李济：《记小屯出土之青铜器》，载《中国考古学报》第 4 册，1949 年，第 34 页。

　② 李济：《记小屯出土之青铜器》，载《中国考古学报》第 4 册，插图廿六，1949 年。

　③ 河南省文化局文物队：《1958 年春河南安阳市大司空村殷代墓葬发掘简报》，载《考古》1958 年第 10 期，第 62 页。

　④ 黑光等：《陕西绥德墕头村发现一批窖藏商代铜器》，载《文物》1975 年第 2 期，第 83 页。

　⑤ Bernhard Karlgren：《Some Weapons and Tools of The yin dynasty》，《The museum of far Eartern antiquities》Bulletin N：017 Stockholm 1945.

　怀履光文见 Bulletin of the Royal Ontario museum of archaeology No. 15 1946.

　⑥ W. P. Yetts：《Noteson Some Chinese Bronzes》，《Transactions of the Oriental Ceramic Society》1942—1943，plate 21.

安阳侯家庄出土的一件，锋扬柄抑，全器似拉开放倒的 S 形，柄端一兽头（图十：3）。这类刀以弧背凹刃者最多，其他形式者较少。

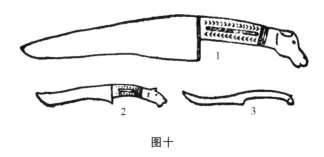

图十

XI、龙形柄的。这类出土物较少。河南安阳①、陕西长安县张家坡②各出一件，故宫博物院藏一件，柏林哈特氏藏一件③，高本汉在两篇论文中引述 3 件④。故宫博物院所藏的一件，背微弧，刃微凹，柄部卷曲作龙形，通长 16 厘米，刀身长 8.6 厘米，最宽处 1.6 厘米（图十一：1）。1966 年河南安阳纱厂商代 292 号墓车马坑出土的一件，背微凹，直刃，柄端作龙形，通长 24.2 厘米，最宽处 3.2 厘米（图十一：2）。1955 年陕西长安县张家坡出土的一件，直背直刃，刀柄作龙形，昂首衔刃，身稍蜷曲，全长 18.4 厘米（图十一：3）。其他几件传世品，据说都出自河南安阳。在发掘品中，河南安阳殷代遗址出土的刻刀，也有作龙形柄的⑤。大概这类刀主要是殷人使用的铜刀，其蜷曲的龙形柄，不便把握，可能是镶入对应刻槽的木、骨柄把而使一面外露，既现龙形之美观，又使铜柄与加装木、骨柄结合牢固。

XII、柄端铃形或镂空球形的。这类出土较少，其工艺更为精致，柄部多有纹饰，铃首制作精巧。1939 年河南安阳出土的一件，弧背凹刃，刃、柄间有栏，柄之四面均作平行羽文，柄末作球形，镂空四瓣，中实一圆珠，能活动作铃声，铃下有一小纽环。刀体长 17 厘米，柄部长 10.8 厘米

① 1966 年河南安阳纱厂 292 号墓车马坑出土，实物见中国社会科学院考古研究所安阳工作队陈列室展品。

② 中国科学院考古研究所：《沣西发掘报告》图版柒拾：2。

③ 陈梦家：《海外中国铜器图录》第 1 集下，图一三九。

④ 2 件见 39 页注⑤；1 件见《The Museum of far Eastern antiquities》Bulletin N：20，p. 10。

⑤ 李济：《记小屯出土之青铜器》，载《中国考古学报》第 4 册，1949 年，第 54 页。

图十一

（图十二：1）。1967年甘肃灵台白草坡西周墓出土的一件，背微弧，刃微凹，刀身饰夔纹，柄扁平饰方格、圆点纹，柄尾连一镂空球，长21.5厘米（图十二：2）。1983年，青海省湟源县大华中庄墓葬出一件，直刃弧背，刀呈三角形，刀柄尾端做成镂空球形（图十二：3）。高本汉于《殷代的一些武器和工具》一文中引述一件，凹背，锋上卷、凸刃，刃与柄间有栏，柄末作镂空球形，中有一圆粒成铃，铃下有一小纽环，通长26厘米（图十二：4）。故宫博物院藏一件，锋扬柄抑，刃与柄间有栏，柄有中缝，缝两边饰人字纹，柄末为镂空圆球，于中含粒成铃，通长28厘米，最宽处3.4厘米，刀身长17厘米（图十二：5）。另外，于上海博物馆展出一件，《西清古鉴》卷三八著录一件。

这类柄端铃首刀，可能就是古代贵族杀牲割肉，用于祭祀的鸾刀。《诗·信南山》载："祭以清酒，从以骍牡，享于祖考，执其鸾刀，以启其毛，取其血膋。"毛传说："刀有鸾者，言割中节也。"孔颖达疏："鸾，即铃也，谓刀环有铃，其声中节。"《礼记·郊特牲》云："鸾刀之贵，贵其义也，声和而后断也。"孔疏说："必用鸾刀，取其鸾铃之声，宫商调和，而后断割其肉也。"由于这类刀是上层人物的礼器，制作比较精致，也比较珍贵，可能社会上流传很少，故出土不多。

除以上12大类之外，还有个别柄部特异的刀。如1977年四川西昌县河西公社磨盘山脚下大石墓出土的一件，弧背直刃，锋略上翘，有双柄，

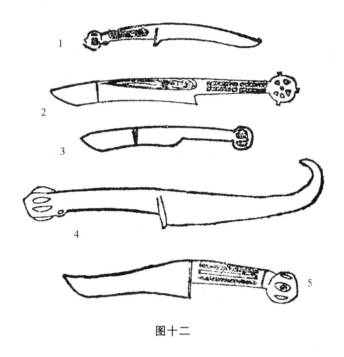

图十二

刀面均铸纹饰，已残断，残长28.2厘米，最宽处4.2厘米（图十三：1）。宝鸡市博物馆藏的一件，弧背凹刃，通长30厘米，最宽处2.2厘米，柄端为一小勺（图十三：2）。这件可能为两用工具，刀用以切割，包括切割肉类等食品，勺用以吃汤。还有，安徽、江苏、浙江等地出土的削刀中，有在刀背上凿有锯齿的，可能为刀、锯两用工具，这种暂归入锯类，此处不作论述。

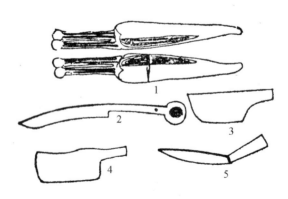

图十三

　　上述 12 类铜刀，大体上是前者形制上简单，后者复杂；前者工艺上粗率，后者精致。其铸造方法，也是前者原始，后者进步。据李济、陈梦家先生对出土于河南安阳殷代铜刀的研究①和笔者看到的各地出土的一部分实物，大体上 I 类铜刀中的大部分和 II、III、IV、V 类中的一部分，使用单范法铸造，即用刀模在一块范上印按出"器容"，另一面只用一块平面板，大概是磨光的石块或烧过的陶片，用此法铸出的铜刀都显著一面平，有的考古学家叫做"一面平法"。II、III、IV、V 类的大部分和 VI 到 IX 类，基本上都用合范法铸造，即由两块以上的外范合成"器容"，铸出的器物两面对称，刀背留有合缝痕，有的还铸有纹饰。X 类、XI 类的一部分和 XII 类的全部，由于要铸出柄端内空的部分，还必须使用内范（或叫"填范"，又叫"泥心"）。制范、铸造过程比较复杂，难度较大。铜刀形制的由简单到复杂，也从一个侧面反映出我国古代铸铜工艺发展的梗概。

（二）边刃铜刀的功用

　　使用青铜刀的时代距今在二三千年以上，既不能直接观察其使用情况，又无较多的材料说明这一问题；现在只能比照现实生活中使用的各种刀具和后进民族使用的各种刀具，结合古文字中与刀字有关的形象、古文献中有关铜刀的记载和上述各种青铜刀出土时周围的情况，做一些推测。

　　厨刀是千家万户不可或缺之物，现今的厨刀通常有两种，一种刀身较宽，一种较窄，都是直背直刃，扁长条形柄舌，夹於木柄之中。古代类似的铜刀，后一种出土较多，前一种也有出土。如河南安阳出土的一件，直背直刃，扁长条形柄舌，通长 15 厘米，刀体宽 6 厘米，背厚 0.4 厘米（图十三：3）。山西省博物馆库藏的一件，刀背近直，直刃，通长 22 厘米，刀身长 15 厘米，宽 7.5 厘米，背厚 1 厘米，扁长条形柄舌（图十三：4）。以今推古，这两种铜刀都可能也作厨刀用。铜器乙鱼卣铭文作𢆶，上边为拉长放倒 S 形的刀，下边为鱼，表示以刀割鱼②，而切割鱼做菜乃为厨中之事，可见这种 S 形刀也有用作厨刀的。

　　现今切西瓜刀多凹背凸刃，刀体较长，削水果皮的刀，直背直刃，刀

---

　　① 李济：《记小屯出土之青铜器》，载《中国考古学报》第 4 册，1949 年，第 32 页；陈梦家：《殷代铜器》，载《考古学报》第 7 册，1954 年，第 45—46 页。
　　② 罗振玉：《贞松堂集古遗文》第 8 卷，第 4 页。

体窄而短。古代类似的青铜刀，也会有类似的用途。《晏子春秋》载：晏子使楚，"楚王进橘置削，晏子不剖而食……曰：臣闻之，赐人主前者瓜桃不削，橘柚不剖。"可知当时剖削瓜、桃、橘、柚皆用削刀。

现今宰杀猪羊，剥皮剔骨所用之刀，主要有两种，一为尖锋、直背、凸刃或直刃；一为尖锋、凹背、凸刃，皆扁长条形柄舌，嵌镶于木柄之中。古代类似的铜刀，也应有相同的功用。铜器牺形觯铭文作 🖼，左边为凹背凸刃的刀，右边似为羊，表示以刀宰羊割肉之意[1]。现今的皮革业刮皮所用多为凸刃刀，古代皮革业也应类同。《礼记·曲礼下》载，天子之六工中有兽工，郑玄注："此亦殷时制也，周则皆属司空。"殷周两代兽工的原料，当以皮革为大宗。宰杀兽畜，剥割取皮、刮削制革皆需用铜刀。

现今木、竹、篾工所用之刀，直背直刃、凹背凸刃、弧背凹刃者皆备，各有所用。直背直刃者利于劈木断竹，凹背凸刃者宜于深刮器物之里凹面，弧背凹刃者便于削制器物之外凸面。古代类似铜刀，也应为这些工种工序所用。《韩非子·十过》说："尧禅天下，虞舜受之，作为食器，斩山木而财之。削锯修之迹，流漆墨其上，输之宫，以为食器。"大概当时的木工还没有刨子，所作器物的锯痕，靠削刀刮制，使之平滑。

在河南安阳殷代的一些墓葬中，柄端为兽头、三乳钉环首和瓜子形实首的弧背凹刃铜刀，与戈、镞、弓、箙、盾、砺石等一起出土[2]。石璋如先生认为铜刀是"短兵，敌人于贴身时用之"。李济先生认为是"斗争到了搤肮附背时候所持的最后利器。"[3] 陈梦家先生不以为然，认为不是武器，是修理武器的工具，"刀是缚柲时切割所用。"[4] 究其形制，这类刀一般尺寸较小，弧背凹刃，也不便刺杀，用作切割绳索的可能性较大。还有一种近直背刀，也有和兵器一起出土的，也可能是割绳索缚柲的。铜器刀索癸鼎铭文作 🖼，上为刀，下似为绳索，表示用刀割绳索之意[5]。可相互印证。

———————

① 吴大澂：《愙斋集古录》第20册，第11页。

② 石璋如：《殷墟最近之重要发现附论小屯地层》，载《中国考古学报》第2册，1947年，第18—19页。

③ 李济：《记小屯出土之青铜器》，载《中国考古学报》第4册，1949年，第37页。

④ 陈梦家：《殷代铜器》，载《考古学报》第7册，1954年，第52页。

⑤ 罗振玉：《贞松堂集古遗文》第2卷，第31页。

在河南信阳长台关大墓中，弧背凹刃环首刀，与刮刀、小锛、锯、毛笔及笔筒等全部文具同箱出土[①]，可能是削制竹简的工具。《考工记》载："筑氏为削。"郑玄注："今之书刀。"铜器册册乙觯铭文作 ，两边为竹简穿起的册，中间为弧背凹刃的刀，表示用刀削制竹简作册[②]，可与之印证。

在古代的青铜刀中，除贵族使用的少数刀有专用外，广大劳动者使用的铜刀，一般都是多种用途的。它用于宰杀牲畜就是屠刀，用于剥剔兽皮就是刮刀，用于劈竹就是篾刀，用于切割食物就是厨刀，用于加工木器用具，起木工刀的作用。需要特别指出的是：有些铜刀还要割取禾穗，起镰刀的作用。我国边疆后进民族使用金属刀的情况完全证实了这一点。如西藏米林县的珞巴族，使用的一种铁质小刀珞巴话叫"约节（克），刀柄与刀身成45度角，刃部弯向外部，便于削刮，分大中小三种，刀长分别为19厘米、16厘米、9厘米，宽度为3—2厘米……通常裹在皮套内悬于腰间，是削竹篾、编竹器、剥兽皮和加工细致用具的工具，在农业上可以收割鸡爪谷，也可切肉切菜。"（图十三：5）[③]。墨脱县珞巴族的铁小刀，"身长十三公分，宽三公分，刀柄长九公分。用于剥兽皮、切菜、切肉、削竹篾、削藤条、收庄稼、自卫"[④]。隆子县珞巴族的铁小刀也"用于收割、切肉、切菜、削藤条、削竹篾等"[⑤]。刀类兼用于收割禾穗，在其他少数民族中也不鲜见，如西藏察隅县的僜人"收割鸡爪谷穗，使用几厘米长的小刀片"。[⑥]云南西部怒江地区的怒族人，解放前使"用小尖刀或砍刀……收割谷物"[⑦]。从收割禾穗使用的刀型看，米林县珞巴族的刀柄与刀身成45度角，刃部弯向外部，当属凸刃刀。察隅县僜人的几厘米长的小刀片，当属直刃刀。云南怒族的砍刀当属较大

---

① 河南省文化局文物工作队第一队：《我国考古史上的空前发现，信阳长台关发掘一座战国大墓》，载《文物参考资料》1957年第9期，第22页。

② 吴大澂：《愙斋集古录》第20册，第12页。

③ 中国社会科学院民族研究所：《西藏米林县珞巴族社会历史调查报告》，珞巴族调查材料之一，1978年5月铅印，第10页。

④ 中国社会科学院民族研究所：《关于西藏珞巴族的几个调查材料》，珞巴族调查材料之二之五，1978年5月铅印，第54—55页，第21页。

⑤ 同上。

⑥ 中国社会科学院民族研究所：《僜人社会历史调查报告》，1978年5月铅印，第20页。

⑦ 李根蟠：《怒族解放前农业生产中的几个问题》，载《农业考古》1983年第1期，第166页。

型的直背直刃刀，小尖刃当属小型尖刃刀。从刀的长短看，有几厘米的，也有 13、16、19 厘米的。怒族的砍刀则更长。可以看出这些后进民族使用于收割禾穗的刀类并不是单一的。由此可以推论，出土的先秦形制多样的青铜刀，有相当大的部分也用于收割禾穗。由于受附近较先进民族的影响，僜人、珞巴族和怒族等边疆的少数民族一开始就使用铁刀，而不是铜刀；但所反映人们初期使用的金属刀具有多种用途，特别是也使用于农业生产的情况，则有普遍意义。它为我们研究古代铜工具的功用，提供了具体形象的例证。在出土的先秦生产工具中，铜刀的数量相当可观，铜刀也使用于农业生产，就可证我国古代使用于农业生产的铜工具，不是很少，而是大量的。

二　端刃铜刀的分类与功用

已出土的青铜端刃刀总数 267 件以上，大体可以分为如下 7 种类型。

Ⅰ、长条形，端部平刃（或微弧刃）的。这类器物中器形较小的出土较少。河南郑州二里冈商代遗址出土的一件，全器作扁形长条，下端较宽，刃锋利。上端较窄，并留有残木痕，使用时可能是夹在木柄上，长 6.2 厘米、刃宽 1.9 厘米、厚 0.08 厘米（图十四：1）[1]。安阳市大司空村殷代文化层出土的两件，一件通长 5.6 厘米，前段刀身遍长，平刃宽 0.6 厘米，刃的两侧均为斜面，形成对称楔角，后段为圆锥体。另一件通长 5.44 厘米，呈四棱长条形，尾端细，前端扁而略宽，平刃宽 0.48 厘米，锋刃两侧之楔角夹面，一直一斜（图十四：2、3）[2]。山西省侯马镇上马村东周墓出土的一件，器体扁平细长，横剖面长方形，刃薄而锋利，上端有明显的锤打痕迹。长 8 厘米，宽 1 厘米，厚 0.3 厘米[3]。北京市通县中赵甫村出土战国时的这类刀，通长 9.7 厘米，刀体呈圆柱形，一端开出刃口，较为锋利（图十四：4）[4]。从这类器物的形制看，窄刃的当为刻刀之一种。有人对出土的商代甲骨文字刻画进行分析，认为在刻字使用的工具

---

[1]　河南省文化局文物工作队：《郑州二里冈》，科学出版社 1959 年版，第 36—37 页。

[2]　赵铨等：《甲骨文字契刻初探》，载《考古》1982 年第 1 期，第 86—88 页。

[3]　山西省文管会侯马工作站：《山西侯马上马村东周墓葬》，载《考古》1963 年第 5 期，第 231 页。

[4]　程长新：《北京市通县中赵甫出土一组战国青铜器》，载《考古》1985 年第 8 期，第 700 页。

中，有一种是窄的平刃刻刀①。宽刃的，类似今日木工的扁铲，可能用于刮削木器骨器等。

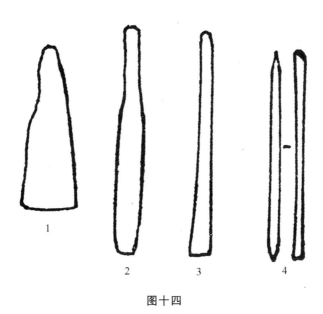

图十四

在出土物中，有一类器体更长、刃口更宽的端部平刃（包括弧刃）刀，出土数量稍多。从四川汉元县富林公社、山西原平县峙峪村、安徽寿县朱家集等处的出土物观察，其磨损痕迹似为使用于土中所致，应为农具锄片，归铸类详为论述，此处从略。

Ⅱ、柄与器体无明显分界，一端稍窄而厚，顶平齐；一端稍宽开斜刃的。这类器物出土较多。河南郑州商代遗址②、安阳殷墟小屯村③、安阳西区殷代墓葬④、安阳大司空村殷代文化层⑤、安阳钢铁厂殷代遗址⑥、信阳

---

① 赵铨等：《甲骨文字契刻初探》，载《考古》1982 年第 1 期，第 86—88 页。
② 河南省文化局文物工作队第一队：《郑州商代遗址的发掘》，载《考古学报》1957 年第 1 期，第 59 页。
③ 李济：《记小屯出土之青铜器》，载《中国考古学报》第 4 册，1949 年，第 54 页。
④ 中国科学院考古研究所安阳工作队：《1969—1977 年殷墟西区墓葬发掘报告》，载《考古学报》1979 年第 1 期，第 94 页。
⑤ 赵铨等：《甲骨文字契刻初探》，载《考古》1982 年第 1 期，第 86—87 页。
⑥ 中国社会科学院考古研究所安阳工作队陈列室展品。

市平西大队春秋墓[①]、信阳长台关大墓[②]、汲县山彪镇战国一号墓[③]、辉县赵固区一号战国墓[④]、陕西兰田县怀珍坊村商代遗址[⑤]、宝鸡市茹家庄冯家塬西周墓[⑥]、凤翔城关北街六队[⑦]、山东长清县王玉庄商代遗址[⑧]、湖北江陵县拍马山楚墓[⑨]、襄阳县施坡大队蔡坡土岗岭十二号墓[⑩]、上海市上海县马桥镇东古遗址[⑪]、广东肇庆市北岭松山古墓[⑫]、四川成都市无线电机械工业学校内古墓[⑬]、四川犍为县金井公社万年大队二生产队巴蜀墓[⑭]等处都有出土。在形体大致相同的这型器物中，又各有特点，功用似有不同。

这型刀，对照今日使用的情况，在古代至少有三方面的用处。斜刃较宽的一些刀，今日常用来削铅笔头，古代也可能用以削制微小的器物。《韩非子·外储说左上》："郑有台下之冶者谓燕王曰：臣为削者也，诸微物必以削削之"，可能就是使用这种斜刃刀削制。河南信阳长台关大墓出土的这种斜刃刀，一件长23厘米，一件长21.3厘米，皆镶嵌于较宽的木柄之中，木柄长至刃部并宽于刃部（图十五：1、2）。很显然不宜使用于雕刻器物，而是削制器物的工具。从它与小型铜锛、铜锯、尖刃夹刻刀等工具伴出来看，很可能是削制竹简的工具。

今日，考古工作中修复陶器也往往使用一体短刃宽的斜刃刀。湖北江

---

① 河南省博物馆等：《河南信阳市平桥春秋墓发掘简报》，载《文物》1981年第1期，第11页。

② 河南省文化局文物工作队第一队：《我国考古史上的空前发现，信阳长台关发现一座战国大墓》，载《文物》1957年第9期，第21页。

③ 郭宝钧：《山彪镇与琉璃阁》，科学出版社1959年版，第29页。

④ 中国科学院考古研究所：《辉县发掘报告》，科学出版社1956年版，第118页。

⑤ 西安半坡博物馆等：《陕西兰田怀珍坊商代遗址试掘简报》，载《考古与文物》1981年第3期，第50页。

⑥ 宝鸡茹家庄西周墓发掘队：《陕西宝鸡市茹家庄西周墓发掘简报》，载《文物》1976年第4期，第43页。

⑦ 凤翔县文化馆，文物陈列室展品。

⑧ 山东省博物馆：《山东长清出土的青铜器》，载《文物》1964年第4期，第43页。

⑨ 湖北省博物馆：《湖北江陵拍马山楚墓发掘简报》，载《考古》1973年第3期，第157页。

⑩ 襄阳首届亦工亦农考古训练班：《襄阳蔡坡12号墓出土吴王夫差剑等物》，载《文物》1976年第11期，第66页。

⑪ 上海市文管会：《上海马桥遗址第一、二次发掘》，载《考古学报》1978年第1期，第124页。

⑫ 广东省博物馆等：《广东肇庆市北岭松山古墓发掘简报》，载《文物》1974年第11期，第72页。

⑬ 四川省文管会：《成都战国土坑墓发掘简报》，载《文物》1982年第1期，第29页。

⑭ 王有鹏：《四川犍为县发现巴蜀墓》，载《文物资料丛刊》第7期，第171页。

陵拍马山楚墓出土的一件，体短刃宽，斜刃端伸出成扫帚状，全长 7 厘米
（图十五：3）①，与今日修复陶器所用之刀十分相似。在古代做陶坯及在其
上刻制花纹和条棱，大概要使用这类刀。

图十五

　　今日使用的雕刻刀，有宽窄长短各种型号，古代的雕刻刀也会有大小
的差别、形制上的不同。河南汲县山彪镇战国一号墓出土的一件，体窄长
扁平，上端平齐，下端有斜刃。平齐端有长方圭首孔。长，一侧为 21.9
厘米，一侧为 23.5 厘米，宽 2.2—2.75 厘米，厚 0.3 厘米（图十五：
4）②。河南安阳殷墟西区墓葬出土的扁平斜刃刀 10 件，长短不一。标本
1127:5，长 17.6 厘米（图十五：5），283:4，断面呈工字形，把端有铸

① 湖北省博物馆等：《湖北江陵拍马山楚墓发掘简报》，载《考古》1973 年第 3 期，第 157 页。
② 郭宝钧：《山彪镇与琉璃阁》，科学出版社 1959 年版，第 29 页。

痕，长 14.6 厘米（图十五：6）。31:6，长 5.9 厘米（图十五：7）。其中最小的 27:5，长 3.8 厘米①。河南安阳小屯村大连坑南方井出土的一件，细长扁条形，中段状甚臃肿，原横截面似为长方形，近刃处渐趋扁窄，刃由两面偏之中锋构成，刃口斜行，甚薄，刃口宽 0.9 厘米②。周鸿翔先生于《殷代刻字刀的推测》一文中在谈到最后一件刻刀时说："长仅 6.7 公分。绝不适用于实际刻字。"③ 意谓柄部太短，不好把握操持。从信阳长台关大墓出土的斜刃刀镶嵌于较宽的木柄中来看，这些较短小的刻刀，也当是镶嵌于较宽的木柄中把握使用的。周先生显然是没有考虑到这一层。

Ⅲ、柄与器体有明显的分界，有较宽斜刃的。这型端刃刀主要出在四川。成都百花潭中学 10 号战国墓出 4 件，两件扁平细长，有较细的柄，器身稍宽，下端为斜刃，通长 32 厘米（图十六：1、2）；另两件形制大体类似，只较宽短，通长 20 厘米（图十六：3、4）④。峨眉符溪出土 5 件，形制类似，大小有别，最大的一件长 22.5 厘米，最宽处 3.5 厘米（图十六：5）；最小的一件长 16 厘米，最宽处 1 厘米（图十六：6）⑤。巴县冬笋坝出土的一件，残长 13.9 厘米，最宽处 2.3 厘米（图十六：7）⑥。另外四川博物馆库藏有形制类似的一些传世品。

最精致的是四川绵竹清道公社二大队出土的两件，有细柄，刀身较宽。通长 23 厘米，刃宽 10 厘米，柄部有花纹，两件同式同大（图十六：8）⑦。这型与Ⅱ型相比，只是柄部形制不同，其功用应与Ⅱ型大体相同。

Ⅳ、柄部有直銎，有较宽斜刃的。多出河南、陕西地区。河南浚县辛村西周墓出土的一件，上端为管状，可纳木柄，下有斜角刃。近柄处三面有夔龙纹，长 15.7 厘米、管端面宽 2.5 厘米（图十七：1）⑧。陕西临潼县零口公社西段大队西周墓出土的一件，器体细长，顶端有圆銎，銎面有一

① 中国社会科学院考古研究所安阳工作队：《1969—1977 年殷墟西区墓葬发掘报告》，载《考古学报》1979 年第 1 期，第 94 页。

② 李济：《记小屯出土之青铜器》，载《中国考古学报》第 4 册，1949 年，第 54 页。

③ 周鸿翔：《殷代刻字刀的推测》第 17—19 页，载《联合书院学报》第 6 册，1967—1968 年。

④ 四川省博物馆等：《成都百花潭中学十号墓发掘记》，载《文物》1976 年第 3 期，第 42 页。

⑤ 峨嵋地区文管所藏品。

⑥ 四川省博物馆库藏品。

⑦ 四川省文管会办公室考古队藏品。

⑧ 郭宝钧：《浚县辛村》，科学出版社 1964 年版，第 46 页。

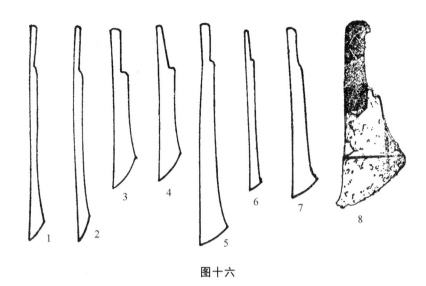

图十六

孔，下为斜刃，长 23 厘米（图十七：2）①。陕西凤翔城关北街六队出土的
一件，器呈长条形而微弧，下端为斜刃，上端为方銎，通长 18 厘米（图
十七：3）②。这型与Ⅱ、Ⅲ型相比，也是柄部形制有别，装柄方法不同，
其功用应与Ⅱ、Ⅲ型相同。

　　Ⅴ、长条形，柄部装饰鸟龙等形，下为斜刃的。已知的出土 3 件。新
中国成立前河南安阳小屯村第 186 号殷墓出土两件，一件宽 0.6 厘米，厚
0.2 厘米，全长 8.7 厘米，刀片长 3.4 厘米（图十七：4）；另一个全长
8.6 厘米，刀片长 3.9 厘米，刃口长 0.7 厘米，刀身厚 0.2 厘米（图十七：
5），柄部皆饰龙形附加物③。河南安阳苗圃北地殷代遗址出土一件，通长
8.1 厘米，前端为斜刃，后端铸成立鸟形柄头（图十七：6）④。

　　这型刀，石璋如先生在他所撰写的《殷墟最近之重要发现附论小屯
地层》中说："或为雕刻的用具。"⑤ 后又于《小屯后五次发掘的重要发
现》一文中补充说："这刀或者是王者侍从随身佩带，占卜刻辞用的。

　　①　临潼县文化馆：《陕西临潼发现武王征商簋》，载《文物》1977 年第 8 期，第 2 页。
　　②　凤翔县文化馆，文物陈列室展品。
　　③　李济：《记小屯出土之青铜器》，载《中国考古学报》第 4 册，1949 年，第 54 页。
　　④　赵铨等：《甲骨文字契刻初探》，载《考古》1982 年第 1 期，第 86—87 页。
　　⑤　载《中国考古学报》第 2 册，1947 年，第 74 页。

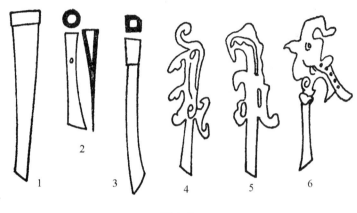

图十七

其硬度相当高。"① 但是。周鸿翔先生在《殷代刻字刀的推测》一文中提出不同的意见，他认为 "契刻骨刻，不论刻字或雕镂，实在是不容易的，除了刀锋锐利外，尚要施用极大的指掌之力及腕力；而此二刀的刀柄却成龙形（或兽形），凹凸崎岖，无从掌握，更何论操刀、用力、契刻？……似乎应是当时的玩物或饰物。"② 在王振铎先生的倡导下，赵铨、钟少林、白荣金三同志对甲骨刻字作了实验。经初步测试比较，干硬的骨料，其硬度均在摩氏 3 度以下，而试铸的几种青铜刀（含锡量为 17％、23.5％、25％、31％）的硬度可以达到摩氏 3 至 5 度。说明具有一定硬度而又磨制锋利的青铜刀，在一般骨料上刻字是完全可以做得到的。特别是在说到殷代甲骨刻字的刀具时，列举了上述 3 件龙形柄（或兽形柄）和鸟形柄的刻刀③。似与石璋如的意见一致；但对周鸿翔先生提出的质疑未作正面回答。我认为这种龙形和鸟形柄刻刀似镶嵌于较宽的木柄中把握使用，凹凸崎岖的铜质柄部嵌入木柄，则不易动摇脱落而更加稳固。大概是一个侧面嵌入，另一侧面外露，形成刀柄上的动物形花纹，既美观，又便于使用。

　　Ⅵ、长条形，两端使用。或一端为斜刃，一端为尖刃；或两端皆为斜刃或平刃的。出土物不多。内蒙古宁城县小榆树林子夏家店下层文化

① 载《六别同录》上册。
② 载《联合书院学报》第 6 册，1967—1968 年，第 17—19 页。
③ 赵铨等：《甲骨文字契刻初探》，载《考古》1982 年第 1 期，第 86—87 页。

出土的一件，扁平长条形，一端较宽，两面斜刃，一端窄细为扁锥刃（图十八：1）①。河南郑州二里冈战国墓出土的作柱状，两头有刃②。山西侯马南郊祭祀遗址出土的一件，器体中部为四棱形，宽 0.7 厘米，厚 0.7 厘米，通长 16 厘米，一端稍宽成斜刃，一端形成尖锋（图十八：2）③。四川成都百花潭中学出土的一件，长 10.5 厘米，宽 0.5 厘米，截面长方形，一端稍宽，双面平刃，一端稍窄，单面平刃（图十八：3）④。浙江绍兴市坡塘公社狮子山古墓出土的端刃刀中，有一些两端有刃。标本 M306:27，长 30 厘米，两端宽 1.1 厘米，中段宽 0.8 厘米，两端各开单面斜刃（图十八：4）⑤。

　　这型刀，从其出土的时间、地点、周围环境等方面分析，其用途可能各不相同。内蒙古宁城县小榆树林子出土的一件，时间较早，较宽的一端刃部可能用以切割皮革，较窄的一端，可能是用以穿刺皮革的扁锥。山西侯马出土的一件，可能是两端皆用于刻画陶坯、陶模、陶范的工具。四川成都百花潭中学出土的一件可能为两端皆用于雕刻的平刃刻刀。浙江绍兴出土的可能是两端皆用于削、刮器物的斜刃刀。

　　Ⅶ、长条形，截面为弧形或人字形，一端平齐，一端为柳叶形尖刃的。这是端刃刀中出土最多的一种，但因对其功用理解不同，因而命名各异。湖北江陵县纪南城望山一号墓出两件⑥、襄阳县蔡坡山冈战国墓出一件⑦、纪南城松柏区 30 号建筑遗址出一件⑧，皆称刻刀。湖南衡南县保和圩农场春秋墓出一件⑨、韶山灌区湘乡东周墓出 7 件⑩、长沙浏城桥一号墓

　　① 内蒙古自治区文物工作队：《内蒙古宁城县小榆树林子遗址试掘简报》，载《考古》1965 年第 12 期，第 621 页。
　　② 河南省文化局文物工作队：《郑州二里冈》，科学出版社 1959 年版，第 71 页。
　　③ 山西省文物考古研究所侯马工作站库藏品。
　　④ 四川省博物馆四川历史文物展览室陈列品。
　　⑤ 浙江省文管会：《绍兴 306 号战国墓发掘简报》，载《文物》1984 年第 1 期，第 18 页。
　　⑥ 湖北省文化局文物工作队：《湖北江陵三座楚墓出土大批重要文物》，载《文物》1966 年第 5 期，第 36 页。
　　⑦ 湖北省博物馆：《襄阳蔡坡战国墓发掘报告》，载《江汉考古》1985 年第 1 期，第 17 页。
　　⑧ 湖北省博物馆等：《楚都纪南城的勘察与发掘》（下），载《考古学报》1982 年第 4 期，第 483 页。
　　⑨ 湖南省博物馆：《湖南衡南、湘南发现春秋墓葬》，载《考古》1978 年第 5 期，第 298 页。
　　⑩ 湖南省博物馆：《湖南韶山灌区湘乡东周墓清理简报》，载《文物》1977 年第 3 期，第 37 页。

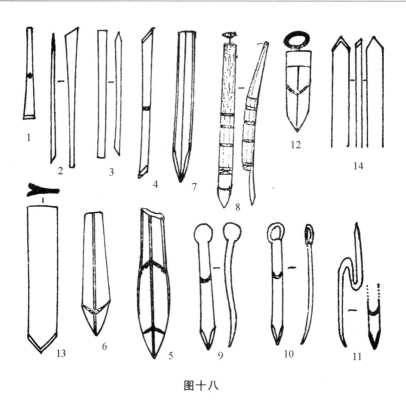

图十八

出 3 件①、湖南资兴县旧市春秋墓出 5 件②，皆称削。湖南宁乡县炭河里出
一件③、祁东县小米山出一件④、资兴旧市曹龙山、送塘山战国墓出 3 件⑤
（图十八：5），皆称刮刀。耒阳县水泥厂春秋墓出两件，又称刮削刀⑥。广
西平乐县银山岭战国墓出 16 件（另出同形制铁器物 59 件）⑦、宾阳县韦坡
村出两件⑧，亦称刮刀。广东曲江县马坝石峡遗址出两件⑨，也称刮刀。增

①　湖南省博物馆：《长沙浏城桥一号墓》，载《考古学报》1972 年第 1 期，第 69 页。

②　湖南省博物馆等：《资兴旧市春秋墓》，载《湖南考古辑刊》第 1 辑，第 27 页。

③　何介钧：《湖南商周时期古文化的分区探索》，载《湖南考古辑刊》第 2 辑，第 126 页。

④　衡阳地区文物队：《祁东小米山发现春秋铜器》，载《湖南考古辑刊》第 2 辑，第 203 页。

⑤　湖南省博物馆：《湖南资兴旧市战国墓》，载《考古学报》1983 年第 1 期，第 114 页。

⑥　湖南省博物馆等：《耒阳春秋战国墓》，载《文物》1985 年第 6 期，第 2—3 页。

⑦　广西壮族自治区文物工作队：《平乐银山岭战国墓》，载《考古学报》1978 年第 2 期，第
240—241 页、248 页。

⑧　广西壮族自治区文物工作队：《广西宾阳县发现战国墓葬》，载《考古》1983 年第 2 期，
第 148 页。

⑨　朱非素：《马坝石峡遗址出土的青铜器》，载《文博通讯》1978 年第 3 朋，第 12 页。

城西瓜岭村遗址出一件,也称刻刀①。广东罗定县太平公社南门垌出一件②、四会县乌旦山战国墓出两件③、广宁县铜鼓岗战国墓出 72 件（图十八：6）④,皆称篾刀。广东德庆县凤村大队落雁山战国墓出一件,称穿刀⑤。浙江绍兴市坡塘公社狮子山古墓出 7 件,亦称篾刀⑥。四川大邑县五龙公社机砖厂巴蜀墓出一件⑦、绵竹县清道公社二大队出 4 件⑧、峨眉符溪出 3 件⑨、也称刻刀。四川成都百花潭中学出两件,也称削⑩。四川新都县晒坝战国木椁墓出 10 件⑪、犍为县金井公社万年大队出一件⑫,皆称雕刀。四川成都西郊青羊宫侧医院大楼工地古墓出土一件,称椎刀⑬。香港出土 5 件⑭、《贞松堂集古遗文》卷十一第 15 页著录传世品两件,皆称铜锐。河南信阳市长台关战国大墓出一件,称尖刃夹刻刀⑮。另外陕西凤翔城关北街六队出土一件,兰田县怀珍坊出土形制类似的器物一件。

从以上所举可知,这型器物的命名因时因地因人而异,有削、刻刀、尖刃夹刻刀、刮刀、穿刀、篾刀、雕刀、椎刀、铜锐等。不同的命名,反映对器物功用的不同认识。我认为要注意这型器物大同中的小异,从形制微小的差别中,区分它们的功用。

河南信阳长台关大墓出土的一件,原报告称为尖刃夹刻刀,长 20.6 厘米,器体较宽厚,虽有脊棱,但截面较扁平。器体两边有边棱,下端形成三角形锋刃,锋部较秃钝,不宜于雕刻,可能利用二等边的斜刃,削、刮器物（图十八：7）。从与铜锛、铜锯、铜斜刃刀等伴出看,当为削、刮

---

① 广东省文管会等：《广东增城、始兴的战国遗址》,载《考古》1964 年第 3 期,第 151 页。

② 广东省博物馆：《广东罗定出土一批战国青铜器》,载《考古》1983 年第 1 期,第 46 页。

③ 广东省博物馆：《广东四会乌旦山战国墓》,载《考古》1975 年第 2 期,第 106 页。

④ 广东省博物馆：《广东广宁县铜鼓岗战国墓》,载《考古学集刊》Ⅰ集第 115 116 页。

⑤ 广东省博物馆等：《广东德庆发现战国墓》,载《文物》1973 年第 9 期,第 19 页。

⑥ 浙江省文管会：《绍兴 306 号战国墓发掘简报》,载《文物》1984 年第 1 期,第 18 页。

⑦ 四川省文管会：《四川大邑五龙战国巴蜀墓葬》,载《文物》1985 年第 5 期,第 36 页。

⑧ 四川省文管会办公室考古队藏品。

⑨ 峨眉地区文管所藏品。

⑩ 四川省博物馆,四川历史文物展览室陈列品。

⑪ 四川省博物馆等：《四川新都战国木椁墓》,载《文物》1981 年第 6 期,第 5、8 页。

⑫ 四川省博物馆：《四川犍为县巴蜀土坑墓》,载《考古》1983 年第 9 期,第 783 页。

⑬ 四川省博物馆：《成都西郊战国墓》,载《考古》1983 年第 7 期,第 597—600 页。

⑭ 陈公哲：《香港考古发掘》,载《考古学报》1957 年第 4 期,第 10—12 页。

⑮ 河南省文化局文物工作队第一队：《我国考古史上的空前发现,信阳长台关发现一座战国大墓》,载《文物》1957 年第 9 期,第 21 页。

竹简的工具。形制相同的这类工具，大概还会用于劈竹篾，削、刮制竹木器等。这一类称之为篾刀、刮刀是恰当的。

四川新都县马家公社晒坝东北战国木椁墓出土的 10 件，原报告称雕刀，刀身微拱，断面呈弯度较大的弧形，锋刃略呈三角形，正面有一脊。保存完好的 5 把，装有木柄，用索绑缠 4 道，髹以黑漆，柄后端微向上翘。身长 18.5 厘米，宽 2.4 厘米，连柄通长 28—29 厘米（图十八：8）。另 5 件形制相同，唯木柄已朽。这种器物锋部秃钝，不宜雕刻，又因器体截面弯曲度大，致使尖端二等边斜刃内卷，也不宜削刮器物，很可能是制作竹器边沿的穿刀。即制作竹器边沿时，先以此刀穿入，然后以数根竹篾从刀的弯曲孔中穿过，如此往复，绕成光滑的竹器边口沿棱。

笔者于 1982 年在陕西省扶风县城和法门寺的铁货摊上发现三种柄部不同而器身和刃部与上述铜穿刀类似的铁工具。其一，长条形，断面成弯曲度较大的弧形，下端成三角形尖刃，尖锋秃钝，两等边斜刃因器体弯曲度大而内卷，不宜削、刮器物，上端柄部为一圆铁球，通长 18 厘米（图十八：9）。其二，器体和刃部形制与前者相同，柄端为一环，通长 20 厘米，体宽 2.4 厘米（图十八：10）。其三，一端的器体和刃部形制与前二者同，另一端为尖刃，中段折成扁 S 形，便于把握使用（图十八：11）。询之当地群众，曰：皆为穿背篼边的工具。背篼是当地群众背在背上的盛物竹器，穿编边沿，即使用此种工具。以今证古，把古代这类刀称为穿刀是适宜的。

从出土地点看，这类形制的铜质篾刀和穿刀，除一件出自陕西凤翔外，其余皆出自南方和西南各省。这些地区多产竹，竹器制作古代就很发达，显然与制作竹器有关。从出土物的时代看，绝大多数为东周器物，大概上述形制的这类刀是东周制作竹器所使用工具的通行形制。有两件时代较早的，形制上有较大的差异。一件出自湖南宁乡县炭河里，为商末周初之器。长条形，截面为人字形，下端为三角形尖刃，上端有椭圆形銎（图十八：12）。原作刮刀①。此器除多一纳柄的銎外，似与上述东周穿刀相同，也应是穿竹器边沿的工具。另一件出自陕西兰田县怀珍坊，时代早到商代、形制独异。器为长条形，长 11.5 厘米，宽 2.5 厘米，下端两面斜

<hr>

① 何介钧：《湖南商周时期古文化的分区探索》，载《湖南考古辑刊》第 2 辑，第 126 页。

刃，收聚成尖锋。一个长边形成凹槽，截面呈"丫"形（图十八：13）[1]。大概是商代陕西地区使用穿刀的形制。编制竹器口沿时，先以此刀穿入，然后从"丫"形的三个空隙中穿入三根竹篾，反复缠绕，编成光滑的沿棱，使竹器经久耐用。

这型中，器体较窄，截面扁平，下端开单斜面二等边三角锋刃的，当为刻刀。据一些人对甲骨文笔画刻槽的分析，使用的工具之一即为三角形刃刀刀具（图十八：14）[2]。

综上所述，有两点值得注意：其一，同一功用的工具，因时代、地区不同，往往形制上有较大差异，在端刃刀上是如此，在其他工具上也应如此。在研究古代青铜工具时，切忌用一种标准形制，甚至是铁工具的一种形制去框套，认为非此者皆为他物。这显然是不符合历史实际的。其二，形体大致相同的工具，又因大小宽窄厚薄不同，而功用各异。在青铜端刃刀中，既有刻刀、刮刀、削刀，也有篾刀、穿刀，还有铜锄片；既有生活用器，也有生产工具，涉及社会生活、文化、制作陶器、竹器、木器和农业生产各个方面。仅从端刃刀一类中即可窥知我国古代使用的青铜工具，包括在农业中使用青铜工具，不是很少，而是大量的。

插图目次

---

[1]　兰田县文化馆藏品。

[2]　赵铨等：《甲骨文字契刻初探》，载《考古》1982年第1期，第87—89页。

2. 河南安阳小屯村出土的殷代铜刀（采自《中国考古学报》第四册，图版贰壹：17）

3. 河北藁城县台西村出土的商代铜刀（采自《考古》1973 年第 5 期，图版贰：2）

4、5、6. 四川新都县晒坝出土的战国铜刀（采自《文物》1981 年第 6 期。第 10 页，图二三：5、6）

图三

1. 吉林市骚达沟平顶东山山顶大棺墓出土的齿柄铜刀（采自《考古》1985 年第 10 期，第 905 页，图四：12）

2. 辽宁建平县水泉村出土的齿柄铜刀（采自《辽海文物学刊》1986 年第 2 期，第 23 页，图十四：3）

3. 辽宁沈阳市郑家洼子出土的齿柄带骨柄铜刀（采自《考古学报》1975 年第 1 期，第 147 页，图七：1）

4. 内蒙古宁城县孙家沟出土的齿柄铜刀（采自《文物资料丛刊》第 9 集，第 35 页，图三十：1）

5. 内蒙古敖汉旗古鲁板蒿公社周家地村出土的齿柄带木柄铜刀（采自《考古》1984 年第 6 期，第 421 页，图九：11）

图四

1. 江苏徐州市高皇庙村出土的殷代铜刀（采自《考古学报》1957 年第 3 期，第 29 页，图九）

2. 江苏东海县焦庄出土的西周铜刀（采自《文物》1975 年第 8 期，第 47 页，图一八：5）

3. 山东长清县王玉庄附近出土的殷代铜刀（采自《山东文物选集》普查部分第 22 页，图 61）

4. 郑州二里岗出土的商代铜刀（据郑州市博物馆商代历史陈列室展出实物摹绘）

图五

1. 北京市延庆县西拨子村出土的西周晚期铜刀（采自《考古》1979 年第 3 期，第 229 页，图四：2）

2. 内蒙古宁城县南山根夏家店上层文化遗址出土的铜刀（采自《考古学报》1975 年第 1 期，图版柒：1）

3. 青海都兰县诺木洪搭里他里哈遗址出土的铜刀（采自《考古学报》1963 年第 1 期，第 28 页，图十：3）

4. 内蒙古杭锦旗桃红巴拉村出土的铜刀（采自《考古学报》1976 年第 1 期，第 135 页，图四：2）

图六

1. 河南安阳小屯村出土的殷代铜刀（采自《中国考古学报》第 2 册，第 50 页，插

图十六：6）

2. 陕西岐山县京当公社出土的西周铜刀（据岐山县博物馆库藏实物测绘）

3. 北京市琉璃河镇黄土坡出土的西周铜刀（采自《考古》1974 年第 5 期，第 315 页，图十三：3）

4. 河南安阳殷墟西区墓葬出土的铜刀（采自《考古学报》1979 年第 1 期，第 94 页，图六九：6）

5. 安徽寿县李三孤堆楚王墓出土的战国铜刀（采自《楚器图录》第 1 集，三一图）

6. 山西石楼县后兰家沟出土的商代铜刀（采自《文物》1962 年第 4、5 期，第 33 页，图 4）

图七

1. 2. 山西柳林高红村出土的商代铜刀（采自《考古》1981 年第 3 期，图版伍：2、4）

3. 内蒙古出土的战国铜刀（据上海博物馆中国历史文物陈列室展出实物摹绘）

图八

1. 陕西岐山县京当公社出土的西周铜刀（据岐山县博物馆库藏实物测绘）

2. 陕西长安县张家坡出土的西周铜刀（采自《沣西发掘报告》第 83 页，图五十：3）

3. 陕西扶风、岐山交界处西周遗址出土的铜刀（采自《考古》1963 年第 12 期，第 655 页，图三：10）

4. 陕西省博物馆藏西周铜刀（据库藏实物测绘）

图九

1、2、3. 云南江川县李家山第一类墓出土的战国铜刀（采自《考古学报》1975 年第 2 期，第 123 页，图二八：1.2.3）

图十

1. 河南安阳大司空村出土的殷代牛头刀〔采自《河南出土商周青铜器》（一）图二九一〕

2. 上海博物馆藏殷代马头刀（据展出实物摹绘）

3. 河南安阳侯家庄出土的殷代兽头刀（采自《中国考古学报》第 4 册，第 32 页后，插图廿六：D1）

图十一

1. 故宫博物院藏殷代龙柄铜刀（据库藏实物测绘）

2. 河南安阳纱厂出土的殷代龙柄铜刀（据中国社会科学院考古研究所安阳工作队陈列室展出实物测绘）

3. 陕西张家坡出土的西周龙柄铜刀（采自《沣西发掘报告》图版柒拾：2）

图十二

1. 河南安阳出土的殷代铃首铜刀（采自《岩窟吉金图录》卷下第 49 页，63 图）

2. 甘肃灵台白草坡出土的西周镂空球首铜刀（采自《考古学报》1977 年第 2 期，第 116 页，图十五：4）

3. 青海湟源县大华中庄出土的镂空球首铜刀（采自《考古与文物》1985 年第 5 期，第 20 页图十六：10）

4. 殷代铃首铜刀（采自《The Museum of far Easten antiquities》N：017，p. 131，173）

5. 殷代铃首铜刀（据故宫博物院藏实物测绘）

图十三

1. 四川西昌县河西公社出土的战国双柄铜刀（采自《考古》1978 年第 2 期，第 93 页，图四）

2. 陕西宝鸡市出土的西周勺首铜刀（据宝鸡市博物馆库藏实物测绘）

3. 河南安阳殷墟出土的铜刀（据安阳市博物馆殷墟历史陈列室展品摹绘）

4. 殷周铜刀（据山西省博物馆库藏品测绘）

5. 西藏米林县珞巴族使用小铁刀示意图

图十四

1. 河南郑州二里冈出土的殷代铜平刃立刀（采自《郑州二里冈》图贰伍：9）

2、3. 河南安阳大司空村出土的殷代铜平刃立刀（采自《考古》1982 第 1 期，第 87 页，图一：a. b）

4. 北京市通县中赵甫村出土的战国平刃铜立刀（采自《考古》1985 年第 8 期，第 699 页，图十三：5）

图十五

1、2. 河南信阳市长台关战国墓出土的铜斜刃刀（采自《河南信阳楚墓出土文物图录》136 图）

3. 湖北江陵拍马山楚墓出土的铜斜刃刀（采自《考古》1973 年第 3 期，第 155 页，图七：5）

4. 河南汲县山彪镇战国墓出土的铜斜刃刀（采自《山彪镇与琉璃阁》图版贰柒：6）

5、6、7. 河南安阳殷墟西区墓葬出土的铜斜刃刀（采自《考古学报》1979 年第 1 期，第 94 页，图六九：1、2；图六八：10）

图十六

1、2、3、4. 四川成都百花潭中学 10 号墓出土的铜斜刃刀（采自《文物》1976 年第 3 期，第 42 页，图一四、图一五）

5、6. 四川峨眉符溪出土的战国铜斜刃刀（据峨眉地区文管所藏实物测绘）

7. 四川巴县冬笋坝出土的战国铜斜刃刀（据四川省博物馆库藏实物测绘）

8. 四川绵竹县清道公社出土的战国铜斜刃刀（据四川省文管会办公室考古队藏实物测绘）

图十七

1. 河南浚县辛村出土的西周有銎铜斜刃刀（采自《浚县辛村》图版陆伍：2）

2. 陕西临潼县西段大队出土的西周有銎铜斜刃刀（采自《文物》1977年第8期。第4页，图八：6）

3. 陕西凤翔城关北街六队出土的战国有銎铜斜刃刀（据凤翔县文化馆文物陈列室展品摹绘）

4、5. 河南安阳小屯村殷墓出土龙形柄铜斜刃刀（采自《中国考古学报》第4期，图版贰拾：4、5）

6. 河南安阳苗圃北地出土的殷代鸟形柄铜斜刃刀（采自《考古》1982年第1期，第87页，图二）

图十八

1. 内蒙古宁城县小榆树林子夏家店下层文化层出土的两端有刃铜刀（采自《考古》1965年第12期，第621页，图四：1）

2. 山西侯马南郊祭祀遗址出土的两端锋刃的春秋铜斜刃刀（据山西文物考古所侯马工作站藏实物测绘）

3. 四川成都百花潭中学出土的战国两端平刃铜刀（据四川省博物馆四川历史文物展览室1982年展出实物摹绘）

4. 浙江绍兴市坡塘公社狮子山出土的两端斜刃铜刀（采自《文物》1984年第1期，第18页，图二十：1）

5. 湖南资兴旧市出土的战国尖刃铜刀（采自《考古学报》1983年第1期，第112页，图一九：4）

6. 广东广宁铜鼓岗出土的战国尖刃铜刀（采自《考古学集刊》1集，第114页，图六：29）

7. 河南信阳市长台关大墓出土的战国尖刃铜刀（采自《河南信阳楚墓出土文物图录》138图）

8. 四川新都县晒坝战国墓出土的尖刃铜刀（采自《文物》1981年第6期，第10页，图二二：2）

9、10、11. 陕西扶风县使用的铁穿刀示意图

12. 湖南宁乡县炭河里出土的有銎铜穿刀（采自《湖南考古辑刊》第2辑，第125页，图四：20）

13. 陕西兰田县怀珍坊村出土的商代铜穿刀（据兰田县文化馆藏实物测绘）

14. 三角形刃刻刀示意图

第三章　锯、凿、锥、钻、错、鱼钩

锯、凿、锥、钻、错是手工业工具，也是制造工具的工具，从这些工具的形制及使用方式，可以了解到当时生产工具及器物的制造水平。鱼钩是渔猎的工具，用青铜鱼钩代替骨鱼钩是生产技术上的一大进步。

一　铜锯

锯是切割木、竹、骨、角等材料的工具。人们用上述原材料制造生产工具和用具，必须要切割成需要的形状及尺寸，将过长的截短，过厚的割薄，这就需要锯。人们对木、竹、骨、角等材料做较细致的加工，制作生产工具和器用，约开始于新石器时代的晚期，金属的锯，可能是适应这种制作上的需要而产生的。《物原·器原篇》说："轩辕作锯凿"，指的可能就是铜锯。

在新石器时代的遗址中，往往出土一些蚌锯和石锯。如陕西渭南县北刘新石器时代早期遗址中出土有蚌锯（图十九：1），山东邹县南关大队出土有石锯（图十九：2），这类非金属锯，似不宜于切割木、骨、竹、角等材料，它的功用，可能与蚌锯镰、石锯镰类似，用于断草、切割嫩树枝以采集果实、树叶等。非金属锯与金属锯的加工对象虽然不同，但是，作用于他物的切割原理是一致的。因而，蚌锯、石锯当是金属锯的祖型，后者是由前者发展而来的。

（一）不同形制的青铜锯

从地下发掘来看，已出土的青铜锯约80件，其中属于商代的13件，西周的7件，大部分为东周锯，形制主要有以下各种：

Ⅰ、刀形锯：共6件，4件为商代锯，另两件为战国锯。河北藁城县台西村商墓中出土的 1 件，像今之厨刀。通长 14.7 厘米，锯身长 8.1 厘米，宽 4.2 厘米，锯背厚 0.4 厘米，锯齿以上约宽 3 厘米的锯刀部分厚 0.1 厘米。有 32 个锯齿，齿状为二等边三角形，齿皆秃残，残高 0.2 厘米，齿根宽 0.2 厘米，齿微向两边倾斜，有小的料路①。陕西兰田县怀珍坊村商代遗址出土的两件，皆如今之瓦刀。1 件通长 18.2 厘米，齿部长 12.5 厘米，宽 4.7 厘米，柄长 5.7 厘米，宽 2.3 厘米，厚 0.1 厘米（图十九：4）。另 1 件通长 27 厘米，齿部长 17.5 厘米，宽 6.1 厘米，柄长 9.5 厘米，宽 2.5 厘米，锯背前端厚 0.1 厘米，中部厚 0.3 厘米，近柄处厚 0.4 厘米，锯齿以上约占锯刀 3/4 部分皆厚 0.1 厘米，锯齿磨损严重，皆秃残（图十九：5）。湖北黄陂县盘龙城李家咀商墓出土的 1 件，如今之切西瓜刀，凹背凸刃，通长 25.2 厘米，刀身长 18.2 厘米，最宽处 4.6 厘米，背厚 0.4 厘米，接近锯齿部分厚 0.15 厘米。齿状为二等边三角形，皆秃，残高 0.1 厘米，齿根宽 0.2 厘米，正面凿齿，齿微向两边斜出，有小的料路。柄部接刀身处厚 0.4 厘米，末端厚 0.1 厘米，柄宽 2 厘米，可能原来装有木柄（图十九：3）②。战国的两件刀锯于 1933 年出自安徽寿县朱家集李三孤堆楚王墓。一件通长 26 厘米，锯刀身长 16.7 厘米，宽 3 厘米。锯齿有大有小，大齿高 0.4 厘米，齿根宽 0.5 厘米，小齿高 0.2 厘米，齿根宽 0.2 厘米。齿状基本上为二等边三角形，有的微向一端倾斜。中间大部分为两大齿间一小齿，两头为小齿，有的向一端倾斜。正面凿齿，齿向两边斜出，有明显的料路。锯刀身背厚 0.5 厘米，近齿处厚 0.2 厘米（图十九：6）。另一件形制类似，但柄部残断。这类锯的锯刀面多数背厚于接近锯齿的部分，只能锯出浅槽或切割较薄的材料，其功用与今之槽锯类似。只有兰田县怀珍坊村出土通长 18.2 厘米的那件，锯刀面厚度一致，切割时可以过锯，其功用可能如今之刀锯，纵割横切皆可，不受材料宽厚的限制。

Ⅱ、夹背木柄锯：形制完整的有 6 件，皆战国锯。河南信阳市长台关大

---

① 在锯条上凿出锯齿后，要经过拨料，锯子才能使用。拨料就是把锯齿拨向左右，使锯缝宽度大于锯条度宽，可以减低锯条与木材的摩擦，并顺利地排出锯屑。因此，锯条的锯齿有的向左倾斜，有的向右倾斜，这种倾斜常称为料路。倾斜度大，齿端外侧至锯条厚度边缘距离长的，叫料路大。倾斜度小，齿端外侧至锯条厚度边缘距离短的，叫料路小。没有料路的锯子，容易夹锯，不能使用。

② 湖北省博物馆：《盘龙城商代二里冈期的青铜器》，载《文物》1976 年第 2 期，第 33 页。

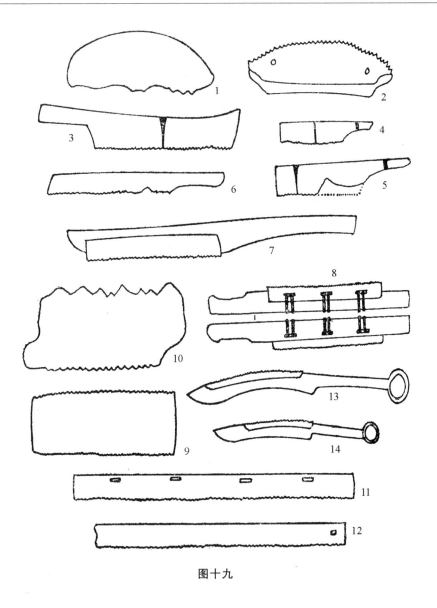

图十九

墓出土 1 件，四川新都县晒坝东北战国木椁墓出土 5 件。前者是将长 27.8
厘米的铜锯片嵌装于连柄的木背之中（图十九：7），后者大体同前，但作工
更细。铜锯片长 26 厘米，宽 4 厘米，中部有等距的三个长方形孔，锯背用
一长 44 厘米、宽 4.5 厘米、厚 0.8 厘米小楠木板制作，一端作成把手，中部
一侧凿出宽为 2.2 厘米长与锯片长度相等的浅槽，将锯片嵌入，露出锯齿，
再用一长宽与槽相同的木条掩压，条上与板的另侧亦凿有与锯片相对的 3 个

长方形孔，以细竹篾条穿孔绑捆，再髹黑漆而成（图十九：8）。这种锯的形制与今日木工所用的割槽锯十分相似。割槽锯又叫侧锯，锯条也是镶嵌在一块连有手柄的木板上，用钉铆牢，是专用作开榫槽和在宽阔的木料上开槽，上述夹背木柄锯可能也具有这种功用。从信阳长台关大墓出土的锯伴出有其他文具来看，墓主人生前可能用这种锯切割竹简等物。

Ⅲ、双刃锯片：已知的出土有 5 件，中国历史博物馆藏一件，出土于河南安阳市，定为商器①。山西永济县薛家崖②、河南洛阳市东周王城③、四川绵竹县清道公社二大队④、成都市百花潭中学⑤各出土一件，皆属战国锯。安阳出土的一件，锯片为长方形，长 27.6 厘米，宽 11.2 厘米，厚 0.1 厘米，两长边有锯齿，齿状为二等边三角形。一边为大齿，齿尖磨损皆秃，残高 0.15 厘米，齿根宽 0.3 厘米，另一边为小齿，较完好。齿高 0.15 厘米，齿根宽 0.2 厘米，皆正面凿齿，齿微向两边斜出，有微小的料路（图十九：9）。山西永济县薛家崖出土的一件，锯片残长 7.7 厘米，宽 3.5 厘米，齿状为二等边三角形，两边有锯齿，一边为小齿，齿高 0.15 厘米，齿根宽 0.2 厘米；另一边为大齿，间以中齿。大齿高 0.9 厘米，齿根宽 0.8—0.9 厘米，中齿高 0.2—0.3 厘米，齿根宽 0.3 厘米，皆从正面凿齿（图十九：10）。这类锯很可能与锯片之一端中部夹装木柄，以便把握使用，类似今日木工所用的双刃刀锯。一锯兼有两种锯齿，纵割横截、粗切细作，皆随其便。

Ⅳ、长条形单刃锯片：出土约 50 余片。中国社会科学院考古研究所安阳工作队陈列室展出两件，出自安阳市，为商代遗物。河南洛阳机瓦厂出一件，为西周遗物⑥。陕西扶风县云塘村出 6 件，定为西周之器。余皆为东周锯，出自河北平山县三汲公社⑦、易县燕下都 21 号遗址⑧、河南信

---

① 安阳市博物馆送交中国历史博物馆藏。
② 山西省博物馆库藏品。
③ 洛阳博物馆：《洛阳战国粮仓试掘纪略》，载《文物》1981 年第 11 期，第 61 页。
④ 四川省文管会办公室考古队藏品。
⑤ 四川省博物馆，四川历史文物展览室陈列品。
⑥ 洛阳市文物工作队库藏品。
⑦ 河北省文管处：《河北省平山县战国时期中山国墓葬发掘简报》，载《文物》1979 年第 1 期，第 11 页。
⑧ 河北省文管处：《河北易县燕下都第 21 号遗址第一次发掘报告》，载《考古学集刊》第 2 集，第 79 页。

阳长台关①、淮阳县平粮台②、汲县山彪镇③、辉县琉璃阁④、陕西咸阳市长陵车站⑤、凤翔县八旗屯⑥、山西永济县薛家崖⑦、安徽贵池县徽家冲⑧、浙江绍兴市西施山⑨、广东罗定县背夫山⑩、四川巴县冬笋坝⑪、郫县红光公社⑫、新都县马家公社⑬、绵竹县清道公社⑭、峨眉县符溪⑮以及成都市的羊子山⑯、罗家碾、圣灯公社⑰等处。还有少数传世品。其中成都市罗家碾出土的单刃锯条片约宽5.8厘米，长60余厘米（图十九：11），是目前已出土最长的锯条片。峨眉县符溪乡柏香林出土的锯片宽5.8厘米，长45.3厘米⑱，也是比较长的。这些锯条片中，有不少可能是夹背木柄锯的锯片，其中一部分是未曾装木柄的原件，一部分为木质部分腐烂后的遗物；但也有不少可能为其他类型锯的锯条片。四川省博物馆库藏战国单刃锯片，长20.9厘米，宽2.3厘米，一端残断，一端完整，于完整的一端有一小方孔（图十九：12），另一端原完整时也可能有一类似的小方孔。它可能用两端的孔固定在工字形木架上使用，类似今日木工所用的架锯（也叫拐锯）；也可能两端固定在弓形架上，如今日之钢丝锯。

出土的长条形单刃锯片最宽者为6厘米，最窄者为0.7厘米，大多数在4—2厘米之间。中国社会科学院考古研究所安阳工作队陈列室展出的1

① 《河南信阳楚墓出土文物图录》一三七图，河南人民出版社1959年版。
② 曹桂岑：《淮阳县平粮台4号墓发掘》，载《河南文博通讯》1980年第1期，第34页。
③ 郭宝钧：《山彪镇与琉璃阁》，科学出版社1959年版，第29页、55页。
④ 同上。
⑤ 陕西省社科院考古研究所渭水队：《秦都咸阳故城遗址的调查和试掘》，载《考古》1962年第6期，第288页。
⑥ 凤翔县文化馆文物陈列室展品。
⑦ 山西省博物馆库藏品。
⑧ 安徽省博物馆：《安徽贵池发现东周青铜器》，载《文物》1980年第8期，第22页。
⑨ 王士伦：《越国文物散记》，载《浙江日报》1962年3月4日。
⑩ 广东省博物馆等：《广东罗定背夫山战国墓》，载《考古》1986年第3期，第217页。
⑪ 四川省博物馆：《四川船棺葬发掘报告》，图版三二：2，文物出版社1960年版，第138—139页。
⑫ 李复华：《四川郫县红光公社出土战国铜器》，载《文物》1976年第10期，第91页。
⑬ 四川省博物馆等：《四川新都战国木椁墓》，载《文物》1981年第6期，第5页。
⑭ 四川省文管会办公室考古队藏品。
⑮ 四川省博物馆四川历史文物展览室陈列一件，峨眉地区文管所库藏7件。
⑯ 四川文管会：《成都羊子山第172号墓发掘报告》，载《考古学报》1956年第4期，第14页。
⑰ 成都市文管处库藏品。
⑱ 陈黎清：《四川峨眉县出土的一批战国青铜器》，载《考古》1986年第11期，第985页。

件商代锯片，长 5.5 厘米，宽 0.7 厘米，厚 0.1 厘米。从锯片很窄来看，有可能是曲线锯。曲线锯又叫穴锯，是专作锯割弧形或弯曲形材料用的工具，锯条较窄，便于在锯割中转弯。今世木工所用的曲线锯，锯条一般宽度为 0.6—1.5 厘米，这件锯条的宽度只有 0.7 厘米，可知它能锯割弯曲度大、圆弧直径小的器物。

长条形单刃锯片最厚者为 0.2 厘米，最薄者为 0.05 厘米，大部分在 0.1 厘米左右，全锯片厚度一致。唯安徽贵池县徽家冲出土的两件东周锯片，一长 10.2 厘米，宽 4.2 厘米，一长 11 厘米，宽 4 厘米。皆于近齿处厚 0.08 厘米，靠背处厚 0.05 厘米。这种齿部厚、背部薄的锯，只要做很轻微的拨料，有很小的料路，或不做拨料，没有料路，也能锯割木材，不致夹锯。青铜锯比后世的钢条锯要柔韧些，锯齿拨料后，经过短期使用，很容易复原，料路消失（这也是我们今天看到的青铜锯遗物有的料路很小，有的没有料路的原因所在）。如要继续使用，又需拨料。使用齿部厚背部薄的锯片，就可省去多次拨料的工序，这在青铜锯的发展中是一个较大的进步。

Ⅴ、削锯：即在削刀背上凿有锯齿的锯。已知的出土 7 件。皆为东周器物。从见到的实物看，锯的形制也不相同。浙江绍兴县红旗公社出土的一件，削长 24 厘米，刀身长 13 厘米，宽 2.3 厘米，削背凿锯齿部分长 10 厘米，锯片宽 0.8 厘米，锯片接近锯齿部分渐薄，截面为楔形。齿状为二等边三角形，齿高 0.1 厘米，齿根宽 0.1 厘米，齿从正面凿，齿尖磨损皆秃，有微小的料路（图十九：13）。绍兴市文管处库藏的两件，一件削通长 26.5 厘米，削背锯齿片长 12 厘米，宽 0.7 厘米，二等边齿，高 0.1 厘米，齿根宽 0.1 厘米。锯片上薄下厚成楔形。另一件削通长 20.9 厘米，削背锯片长 7 厘米，齿高 0.15 厘米，齿根宽 0.15 厘米，也有少数宽 0.2 或 0.1 厘米的。锯片宽 0.4 厘米，也是上窄下厚成楔形，锯齿部分下凹[①]。安徽淮南市蔡家岗赵家孤堆出土的两件，一件削通长 26 厘米，削背锯片长 11 厘米，宽 0.4 厘米，齿高 0.1 厘米，齿根宽 0.1 厘米，二等边齿。锯片截面上窄下宽成楔形；另一件削通长亦为 26 厘米，锯片宽 0.4 厘米，长 10.5 厘米。齿多秃平，齿高 0.05 厘米，齿根宽 0.05 厘米，锯片截面亦

---

① 实物存绍兴市文管处藏库，尺寸据实物测量。

为上窄下宽成楔形①。这几件锯，因锯片靠锯齿部分薄，其下则厚，只能锯出 0.1—0.2 厘米的浅槽，不能锯割较厚的器物。江苏丹徒县三山下湖出土的一件，削通长 21.5 厘米，最宽处 2 厘米，削背锯片部分长 9 厘米，宽 1 厘米，锯片等厚，齿状为二等边三角形。齿高 0.15 厘米，齿根宽 0.15 厘米。齿从一侧面斜凿，有微小的料路（图十九：14）。这件削锯可锯出深 1 厘米的槽，能锯割的材料比上几件要厚些②。另外浙江绍兴城关镇西施山也出土有削锯③。削锯可能为文具的一种，主要用于锯割薄厚不等的竹简。

（二）锯齿的形状与功用

如前所述，青铜锯的不同形制，锯片的不同宽度和厚度变化，都反映了其功用的差异和工艺方面的进步。下面想再从锯齿的大小及其形状方面作一些探索。为了便于叙述，需要先了解一下近代木工关于锯齿各部位的名称。如图二十：1 所示，1—2 为齿端，也叫齿刃。3—5 和 4—6 为齿根，1—2 与 3—4 之间的垂直高度为齿高，1—2—3—4 为齿面，也叫前面。1—2—5—6 为齿背，也叫后面。1—3—5 及 2—4—6 为齿侧也叫侧面。1—2—5—6 与 5—6—7—8 间的空间叫齿室。1—2 与 7—8 之间称齿距④。锯齿的形状，因功用不同大体分两类：一是截锯（也叫横锯），是沿着木理的直角方向横截的锯。齿端刃要切断木纹纵长的连接，使变成一块块的木碴，带入每一齿室。为使木碴（锯末）易于剔除，所以截锯的齿面与锯条长度线成直角（90°），齿背斜度为 60° 角（图二十：2）。锯齿较密、较小。一是顺锯（也叫纵锯），是沿着木理平行方向切割的锯。齿端刃要切断横向木质的长度，使木质纤维一条条地被齿端刃切断，并将木条带出锯口之外。为了易于切削，所以齿端刃必须修制成铲状，齿面与锯条背直线约成 80° 角，而齿面与相邻齿背仍为 60° 角（图二十：3）。锯齿较稀、较大。

从对出土实物观察，我国古代青铜锯的齿状是多种多样的。大多数为二等边三角形，即齿面和齿背等长，从齿端向齿根作垂直线，可以把锯齿

---

① 安徽省博物馆库藏品，尺寸据实物测量。

② 南京博物院内，吴文物联展陈列品（1982 年）。

③ 沈作霖：《绍兴出土的春秋战国文物》，载《考古》1979 年第 5 期，第 458 页。

④ 参考中国人民解放军铁道兵司令部编：《木工》，人民铁道出版社 1959 年版，第 63 页；《林产工业手册》（上册），中国林业出版社 1981 年版，第 42 页。

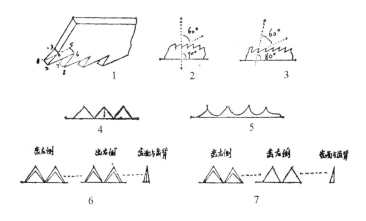

图二十

分成两个相等的直角三角形（图二十：4）。在这类齿形中，多数又是正面凿齿，齿面和齿背都是平面，没有形成刃。锯割木料时，齿端刃向下，切割木材较慢，但阻力小，较省力，推拉皆为工作行程，即一推一拉皆起切割作用。这种锯齿形状，比较原始，今世木工的锯多不采用，惟专供截断木材用的长条锯，即通常叫做龙锯的，有的采用这种形状的锯齿。就二等边三角形锯齿来说，应当是截锯锯齿的一种，但在古代，工具原始，分工不细，这种锯齿的锯，也可能用于顺割木材，如剖割板条等。

　　二等边三角形锯齿又有大小的不同。如出土的双刃锯片，一般都是一边为大齿，一边为小齿。大齿可能用于顺割木材，小齿可能用于横截木材。锯齿的大小还与切割材料的软硬有关，一般大齿用于较松软的木材，小齿用于较坚硬的木材和角、骨等物。陕西扶风县云塘村西周骨器制造作坊出土的铜锯，齿距仅 0.1—0.2 厘米，锯齿很小，显系与锯割骨料有关[1]。四川新都县晒坝出土夹背木柄锯的锯齿，虽类似二等边三角形，但齿面、齿背皆束腰内凹，形成尖齿，两齿之间的齿室较大（图二十：5）。这种齿状适宜锯割较湿的木材，湿木材的锯屑较大，较大的齿室便于容屑和排屑。有一些锯还具有大小齿相间或两大齿间一小齿的排列方法，前者如山西永济县薛家崖、河南洛阳原东周王城出土双刃锯片的大齿一边即是，后者如安徽寿县李三孤堆楚王墓、贵池县徽家冲各出土的两件锯即

---

　　① 陕西周原考古队：《扶风云塘西周骨器制造作坊遗址试掘简报》，载《文物》1980 年第 4 期，第 30 页。

是。这类锯齿排列，也适宜于锯割较湿的木材，两大齿间有较大的齿室可以容屑，其间的小齿又可将较大的屑片切碎，易于排出。

二等边三角形锯齿的凿制方法也有不同。除大多数锯从正面凿齿（也叫直凿齿）外，也有从侧面凿齿（也叫斜凿齿）的。四川峨眉县符溪出土的 8 件长条形单刃锯片中，有 3 件的二等边三角形锯齿从两侧面凿，使齿面、齿背都形成两面刃，比较锋利（图二十：6）。这种齿状锯割光滑的竹竿时，易于入槽，不致跳锯。可能就是专用于横截竹竿的锯。有一件的齿从一个侧面凿，使齿面、齿背皆形成一面刃（图二十：7），这种齿状锯割器物有一个边的光滑度较好。例如锯割一个圆桌面，必须保证桌面一周的光滑，就可用这种齿状的锯。

在殷周的青铜锯中，只有少数锯的锯齿向一端倾斜，近似今日木工所用的锯。中国社会科学院考古研究所安阳工作队陈列室展出的一件商代长条形单刃锯片和洛阳机瓦厂出土的一件西周长条形单刃锯片，都是齿背长、齿面短，齿端斜向一端。但齿面与锯条背直线约成 90°或大于 90°，齿面与相邻齿的齿背约成 60°或大于 60°，与图二十：2 类似。按今日木工锯的规格来说，仍属截锯的范围，主要用于横截木材。今日用于顺割木材的顺锯，如前所述，齿面与锯条背直线约成 80°角，锯齿的倾斜度还要大。锯齿的倾斜，使齿端刃切割木材的部分增大，从而能加快锯割的速度。同时在锯割的推、拉行程中，二者的工作量产生差别，使切割中一推一拉的用力产生大小间歇，一人手工操作可以持久（今日龙锯有用二等边三角形齿的，是因为这种长锯由二人对拉，相互形成用力间歇）。因此，古代出现锯齿倾斜的锯，是青铜锯发展中的又一个技术进步。上举二例都是殷代和西周的，可见这一技术进步产生较早，但从东周的锯绝大多数为二等边三角形齿来看，似未推广应用。

二　铜凿

《释名·释用器》说："凿，有所穿凿也。"《说文》云："凿，穿木也。"可知凿主要用于在器物上凿孔，特别是在木器上凿孔的工具。石凿可能是最早的凿，它普遍出土于新石器时代的遗址中（如西安半坡遗址就出土石凿 18 件），一般体形狭小，剖面呈方形、矩形、圆形或椭圆形，凿刃有宽、窄、扁尖等式。器体柄端略细，应是嵌入木柄或骨、角柄内使用的。其石质一般都比较坚硬①。在新石器时代的遗址中，还往往出土一些骨凿，如半坡遗址就出土骨凿77件，是用骨片或一端带节的骨管做成的，削刮磨制兼用，凿刃一般宽扁而薄。②

新石器时代晚期，随着冶铜术的发明，出现了铜凿。《事物纪原》八引谯周《古史考》说："孟庄子作锯；凿，亦孟庄子作也。"《物原·器原篇》又说："轩辕作锯凿"。《易·系辞下》载：黄帝、尧、舜时代，"刳木为舟"，孔颖达疏："舟必用大木。刳，凿其中。"这里所说制作的凿与锯并称，而且晚到黄帝时代以后，很可能指的是铜凿。凿不仅用于凿孔，而且还用以挖槽。

《周礼·地官·乡师》载："大军旅，会同。正治其徒役，与其輂辇。"郑玄注引司马法曰："夏后氏谓辇曰余车，殷曰胡奴车，周曰辎辇。辇，一斧、一斤、一凿、一梩、一锄。周辇加二版二筑。"可知行军打仗和大会诸侯时，各地方供役的后勤车辆，每车都要带一套工具，其中就有凿，以供修理车辆、器械和筑治营垒等。此制三代所同，由来已久。仅此一项使用凿的数量已相当可观。

《管子·海王》篇载："……行服连轺辇者，必有一斤、一锯、一锥、一凿，若其事立。"《轻重乙篇》载："一车必有一斤、一锯、一釭、一钻、一凿、一銶、一軻，然后成为车。"可知凿为木工，特别是制车工必备的工具。凿的功用要求，必以最坚硬质材制之。未发明冶金术以前，则以坚石、硬骨为之，发明冶金术以后，则以金属制作。东周则主要为铁凿，夏商西周则为铜凿。在木工、车工等工匠的工具中，凿为关键工具之一，且体积并不大，可能是工具发展过程中最先以铜工具排挤掉石工具的种类之一。铜凿理应是三代普遍或大量使用的手工工具之一。

（一）铜凿的不同形制及其发展序列

从地下发掘来看，迄今为止在全国22个省（区）的109个县（市）172个以上地点出土有铜凿，约计366件，另有传世品24件，总计390件。其中红铜凿4件，其余皆为青铜凿。从时代上看，距今4000年左右的4件，商代的86件，西周的75件，东周的225件。在这390件铜凿中，

① 李仰松：《中国原始社会生产工具试探》，载《文物》1980年第6期，第517页。
② 中国科学院考古研究所：《西安半坡》，文物出版社1963年版，第73—75页、84页。

发表时载有图形或形制说明的，或看到实物的，有 328 件。可分为两大类，一类为实心凿；一类为有銎凿。每类又可分为不同的式，下面分别介绍。

1. 实心凿。已出土的有 24 件，分别出自北京、河北、河南、山西、湖北、江苏、浙江、四川、云南、辽宁、甘肃等地。其中属于距今 4000 年前后的 4 件，殷代的 10 件，西周的 5 件，东周的 5 件。出土于北方地区的时代较早；时代较晚的多出南方地区，一般说，多是该地区所出最早铜器之一。主要分二式：

Ⅰ、凿体截面呈方形、矩形、梯形者。此式共出 19 件，其中截面为方形者 4 件，矩形者 12 件，梯形者 3 件。1957 年，甘肃武威皇娘娘台齐家文化遗址出红铜凿 1 件。截面四方形，锤工甚细，四面棱角分明，凿身挺直，表面光滑，一端锤成扁平的薄刃，双面刃，甚是锐利。长 7 厘米（图二一：1）①。该遗址距今约 4000 年，这是已发现的我国最早的铜凿。1972 年，河南偃师二里头遗址出土青铜凿 1 件。通体呈方柱形，一面刃。1973 年，又于二里头三、八区早商遗址采集青铜凿 1 件。横截面梯形，长 9.2 厘米，一面刃（图二一：2）。二里头遗址属早商，于上衔接夏代，或认为属先商，属于夏代纪年范围。这是已发现的我国最早的青铜凿。②

1974 年，山西夏县东下冯村遗址出红铜凿 1 件。截面长方形，单面刃，长 11.4 厘米（图二一：3），为铸造红铜。该遗址属二里头文化，距今约 4000 年左右③。1957 年，云南剑川县海门口相当于殷代晚期的遗址中，出土实心凿 2 件。皆长条形，一件长 8 厘米，宽 0.3 厘米，厚 0.1 厘米，截面为矩形，两面刃。一件长 9.2 厘米，宽、厚皆为 0.4 厘米，截面为方形，一面刃（图二一：4）④。这两件的时代虽迟到相当于殷代晚期，但在云南地区，是出土最早铜器中的两件。就铜凿形制发展序列说，此式的时代最早，形制与新石器时代的石凿基本相同。凿身截面为方形、矩形

① 甘肃省博物馆：《甘肃武威皇娘娘台遗址发掘报告》，载《考古学报》1960 年第 2 期，第 60 页。
② 中国社科院考古研究所二里头工作队：《河南偃师二里头遗址三、八区发掘简报》，载《考古》1975 年第 5 期，第 304 页。
③ 东下冯考古队：《山西夏县东下冯遗址东区、中区发掘简报》，载《考古》1980 年第 2 期，第 99 页。
④ 王大道：《云南剑川海门口早期铜器研究》，载《中国考古学会第四次年会论文集》第 245 页。

者，既有单面刃，也有双面刃；为梯形者似皆为单面刃。在剑川海门口遗址中，单面刃和双面刃实心凿并出，因此，两种刃似无时间上的早晚，而是功用上的各异。

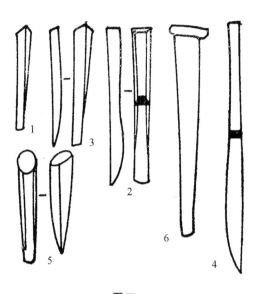

图二一

形制上最原始最早的工具，在较晚的时期也往往遗留使用，这在社会生活中是常见的现象。铜凿也是这样。实心的截面作方形、矩形、梯形的青铜凿，在河南安阳市侯家庄1217号墓、孟县涧溪遗址、湖北黄陂县盘龙城李家咀、上海马桥镇东古遗址等殷代遗址中亦有出土，在一些西周和东周的遗址中也时有发现，但数量都很少。

Ⅱ、凿身截面为圆形、椭圆形者。已出土的有5件，其中圆形的4件，椭圆形的1件。1959年江苏铜山县丘湾古遗址出土一件。凿为圆铜条作成，一端有扁平的刃[1]。此件时代为殷或西周，比较晚，但在该地区，也是出土最早的铜器之一。1975年北京延庆县西拨子村西周晚期到春秋早期遗址出土的铜凿中，有一件锥形凿体为实心，两面起脊，上端横截面椭圆形，残长8.1厘米（图二一：5）[2]。1963年，内蒙古宁城县南山根村101

① 南京博物院：《江苏铜山丘湾古遗址的发掘》，载《考古》1973年第2期，第73页。
② 北京市文管处：《北京市延庆县西拨子村窖藏铜器》，载《考古》1979年第3期，第228页。

号墓出土的青铜凿，形如大铜钉，上有圆帽，下为两面刃，凿身上部断面呈圆形，长 14.5 厘米（图二一：6）①。1976 年，辽宁昭乌达盟林西县官地公社大井村古铜矿遗址出土的一件，长 8.7 厘米，宽 0.6 厘米，刃端的横截面为梯形，扁刃，凿帽为圆锥形，截面圆形，凿面上有一长 6.5 厘米的凹槽和刃部相连。出土后两件的遗址，属夏家店上层文化，时代也相当于西周末东周初②。此式铜凿，似脱胎于新石器时代的骨凿，也是铜凿早期形制的一种，皆两面刃。

2. 有銎凿。殷周的青铜凿，绝大多数为有銎凿，即凿后端有装木柄的直銎。因时代、地区以及功用的不同，大体可以分为以下各式。

Ⅲ、銎口为方形、矩形或梯形，器体类似直銎斧锛者。此式为殷周青铜凿的基本形制，数量最多，使用时间最长，地区最广。已出土的有 194 件，约占已知形制出土铜凿 328 件的 60%，其中属于商代的 62 件，西周的 37 件，东周的 95 件。全国绝大多数省市都有出土，其中殷代、西周的多出河南、陕西；东周的多出南方、西南地区。大概是最早使用于中原地区，逐渐向周围，特别是南方、西南地区推广。从此式的遍及全国，可以看出四周较落后地区都受到较早的中原文化的影响。

此式的形制与同銎型的空头斧锛相似，只刃窄銎小，显得细长，少数器物属斧锛还是属凿，往往难以确定。从器形上讲，显示出工具分工上的原始性，这正是铜工具的特点。郑州二里岗商代前期遗址出土的青铜凿，梯形銎，一面刃，銎口约为 2×2.3 厘米、长 18.2 厘米，刃宽约 1 厘米（图二二：1）③。河南安阳殷墟妇好墓出土青铜凿中的一件，扁平长条形，中腰较窄，弧刃，方銎，长 17.2 厘米，刃宽 2 厘米，銎为 1.9 厘米（图二二：2）④。山西石楼县后兰家沟商代遗址出土的一件，长方形銎，两面刃，面饰三角形纹，长 10.5 厘米，刃宽 1.2 厘米（图二二：3）⑤。陕西华县良侯西周遗址出土的青铜凿，器体扁长，矩形銎，两面刃，刃部锋利，

---

① 辽宁省昭乌达盟文物工作站等：《宁城县南山根的石椁墓》，载《考古学报》1973 年第 2 期，第 32 页。

② 辽宁省博物馆文物工作队：《辽宁林西县大井古铜矿 1976 年试掘简报》，载《文物资料丛刊》第 7 期，第 143 页。

③ 河南出土商周青铜器编辑组：《河南出土商周青铜器》（一）图版说明，第 14 页。

④ 中国社科院考古所安阳工作队：《安阳殷墟 5 号墓的发掘》，载《考古学报》1977 年第 2 期，第 71 页。

⑤ 郭勇：《石楼后兰家沟发现商代青铜器简报》，载《文物》1962 年第 4、5 期，第 33 页。

全长 11.4 厘米（图二二：4）①。

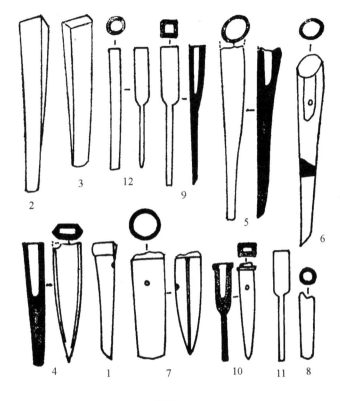

图二二

　　Ⅳ、銎口圆形、椭圆形，器体类似直銎斧锛者。此式亦为殷周较常见的青铜凿形制，形状类似同銎型的斧锛，只是銎小体窄，多两面刃，亦显示铜工具分工的初级阶段。北方南方都有出土，只数量较少。已出土的有39件，其中圆銎的32件，椭圆銎的7件。属于商代的5件，西周的9件，东周的25件。商代的多出自河南；西周的出自北京、陕西；东周的多出自四川、云南、内蒙古。也是中原地区较早，边远、西南地区较晚，显示出中原文化传播影响的轨迹。1967—1977年，河南安阳市殷墟西区墓葬出土的青铜凿中，有3件为圆銎，扁圆刃，标本976:9，长14.4厘米（图二

---

　　①　戴忠贤:《记陕西华县一处西周遗址》，载《考古》1965 年第 3 期，第 152 页。

二：5)①。1972 年，陕西扶风县法门公社刘家沟水库出土的一件，近圆形錾，錾径 1.5×1.6 厘米，上为圆形，下半錾杆为梯形，单面刃（图二二：6)②。1975 年，北京延庆县西拨子村西周晚期到春秋早期遗址中出土的一件，体细长，椭圆形錾，外有一周凸棱，圆刃，通长 6 厘米，刃宽 1.3 厘米（图二二：7)③。1980 年，云南呈贡县龙街小古城天子庙出土的一件青铜錾（41：211），长条形，圆形錾，有钉孔，錾径 1.4 厘米，残长 8.5 厘米（图二二：8)④。

Ⅴ、宽錾而錾身陡细陡扁者。此式的特点是錾部宽大，錾杆长而细或扁，已与空头斧锛的形制迥然而异，形成了錾工具独立的器形，与近世铁錾的形制十分相似。东周以来较多出现，似为有錾錾演进中的新形制。1983 年，陕西凤翔城关北街出土的东周青铜錾中，有一件（錾 3）为梯形錾，錾下錾杆陡细，单面刃。长 12.4 厘米，身宽 0.3—0.5 厘米，厚 0.7 厘米，錾外高 5 厘米，深 4.8 厘米（图二二：9)。保存甚好，刃缘锋利⑤。1980 年，凤翔县南指挥乡西村战国秦墓出土的青铜錾中，有一件（80M118：24）长方形錾，錾部宽大，近口处有一周凸棱，錾上有对穿的长方形钉孔，錾下錾身陡缩为扁长条形，两面刃，通长 10.5 厘米，刃宽 0.45 厘米，錾口长 1.4 厘米，宽 0.9 厘米（图二二：10)⑥。1962 年，河北行唐县李家庄出土两件青铜錾，其中一件錾部较大，为长方形錾，錾下錾杆扁窄，全长 16 厘米，錾部长 2.4 厘米，宽 1.8 厘米（图二二：11)⑦。1974 年，四川成都市营门口公社前进九队出土的两件青铜錾，上部有较宽的圆錾，錾下陡缩为扁平形，双面刃，錾径 1.4 厘米，通长 13.4 厘米，刃宽 1 厘米（图二二：12)⑧。

Ⅵ、錾錾为六角、八角、十角形者。共出 47 件（其中六角形錾的 16 件，八角形錾的 26 件，十角形錾的 5 件），有 41 件出自四川战国遗址和

　　① 中国社科院考古所安阳工作队：《1969—1977 年殷墟西区墓葬发掘报告》，载《考古学报》1979 年第 1 期，第 96 页。
　　② 扶风博物馆藏品。
　　③ 北京市文管处：《京市延庆县西拨子村窖藏铜器》，载《考古》1979 年第 3 期，第 228 页。
　　④ 昆明市文管会：《呈贡天子庙滇墓》，载《考古学报》1985 年第 4 期，第 519 页。
　　⑤ 赵丛苍：《陕西凤翔发现春秋战国的青铜器窖藏》，载《考古》1984 年第 4 期，第 339 页。
　　⑥ 李自智：《陕西凤翔西村战国秦墓发掘简报》，载《考古与文物》1986 年第 1 期，第 24 页。
　　⑦ 郑绍宗：《行唐县李家庄发现战国铜器》，载《文物》1963 年第 4 期，第 55—56 页。
　　⑧ 成都市文管处库藏品。

墓葬。此式的特点是銎部为多角形，整个器体有类似空头斧锛者，有銎部较大而凿杆陡细者。在器形上继承了殷周铜凿发展两个阶段的形制，并与地区特点相结合，形成具有四川地区风格的青铜凿。1980 年，四川新都县马家公社晒坝战国木椁墓出土的青铜凿中，较大的 10 件，銎为八角形，弧刃，较宽；较小的 10 件銎为六角形，平刃。銎部均有图形符号，长 15—24 厘米，銎径 1.6—2.6 厘米（图二三：1）①。1972 年，四川峨眉县符溪出土的青铜凿中，銎部十角形的一件，长 19 厘米，銎径 1.7 厘米，刃宽 1.7 厘米（图二三：2）。銎部为八角形的一件，銎下陡细，为扁平状凿，两面刃。长 15 厘米左右，銎径 1 厘米，刃宽 0.9 厘米（图二三：3）②。1976 年，四川绵竹县清道公社二大队出土的 7 件战国青铜凿，皆八角形銎，两面刃，大的 3 件长 18 厘米，刃宽 1.8 厘米（图二三：4）；短的长 17 厘米，刃宽 1.5 厘米。③

Ⅶ、銎口为半圆、三角形者。此式共出 16 件，其中 14 件出自云南战国墓葬。为具有云南地区特点的铜凿。1972 年，云南江川县李家山第一类古墓出土的青铜凿中有 5 件銎为半圆形，銎部有钉孔，单面刃。标本 26：6，长 12.6 厘米（图二三：5）④。1974 年，呈贡县龙街石碑村第一期古墓出土的铜凿中，一件銎部宽大作半圆形，凿身细长（图二三：6）⑤。1979 年，呈贡县小古城天子庙一、二期滇墓出土的铜凿中，有 2 件銎为三角形，单面刃。标本 41：82，长 9.7 厘米（图二三：7）。3 件为半圆形銎，底面稍圆，刃弧曲，正面有钉孔。标本 4：91，銎径 2.4 厘米，长 11.2 厘米（图二三：8）。标本 41：92，刃稍宽，銎径 2.3 厘米，长 10.7 厘米（图二三：9）⑥。

Ⅷ、曲刃凿。凿杆接近刃部弯曲，原考古报告称曲头斤，似应为凿，类似近世木工所使用的曲颈凿，用于正面难以加工的凿件。已知的出土 8 件，皆出自四川战国墓葬和遗址。1980 年，四川新都县马家公社晒坝东北

---

① 四川省博物馆等：《四川新都战国木椁墓》，载《文物》1981 年第 6 期，第 9—10 页。

② 四川博物馆，四川历史文物展览室陈列品；峨眉地区文管所库藏品。

③ 四川省文管会办公室考古队库藏品。

④ 云南省博物馆：《云南江川李家山古墓群发掘报告》，载《考古学报》1975 年第 2 期，第 107 页。

⑤ 云南省博物馆文物工作队：《云南呈贡龙街石碑村古墓群发掘简报》，载《文物资料丛刊》第 3 期，第 87 页。

⑥ 昆明市文管会：《呈贡天子庙滇墓》，载《考古学报》1985 年第 4 期，第 519 页。

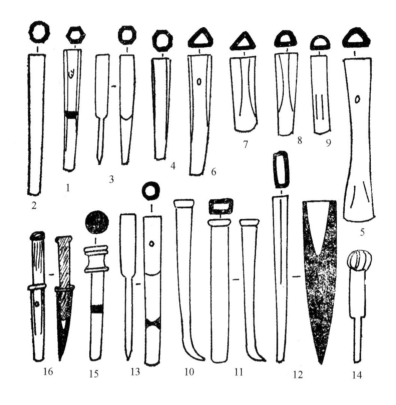

图二三

战国墓出土 5 件，凿身有圆形符号，一端有长方銎，有较宽的銎沿，凿身近刃端弯曲。长 23 厘米，銎纵径 2.5 厘米，横径 4 厘米（图二三：10）[①]。1963 年，四川峨眉县符溪柏香林遗址出 2 件。长方形銎，銎口有宽棱一周，凿身下部弯曲。一件长 20 厘米，刃宽 2.1 厘米，銎部为 2.7 × 2.2 厘米（图二三：11）；一件长 17 厘米，刃宽 2 厘米[②]。另一件出土于彭县太平公社二大队船棺墓。

Ⅸ、有銎而刃呈三角形或工字形者。此式可能为专门用途之凿。已知的发掘品出于河南殷代遗址和陕西西周遗址。1967—1977 年，河南安阳市殷墟西区墓葬出一件，扁平长条形，长方形銎，刃呈三角形，长 15.2 厘

---

① 四川省博物馆等：《四川新都战国木椁墓》，载《文物》1981 年第 6 期，第 9 页。
② 峨眉地区文管所藏品。

米（图二三：12）①。1985 年，安阳市铁西刘家庄村殷墓出一件，凿身呈
三棱体，銎身呈半圆柱体，銎较长，凿刃呈三角形，通长 9.8 厘米，銎长
5.2 厘米，銎口径 1.8 厘米②。1981 年，陕西扶风县南阳公社鹿马出土的
一件西周凿，上端为椭圆形銎，凿身下半部截面似铁轨形，末端成刃。銎
径为 1.8×2.2、长 13.64 厘米（图二三：13）③。

　　X、柄端为镂空球形和铜鼓形者。此式为异形凿，已知的出 4 件。
1972 年，四川涪陵地区小田溪战国土坑 1 号墓出土的铜凿中，有两件柄端
为镂空的圆球，柄为棱形，刃部扁平，长 14 厘米，刃宽 0.6 厘米（图二
三：14）④。其后端的镂空圆球，既不能装木柄，也不宜直接锤击凿木。可
能是专为随葬做的明器。1975 年，云南省楚雄县万家坝东周墓出土的铜凿
中，有两件作长条形，上端为铜鼓状。标本 M23：209，长 11 厘米，刃宽
0.9 厘米（图二三：15）⑤。制作精致，也可能是专为随葬做的明器，不是
实用物。

（二）铜凿的装柄方法和使用方式

　　关于青铜凿的装柄方法和使用方式，根据出土物的状态和近世木工使
用铁凿的情况，大致如下：

　　实心凿是仿石凿、骨凿的产品，因而装柄和使用应与石凿、骨凿类
似。既将后端嵌入木质或骨质的柄孔内，以锤击木柄或骨柄凿木；也可能
不再装柄，直接锤击后端凿木。1972 年河南偃师二里头早商遗址出土的实
心青铜凿，顶端有锤击的痕迹。1963 年内蒙古宁城县南山根 101 号墓所出
的一件青铜凿，形如大铜钉，上有圆帽，似为锤击所致。天津蓟县城东围
坊出土的实心铜凿，器身似钉，顶部有敲砸过的痕迹。

　　有銎凿的装柄方法当与近世木工所用铁凿的方法相同，即以硬木柄插

---

① 中国社科院考古所安阳工作队：《1969—1977 年殷墟西区墓葬发掘报告》，载《考古学
报》1979 年第 1 期，第 96 页。

② 安阳市博物馆：《安阳铁西刘家庄南殷代墓葬发掘简报》，载《中原文物》1986 年第 3
期，第 21 页。

③ 扶风博物馆藏品。

④ 四川省博物馆等：《四川涪陵地区小田溪战国土坑墓清理简报》，载《文物》1974 年第 5
期，第 62 页。

⑤ 云南省博物馆文物工作队等：《云南省楚雄县万家坝古墓群发掘简报》，载《文物》1978
年第 10 期，第 7 页。

入凿顶端銎内，以锤击木柄顶端作业。在近代木工所用铁凿木柄的顶端，往往加一道铁箍，或用皮革捆扎，以防木柄因锤击而破裂。古代青铜凿木柄的顶端，大概也是使用铜箍或用皮革或其他绳索捆扎，不过皮革、绳索及木柄早已腐烂，所留下的铜箍已与铜凿脱节，而被当成是另一件器物——铜环。在殷周的不少遗址和墓葬中，和铜凿一起出土有铜环，这很可能是凿柄端的铜箍。1978年，河北滦平县虎什哈公社炮台山西坡东周墓，出土了一件带木柄的铜凿。凿身为扁体式，体一侧有一长圆形钉孔。上端为方銎，内装有用圆木削成方楔的木柄，柄上用麻绳缠绕。通长21.4厘米，铜凿体长12.3厘米，銎长2厘米，宽1.4厘米，刃宽1.1厘米，两面刃（图二三：16）①。此件器物的出土为我们了解古代铜凿的完整形制提供了一件难得的例证。

战国以前的青铜凿，虽然全国绝大多数省市都有出土，但是出土物的时代迟早和数量多寡都不一样，显示出使用青铜工具时代上的差异。甘肃、陕西、河南、山西、山东5省出土西周以前的铜凿106件，东周的36件。其中河南、陕西两省西周以前的青铜凿85件，东周的25件。说明文化上地域上接近中原的北方地区，尤其是殷周王朝统治的中心地区，西周以前大量使用青铜工具。四川、云南、内蒙古、辽宁4省（区）出土西周以前的青铜凿11件，东周的123件，其中四川、云南两省西周以前的只3件，东周的99件，这说明边远地区使用青铜工具较晚，其中四川、云南两省大量使用青铜工具是在东周时期。凿为木工和车工必备的工具。北方地区，特别是河南、陕西两省出土西周以前的大量青铜凿，一定程度上反映了殷和西周时代该地区居室建造、车器、用器制作的繁忙景象和手工业发展的较高水平。

三　铜锥

《说文》云："锥，锐也。"《释名·释用器》亦云："锥，利也。"《急就篇》颜注："锥，所以刺入也。"《史记·平原君传》说："锥之处囊中，其末立见。"可知锥主要是用其锐利的尖端，穿刺皮、帛、皮革的工具。

---

① 河北省文物研究所等：《滦平县虎什哈炮台山山戎墓地发掘》，载《文物资料丛刊》第7期，第68页。

人们最早使用的锥是石锥、骨锥和角锥，大约开始于旧石器时代的晚期。至新石器时代，石锥、骨锥和角锥的应用十分普遍。如西安半坡遗址就出土石锥4件，骨锥606件，角锥99件。其形制有圆柱形锥、半管式锥、长条形锥、三棱锥、矩条形锥等式①。大约到新石器时代晚期，人们开始使用铜锥。殷周两代，青铜锥得到大量的应用。

（一）不同时期形制各异的铜锥

从考古发掘来看，迄今已出土铜锥341件。分别出自北京、河北、河南、陕西、山西、山东、湖北、江苏、广东、四川、云南、内蒙古、辽宁、吉林、甘肃、青海、新疆等17个省（区）60个县（市）91个地点。最长的19厘米，最短的3.1厘米，多数在7—12厘米之间。形制多种多样。从锥身截面看，有圆形、椭圆、四方、四棱、三角、三棱、长方、梯形、半圆半方、上圆下方、圆形有凹槽、矩形有凹槽等。从柄部看，大多数出土物顶端略细或扁窄，此端可能是原嵌入木柄的柄舌，少数出土物保存有骨质柄把或铸有较粗大的不同形状的铜柄，或于柄端作成銎，以便装木、骨等柄。从刃部看，大多数为尖圆刃，少数为扁刃。这341件铜锥分属于不同时代。其中有可能是夏代及其以前的34件，商代的83件，西周的77件，东周的147件。下面分别予以介绍。

1. 早期铜锥

最早的34件皆出自北方各省。1974年，山东胶县三里河龙山文化遗址，出土铜锥两件，器体呈棒状，作古铜色，光润而无绿锈。经鉴定，系铸造而成的黄铜制品，含锌为20.2%—26.6%，平均为23.2%（图二四：1、2）。有人根据当时的生产水平及当地的资源条件，并通过模拟实验，认为可能是用含铜锌的氧化共生矿在木炭燃烧的还原气氛下合成的②。1981年秋，又于栖霞县杨础公社杨家圈大队龙山文化遗址出土残铜锥一件。以上两个遗址距今在4000年以上，此3件铜锥大概是我国已出土的最早的铜锥。③

1979年，在距今3840年前左右的山东牟平县照格庄岳石文化遗址出

---

① 中国科学院考古研究所等：《西安半坡》，文物出版社1963年版，第81—84页。

② 北京钢铁学院冶金史组：《中国早期铜器的初步研究》，载《考古学报》1981年第3期，第274页、288页。

③ 何德亮等：《试论杨家圈遗存的文化性质》，载《考古与文物》1985年第1期，第81页。

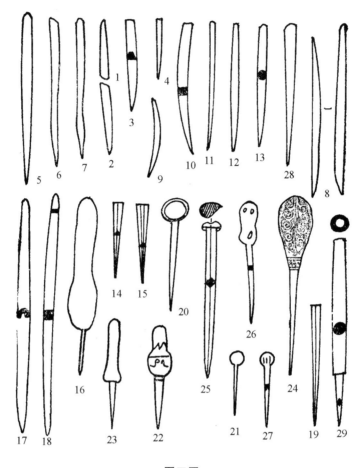

图二四

土铜锥一件，器形比较完整，经化验鉴定为青铜。尖锋锐利，剖面近三棱形，长6.2厘米，径0.5厘米（图二四：3）[1]。1974，内蒙古伊金霍洛旗朱开沟遗址也出土铜锥一件，时代大体与上件相同。

　　1957年，在距今近4000年的甘肃武威县皇娘娘台齐家文化遗址出土铜锥12件，其中器形完整的有4件。两件四面体，圆刃口，后端锤成较薄的扁平形状。小的质地细密，长3.8厘米（图二四：4）；大的质地较为粗松，长12厘米（图二四：5）。两件为锥体圆形，前端有圆刃口，后端

---

　　①　中国社会科学院考古研究所山东队：《山东牟平照格庄遗址》，载《考古学报》1986年第4期，第472页。

略为粗壮，锥体略有弯曲，大的一件，长 10.2 厘米，质地较为粗松，锤工不细（图二四：6）；小的一件长约 9 厘米（图二四：7）。皆为红铜器①。1975 年又于该遗址出土铜锥 3 件。另外，1959 年于永靖县秦魏家齐家文化遗址出土铜锥一件，器身细长，横剖面方形，一端平刃，一端尖刃，两头均可使用，长 8.2 厘米（图二四：8）。经鉴定，为冷锻青铜②。1976 年，又于时代相当于夏代的玉门市火烧沟遗址出土有铅青铜锥③。

器体比较完整的早期铜锥，1979 年出自青海互助土族自治县总寨大队齐家文化墓葬，两件铜锥都带镶有兽骨的柄把。其中一件铜锥头长 6.7 厘米，宽 0.5 厘米。制作粗糙。

1960 年，河南偃师二里头早商遗址出土有青铜锥（图二四：9）④，1972 年又于该遗址出土青铜锥一件，体扁平且向一侧弯曲，四棱向前聚成锥尖（图二四：10）⑤。在此之前，于洛阳市东干沟二里头文化遗址也出土青铜锥一件⑥。学术界有人认为二里头文化属夏文化，或先商文化，时限在夏代纪年范围之内，因而有可能属夏代遗物。

以上 30 多件铜锥中，红铜锥占相当比重，且有些质地粗松。所有铜锥都不带铜质柄部，个别带骨柄的，制作也比较粗糙。这些都显示出铜锥形制上的原始性质。其时代大体在距今 4000 年前后，有可能是夏代及其以前的遗物，暂名之曰早期铜器。铜锥在我国早期铜器中，是出土数量最多的一个品类，说明我国铜器的使用，首先是从铜工具开始的，其中铜锥的使用既较早而又较多。这些铜锥皆出自北方各省，或地域上接近中原，或与中原文化有较多联系，大体齐家文化与周文化关系密切，龙山文化与商文化有渊源可寻。正是在这些地区，我国创造了最早的铜器文化。

---

① 甘肃省博物馆：《甘肃武威皇娘娘台遗址发掘报告》，载《考古学报》1960 年第 2 期，第 60 页。

② 中国社会科学院考古研究所甘肃工作队：《甘肃永靖秦魏家齐家文化墓地》，载《考古学报》，1975 年第 2 期，第 74 页。

③ 甘肃省博物馆：《甘肃文物考古工作三十年》，载《文物考古工作三十年》，文物出版社 1979 年版，第 142—143 页。

④ 中国科学院考古研究所洛阳发掘队：《河南偃师二里头遗址发掘简报》，载《考古》1965 年第 5 期，第 222 页。

⑤ 中国社会科学院考古研究所二里头工作队：《河南偃师二里头早商宫殿遗址发掘简报》，载《考古》1974 年第 4 期，第 238 页。

⑥ 赵芝荃：《关于二里头文化类型与分期的问题》，载《考古学研究》夏鼐先生考古 50 年纪念论文集第 2 集，第 37 页。

2. 殷代和西周的青铜锥

已出土的殷代和西周的铜锥 160 件，殷代的主要出在河南地区，西周的主要出在陕西地区，二省所出这一时期的铜锥达 132 件，约占 80% 多，并为该二省所出东周铜锥 22 件的 6 倍。仅就铜锥这个侧面来看，也反映了殷代、西周在其王朝统治的中心区域，大量使用青铜工具。至东周，其数量减少，逐渐为铁工具所代替。

所出殷代和西周时代的铜锥，皆为青铜器物。铜质紧密，器形完好者，尖锋十分锐利，锥身截面以圆形、方形、矩形、三角形者居多；也有半圆半方者；少数器物锥身有凹槽，或铸有较粗的铜质柄部。新中国成立前，河南安阳小屯村殷墟出土铜锥两件，皆细长扁条形，一件长 7.3 厘米，中段横截面近长方形，最宽 0.3 厘米，最厚 0.15 厘米，一端聚成尖锋，一端扁圆，硬度 3（图二四：11）。另一件长 7.1 厘米，中段横截面半方半圆，方形两面，各略向内凹，最粗处为 0.35×0.4 厘米，硬度 3（图二四：12）[①]。1969—1977 年，河南安阳殷墟西区墓葬出土铜锥 7 件，其中 6 件器形完整。一件断面呈圆形，长 12.7 厘米（图二四：13）。4 件断面呈三角形，标本 271:11，长 8.6 厘米（图二四：14）。一件断面三棱形，长 8.8 厘米（图二四：15）[②]。1979—1980 年，河南罗山县蟒张乡天湖村出土 3 件铸有较粗铜柄的铜锥。标本 M11:6，锥尖残，柄部为圆柱形，残长 5.5 厘米。标本 12:20，锥尖残，柄部为不规则的方柱形，残长 5.2 厘米。标本 1:21，柄部为前细后粗的圆锥形，长 6.5 厘米（图二四：16）[③]。1955 年—1957 年，陕西长安县张家坡西周遗址及墓葬出土铜锥 47 件，遗址所出的 46 件，大都成细长条状，一端尖锐，另一端钝圆。标本 H430:1:7，略成圆柱形，有一条纵的凹沟，大概是为便于引线的，长 12.1 厘米。这种式样的占大多数。标本 H413:1:23，为方柱形，顶端扁平，长 12.6 厘米，这种式样的较少（图二四：17、18）。墓葬出土的一件，横截面为三角形，一端尖锐，长 10.5 厘米（图二四：19）[④]。从殷代和西周同一遗址

---

①　李济：《记小屯出土之青铜器》，载《考古学报》第 4 册，1949 年，第 54 页。

②　中国社会科学院考古研究所安阳工作队：《1969—1977 年殷墟西区墓葬发掘报告》，载《考古学报》1979 年第 1 期，第 96 页。

③　河南省信阳地区文管会等：《罗山天湖商周基地》，载《考古学报》1986 年第 2 期，第 174 页。

④　中国科学院考古研究所：《沣西发掘报告》，文物出版社 1962 年版，第 89—90、119 页。

或同时代墓葬中有锥身截面圆形、方形、矩形、三角形等铜锥并出，大概各式只是功用上的差别，并无时代之前后。

3. 东周的青铜锥

东周的 147 件青铜锥，主要出在河北、内蒙古、辽宁、湖北、四川、云南等省（区），这些省（区）出土的东周铜锥大大多于西周以前的。其中有些地区，如云南、四川直到东周时才发展到使用青铜器的鼎盛阶段；有些地区，如河北可能有发掘不平衡的问题。这一时期的青铜锥，铸铜柄者有增多的趋势，出现环柄锥、有銎锥、铃柄锥、雕柄锥等。制作更加精致。1935 年河南汲县山彪镇战国一号墓出土的 13 件铜锥中，8 件有铸铜的环柄，5 件柄端有銎①。1952 年，河北唐山市贾各庄出土的战国铜锥，一端有扁环，尖端锐利，锥身横截面呈三角形，通长 14.9 厘米，环长 2.7 厘米，锥身宽 0.7 厘米，厚 0.4 厘米（图二四：20）②。1962 年，行唐县李家庄出土的战国铜锥，有瓜棱形铜铸的柄部，中空，锥体上圆下方，径 0.5 厘米，表涂朱彩（图二四：21）③。1972—1973 年，湖北省襄阳县余岗公社陆寨大队山湾土岗古墓出土的 8 件铜锥，皆有铸铜柄部，2 件柄中部鼓起作椭圆形球状。其中之一并有阴刻花纹，全长 7 厘米（图二四：22）。6 件的铜质把呈葫芦形。标本 M9：3，全长 7.7 厘米（图二四：23）④。1973—1974 年，该县施坡大队蔡坡山冈战国墓地出土的 4 件铜锥，也皆有铸铜的葫芦形柄把⑤。1972 年，云南江川县李家山第一类古墓中出土 3 件铜锥，两件就有铜铸的柄。一件为圆柱形柄，柄上铸有双旋纹，三角齿纹，长 9.5 厘米。一件把手作椭圆形球状体，上面有线刻孔雀衔蛇图案，雕刻极为精致，长 13.8 厘米（图二四：24）⑥。

出土于内蒙古鄂尔多斯、为内蒙古文物工作队收藏的东周青铜锥有 52 件，其中相当一部分有铸铜的柄。大体有两种形式：一种为蘑菇状，锥体剖面多为方形，往下渐细，尖部为圆锥形。标本 77·伊·73，长 14.3 厘

---

① 郭宝钧：《山彪镇与琉璃阁》，科学出版社 1959 年版，第 42 页、30 页。

② 安志敏：《河北省唐山市贾各庄发掘报告》，载《考古学报》第 6 册，1953 年，第 93 页。

③ 郑绍宗：《行唐县李家庄发现战国铜器》，载《文物》1963 年第 4 期，第 56 页。

④ 湖北省博物馆：《襄阳山湾东周墓葬发掘报告》，载《江汉考古》1983 年第 2 期，第 7—15 页。

⑤ 湖北省博物馆：《襄阳蔡坡战国墓发掘报告》，载《江汉考古》1985 年第 1 期，第 18 页。

⑥ 云南省博物馆：《云南江川李家山古墓群发掘报告》，载《考古学报》1975 年第 2 期，第 107 页。

米（图二四：25）。一种柄端为圆球形或椭圆形的铃，下为圆锥形尖部。标本77·伊·74，长10.5厘米（图二四：26）①。1965年，辽宁沈阳西南郑家洼子东周墓出土的铜锥，全长15.4厘米，锥体断面长方形，长0.75厘米，宽0.5厘米。一侧留有深0.15厘米的凹槽，可能是为引线而设的。锥顶端安装一骨质圆球形柄把，长3.3厘米（图二四：27）②。

（二）铜锥的功用

比照现今铁锥使用的范围，结合铜锥出土周围的情况及文献记载，可知古代的青铜锥大致有如下用途。

现今铁锥为制衣、制鞋帽的重要工具，古代的铜锥也是一样。《管子·轻重乙》篇载："一女必有一刀、一锥、一箴、一铢，然后成为女。"可见锥为古代家庭妇女的必备之物，用于衣着、履、冠的缝制。在有铁锥之前，使用的金属锥，自然是青铜锥。

现今铁锥在制作皮革制品中为不可缺少的重要工具，古代铜锥大概也在皮革制品业广泛使用。据《考工记》载，周代的官工业中，有"攻皮之工五，……函、鲍、𫓧、韦、裘"。即在制皮业中设有函人、鲍人、𫓧人、韦氏、裘氏五个工种的管理机构，进行制甲、鞣皮、制鼓等业的生产。《吕氏春秋·召类》载：宋国都城中有"恃为鞅以食三世"的"为鞅者"，即制皮鞋帮的私营手工业者。在上述官私进行皮革制品的生产中，锥当为必备的重要工具。在有铁锥之前，使用的金属锥，自然是铜锥。

《管子·海王》篇说："行服连、辎、辇者，必有一斤、一锯、一锥、一凿，若其事立。"连是人拉的车，辎是轻便的小马车，辇是大马车，从事各种车辆生产也离不开锥，这是因为车上有很多皮件。《国语·晋语》说："绛之富商，韦藩木楗，以过于朝。"晋国富商坐的车子即有皮做的车帷。另外生产车具的手工业者，也可能生产与驾车有关的马具，其中也以皮件居多。这些行业在西周以前，主要使用的是青铜锥。

据赵铨等同志对商代甲骨文契刻字痕的观察研究和实验摹刻，判明绝大多数文字是用刀具刻成的，但也有个别小字是用锥状工具划成的，如卜骨上

---

① 田广金等：《鄂尔多斯式青铜器》，文物出版社1986年版，第47页；《鄂尔多斯文物考古文集》，第106页。收集品皆暂作东周器物。

② 沈阳故宫博物馆：《沈阳郑家洼子的两座青铜时代墓葬》，载《考古学报》1975年第1期，第146页。

的数字符号和所刻画的细线等即是。陕西扶风县齐家村西周遗址，曾出土卜辞甲骨多件，同时出土铜锥一件，四楞锥体，下收成锥尖，残长5.5厘米，径0.3厘米（图二四：28），很可能是一件刻画甲骨文字的工具①。1980年，四川新都县马家公社晒坝东北战国木椁墓出土7件铜锥（原称锥刀），身为三棱形，锋为锥状，圆柄。其中4件柄两端较大，中部较小；3件柄两端小，而中部较大。另有夹纻胎的黑漆圆形锥套。锥身长7—8.5厘米，柄长7.5—11厘米，全长16—19厘米（图二四：29），伴出的有雕刀5件。从其制作之精美且与雕刀并出，很可能是雕刻工具的一种。《左传》昭公六年说："锥刀之末，将尽争之。"大概用于刻雕的锥称为锥刀。

四　不同形制的铜钻及其使用方式

《说文》载："钻，所以穿也。"它是用旋转、切削的力量在竹、木、骨、角以及石、玉等材料上穿孔的工具。其功用要求制成钻的质材必须最为坚硬，冶铜术发明后，青铜钻可能是首先排挤掉石钻的工具种类。因为青铜是当时最坚硬的质材，而钻头体小所需铜料不多，又是制器的关键工具，因此可以推想，青铜钻在殷周手工业中应是大量使用的工具。再从商周遗物来看，商人用于占卜并大量出土的卜骨，其灼处必先凿后钻，凿而不钻者甚少。据胡厚宣先生统计，龟骨卜骨出土的，有钻凿有文字的约达16万片，有钻凿而无文字的倍之，约略估计，可能有30万片。平均每片有5个钻孔，可达150万孔，这只是盘庚迁殷前后300年间的一部分卜骨②。《庄子·物外》篇载："乃刳龟，七十二钻而无遗策。"可见占卜钻龟，一直延续到东周。殷周两代仅钻卜骨一项，就需要很多钻头。殷周两代的骨器还有大量出土，很多骨器上都有穿孔，制造骨器穿孔，又需要大量的钻头。1958年河南安阳殷墟发现的殷代制骨器作坊和1976年陕西扶风云塘村发现的西周制骨器作坊中，都有铜钻出土，这是骨器制作使用铜钻的明证。此外，日常生活所需的竹、木、角器，更为每个家庭所需之物，制作这些器物，钻孔之处尤多。合而论之，所需钻头当以千万计。

从地下发掘来看，出土的铜钻却很少。仅出32件，分别出自河北、

---

① 陕西周原考古队：《扶风县齐家村西周甲骨发掘简报》，载《文物》1981年第9期，第3页。
② 郭宝钧：《中国青铜器时代》，三联书店1963年版，第21页。

河南、陕西、江苏、广西、云南、甘肃 7 个省（区）13 个县（市）18 个地点。其中属早期的 3 件，商代的 18 件，西周的 6 件，东周的 5 件。从器形看，钻身截面为圆形、方形、四棱、八角、菱形、三棱、三角等形，其中菱形者居多，刃部有尖圆、扁圆、扁尖等形。1975 年。甘肃武威皇娘娘台齐家文化遗址出土的红铜钻 2 件，四棱体。一件钻头呈圆锥形，长 5.2 厘米。另一件钻头呈三棱形，长 7 厘米（图二五：1）①。该遗址距今约 4000 年前后，是目前我国已出土的最早的铜钻。1964 年，河南郑州市陈庄村早商遗址出土青铜钻一件，前有尖，后有铤。铤呈圆柱体，尖呈双面平刃。前端刃部两侧有两翼，翼为一面刃，尖后部略呈菱形，全长 4.4 厘米，铤长 1.8 厘米，刃宽 0.3 厘米（图二五：2）②。该遗址的时代接近洛达庙期文化。是目前我国发现的最早的青铜钻。1952—1953 年间，河南郑州二里冈出土殷代中期的青铜钻 2 件。一件狭长条形，横剖面作菱形，身中有脊，分钻身为左右两叶，而叶外刃直行，向前聚成钝圆形锋刃，后锋向里收缩，以至于消失，脊下附有近似圆形的铤。通长 5.5 厘米，脊长 3.9 厘米，锋宽 0.8 厘米，脊厚 0.5 厘米（图二五：3）。此件与郑州同出灼钻卜骨中钝圆孔的孔径恰好相合（图版肆：下），说明这件钻是钻卜骨用的。另一件顶端微残，作柱状，横断面近于等边的八角形，下端有锋利的略成弧形的两面刃。残长 3 厘米，中径 0.3 厘米，刃宽 0.65 厘米（图二五：5）③。此外，于河南柘城孟庄④、安阳市钢铁厂⑤、小屯西⑥等殷墟地区，于河北藁城县台西村⑦、磁县下七垣⑧、陕西兰田县怀珍坊⑨等商代

①　甘肃省博物馆：《武威皇娘娘台遗址第四次发掘》，载《考古学报》1978 年第 4 期，第 436 页。

②　郑州市博物馆：《郑州市陈庄遗址发掘简报》，载《中原文物》1986 年第 2 期，第 30 页。

③　安志敏：《一九五二年秋季郑州二里冈发掘记》，载《考古学报》第 8 册，1951 年，第 91 页；河南省文化局文物工作队：《郑州二里冈》，科学出版社 1959 年版，第 36 页。

④　中国社会科学院考古研究所河南一队等：《河南柘城孟庄商代遗址》，载《考古学报》1982 年第 1 期，第 60 页。

⑤　中国社会科学院考古研究所安阳工作队陈列室展品。

⑥　中国科学院考古研究所安阳发掘队：《1958—1959 年殷墟发掘简报》，载《考古》1961 年第 2 期，第 69 页。

⑦　河北省文管处台西考古队：《河北藁城台西村商代遗物发掘》，载《文物》1979 年第 6 期，第 38 页。

⑧　河北省文管处：《磁县下七垣遗址发掘报告》，载《考古学报》1979 年第 2 期，第 205 页。

⑨　西安半坡博物馆等：《陕西兰田怀珍坊商代遗址试掘简报》，载《考古与文物》1981 年第 3 期，第 50 页。

遗址和墓葬中出土有商代晚期的青铜钻。

西周的青铜钻，1976年陕西扶风县云塘村西周骨器制造作坊遗址出4件，铤扁圆，钻头扁平或呈锥状（图二五：6、7、8），其中标本H21:7，长8.9厘米[①]。另外于云塘村西周墓葬和河南三门峡市上村岭西周末东周初的虢国墓地各出一件[②]，后者钻体剖面作方形，长8.5厘米（图二五：9）。

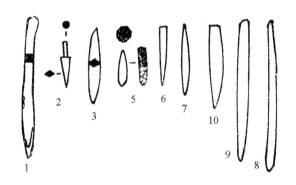

图二五

东周的青铜钻出自陕西凤翔县城关北街[③]、江苏苏州市城东北新苏丝织厂、广西平乐县银山岭[④]、云南呈贡县龙街石碑村[⑤]等东周遗址或墓葬中。1977年江苏苏州市城东北新苏丝织厂东周遗址出土的一件，管筒形，顶端形成圆锥，长8.2厘米，圆径1.6厘米（图二五：10）。

在中国先秦时代，从远古至战国数千年，南北数千里，在理论和事实上被确认为普遍或大量使用的青铜钻，所出仅此寥寥，可证当时普遍或大量使用的工具与后世遗物的比例可以悬殊如斯。而每类青铜农具的出土，在数量上都比青铜钻的出土要多，因此简单地用出土数量少而论证古代不

---

①　陕西周原考古队：《扶风云塘西周骨器制造作坊遗址试掘简报》，载《文物》1980年第4期，第30页。

②　陕西周原考古队：《扶风云塘西周墓》，载《文物》1980年第4期，第44页；中国科学院考古所：《上村岭虢国墓地》，科学出版社1959年版，第19页。

③　凤翔县文化馆文物陈列室展品。

④　广西壮族自治区文物工作队：《平乐银山岭战国墓》，载《考古学报》1978年第2期，第241页。

⑤　云南省博物馆文物工作队：《云南呈贡龙街石碑村古墓群发掘简报》，载《文物资料丛刊》第3期，第87页。

大量使用青铜农具是不科学的。

至于铜钻的使用方法，根据铜钻头的形制及今世木工所使用类似铁钻头的情况，有可能装成下述三种钻：

一种是搓钻：用圆木做钻杆，在下端装插钻头。钻孔时用左右手掌夹住，用力互相搓捻。一方面使钻头旋转，另一方面手掌向下搓压，钻头就深入所钻工件。

另一种是牵钻：用硬质圆木制成钻身，上端作成套筒状，可自由旋转，便于握把，下端装插钻头，在钻身中部缠绕皮索，用拉杆牵拉。使用时以一手按住顶端，一手拉动拉杆，钻头反复旋转，穿入工件。

再一种是陀螺钻：用硬质耐磨木材制成钻杆，顶端装有用硬木材制成的八角形或圆形的钻陀，下端装插钻头，又用硬木做一根宽扁的钻扁担，中凿一圆孔，将钻杆套入，再用绳索由钻扁担的一端固定后，穿过钻杆顶端的圆孔，与另一端固定。使用时，将钻杆转动几下，使绳索缠绕在钻杆上，然后将钻扁担一上一下地压下后松起，使绳索拉动钻杆旋转，钻头便深入工件[①]。

这三种钻中，前两件较简单，商、周的铜钻，以前两种的可能性较大或占绝大多数。安志敏先生在谈到商代的铜钻使用方法时说："可能是把它缚在木棒之下端，用凹石顶住木棒的上端，然后用弓状物来转动它，如今日使钻之法。"[②] 安先生所说的就是类似今世木工所用牵钻的形制及其使用方法。

五　铜错（锉）的形制

错（锉）是磨制竹、木、角以及钢铁等器物的工具，最早用石，后来用铜、用钢铁制作。《诗·小雅·鹤鸣》载："它山之石，可以为错。"释文："错，厉石也。"《广雅·释器》："铝（镰），谓之错。"《玉篇》："错，镰也。"《说文》："镰，错铜铁也。"镰、砺，双声之转，则砺、错、镰当属同类器物，可能因质料不同而异其称。后世将石质的就叫砺；金属

---

① 参考沈华《木工技术入门》，第 66 页；铁道部华北铁路工程局主编：《木工基本知识》，人民铁道出版社 1965 年版，第 55 页；上海市嘉定家具厂《农村木工》编写组：《农村木工》，上海科技出版社 1979 年版，第 22 页。

② 安志敏：《一九五二年秋季郑州二里冈发掘记》，载《考古学报》第 8 册，1954 年，第 91 页。

的就叫鑢，也叫错，今多作锉。锉有密齿平面排列，交错如织，用以磨制器物的平面。殷墟出土的龟骨，表面多有交错如织的纹痕，当是青铜锉磨制之迹。不过目前尚无商代青铜锉出土，已出土的只有东周的青铜锉，且仅出 11 件，数量很少。

图二六

　　1933 年，安徽寿县李三孤堆楚王坟出土锉 8 件，其中直锉 5 件，弯锉 3 件。直锉器体较长，形如较厚的直刃刀，有较长的柄部，便于手握。锉身有菱形格纹。标本 2:626 $\frac{2}{8}$，通长 22 厘米，锉身长 11.4 厘米，宽、厚约为 2.1×1.3 厘米，柄长 10.6 厘米，宽、厚约为 2.1×1.1 厘米（图二六：1）。弯锉器体较短，柄部亦短，形似镰刀，但器体较厚。于锉身亦有菱形格纹。标本 2:626 $\frac{7}{8}$，长 14 厘米，宽 2 厘米，背厚 0.3 厘米（图二六：2）[1]。这弯锉大概是用于器物正面难以锉制的部位。1935 年，河南汲县山彪镇战国一号墓出土锉一件，体细长若锥，下有手执之柄，截面梯

————————

① 安徽省博物馆库藏品。

形，背窄面宽，面部刻阶梯状横斜线密刃，半坡半峻，镂物颇利。长 17.2
厘米，柄端宽厚处 0.6—0.9 厘米（图二六：3）①。另外河北平山战国中山
国 6 号王墓也出土锉两件②。

六　铜鱼钩的形制

人们最早使用的鱼钩可能是骨鱼钩。西安半坡新石器时代遗址出土骨
鱼钩 9 件，完好的 4 件，制作均甚精巧。钩身有的作扁条形，有的作圆条
形，部分钩的尖有倒钩。大凡带倒钩的尖钩都外斜，无倒钩的尖钩都与钩
身平行。钩身长 2.5—4.5 厘米③。随着冶铜术的发明，人们遂以铜鱼钩代
替骨鱼钩。鱼钩的功用，要求质材既坚硬又要有韧性，在发明冶铁之前，
青铜是制作鱼钩的最理想的质材。且其器件甚小，所需铜料甚少，因而青
铜鱼钩一经出现，当很快排挤掉骨鱼钩而为广泛或大量使用的工具。然
而，地下发掘中出土的青铜鱼钩却为数不多。共出 62 件，其中早期的 2
件，殷代的 14 件，西周的 9 件，东周的 37 件。

早期的出自河南偃师二里头，该遗址在 1960 年和 1972 年的两次发掘
中，均有铜鱼钩出土，其中一件钩身浑圆，钩尖锐利，顶端有一凹槽，用
以系线，制作极为精致（图二七：1）。这是目前已发现最早的铜鱼钩④。

商代的主要出在河南。河北、湖北、江苏、云南、辽宁也有出土。
1984 年，河南偃师县尸乡沟商城宫殿遗址出土的铜鱼钩，器身细小，体弯
曲，顶部有凹槽，便于系绳。尖端锋锐，直径 0.3 厘米，器长 3.4 厘米
（图二七：2）⑤。湖北黄陂县盘龙城楼子湾出土的商代鱼钩，柄成方柱状，
钩柄处有倒须钩，长 5.6 厘米（图二七：3）⑥。江苏南京市北郊锁金村殷

① 郭宝钧：《山彪镇与琉璃阁》，科学出版社 1959 年版，第 30、42 页。
② 河北省文管处：《河北省平山县战国时期中山国墓葬发掘简报》载《文物》1979 年第 1
期，第 11 页。
③ 中国科学院考古研究所等：《西安半坡》，文物出版社 1963 年版，第 79 页。
④ 中国社会科学院考古研究所二里头工作队：《河南偃师二里头早商宫殿遗址发掘简报》，
载《考古》1974 年第 4 期，第 239 页。
⑤ 中国社会科学院考古研究所河南二队：《1984 年春偃师尸乡沟商城宫殿遗址发掘简报》，
载《考古》1985 年第 4 期，第 332 页。
⑥ 湖北省博物馆：《一九六三年湖北黄陂盘龙城商代遗址的发掘》，载《文物》1976 年第 1
期，第 53 页。

末周初遗址所出的一件，制作比较精致，长2.5厘米，径0.3厘米。在系杆的一端有略凹入的系绳处，顶端作六角形（图二七：4）①。

西周的铜鱼钩，北京、山东、湖北、江苏、甘肃都有出土。甘肃宁县宇村西周墓出土的一件，一端作锥形，半环状，一端有一穿，便于系绳。长6厘米（图二七：5）②。江苏句容县虬山水库白蟒台遗址出土的西周鱼钩呈勾形，尖端有倒刺，后端有一圈凹槽，为扎绳所设。钩面上有铸痕，长5厘米（图二七：6）③。北京延庆县西拨子村出土的一件，钩身较大，柄端有三道竹节形纹饰，钩端为尖锥状，钩中央有三角形倒钩。通长10厘米，宽1厘米（图二七：7）④，为这一时期已出土的最大的鱼钩，也有可能是捕捉兽类之猎钩。

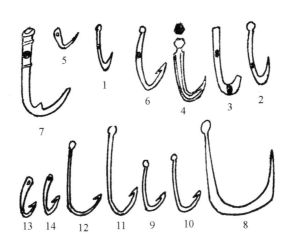

图二七

东周的铜鱼钩出自河北、河南、山东、陕西、安徽、江西、辽宁、吉林、云南等省。其中安徽贵池县徽家冲出14件，占近半数。其形制有大有小，与现代鱼钩基本相同。钩部成三角形，有倒刺，柄端有一道凹槽，便于拴绳子。最大的一枚残长10厘米，两端间距9厘米；最小的长3厘

① 尹焕章等：《南京锁金村遗址第一、二次发掘报告》，载《考古学报》1957年第3期，第29页。
② 许俊臣等：《甘肃宁县宇村出土西周青铜器》，载《考古》1985年第4期，第351页。
③ 刘建国：《江苏句容白蟒台遗址试掘》，载《考古与文物》1985年第3期，第8页。
④ 北京市文管处：《北京市延庆县西拨子村窖藏铜器》，载《考古》1979年第3期，第228页。

米，两端间距1.6厘米（图二七：8、9、10、11）[1]。陕西长安县张家坡出土的两件，为一大一小，形状基本相同，皆有倒刺，顶端有缚绳的凹槽（图二七：12）[2]。辽宁朝阳县十二台营子出土的3件铜鱼钩可能最小，长1.6—2厘米，粗0.15—0.2厘米，钩尖有倒须，钩尾有扁圆孔，与现在的鱼钩形制完全相同（图二七：13、14）[3]。

从铜鱼钩的形制看，早期的无倒刺，殷代的个别有倒刺，西周的有倒刺的增多；东周的，基本上都有倒刺。

插图目次

图十九

1. 陕西渭南县北刘新石器时代早期遗址出土的蚌锯（采自《考古与文物》1982年第4期，图版叁：5）

2. 山东邹县城附近发现的新石器时代石锯（采自《文物》1974年第6期，第86页）

3. 湖北黄陂县盘龙城李家咀出土的商代刀锯（据湖北省博物馆盘龙城考古队陈列室展出实物测绘）

4、5. 陕西兰田县怀珍坊出土的商代刀锯（采自《文物资料丛刊》第3期，第26页，图三：3，5）

6. 安徽寿县李三孤堆楚王墓出土的战国刀锯（据安徽省博物馆藏实物测绘）

7. 河南信阳长台关出土的战国木柄夹背锯（采自《河南信阳楚墓出土文物图录》一三七图）

8. 四川新都县晒坝出土的战国木柄夹背锯（采自《文物》1981年第6期，第10页，图二二：1）

9. 河南安阳出土的商代双刃锯片（据中国历史博物馆藏实物测绘）

10. 山西永济县薛家崖出土的战国双刃锯片（据山西省博物馆藏实物测绘）

11. 四川成都市罗家碾出土的战国锯条（据四川省博物馆，四川历史文物展览室展出实物测绘）

12. 四川省博物馆藏战国青铜锯片（据馆藏实物测绘）

13. 浙江绍兴红旗公社出土的东周削锯（据浙江省博物馆，浙江历史文物陈列室展出实物测绘）

---

① 安徽省博物馆：《安徽贵池发现东周青铜器》，载《文物》1980年第8期，第22页。

② 中国科学院考古研究所：《沣西发掘报告》，文物出版社1962年版，第134页。

③ 朱贵：《辽宁朝阳十二台营子青铜短剑墓》，载《考古学报》1960年第1期，第68页。

14. 江苏丹徒县三山下湖出土的战国削锯（据南京博物院吴文物联展陈列实物测绘）

图二十

1. 锯齿各部位名称图
2. 近世木工所用截锯锯齿倾斜角度图
3. 近世木工所用顺锯锯齿倾斜角度图
4. 古代青铜锯二等边三角形锯齿示意图
5. 四川新都县晒坝出土青铜锯锯齿示意图
6、7. 四川峨眉符溪出土青铜锯两侧面凿齿和一侧面凿齿示意图

图二一

1. 甘肃武威市皇娘娘台出土的红铜实心凿（采自《考古学报》1960年第2期，图版肆：8）
2. 河南偃师县二里头三、八区出土的实心青铜凿（采自《考古》1975年第5期，第304页，图四：2）
3. 山西夏县东下冯村出土的红铜实心凿（采自《考古》1980年第2期，第99页，图七：13）
4. 云南剑川县海门口出土的实心青铜凿（据云南省博物馆库藏实物测绘）
5. 北京延庆县西拨子村出土的实心青铜凿（采自《考古》1979年第3期，第229页，图四：20）
6. 内蒙古宁城县南山根村101号墓出土的实心青铜凿（采自《考古学报》1973年第2期，图版壹贰：14）

图二二

1. 河南郑州市二里冈出土的梯形銎铜凿（采自《河南出土的商周青铜器》七九图）
2. 河南安阳殷墟5号墓出土的方銎铜凿（采自《考古学报》1977年第2期，图叁拾：1左）
3. 山西石楼县后兰家沟出土的长方形銎铜凿（采自《文物》1962年第4、5期，第33页，图七）
4. 陕西华县良侯出土的矩形銎铜凿（采自《考古》1965年第3期，第152页，图二：1）
5. 河南安阳市殷墟西区墓葬出土的圆銎铜凿（采自《考古学报》1979年第1期，第95页，图七十：9）
6. 陕西扶风县刘家沟水库出土的圆銎铜凿（据扶风博物馆库藏实物测绘）
7. 北京延庆县西拨于村出土的椭圆銎铜凿（采自《考古》1979年第3期，第229页，图四：17）
8. 云南呈贡县天子庙出土的圆銎铜凿（采自《考古学报》1985年第4期，第521页，图一三：5）

9. 陕西凤翔县城关北街六队出土的宽銎细身铜凿（采自《考古》1984 年第 4 期，第 339 页，图二：9）

10. 陕西凤翔县西村秦墓出土的宽銎细身铜凿（采自《考古与文物》1986 年第 1 期，第 22 页，图十六：11）

11. 河北行唐县李家庄出土的宽銎细身铜凿（采自《文物》1963 年第 4 期，第 56 页，图二：5）

12. 四川成都市营门口公社前进九队出土的宽銎扁身铜凿（据成都市文管处库藏实物测绘）

图二三

1. 四川新都县晒坝出土的多角形銎铜凿（采自《文物》1981 年第 6 期，第 10 页，图二三：8）

2、3. 四川峨眉县符溪出土的多角形銎铜凿（据峨眉地区文管所藏实物测绘）

4. 四川绵竹县清道公社二大队出土的多角形銎铜凿（四川省文管会办公室考古队库藏实物测绘）

5. 云南江川县李家山出土的半圆形銎铜凿（采自《考古学报》1975 年第 2 期，第 124 页，图二九：1）

6. 云南呈贡县石碑村出土的半圆形銎铜凿（采自《文物资料丛刊》第 3 期，第 87 页，图三：1）

7、8、9. 云南呈贡县龙街小古城天子庙出土的三角形和半圆形銎铜凿（采自《考古学报》1985 年第 4 期，第 521 页，图一三：1、3、2）

10. 四川新都县晒坝出土的铜弯凿（采自《文物》1981 年第 6 期，第 10 页，图二三：3）

11. 四川峨眉符溪柏香林出土的铜弯凿（据峨眉地区文管所库藏实物测绘）

12. 河南安阳殷墟西区墓葬出土的三角形刃铜凿（采自《考古学报》1979 年第 1 期，第 95 页，图七十：8）

13. 陕西扶风县鹿马出土的铁轨形杆铜凿（据扶风博物馆藏实物测绘）

14. 四川涪陵地区小田溪出土的镂空圆球柄端铜凿（采自《文物》1974 年第 5 期，第 71 页，图八：左）

15. 云南省楚雄县万家坝出土的铜鼓状柄端铜凿（采自《文物》1978 年第 10 期，第 8 页，图十一：2）

16. 河北滦平县虎什哈公社炮台山出土的带木柄铜凿（采自《文物资料丛刊》第 7 期，第 70 页，图五：2）

图二四

1、2. 山东胶县三里河出土的黄铜锥（采自《考古学报》1981 年第 3 期，第 288 页，图一：3）

3. 山东牟平县照格庄出土的青铜锥（采自《考古学报》1986 年第 4 期，第 470 页，图二二：18）

4、5、6、7. 甘肃武威皇娘娘台出土的红铜锥（采自《考古学报》1960 年第 2 期，图版肆：9、12、11、10）

8. 甘肃永靖县秦魏家出土的青铜锥（采自《考古学报》1975 年第 2 期，第 73 页，图一二：1）

9、10. 河南偃师县二里头出土的青铜锥（采自《考古》1965 年第 5 期，图版伍：6；《考古》1974 年第 4 期，第 238 页，图三：1）

11、12. 河南安阳小屯村出土的青铜锥（采自《中国考古学报》第 4 册，图版贰拾：1、2）

13、14、15. 河南安阳殷墟西区墓葬出土的青铜锥（采自《考古学报》1979 年第 1 期，第 93 页，图六八：8、7、9）

16. 河南罗山县蟒张乡天湖村出土的铜柄青铜锥（采自《考古》1981 年第 2 期，图版肆：5）

17、18、19. 陕西长安县张家坡出土的青铜锥（采自《沣西发掘报告》第 90 页，图五九：7、8；图版柒拾：6）

20. 河北唐山市贾各庄出土的环柄铜锥（采自《考古学报》第 6 册，图版拾柒：3）

21. 河北行唐县李家庄出土的瓜棱形柄铜锥（采自《文物》1963 年第 4 期，第 56 页，图二：9）

22、23. 湖北襄阳县余岗公社山湾出土的铜柄铜锥（采自《江汉考古》1983 年第 2 期，第 10 页，图十四：5、6）

24. 云南江川县李家山出土的铜柄铜锥（采自《考古学报》1975 年第 2 期，第 128 页，图三三：3）

25、26. 内蒙古出土的鄂尔多斯铜柄铜锥（采自《鄂尔多斯文物考古文集》第 106 页，图三：9、3）

27. 辽宁沈阳市郑家洼子出土的骨柄铜锥（采自《考古学报》1975 年第 1 期，第 147 页，图七：4）

28. 陕西扶风县齐家村出土的铜锥（采自《文物》1981 年第 9 期，第 4 页，图六）

29. 四川新都县晒坝出土的铜锥（采自《文物》1981 年第 6 期，第 13 页，图二五：1）

图二五

1. 甘肃武威皇娘娘台出土的红铜钻（采自《考古学报》1978 年第 4 期，第 437 页，图二一：3）

2. 河南郑州市陈庄村出土的青铜钻（采自《中原文物》1986 年第 2 期，第 31 页，图五：1）

3、5. 郑州市二里冈出土的青铜钻（采自《考古学报》第 8 册，第 106 页，图十三：1；《郑州二里冈》第 36 页，图贰伍：8）

6、7、8. 陕西扶风县云塘村出土的青铜钻（采自《文物》1980 年第 4 期，第 30 页，图七：8、9、10）

9. 河南三门峡市上村岭出土的青铜钻（采自《上村岭虢国墓地》图版叁壹：1）

10. 苏州市新苏丝织厂出土的青铜钻（采自《文物》1980 年第 8 期，第 19 页，图十三：下）

图二六

1、2. 安徽寿县李三孤堆楚王墓出土的铜错（据安徽省博物馆库藏实物测绘）

3. 河南汲县山彪镇出土的铜错（采自《山彪镇与琉璃阁》图版贰柒：8）

图二七

1. 河南偃师县二里头出土的铜鱼钩（采自《考古》1974 年第 4 期，第 239 页，图三：3）

2. 河南偃师县尸乡沟出土的铜鱼钩（采自《考古》1985 年第 4 期，第 332 页，图一十：5）

3. 湖北黄陂县盘龙城楼子湾出土的铜鱼钩（采自《文物》1976 年第 1 期，第 56 页，图二四：6）

4. 南京市北郊锁金村出土的铜鱼钩（采自《考古学报》1957 年第 3 期，第 29 页，图十）

6. 甘肃宁县宇村出土的铜鱼钩（采自《考古》1985 年第 4 期，第 351 页，图六）

6. 江苏句容县虬山水库白蟒台出土的铜鱼钩（采自《考古与文物》1985 年第 3 期，第 4 页，图四：13）

7. 北京延庆县西拨子村出土的铜鱼钩（采自《考古》1979 年第 3 期，第 229 页，图四：10）

8、9、10、11. 安徽贵池县徽家冲出土的铜鱼钩（采自《文物》1980 年第 8 期，第 24 页，图三：13、14）

12. 陕西长安县张家坡出土的铜鱼钩（采自《沣西发掘报告》图版壹零贰：10）

13、14. 辽宁朝阳县十二台营子出土的铜鱼钩（采自《考古学报》1960 年第 1 期，图版叁：9、10）

第四章　斧、锛、镢

　　锛，古称斤。《逸周书·考德》篇说："神农之时……作陶冶斤、斧。"[1]《孟子·梁惠王上》说："斧、斤以时入山林，林木不可胜用也。"可知斧、斤是主要用以砍木的工具，铜斧、斤的使用在我国也是比较早的。镢是与前者既相类似又功用不同的工具。《国语·齐语》载："恶金以铸钼、夷、斤、欘，试诸壤土。"韦昭注："斤，形似锄而小"；"欘，斫也。"《尔雅·释器》说："斫谓之鐯。"郭璞注："镢也。"《说文》云："镢，大锄也。"另《尔雅·释器》以欘为斫斸，李巡注："锄别名也。"郭璞注："锄属。"《说文》欘字下段玉裁注云："盖似钼而健于钼，似斤而不以斫木，专以斫田，其首如钼然，句于矩，故谓句欘也。"可知欘、斫、鐯、镢实为一器，是掘田斫地的工具。从器形上看，斤、锄、镢都相似，但依次后者比前者大。

　　在旧石器时代人们使用的长身圆头刮削器和砍砸器功能综合的基础上，形成了新石器时代的石斧，它具有厚而锋利的双面刃。初期个体浑厚，琢打相兼，进而琢磨，先是局部主要是刃部加磨，进而通体磨光。仰韶文化多流行较浑厚、横剖面呈椭圆形的石斧。大汶口文化、龙山文化及其他晚期文化的石斧变薄变小，有的有穿孔，有的斧身有段[2]。最初的石斧是无柄的，以手直接握斧身使用，是多种用途的工具。后来发明了装柄，是一大进步。斧身的孔和段都是为装柄而设的。一种是装与刃向平行的柄，另一种是装与刃向垂直成丁字形的柄。随着工具向专业化方向发展。出现了区分二者功用的需要，遂以斤（锛）为后者的专名。最初的斤，既使用于砍木，也使用于斫地，随着工具进一步向专业化发

---

① 《逸周书·考德篇》佚文。见朱右曾集训校释《逸周书校释·周书逸文》。
② 曾骐：《我国新石器时代生产工具综述》，载《考古与文物》1985 年第 5 期，第 66—67 页。

展，以斫地而体形较大者名之为镢。在考古发掘中，木质柄把早已腐烂，其装柄方式不得而知，大体以两面刃者为斧，单面刃者为斤（锛），以二者体大而长者为镢。冶铜术发明后，斧、斤、镢身遂逐步为铜质所代替。从已有的出土物看，铜斧、铜斤、铜镢主要有无銎实心、直銎、凹形刃及横銎等各类形制。其功用既有分工又似可相兼，其形制演进过程则相互影响。

一 无銎实心铜斧、铜锛、铜镢

属这类器物的早期形制，云南、浙江、江西都有出土，器体厚在 1 厘米以上，与石斧、石锛、石镢的形制近似，出土物很少。江西省博物馆藏无銎实心铜斧、锛各一件，斧长 11.3 厘米，刃宽 4 厘米，厚 1 厘米，两面刃（图二八：1）；锛长 7.1 厘米，刃宽 4 厘米，厚 1 厘米，单面刃（图二八：2）。这两件征集自新建县和南昌市，可能出土自江西。另 1974 年于福建南安大盈大队蔡盈村出两件，二者大小相同，长条形，有段，弧形刃，单面刃。长 15 厘米，宽 4.7 厘米，厚 0.9 厘米（图二八：3），定为西周末到春秋时代的器物[1]。此件虽厚不及 1 厘米，但也比较厚，应为无銎实心铜锛。1977 年，云南昆明西山区小邑村附近出土一件，长 21 厘米，刃宽 6.8 厘米，上宽 3 厘米，厚 0.4 厘米，器中最厚处为 3.7 厘米，单面刃。器身前后都有段，是仿有段石锛形制而制成的铜镢（图二八：4）。与其同出的有铜戈，戈形无胡古朴，似为商器，故此物亦定商器[2]。从铜斧、锛、镢的形制发展序列讲，此种类型时代最早，但并不能排除它在较晚的时代仍在使用。上述福建、云南的出土物，虽然绝对时间较晚，但在该地区都是已发现最早铜器中的几件。

无銎实心铜斧、铜锛、铜镢的装柄方法当与相应的石工具同。大概有如下几种装置法：一种是于木柄一端凿一孔，将器物无刃的一端垂直插入；一种是选一节硬木作为器背，在一端竖凿一穴，将器物无刃的一端插入穴内，再于木质的器背处横装一柄；另一种是利用鹤嘴锄式的曲

---

① 庄锦清等：《福建南安大盈出土青铜器》，载《考古》1977 年第 3 期，第 171 页。
② 云南省博物馆，《云南古代文化的发掘与研究》，载《文物考古工作三十年》第 376 页，文物出版社 1979 年版，实物藏云南省文物商店。

柄，将器物刃朝下捆扎在曲柄的前端。这几种方法既可装成与刃向平行的柄，也可装成与刃向垂直成丁字形的柄，前者为铜斧，后者为铜锛或铜镬。

二　空头条形端刃器中的青铜斧、锛、镬

在出土的战国前的铜生产工具中，通常被称为斧、锛一类的约在1900件以上，数量相当大，出土地区也很广泛。甘肃广河齐家坪、玉门火烧沟出土的，早到距今4000年左右，相当于夏代或稍前，殷代、西周和东周时期的，几乎各地都有大量出土。可知这种器物是一种应用范围广阔，使用时间很长的工具。其基本形制是直銎（或叫空头）长条形，刃在下端，根据过去一些考古学家器形命名的术语，可以称作空头条形端刃器。其中有的正面作长方形；有的刃稍向两边外侈，略成梯形或束腰梯形；有的单斜面刃，侧视略为直角三角形；有的双斜面刃，侧视略为二等边三角形；个别也有一个斜面大，一个斜面小的。顶端的銎，有长方、梯形、方形、椭圆、半月等形状。少数一侧有一纽耳，个别两侧都有纽耳，或正、反面中上部有一纽耳。素面的占大多数，有纹饰的较少。长短宽窄不等，厚薄轻重各异。这类器物不仅在我国古代广泛使用，而且在欧洲青铜器晚期也大量存在，在西伯利亚铜器时代遗物中也出现很多，在中亚、埃及也有发现。它是古代世界很多国家都使用过的。据近人研究，这类器物是多种工具的刃套，铜斧、锛、镬刃套无疑是这类器物的主要部分（但还有相当数量的其他工具的刃套），以其刃套而装柄的则是先秦铜斧、锛、镬的基本形制。它是否从无銎实心铜斧、锛、镬演进而来，其中刃套哪些是斧的，哪些是锛的，哪些是镬的，哪些是其他工具的，用什么标准区别等等，都是正在研究、尚未完全解决的问题。

（一）空头形制主要是木锄、尖头木棒向金属工具发展过程中形成的

空头条形端刃器的命名，因人而异，没有统一的规格标准，国内国外都是一样。大致在新中国成立前，国内外考古学家一般都定为锛、斧，多数情况下归入斧类，并从不同形状的金属斧中，寻找它形制递变的秩序。瑞典考古学家穆太尼斯（Montelius）及密勒（Miiller）是这样做的倡导者。穆氏在《中近东和欧洲古代文明时期》一书中用7件不同形状的器物，来

说明瑞典铜斧形制递变演化的过程①。他并在《先史考古学方法论》一书中，用出土于意大利、瑞典、丹麦的 53 件不同形状的紫铜和青铜斧，更为详尽地说明了意大利和欧洲空头斧演变的过程②。在此基础上，根据器形的变化，将欧洲青铜文化中斧的发展概括为依次递变的 4 个时期：

　　第一期　平面斧（Feat celt）

　　第二期　凸缘斧（Flanged celt）

　　第三期　波罗斯打式（Palstave），翅斧（Winged Celt），

　　第四期　空头斧（Socketed Celt）③。

　　对于空头斧是由以上 3 类斧依次变化而来的说法，中外考古学家也曾有过怀疑和异议。如我国的考古学家李济先生说："这四种递演的秩序，以前三种表现最为亲切"，"但第四期的空头斧与第三期的波罗斯打式，或翅斧的关系，尚有好多可以辩论的地方"，"这个改革既是根本的变更那安柄的方法，绝不像自然演变的方向。"英国考古学家柴罗德（Gordon Childe）也怀疑不是由欧洲的前三类斧递变而来，他说："很可能的空头斧来源要在欧洲外边找。在美索坡达米亚，就有一种砍切的器具，是由铜片作成，各边由片折成一圆箭形，南俄也有同样的器具。"④ 李济先生还试图从殷墟出土的石斧中，找出殷代青铜空头斧的祖型。他将殷墟出土的石斧按照形制的演进秩序分为 6 类，并从各方面与空头青铜斧加以比较，没有得出理想的结果，指出："空头这个形制在石斧中绝对的找不出的"⑤。我们觉得：各地出土这类器物的空头形制，其演进过程既不要从上述前 3 种铜斧中勉强去找，也不要在当地的石斧中硬寻，更不要到外地胡拉乱请。参照民族学资料，通过对大量有关出土物比较研究，可以这样说，这类器物的空头形制主要是当地木锄、尖头木棒向金属工具发展过程中的产物。人们在最初的原始农业中使用的工具，一是木锄，一是尖头木棒。随着金属的应用和生产过程的复杂化，工具向多样化发展。前者发展为空头的金属锄、耨、镬等；后者发展为套有金属刃部的耒、耜、锸、犁等。木锄和尖头木棒大概是各民族在发明农业的初期都使用过的。由于取材于天然的

① O. Montelius：《Die Älteren Kulturperioden im Orient und in curopa》，pp. 17—31.

② 滕固译，商务印书馆 1937 年版，第 30—36 页。附图说明 1—4 页，图 11、13、14，16—65。

③ 见李济《殷墟铜器五种及其相关之问题》，载《蔡元培先生六十五岁庆祝论文集》，第 92 页。

④ V. Gordon Childe：《The Bronze Age》，p. 67.

⑤ 见李济《殷墟铜器五种及其相关之问题》，载《蔡元培先生六十五岁庆祝论文集》，第 97 页。

树杈和树枝，各地木锄和尖头木棒的形状，既是土生土长，又是大体上相像的，说不上是谁传给谁的。在向金属工具的发展中，各自沿着从简单到复杂的过程演化，又相互借鉴。直銎铜斧、锛、镬主要是源于木锄向铜锄的发展，其演进过程大体有4个阶段。第一为缚捆金属片阶段。在人们发明冶金术前，木锄的第一个改进是锄端捆扎一个石片或骨片，当冶金术发明之后，人们就以类似的金属片代替，开始了木锄向金属锄演进的第一步。第二为卷銎金属片阶段。当人们逐渐熟习金属的可延展性和可熔铸性后，自然会想到在金属锄片上端做一个卷曲的銎，套在木锄尖端，不再捆扎。这大概是木锄向金属锄发展的第二步。接着为金属空头基本形成阶段。即进一步将木锄尖部整个用金属包裹，初步形成了空头的锄刃套，为其第三步。第四为形成不同功用专业工具的刃套阶段。原来使用于早期原始农业中的木锄既是松土除草的工具，也是翻地的工具。实际上这时的翻地与中耕除草区别不大，就是用木锄在田地上划一些浅沟，一切都包括在内了。随着农业生产技术的发展，既要求在播种前深翻土地，又要求禾苗生长期间在浅层中耕除草。在中耕除草中，既需要有便于在窄垅作业的工具，也需要有便于在宽垅作业的工具。适应深耕，器面不能太宽，还要适当增加厚度，成为镬；适应不同中耕除草的需要，器体要薄，形成宽度不同的各种锄。与此同时，用于砍木的石斧石锛，也向金属斧、锛发展，顺便移植了金属镬、锄的空头装柄结构，形成了空头的铜斧、铜锛。

另外，尖头木棒向金属工具的发展中也是形成空头金属刃套的一个途径。尖头木棒发展为单齿耒、双齿耒和刃口较宽的耜。这些木质的耒（有尖刃和扁刃）、耜向金属耒、耜发展中，也大体经历了上述木锄向金属锄发展的过程，最后形成了用金属包裹木质部的不同大小的刃套。

空头形制既是木锄和尖头木棒向金属工具发展过程中的产物，我们就应当考虑这类器物中的大部分很可能是农具，我国有些考古学家开始注意到这一点。如许顺谌先生认为这类器物多数为镬，特别强调空头銎为半圆或梯形的更应定为镬，因为"若作斧用，必将横砍，与装柄原理不相符合……就其铜镬的形状来看，只有装上木柄作为攫地用最为合适"。他认为我国"商代农业生产是以青铜生产工具为基础的"，"铜镬应该是农业生产上很重要的一种重型开土工具。"[①] 外国考古学家裴居立在所撰《工具和

_____

① 许顺谌：《灿烂的郑州商代文化》，河南人民出版社1957年版，第8页。

武器》一书中，将这类空头条形端刃器也归入锄类。他在论述中虽然还缺乏明确肯定的意见，但如此分类和排列就足以表明他强烈的倾向性，即这类器物属农具[1]。我们认为这类器物中有镬、锄是肯定的，另外也有耒、耜的刃套，当然也会有斧、锛。现在我们的任务是如何对这类形体类似而实际功用不同的器物加以区别。

（二）斧、锛、镬之间及与其他器物区分标准试议

首先，前引古文献关于镬的形制与锄、斤相似，但镬大于锄、锄大于斤（锛）的记载，大概是最早而且是有权威性的区分意见。这些记载对于空头条形端刃器的斧、锛、镬也是适用的。

其次考古学家郭宝钧先生在谈到空头条形端刃器的功用时说："柄向与刃向一致的叫斧，用于砍木，一般较小；柄向与刃向垂直的叫斤，也叫锛，一般为单斜面，用于平木；柄向与刃垂直而长大厚钝的叫镬，用于掘土，形制单斜面或两斜面。"[2] 他提出的区分标准有两点：一是装柄方法，一是器形的大小。由于这类器物的木柄部分在出土时几乎全部腐烂，实际上只有用器形大小一条标准来区分了。另外考古学家黄展岳先生近来也提出一个区分意见，他命名这类形状的镬叫长条形镬，指出"可定为长条形镬的条件应是：器体厚重、长身、窄刃，长宽约为三比一，侧视等腰三角形（楔形），平口刃，顶中空，銎口长方形，銎深约为全器的四分之三。……小型轻薄的长条形器，应是斧、锛前端的刃口。"[3] 黄先生对定为镬的器物，在器形方面比郭先生的意见要严格一些，但以长大厚钝和小型轻薄作为镬与斧、锛的主要区分标准，二者是一致的。

其三，到底以多大、多小作为镬与锛、斧的区别才比较适度，以多厚、多薄作为此三者与锄的区别才比较符合历史实际呢？从观察到的有使用痕迹的这类出土物来看，磨损主要集中在器体两面下部，上部只有轻微磨损、两侧没有磨损的，它的加工对象很可能是木材等较坚硬的材料，应是锛和斧。这类大部分长度在10厘米以下，只有少数超过10厘米的，而銎部厚度多在1.5厘米以上。器体两面下部既有较大的磨损、上部及两侧

①　W. M. Flinoers Petrie：*Tools And Weapons*，pp. 18—19。

②　郭宝钧：《中国青铜器时代》，三联书店1978年版，第19页。

③　黄展岳：《古代农具统一定名小议》，载《农业考古》1981年第1期，第41页。

也有显著磨损的，其加工对象很可能是土壤，应是镬等农具。这类大部分长度超过 10 厘米，也有少数 10 厘米以下的。（见表二）。再从出土同时代的管銎斧（这种斧主要是用以作战的武器，如图二八：5、6）来看，从刃部至装柄的銎部绝大部分在 10 厘米以下，少数在 11—13 厘米之间，只有个别器物超过 13 厘米（见表三）。再考察当今木工使用的斧和家用劈柴斧，从刃到装柄的銎，都在 10 厘米以下（见表四）。为什么上述各类器物刃至装柄的銎部绝大部分都在 10 厘米以下呢？因为它们加工的对象不是土壤，而多数是木材等比较坚硬的材料，器刃每次砍入的深度有限，因此不要求装柄处距器刃很远，远了不好用力，器身还容易向外偏斜，使銎柄结合处松动，以至断柄。无论古人今人，裁物制器，为便于用，其理相同。

　　根据上述文献记载、考古学家的意见、古今类似工具及出土物的实际状况，对空头条形端刃器试提出如下区分具体标准：

表二　　　　　　　　**空头条形端刃器 100 件磨损情况抽样观察**　　　　（单位：厘米）

器号或出土地点	銎形	銎长	銎厚	刃型	刃宽	器长	磨损类型	备　注
临博 19	长方	5.5	5.2	双	4.5	22	土	临博，即临汝县博物馆藏品（下同）
故宫新 97677	方形	3.5	3.5	单	3.7	19.5	土	故宫，即故宫博物院库藏品（下同）
1982 年宝鸡益门堡出土	长方	5.5	4	双	4.5	18.5	土	宝鸡市博物馆库藏品
临博 18	长方	4.8	4.3	双	4.5	17.3	土	
故宫新 104673	长方	5.5	3.5	双	4.6	17.2	土	
临博 527	长方	5.8	4.4	双	5	16.9	土	
故宫新 115522	椭圆	6.5	4.2	双	4.5	14.7	土	
故宫新 141844	长方	4.5	2.6	双	5.1	14.6	土	
安博 2:4986 $\frac{1}{2}$	长方	4.4	3.2	双	4.3	13.6	土	
故宫新 97681	梯形	3.9	2.3	单	3.3	12.2	土	
北大 24/3:180	长方	6	3.3	双	5.5	12	土	北大，即北大考古系实物陈列室藏品（下同）
1978 年信阳平西出土	梯形	3.8	1.8	单	4.1	11.9	土	信阳地区文管处库藏品
故宫新 9902	长方	4.3	3.1	双	4	11.8	木	
罗山 M11:21/0105	长方	4	3.1	双	3.8	11.8	土	为信阳地区文管处库藏品（下同）

续表

器号或出土地点	銎形	銎长	銎厚	刃型	刃宽	器长	磨损类型	备 注
吉博 495	梯形	5	2	单	4.5	11.8	土	吉博，即吉林省博物馆库藏品（下同）
安博 2:22836	长方	4.5	3.8	双	4	11.5	木	安博，即安徽省博物馆库藏品（下同）
北大 521/02:177	梯形	5.6	3	单	5	11.5	木	
罗山 M18:10/0138	长方	4	3	双	4.3	11.4	土	
历博 C5、1817	长方	4.1	1.9	单	3.5	11.4	土	历博，即中国历史博物馆库藏品（下同）
故宫新 18051	长方	6	3	双	4.5	11.3	土	
吉博 501	方形	3.5	3.5	双	3.6	11.3	土	
罗山 MⅠ：Ⅱ38/0033	长方	4	3.1	双	3.3	10.8	土	
故宫新 118413	长方	6	2.6	双	4.9	10.7	木	
吉博 449	长方	5.5	3.7	双	4.5	10.7	木	
吉博 503	长方	4.4	3.2	单	4.3	10.6	土	
故宫新 118055	长方	4.5	1.7	双	3.5	10.5	土	
故宫故 77245	长方	4	2.5	双	3.3	10.5	木	
罗山 M12:Ⅰ21/0126	长方	4	2.8	双	4.3	10.3	土	
吉博 450	长方	4	2.8	双	4	10.3	土	
吉博 494	长方	4.7	2.8	双	3.9	10.3	土	
吉博 451	椭圆	4.5	3.2	双	3.8	9.9	木	
吉博 518	长方	5.3	2.2	双	4.7	9.8	木	
罗山 M1:Ⅶ45/0040	梯形	4	1.7	单	3.9	9.8	土	
吉博 490	长方	4.6	2.1	双	4	9.7	木	
安博 2:22834	梯形	4	2	单	5.5	9.5	土	
罗山 M27：Ⅴ10/0149	梯形	3.9	1.5	单	4.1	9.5	木	
吉博 508	椭圆	3.9	2.1	双	5.2	9.4	土	
故宫新 61179	长方	4.4	3.5	双	4.3	9.4	木	
吉博 514	长方	5.7	3	双	4.1	9.3	木	
罗山白 M1/16	长方	3.3	2.6	双	3.2	9.2	木	
罗山 M1:Ⅷ46/0041	梯形	3.8	1.6	单	3	9.2	土	
罗山 M6:Ⅸ12/0055	梯形	4.3	1.8	单	3.2	9.2	土	

续表

器号或出土地点	銎形	銎长	銎厚	刃型	刃宽	器长	磨损类型	备　注
罗山 M6:15/0058	长方	4	2.1	双	4.1	9.1	土	
罗山 M9:Ⅵ5/0089	长方	4.8	2.1	单	5	9.1	土	
故宫新 61141	长方	4	1.9	单	3.9	9.1	土	
1977 年安徽贵池出土	长方	3.5	1.5	双	4.5	9	木	
北大 1950.3.25	椭圆	5.2	3	双	5	8.9	土	
罗山 M11:Ⅲ31/0110	长方	4.1	2.3	双	4.2	8.9	木	
吉博 517	长方	3.9	2.8	双	5.4	8.8	木	
罗山 M41:17/0177	长方	4.2	2.6	双	4.5	8.8	木	
吉博 492	扁六边形	4.2	3	双	3	8.8	木	
故宫新 81389	长方	3.8	1.7	单	4.3	8.8	土	
吉博 488	长方	3.3	2.2	双	5.3	8.7	土	
罗山 M27:7/0147	长方	4.1	2.9	双	3.5	8.7	木	
吉博 500	长方	4	2.3	双	5	8.6	木	
吉博 515	梯形	3.6	1.8	单	3.6	8.6	土	
故宫新 86984	长方	3.7	2.5	双	7	8.5	木	
北大 526/2:182	长方	6	2.9	双	5.5	8.5	木	
吉博 497	长方	4.7	2.8	双	4	8.5	土	
故宫新 143063	长方	4.3	2.7	双	3.9	8.5	土	
故宫新 61167	长方	3.7	2.5	双	3.6	8.5	土	
吉博 516	长方	4.6	2.3	双	5.1	8.3	土	
吉博 505	长方	3.2	1.8	双	4.3	8.3	木	
吉博 496	长方	4	2.2	双	4	8.3	土	
吉博 499	长方	4.4	2.1	双	3.7	8.3	土	
罗山 M1:41/0036	梯形	3.5	1.5	单	2.8	8.3	土	
吉博 504	长方	4	2.1	双	4.3	8.2	木	
吉博 491	长方	5.3	3.3	双	4.2	8.1	土	
故宫新 61136	长方	3.1	2.1	双	5.8	8	木	
吉博 498	梯形	3.5	1.5	单	3.3	7.9	土	
故宫新 97689	长方	4	3.5	双	3.6	7.8	木	

续表

器号或出土地点	銎形	銎长	銎厚	刃型	刃宽	器长	磨损类型	备　注
吉博 520	梯形	3.2	1.8	单	3.5	7.7	木	
吉博 513	长方	3.9	2.2	双	5.8	7.6	木	
故宫新 61211	长方	4.2	2.3	双	3.8	7.6	木	
北文 81.196	长方	4.8	2	双	3.5	7.6	木	北文，即北京市文物研究所库藏品（下同）
故宫新 97684	椭圆	3.5	1.9	双	3	7.6	土	
吉博 511	长方	3.7	1.6	双	4.6	7.3	土	
吉博 502	长方	4.3	2.3	双	4.5	7.2	土	
故宫新 61237	长方	2.6	1.5	双	3.5	7.2	土	
罗山 M6:16/0059	梯形	3.5	1.1	单	3.5	7.1	土	
安博 2:22833	长方	3.4	1.8	双	4.3	7	木	
故宫新 61171	长方	3.5	2	双	3.6	7	木	
罗山 M18:5/0136	梯形	3.4	1.8	单	3.5	7	土	
吉博 486	长方	4.2	1.6	双	7	6.9	木	
北文铜 8035	长方	4.2	2.1	双	4.6	6.8	木	
吉博 509	长方	3.8	2.2	双	3.9	6.8	木	
吉博 487	长方	3.5	1.9	双	3.6	6.5	土	
吉博 519	长方	3.8	1.8	双	3.6	6.5	土	
吉博 521	长方	4	2.3	双	5.5	6.4	木	
吉博 507	扁圆	4	1.2	双	5.2	6.2	土	
吉博 510	长方	3.5	1.5	双	5	6.2	土	
吉博 528	梯形	3.1	1.4	单	6.1	6.2	土	
故宫新 61137	梯形	3.5	2	单	5.7	6.2	木	
吉博 523	长方	3.4	2	双	3.1	6	木	
1977 年安徽贵地出土	长方	2.5	2	双	2.5	6	木	
吉博 527	梯形	3.5	1.6	单	6.2	5.6	土	

续表

器号或出土地点	镬形	镬长	镬厚	刃型	刃宽	器长	磨损类型	备　注
吉博 526	长方	3.5	2	双	4.2	5.4	木	
吉博 493	长方	3.5	2	双	3.4	5.4	木	
吉博 522	椭圆	3.1	1.7	双	3.8	4.3	土	
吉博 525	长方	3.4	2.3	双	3.7	4.5	土	

①表中所列空头条形端刃器，是开始进行这项工作后，连续观察的 100 件有磨损痕迹的这类器物，类似"抽样调查"。

②"木"，指在劈木、竹等较坚硬质材所留磨损痕迹。磨损主要在刃的两面。"土"指在土中使用磨损的痕迹，磨损不仅在刃部两面，而且及于两侧乃至全器。

③本表 100 件器物中，长度超过 10 厘米的 30 件，其中土磨损 24 件，木磨损 6 件。10 厘米以下的 70 件，土、木两类磨损各 35 件。其中镬部厚在 2 厘米以上的 44 件，于中木磨损 29 件，土磨损 15 件。镬部厚在 2 厘米以下的 26 件，于中土磨损 20 件，木磨损 6 件。

表三　　　　　　　　　管镬战斧举例　　　　　　　（单位：厘米）

出土时间及地点	器名或原编号	所属时代	器长	刃宽	刃至柄镬距离	器物收藏处或著录文献
1971 年，山西保德县林遮峪		商	17.1	4.1	10.7	《文物》1972 年第 4 期，第 63 页。
同上		商	16.8	4.2	10	同上
河南安阳出土		商	16	2.8	10	安阳市博物馆，殷墟历史陈列室展品
河南安阳出土		商	14	4	9.5	同上
陕西省西安市	74.161	西周	15.4	4	10.4	西安市文物局库藏
陕西岐山县	T109	西周	17.8	4.1	10.3	岐山县博物馆库藏
陕西岐山县	T124	西周	10.9	3.9	7.2	同上
陕　西		西周	17	4	11.5	陕西省博物馆，周秦汉历史陈列室展品
陕西武功县	总 384	西周	16.5	4.4	13	武功县文化馆库藏
陕西武功县	总 386	西周	16.5	4.1	12	同上
甘肃玉门市花开公社		殷周	14	2.9	8	玉门市文化馆库藏
传世品	秦氏史旅正斧	殷周	14.8	4.5	9.5	《小校经阁金文拓本》卷 10，第 108 页

续表

出土时间及地点	器名或原编号	所属时代	器长	刃宽	刃至柄銎距离	器物收藏处或著录文献
传世品	戈己斧	殷周	14	4.8	8.7	同上书，第 107 页
传世品	铸侯斧	周	13.6	4.4	7.5	《周金文存》卷 6，第 110 页
传世品	素斧	周	12.8	6	8.2	同上书，第 113 页
柏林哈特氏藏传安阳出土	原作戊	商	16.5	6.7	10	《海外中国铜器图录》第 1 集，上第 77 页
传世品	新 118409	殷周	13	3.5	8.6	故宫博物院库藏
传世品		殷周	26.5	4.5	20	故宫博物院库藏

表四	当今木工用斧及家用劈柴斧举例			（单位：厘米）
类　　别	器长	刃宽	刃至装柄銎距离	资料来源
双刃腰銎	13	7	6	据实物测记
单刃腰銎	14.2	8.4	7	同上
双刃腰銎	16	8	8.7	同上
双刃腰銎	16.5	10	9	同上
双刃腰銎	16.4	13	9	同上

Ⅰ、长度超过 10 厘米、銎部厚度在 1.5 厘米以上的一般情况下定为镢（长度接近或超过 20 厘米；宽度在 8 厘米以上的可能为耒、耙刃套，后章详述）。因为这类器物如果超过了 10 厘米，无论用丫木的一端插入銎内作柄，或先在銎内插入方木块，再在方木块上装横柄，柄距刃部都在十四五厘米以上，如作斧、锛用，其加工对象为木材等较坚硬的材料，很难避免上述器刃向外偏斜，銎柄结合处松动、折断等缺点。因而很可能是加工对象为土壤的镢。长度在 10 厘米以下，銎部厚度在 1.5 厘米以上的，一般单斜面刃的定为锛，双斜面刃的定为斧。

Ⅱ、长度低于 10 厘米，或略超过 10 厘米，銎口厚度在 1.5 厘米以下的不应定为斧、锛，似应定为锄。长度虽低于 10 厘米，銎部厚度在 1.5 厘米以上，但背弧面凹，截面呈"⌒"状拱形者，亦不能定为斧、锛，似应定为锄；銎口为梭形、弯月形的也似应定为锄。这几种为什么不定斧、锛，应定为锄，详见下章，此处从略。

Ⅲ、长度虽超过 10 厘米，但一侧有一纽耳者仍应当是斧。出土的这类器物中，一侧有一纽耳者，长度多数超过 10 厘米。推其用途，纽耳是穿索固柄的，其在一侧，很可能是柄向与刃向一致的装柄方法，纽耳在内侧，斧身通过纽耳穿索与柄绑扎牢固，可防止因柄、刃之间距离过大而引起斧身容易向外偏斜的缺点。在奥地利沙兹堡附近的盐矿坑中，出土了一件带木柄一侧有一纽耳的这类青铜斧，它正是用上述方法装柄固柄的（图三十：4）。从长度超过 10 厘米斧、需要有纽耳穿索固柄来看，可反证，如无纽耳，则其很可能不是斧而是镢了。

Ⅳ、长度虽超过 10 厘米，但从出土情况中确知其不是镢的装柄方法，不使用于掘土的，仍不定为镢。如湖北大冶县铜绿山古矿井中出土的空头条形端刃器中，大型的 11 件及小型中的一件，长度在 13.3—26.4 厘米之间，但所装的是直柄，不是横砍式的斧，而是直插式的工具，其装柄与使用方式似与耜、锸同，则不定为镢。

以上只是一个大体的区分，不能说长度超过 10 厘米的就没有少数锛、斧；10 厘米以下的，銎部厚度在 1.5 厘米以上，又为方形、矩形、梯形、圆形、椭圆等一般銎型者也还会有镢、锄。斧、锛有大小，锄有厚薄，镢有长短，自古迄今都是这样。现今木工用的斧、锛就有各种型号。在北京郊区我们现在就可以看到有掘地的大镢和砍玉米茬的小镢（叫小镐）。然而，古代工具使用的情况不可复见，所装工具的木质柄部已几乎都腐烂无存，作为多种工具刃套的空头条形端刃器，只能根据其长短、宽窄，銎部形状及其厚薄等来区别。区分的标准也只能根据每一类多数的状况。这种区分既大体上符合实际又不完全符合实际。和其他事物一样，古人使用工具的情况也是复杂多样的。空头条形端刃器的长短、厚薄、宽窄在一定范围内又是同一类工具大小不同型号的刃套，同类工具大小不同的区别有一些肯定会突破上述区别不同工具刃套的标准。例如以銎部厚度 1.5 厘米以下的为锄，而锄的大小不同型号的区别多数在此界限以里，也有一部分的厚度肯定要超过 1.5 厘米，这部分在器形厚度上很难与镢、锛、斧区别开来，只好不划归锄。还有，形制尺寸完全相同的，也可能安装于不同工具的刃部。譬如长度 10 厘米以下、銎部厚度 1.5 厘米以上的单斜面刃空头长条形端刃器，即令是两件大小全同，一件可能装与刃向垂直的柄做锛，一件可能装与刃向一致的柄做偏刃斧。今日木工使用的横銎斧，就有偏刃的。空头的偏刃斧也会有的，但从仅存刃套上很难与锛区分。故宫博物院藏有一件青铜斧、锼二用器，长11.6厘米，刃宽3.4厘米，顶部宽厚为4×3.7厘米。有装斧柄和锼柄的横銎各一个（图二八：7）。这件器物的形制比空头的斧、锼要进步一些，但可说明同样形制大小的器物，可以装上不同的柄，作不同工具用。空头条形端刃器也会有这种情况。属于这类器形同而功用不同的问题，仅从刃套上是无法弄清的。当然，本文不能做出更确切的区分，也与笔者对这一问题研究深度不够有关，所提的各项大体区分标准是否恰当，也还有赖在进一步研究讨论中修正。不过，一般地说空头条形端刃器超过10厘米的大多数为锼，10厘米以下的大多数为斧、锛，锄多数薄于锼、锛、斧，则是符合实际的。各以其界限内所含少数他类器物相抵消，在总数上做如此区分还是可以的。

（三）直銎斧、锛、锼的主要各式

用空头条形端刃器为刃套做成的斧、锛、锼一般称直銎斧、锛、锼，因其銎在顶端故名。其中各自还有若干不同的式。

Ⅰ、如果以上述区分标准为是，已出土的空头条形端刃器中，可以归为直銎斧刃套的，约在900多件。銎部以方形、长方形和椭圆形者居多，銎口为圆形、多角形的较少。河南安阳殷墟出土的一件，方銎、两面刃，长8厘米，刃宽3厘米，銎口为3.2×3.2厘米（图二八：8）[1]。河南灵宝县东桥出土的一件，矩形銎，一侧有一纽耳，刃部为弧形，通身素面无纹饰，通长12厘米（图二八：9）为商代遗物[2]。陕西乾县出土两件西周斧，一件椭圆銎，长10.5厘米，刃宽3厘米，一侧有一纽耳（图二八：10）。另一件方銎，长9.5厘米，刃宽6厘米，銎部为4×4厘米，两面刃（图二八：11）[3]。云南昌宁新街出土的战国斧中，一件銎近圆形，一侧有一纽耳，长13厘米（图二八：12）[4]。湖南资兴旧市出土的一件战国斧（275:2）銎为六角形，中腰有凸弦纹一道，残长6.5厘米，刃宽5厘米（图二八：13）[5]。直銎斧在西周因銎形不同而有不

[1]　安阳市博物馆，殷墟历史陈列室1982年展出实物。
[2]　杨育彬：《河南灵宝出土一批商代青铜器》，载《考古》1979年第1期，第20页。
[3]　陕西省博物馆，周秦汉历史陈列室1982年展品。
[4]　云南省博物馆文物队1982年库藏品。
[5]　湖南省博物馆：《湖南资兴旧市战国墓》，载《考古学报》1983年第1期，第112页。

同的名称。《诗·豳风·七月》："取彼斧斨。"毛传说："斨，方銎也。"
《破斧》："既破我斧。"毛传说："隋銎曰斧。"《说文解字》斨字下段玉裁
注："隋读如妥，谓不正方而长也。"可知方銎的当时叫斨，长方形銎的叫
斧。

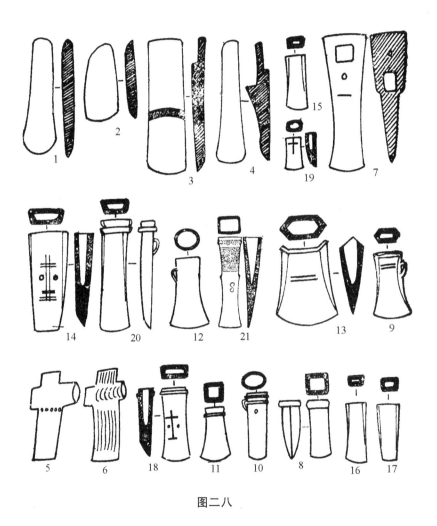

图二八

Ⅱ、按照上述区分标准，已出土的空头条形端刃器中，可以归为锛的
约为290余件，銎部为梯形、长方形的最多，方銎次之，其他形状的较
少。有的在器物宽面一边有一纽耳。1967—1977年，河南安阳市殷墟西区
墓葬出土铜锛16件，其中14件的銎口为梯形。标本152:4。扁平长方楔

形，一面刃，有简化的饕餮纹，长9.7厘米（图二八：14）①。出土于陕西武功，为武功文化馆收藏的3件西周铚，皆为梯形銎，长条形，单面刃，一件长9.6厘米，刃宽3.7厘米，銎部长边3.5厘米，厚1.8厘米（图二八：15）：一件长9.9厘米，刃宽4厘米，銎部长边3厘米，厚1.5厘米（图二八：16）；一件长10厘米，刃宽3.5厘米，銎部长边4.1厘米，厚2.2厘米（图二八：17）②。出土于安阳殷墟，为安阳市博物馆收藏的5件殷代铜铚，皆长方形銎，其中最长的一件，长10厘米，刃宽3.5厘米，銎口长3.5厘米，宽1.6厘米。长条形、腰微束，銎口有一周棱，面有一倒平字（图二八：18）。1979年，河南罗山县天湖大队后李村出土的5件商代铜铚，皆为长方形銎。通长分别为8、9、9.5、7.2、9厘米，其中一件中部有凸起"十"字纹③。陕西兰田县黄沟村出土的一件，銎为方形，一面刃，器体呈长方形，长8厘米，为商代遗物④。1977年湖北随县淅河公社三大队出土一件商代铜铚，銎近似椭圆形，口沿有凸边，正面较窄，体中空。弧形刃外撇，宽于銎部。长9厘米，刃宽5厘米（图二八：19）⑤。1972年甘肃灵台白草坡西周墓出土的一件，梯形銎，单面弧刃，背面有一纽耳。长10厘米。刃宽3厘米（图二八：20）⑥。1972年，从陕西凤翔县横水公社征集到的一件东周铜铚，长方形銎，像两件空头长条形铚相接，形成两段。通长9.8厘米，上段约4.4厘米，下段约5.4厘米，器身一面平，另一面作弧形延向刃端，形成单面刃，刃宽为2.6厘米，侧厚0.1—2厘米，銎深5.2厘米。銎外面饰花纹：上端一道凸起的箍，箍上密刻折线纹，其下饰菱形、卷云折线等几何纹饰。较平的一面中下部竖刻一"S"纹（图二八：21）⑦。

Ⅲ、按照上述区分标准，在已出土的空头条形端刃器中，可以归为钁

① 中国社会科学院考古研究所安阳工作队：《1967—1977年殷墟西区墓葬发掘报告》，载《考古学报》1979年第1期，第95页。

② 武功县文化馆库藏品。

③ 信阳地区文管会等：《河南罗山县蟒张商代墓地第一次发掘简报》，载《考古》1981年第2期，第117页。

④ 樊维岳等：《陕西兰田县出土商代青铜器》，载《文物资料丛刊》第3期，第25页。

⑤ 随州市博物馆：《湖北随县发现商代青铜器》，载《文物》1981年第8期，第46页。

⑥ 甘肃省博物馆文物队：《甘肃灵台白草坡西周墓》，载《考古学报》1977年第2期，第116页。

⑦ 赵丛苍：《陕西凤翔发现春秋战国的青铜器窖藏》，载《考古》1986年第4期，第340页。

的在 750 件以上，銎口为方形、长方形、梯形、椭圆形者居多，其他形状
銎口的较少。有少数器物两侧有纽耳，或背面有纽耳。甘肃广河县齐家坪
齐家文化遗址出土的红铜镬，椭圆形銎，器身厚重，长 15 厘米，刃宽 4
厘米，两侧各有一纽耳（图二九：1）①。这是我国已出土最早的铜镬。
1959 年，河南郑州二里冈出土商代前期的青铜镬，两面刃，矩形銎，銎口
右一道宽沿，两面均有十字形纹饰，刃稍弧，长 16.4 厘米、宽 6 厘米
（图二九：2）②。1965 年河北藁城县台西村出土的商代铜镬，器体长方，
纵剖面作楔形，单范铸成。刃弧，中腰收束，銎侧饰一周凸带纹，体中有
十字纹。一件通长 11 厘米，銎宽 3 厘米（图二九：3）；一件体稍瘦长，
通长 15.4 厘米，銎宽 3.2 厘米，刃宽 2.9 厘米（图二九：4）③。山西省洪
赵县永凝东堡出土的一件西周铜镬，梯形銎，单面刃，器长 14.5 厘米，
刃宽 3.5 厘米，銎长 4 厘米，宽 2.5 厘米（图二九：5）④。山东曲阜县鲁
城出土的西周铜镬，长条形，长方銎，器长 14.2 厘米，宽 4.1 厘米（图
二九：6）⑤。出土于陕西武功县，武功县文化馆收藏的一件，长 12.8 厘
米，刃宽 4.8 厘米，銎略呈方形（图二九：7）。定为西周遗物。1975 年
云南昆明大团山出土两件东周镬，器身较长，腰部微收，偏刃，銎呈半圆
形，通长 11.2—12.7 厘米。M5:7，上饰弦纹二道（图二九：8）⑥。上海
博物馆收藏的西周铜镬中，一件长 13 厘米，刃宽 5.5 厘米，单面刃，半
月形銎，銎长 7.5 厘米，最宽处 1.6 厘米（图二九：9）；一件长 10.5 厘
米，刃宽 6 厘米，拱形銎，器面背呈弧形，銎长 7.2 厘米，最宽处 2 厘
米，内斜单刃（图二九：10）；另两件长 12 厘米，刃宽 5.5 厘米，扁圆形
銎，銎长 6.6 厘米，最宽处 2 厘米，内斜单刃（图二九：11、12）。

　　关于直銎铜斧、锛、镬的装柄方法大概有两种，一是在直器中插入条
形硬木做器背，再在器背上横装一长柄，其与刃向平行者为斧，与刃向垂

　　①　北京钢铁学院冶金史组：《中国早期铜器初步研究》，载《考古学报》1981 年第 3 期，第
278 页。
　　②　河南出土商周青铜器编辑组：《河南出土商周青铜器》（一），图版说明第 14 页。
　　③　河北省博物馆：《河北藁城县商代遗址和墓葬的调查》，载《考古》1973 年第 1 期，
第 28 页。
　　④　解希恭：《山西洪赵县永凝东堡出土的铜器》，载《文物》1957 年第 8 期，第 42 页。
　　⑤　山东省文物考古研究所等：《曲阜鲁国故城》，齐鲁书社 1982 年版，第 158 页。
　　⑥　云南省博物馆文物工作队：《昆明六团山滇文化墓葬》，载《考古》1983 年第 9 期，第
844—845 页。

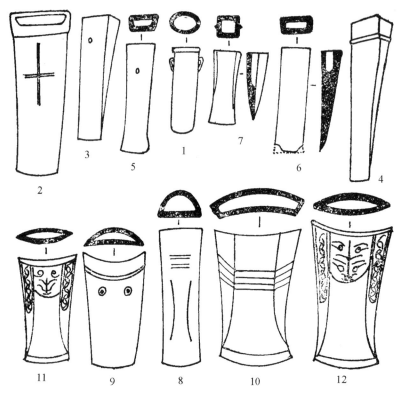

图二九

直成丁字形者为锛或镬。一是将直銎套装在鹤嘴锄式曲柄的前端，斧的刃
向与柄平行，锛、镬的刃向与柄垂直成丁字形。1978 年湖北江陵天星观 1
号楚墓出土的战国直銎铁斧，就是用前一种方法装柄的①。1971 年，湖南
长沙浏城桥一号墓出土有用前一种方法装柄的春秋晚期铜斧。斧刃套长
6.9 厘米，刃宽 4.8 厘米，长方形銎，有肩，刃作弧形，两面刃。銎上插
一直木为器背，长 11.4 厘米，再在木器背距上端 4 厘米处斗横柄。斗榫
处钉有竹钉，防柄脱出。横木柄长 33.5 厘米（图三十：1）②。用后一种方
法装柄保存完好的铜锛出土两件，1957 年河南信阳县长台关战国大墓出一
件（图三十：2），另一件 1965 年出自湖北江陵县纪南城望山一号东周墓，

　　① 湖北省荆州地区博物馆：《江陵天星观 1 号楚墓》，载《考古学报》1982 年第 1 期，第
113 页图三四：1。

　　② 湖南省博物馆：《长沙浏城桥一号墓》，载《考古学报》1972 年第 1 期，第 69 页。

铜锛长9.3厘米、刃宽4.7厘米，单刃。在方形銎中插入一曲形木把（图三十：3）①。

三　凹形器中的青铜镬

殷周遗址和墓葬中还出土一些凹形器，上部为銎槽，下端为刃。也是长宽、厚薄各异，平刃、弧刃、圆刃都有，考古学界多定为舌、锄。推其形制，显然是从宽头条形端刃器演变而来。大概使用于农业的空头条形端刃器，如锄、镬、耒、耜等刃套，因加工对象为土壤，比较软，可以作成凹字形，既保存工具的金属刃部，使用效果大体相同，又可节省铜料。查其源流，求其功用，凹形器应当为锄、镬、耒、耜等农具的刃套。

（一）凹形器中青铜镬刃套与其他工具刃套区分标准试议

参考前面区分空头条形端刃器各类工具的标准，结合这类器形的特点，试对凹形器做如下具体区分：刃宽在8厘米以上（含8厘米），銎部厚度在1.5厘米以上的为舌、耜；刃宽在8厘米以下，銎部厚度在2厘米以上的为镬；厚度在2厘米以下，1.5厘米以上的为耒；銎部厚度在1.5厘米以下的无论宽窄皆为锄。1979年1月，湖北江陵县纪南城东周遗址出土两刃铁舌一件，其凹形铁刃套长7厘米，刃宽8厘米，舌是从耜发展来的。因是两刃，当以耜、舌刃之最窄者为之。据此，这里以8厘米为铜耜、舌刃套的最低限度。另外，为什么把凹形镬的銎部厚度定为2厘米以上，而空头条形镬只定为1.5厘米以上呢？因为凹形镬的铜刃套在整个器身中所占的比例缩小，而木质部分增大，器身需要增加厚度，才能胜任挖掘坚硬土壤的工作。这里也是一个大体的区分，实际上各类工具之间都有相互交叉的部分，如銎部厚度2厘米以上的肯定还有耒，因不能与镬区别，暂不归耒；又如舌、锄的不同，主要是前者装直柄，后者装曲柄，刃套的厚度有一些是相同的。因此，以上的区分，在一定程度上是便于器物的归类，所归之类说明该器物可做这类工具，但不排除也可做他类工具。

---

① 湖北省文化局文物工作队：《湖北江陵三座楚墓出土大批重要文物》，载《文物》1966年第5期，第37页。

从空头条形镬到凹形镬的演化是逐步完成的。从出土的一些器物中，可以看出这种演化的中介形态和递变过程。起初是銎口下弧。如山西省博物馆藏的一件，长 10.6 厘米，刃宽 4.5 厘米，銎部 5.8×3.6 厘米，器体两面皆有横纹一道，竖纹 5 道，銎口成下弧形（图三十：5）。其次是銎口有小的下凹。如湖北当阳赵家湖出土的一件，通高 9 厘米，上部宽 5.5 厘米，厚 2 厘米，刃宽 7.9 厘米，双斜面刃，銎部已下凹，但不深（图三十：6）。再次是銎口大幅度下凹。如 1959 年浙江崇德出土的一件，高 9 厘米，刃宽 7.5 厘米，銎部厚 2.1 厘米，凹形銎边宽 2.1 厘米，銎下边至刃 5.3 厘米，单面刃（图三十：7）。基本上形成了凹形镬，但凹形銎槽尚占器身之少半。进一步发展则是凹形銎槽约占器身之半。如 1958 年安徽省淮南市蔡家岗赵家孤堆战国墓出土的凹形镬，长 9.5 厘米，宽 7.8 厘米，凹形槽边宽 1.7 厘米，銎部厚 2.1 厘米，銎槽下边至刃 5 厘米（图三十：8）[①]。最后是銎口下凹过半。如上海博物馆展出一器，高 8 厘米，刃宽 7 厘米，銎部厚 2 厘米，凹形銎槽占器身之多半（图三十：9）。这大概是凹形镬最后形成的形制。

（二）凹形刃套青铜镬的装柄方法

凹形青铜镬的装柄方法，估计与四川成都市郊青杠坡汉墓出土陶俑所执镬的装柄方法相去不远（图三十：10），即在凹形青铜镬刃套上插上条形略向内曲的坚硬木质镬身，再横穿木质镬身装上柄向与刃向垂直的木柄。另外也可能如我国西藏藏族使用的凹形铁镬（图三十：11），即在凹形刃套上插上直条方木，再装横柄，二者的区别是：镬身一个稍内曲，一个平直。大概由于凹形镬的刃口一般要宽于空头条形镬，以天然树杈做曲柄插入者可能很少。

四 横銎青铜斧、镬

到了先秦时代的晚期，出现了横銎的青铜斧和镬，而铜锛仍然是直銎的，直到近世木工使用的铁锛，仍为直銎。大概这种形制最便于削平木件。

---

① 安徽省文化局文物工作队：《安徽淮南市蔡家岗赵家孤堆战国墓》，载《考古》1963 年第 4 期，第 212 页。

（一）横銎斧

横銎斧即銎横穿铜质斧身的中腰或上端，与刃平行。出土较多的是长管横銎斧，这种斧主要用于作战，是武器。用作生产工具的横銎斧很像近世的铁斧，但出土很少。《周金文存》著录一器，长 11.2 厘米，刃宽 5.6 厘米，近顶处有一横銎，有铭文"高阳"二字，为东周之器。河南洛阳市小屯村东北的东周王城 4 号墓出土一件（4:94），器浑重，圆形銎横穿器中腰，上端为圆柱形斧锤，下端为扁宽弧形斧刃。斧长 19 厘米，厚 4 厘米，銎径 5.2 厘米，锤径 4 厘米，刃宽 6 厘米（图三十：12），为战国遗物[①]。与近世铁斧基本相同，形制比较进步。

（二）横銎镬

横銎青铜镬身全部为铜质，上端靠背处有横穿的銎，形制比较进步，但出土不多。已知的有 7 件，可归为 3 式：

Ⅰ、内蒙古宁城县南山根 101 号墓出土一件，器身正面略呈长方形，侧面作等腰三角形，顶上形如一圆球，中间偏上部有横穿圆銎用以装柄，通长 13.4 厘米（图三十：13）。此式只此一件。

Ⅱ、甘肃灵台县景家庄周家坪出土一件，器身为长条形，直刃，刃端稍内弯，有较长的长方形銎柄，銎与器面形成 95 度，器面中部有方形长脊，器面长 24 厘米，銎柄长 8.1 厘米（图三十：14）。类似的镬还在陕西凤翔八旗屯出土一件[②]。此式的銎柄与器面的角度略超过 90 度，可能与挖掘山坡斜陡田地和住居窑洞有关。

Ⅲ、陕西西安市汉城高庙石桥出土一件，长 15 厘米，刃宽 5.5 厘米，背宽 4 厘米，背厚 3.5 厘米。在近背处有横穿的銎（图三十：15）[③]。类似的青铜镬还在甘肃辛店文化本址出土一件[④]，陕西省博物馆、故宫博物院各库藏一件。此式与现代的铁镬基本相同，是战国以前最先进的青铜镬。

横銎的青铜斧和青铜镬，与直銎、凹形銎青铜斧、镬的装柄銎有根

---

①　洛阳市文物工作队：《洛阳西郊四号墓发掘简报》，载《文物资料丛刊》第 9 集，第 143 页。

②　凤翔文化馆文物陈列室展品（1982 年）。

③　陕西省博物馆周秦汉历史陈列室展品（1982 年）。

④　甘肃省博物馆库藏品。

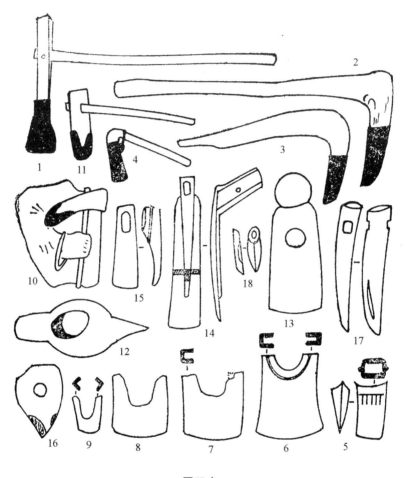

图三十

本的改变，似不是从后者直接演变而来。它们可能是从形制相近的石锄、骨锄、蚌锄演变而来。我国有些新石器时代晚期的遗址里，出土有横穿柄孔的石锄。如1960年江苏吴江县梅堰出土的石锄，刃成三角形锐角，器面偏上中间横穿一圆形柄孔。器高14厘米，最宽处10厘米，柄孔径2.5厘米（图三十：16）。另外在浙江钱山漾遗址也出土这类石锄。在北方地区，如甘肃岷县、陕甘泾渭地区也有出土。类似的横銎石锄在河南、陕西、山西、河北、内蒙古、辽宁、北京等地的殷周遗址中也有发现（详见下章）。1958年江苏徐州高皇庙遗址还出土类似的骨锄，器体略呈圆锥形，下端似秃钝斧状尖，器上部有一横穿的长方形柄孔，通长约24

厘米（图三十：17）。河南安阳殷墟又出土一件蚌锄，条形尖刃，近顶部靠背部横穿柄孔（图三十：18），与横銎青铜镬的形制十分相似。大概横穿柄孔的石锄、骨锄、蚌锄在新石器时代晚期开始使用，至殷周仍不能被排挤掉，在这个过程中，随着冶铜术的发展和工农业生产的进步，各类木、石、骨、蚌工具都向青铜工具转变。从木锄向金属锄的演变中，形成了包裹木质刃部的铜锄、铜镬刃套。而石斧、锛向铜斧、锛的发展中，先是出现仿石斧、锛形制的无銎实心铜斧、锛，继而移植了铜锄、镬的空头装置，形成了直銎铜斧、锛。此后，在进一步发展中，铜斧（包括作为武器的长管横銎斧）、铜镬都移植了石、骨、蚌锄的横銎结构，形成了横銎斧和横銎镬。

＊　　　　＊　　　　＊　　　　＊

通过以上论述，可以归纳为以下 3 个要点和启示：

第一，先秦各类木、石、骨、蚌工具向铜工具的发展，一方面是每类工具自身形制的继承、改进和完善过程，另一方面也是不同工具之间形制相互借鉴，结构彼此移植的过程，共同促进了向铜工具的转变和发展。

第二，青铜空头条形端刃器，主要是木锄、尖头木棒向金属工具发展中形成的，这是本章的最重要的结论。如果此说得以确认，则空头条形端刃器中有大量农具则是不言自明的。空头条形端刃器在已出土的先秦铜工具中居首位（首位是就这种器形说的。它包括多种工具，因而就每一种工具讲，仍少于青铜削、刀的出土量），数量相当可观。可以断言，先秦时代使用青铜农具决不是个别的，或少量的。

第三，青铜镬是掘土的工具，主要在农业上使用，应属农具；也使用于土木建筑等的起土。在先秦时代，青铜斧、锛除在手工业中使用外，也使用于农业生产。首先，在实行火耕农业的地区，砍伐树木是种植农作物的必经工序，它是不可缺少的主要农具。其次，在先秦时代，耕地尚处于开始垦殖的阶段，砍伐森林地区的大小树木，开垦为耕地，是当时农业的一项重要内容。因此，即使在实行较进步农作制的地区（如休间农作制、连耕农作制等），青铜斧、锛也是重要的开垦荒地的工具，也要使用于农垦的某一环节。因而，先秦时代的铜斧、锛，既是手工工具，也是农具。

插图目次

6. 山东曲阜县鲁城出土的西周铜镬（采自《曲阜鲁国故城》，第158页，图一〇四:5）

7. 陕西武功县出土的西周铜镬（据武功县文化馆库藏实物测绘）

8. 云南昆明市大团山出土的东周铜镬（采自《考古》1983年第9期，第844页，图二：4）

9、10、11、12. 上海博物馆收藏的西周铜镬（据上海博物馆中国通史文物陈列室1982年展品摹绘）

图三十

1. 湖南长沙刘城桥出土的东周带木柄铜斧（采自《考古学报》1972年第1期，图版拾叁：1）

2. 河南信阳市长台关出土的战国带木柄铜锛（采自《河南信阳楚墓出土文物图录》图一三七）

3. 湖北江陵县纪南城出土的东周带木柄铜锛（据《文物》1966年第5期，第50页，图二二复原）

4. 奥地利沙兹堡附近盐坑中出土带木柄单纽耳青铜斧（采自K. P. 奥克来：《石器时代文化》第16页，图7：C）

5. 山西省出土的銎口下凹铜镬（据山西省博物馆库藏品测绘）

6. 湖北省当阳县赵家湖出土的战国凹形铜镬（据宜昌地区博物馆库藏实物测绘）

7. 浙江崇德出土的战国凹形铜镬（据浙江省博物馆库藏品测绘）

8. 安徽淮南市蔡家岗赵家孤堆出土的战国凹形镬（采自《考古》1963年第4期，图版肆：8）

9. 西周的凹形铜镬（据上海博物馆中国通史文物陈列室1982年展品摹绘）

10. 四川成都市郊青杠坡汉墓出土的执镬陶俑残片（采自《文物参考资料》1954年第9期，第84页，附图）

11. 西藏藏族使用的凹形铁镬（据中央民族学院文物室1983年展品摹绘）

12. 河南洛阳市小屯村东周王城出土的横銎斧（采自《文物资料丛刊》第9集，第144页，图四：5）

13. 内蒙古宁城县南山根出土的横銎铜镬（采自《考古学报》1973年第2期，图版捌:4）

14. 甘肃灵台县景家庄周家坪出土的东周横銎铜镬（采自《考古》1981年第4期，第301页，图三：1）

15. 陕西西安汉城高庙石桥出土的横銎铜镬（据陕西省博物馆，周秦汉历史陈列室1982年展出实物摹绘）

16. 江苏吴江县梅埝出土的石锄（据南京博物院江苏历史文物陈列室1982年展品摹绘）

17. 江苏徐州高皇庙出土的骨锄（采自《考古学报》1958年第4期，第12页，图六）

18. 河南安阳殷墟出土的蚌锄（采自《文物集刊》第2集，第152页，图四：2）

第五章　镈

　　本章只讨论先秦时代作为锄具的铜镈，不涉及东周的铁镈。对于镈的源流仅作简单的描述。锄具铜镈的出现并大量使用，是农业生产发展到一定程度后相应产生的工具。不同形制铜镈的出现及演进，从一个侧面反映出先秦农业生产技术的进步。

一　镈的源流

　　镈是金属的农具，它包含的内容和器物形制随着农业生产的发展而变化，它的来源还要从斧说起。人们最早使用的是无柄石斧，也叫手斧。甲骨文斧字作"勺"[1]，金文作"勺"[2]，皆取手握无柄石斧之形。由于石斧为成年男子必备之物，遂借为父亲的父。日久为借义所专，同时带柄的斧发展为斧的主要形式，斧的功用也因使用于不同对象而有所分工，形制上亦出现差异，这些都需要用新的字来表示。带柄的斧，使用于斫木则下加斤为斧。甲骨文"斤"字作"↵"[3]，直者象柄，横者象斧头，其下象所劈开木料之状[4]。斫地的斧，则下加用为甫。"用"字甲骨文作"亜"[5]、"用"[6] 等形，金文作"用"[7]、"用"[8]、"用"[9] 等形。《说文》用作"用"，又云："用，古

---

[1]　《乙》六六九〇。

[2]　《缶鼎》。

[3]　《前》八、七、一。

[4]　参考段玉裁：《说文解字注》斤字注。

[5]　孙海波等：《甲骨文编》，中华书局1965年版，第153页。

[6]　《后》二、三七、八。

[7]　《同簋》。

[8]　《师遽方彝》。

[9]　《师目鼎》。

文用。"所示与甲骨文、金文略同。解释说:"可施行也,从卜从中。卫宏说。"校定刊出《说文》的宋人徐铉进而确其说云:"卜中,乃可用也。"对此,前辈学者多有非议。如徐灏曰:"用之从𝗠,绝非中字,古钟鼎铭多作𝗠,或作𝗠、𝗠,其非从卜、中甚明,且事之施行岂皆得卜乎,卫宏(东汉人)说乃望文生意。"罗振玉说:"卫说决不然矣。"① 其实用字所示乃以斧治田之意。中间一竖为斧柄,上端一短横为斧头,以此而间隔的方格,为所治之田。方格的增减不损害所示的基本字义,因此在甲骨文和金文的书写中都有方格多寡不同的写法。从用的字,有的径直写作从田,多与农田有联系。如庸字,《诗·鲁颂·閟宫》所说的"土田附庸",就是在规整的方田周围启土筑墉,成为井田疆界。有的周字写作"𝔾"②,直接从田。《说文》云:"𝔾,古文周字。"夨仲钟周字作"𝔾",盖《说文》古文周字所本③。用下为人形,故周本意为长于治田农作之人,正与史实相符。

甫字甲骨文和金文的写法为"𝔾"④、"𝔾"⑤、"𝔾"⑥、"𝔾"⑦、"𝔾"⑧等形。上部为父(即最初的斧字),下部从用,表示为用于斫田之父(故有一些直接从田),以示与用于斫木而从斤之父相区别。

作为农具的甫,在使用中与借为父亲的父往往划不清界线,相互通用,进而演变为成年男子的美称,并引申出大的意思。同时又从治田乃农事之始,引申出开始的意思。后起之义日兴,而前出之义渐泯,于是甫下加手,形成尃字,再次强调为手握而使用农具之专称。继而于旁增金,形成铺字,用以进一步反映日益增多的青铜农具的客观存在及其称谓。《诗·臣工》:"庤乃钱镈。"《诗·良耜》:"其镈斯赵。"《国语·周语》:"日服其镈。"这里提到西周农民所使用从金的镈,无疑都是青铜农具。

从名称与器形的关系上看,带柄用以斫木从斤的斧,其器装有与刃向平行柄者居多,装有与刃向垂直柄者也有,斧、斤名下,此二者皆包括在

---

① 转引自马叙伦《说文解字六书疏证》卷之六,第 164 页。
② 容庚:《金文编》,科学出版社 1959 年版,第 58 页。
③ 马叙伦:《说文解字六书疏证》卷之三,第 74 页。
④ 《铁》二六二、三。
⑤ 《盂卣》。
⑥ 《父乙尊》。
⑦ 《匡簋》。
⑧ 《甫丁爵》。

内。"斩"字从斤,"兵"字从斤,只有装与刃向平行的柄,才便于砍杀,此便是斤不单一装有与刃向垂直柄的明证。随着生产的发展,特别是建筑业和木材器具制造业的发展,装有与刃向垂直柄的斤使用更加广泛,遂专斤之名,以区别于装柄与刃向平行的斧。

古代工具的功用,分工并不十分严格,主要用以斫木的斤,有时也用以斫地,特别是那些磨损严重,崩口较大的斤,可能就转向使用于农业生产。《国语·齐语》说:"恶金以铸鉏、夷、斤、欘,试诸壤土。"贾逵注:"斤,钁也。"指的可能就是这种情况。

另一方面,带柄用以斫田从用的甫(最初的镈字),大概装有与刃向垂直柄者居多,与刃向平行柄者也有。我国云南苦聪人使用的木锄,其刃部就有作斧刃状的,即可为证。甫名之下二者皆包括在内。随着广大农田的垦辟,前者的使用日益重要而占绝对支配地位,演变为金属的镈时,便成为前者的专名。主要是:一种用以深掘土的器具;一种用以浅层松土除草的器具。后来,前者称钁后者称锄;而在西周以前则统称为镈。有一件西周时代的铜器,铭文为"厰司土北征藁甫",甫字写作"畐",从父并直接从田,即古镈字。此器为空头条形端刃器,自铭为镈(图三一:1),为我们具体了解青铜镈的形制提供了例证。这类器物在殷周大量出土,考古学界一般以长大厚钝者定为钁,以短小銎部厚而双面刃者定为斧,单面刃者定为锛(即斤),銎部极薄者定为锄。器物的刃部形制大体类似,只是长短厚薄不同。装柄方法,斤、钁、锄皆同,只与斧有别;但它们都是最初的多用工具,总名曰斧的发展和分支。于此,可以看出镈源于斧而又有别于斧的具体关联,唐兰先生说:"农器的镈,实际上就是斧。"[①] 大概是在这个意义上讲的。

从文献材料看,西周晚期以后,镈产生了广义和狭义两个概念。前者是金属农具的总称。如《考工记》载:"段氏为镈器。"郑玄注:"镈器,田器,钱镈之属。"后者主要指锄、耨等中耕除草工具。如《国语·周语》,"日服其镈",韦昭注:"镈,锄属。"《国语·齐语》:"挟其枪、刈、耨、镈。"韦昭注:"镈,锄也。"汉以后的字书大致皆以锄释镈,如《释名》:"镈(即镈),迫也,迫地去草也。""镈,亦锄类也。"《广雅》:"镈,锄也。"

① 唐兰:《中国古代社会使用青铜农器问题的初步研究》,载《故宫博物院院刊》总 2 期,1960 年,第 26 页。

《诗·周颂·臣工》："庤乃钱镈。"毛传："镈，耨。"毛亨大概以镈的较晚的概念，注释周初的文献。更晚的字书或农书，多据以训释。如《尔雅》邢疏："镈、耨一器。"王祯《农书》："镈，耨别名也。"大概到了西周末和东周，随着农业生产的发展，中耕除草的工具向多样化更细的专业分工发展，其中有一种刃口比较宽的叫耨。《吕氏春秋·任地》："耨柄尺，此其度也，博六寸，所以间稼也。"高诱注："耨所以芸苗也，刃宽六寸，所以入苗间也。"《一切经音义》卷八引《古今字诂》："耨头长六寸，柄长一尺。"周制 6 寸约合今 13.86 厘米，可知耨的刃口是相当宽的。这时随着农业技术的进步，田间管理成为栽培作物的重要环节，为适应不同情况下中耕除草的需要，出现多种形式的锄耨，种类日繁，数量大增，在一年农事中使用时间最长。它在镈器中的影响巨大，地位至重，遂专镈之名。

概言之，镈作为具体农具在西周晚期以前，是包括青铜的镶和锄。西周晚期至东周，则主要指金属锄、耨器，包括青铜和铁的。关于青铜镶上章专文论述，本章主要论述先秦青铜锄、耨器。

二　铜锄、耨的各种形制

从地下发掘的实物看，出土的战国以前的青铜锄、耨约在 31 件以上，数量较大，形制多样。大体可以归纳为三大类，每类又可分为若干型。兹分述如下：

（一）长条形锄片
这类又分无銎长条形锄片和卷銎长条形锄片两型。

Ⅰ、无銎长条形锄片。这是铜锄的初级阶段：它捆扎于木锄的顶端，以代替原捆扎的石锄片和骨锄片。它与实心铜锛的区别是前者薄，后者厚。在考古发掘中，由于这种锄的木质部分腐烂无存，对其金属片的用途不甚明了，因而命名因人而异。例如 1973 年河南偃师二里头三、八区早商遗址出土的一件，长 11.4 厘米，上宽 2.4 厘米，刃宽 2.9 厘米，厚 0.5 厘米，体扁平略上曲，横剖面呈梯形，单面弧刃（图三一：2），原定为锛[①]。锛是斫木

① 中国社会科学院考古研究所二里头工作队：《河南偃师二里头遗址三、八区发掘简报》，载《考古》1975 年第 5 期，第 304 页。

的工具，其金属片应当更厚一些，才能劈开木料。此件弧曲面磨光，凹曲面除刃部外，无磨损痕迹，厚只0.5厘米。说明捆扎于木锄曲柄顶端后，只露出短而薄的一点金属刃部，刀部内侧绝大部分为木质，其不宜于砍木是显而易见的，因而很可能是青铜锄片。

1977年，四川汉元县富林公社六大队五生产队出土这类长条形锄片两件，时代定为商周之际，原报告定为斧[①]。一件长9.5厘米，上宽4厘米，刃宽5.5厘米，器厚0.2厘米；另一件长9.4厘米，上宽3厘米，刃宽5厘米，器厚0.2厘米，皆两面刃。前一件器面有印痕两道，其余部分磨损痕迹明显，背面除刃部外，无印痕亦无磨损痕迹（图三一：3）。由此推知，它装的不是斧柄而是锄柄。铜锄片背面紧贴木锄顶端，用绳索上下缚扎两道，故于正面留有两道无磨损印痕。1964年，山西原平县峙峪村东周遗址出土的一件，器为长条形片状，窄首宽刃。上宽3.5厘米，刃宽6.5厘米。厚0.3厘米，器上部一面有捆扎印痕宽9厘米，器通长18厘米。捆扎部位上下有缺口（图三一：4）。原报告作铲[②]，从捆扎痕迹看，应是锄片。

1933年，安徽寿县朱家集李三孤堆楚王墓出土6件战国长条形锄片，6件同式，大小略等。其中标本2:6246/6，长15厘米，刃宽8厘米，上宽5.5厘米，厚0.45厘米（图三一：5）；标本2:6244/6，长15厘米，刃宽8厘米，上宽5.5厘米，厚0.6厘米（图三一：6）；标本2:6243/6，长15厘米，上宽5.5厘米，刃宽8厘米，厚0.6厘米（图三一：7）。3件皆在一面中部有宽约3厘米的无磨损印痕一道，其余部分皆有明显磨损痕迹；另一面，无此带状印痕，刃上至4厘米处有磨损痕迹，其余部分皆无[③]。据此推知，铜锄片一面紧贴木锄顶端，露出刃部4厘米，然后于锄片中腰缠绕缚扎宽约3厘米的绳索，于是就在松土除草的使用中逐步形成这种不同部位的磨损和印痕。同类形制的器物，在河南汲县山彪镇战国1号墓出土7件，辉县赵固区1号战国墓出土4件[④]。这些器物中有的中腰也有一道宽印痕，原来认为是安装斧柄的痕迹，因命名为斧。但是，器物

① 岳润烈等：《四川汉元出土商周青铜器》，载《文物》1983年第11期，第9页。

② 戴遵德：《原平峙峪出土的东周铜器》，载《文物》1972年第4期，第70页。

③ 原作铲，见李景聃《寿县楚墓调查报告》，载《田野考古报告》第1册，第243—245、268、272页；殷涤非：《试论东周的铁农具》，载《安徽史学通讯》1959年第4、5期，第32页。器物形制据安徽省博物馆藏实物测记。

④ 郭宝钧：《山彪镇与琉璃阁》，科学出版社1959年版，第42页；中国社会科学院考古研究所：《辉县发掘报告》，科学出版社1956年版，第117页。

较薄，如标本 1:102 号仅厚 0.2 厘米，很难劈开木柴等坚硬质材，似定为锄较好。中腰的印痕，很可能如上述寿县楚王墓所出同类器物一样，为缠绕缚扎木锄顶端的印痕。

长条形铜锄片还在河南安阳小屯村殷代遗址出土过 3 件，原作铲形器①。《邺中片羽》第 2 集卷上第 39 页著录 2 件，原作匕，定为殷器。云南剑川海门口出土一件，时代相当于商末②。陕西临潼县西段大队西周墓出土 3 件，原作铲刀③。武功县文化馆收藏一件，出土于武功地区，定为西周之器④。河南洛阳市中州路西工段战国墓出土 3 件，原作锛⑤。可知缚扎青铜锄片的锄，虽然形制原始，但经历殷代、西周和东周，一直在使用。

同以上所述类似的青铜锄片，在世界其他各地，如埃及、塞浦路斯、罗马尼亚、西班牙等国的古代遗物中也有发现，在埃及还出土带有木柄的这类青铜锄，也是将金属片捆扎在木锄的顶端⑥。

捆扎金属锄片的锄，在近代世界一些后进民族中还可以看到。如西非苏丹地区有一种锄，"为一根不大的钩状弯棍，一端安有铁锄片"⑦。多数情况下，金属锄片是捆扎在木锄顶端的外侧，如东非的吉库尤人使用的锄就是这样（图三一：8）。也有将金属锄片捆扎在木锄端勾内侧的，如喀麦隆的亚安德族使用的这类锄，金属锄片就捆扎在内侧（图三一：9）。无论金属锄片在外测还是在内侧，其功用都是挖地松土和除草的。

Ⅱ、卷銎长条形锄片。这一型是前一型的发展，即在青铜锄片的上端加宽锤打卷成銎或铸成銎，套在木锄钩尖上，以代替原来绑扎的绳索，既牢固又省事。故宫博物院就藏有这种类型的青铜锄，长 11 厘米，刃宽 4.2 厘米，上部有从两边延伸卷曲的銎（图三一：10）。中国历史博物馆也藏有形制相同的器物，长 9.1 厘米，刃宽 4.8 厘米，双面刃。上部卷曲的銎为 4×2.8 厘米，卷銎边宽 2 厘米（图三一：11）。1976 年甘肃玉门火烧沟出土的相当于夏代的青铜锄也是这种形制。

---

① 李济：《记小屯出土之青铜器》，载《中国考古学报》第 4 册，1949 年，第 54 页。

② 云南省博物馆：《云南古代文化发展与研究》，载《文物考古工作三十年》，文物出版社 1979 年版，第 377 页，原作斧。

③ 临潼文化馆：《陕西临潼发现武王征商簋》，载《文物》1977 年第 8 期，第 2 页。

④ 武功县文化馆库藏品。

⑤ 中国科学院考古研究所：《洛阳中州路（西工段）》，科学出版社 1959 年版，第 96 页。

⑥ W. M. Flinoers Petrie：《Tools and Weapons》p16—18（Z）Pls ⅩⅤ—ⅩⅧ。

⑦ C. H. 托尔斯托夫等：《普通民族学概论》第 1 册，科学出版社 1960 年版，第 220 页。

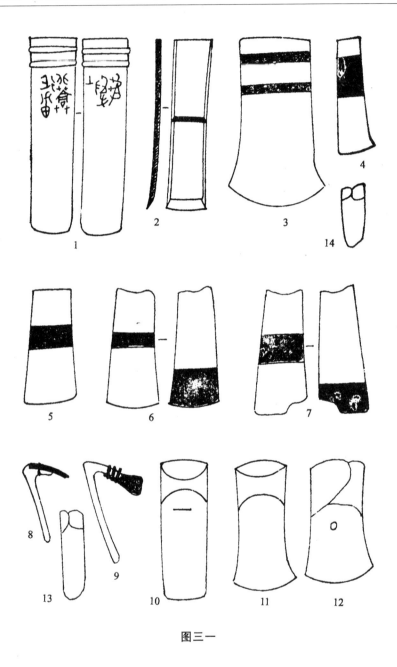

图三一

类似的青铜锄，在国外，如埃及十二王朝（前 1990—前 1778）和塞浦路斯古代遗物中也有发现（图三一：12、13）。这类形状的铁锄，在我国边远的少数民族中直到近代还在使用。如云南碧江县的傈僳族新中国成立前使用的"一种铁锄，长6寸，宽约3.4寸，只重一斤左右，锄耳部分不用楔，而是将锄面头端的铁片扭成孔，套于弯钩的木柄上"[①]。再如西藏米林县的珞巴族，普遍仍使用一种短柄木锄，同时有些木锄"已有用铁打的包头（长15—20厘米），套在木质锄的头上，变成了铁锄，叫做'加摄'"[②]。加摄的铁包头形状，与上述古代的青铜卷銎锄片基本一样（图三一：14）。

（二）各种形制的铜锄、耨刃套

使用这类刃套的锄，锄身大部分是木质的，而于刃部施金。这类中又分鹤嘴形，空头长条形、"回"字形、正面"回"字背面"凹"字形、"凹"字形、马蹄铁形、"V"字形等型。它们有銎槽或栏，套在或嵌在装有横柄的木质锄板或木锄尖上。

Ⅰ、鹤嘴形锄刃套。发展到卷銎金属片阶段的锄，在进一步发展中分为二支：一支通过改变成不同形状的锄板和变换装銎角度形成为横銎六角形板锄、小直銎扇形锄、小直銎锹形锄等。另一支则进一步将木锄尖部整个用金属包裹，初步形成了空头的金属锄刃套。在我国古代的遗物中，往往有这类青铜锄刃套发现。例如南京市陶吴人民公社出土的一件，长13.3厘米，刃宽1厘米，銎部为2×3.4厘米，单面刃，前面与后面中间有铸缝线，器体略弯曲（图三二：1）。上海博物馆展出两件：一件长7厘米，銎部为2.3×2.8厘米，一面刃，刃宽1.5厘米（图三二：2）；一件长方形銎，两侧有铸范痕，斜收成两面刃，长11厘米，銎部为3.5×1.8厘米。刃部侧面宽0.5厘米，正面为尖刃，銎口有宽沿（图三二：3）。类似的器物在其他地区也有出土，通常定为凿或别的名称，其实它应是木锄尖部的青铜刃套。它与凿的区别是銎部宽大而器体弯曲或扁平，其窄小秃钝的刃尖类似鹤嘴，因此可称鹤嘴锄刃套。新中国成立前后，我国贵州苗族使用的鹤嘴锄（又称鸡嘴锄），在一个鹤嘴状木锄的前端安装一铁质圆锥状锄刃套，即属这一类型的工具（图三二：4）。我国云南贡山的独龙族"普遍使用一种树桠的天然的勾曲部分制成小木锄挖地，小木锄尖如鹤嘴，

---

① 董抱朴等：《碧江县五区卡石、色得洼底两自然村社会经济情况调查报告》。载《怒江傈僳族自治州社会概况》，第3页，1958年3月铅印。

② 中国社会科学院民族研究所：《西藏米林县珞巴族社会历史调查报告》，第10页，1978年5月铅印。

独龙族称之为'戈拉'，后来又在原始的木质鹤嘴锄的尖端，包上二三寸铁皮，改造成小铁锄，独龙族称之为'洽卡'"（图三二：5）。洽卡也属这上类型的工具①。

Ⅱ、空头长条形锄刃套。战国以前空头条形端刃器的出土约在 1900件以上。它主要为镬、锄、锛、斧、耒、耜的刃套。关于镬、锛、斧和耒、耜另有专章论述，这里只说锄。一般说，镬与锄的刃套和装柄方法基本相同，区别是：刃部镬长、锄短，镬厚、锄薄。锄与斧、锛刃套的区别，除了锄薄、斧锛厚之外，还可从器形的特点中加以分析。出土的空首条形端刃器，在形制大体相似之下又各有不同。相当大的一部分为楔形，即侧视为二等边三角形（双面刃），或直角三角形（单面刃）。这类器物一般长大厚钝的定为镬，銎部厚而短小的定为斧（双面刃）、锛（单面刃），后者中也会有锄，但不好与斧、锛相区别，此处舍而不论。这类中有一些銎部极薄的，则应定为锄。如安阳市博物馆，殷墟历史陈列室展出的出土于殷墟的空头条形端刃器中，有 3 件銎部极薄：一件约长 6 厘米，刃宽2.4 厘米，銎部 2.5×1.2 厘米，面有一竖文（图三二：6）；一件长 6 厘米，刃宽 3 厘米，銎部 3×1.2 厘米（图三二：7）；一件长 5.5 厘米，刃宽 3 厘米，銎部 2.3×1.2 厘米（图三二：8）。这类器物如作锛斧用，因器身上部较薄，刃虽入木而材不开裂，且器体上部又接插厚仅 1.2 到 1.3厘米的木叶，于木叶上再联结横柄，或直接装曲柄，其镶铜刃套部分亦厚1.3 厘米左右。以之砍木，极易损坏，似定为作业于松土浅层的锄较妥。大概这类形制的锄在殷周大量使用，不过出土物以前多笼统归在斧、锛名下。考古报告中多不记这类器物的銎部厚度，因而在文献记载上很难从斧锛中全部区别出来。

这类器物銎部不论厚薄，器身上下弯曲的，其长大者为镬，短小者为锄。如湖北大悟县龙潭大队雷家山出土的一件通长 7 厘米，刃宽 5.1 厘米，銎长 3.4 厘米，宽 1.3 厘米。长方形身，一面上下曲斜，銎外二道凸棱，弧刃（图三二：9）②。此器因首刃弯曲，难为斧、锛，又比较短小，故为锄。

这类器物中短小而銎部较厚，背弧面凹，截面呈"◡"状者，则应为

---

① 刘达成：《试论独龙族的家族公社》，载《民族研究》1979 年第 2 期，第 67 页。
② 熊卜发等：《大悟发现编钟等铜器》，载《江汉考古》1980 年第 2 期，第 95 页。

锄。如江西清江县田家村战国墓出土的两件，器身断面呈拱桥形，两刃尖稍向外移，弧刃、銎口不卷边。一长 9.4 厘米，刃宽 6.8 厘米，上宽 4.7 厘米；一长 9.7 厘米，刃宽 6.1 厘米，上宽 4.7 厘米（图三二：10）。这类器物因是弧背凹面，肯定不能作斧，也不宜做平木的锛，又比较短小，只能做松土除草的锄了。

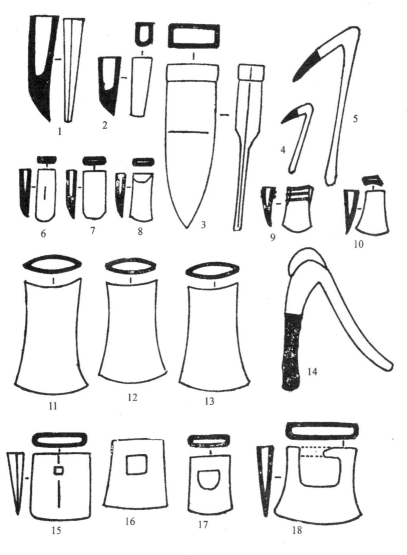

图三二

出土的空头条形端刃器中，有一些銎口扁圆，正、背皆为弧面，两侧形成秃钝刃状，截面成棱形。这类器物既不宜做斧刃用以劈柴，也不宜做锛刃用以平木，只适宜于斫地。其长者为镢，短者为锄，可以统称镢锄。如湖北大冶铜绿山铜山口春秋遗址出土的15件，形制相同，皆长条形，扁圆形銎，銎口下凹，正、背皆弧形面，两侧成刃状。最大的高12厘米，刃宽8厘米，銎长6.5厘米，最宽处2.5厘米（图三二：11）；最小的高9.5厘米，刃宽6.5厘米（图三二：12）。大部分高11厘米，刃宽7.5厘米（图三二：13）①。銎口为弯月形的，背弧面凹，亦不宜劈柴、平木，只适宜于斫地。其长者为镢，短者为锄。

形制大体类似的锄，在近代后进民族中还可以看到，如埃塞俄比亚西部地区的加拉人使用的锄，是在一个弯曲的木锄尖端，装有空头条形铁刃套（图三二：14）。它为我们识别古代青铜条形端刃器中有锄及复原其装柄方法提供了可贵的例证②。

Ⅲ、"回"字形锄刃套。是从空头条形端刃器发展而来。在略呈方形、矩形的器体中部又开方形、矩形、半圆形孔，为较宽大锄的一种，适合在种植株距行距宽的田地里作业。由于主要使用于松软土壤的中耕除草，在形体较大的锄刃套上开较大的孔，既可省铜，也不会减低工具的效用。此型似出现于西周末，流行于春秋时期。已知的发掘品出自河南三门峡市上村岭、安徽舒城九里墩、江苏扬州古邗城、苏州市新苏丝织厂、丹徒县谏壁粮山、浙江绍兴城关镇西施山、绍兴万家山、定海县石礁公社东方大队等处。主要集中在皖、苏、浙三省，绝大多数定为春秋或春秋战国之际的器物。河南三门峡市上村岭虢国墓地出土的一件，略呈正方形，长方形銎，长8.6厘米，刃宽8厘米。器中所开方孔较小（图三二：15），为西周末东周初之器③，时代也稍早，可以看做是这种锄的早期形制。江苏苏州市新苏丝织厂东周窖藏中出土的12件，器体略呈方形或长方形，长方形銎，刃微弧，器身中部开方孔，全长11.5到7.2厘米，刃宽9.8到6.3

① 黄石市博物馆陈列室展品。
② C.H. 托尔斯托夫等：《普通民族学概论》第1册，科学出版社1960年版，第214页。
③ 中国科学院考古研究所：《上村岭虢国墓地》，科学出版社1959年版，第19页。原报告称斧，现陈列于中国历史博物馆通史陈列室，又称镢。我们认为，定斧、镢，器体欠厚而嫌宽，似定锄较好。

厘米（图三二：16）①。浙江绍兴万家山出土的一件，器呈空头长方形，高9.5 厘米，刃宽 7.5 厘米，銎部厚 1.8 厘米，器中开有对穿的略成半圆形孔（图三二：17）②。安徽舒城县九里墩大队出土的 2 件，形制大小相同，刃部微弧略宽，中间有方孔，长方形銎，高 7.8 厘米，刃宽 9.4 厘米（图三二：18）③。另外，传世品还有多件。见到的实物，上海博物馆展出 4件，辽宁博物馆、江苏吴县文管会、开封市博物馆、甘肃省博物馆、故宫博物院各藏 1 件。

Ⅳ、正面"回"字形背面"凹"字形锄刃套。此型正面与Ⅲ型同，只省去背面銎部的横梁。发掘品仅见于江苏苏州葑门内河道程桥下河底出土的 4 件，器体呈长方形，长方形銎，一面于器中开方孔，略呈"回"字形，另一面銎部开口，无横梁，刃略呈弧形。一件长 8 厘米，刃宽 6.5 厘米；一件长 8.5 厘米，刃宽 7 厘米；一件长 9.3 厘米，刃宽 9 厘米；一件长 10.7 厘米，刃宽 9.2 厘米（图三三：1）④。

另外，上海博物馆展出一件，器体略呈长方形，一面器中开长方形孔，一面呈凹形，器高 8.5 厘米，刃宽 7 厘米（图三三：2）。开封市博物馆库藏一件，高 8 厘米，刃宽 6.5 厘米，刃部尖圆。正面器中一方孔，背面銎口呈凹形（图三三：3）。

Ⅴ、凹字形锄刃套。这种类型的器物上部为凹形銎槽，下部为刃，是各种工具的刃套。已知的出土物有：河南罗山县蟒张公社后李村商周墓地出一件，江西修水县背山地区桃源商代遗址采集一件，武宁县石门公社毕家坪战国墓地出一件，湖北大悟县丰店公社龙潭大队雷家山西周窖藏出 2件，湖北圻春县毛家嘴西周遗址出一件，江陵县溪峨山楚墓出一件，当阳县赵家湖战国遗址出一件，湖南湘潭、岳阳等地出土，并于株洲、长沙征集拣选的 14 件⑤，江苏六合县程桥镇东周 2 号墓出土一件。镇江博物馆收藏 2 件，出土于溧水县。南京博物院库藏一件，南京市博物馆展出一件，皆出土于南京市。浙江绍兴西施山出一件，绍兴万家山出一件，永嘉县永临区西岸大队出一件。浙江省博物馆库藏 2 件，分别出土于杭州西湖和崇

① 苏州市博物馆考古组：《苏州城东北发现东周铜器》，载《文物》1980 年第 8 期，第 18 页。
② 浙江省博物馆，浙江历史文物陈列室展品。
③ 安徽省文物工作队：《安徽舒城九里墩春秋墓》，载《考古学报》1982 年第 2 期，第 237 页。
④ 廖士豪等：《苏州葑门河道内发现东周青铜遗物》，载《文物》1982 年第 2 期，第 90—91 页。
⑤ 高至喜：《湖南商周农业考古概述》，载《农业考古》1985 年第 2 期，第 118 页。

德县。台州地区文管会库藏一件，出土于玉环县三立坦。安徽淮南市八公山区蔡家岗战国墓出一件。合肥市文管会陈列室 1985 年展出一件，出土于合肥市。广东广宁县铜鼓岗战国墓出一件，云南省祥云县禾甸公社检村大队古墓出 2 件，山西博物馆库藏一件，出土于山西。此外，还另有一些传世品。江西南昌市李家庄拣选一件，江西省博物馆库藏 2 件，上海博物馆 1982 年展出 6 件，故宫博物院库藏一件，吉林省博物馆库藏一件。共约在 50 件以上，其中发掘品和知其出土地点者 29 件。这类器物窄而銎部厚者当为镬，宽而銎部厚者似为耜。无论窄宽，銎部薄者应为锄。銎部厚薄介于镬、耜与锄之间的，窄者可能为耒，宽者可能为畬。这型锄又是 IV 型锄的进一步发展。出土于山西，山西省博物馆征集的一件，高 8 厘米、刃宽 8.4、銎部厚 1.1 厘米（图三三：4），定为西周之器。湖南湘潭县青山桥高屯大队老屋生产队西周窖藏所出的一件，两腰缴收，弧刃，两角外撇，正面平，背面隆起。高 5.5 厘米，刃宽 8.1 厘米，銎部厚 1.45 厘米（图三三：5）①。上海博物馆中国历史文物陈列室展出的一件，高 8 厘米，刃宽 7 厘米，銎部厚 1.2 厘米（图三三：6），定为西周器物。江苏溧水县出土，镇江博物馆收藏的一件，高 5.5 厘米，刃宽 7 厘米，銎部厚 1.3 厘米（图三三：7）②。故宫博物院收藏的一件，高 9 厘米，刃宽 8.3 厘米，上宽 8.7 厘米，銎部厚 1.2 厘米（图三三：8）。

　　带有曲柄的凹字形铁锄，1978 年在湖北江陵天星观一号墓的战国晚期盗洞中发现。铁刃套呈凹形，刃弧形，两侧外侈，以丫木做钩柄。出土时保存完整，柄长 46.5 厘米，铁刃套长 11 厘米，刃宽 11.5 厘米（图三三：9）。凹字形铜锄的装柄方法及其完整器形当与此类同。1975 年湖北江陵凤凰山 168 号汉墓出土木俑手执的凹字形锄模型，用一块长条木板做锄身，刃部涂成黑色的凹字形，以示装有凹字形铁刃套；另一端作横柄（图三三：10）③。先秦的凹字形铜锄有一部分也可能是这样装柄的。

　　VI、马蹄铁形铜锄刃套。此型是 IV 型和 V 形的进一步发展。形成大圆弧刃，中间孔开得更大，外周的边更窄。这类锄的锄板绝大部分为木质，只装一个马蹄铁形窄边刃套，大概是为了节省铜料。江苏苏州市新

---

①　袁家荣：《湖南青山桥出土窖藏商周青铜器》，载《湖南考古辑刊》第 1 期，第 24 页。

②　南京博物院内，1982 年吴文物联展陈列品。

③　荆州地区博物馆，1982 年陈列品。

苏丝织厂东周窖藏出土 5 件，其中 2 件一面上端有横梁相连，一面开口（从 Ⅳ 型发展而来），高 9.6 厘米，顶宽 12 厘米（图三三：11）。另 3 件上端两面都开口（从 Ⅴ 型发展而来），高 7.8 厘米，顶宽 11.9 厘米（图三三：12）①。苏州葑门内河道程桥下河底出土的一件，上端两面开口，顶宽 13 厘米，高 7.5 厘米（图三三：13）②。中国历史博物馆库藏的一件，一面上端有横梁相连，一面开口，高 9.2 厘米，上宽 10.3 厘米，中间孔高 5.2 厘米，宽 6.8 厘米，上边宽 1.4 厘米，左右边宽 1.8 厘米，銎部厚 0.9 厘米。为马蹄形圆刃（图三三：14）。以上都是东周器物。云南大理金棱岛出土的一件，刃套边稍宽，属西周末东周初之器（图三三：15），似为从 Ⅴ 型向 Ⅵ 型发展的过渡形态③。

　　Ⅶ、"Ⅴ"字形铜耨刃。此型形似犁铧，但器形较薄，又无銎槽，而于正背面皆有凸起的栏棱，一面有篦齿纹至刃成齿，大小不等。已知出土物，江苏昆山县盛庄青铜熔炼遗址出 4 件，苏州上方山果园出一件。南京博物院库藏 4 件，出自金坛县。浙江绍兴地区文管处库藏一件，绍兴陶堰张家坟出一件，绍兴上游公社出 2 件。浙江省博物馆库藏 3 件，出土于浙江省。临海县博物馆库藏一件，出土于临海县。另上海博物馆展出一件，中国历史博物馆库藏一件。约近 20 件，多出自江苏、浙江地区，为东周器物。江苏金坛县出土的 4 件，形制大体相同，但大小有别。器呈锐角三角形，两边有凸起的栏棱、棱外有篦齿纹，至边刃成锯齿。尖锋部位有中脊棱，背面亦有边栏棱和中脊棱。栏棱及中脊棱高约 1 厘米。一件边长 18.7 厘米，边宽 3.5 厘米，器宽 17.5 厘米，两边的夹角为 59 度。一件边长 19.7 厘米，边宽 3.3 厘米，器宽 17 厘米，两边夹角 60 度。一件边长 18 厘米，边宽 2.8 厘米，器宽 15 厘米，两边夹角 57 度。一件边长 21 厘米，边宽 4.6 厘米，器宽 17.5 厘米，两边夹角 56 度（图三三：16）④。浙江临海县出土的一件，器呈"Ⅴ"字形，两边有高约 1 厘米的栏棱，栏棱外有篦齿纹至刃成锯齿，栏棱内宽 1—1.2 厘米，尖锋部位有中脊棱，高约 1 厘米，背面亦有相同的栏和中脊，边长 19 厘米，一边宽 3.5 厘米，一

　① 苏州博物馆考古组：《苏州城东北发现东周铜器》，载《文物》1980 年第 8 期，第 18 页。
　② 廖士豪等：《苏州葑门河道内发现东周青铜文物》，载《文物》1982 年第 2 期，第 90—91 页。
　③ 汪宁生：《试论石寨山文化》，载《中国考古学会第一次年会论文集》，第 283 页。
　④ 南京博物院库藏品。

边宽 2.7 厘米，器宽 20.8 厘米，两边夹角 68 度（图三三：17）[①]

　　此型器物考古学界有定为铜犁铧的[②]，也有认为是"推割庄稼的器具"，"应属收割工具"[③]；然而度其形制，察其源流，似定为锄耨较宜。江浙地区良渚文化等新石器时代晚期遗址中，多处出土的石质犁形器大概是此型器物的祖型。石犁形器一般体形扁平，厚约 1 厘米，呈等腰三角形，刃在两腰，其夹角在 40—50 度之间，多用片状页岩制作。一面平直，保留着页岩的自然劈裂面，除刃部边缘外，未见磨光使用痕迹；一面稍稍隆起，正中平坦，留有安装木柄的痕迹，其宽度为 4.2—6 厘米，其间有 2 孔或 3 孔，其余部分有磨损痕迹。全器长度在 15 到 63.5 厘米，宽度在 20 到 43.5 厘米之间。长短宽窄不等[④]。此类器物，考古学界原定名为三角形石刀，近年多改定为石犁，我意以定石锄耨为妥。其一，犁形器多采用一种硬度不高的灰褐色页岩制成，石质松软脆弱，器厚仅 1 厘米左右，有的长达 63.5 厘米，宽达 43.5 厘米，如作犁铧使用，深翻耕地，即令是有木犁床托底，上压木板，然而露在木犁床外部的石质刃部，也很难经得起强大阻力的冲击，极易损坏。其二，石犁形器中较大的，比后世铁犁铧要大得多，后者耕地尚需二牛挽行，前者如作犁铧耕地，两头牛也很难拉得动。其三，从这类器物的磨损痕迹看，大体属两类：小部分除刃部边缘有磨损外，上、下两面都保留制造时粗糙面；而大部分是一个面同前，而另一个面有装柄的窄条痕迹，此外则全为磨损部位。后者的情况正好说明石犁形器不是装在较宽的木犁床上，而是装在较窄的锄耨曲柄上。即用一块刃部略小于石犁形器的木板贴在器面上，通过中间的两个或 3 个穿孔，用绳索或木钉与曲柄固定夹紧（图三三：18）。与后者类比推知，前者的装柄方法当是：石犁形器用比刃部略小的两块木板上、下夹紧，使石质刃部外露，通过中间穿孔用绳索或木钉固定，然后于木板上部作横柄（图三三：19）。这类三角形石耨大概主要用于垄种作物田亩的两垄坡和其沟间的松土除草，也可用于向两垄坡耘土的作业。垄沟有宽有窄，有深有浅，故这类石耨也就有大有小。

　　① 浙江临海县博物馆库藏品。
　　② 沈作霖：《绍兴出土的春秋战国文物》，载《考古》1979 年第 5 期，第 458 页。
　　③ 陈文华：《试论我国农具史上的几个问题》，载《考古学报》1981 年第 4 期，第 412 页。
　　④ 牟永抗等：《浙江的石犁和破土器——试论我国犁耕的起源》，载《农业考古》1981 年第 2 期，第 74—75 页；叶玉琪：《吴县出土的石犁》，载《文博通讯》1984 年第 1 期，第 31 页。

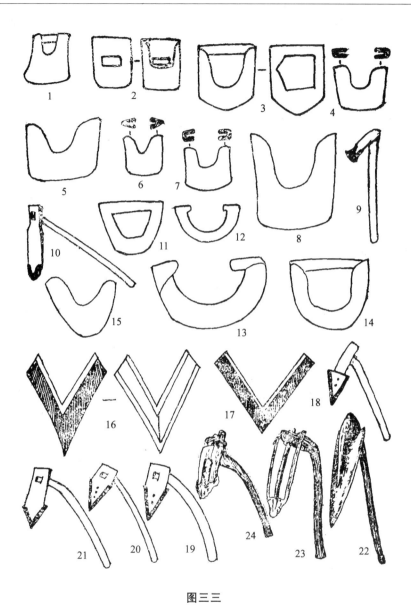

图三三

以上说的是"V"字形铜耨的源，就此型铜耨刃本身看，器形较薄（一般厚0.2厘米左右），除刃部边缘外，正、反两面多无磨损痕迹，这些特点都与石耨相同，说明它由石耨发展而来。它不是犁，而是耨。其装柄方法亦应相同。即"V"字形铜耨刃用两块比刃部略小的木板夹装，耨刃上正反两面突出的栏棱，各嵌于两块木板的凹槽内，并于两块木板中部穿二或三孔，用绳索或木钉固定，再于木板上部中间作横柄（图三三：20）。

金属刃部呈"V"字形的锄耨，直到汉代可能还在使用。湖北江陵凤凰山 168 号汉墓出土的木俑，手中所执的锄耨，有的其刃部为"V"字形刃套（图三三：21）。这类锄耨在近代一些后进民族中也屡见不鲜，如非洲多哥和加纳的埃维人、阿散蒂人以及北尼日利亚的豪萨人所使用的锄的金属刃部即为三角形尖刃（图三三：22、23、24）。

（三）各式有銎铜板锄、耨

有柄銎，直接装柄，锄身全部为铜质或基本上为铜质。这类又分小直銎圆刃钁锄、小凹銎桃核形钁锄、小直銎条形锄、小直銎扇形锄、小直銎锹形锄、犁形耨、菱形耨、斜銎宽耨、横銎六角形板锄、横銎双刃鹤嘴锄、铜柄或长柄銎锄等型。

Ⅰ、小直銎圆刃钁锄。此型类似空头条形钁、锄，但銎口较小，器身呈扁圆形，大大宽于銎部，又类似铲，圆弧刃，安装曲柄后，器身基本上是铜质的。多出于云南、四川地区。为西南地区较早使用的铜农具之一，云南剑川海门口出土的一件，有圆肩，正面似铲，但较厚，圆刃。高 13.3 厘米，最宽处 10.2 厘米，椭圆形銎，銎口长 5.5 厘米，最宽处 3.4 厘米，有銎沿，下有两道凸棱（图三四：1），时代相当于殷末①。四川汉元县富林公社六大队五生产队出土的 2 件，一件高 8.4 厘米，宽 9.4 厘米，圆舌形刃，椭圆形銎，銎口长 5.4 厘米，最高处 2.4 厘米，銎口有两道凸棱（图三四：2）。一件高 8.3 厘米，宽 8.1 厘米，形制同上件，銎口长 5.4 厘米，最宽处 2.8 厘米（图三四：3）。定为殷周之际的器物②。云南祥云县禾甸公社检村大队战国墓出土的 5 件，刃作椭圆形，后锋呈弧形，銎作扁圆体，銎口呈凹弧状，銎上有一钉孔，銎部饰有双线八字形纹饰。标本 M1 下—1:2，通长 8.4 厘米，刃宽 7 厘米（图三四：4）。另外，昌宁县新街出一件③，四川巴县冬笋坝出一件④，故宫博物院库藏 3 件。此型器物，

①　云南省博物馆：《云南古代文化的发展与研究》，载《文物考古工作三十年》，文物出版社 1979 年版，第 377 页。

②　岳润烈等：《四川汉元出土商周青铜器》，载《文物》1983 年第 11 期，第 9 页。器物尺寸及形制据四川省文管会考古队库藏实物测记。

③　云南省博物馆文物队 1982 年藏品。

④　四川省博物馆，四川历史文物陈列室 1982 年展品。

过去多定为钺；然而度其形制，圆刃而两边对称，正背皆弧面而两腰形成秃钝刃状，截面为梭形。不宜装斧钺柄而横斫。另笔者所见到的一些出土物，多数通体磨光，似在土壤中使用的磨损痕迹。它比一般的锄器体要厚，长大者翻地起土，短小者松土除草，故统名之镬锄。很可能是后来西南地区桃核形镬锄的前身。

Ⅱ、小凹銎桃核形锄。此型锄身似心叶或桃核形，上端中部有凹形小銎，出云南地区战国墓葬。祥云县大波那木椁墓1961年出6件，2件略似桃核形，有椭圆小銎，銎口下凹，銎上有钉孔，全器最长处11.5厘米，最宽处10.4厘米（图三四：5）。4件近似心叶形，銎作一凹槽，槽顶端为圆形，全器最长处12厘米，最宽处9厘米（图三四：6）①。另外，1977年大波那木椁2号战国墓出12件，祥云县禾甸公社检村大队战国石椁墓出17件。这种形制的器物，在较晚的（西汉）一些遗址和墓葬中，如晋宁石寨山、江川李家山、呈贡天子庙、昆阳磷肥厂、安宁太极山、澂江万海等处都有出土，而且器形比较大。一般长20—34.5厘米，最宽处19—25.8厘米，銎径4.45厘米，重1—2公斤。过去有人定此型器物为铜犁，可能不妥。晋宁石寨山M20:1杀人祭铜鼓图案贮贝器盖上铸有两组立体图象，其中一组为播种仪式行列。在这行中，有一人肩荷一农具。即为此型器物。装的是曲柄，柄和器体夹角小于90度，与今日使用的锄头装柄角度相似。另石寨山出土的一件此型器物（M3:123），其銎部残留有木柄一段，虽已腐朽，但仍可看出是用丫形木加工制成的，其柄和器体的夹角同样小于90度，残木柄直径3.6厘米，也经不起较大的拉力。据以上两点，王大道先生改定为尖叶形铜镬②。《说文解字》说："镬，大锄也。"鉴于出土的战国这类器物，器体较小，似定为锄较宜。

Ⅲ、小直銎条形锄。此型器呈条形薄片，有较小的半圆或椭圆形直銎，突起于锄面正中，向下收细分为两股至刃口两端，上有穿钉孔。出土云南地区。楚雄县万家坝东周古墓出47件，其中32件锄面呈长条形，弧形刃，三角形銎。标本M1:41，长17.5厘米，刃宽7.8厘米（图三四：7）。5件锄身较前细长，上端有肩，半圆形銎，标本M23:182，长20厘

---

① 云南省文物工作队：《云南祥云大波那木椁铜棺墓清理报告》，载《考古》1964年第12期，第608页。

② 王大道：《云南滇池区域青铜时代的金属农业生产工具》，载《考古》1977年第2期，第92—93页。

米，刃宽 8.4 厘米（图三四：8）。10 件器面更显窄长，且向外反折略成弧形，半圆形銎，上端有肩。标本 65:28，残长 16.5 厘米，刃宽 4 厘米（图三四：9）①。祥云县大波那战国木椁墓前后出 4 件，1977 年 6 月，2 号墓出土的 2 件，器作长方形，中腰略为收窄，锄腰中间呈凹陷三角形纹饰，自三角形顶端有一垂直线直达刃口，銎作椭圆形，其上有一钉孔。一件长 10.9 厘米，刃宽 5.7 厘米；另一件长 9.7 厘米，刃宽 4.2 厘米（图三四：10、11）②。

Ⅳ、小直銎扇形锄。此型类似空头条形锄，但銎部甚小，锄身展开似扇形，又有些类似铲。装曲柄后，锄身绝大部分为铜质的。多出两广地区战国遗址或墓葬。广东廉江县新华圩南大环岭出土一件，上部銎口约为 2.5×1.8 厘米，长方形銎，器高约 11 厘米，刃宽 8 厘米，呈扇面状（图三四：12）③。广西宾阳县甘裳公社上塘大队韦坡村出土的一件，长方形銎，銎部残缺，无肩扇形，宽刃，残长 6.5 厘米，刃宽 5.7 厘米（图三四：13）④。湖北宜城楚皇城出土的一件，器呈略带束腰的扇形，长方形銎，銎部有一对小钉孔。长 5.2 厘米，弧形刃，宽 6.5 厘米（图三四：14）⑤。广西田东县祥周公社甘莲大队锅盖岭出土两件，一件（M1:5）扇面形，刃部侈出上翘，扁圆銎，通高 9.5 厘米（图三四：15）；一件（M2:3）器体扁平，弧刃，翘出两角，椭圆形銎，銎两侧起棱脊。通高 8 厘米（图三四：16）⑥。类似的器物在广西贺县铺门公社陆合大队、广东曲江县马坝石峡遗址、清远县三坑公社飞水大队马头岗、广宁县铜鼓岗、罗定县太平公社等处都有出土。绝大部分为东周器物，主要是战国遗物，个别稍早。此型器物考古学界多定为钺；然而，器体多数较薄，两边外撇对称，有相当一部分实物一面微凹，一面微凸，似不宜装斧钺柄用以横砍。大概

---

① 云南省博物馆文物工作队等：《云南省楚雄县万家坝古墓群发掘简报》，载《文物》1978 年第 10 期，第 6—8 页；云南省文物工作队：《楚雄万家坝古墓群发掘报告》，载《考古学报》1983 年第 3 期，第 361—370 页。

② 大理州文管所等：《云南洋云大波那木椁墓》，载《云南文物》1984 年第 15 期，第 2—4 页。

③ 阮应祺：《广东廉江县出土新石器和青铜器》，载《文物》1984 年第 6 期，第 85 页。

④ 广西壮族自治区文物工作队：《广西宾阳县发现战国墓葬》，载《考古》1983 年第 2 期，第 147 页。

⑤ 楚皇城考古发掘队：《湖北宜城楚皇城战国秦汉墓》，载《考古》1980 年第 2 期，第 119 页。

⑥ 广西壮族自治区文物工作队：《广西田东发现战国墓》载《考古》1979 年第 6 期，第 492 页。

銎部稍大，器体两面凹凸显著的，装曲柄做锄的可能性大（不排除装直柄做铲）；銎口小，器体两面凹凸不显著的，装直柄做铲的可能性大（不排除装曲柄做锄）。同样器形，装不同的柄，可作不同工具使用，这在古代是常有的。此型的铲、锄在木质柄把腐烂的情况下确不易区分，在总数统计上绝大部分归铲类。

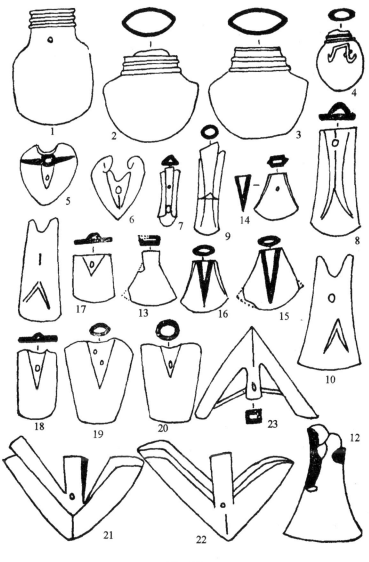

图三四

Ⅴ、小直銎锹形锄。此型锄面呈方形或长方形，小銎突起于锄面上端正中，銎上有穿孔。出云南地区。楚雄县万家坝东周古墓出 53 件，30 件锄面为正方形、三角形銎，两腰微束，标本 M1:66，长 15.6 厘米，刃宽 13.8 厘米，背面铸一浅浮雕牛头。标本 1:42，銎呈半圆形，稍内凹，弧刃长 19.6 厘米（图三四：17）。2 件锄面呈长方形，半圆形銎，銎口内凹，标本 M23:20，长 22.6 厘米，刃宽 14.8 厘米（图三四：18）。另外一件，长方形锄面，弧刃，边侧内凹，长 23.6 厘米①。云南楚雄县大海波水电站出土的两件，皆为上宽下窄的长条形，椭圆形銎。銎口稍凹。一件长 20 厘米，上宽 16.5 厘米，下宽 8.5 厘米。一件长 18.6 厘米，上宽 14.3 厘米，下宽 9 厘米（图三四：19、20）②。此外，云南牟定县琅井出 13 件③。此型锄铜锄面部分与今日铁锹十分近似，从金属部分器形看，似为臿、锹，但部分实物出土时，銎内尚残存曲柄，均用树枝分杈之丫木削成，柄径在 3—4 厘米左右，弯曲角度约为 60 度，个别残柄长达 30 余厘米者，可证为锄。但也可能有装直柄作臿、锹使用的。

Ⅵ、犁形镈。此型为（二）类Ⅶ型的进一步发展。"V"字形镈刃有栏棱无銎，装柄很不方便。此型做有铜质銎，与镈体相连，直接纳柄，使用简便。已知出土物有：江苏苏州市新苏丝织厂东周窖藏出一件，浙江永嘉县永临区西岸大队出一件，浙江省长兴港出一件，玉环县城关三立坦出一件，定海县石礁公社东方大队出一件。另外，上海博物馆展出 2 件，故宫博物院、中国历史博物馆各藏一件。《周金文存》著录一件。浙江省定海县石礁公社东方大队出土的一件，正中为长方形銎，长 2.4 厘米、宽 1.9 厘米，下部正反各有一径为 0.4 厘米的钉孔。整个器身分两股向后斜出，左股 14.5×4.2 厘米，右股 12.5×3.9 厘米。两股正面均施纵线纹，反面光素无纹，上侧正反面均有一条突脊，后缘为钝边，刃部甚锋利，器高 8.4 厘米，宽 17 厘米，双范合铸（图三四：21）④。上海博物馆展出的一件，器体略呈犁铧形，中间有锛形銎，器宽 14.6 厘米，一边长 11.8 厘

① 云南省博物馆文物工作队等：《云南省楚雄县万家坝古墓群发掘简报》，载《文物》1978年第 10 期，第 6—8 页；云南省文物工作队：《楚雄万家坝古墓群发掘报告》，载《考古学报》1983 年第 3 期，第 364—365 页。

② 云南省博物馆：《近年来云南出土铜鼓》，载《考古》1981 年第 4 期，第 339 页。

③ 王涵：《云南古代的青铜锄》，载《云南省博物馆建馆三十周年纪念文集》，第 114 页。

④ 王和平：《舟山发现东周青铜农具》，载《文物》1983 年第 6 期，第 68 页。

米，宽 2.4 厘米，一边长 9.2 厘米，宽 2.6—3 厘米。一面有篦齿纹，至刃成齿（图三四：22）。中国历史博物馆库藏的一件，上宽 17.4 厘米，右边长 17.2 厘米、宽 2.8 厘米，左边长 15.2 厘米、宽 3.1 厘米，中銎顶端至耨尖长 10.6 厘米，中间銎部宽厚 2.8×1.8 厘米，背面有钉孔，边厚 0.15 厘米。一面有篦齿纹，至两边刃成锯齿（图三四：23）。

这类器物形体像犁，但器体轻薄，銎部细小，因而不可能为犁，而很可能是安装曲柄的耨。度其形制，主要使用于两垄沟间的松土除草。器身全部为金属的犁形锄耨，我国西藏门巴族在近代农业生产中仍在使用，銎及三角形器身全为铁质的，高 20 厘米，二等边长 18 厘米，器上端宽 20 厘米，铁锄板厚 0.2 厘米，上端为横銎[①]。装与刃向垂直的柄。这就为具有直銎的古代类似的铜工具有可能是装曲柄的铜锄耨，提供了一个有说服力的例证。

Ⅶ、菱形耨。此型只安徽贵池县里山公社徽家冲出 4 件，定为春秋末到战国初之器。4 件形制基本相同。全器呈不规则的菱形。銎在正中，似凿状，两侧各有一道突起的直线纹。銎端两股刃斜出，正面有突起的细梳文，间距相同，反面是刃面，在銎的下方有弧形的隆脊。銎与两股刃之间有连缀。其中一件高 12.5 厘米，两刃之间的对角线长 16 厘米，銎底端宽 2 厘米，顶端宽 1.6 厘米。一件銎长 11 厘米，两刃之间的对角线长 15 厘米，銎底端宽 1.8 厘米，顶端宽 1.5 厘米（图三五：1、2）[②]。Ⅵ型与此型的区别是中銎与两边刃之间的连缀，前者采取倒八字形式，后者采取正八字形式，因而使整体器形发生显著变化，但这种变化似不会引起功用上的巨大差异。此型的装柄及使用似与Ⅵ型类同。即装曲柄，宜于垄种沟间松土除草。

Ⅷ、斜銎宽耨。此型器身略呈长方平行四边形。斜出銎。浙江德清县出 2 件，长兴港出一件。江苏吴县文管会收藏一件，出土于吴县光福，皆作东周器物。另外，故宫博物院收藏 3 件，《周金文存》著录一件，定为西周末或春秋之器。浙江德清县出土的两件，形制大小略同，器呈长方平行四边形，有一长边为背，余三边为刃。有斜出的銎。长 23.6 厘米，宽 5 厘米，銎宽厚为 2.5×4.5 厘米，背厚 1 厘米，銎与器背夹角，一侧 55 度，

---

① 中国历史博物馆主办"少数民族文物展览"展品，1982 年 5 月到 7 月于北京故宫端门城楼。
② 安徽省博物馆：《安徽贵池发现东周青铜器》，载《文物》1980 年第 8 期，第 21—27 页。

这侧器身长 12 厘米；另一侧为 125 度，这侧器身长 6 厘米（图三五：3）①。《周金文存》著录的一件，器身略同前，銎斜出，前面横刃短，稍宽，作弧形；后面横刃长，稍窄，亦作弧形。器面宽 7.3 厘米，刃长 21 厘米（图三五：4）。此物邹安于《周金文存》称重师下钺②，刘体智于《小校经阁金文拓本》中称重师下古兵，唐兰在其《中国古代社会使用青铜农器问题的初步研究》一本文中称耨③，当以唐说为是。度其形制，应安装曲柄，适宜在种植较宽行距和株距作物的田地里松土除草。因器面较宽，斜銎曲柄从远处向怀内拉，刃部斜下，在行距中松土除草，可减少阻力。另作左、右摆动，利用两端的刃部，完成在株距中的松土除草作业。因向体内侧摆动较省力，动作可以做得大，故这一侧刃短；向外摆动较费力，动作不便做得大，故这一侧刃长。

Ⅸ、横銎六角形板锄。此型铁锄出土较多，铜锄出土较少。湖北大冶铜绿山古矿遗址出铜锄一件。器作六角形平板，刃部已残。于锄板中上部有一横銎，銎凸出，呈方斗形，锄脑部宽 7.5 厘米，銎上部长 3.9 厘米，宽 2.3 厘米，銎壁厚 0.4 厘米，銎凸出板面 1.8 厘米。在锄脑和两肩有一道平行边沿的凸线，使边沿形成一道沟，銎部两侧也有这样一道沟（图三五：5）④。此件虽出自矿井，但其形制与河北易县燕下都、河南洛阳烧沟、湖南长沙南门魏家堆出土的铁锄基本相同，也与河北兴隆县寿王坟出土战国铁锄范所铸之器大体一致。新中国成立前后，我国西藏农民仍使用有类似形制的木锄⑤。因此，铜质的这类器物也应定为锄。它主要使用于农业生产。此器的出土，可知横銎六角形板锄并非自铁器始，而铜器已有之。

Ⅹ、双刃横銎鹤嘴锄。此型类似今之镐头，但器形较小。器中腰有横銎，两端为刃。或一端为鹤嘴状，一端为斧状；或一头为扁锄状，一头为斧状；或两端皆为斧状。出北方地区。内蒙古昭乌达盟宁城县南山根石椁墓出一件，伊克昭盟杭锦旗桃红巴拉村东周墓出 2 件，乌拉特中后联合旗杭盖戈壁公社呼鲁斯太匈奴墓出一件，伊盟准格尔旗瓦尔吐沟出一件。内

---

① 浙江省博物馆库藏品。
② 邹安：《周金文存》第 6 卷，第 115 页。
③ 载《故宫博物院院刊》总 2 期，1960 年版，第 29 页。
④ 湖北省博物馆：《湖北古矿冶遗址调查》，载《考古》1974 年第 4 期，第 252 页。
⑤ 见中央民族学院民族文物室 1982 年展出实物。

蒙古文物工作队收藏 11 件，多出于鄂尔多斯①。宁夏固原县西郊公社鸦尔沟大队出一件，甘肃平凉县崆峒山出一件，陕西凤翔县横水公社出一件，陕西省博物馆库藏一件，首都博物馆展出 2 件，中国历史博物馆库藏一件。内蒙古昭乌达盟宁城县南山根石椁墓出土的一件，两端都是扁平刃，中腰横銎略为长方形，两侧有对称的小钉孔，通长 15.5 厘米（图三五：6），为西周末东周初之器②，是已出土此型器物时代最早的一件。其余皆出自东周或战国遗址和墓葬。甘肃平凉县崆峒山出土的一件，器长 17.4 厘米，一端斧状，一端作鹤嘴状，中腰横銎为 2.3×2.8 厘米，刃宽 1.8 厘米（图三五：7）③。陕西凤翔县横水公社征集一件，通长 14.4 厘米，刃宽 1.6 厘米，中腰为銎，銎部有竖排双线勾连雷纹，两端作斧状④。

此型器物，以往的发掘报告中或称镐，或称鹤嘴斧，或称双刃斧，或称鹤嘴锄。查其源流，度其形制，似称鹤嘴锄较妥。形制大体类似或相同的石质器物，在北方殷周或更早的遗址中每有发现。如甘肃岷县茶埠公社山那马家窑类型早期遗存中出土的一件，两端为钝尖刃，中腰为銎孔，长 14.2 厘米，厚 3.3 厘米，孔径 3 厘米（图三五：8）⑤。泾渭地区先周文化遗址中也常有类似石器发现⑥。其他如河南安阳殷墟，陕西长安张家坡，山西大同大王村，河北张家口高家营子、宣化杨家营、围场东家营子、内蒙古赤峰红山、北大沟、夏家店、宁城县南山根，辽宁旅顺双台山、洞北龙关、赤城金沙河，北京昌平白浮村，辽宁海城二轻山、长海大长山岛上马石等殷周遗址中都出土有这类器物⑦。形制大同小异，可归纳为两类：一类刃部做秃钝的斧状或鹤嘴状，上半部有横穿柄孔，上背为圆状或方状，似今日铁斧之背（图三五：9）另一类柄孔横穿中腰，上下皆作斧刃状或鹤嘴状（图三五：10）。过去考古学家概名之为锤斧，然而究其形制，

① 田广金等：《鄂尔多斯式青铜器》，文物出版社 1986 年版，第 44 页。
② 辽宁昭乌达盟文物工作队等：《宁城县南山根的石椁墓》，载《考古学报》1973 年第 2 期，第 32 页。
③ 甘肃省博物馆库藏品。
④ 赵丛苍：《陕西凤翔发现春秋战国的青铜器窖藏》，载《考古》1986 年第 4 期，第 340 页。
⑤ 杨益民：《甘肃岷县山那新石器时代遗址调查简报》，载《考古与文物》1983 年第 5 期，第 22 页。
⑥ 胡谦盈：《丰镐考古工作三十年（1951—1981）的回顾》，载《文物》1982 年第 10 期，第 62 页。
⑦ 安志敏：《西周的两件异形铜兵》，载《文物集刊》第 2 集，第 153—154 页。

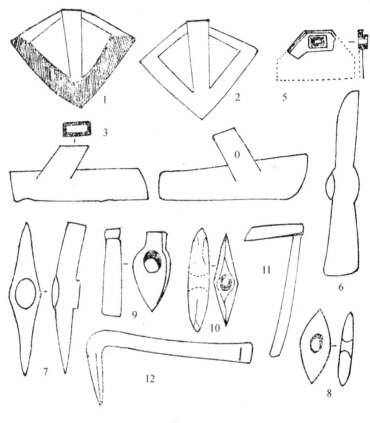

图三五

既不便做锤使，也不宜做斧用。因为锤、斧要加工的对象都比较坚硬，而工具本身既是易脆碎的石料，又在器中腰或上端横凿一大孔，如做锤、斧与其他坚材硬碰，势必是功不就而身先亡。因穿孔而变得比较单薄的柄孔处首先要开裂。因此，它很可能是加工对象为土壤的石锄。近代我国云南边疆苦聪人使用的木锄，其刃部也有作秃钝斧状的①，可证这类石锄并不因其刃部为斧状而不成其为锄。大概此类横銎石锄，从新石器时代晚期就开始使用，至殷周仍不能被排挤掉。在这一过程中，随着冶铜术的发展和农业的进步，从中演化出一些形制相同或类似的青铜锄，以适应农业耕作的需要。此型器物形制十分类似后世的铁镐头，可否称为镐呢？我以为不

---

① 中国历史博物馆主办"少数民族文物展览"展出实物，1982 年 5—7 月于北京故宫端门城楼。

可。二者器形虽然基本相同，很可能后者是由前者发展而来；但后者实为镢之一种，器形较大，主要用于翻地起土；而前者器物较小，起不到翻地起土的作用，只能有松土除草的功能，故名鹤嘴锄为宜。

Ⅺ、铜柄和长柄銎锄。此型不仅锄身全部为铜质，而且还连有铜柄，或所连铜柄端部有銎，装更长的木柄，出土较少。内蒙古昭乌达盟宁城县南山根石椁墓出一件，形如现代的锄，锄体为长方形，有长铜柄，柄稍弯曲，前半段断面呈长方形，后端作圆形以便手握（图三五：11）。定为西周末春秋初之器①。另湖北随州市擂鼓墩2号墓出土一件，为鹤嘴状，长嘴，连铜柄而中空，端部为銎，銎口外有箍，可装柄。素面，通长17厘米，銎口径2.5厘米，嘴长6厘米（图三五：12）。原定鹤嘴形器，属战国中期之物②，很可能就是长柄銎铜鹤嘴锄。

三　铜锄、耨演进轨迹概说

以上主要是从器形上将战国以前的青铜锄耨区分为3大类20型，大体上依次后一类较前一类有所进步，后一型较前一型有所发展，基本上反映出先秦青铜锄耨器的发展序列和分支过程。这种情况只有在长期大量使用的基础上才会形成。

出土物形制的原始与先进，既在一定程度上反映青铜工具发展中时期的早与晚；但又不能如符节相合。这是因为：其一，形制原始的工具各地都长期遗留使用；其二，各地开始使用青铜工具的时期有先有后，较晚开始使用的，自会较多地保留原始形制的工具。我国是一个疆域辽阔的国家，使用青铜工具不仅各地区有早有晚，而且还具有地区特点。同一功用的工具，因地区不同而形制各异。注意到这一点，有利于识别不同地区具有同一功用的工具。另一方面，各地区之间又有相互交流与影响，这一点也必须给以足够的重视。各个地区并不是孤立发展的。就某个地区来说，其青铜生产工具发展序列中，某些环节上完全有可能借鉴于邻近地区，再加上发掘中的偶然性，因而在一个较小的范围内，不能要求对上述青铜工具序列产品发现无遗。但是，从较大的范围看，原始、先进各种形制皆备，其嬗递演变之迹明显可寻，显示出完整的发展过程。

从时代看，最早的出土物有夏末早商的。大体上西周晚期以前锄的形制比较简单，主要是（一）、（二）类中的长条形锄片和空头条形锄刃套。特别是后者，在殷代和西周大量使用，与同时大量使用的空头条形镈刃套形制基本相同，只是长短厚薄有别而已。这就是文献上这一时期对锄、镈不加区分而统称为镈的原因所在。

从西周晚期到东周，上述形制的器物仍在继续使用（主要在北方地区），但不同形制的锄耨，特别是形制比较进步的新型锄耨不断涌现。后者尤以南方地区比较突出。这说明在东周，南方地区的农业生产有较大发展。东周文献上锄、耨名称的独立出现，是当时适应农业日益发展而出现的工具专业化分工的反映。正是在这样的历史实际中，镈作为具体农具逐步演变为锄、耨器的专名。

插图目次

图三二

1. 南京市陶吴人民公社出土的铜鹤嘴锄刃套（据南京市博物馆库藏品测绘）

2、3. 上海博物馆展出（1982年）的商周铜鹤嘴锄刃套（据展出实物摹绘）

4. 贵州苗族使用的铁鹤嘴锄（采自《农业考古》1981年第1期，第173页）

5. 云南独龙族的铁皮包头锄——洽卡（采自宋恩常《云南少数民族社会调查研究》上集首页插图）

6、7、8. 河南安阳殷墟出土的空头条形铜锄刃套（据安阳市博物馆，殷墟历史陈列室1982年展品摹绘）

9. 湖北大悟县雷家山出土的空头条形铜锄刃套（采自《江汉考古》1980年第2期，第96页，图三：3）

10. 江西清江县田家村出土的空头条形铜锄刃套（采自《考古》1962年第7期，第384页，图一：4）

11、12、13. 湖北大冶铜绿山铜山口出土的空头条形铜镶锄刃套（据黄石市博物馆陈列室1982年展品摹绘）

14. 埃塞俄比亚加拉人的铁头锄（采自C. H. 托尔斯托夫等《普通民族学概论》第1册，第214页，图11：2）

15. 河南三门峡市上村岭出土的初期"回"字形铜锄刃套（采自《上村岭虢国墓地》第19页，图十二：3）

16. 江苏苏州市新苏丝织厂东周窖藏出土的"回"字形铜锄刃套（采自《文物》1980年第8期，第20页，图八：右）

17. 浙江绍兴万家山出土的"回"字形铜锄刃套（据浙江省博物馆，浙江历史文物陈列室1982年展出实物摹绘）

18. 安徽舒城县九里墩大队出土的"回"字形铜锄刃套（采自《考古学报》1982年第2期，第237页，图九：3）

图三三

1. 苏州市葑门内河道程桥卜河底出土的正面"回"字形、背面"凹"字形铜锄刃套（采自《文物》1982年第2期，第91页，图二）

2. 上海博物馆藏的正面"回"字形、背面"凹"字形铜锄刃套（据1982年展出实物摹绘）

3. 开封市博物馆藏的正面"回"字形、背面"凹"字形铜锄刃套（据库藏实物测绘）

4. 山西省博物馆藏的"凹"字形铜锄刃套（据库藏实物测绘）

5. 湖南湘潭县老屋生产队出土的"凹"字形铜锄刃套（采自《湖南考古辑刊》第1期，第24页，图六：上）

6. 上海博物馆藏的"凹"字形青铜锄刃套（据1982年展出实物摹绘）

7. 江苏溧水县出土的"凹"字形铜锄刃套（据南京博物院内，1982年吴文物联展陈

列品摹绘）

　　8. 故宫博物院藏的"凹"字形铜锄刃套（据库藏实物测绘）

　　9. 湖北江陵天星观一号墓出土的战国铁锄示意图

　　10. 湖北江陵凤凰山 168 号汉墓出土木俑手执"凹"字形锄示意图

　　11、12. 苏州市新苏丝织厂出土的马蹄铁形铜锄刃套（采自《文物》1980 年第 8 期，第 20 页，图十：右、左）

　　13. 苏州市葑门内河道程桥下河底出土的马蹄铁形铜锄刃套（采自《文物》1982 年第 2 期，第 91 页，图四：1）

　　14. 中国历史博物馆藏的马蹄铁形铜锄刃套（据库藏实物测绘）

　　15. 云南大理金棱岛出土的初期马蹄铁形铜锄刃套（采自《中国考古学会第一次年会论文集》，第 280 页，图二：3）

　　16. 江苏金坛县出土的"V"字形铜耨刃（据南京博物院库藏实物测绘）

　　17. 浙江临海县出土的"V"字形铜耨刃（据临海县博物馆库藏实物测绘）

　　18. 三角形石耨装柄示意图之一

　　19. 三角形石耨装柄示意图之二

　　20. "V"字形铜耨装柄示意图

　　21. 湖北江陵县凤凰山 168 号汉墓出土木俑所执"V"字形耨示意图

　　22、23、24. 非洲多哥和加拉的埃维人、阿散蒂人及北尼日利亚的豪萨人所使用的锄头（采自奥尔洛娃：《非洲各族人民》，第 57 页，插图）

图三四

　　1. 云南剑川海门口出土的小直銎圆刃铜镶锄（据云南省博物馆库藏实物测绘）

　　2、3. 四川汉元县富林公社出土的小直銎圆刃铜镶锄（据四川省文管会考古队 1982 年库藏实物测绘）

　　4. 云南祥云县禾甸公社检村大队出土的小直銎圆刃铜镶锄（采自《文物》1983 年第 5 期，第 39 页，图二五：1）

　　5、6. 云南祥云县大波那出土的桃核形铜锄（采自《考古》1964 年第 12 期，第 608 页，图七：2、3）

　　7、8、9. 云南楚雄县万家坝出土的小直銎条形铜锄（采自《文物》1978 年第 10 期，第 8 页，图一二：3、4、5）

　　10、11. 云南祥云县大波那出土的小直銎条形铜锄（采自《云南文物》第 15 期，第 3 页，图 3）

　　12. 广东廉江县新华圩南大环岭出土的小直銎扇形铜锄（采自《文物》1984 年第 6 期，第 85 页，图二）

　　13. 广西宾阳县甘棠公社韦坡村出土的小直銎扇形铜锄（采自《考古》1983 年第 2 期，第 147 页，图二：7）

14. 湖北宜城楚皇城出土的小直銎扇形铜锄（采自《考古》1980 年第 2 期，第 119 页，图五：8）

15、16. 广西田东县甘莲大队锅盖岭出土的小直銎扇形铜锄（采自《考古》1979 年第 6 期，第 492 页，图一：2、13）

17、18. 云南楚雄县万家坝出土的小直銎锹形铜锄（采自《文物》1978 年第 10 期，第 8 页，图一二：1、2）

19、20. 云南楚雄县大海波水电站出土的小直銎锹形铜锄（据云南省博物馆库藏实物测绘）

21. 浙江定海县石礁公社东方大队出土的铜犁形镈（采自《文物》1983 年第 6 期，第 68 页，图左）

22. 上海博物馆藏的铜犁形镈（据 1982 年展出实物摹绘）

23. 中国历史博物馆藏的铜犁形镈（据库藏实物测绘）

图三五

1、2. 安徽贵池县徽家冲出土的铜菱形镈（采自《文物》1980 年第 8 期，第 24 页，图三：9、10）

3. 浙江德清县出土的铜斜銎宽镈（据浙江省博物馆库藏实物测绘）

4. 《周金文存》著录的铜斜銎宽镈

5. 湖北大冶铜绿山出土的铜横銎六角形板锄（采自《考古》1974 年第 4 期，第 252 页，图二：4）

6. 内蒙古昭乌达盟宁城县南山根出土的铜双刃横銎鹤嘴锄（采自《考古学报》1973 年第 2 期，图版捌：10）

7. 甘肃平凉县崆峒山出土的铜双刃横銎鹤嘴锄（据甘肃省博物馆库藏实物测绘）

8. 甘肃岷县茶埠公社山那马家窑类型早期遗存中出土的双刃横銎石锄（采自《考古与文物》1983 年第 5 期，第 21 页，图二：8）

9. 河南安阳殷墟出土的横銎石锄

10. 辽宁海城二轻山出土的横銎石锄（9、10、采自《文物集刊》第 2 集，第 152 页，图四：5、7）

11. 内蒙古昭乌达盟宁城县南山根出土的铜柄锄（采自《考古学报》1973 年第 2 期，图版捌：9）

12. 湖北随州市擂鼓墩出土的长铜柄銎锄（采自《文物》1985 年第 1 期，第 34 页，图六六）

第六章　钱

钱在东周以后是货币的称谓，但在西周以前是工具的名称。《诗·周颂·臣工》载："命我众人，庤乃钱镈，奄观铚艾。"郑玄注："教我庶民具女田器。"众人在殷周都是农业劳动者，他们使用的工具之一钱，就如郑玄所说的，是田器，即农具。然而钱的形制如何？主要使用在哪种活茬上？哪些地区在哪些时代使用？是否大量使用？学术界说法不一，争论颇大。本章想根据文献记载和地下发掘的实物，做一些探索性的说明。

一　钱即铜铲，是主要用以锄草的工具

钱字从金从戋，金为工具所属的质材。在西周以前，制作工具的金自然是铜。戋是工具的名称，"戋"是"残"字的古文。《说文》标音作昨千切，与残字的标音昨千切声韵全同。戋是一个会意字，从二戈。徐锴曰："兵多则残也，故从二戈。"有贼害、残杀、伤害、除灭等义[1]。用以命名工具，是说这是用作铲除杂草的工具，是以功用而得名，如同锄草的工具叫锄，薅草的工具叫耨，迫地去草的工具叫镈一样。加金旁作为工具的钱，读音应与戋、残同。《说文》标音之一为昨先切，于《诗·周颂·臣工》陆德明《毛诗音义》作子践反，与戋、残字的声韵都是一样的。

随着社会经济的发展，钱这种工具获得了一般等价物的形态，进一步发展为专职货币，不仅钱形货币器形变小，而且其他形状的货币也有的称钱。钱作为货币的专称与仍作为生产工具的钱相分离，于是后者需要造出另一个同音字"剗"来代替，以区别于前者。去掉左边的金旁，而于右边加刀旁，表示剗为具有锋刃的工具，或写作同音字铲。《一切经音义》卷

---

[1]　朱骏声：《说文通训定声》第14卷，第53页。

五说:"刬,又作铲。"并引《广雅》:"刬,削也,声类刬,平也。"又于卷十四说:"刬,古文铲。"并引《说文》:"铲,平铁也。今方刃施柄者也。"关于铲的形制及功用,《齐民要术·耕田》引《纂文》说:"养苗之道,锄不如耨,耨不如刬,刬柄长三尺,刃广二寸,以刬地除草。"可知先秦的钱即是刬,也就是铜铲,是刬地除草的工具。

钱在东周以后还有个称谓叫铫。毛传注《诗·周颂·臣工》说:"钱,铫也。"《说文》与毛传同。大概是取其在田地浅层穿削而松土除草之意。《庄子·物外》陆德明释文说"铫,削也,能有所穿削也。"《世本》云:"垂作铫。"宋衷注:"铫,刈也。"刈与刬形近,这里的"刈"可能为"刬"之误。因为"刈"即《臣工》篇的"艾",也就是镰刀,是收获的工具。《臣工》篇钱、镈、铚、艾并举,说明早在西周对,它们已是4种不同的工具,铫既是钱,就不应再是艾(刈)了。此其一也。其二,在较早的文献中,除此一例外,其余皆无收获工具之说;而认为是别的工具,主要是锄草的工具。如《庄子·物外》篇说:"春雨日时,草木怒生,铫、耨于是乎始修。"《盐铁论·申韩》篇说:"犀铫利钼,五谷之所利而间草之所害也。"铫既是除草的工具,当为刬,而不应是刈。

另有一种意见,以钱为镈。如王毓铨先生在其所著《我国古代货币的起源和发展》一书中说:"像上面举出的那种形制的农具,现在叫铲子,但这不是古名。因为从这种工具演变出来的货币叫,'布',从道理上推想,布钱的祖先,那种工具也应该叫'布'。"又说:"想来,'布'一定是一个借用字……借以代替的是'镈'字。""由此我们可以说,上边列举的那些农具有的一定叫镈。"[①] 此说原出于推论,并无确说,实际是一个绝大的误会。先秦文献中作为货币布的实体,并不是铲形铜农具,而是用麻织成的布。布和钱一样,随着社会经济的发展,先是获得一般等价物的形态,进而发展为货币。《诗·卫风》:"氓之蚩蚩,抱布贸丝"。毛传:"布,币也。"《汉书·食货志下》:"凡货,金、钱、布帛之用……太公为周立九府圜法:黄金方寸,而重一斤,钱圜函方,轻重以铢;布帛广二尺二寸为幅,长四丈为匹。"这是明确记载周代存在金、钱和布帛3种货币。班固的这一说法,为近年来湖北省云梦县睡虎地出土的秦简进一步确证。秦简《金布律》规定:"钱十一当一布,其出入钱以当金、布,以律。"意思是:"11钱折合一布,如出入

① 王毓铨:《我国古代货币的起源和发展》,科学出版社1957年版,第26—27页。

钱来折合黄金或布，应按法律规定。”又规定：“布案八尺，福（幅）广二尺五寸，布恶，其广袤不如式者不行。”意思是：“布长八尺，幅宽二尺五寸，布的质量不好，长宽不合标准者，不得流通。”① 可知布就是布，布字既不是镈的借字，也与钱、镈铜农具无关②。

把布与铲形币联系起来，大概是食古不化的王莽，他于始建国二年（公元 10 年）进行币制改革，实行“宝货”制，有“五物、六名、二十八品”，其中布货十品，皆为铲形币。天凤元年（公元 14 年），又“罢大小钱，改作货布。长二寸五分，广一寸，首长八分有奇，广八分，其圜好径二分半，足枝长八分，间广二分。其文右曰‘货’，左曰‘布’”③。王莽虽醉心于复古，但对先秦货币不甚了了。他不懂得货币发生发展的规律，难以弄清各种货币的名实演变，误认为钱是圜形货币（因后世的钱是环形的），布是铲形币（因周代的布币已无实物留下来），遂张冠李戴，移花接木。而后世货币学家则以讹传讹，相沿不改。现在根据约定俗成的原则，将铲形币仍然名之为“布币”、“布钱”似无不可，但从中推演出古代青铜农具钱（铲）中有称镈的就不对了。

还有一种以钱、铫为耜、锸、锹的意见。《集韵》：“魼（欘），田器，与铫同。”《尔雅·释器》：“欘谓之疀。”晋郭璞注：“昔古锹、锸字。欘，锹；疀，锸。”宋邢昺疏引《方言》云：“燕之东北朝鲜洌水之间谓之欘，宋魏之间谓之铧，或谓之鏵，江淮南楚之间谓之锸（沅湘之间谓之畚——邢疏引略去部分，下同），赵魏之间谓之桌（东齐谓之梩），是皆谓今锹也。”后世学者以铫为耜、为锸、为锹者，盖多据此辗转相训。如近人杨宽先生就主张钱是锸、锹，并以锸释耜，认为“带有金属锋刃的耜叫钱”④。这类意见各种说法的出现，时代都比较晚。《方言》虽托名西汉人扬雄所撰，但于古无征，《汉书·扬雄传》备列所著之书，不及《方言》一字，许慎《说文》引雄说皆不见于《方言》，其义训同今《方言》者，亦不言出扬雄《方言》。大概其书为东汉晚期人所作。注《尔雅》的郭璞为晋人，其他则更晚。其说晚出而时代迟后正是问题的症结。在先秦，

---

① 睡虎地秦墓竹简整理小组：《睡虎地秦墓竹简》，文物出版社 1978 年版，第 56 页。
② 详见赵德馨等《关于布币的三个问题》，载《社会科学战线》1980 年第 4 期，第 205—209 页。
③ 《汉书·食货志下》。
④ 杨宽：《古史新探》，中华书局 1965 年版，第 6 页。

耜、铫和钱虽都是直插式的铜（东周时出现铁的）农具，但有显著不同。前者一般器形显著长而较宽，由于当时青铜稀贵（东周铁的产量也还少），耜、铫器面大部分是木质的，只于刃部施金，故制作的比较厚，可以插地起土，但不宜于浅层松土除草。后者一般器形显著短而较窄，因器形小而全部用青铜制作，上端有较小的銎纳柄，器身较薄。适宜于浅层松土除草，但用于插地起土则因器面小而效率不高。二者是主要用于不同活茬的农具。《管子·海王》篇说："耕者必有一耒一耜一铫，若其事立。"这里耜与铫（即钱）并举，为两种工具甚明。

随着后世铁工具的普遍使用，铁的产量有较大增长，耜、铫一类工具的器面全部用铁质制造，即形成后世的铁锹，器形上与后世铁铲近似，但两种工具还是有区别的。可是，注释古文献的经学大师们对工具的形制和功用并不熟习，因两种工具器形相似而混为一物，以今比古，出现钱、铫、耜、铫、锹辗转相训，造成工具名实的混乱。然而，只要对各种工具认真加以考察和研究，不难找出其差别。熟习农事的农学家王祯（元人）就做出了正确的区分，在其所著《农书》卷十三中说："钱与镈为类，薅器也，非锹属也。兹度其制，似锹非锹，殆与铲同。《篆文》曰：'养苗之道，锄不如耨，耨不如铲，铲柄长二尺，刃广二寸，以剗地除草'。此铲之使用，即与钱同，钱特铲之别名耳。"

从王祯《农书》卷十三所画的农具图来看，钱与锹、铫很相似，杨宽先生看了3种农具的图形而得出结论说："形制是基本相同的，并不是3种不同的工具。"[1] 可谓形近而相混之典型一例。作为工具，它的大小往往决定功用。据上面两本农书所引的《篆文》来看，铲（即钱）的柄长大约是2尺到3尺，刃宽大约是2寸到3寸[2]。比锹、铫小得多。王祯《农书》

---

[1] 杨宽：《古史新探》，中华书局1965年版，第6页。

[2] 《篆文》为南朝宋人何承天撰，原书已佚，现存的是后人的辑本。《小学钩沉》卷14《篆文》作"剗柄长三尺，刃广三寸"。《玉函山房辑佚书》小学类76册《篆文》作"剗柄长三尺，刃广二寸"。《黄氏逸书考》第28册《篆文》作"剗柄长三尺，刃广二尺"。这里的刃宽2尺可能是2寸之误。辑本此条的最早来源是《齐民要术》，而现存《齐民要术》各种版本所记又不一致，如《四部丛刊》本作"铲柄长二尺，刃广二寸"；《津逮秘书》（43册）本作"剗柄长三尺，刃广二寸"；《龙溪精舍丛书》本（100册）作"铲柄长二尺，刃广二寸"；鄂官书处重刻本作"剗柄长三尺，刃广二寸"。据以上各书所记，约而计之，剗柄长2—3尺，刃广2—3寸。如所记为周制的话，刃宽2—3寸约合今4.6—6.9厘米。如是南朝之制，为4.9—7.4厘米，比周制稍宽一些。《考工记·匠人》记："耜广五寸"，东周的锸还要宽一些。都比铲宽。

卷十三诗云："古铲惟制小，颇逾锄耨功。"这里说出了古铲（即钱）与锹、镐的区别，一是小，二是锄耨的工具。

二 各种形制的铜铲及其演进序列

考古发掘中出土战国以前的铜铲（主要是青铜铲）约有 373 件以上，大体可以归为无銎铲、有銎铲、铜柄铲 3 大类，每类又可分若干型，各型下还可分不同的式。形制多种多样，功用则大体相同。

（一）无銎铲

无銎铲脱胎于新石器时代的石铲，是铜铲的原始形制。分铲面有孔、无孔两种。河北唐山大城山出土的龙山文化晚期的两件铜铲，形状为梯形，表面凹凸不平，上端由两面穿成单孔。一长边呈刃状，一般稍钝，但局部锋利。系用冷锻法制成，为红铜器（图三六：1、2）①。这是我国已出土最早的铜铲。陕西临潼县西段大队西周遗址出土的一件，呈长条形。约一端宽 4 厘米、一端宽 6 厘米，成弧刃，长 13 厘米。铲面中部有一矩形孔，小端厚 0.2 厘米，大端渐薄成刃，因使用稍有卷刃（图三六：3）②。河南郑州市郊紫金山河南饭店工地出土的殷代中期铜铲，方肩，铲面略成长梯形，刃微弧，有无銎的铲柄，似残。铲面无孔（图三六：4）③。无銎铲的装柄方法当与石铲同，即将木柄缚扎于铲身，以便把握使用。

（二）有銎铲

有銎铲比上类进步，是（一）类进一步发展的结果。无銎铲同石铲一样，使用缚扎的办法固柄，很不方便。后来利用青铜的可展性和可铸性，做成柄銎，用以纳柄，既牢固又省事，这便是有銎铜铲，形成殷周青铜铲比较成熟的形制。出土较多，又各有特点。柄銎有方形、长方、圆形、椭

---

① 河北省文管会：《河北唐山市大城山遗址发掘报告》，载《考古学报》1959 年第 3 期，第 33 页；并见《考古学报》1981 年第 3 期，第 274 页；《文物》1981 年第 6 期，第 47 页。原报告作铜牌，安志敏认为是"切割用的刀类"，严文明认为是"穿孔小铲"。暂从严说。

② 临潼博物馆周秦文物陈列室展品，原作"叶形铜饰"。

③ 廖永民：《郑州市发现的一处商代居住与铸造铜器遗址简介》，载《文物参考资料》1957 年第 6 期，第 74 页。

圆、半圆、六角、八角等銎形，铲身有方形、矩形、梯形、圆形、半圆、葫芦形、扇状等形，铲肩有圆肩、方肩、斜肩、双肩、云卷式肩等式，铲腰有直腰、弧腰、束腰之异，铲刃有平刃、弧刃、圆刃之别。下面主要以肩部的不同分型（辅以铲面的形状及厚度），每型下尽量列举不同式的铲，以期既统属分明，又各式并见。

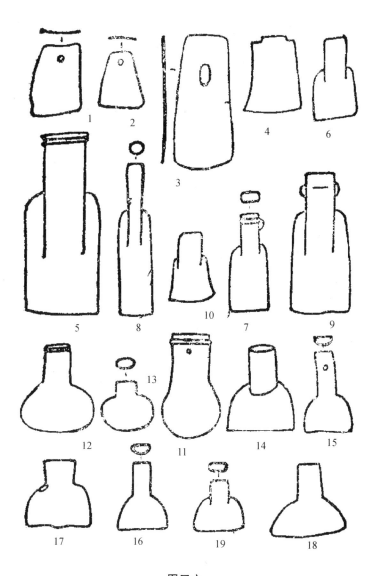

图三六

Ⅰ、圆肩长形铲：这型铲殷代、西周、东周都有出土，已知的遗物在66件以上，其中器形标准、完整而保存最好的是河南安阳大司空村殷代遗址出土的一件，肩平圆而刃部平，铲形与今日农民所用的铁锹相似，但较小。有柄銎，下伸至器身中部，上部的长銎截面作方形。刃部有因使用而卷刃的痕迹，全长22.45厘米，身长15.5厘米，銎长6.8厘米，肩宽8厘米，刃宽9.8厘米（图三六：5）①。陕西长安县丰镐居住遗址（上泉北村）出土的西周铲，柄銎为长方形，圆肩、直腰、直刃，形体短小别致，通长13厘米，刃宽7.5厘米，铲身长8.5厘米，柄銎部为4×1.8厘米（图三六：6）②。河南洛阳机瓦厂西周墓出土的两件，一为圆肩、直腰、直刃，长方形柄銎，銎口一侧有一纽耳，长12厘米，刃宽4.5厘米（图三六：7）；一为圆肩、直刃、直腰，铲身窄长，圆形柄銎，通长19厘米，刃宽4厘米（图三六：8）③。故宫博物院藏的一件殷代铲，圆肩方足，銎口有两纽耳，可以系绳。长19.5厘米，刃宽9.1厘米（图三六：9）。湖南湘乡东周早期墓出土的一件，圆肩、束腰、长方形銎，弧形刃，长6.6厘米，宽5.2厘米，内銎1.8×1.1厘米（图三六：10）④。另外，在河北满城要庄、河南安阳殷墟苗圃北地、西区白家坟、洛阳下瑶村195号殷墓、罗山县蟒张公社后李村殷墓各出一件，安阳市博物馆展出一件，出于安阳，皆定为殷铲。陕西临潼县零口公社西段大队出4件、凤翔县出一件、陕西省博物馆展出一件、湖北随州市城郊公社旭光大队砖瓦厂出一件，皆定为西周之器。山西侯马镇上马村出两件、山东曲阜县鲁城遗址出一件、湖北阳新县丰山铜矿出一件、黄石市栖榴桥出一件、湖南耒阳县水泥厂出两件、安徽舒城县九里墩大队出3件、江苏六合县程桥镇2号东周墓出一件、江西南昌市郊出一件，皆为春秋或东周之器。河北平山县三汲公社中山国6号王墓、山东省五莲县小绿汪村、广东罗定县背夫山、广西乐平县银山岭、四川犍为县金井公社万年大队，巴县冬笋坝皆出土此型的战国器物。另四川新都县弥牟镇出的一件，时代可能早到殷周之际。另有传世品20件（包括上面例举的一件），其中定为殷代的两件，西周的7

---

①　马得志等：《1953年安阳大司空村发掘报告》，载《考古学报》第9册，1955年，第71页。

②　胡谦盈：《丰镐考古工作三十年（1951—1981）的回顾》，载《文物》1982年第10期，第62页。

③　洛阳市博物馆，洛阳历史文物陈列室展品。

④　湖南省博物馆：《湖南韶山灌区湘乡东周墓清理简报》，载《文物》1977年第3期，第39页。

件，殷周的 3 件，春秋的 5 件，东周和战国的 3 件。此型铲不仅各时代的皆有，而且南北并见，但较早的出自河北、河南、陕西，而他处则较晚。形制类似的石器（只柄部无銎）多见于河南新石器时代的晚期。如临汝煤山遗址、洛阳孙旗屯遗址、密县莪沟遗址等处都出土有这型圆肩石铲①。这型铜铲无疑是从这型石铲脱胎而来。它大概原为殷人周人所使用，后随影响所及，扩展至四面八方，形成先秦时代铜铲通行的基本形制。后世铁铲亦多采这种形制。

Ⅱ、圆肩圆形、椭圆形铲：出土较少。江苏仪征县破山口西周墓出土的一件，有长条形銎，銎上有对穿的钉孔，铲面略呈圆形，刃微损缺，似经用过。通长 17.7 厘米，刃宽 8 厘米（图三六：11）②。湖南湘乡县牛形山战国 2 号墓出土的一件，铲面呈椭圆扁状，方形柄，柄有銎。长 7.5 厘米，宽 6.8 厘米（图三六：12）③。湖南省博物馆库藏的一件，铲面作椭圆形，柄銎亦为椭圆形，通长 6.8 厘米，铲身宽 6 厘米，长 4 厘米（图三六：13），时代笼统定为殷周。另广东清远县三坑公社飞水大队马头岗古遗址出一件（012 号），空銎、圆肩，铲面一半稍残，另一半明显为椭圆之半，完整时的铲面当为椭圆形。高 8.6 厘米，刃残宽 7.4 厘米，肩宽 2.8 厘米，銎径 1.6 厘米。时代定为西周末至春秋④。从已有的实物看，此型铲出在南方，时代也稍晚。

Ⅲ、圆肩半月形铲：这型铲面短而宽，略成半月形。河南淮阳县城瓦房庄村马鞍冢楚墓出土的一件，柄部断面为八角形，柄下部有兽面纹。通长 16.2 厘米，刃宽 13.2 厘米，铲面略为半月形（图三六：14）⑤。安徽寿县朱家集李三孤堆楚王坟出土的 5 件，形制相同，大小略等。圆肩直刃，柄銎为半圆形。标本 2:622 $\frac{1}{5}$，通长 12 厘米，刃宽 8 厘米，铲身长 5.3 厘米，成半月形（图三六：15）。标本 2:622 $\frac{2}{5}$，长 11 厘米，刃宽 8 厘米，

① 中国社会科学院考古研究所河南二队：《河南临汝煤山遗址发掘报告》，载《考古学报》1982 年第 4 期，第 465 页；并见洛阳博物馆、河南省博物馆展品。
② 尹焕章等：《仪征破山口探掘出铜器记略》，载《文物》1960 年第 4 期，第 85 页。
③ 湖南省博物馆：《湖南湘乡牛形山一、二号大型战国木椁墓》，载《文物资料丛刊》第 3 期，第 105 页。
④ 广东省文管会：《广东清远发现周代青铜器》，载《考古》1963 年第 2 期，第 60 页。
⑤ 河南省文物研究所等：《河南淮阳马鞍冢楚墓发掘简报》，载《文物》1984 年第 10 期，第 6 页。

铲身长 5.3 厘米，成半月形（图三六：16）①。贵州省博物馆库藏的两件，一件圆肩弧刃，柄銎长方形，高 5.6 厘米，刃宽 6 厘米，铲面宽短成半月形（图三六：17）。另一件形制与上件类似，高 6 厘米，刃宽 6.5 厘米（图三六：18）。皆为战国器物。湖南省博物馆库藏的一件，肩圆刃略弧，通长 6.8 厘米，铲身长 4 厘米，刃宽 6.8 厘米，铲面亦呈半月形（图三六：19），笼统定为殷周。此型铲虽南北并见，但发掘品都是战国器物，传世品的时代当不会很早，大概是周代后期出现的一种铜铲形制。

Ⅳ、方肩方形、长方形、束腰梯形铲：这型铲出土也较多，已知的遗物在 60 件以上。河南安阳殷墟妇好墓出土的 3 件，两件铲面略呈长方形，方肩直腰，标本 713，刃部微突，圆銎。长 17 厘米，宽约 8.4 厘米，銎径 3.3 厘米。标本 718，銎略呈椭圆形，长径 3.9 厘米，铲长 17 厘米，刃宽 8.7 厘米（图三七：1、2）。另一件（714 号）铲面略呈方形，直柄通刃部，圆銎，长 11.7 厘米，銎径 2.5 厘米，刃宽 6.7 厘米（图三七：3）②。河南偃师县南寨村出土的西周铜铲，短銎方肩平刃，銎呈长方楔形，直伸入铲面中部，銎中部有一对称的三角形钉孔，其下有突起的脊棱，直达铲面之下部，铲面略呈方形刃锋上有几处残豁，为长期使用所致。通长 10.3 厘米，銎长 1.8 厘米，宽 3.5 厘米，厚 1.5 厘米，身长 8.5 厘米，肩宽 7.6 厘米，刃宽 8 厘米（图三七：4）③。湖北沙市西干渠出土的西周铜铲，方肩、长方形柄銎，通长 9.5 厘米，柄长 6 厘米，铲身长 3.5 厘米，刃宽 7.2 厘米，铲面略呈宽短的长方形（图三七：5）④。陕西省博物馆周秦汉历史陈列室展出的一件西周铲，方肩束腰，长方形柄銎，銎伸入铲身部分凸出，长 8.5 厘米，刃宽 4 厘米（图三七：6）⑤。郑家相著《中国古代货币发展史》第 22 页著录一件殷或西周的铜铲，方肩方足，銎上有十字纹。长 16.6 厘米，刃宽 8.4 厘米（图三七：7）。山西博物馆库藏的一件西周铲，方肩直腰，两肩微翘。长 13.5 厘米，刃宽 8.7 厘米，铲身长 11.2 厘米，柄銎长方形（图三七：8）。另外，河南安阳殷墟西区孝民屯南墓葬、

---

① 安徽省博物馆库藏品。

② 中国社会科学院考古研究所安阳工作队：《安阳殷墟五号墓的发掘》，载《考古学报》1977 年第 2 期，第 71 页。

③ 蔡运章：《谈偃师南寨村出土的西周铜铲》，载《中原文物》1984 年第 3 期，第 86 页。

④ 沙市博物馆库藏品。同出铜戈一件，刃尖无胡，形制古朴，陈列于荆州地区博物馆，定为西周之器。

⑤ 并见《文化大革命期间陕西出土文物》图七。

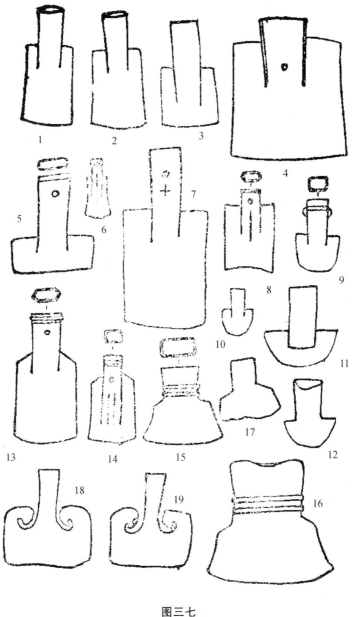

图三七

苗圃北地各出一件，安阳市博物馆藏一件，出土于安阳，为殷代器物。河
南偃师县李村出土一件，时代定为西周。湖南祁东县小米山古墓、资兴旧
市春秋墓、耒阳县春秋墓、安徽贵池县徽家冲、江西萍乡市福田公社庵子

山等遗址中，皆出土此型的春秋或东周器物。此型铜铲的传世品较多，共为 42 件（包括上面例举的两件）。其中定为殷代的 1 件、西周的 14 件，殷周的 15 件，春秋的 11 件，战国的 1 件。王毓铨的《我国古代货币的起源和发展》、倪模的《古今钱略》、李佐贤的《古泉汇》等书中引述和著录的多数是方肩铲。此型铲也是使用时间较长、南北并见，但最早的发掘品出土于河南地区。形制类似的石器亦多出于河南新石器时代晚期，如郑州后庄王、林山寨、临汝县大张遗址一层等处都出土有方肩长形石铲①。这形铜铲无疑也是脱胎于这型石铲，初为殷人习用之物，后影响所及，推广于南北各地。和Ⅰ型铲一样，形成为先秦时代又一通行的铜铲形制，后世铁锹亦多采此种形制。

Ⅴ、平肩半圆、舌形铲：出土较少，器形也较小。河南洛阳机瓦厂西周墓出土的一件，长方形柄銎、銎口两侧各有一纽耳，肩部平直，两腰内弧略成舌形刃。通长 9 厘米，刃宽 5 厘米，器身较厚（图三七：9）②。陕西宝鸡市竹园沟一号西周墓出土的一件，平肩弧刃，铲面呈舌状，通长 6.2 厘米，宽约 5.4 厘米（图三七：10）③。安徽贵池县里山公社徽家冲出土的一件东周铲，平肩圆刃，铲面呈半圆形，通高 5.3 厘米，銎长 4 厘米，銎上宽 2 厘米，下宽 2.3 厘米（图三七：11）④。贵州省博物馆藏的一件传世品，平肩圆刃，柄銎长方形，一边残。高 6 厘米，刃宽 4.2 厘米（图三七：12）。定为战国器物。此型最早的发掘品出自陕西、河南四周墓葬，南方出土的则较晚，当为周人所用铲之一种。

Ⅵ、斜肩长形、梯形铲：此型和方肩铲相比，肩部稍斜，与圆肩铲相比，肩部有折角，是介于方肩与圆肩之间的一种形制。陕西鄠县涝峪口出土的一件西周铲，斜肩、直腰、平刃，柄銎长方形。通长 13 厘米，刃宽 6.5 厘米，铲身长 9 厘米。有钉孔（图三七：13）⑤。陕西扶风县天度公社拖拉机站出土的西周铲，斜肩、直腰、微弧刃，柄銎长方形，长 12.89 厘米，刃宽 6.62 厘米，内銎 2.29×3.53 厘米（图三七：14）⑥。浙江杭州西

① 郑杰祥：《试论大河村类型》，载《中国考古学会第三次年会论文集》第 50、52、53 页。
② 洛阳市博物馆，洛阳历史文物陈列室展品。
③ 宝鸡市博物馆等：《宝鸡竹园沟等地西周墓》，载《考古》1978 年第 5 期，第 290 页。
④ 安徽省博物馆：《安徽贵池发现东周青铜器》，载《文物》1980 年第 8 期，第 21 页。
⑤ 陕西省博物馆，周秦汉历史陈列室展品。
⑥ 扶风博物馆文物陈列室展品。

湖出土的一件东周铲，斜肩、弧刃，柄銎长方形。铲面略呈梯形而微凹，柄部有横棱两道，器高 7.7 厘米，刃宽 8 厘米（图三七：15）[1]。浙江余杭县仇山出土的战国铲，斜肩弧刃，长方形柄銎，铲面略呈梯形而微凹。器高 6 厘米，刃宽 6.3 厘米（图三七：16）[2]。广西贺县铺门公社陆合大队贺江边出土的一件，近六角形銎，斜肩，两侧弧形内凹，铲面宽短略成梯形，弧刃，刃部已部分残缺。残长 8.7 厘米，刃宽 7.1 厘米，銎长 3.5 厘米（图三七：17）[3]。另外，在上海金山戚家墩、江苏扬州古邗城遗址、安徽贵池县徽家冲、浙江永嘉县西岸大队、绍兴市西施山、绍兴一中遗址、广东广宁铜鼓岗战国墓、广西乐平县银山岭等处都出土有春秋或东周的斜肩梯形铲或大体类似的器物。另有 2 件传世品，定为殷代器物。

此型铲明显区分为二式，一为斜肩长方形铲，一为斜肩宽短梯形铲。前者的发掘品，皆出自陕西西周遗址。并无殷铲。故宫博物院和南阳市博物馆收藏的原定为殷器的两件传世品斜肩铲[4]，似亦改定为西周铲为宜。后者的发掘品多出江、浙东周遗址，也出于两广战国遗址，时代较晚。这些地区的新石器时代晚期遗址，如江苏昆山绰墩遗址[5]、邳县刘林遗址[6]、广东曲江县石峡遗址[7]、广西大新县歌寿山遗址[8]、南宁地区横县西津遗址[9]等处皆出土有斜肩梯形石铲（或称钺、锛），当为这型铜铲的祖型。文化源流不断，石、铜铲形相继，形成具有两江、两广地区特点的铜铲。当为越族使用的器物。

Ⅶ、云卷式肩铜铲：此型只河南安阳殷墟妇好墓出 4 件，平刃，转角略圆。直柄扁圆形銎，铲身上端两角内卷，柄部及两角饰斜格雷纹。标本788，长 11.4 厘米，銎径 1.8 厘米，刃宽约 10 厘米。标本 715，长 11.5

---

① 浙江省博物馆库藏品。

② 同上。

③ 覃光荣：《广西壮族自治区贺县出土一批战国铜器》，载《考古》1984 年第 9 期，第 854 页。

④ 唐兰：《中国古代社会使用青铜农器问题的初步研究》，载《故宫博物院院刊》总 2 期，第 36 页，图七；南阳市博物馆：《南阳市博物馆馆藏的商代青铜器》，载《中原文物》1984 年第 1 期，第 96 页。

⑤ 南京博物院等：《江苏昆山绰墩遗址的调查与发掘》，载《文物》1984 年第 2 期，第 9 页。

⑥ 南京博物院陈列室展品。

⑦ 广东省博物馆等：《广东曲江石峡墓葬发掘简报》，载《文物》1978 年第 7 期，第 3 页。

⑧ 蒋廷瑜：《广西新石器时代考古述略》，载《中国考古学会第三次年会论文集》，第 98 页。

⑨ 广西壮族自治区文物考古训练班等：《广西南宁地区新石器时代贝丘遗址》，载《考古》1975 年第 5 期，第 299 页。

厘米，銎径 2.4 厘米，刃宽 10.8 厘米（图三七：18、19）①。另湖南博物馆藏一件，形制与前者类似。定为东周器物。

Ⅷ、双肩铲：出在两广地区东周遗址。广东德庆县马墟人民公社凤村大队战国墓出土的一件，双层肩，銎为长方形，刃部稍弯曲。通高 9.5 厘米，刃宽 15 厘米（图三八：1）②。四会县乌旦山战国墓出土的一件，为两级肩，第二级肩向正面翘起，刃部平直较厚，长方銎，銎口两面微凹入。在第一级肩的两侧各有一圆孔，高 10.6 厘米，宽 11.5 厘米，銎长 3.2 厘米，宽 1.4 厘米（图三八：2）③。广西平乐县张家公社燕水大队银山岭战国墓出两件，皆双重肩，小方首，宽弧刃，标本 55：15，长 8.1 厘米，刃宽 9.1 厘米（图三八：3）。另在该处采集两件，采：9 同前，双重肩，半圆首銎，饰三角齿纹，刃部残，高 7.5 厘米。采：10，与采：9 近似，素面，长 8.1 厘米（图三八：4）④。

这型器物考古报告原多定为钺，钺为斧的一种，装与刃向平行的柄用以横斫，器身两面应以平直为宜。但此型器物多为一面稍凸出，另一面稍凹入。如四会乌旦山出土的一件，内凹深度距两边平面 0.8 厘米。再如平乐县银山岭出土的两件，标本 55：15（库藏号土 02011），内凹深度距两边平面 0.4 厘米，采 10（库藏号土 02144），内凹深度距两边平面 0.2 厘米。其不宜为斧钺甚明。且銎部细小，适于装直柄，作业于松土浅层，当为具有两广地区特点的东周铜铲。

另上海博物馆中国历史文物陈列室 1982 年展出一件，双层圆肩，弧刃，长方形柄銎，长 13 厘米，刃宽 7 厘米（图三八：5）。此铜铲面较长，虽为双层肩，但与两广所出者差别较大，除双肩外，余与 I 型铲相同。上海博物馆定为西周铲是适宜的。

Ⅸ、无肩扇形铲：此型也主要出在两广地区。一般銎口较宽，铲面无明显的肩部，两腰斜下成扇形。广东曲江县马坝石峡遗址出土的一件，铲面呈扇形，身薄而刃呈弧形，首部两边上翘，銎为长方形。銎外表有一周

①　中国社会科学院考古研究所安阳工作队：《安阳殷墟五号墓的发掘》，载《考古学报》1977 年第 2 期，第 71 页。

②　广东省博物馆等：《广东德庆发现战国墓》，载《文物》1973 年第 9 期，第 19 页。

③　广东省博物馆：《广东四会乌旦山战国墓》，载《考古》1975 年第 2 期，第 106 页。

④　广西壮族自治区文物工作队：《平乐银山岭战国墓》，载《考古学报》1978 年第 2 期，第 237、247 页。

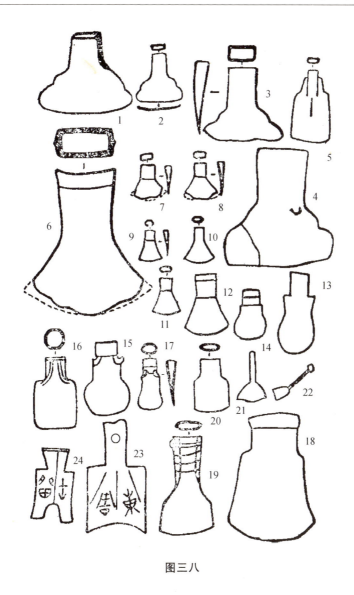

图三八

弧线凸棱，两侧面正中各有一道明显的铸缝，长8.5厘米（图三八：6），定为西周晚期至春秋之器①。清远县三坑公社马头岗古墓出土的两件，铲面呈扇形，双面弧刃，有使用残损痕迹。銎作长方形。标本008号上部正面饰勾连雷纹，外围饰一圈细绳索纹，再下饰一行锯齿纹，背面上部仅有

① 朱非素：《马坝石峡遗址出土的青铜器》，载《文博通讯》1978年第3期，第12—13页。

一弧形线纹。长 8.6 厘米，刃残宽 6.2 厘米（图三八：7）。009 号正面上部花纹与前者相似，但成向下的凸字形，下部并饰锯齿纹一行，背面上部花纹与正面不同。下部无花纹。长 9.6 厘米，刃宽 7.6 厘米（图三八：8），定为春秋之器①。广宁县铜鼓岗战国墓出土的 4 件，肩直线折出如扇状，长 7.5—9 厘米，刃宽 4.5—6 厘米，銎长 2.5—3 厘米。其中两件柄部两面饰雷纹和锯齿纹（图三八：9）②。罗定县太平公社南门垌等处出 43 件，铲面皆作扇状，束腰，方銎口，刃部均经打磨，锋利且有使用崩口和卷刃，显然为实用器。有大小两种，大者长 9.4 厘米，刃宽 7.4 厘米，小者长 8.3 厘米，刃宽 6.6 厘米，多素面无纹。有 4 件大的饰双线勾连雷纹，组成长方图案，下垂 5 个三角垂叶纹（图三八：10、11）。定为战国器物③。广西贺县铺门公社陆合大队贺江边出土的一件，长方形銎，体两侧下外撇如扇形，弧刃，近銎口处一面饰变体云雷纹和锯齿纹（图三八：12）。定为战国之器，该遗址还出类似器物一件④。此外，广东罗定县背夫山出两件，清远县飞水大队马头岗又出两件，广西宾阳县甘棠公社韦坡村出一件，湖南宁乡县黄村附近出一件，皆为东周或战国器物。

这型器物原报告多定为钺，但据笔者看到的实物，器身两面并非对称平直，而是一面微凸，一面微凹，如广东罗定县太平公社所出的标本 M1甲 4866，就是一面微凸，一面微凹，器面及刃向銎部的一侧稍斜而不是对称。其不宜装与刃向平行的柄用以横砍。这型器物的大多数很可能是装直柄作铲用；另其中銎口稍宽、器体两面凸凹较大的，也可能装与刃向垂直的曲柄，作锄使。

此型器物与新石器时代的骨铲（耜）形制上十分相似，后者当为其祖型。但出土这型骨铲的遗址，多在江、浙地区，如浙江余姚县河姆渡、桐乡县罗家角、江苏海安县青墩遗址⑤等；而两广地区似不多见。从文化源流的常规看，早期的金属工具往往脱胎于形制类似的骨、石工具。从无肩扇形铜铲在两广某些地区较多的发现，有可能是原居住于江浙地区越族的

---

① 广东省文管会：《广东清远的东周墓葬》，载《考古》1964 年第 3 期，第 140 页。
② 广东省博物馆：《广东广宁县铜鼓岗战国墓》，载《考古学集刊》Ⅰ，第 112 页。
③ 广东省博物馆：《广东罗定出土一批战国青铜器》，载《考古》1983 年第 1 期，第 46 页。
④ 覃光荣：《广西壮族自治区贺县出土一批战国铜器》，载《考古》1984 年第 9 期，第 854 页。
⑤ 南京博物院：《江苏海安青墩遗址》，载《考古学报》1983 年第 2 期，第 155—156 页。
　罗家角考古队：《桐乡县罗家角遗址发掘报告》，载《浙江省文物考古所学刊》，1981 年，第 7 页。

一支，在开始使用金属工具时，迁徙到两广一些地区。

X、厚面铲：多出四川地区，数量较多。出自四川者在 119 件以上，皆为战国器物，以铲面厚为其基本特征。其肩部有圆、有方、有平、有斜、有上翘等形，銎部有圆、椭圆、长方、六角、八角等形。铲面多数束腰成葫芦形，为圆刃；少数直腰成长方形，为弧刃；或有微束腰而略成梯形、弧刃者。四川涪陵小田溪砖厂古墓出土的两件，一件（4：2）圆刃折腰，椭圆形銎，长 12.5 厘米，刃宽 6.1 厘米（图三八：13）。一件（5：14）圆刃稍短，细腰，椭圆形銎。长 7.7 厘米，刃宽 5.1 厘米（图三八：14）①。四川巴县冬笋坝和昭化县宝轮院船棺墓出土的 36 件葫芦形铲中，有肩部上翘作钩状的（图三八：15）②。四川成都万佛寺出土的一件，方肩、直腰、弧刃，銎口为八角形，长 10 厘米，刃宽 6 厘米（图三八：16）③。大邑县五龙公社机砖厂战国墓出土的 5 件，平肩折腰，长方形銎，折肩，长身内凹，圆刃。大小各异，M3：21，最长为 18.2 厘米（图三八：17）④。简阳县糖厂基建工地出土的一件，弧刃平肩，腰稍收，铲面略成梯形，椭圆形銎。通长 9.3 厘米，身宽 5.2 厘米（图三八：18）⑤。

这型器物，在考古报告中多定为钺，似需再加斟酌。从器形看，多数为葫芦形圆刃，不宜做斧钺横砍。从见到的一些实物看，有的一面微凸，一面微凹，有的通体磨光，似在土中长期使用所致；而不是作斧钺使用，仅磨损刃部两面者。因而，它很可能是安装直柄，为具有四川地区特征的铜铲。当然，其中也可能有装上曲柄作铜锄使用的。同一形制的器物，因装柄不同而功用各异，这在古代是常有的。

另云南地区所出厚面铲 5 件，与四川地区的不同。江川县李家山第一类墓出一件，斜肩，刃平齐。銎口断面六边形，有钉孔和半环耳，铸绳索纹、双旋纹、点纹等组合图案，长 11.8 厘米（图三八：19）⑥。云南昌平新街出土的 4 件，椭圆形銎，斜方肩，铲面方形，器身稍厚。一件高 13 厘米，刃宽 8.7 厘米；一件高 12 厘米，刃宽 8 厘米；一件高 9 厘米，刃宽

①　四川省文管会：《四川涪陵小田溪四座战国墓》，载《考古》1985 年第 1 期，第 16 页。
②　四川省博物馆：《四川船棺葬发掘报告》，第 40、138—139 页。
③　四川省博物馆，四川历史文物展览室陈列品。
④　四川省文管会：《四川大邑五龙战国巴蜀墓葬》，载《文物》1985 年第 5 期，第 36 页。
⑤　高英明：《四川简阳出土的战国青铜器》，载《文物资料丛刊》第 3 期，第 208 页。
⑥　云南省博物馆：《云南江川李家山古墓群发掘报告》，载《考古学报》1975 年第 2 期，第 113 页。

7.4 厘米；一件高 8 厘米，刃宽 5.4 厘米（图三八：20）[①]。这些大概是具有云南地区特点的铜铲。

（三）铜柄铲

这类铲的铲面直接接有铜柄，形制上似较（二）类进步，但出土很少，且只见于东周。湖南平江县翁江红茶初制厂战国遗址出土两件，一大一小。大的铲面有 9 厘米，柄长也是 9 厘米，中空，横切面作多边式的椭圆形。铲身与铲柄是分开铸造，然后再焊合起来的。小铲铲面有 8 厘米宽，柄也是 8 厘米，柄的横切面作六角形，铲面与柄系一次铸造而成（图三八：21）[②]。

以上三大类铜铲，即无銎铲、有銎铲、铜柄铲，大体上反映出一种工具从低级向高级、从原始向成熟形制的发展。它上承新石器时代之末，下开铁器之先，其间嬗递演变之迹至为明显，表现出铜铲完整的发展序列。这只有在长期大量使用的历史过程中才能形成。

三大类以及所属各式铜铲，还说明同一种工具因时代、地区、部族不同，显示出形制上的多样性。这种性质的差别在后世的铁工具中仍然存在，但在较古的青铜工具中则更为明显。大家知道，更古的石器因时间、地区、部族不同而显示出不同的特点，而不同形制的石工具则是形成不同古文化面貌的主要内容之一，在这个基础上各自发展起来的青铜工具自然各有其特点。交通不便、商业不发达，地区、部族间的交往不多而形成的相对封闭，使这种差异性得以长期保持。另外，青铜铲的形制和其他事物一样，有一个形成发展的过程，较早时期的与较晚时期的就有所不同，即使已形成较成熟的标准形制之后，也还有一些较原始形制的器物在社会上遗留使用。因为有以上各种原因，同一功用的工具，形制上往往有这种或那种差别。铜铲是这样，其他铜工具也应该是这样。无视这种差别，用某种铜工具的一种形制，甚至是后世铁工具的某一形制为标准去框套，认为非此者即他物，这是不符合历史实际的。

上述 373 柄青铜铲中，知其尺寸大小的有 256 柄，其中刃宽在 10 厘米

[①]　云南省博物馆文物队库藏品。

[②]　湖南省文管会：《湖南省首次发现战国时代的文物遗存》，载《文物参考资料》1958 年第 1 期，第 41 页。

以上的只有 11 柄，最宽的一件为 15 厘米，其次为 13.2 厘米。其余 245 柄的刃宽皆在 10 厘米以下，绝大部分在 8—5 厘米之间，7 厘米以下的占 150 柄，最窄的刃宽为 3.8 厘米。少数铲刃特宽的，铲身都比较短，长宽合算，铲面并不大。其亦宜用于松土锄草，而不宜用于起土。从总的看，铲是比镵、锹、耜要小一些的。但其中也有大、中、小之别，在操作和使用上似亦应有不同。王祯《农书》卷十三谈到宋元时铁铲使用情况说："两手持之，但用前进搏之，刬去垅草，就覆其根，特号敏捷，今营州之东，燕蓟以北，农家种沟田者皆用之。"大概殷周的铜铲，刃宽体长的，可能装有长柄，用两手持之，向前推进铲草。今日北京的养路工人使用一种长柄铁铲，有圆肩直腰的，也有方肩束腰的，刃宽 10 厘米左右，通长 17 厘米左右，用两手握之，站着向前推进，以铲除马路两旁的杂草，古代较大的铜铲可能是这样操作的。而较小的铜铲，特别是带铜质柄梃的，可能是另外一种使用方法。在今天西北有些地区，如甘肃的定西、陕西的扶风仍使用一种除草的小铁铲。铲身宽约 6—7 厘米，长约 8—9 厘米，柄梃长约 10 多厘米，柄端装有木质横首（图三八：22）。操作时，一手握柄梃横首，人下蹲，向前贴地平铲，以松土除草。殷周的小铜铲也有可能是这样使用的。《晏子春秋·内篇谏上第一》说："戴笠衣褐，执铫耨以蹲行畎亩之中"，正是这种除草动作的形象描述。总之，大小两类铲操作的共同特点是从怀内向前贴地平推，这与锄镈装有勾曲的柄，使用时由前方向怀内贴地平拉不同，虽然二者都是除草松土的工具。

三　商代和西周王朝于其统治中心地区大量使用青铜铲

以上 373 件铜铲中，知其出土地点的有 299 件，分别出土于河北、陕西、山西、山东、河南、湖北、湖南、安徽、江西、江苏、浙江、广东、广西、四川、云南 15 个省（区）、68 个县（市）、101 个以上的地点（见表五）。其中河北、河南、陕西 3 省出土的铜铲，西周以前的 40 件，其中有早到龙山文化晚期的，战国的只 4 件。前者远远多于后者。铜铲在这一地区使用较早，特别是殷和西周王朝统治的中心地区是大量使用的，至东周使用显著减少。同一地区范围，西周以前无铁工具，而出土东周铁工具的地点在 72 处以上，其中出铁铲至少在 53 件以上。东周时铁铲代替铜铲

表五

类型与时代 \ 省(区)	第一类	第二类											第三类	早期(A)	殷代(B)	西周(C)	殷周(D)	春秋(E)	东周(F)	战国(g)	省(区)小计	备注
		I型	II型	III型	IV型	V型	VI型	VII型	VIII型	IX型	X型	其他										
河北	2A	2{1B,1g}												2	1					1	4	
河南	1B	8{6B,2C}		1g	8{5B,3C}	1C			4B				5{3B,2g}			19	6				3	28	
陕西	1C	7C			1C	1C	2C										12					12	
山西	2E																		2			2	
山东	2{1F,1g}																			1	1	2	
湖北		3{1C,2E}			1C												2		2			4	
湖南		5{3E,2F}	1g		4{3E,1F}				1F		1F		7E	2g					13	5	3	21	
安徽		3E		5g	2F	1F	1F												3	4	5	12	
江西		1E			1E								1g						2		1	3	

续表

类型与时代 省（区）	第一类	第二类 I型	II型	III型	IV型	V型	VI型	VII型	VIII型	IX型	X型	其他	第三类	早期（A）	殷代（B）	西周（C）	殷周（D）	春秋（E）	东周（F）	战国（g）	省（区）小计	备注
江苏		1E	1C				2{1E/1F}					1F				1		2	2		5	
浙江		6g	1C				5{1E/3F/1g}									4		1	3	1	5	
广东		1g					1g		2g	3C 50{2E/45g}								2		54	60	
广西					1g		2g		4g	3g	5g									10	10	
四川					1g					1g	119g						1			125	126	
云南											5g									5	5	
传世品	1B	5{1D/4g} 2{2B/7C} 20{3D/1B/5E/1D/1F/2g}	2{1B/1D}	3{-D/2g}	42{15D/14C/11E/1g} 1B	1g	2B		1C	1D	1g				7	22	21	16	1	7	74	
总计	5	66	5	9	60	4	15	5	7	56	125	14	2	2	27	47	22	43	16	216	373	

的过程比较明显。湖北、湖南、安徽、江西、江苏、浙江6省出土的50柄铜铲中，最早为西周铲，只3件，余47柄皆为东周铲。这一地区使用青铜铲要晚于上一地区。同一地区范围内，出土东周铁工具的地点在68处以上，其中出铁铲至少在24件以上。主要集中在湖南、湖北，其他4省较少，特别是江苏、浙江出土铁工具的地点只有3处，迄今似无铁铲出土。可能江浙地区多产铜锡，原料丰富，使东周铁铲代替铜铲的过程进行得特别迟缓。广东、广西、四川、云南4省，表中列有西周铲4柄，但其时代为西周晚期到春秋早期，是按制表凡例向上限靠上去的。另一件的时代也可能稍早于春秋，其余196柄皆为东周铲，其中战国铲为194柄。这一地区基本上到东周才使用青铜铲，大量使用是在战国时代。同一地区范围内出土东周铁工具的地点有14处，其中出土铁铲2柄。在东周，主要是在战国，这一地区使用的金属铲仍以铜铲为主。

在东周，于周、晋（战国是韩、赵、魏）、郑、宋、燕、秦等国地区大量流行一种铲形铜币（即后世货币学家所说的布币），与这一地区出土的殷和西周的铜农具钱的形制基本相同，只是体薄分量轻而已。特别是一种称作"空首布"的，和农具钱的形状十分近似，说明前者正是从后者演变而来的，大约在殷代，青铜农具钱同很多商品交换，出现了扩大的价值形态。后来由于它易于保存，广泛为社会所需要等特点，不同种类的许多商品都习惯地和青铜铲交换，通过它来表现自己的价值，这样，扩大的价值形态便过渡到一般的价值形态，转变为货币。大概到西周后期，青铜农具钱既是实际使用的工具，又是固定地执行一般等价物职能的货币。随着商品货币关系的发展，青铜农具钱在长期执行流通手段的职能中，不断磨损，但磨损后变得短小轻薄的青铜钱和未磨损前一样能执行流通手段的职能，交换同样多的商品，这一事实被官府注意到并加以利用，有意识地铸造一些器薄分量轻的青铜钱，投入流通领域，逐步形成了春秋时的"空首布"。这种"空首布"比原来的青铜农具钱形小体薄，但仍保存青铜钱的基本结构，有细长的銎（即空首），已不适宜装木柄，而是为象征青铜钱的基本形制而存在。銎的下端截止于和钱身相接处，有的在钱身的背面铸支三条直线纹，以象征原下达钱身上部或中部的銎上隆起之脊，虽不如原来结实，但却比原来美观。钱面上铸有简单的数字、干支、文字（图三八：23）。可以看出"空首布"已不适于做生产工具，而形成专职的货币了。"空首布"随着商品货币关系的进一步发展，在商品流通过程中不停地周转，它不断地从一个人手里转到另一个人的手里。对于每个商品交换者来说，"空首布"发挥流通手段的职能，只是转瞬即逝的事情，只要它能够作为交换的媒介，使自己的商品卖出去，并能买回价值相当的商品，人们就不会过问"空首布"的体积之大小，分量之轻重，形制之便于使用与否。这样"空首布"又进一步向轻便美观的方向发展，到了战国时的"布钱"，变成了只略具铲形的小铜片。象征铲柄的钱首，已无銎，钱身内凹，两足突出。整个"布钱"系由一首两肩两足所组成，钱面多有一两道直线或斜线纹，并铸有地名或表示布钱数量的"釿"、"半"、"两"等文字（图三八：24）[①]。这一合乎规律而又以各时期实物为依据的发展序列描述，确证了东周铲形铜币必为西周以前之青铜农具钱演进而来。青铜钱能演进为货币，它必然有一个大量使用而扩大交换的历史过程。马克思指出："扩大的价值形式，事实上是在某种劳动产品……不再是偶然地而已经是经常地同其他不同的商品交换的时候，才出现的。"又说："一种商品所以获得一般的价值表现，只是因为其他一切商品同时也用同一个等价物来表现自己的价值。"[②] 可以断言，青铜农具钱一定是具有相当数量，在社会上大量使用并具有相当影响的商品，如果数量很少，使用范围狭窄，就很难获得一般等价物形态。东周铲形币的流通区，恰在殷和西周王朝的统治中心区，循末求源，也可逆证这一地区在殷代和西周时大量使用青铜铲。

所谓青铜铲的大量使用，从经济学的观点看，就是在生产中起到了重要的作用。要证明这一点，主要从耕作技术的进步、社会生产的发展，以及由此引起的社会变化中去查考。但就某些学者的观点来看，似乎很强调数量标准。到底出土物达到多少件，才能做出大量使用的结论，目前尚无统一说法；不过，可以类比推论。近世学者，包括数量众多的考古学家对于殷代和西周大量使用青铜手工工具，似无异议。特别是一些认为殷和西周不使用或不大量使用青铜农具的学者，更强调"殷周时期大量使用青铜兵器和手工工具"[③]。那么让我们观察一下青铜手工工具的出土情况：出土最多的是空头条形端刃器，它是多种工具的刃套，其中有斧、锛，也有镢、锄、耒、耜，既有手工工具，也有农具。其次是削刀，它是多种用途

---

① 参考王毓铨《我国古代货币的起源和发展》，科学出版社 1957 年版，第 20—30 页。
② 马克思：《资本论》第 1 卷，人民出版社 1975 年版，第 81—82 页。
③ 白云翔：《殷代西周是否大量使用青铜农具的考古学观察》，载《农业考古》1985 年第 1期，第 79 页。

的工具，也用于收割禾穗。这两种不好严格区分出手工工具与农具，兹舍而不论。今以器形和功用都难以混淆的钻、锯为例，在西周以前，铁尚未应用于制作生产工具，使用的金属钻只能是青铜钻。历次发掘商人占卜的龟骨，多经凿钻，大量出土的殷周骨、角器，多有穿孔，这都是大量使用青铜钻的明证；但出土的青铜钻却很少。1952 年和 1953 年，在河南郑州二里岗先后出土两件青铜钻，并与同出的龟骨兽骨钻孔密合，据实验可以钻卜骨，也可钻其他东西。对此，著名的考古学家郭宝钧先生有一段精辟的分析，他说："这两个钻头的发现，解决甲骨钻孔的工具及工具的质料问题，而且也说明了当时实用工具的数量与今日遗存的比例问题。据胡厚宣同志统计，龟甲兽骨出土有钻凿有文字的今日约达十六万片，有钻凿而无文字的倍之，约略估计，可能有三十万片。平均每片有五个钻孔，可达一百五十万孔。这是盘庚迁殷前后三百年来的积累，所用钻头必然不在少数，这是据甲骨可以确证的事实。但今日我们发现的钻头只此两个"，"至于甲骨以外竹木工所用钻头，按理更多，实际上我们尚未发现一个。""古物遗存与当日实况之比率，于此可见一斑。据此亦可证铜农具的遗存与当时实况的关系。"[①] 近年来，铜钻陆续又有出土，但西周以前的总数只有27 件，从两件到 27 件，出土物增加 17 倍多，但绝对量仍然很少。然而就在出土两件青铜钻时，郭宝钧先生就做出大量使用青铜钻的论断，而且学术界对此亦似无异议。看来用两件出土物做出大量使用的结论，在考古学上也是允许的。

再看看青铜锯，西周以前的共出土 20 件，其中殷锯 13 件，分别出土于湖北、河南、河北、陕西四省。据此，有位考古学家做出结论说："铜锯已较多使用的商代。"[②] 而这位考古学家又是以严格遵循考古学方面的规律而自诩的。看来用 13 件出土物得出较多使用（亦即大量使用）是不违背考古学规律的。现在再回到铜铲，如前所述，河北、河南、陕西出土西周以前的铜铲共 40 把，是两件的 20 倍，13 件的近 3 倍多，由此得出殷代和西周王朝统治中心区大量使用青铜农具铲的结论，在考古学上应当是允许的，也是不违背考古学的规律的。

有人认为，这些铜铲绝大部分出土于墓葬，与青铜礼乐器、兵器等伴

---

① 郭宝钧：《中国青铜器时代》，三联书店 1978 年版，第 21 页。

② 云翔：《锯镰辨析》，载《文物》1984 年第 10 期，第 67 页。

出，因而不是农具；并把这类说法夸大为某学科的基本规律，说什么引用考古资料不遵循这一规律"是幼稚可笑的"。其实把这类并不符合历史实际的说法自封为基本规律才真正是幼稚可笑的。只要读一下《仪礼·既夕礼》，便知农器、礼器和兵器一起入葬是周代的制度，因此，三者伴出，对照文献记载，更证明铜铲是农具而不是其他。另青铜农具也是殷周奴隶主贵族的财产之一，以其与其他财产——青铜礼乐器、兵器一同入葬也是可以理解的。考古学界，如唐兰先生、王克林先生等在他们的论文中都早已论及。因此，这一问题至少还有讨论的余地，如何称得上基本规律呢？

本文一开始引用《诗·周颂·臣工》篇："命我众人，庤乃钱镈。"就是开门见山交代了青铜铲作为农具是有《诗》为证的。引用的其他东周和汉初文献，也都清楚说明铜铲（包括稍后的铁铲）为锄草的工具，是农具。在西周以前，插地起土使用于农业，也使用于土木建筑的是耜，到东周则是由耜演进来的锸。耜、锸与铲之不同，以及其功用之所以各异，前文已经论及。以铲为起土工具用于土木建筑，于先秦或稍后的文献则无一见，而于今日则成为某些学者入时的说法。我信前者白纸黑字的记载，甚信后者毫无根据的臆猜，纵令有人说这是违背考古学常识。当然铜铲也可兼作别用，但终非本身行当，于铜铲作为农具的属性无妨。今主次颠倒，舍主就次，于后者并不是有什么真凭实据，而出于臆想推猜，这样的方法是不可取的。

或许有人说，以上所举的各类铲，都是从器形来判断和从文献记载说明其为农具，并不能确证其必定使用于农业生产。确是这样，我们的研究工作在这方面还缺乏有力的论证。不过，使用考古材料要满意地回答上述提问也是很不容易的。从已知的发掘情况看，发现的铜工具遗物所处的状态主要有：（1）储藏状态（如库藏、窖藏）；（2）特定制度状态（如墓葬）；（3）回炉堆积状态（如冶炼遗址回炉残器的堆积）；（4）废弃状态（如灰坑中的器物）。而处于（5）使用状态的器物，如果说不是没有的话，那就是很少。现在要求用第（5）种状态说明实际上大量出土处于前四种状态的遗物，不能不说是一种脱离实际的苛求。而学术界有些学者正是用这种苛求来反证古代不使用或不大量使用青铜农具的。不过，这一苛求如施之于先秦的石、骨、蚌工具和铁工具，也会得到同样的答案。其结果是：既不能证明在中国古代使用或大量使用青铜农具，也不能证明大量使用石、骨、蚌工具和铁工具，概言之，不能证明在中国古代大量使用任何工具。此结论之大谬不然是显而易见的。

插图目次

5. 湖北沙市西干渠出土的西周方肩铜铲（据湖北沙市博物馆库藏实物测绘）

6. 陕西省博物馆展出的方肩束腰西周铜铲（据周秦汉历史陈列室展品摹绘）

7. 传世的殷周方肩铜铲（采自《中国古代货币发展史》第 22 页）

8. 山西省博物馆藏方肩西周铜铲（据库藏实物测绘）

9. 河南洛阳市机瓦厂西周墓出土的平肩舌形铜铲（据洛阳市博物馆展出实物摹绘）

10. 陕西宝鸡市竹园沟出土的西周平肩舌形铜铲（采自《考古》1978 年第 5 期，第 293 页，图六：8）

11. 安徽贵池县徽家冲出土的东周平肩半月形铜铲（采自《文物》1980 年第 8 期，第 24 页，图三：7）

12. 贵州省博物馆藏的战国平肩半月形铜铲（据库藏实物测绘）

13. 陕西鄠县涝峪口出土的西周斜肩长方形铜铲（据陕西省博物馆展出实物摹绘）

14. 陕西扶风县天度公社出土的西周斜肩长方形铜铲（据扶风博物馆展出实物摹绘）

15. 浙江杭州西湖出土的东周斜肩梯形铜铲（据浙江省博物馆库藏实物测绘）

16. 浙江余杭县仇山出土的战国斜肩梯形铜铲（据浙江省博物馆库藏实物测绘）

17. 广西贺县铺门公社陆合大队出土的斜肩梯形铜铲（采自《考古》1984 年第 9 期，第 853 页，图一：6）

18、19. 河南安阳殷墟妇好墓出土的云卷式肩铜铲（来自《考古学报》1977 年第 2 期，图版拾贰：5 右，5 左）

图三八

1. 广东德庆县凤村大队出土的战国双肩铜铲（采自《文物》1973 年第 9 期，第 20 页，图八：2）

2. 广东四会县乌旦山出土的战国双肩铜铲（采自《考古》1975 年第 2 期，第 105 页，图六：8）

3、4. 广西平乐县银山岭出土和采集的双肩战国铜铲（采自《考古学报》1978 年第 2 期，第 239 页，图三三：11；图版拾壹：2）

5. 上海博物馆藏双肩西周铜铲（据中国历史文物陈列室展出实物摹绘）

6. 广东曲江县马坝石峡遗址出土的周代无肩扇形铜铲（采自《文博通讯》1978 年第 3 期，第 13 页，图 2）

7、8. 广东清远县马头岗出土的春秋无肩扇形铜铲（采自《考古》1964 年第 3 期，第 141 页，图四：4、3）

9. 广东广宁县铜鼓岗出土的战国无肩扇形铜铲（采自《考古学集刊》I，第 114 页，图六：14）

10、11. 广东罗定县太平公社南门峒出土的战国无肩扇形铜铲（采自《考古》1983 年第 1 期，第 47 页，图五：8、9）

12. 广西贺县铺门公社陆合大队出土的战国无肩扇形铜铲（采自《考古》1984 年

第 9 期，第 853 页，图一：5）

13、14. 四川涪陵小田溪出土的战国厚面铜铲（采自《考古》1985 年第 1 期，图版壹：3）

15. 四川巴县冬笋坝出土的翅肩厚面战国铜铲（采自《四川船棺葬发掘报告》第 42 页，插图 40：3）

16. 成都市万佛寺出土的方肩直腰厚面战国铜铲（据四川省博物馆展出实物摹绘）

17. 四川大邑县五龙公社出土的平肩折腰厚面战国铜铲（采自《文物》1985 年第 5 期，第 37 页，图二二：7）

18. 四川简阳县出土的平肩弧刃厚面战国铜铲（采自《文物资料丛刊》第 3 期，图版贰拾：7）

19. 云南江川县李家山出土的斜肩厚面战国铜铲（采自《考古学报》1975 年第 2 期，第 114 页，图一五：8）

20. 云南昌宁县新街出土的斜肩厚面战国铜铲（据云南省博物馆文物队库藏实物测绘）

21. 湖南平江县翁江红茶初制厂出土的铜柄战国铜铲（采自《文物参考资料》1958 年第 1 期，第 41 页，图七：5）

22. 陕西扶风县使用的锄草铁铲示意图

23. 空首布（采自《我国古代货币的起源和发展》，图版拾伍：3）

24. 布钱（采自《我国古代货币的起源和发展》，图版拾玖：10）

第七章　耒、耜

耒耜是我国先秦时代的农业工具，并往往成为农器的代称，可见其使用的普遍及地位的重要。但是，关于耒耜的研究还处于初级阶段。耒耜究属何种形制的工具，如何使用，说法歧异，特别是青铜耒耜，言无者不乏其人，言有者亦大有人在，至于能列陈其各类形制者，则甚寥寥，不甚了了。本章想根据古文献记载、古文字结构、民族学资料、考古学资料，对耒耜的起源及其演变，特别是青铜耒耜的形制做一些探索性的说明。

一　耒、耜的起源和演变

耒耜的出现是很早的。《世本·作篇》："垂作耒耜。"宋衷注："垂，神农之臣也。"[①]《易·系辞下》："神农氏作，斲木为耜，揉木为耒，耒耜之利，以教天下。"可知耒耜的出现是和农业的发明密切联系的。中外民族学资料说明，耒耜是从人类最早使用的工具之一尖头木棒发展而来。在农业发明之前，人们在采集经济中已经使用尖头木棒挖掘植物的块根；而在农业发明之初，尖头木棒则成为用于播种的工具。我国边疆的后进民族直到清代或近代，很多还使用尖头木棒（或竹棍）戳穴点种。如云南景洪县基诺山区的基诺族，播种就使用"点种棒，用硬质木料砍削而成，形状似尖刀，长约三米，是基诺族贫困户普遍使用的点种农具"[②]。德宏傣族景颇自治州的景颇族，也使用一种"点种棒，景颇语称为'胡桂'……系一小木棍，长者40公分，短者20公分，一头锐

---

① 张澍稡集补注本。
② 王军：《基诺族的刀耕火种》，载《农业考古》1984年第1期，第281页。

尖，使用是以尖头戳洞布种"①。西盟县阿佤山区的佤族，"最早的播种工具是尖头竹木竿"②。四川省甘洛县的藏族（自称耳苏）曾"用称为'布'的尖木棍或尖竹棍戳土点种"③。台湾的高山族，"如内优社将坚木炙火当凿用，作为农耕掘土棒。崇爻、阿里山各社也是使用原始的掘土木棒"④。西藏米林县的珞巴族（博嘎尔地区）使用"长短粗细适当的树棒，一端削尖，用于插穴点种"。⑤ 西巴霞曲和门德崩流域的珞巴族也使用"木棍，用于播种时戳穴点种"。⑥ 察隅县的僜人，"播种时用削尖的长木棍戳土点种"。⑦ 国外的后进民族，如北美洲的伊洛魁人和南非洲沙漠中的布施曼人（Bushman，有的著作译为布虚人或称林木居入）、大洋洲的美拉尼亚人、玻利尼西亚人和密克罗地亚人，都用尖头木棒刺地下种，一般长 40 英吋左右，一端削尖。⑧

　　随着农业技术的进步，尖头木棒又用于松土除草。如西藏察隅县的僜人，"也使用僜语达让话称为'达赛'，格曼话称为'档力'的削尖的短木棒除草和松土"⑨。雅鲁藏布江下游的希蒙珞巴族，"用削尖了的硬竹片掘松泥土"⑩。埃塞俄比亚西部地区的加拉人，"通常用长约 1.5 米的大棍子掘地"⑪。俄国旅行家与人种学家米克鲁霍·马克来（Н. Н. МNклуо-Маклаи 1846—1888）曾这样描述新几尼亚的巴布亚人用尖头木棒翻地的情形，"他们在耕地时，先由几个男子拿着尖端锋利二尺多长的木棒（巴布亚人称为'乌齐亚'，УДЯ），一下一下地插入土内，然后摇动地搬起泥

---

　　① 罗钰：《云南景颇族的旱地农业及其农具》，载《农业考古》1984 年第 2 期，第 366 页。

　　② 李根蟠等：《刀耕农业与锄耕农业并存的西盟佤族农业》，载《农业考古》1985 年第 1 期，第 362 页。

　　③ 严汝娴：《藏族的脚犁及其铸造》，载《农业考古》1981 年第 2 期，第 89 页。

　　④ 陈国强：《台湾高山族原始农业的起源和发展》，载《农业考古》1982 年第 1 期，第 102 页。

　　⑤ 中国社会科学院民族研究所：《西藏米林县珞巴族社会历史调查报告》，1978 年 5 月铅印，第 10—12 页。

　　⑥ 中国社会科学院民族研究所：《关于西藏珞巴族的几个调查材料》，1978 年 5 月铅印，第 21、77—78 页。

　　⑦ 中国社会科学院民族研究所：《僜人社会历史调查报告》，1978 年 5 月铅印，第 20 页。

　　⑧ Leon. C. Marshall, The Story of Human Progress, p. 33；E. C. Curwen, Plough And Pasture, p. 58；C. H. 托尔斯托夫等：《普通民族学概论》第 1 册，科学出版社 1960 年版，第 75、83 页。

　　⑨ 中国社会科学院民族研究所：《僜人社会历史调查报告》，1978 年 5 月铅印，第 20 页。

　　⑩ 中国社会科学院民族研究所：《关于西藏珞巴族的几个调查材料》，1978 年 5 月铅印，第 21、77—78 页。

　　⑪ C. H. 托尔斯托夫等：《普通民族学概论》第 1 册，科学出版社 1960 年版，第 214 页。

土，如碰到稍为坚硬的土地，要多次地把木棒插入土中，才能翻起土块"①。

在我国远古农业发明之初，可能也使用过这种尖头木棒。《左传》昭公二十九年载："稷，田正也。有列山氏之子曰柱，为稷，自夏以上祀之。"《国语·鲁语》说："昔烈山氏之有天下也，其子曰柱，能殖百谷百蔬。"在有关中国古史的传说中，往往将一些重大的发明和社会进步人格化，如用燧人氏、有巢氏、神农氏来说明用火熟食的开始、居室的建筑和农业的发明等。这里引述的两段记载，正如孙常叙先生所解释的，"列山氏是用火烧田，柱就是尖头木棒，而稷则是烧田掘土之后所种的谷物"②。这反映了最初的原始农业耕作过程和所使用的简单农具。

尖头木棒的功用从戳地点种扩展到松土除草，进而用于掘土翻地。要进行后项耕作，完全靠手臂的力量，极易疲累，入地也不深；于是在尖头木棒上增加附件，先是在木棒下段套上一个穿孔的方形或圆形的重石，使木棒的重量增加，这样用臂力猛然下刺时冲力加大，可以获得入地更深的效果。在使用装有重石的尖头木棒时，人们发现不仅能用双手合力推刺，还能以脚踏穿孔石器，手足配合，把尖木棒推刺土中，入地既深，也比较省力。于是进而在木棒距尖端不太远的地方固置一个短小的横木以代替重石，其形如"十"，既比重石易于制作，而蹬踏更为得力，这就是最初的单齿耒。西藏错那县勒布区门巴族使用的木质掘土工具"庐"，"由青杠木自制而成，下端稍尖，正面平滑，背部圆凸。全长5尺，距尖端一点五至一点八尺处，用竹篾捆扎一根长一点五尺的青杠横木（左侧长，右侧短），左侧用于脚踏翻土"。（图三九：1）③ 当属古耒一类的工具。大洋洲玻里尼西亚人和密克罗地亚人掘地的尖头木棒，有的"带有专门的踏板座"。④ 也属古耒一类的工具。

最初的耒是直柄直尖，虽然便于推刺入土，但发土时扳动角度大，比较费力。后来在生产实践中逐步改进成曲柄斜尖的耒，其状如"ノ"。甲骨文中从力的字，力字部分写作"ノ"、"乀"，就是这种耒的象形字，说明我

---

① 陈国强：《农业的起源及原始形态》，载《厦门大学学报》1956年第1期，第91页。

② 孙常叙：《耒耜的起源及其发展》，上海人民出版社1959年版，第2页。

③ 中国社会科学院民族研究所：《西藏错那县勒布区门巴族社会历史调查报告》，1978年5月铅印，第3—4页。

④ C.H. 托尔斯托夫等：《普通民族学概论》第1册，科学出版社1960年版，第83页。

国上古曾使用过这种工具。

单齿木耒翻地的面积小，劳动效率低，人们通过生产实践经验的积累，又将其向两个方面改进。一是在耒下增加耒尖，变单齿耒为方字形双齿耒，一是将耒尖加宽，形成略如后世的"锹头"，使翻土的面积增大，后者即是耜。

甲骨文的耤字作"𤲚"、"𦥑"等形①，徐中舒先生说："就是像人侧立推耒，举足刺地之形。"② 这里的耒是方字形的。金文中的耒字作"𤰔"、"𦥑"、"𤮾"等形③，这三个字若是去掉持耒柄的手"𠂤"、"𠃌"、"𠃊"，剩下的"𤲚"、"𠂤"、"𠃊"，就是耒的形状，也是方字形的。大致可以确定，方字形的双齿耒是其发展过程中比较固定的形制。从考古发掘来看，在属于早期龙山文化时期的河南三门峡庙底沟遗址中，"第一次发现了使用双齿木耒所留下来的痕迹"。在属于殷墟的"一些窖穴壁上常常发现有双齿木耒痕迹"（图三九：4）④。从痕迹可知，大型的耒齿长 19 厘米，齿距 8 厘米；小型的耒齿长 18 厘米，齿距 4 厘米⑤。可见从新石器时代晚期到殷代的漫长时期里，方字形的双齿耒一直在使用着。

在周代，文献对耒已有具体的记载。《周礼·考工记》说："车人为耒，庇长尺有一寸，中直者三尺有三寸，上句者二尺有二寸。自其庇，缘其外，以至于首，以弦其内，六尺有六寸，于步相中也。"郑司农注："庇，读为其颡有疵之疵，谓耒下歧。"《考工记》虽成书于东周，但所记多为古制，这里所记耒的尺寸，很可能是西周的或近似西周的形制。

根据上述有关耒的甲文、金文的字形，窖壁所留痕迹和文献记载，大致可以索寻出西周通行耒的近似形状和尺寸。耒的弯曲长度为 6.6 尺，首尾的直线长度为 6 尺，脚踏横木下的权状歧头长 1.1 尺（图三九：5）。在大量使用方字形双齿耒的同时，力字形的单齿耒仍会有留存使用。

在耒的长期发展过程中，除了在器形方面主要由单齿变为双齿之外，

---

① 《乙》三九八三，三一五五。

② 徐中舒：《耒耜考》，载《历史语言研究所集刊》第二本一分。

③ 《三代吉金文存》卷六，第 3 页；卷二，第 24 页；卷六，第 21 页。

④ 中国科学院考古研究所：《新中国的考古收获》，文物出版社 1961 年版，第 15、46 页；中国科学院考古研究所安阳发掘队：《1958—1959 年殷墟发掘简报》，载《考古》1961 年第 2 期，第 66 页。

⑤ 中国科学院考古研究所安阳发掘队：《1958—1959 年殷墟发掘简报》，载《考古》1961 年第 2 期，第 66 页。

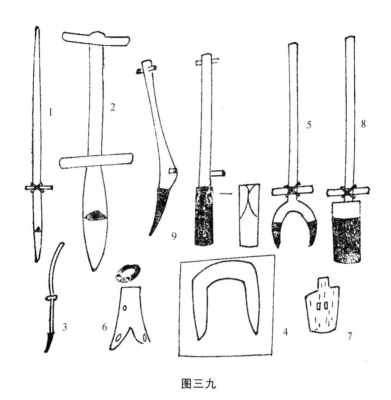

图三九

横木以下刺地的尖部，最初是木质的，后来有的装有牛角、鹿角等质材。非洲布施曼人所用的掘土杖就有装重石和角尖的（图三九：3）[1]。如去掉重石加上脚踏横木，便是角质锋刃的单齿耒。1978年，我国江苏海安县沙岗公社青墩遗址（距今约5000年）出土3件双齿角质耒，系采用鹿角尖部的分杈制成，通体磨光，粗端掏空成圆形直銎，并同正面的长方形大孔和背面的圆形小孔相贯通，前端鹿角杈处磨成两股叉形，尖端很锋利、光滑，为长期使用所致（图三九：6）[2]。随着冶金术的发明，人们便用更加坚硬锋利的金属刃套装嵌耒端，以代替角质刃套或木耒尖。我国西藏察隅县僜人用于除草和掘土的尖头木棒，有的就在尖端安上长10厘米、宽两三厘米的铁嘴[3]。可证古代的耒端，也会出现这种于锋刃部施金的演变。

① E. C. Curwen，Plough And Pasture，p. 58.
② 南京博物院：《江苏海安青墩遗址》，载《考古学报》1983年第2期，第156页。
③ 中国社会科学院民族研究所：《僜人社会历史调查报告》，1978年5月铅印，第20页。

　　下面再考究一下耜的形制。耜字甲骨文作"ᔔ"、"ᔑ"①，像一个有柄的叶子。金文作"ᔒ"、"ᔓ"等形②，与甲骨文的耜字区别不大。两种文字的形象反映出，耜的形状是在一条长柄的下部带一个宽头，而耒的下部是比较窄的单齿或分杈的双齿，这大概是耜与耒的主要区别。《易·系辞下》说："神农氏作，斲木为耜，揉木为耒。"最早的耜和耒一样都是木质的。我国新疆哈密五堡公社内的原始墓地出土一件木耜的宽头部分（原称"方头木铣"），长28.5厘米，宽16.5厘米，厚1厘米。刃部锐利，偏上部见对称两孔，便于缚扎固柄（图三九：7）③。在西藏珞巴族中使用的青杠锹，锹头是木质的，与柄连为一体，系一块木料削成，锹头与柄分界之处，装设脚踏小横木（图三九：2）④，实为古木耜的遗制。

　　耜主要用于刺土翻地，木质刃部较软而易于磨损，很难保持锋利，于是便在耜端装上质材坚硬、磨制锋利的石、骨等刃部，这是从木耜到金属耜发展过程中所经过的一个中间阶段。我国新石器时代遗址，普遍出土有石铲，其中器形较大而用于翻地的应当命之为石耜。如西安半坡出土的 I 型石铲5件，平面作长方形，器身宽扁，刃部平齐或作弧刃，都是用石片或砾石打制成的。标本 P5954，除刃部由一面打制，柄部稍加修整外，其余都是原砾石面（图四十：1），最大者长17.4厘米，宽11厘米，厚1.1厘米，最小的长12.4厘米，宽8.4厘米，厚1.2厘米⑤。河南裴李岗出土的 I 式石铲，器身扁宽，两头均有圆弧形刃，刃部多有使用的痕迹，铲身两侧磨成圆弧形，个别磨成平达，一般长26厘米，宽9厘米，厚1.5厘米，最大的长35厘米，宽17厘米，厚1.5厘米（图四十：2）⑥。河南陕县庙底沟出土的石铲中，9A、9B、9C、9D都是大型石铲，刃部或尖或圆，整个器形或为宽短的叶形或为舌形。其中9C（T81：10），形近椭圆，凹背，铲身较宽，两侧向前磨成圆刃，在铲身上部的两侧，微成缺口（图四十：3）⑦。在较晚近发表的考古报道中，这种大型石铲已多称石耜。如河

　　①　《后》上卷二五，七；《前》卷五，二七，一。

　　②　《大鼎》、《仲盘》。

　　③　王柄华：《新疆农业考古概述》，载《农业考古》1983 年第 8 期，第 108 页。

　　④　《西藏米林县南伊公社珞巴族社会历史调查报告》，1973 年，第 7—8 页。转引自宋兆麟《河姆渡遗址出土骨耜的研究》，载《考古》1979 年第 8 期，第 158 页。

　　⑤　中国科学院考古研究所等：《西安半坡》，文物出版社 1963 年版，第 63 页。

　　⑥　开封地区文管会：《河南新郑裴李岗新石器时代遗址》，载《考古》1978 年第 2 期，第 74 页。

　　⑦　中国科学院考古研究所：《庙底沟与三里桥》，科学出版社 1959 年版，第 58 页。

北三河县孟各庄出土的一件石耜（采：1），耜锋端呈桃状三角形，刃缘磨光，有使用痕迹，长26厘米，宽14.5厘米，上部厚2.3厘米（图四十：4）①。形状类似的石耜在河南南阳黄山也出一件，约长24厘米，宽13厘米（图四十：5）②。四川南充县明家嘴出土的石耜，长条形、束腰、舌形刃，长26厘米，刃宽11.8厘米（图四十：6）③。辽宁建平县敖包山红山文化遗址出土石耜3件，其中一件略呈叶形，耜顶部较平直，中间磨有宽4.2厘米的凹槽，耜身两侧向外斜，最宽处在耜下部，尖部收缩成等腰三角形，一面磨光，刃部呈两面弧形，长23.6厘米，宽15.1厘米，厚0.8厘米（图四十：7）④。另外，在河南密县莪沟北岗⑤、河北磁山⑥等新石器时代遗址中出土有相同或大体类似的石耜。长春近郊出土的Ⅱ、Ⅲ型"亚腰形"石铲，多为尖圆刃，长度一般在24厘米，宽度在10厘米左右（图四十：8）⑦，也当属石耜一类工具。

此外，还有被称做石犁的器物，都是或长或短的叶形工具。如内蒙古林西县西门外黄土坡出土的石犁，长条形而刃尖圆（图四十：9）、巴林右旗益司毛道村出土的石犁，形如长叶，长27.3厘米，中宽11.7厘米，通厚1.5厘米（图四十：10），阿鲁科尔沁旗德博勒庙区出土的石犁，形如带短柄的长叶，石料黄褐色，坚硬致密，长33.7厘米，刃部最宽处13.8厘米，柄部宽6.7厘米，厚2.5厘米（图四十：11）⑧。吉林省白城地区乾安县所出石犁，器形窄长，亦如带短柄之长叶，正面有凸脊，刃尖部分稍向正面翘起，长26.4厘米，宽8.7厘米，脊厚3.2厘米（图四十：12）。大体类似的石犁，在长春新立城也有发现，刃部略呈舌

---

①　河北省文管处：《河北三河县孟各庄遗址》，载《考古》1983年第5期，第410页。

②　河南省博物馆1982年展出实物。

③　重庆博物馆：《四川嘉陵江中下游新石器时代遗址调查》，载《考古》1983年第6期，第499页。

④　李宇峰：《辽宁建平县红山文化考古调查》，载《考古与文物》1984年第2期，第18页。

⑤　河南省博物馆等：《河南密县莪沟北岗新石器时代遗址发掘简报》，载《文物》1979年第5期，第16页。

⑥　邯郸市文管所等：《河北磁山新石器遗址试掘》，载《考古》1977年第6期，第365页。

⑦　段一平：《长春近郊的亚腰形石铲》，载《农业考古》1982年第2期，第125页。

⑧　内蒙古自治区文化局文物工作组：《内蒙古自治区发现的细石器文化遗址》，载《考古学报》1957年第1期，第10、12页；汪宇平：《西喇木伦河流域的新石器时代遗址》，载《考古通讯》1955年第5期，第13页；孙常叙：《耒耜的起源及其发展》，上海人民出版社1959年版，第36页。

形，通体磨光，长 28.5 厘米，宽 12 厘米，厚 2 厘米（图四十：13）①。河南临汝大张村出土的 4 件石犁，形如带柄宽短的叶形，T4：9，长 19 厘米，最宽处 14 厘米，柄宽 6.5 厘米（图四十：14）②。南召县二郎岗出土的石犁亦为宽短叶形，长 18 厘米，宽 12 厘米，厚 1.2 厘米（图四十：15）③。镇平县赵湾出土的石犁与二郎岗石犁有些类似，长 18.5 厘米，宽 13 厘米，厚 0.8 厘米（图四十：16）④。此外，辽宁翁牛特旗、河北丰宁县上黄旗村和山西闻喜县汀店出土的石犁，虽皆残断，但所存之刃部，皆如尖叶形⑤。这些"石犁"，多数都有磨损痕迹，据对磨损部位的分析，都是直插式翻地工具，应该称做石耜⑥。以上石耜，如缚扎一略带弯曲的木柄，则与金、甲文耜字的形象有的十分相似，有的略合。

上述新石器时代遗址，据 C14 测定，裴李岗距今约 8000 年，半坡距今约 6000 年，庙底沟距今约 5000 年。其他各遗址多在此限内，个别的稍晚。可见石耜的使用，不仅地区广，而且时间也很早、很长。

大概使用骨耜与使用石耜约在同时期出现，因地制宜。有的北方新石器时代遗址亦有骨耜（原作骨铲）出土⑦，但最多见的是石耜；南方新石器时代遗址除出土大量石耜外，有的也出土大量骨耜。如浙江余姚河姆渡出土的骨耜，制作精细，数量较多。仅在遗址的第四层就出 76 件，大小不完全一样，一般长 20 厘米、刃宽 11 厘米、柄部宽 4.5 厘米，皆用偶蹄类动物的肩胛骨制成，外形基本保留原状，略呈梯形，上端为柄，厚且窄，下端为刃，薄而宽，多砍去骨脊，使骨耜表面平整，利于起土。耜面

---

① 李莲：《乾安县正兰乡发现石犁》，载《文物参考资料》1956 年第 10 期，第 75 页；王亚洲：《长春附近发现的石制农业工具》，载《考古》1960 年第 4 期，第 31 页。

② 河南省文化局文物工作队：《河南临汝大张新石器时代遗址发掘简报》，载《考古》1960 年第 6 期，第 2 页。

③ 河南省文化局文物工作队：《河南南召二郎岗新石器时代遗址》，载《文物》1959 年第 7 期，第 58 页。

④ 河南省文化局文物工作队：《河南镇平赵湾新石器时代遗址的发掘》，载《考古》1962 年第 1 期，第 25 页。

⑤ 郑绍宗：《有关河北长城区域原始文化类型的讨论》，载《考古》1962 年第 12 期，第 659 页；山西文管会等：《山西闻喜汀店新石器及周代遗址》，载《考古》1961 年第 5 期，第 282—283 页。

⑥ 夏之乾：《由母权制氏族向父权制氏族过渡是否是由锄耕农业向犁耕农业过渡》，载《史学月刊》1980 年第 1 期，第 20 页。

⑦ 如河南汤阳县白营河龙山文化村落遗址、上蔡县十里铺新石器时代遗址、山东牟平县照格庄岳石文化遗址等处都有骨铲出土。

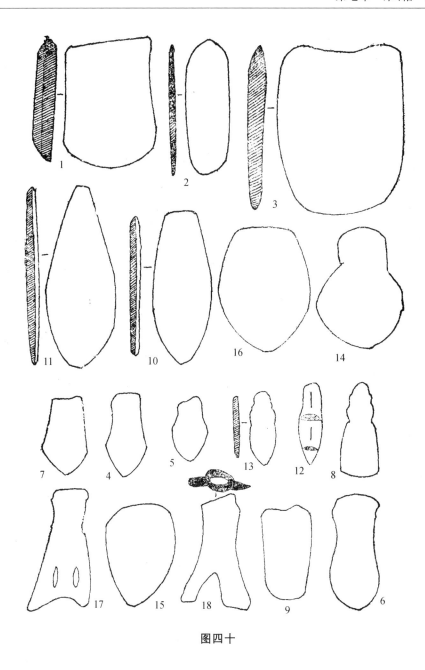

图四十

两侧正中都有一道从顶端向下延伸的浅槽，浅槽下端为弧形，这是安装木
柄的部位。为了使木柄安装得牢固，在浅槽两边还有两个长孔，用以穿系
绳索固定木柄。骨耜柄部两边另有刻槽，向内凹，这里再用绳索捆绑木

柄。经过上下两道捆绑，木柄与骨耜头联结牢固（图四十：17），便于使用①。形制大致相似的器物，在浙江桐乡县罗家角、江苏海安县沙岗公社青墩遗址也有出土，青墩出土的系用鹿的肩胛骨制成，肩胛棘处被削平，骨臼处竖穿一銎，銎呈椭圆形，作安柄之用。耜上部的两侧各有几道磨得发亮的小沟槽，应是用绳缚柄留下的痕迹。前端因长期使用已被摩擦得很光滑，中部骨壁较薄的部分已因磨损而凹陷（图四十：18）②。据 C14 测定，河姆渡、罗家角遗址距今约 7000 到 6000 年，青墩遗址距今约 5000 多年，可知我国骨耜的使用与石耜一样，时间都是很早、很长的。

石耜、骨耜经过漫长年代的使用之后，随着冶金术的发明，逐步代之以金属耜头。金属耜头，主要是铜耜头。在我国大量使用铁作农具的时代，耜已向犁和锸两个分支变化。周代金属耜头的尺寸，《考工记》有具体记载："匠人为沟洫，耜广五寸，二耜为耦，一耦之发，广尺深尺谓之畎。"郑玄注："古者耜一金，两人并发之。"这里告诉我们，耜的金属宽头的宽度为 5 寸，铲除两耜宽度的土方，可以挖成深宽各一尺的小水沟，则宽头部分的长度应为一尺稍多一些。关于周代耜的柄部形制及尺寸，郑玄在《考工记》"车人为耒，庇长尺有一寸……"条下注："庇，读为棘刺之刺。刺，耒下前曲接耜"。可知耜的柄部形制和尺寸与耒无异，只是在庇部接一个宽 5 寸、长 1.1 尺而于刃部施金的宽头就是了（图三九：8）。

从耒、耜的形制，便可知晓其使用方式与后世铁锹的使用类同，即用脚踏耕。《诗·豳风·七月》："三之日于耜，四之日举趾。"《毛传》说："民无不举足而耕矣。"《淮南子·主术训》和《盐铁论·未通篇》也都说"蹠耒而耕"。在用脚踏耒、耜端部横木的同时也用双手握住柄部向下猛推，《礼记·月令》："天子亲载耒耜，……帅三公、九卿、诸侯、大夫躬耕帝藉，天子三推，三公五推，卿、诸侯九推。"正是从这一角度描述耒、耜的使用。耒、耜端部刺入土地后，向后扳动柄部，将土翻起，这一动作称发土。《考工记·车人》云："直庇则利推，句庇则利发。"是说耒耜柄部和尖端直的，容易推踏入土，但发土时扳动角度大，比较费力；弯曲一些的，推踏入土较费力，但发土时扳动角度小，比较省力。所翻起的土称

---

①　浙江省文管会等：《河姆渡发现原始社会重要遗址》，载《文物》1976 年第 8 期，第 9—10 页。

②　南京博物院：《江苏海安青墩遗址》，载《考古学报》1983 年第 2 期，第 156 页。罗家角考古队：《桐乡县罗家角遗址发掘报告》，载《浙江省文物考古所学刊》，1981 年版，第 7 页。

"垅"。《国语·周语上》说西周藉田的耕作是："王耕一垅，班三之，庶民终于千亩。"这是从发土的角度描述耒耜的使用。一推一发，反复进行，翻耕土壤，与今日使用铁锹翻地基本相同。已翻之土在前，未翻之土在后，因而劳作过程正如《淮南子·缪称训》所说，"耕者日以却"。

二 青铜耒、耜的形制

随着农业的进步和耕作技术的多样化，尖头木棒为适应不同的作业而产生了不同分支的演变。由于后来用于点种的土地，一般都经过翻耕，入土较易，因此用作点种的尖头木棒向细长发展。与此同时，用作掘土翻地的尖头木棒因刺土费力，除加横木使用脚力外，还向粗大发展。二者在向金属工具的发展中，刃部施金的情况也有区别，前者于尖端只加一窄薄的金属片，即足以胜任插地点种的作业。如云南西盟县的佤族，普遍使用一种叫啄铲的点种旱谷的工具，是用一根长两米的细竹竿，在尖端装一窄长略呈心形的铁片，中间稍窝陷，上部卷成一銎，以纳竹竿。操作时双手执竹竿的中部，由右向左斜插入土，利用竹竿上部的弹力使铁尖跳起，便于迅速连续挖穴，另一人背着装种子的背袋，往穴中放种子[1]。类似的铜工具在考古发掘中也有出土，如云南江川县江城公社红营大队的战国古墓中出土过一件（M4:11），刃部弯卷，半圆形銎，銎部略残，上有一对钉孔（图四一：1）。相同的器物在该遗址处还采集到两件[2]，它们大概都是装在细长木竿或竹竿上，用于插地点种的工具。在古代，这类器物因其窄薄，多全用青铜制作。

另一支用于掘地翻土的木耒和木耜，特别是后者由于器形宽大，在其经历石耜、骨耜的发展过程向铜耜转变时，耜端刺地部分不是全部用铜制作，以代替原来装置的石、骨质宽头；而是耜端又回到了原来木耜的形状，采用以金属包裹木刃的办法，形成刃套，铜耒也因尖端较粗多采用这种办法于刃部施金。因为古代铜的生产量有限，较大型工具，其下端刃部全部用青铜制作的（如后世铁锹那样）则较少。长期以来，对于耒、耜的

① 李根蟠等：《刀耕农业与锄耕农业并存的西盟佤族农业》，载《农业考古》1985年第1期，第362页。
② 云南省博物馆文物工作队：《云南江川团山古墓葬发掘简报》，载《文物资料丛刊》第8期，第96—97页，原称卷刃器。

形制研究不够，特别是对其刃部施金的一般结构缺乏了解，对其具体装置不甚明了，影响人们对出土物中耒、耜的辨认。结果于文献记载，耒、耜为农业主要工具，但于发掘青铜器中，则熟睹无物；于是便断言，殷周的耒、耜仍为木质的。然而，此说于理难通。在农业发明之初即已出现的木质耒耜，经过新石器时代数千年石耜骨耜的发展阶段，在进入阶级社会后，又返本还古，退回到木耜阶段。此与工具发展的一般规律相悖，与社会进步的实际不合。因此，研究铜工具出现时的结构特点，参照民族学资料，在先秦的青铜出土物中辨认耒、耜，是一项很有意义的工作。

（一）青铜耒

耒的形制及其演变的一般情况，已见前述，此处所说的青铜耒，是指耒的青铜锋刃套和铜质的端部形制。在已有的出土物中，以下器物可能是不同式的青铜耒尖或其刃套。

Ⅰ、双齿尖刃铜耒套。出土很少。广东肇庆市北岭松山战国墓出 12 件，正面圆，背面平，器身稍有弯曲。上宽，下收成尖状刃，銎为半圆形。銎口斜，内遗留有朽木。长 7.8 厘米，上宽 3.4 厘米（图四一：2）。可能是原套在双齿耒的木杈上的，出土时木质部分已腐烂，只剩下铜耒尖，因而两件成对出土。①

Ⅱ、双齿扁刃铜耒套。在先秦，早到甘肃广河齐家坪齐家文化遗址、相当于夏代的玉门火烧沟遗址，下至各地殷周的遗址和墓葬，普遍出土有铜质的（主要是青铜）空头条形端刃器，总数在 1900 件以上。起初皆命名为斧、锛，后来又将长大厚钝的命之为镈。我认为这类器物中，有一些应该是扁刃双齿耒的刃套。河南偃师二里头早商灰坑壁上就留有这种工具的痕迹：呈长条形，长 10—15 厘米，长条上下大体等宽，顶端是圆头，两齿间上下等距，每齿宽 3—4 厘米，齿痕深 1.2 厘米，为扁形。从以上情况看，耒齿应是铜制的，不可能为木制的。因为木齿一般为圆形并要粗大些，才能胜任掘土，齿形应是上粗下细，这样既易入土，又不致折断②；

① 广东省博物馆等：《广东肇庆市北岭松山古墓发掘简报》，载《文物》1974 年第 11 期，第 73 页。

② 杨维峻：《对商代农具的探讨》，载（研究集刊）1981 年第 1 期，第 87 页（云南省历史研究所编）。中国社会科学院考古研究所赵芝全同志长期从事二里头早商遗址发掘，他提供的工具印痕情况与杨文同。

而二里头灰坑壁的工具痕迹是为一种窄薄的条形器所致，这种实物恰恰能在出土的大量空头条形端刃器中找到。大概长度超过 10 厘米的，就有可能为耒刃套，特别是长度接近或超过 20 厘米的，耒刃套的可能性更大。因为如作镢，就要装横柄，无论是用丫木一端插入空头作柄，或插入方木再在方木上作横柄，刃到柄部的距离都在 25 厘米以上。这样长的镢，器身一部分为木质，器身与柄的连接为木结构，镢又是加工较坚硬土壤的工具，将 25 厘米以上的器身掘入较坚硬的土壤后，要撬动镢柄翻起土壤，连接器身与柄部的木结构是不能胜任的，极易折断。因此器身长 25 厘米以上的大镢，只有将形制改进为金属的横銎时（如现在的铁镢那样），才有可能出现；而空头形制的镢（也叫直銎镢），其器身既大于斧锛，但又不能太大。有鉴于此，长度接近或超过 20 厘米的空头条形端刃器，有极大可能是耒的刃套。例如河南安阳殷墟妇好墓所出的两件，长方形銎，近顶端中部两面各有一个不规则的小孔，正面有十字纹，单面刃。一件长 22 厘米，刃宽 4.7 厘米，銎径 4.7 × 1.7 厘米。一件长 21.2 厘米，刃宽 4.7 厘米，銎径 4.5 × 1.7 厘米（图四一：3、4）[1]。两件器形相同，大小相差无几，同出一墓葬，且与铜铲等农具伴出，因而这两件空头条形端刃器很可能就是双齿扁刃耒的刃套。另外如河南安阳小屯村武官大墓出土的两件，皆长方形銎，两侧有钉孔，全器为斜面楔形。近銎端上下两面皆为饕餮纹，两侧夔龙纹，饕餮下界一周，作三角垂花纹。一件长 17.8 厘米，刃宽 4.5 厘米，一件长 17 厘米，刃宽 4 厘米（图四一：5、6）[2]。在古代用陶范铸造铜器，通常一范一器，器出范碎，要铸两件相同的东西，只能大体相似，不能完全一样。这两件形制类同、大小相仿的空头条形端刃器，也可能是配对铸造用于双齿扁刃耒的刃套。

双齿扁刃耒很可能是铜耒的主要形制，此外，还有单齿扁刃耒。自然，空头条形端刃器中也应该有单齿扁刃耒的刃套。在殷周墓坑壁和窖坑壁上，往往留有条形器的痕迹（过去多认为是镢痕），其中有的可能就是单齿耒的痕迹。青铜空头条形端刃器的出土物较多，如果确认其中有耒的刃套，则青铜耒的使用不能不说是大量的。

Ⅲ、全铜质双齿尖刃耒。即横木以下双杈耒尖全为铜质的。出土不

---

① 中国社会科学院考古研究所安阳工作队：《殷墟妇好墓》，图版六四：1、2。

② 郭宝钧：《一九五〇年春殷墟发掘报告》，载《考古学报》第 5 册，1951 年版，第 32 页。

多。看到的实物只上海博物馆展出一件，通高 16 厘米，肩宽 6 厘米，有双齿，齿径 2 厘米，齿距 4 厘米。有柄耧，柄宽 4.5 厘米，高 6 厘米，一齿长 10 厘米，另一齿残长 7 厘米（图四一：7），定为西周末。此外，刘体智的《小校经阁金文拓本》卷十第 75 页著录一件，通高 14.6 厘米，柄长 8 厘米，柄宽 3 厘米，有双齿，齿径 1.5 厘米，齿距 4.5 厘米，肩宽 6.6 厘米（图四一：8），时代笼统定为殷周，原称双锋矛，可能是双齿铜耒。另 Bernhard Karlgren 在《Bronzes in the hellstrom Collection》一文中引述一件，传河南安阳出土，为双齿形，上端有銎，銎部有钉孔，銎下为横杆，再下为双齿，通长 13 厘米，两齿间外边宽 7 厘米，内边相距 4.5 厘米（图四一：9）[1]。定为殷器。这一类型的耒，有可能兼做武器。

（二）青铜耜

《诗·小雅·大田》："以我覃耜。"毛传说："覃，利也。"《大雅·载芟》："有略其耜。"毛传说："略，利也。"《周颂·良耜》："畟畟良耜。"马瑞辰《毛诗传笺通释》说："畟畟，入地之深。"《诗经》中谈到耜的只有 4 处，这 3 处都加上了表示锋利的形容词，可证耜必有其金属刃套。耒有尖刃、扁刃，而耜只有扁刃。耒有单齿、双齿，而耜只有一刃。因此，耜在器形上与单齿扁刃耒类似，但刃端要比后者宽。在已知的出土物中有可能是耜刃套的有以下各类。

I、空头条形端刃器耜刃套。在大量出土的空头条形端刃器中，有一些宽度在 8 厘米以上的，我认为它们很可能是铜耜的刃套。所以这样认为，有两点理由：一是这类器物不仅面宽，而且有的还比较长。从已发表和笔者见到的这类器物来看，大部分长度接近或超过 20 厘米。如湖北黄陂县盘龙城商代遗址出土的一件（采 07），长 27.5 厘米，刃宽 8.8 厘米，銎部 9.6×3.7 厘米，梯形銎，单斜面刃（图四一：10）[2]。上海博物馆展出的一件，銎口有宽沿，面底皆有钉孔，尖圆刃。通长 26.6 厘米，刃部最宽处 11.1 厘米（图四一：11）。这类器物，如果作镢使，只能于直銎中插入条形硬木，再于硬木上作横柄，柄至刃端长达 30 厘米以上。器身一部分为木质的，其长宽的器身掘入较坚硬的土壤后，要通过横柄的撬动翻起土

---

① 载《The Museum of Far Eastern Antiquities》Bulletin No. 20, p. 10, PL. 20, 2.
② 湖北省博物馆：《盘龙城商代二里冈期的青铜器》，载《文物》1976 年第 2 期，第 33 页。

壤，其器身连接横柄的木结构，更是不能胜任的。二是我国少数民族中使用的一种踏犁，实际就是古代耜的遗制，其铁质刃套与古代较宽的青铜空头端刃器很近似。例如 1982 年 5—7 月在北京故宫端门展出的云南布依族踏犁，其铁质刃套约长 25 厘米、刃宽 8 厘米、銎部 8×3 厘米。因为是熟铁打制的，銎口未完全合缝（图三九：9）。据多年从事民族调查的宋兆麟先生讲，当地还有生铁铸造的踏犁刃套，銎口完全合缝，与古代较宽的青铜条形端刃器基本相同。后进民族是活的历史博物馆，它不仅为研究古代社会制度、社会生活提供了生动的资料，而且还为了解古代各种生产工具提供了具体的例证。布依族使用的踏犁及其刃套的形制，就帮助我们从大量出土物中识别出耜的青铜刃套并可参考复原全耜的形制。

空头条形端刃器是多种工具的刃套。耜的比镢的宽，比锸、锄的厚。如以宽度在 8 厘米以上、銎部厚度在 2 厘米以上的为耜刃套，其出土物虽然不是很多，但也不是很少。1974 年 9 月在湖北黄陂县盘龙城李家嘴商代墓葬出 3 件（包括上述例举的一件），李 M2:3，銎口扁圆，口沿有凸边，上坡下平，器近方形，一面凸刃，器身中部有一长方形镂孔，约长 13 厘米，宽 11 厘米（图四一：12）。采：06，形制与前者同，惟较长，呈长方形，两面各有一圆形镂孔，长 16.6 厘米，宽约 11 厘米（图四一：13）[1]。在此之前，该遗址还出土形制类似的器物一件，由湖北省博物馆于 1959 年送交中国历史博物馆展出，长 15.5 厘米，宽 12.3 厘米，半圆形銎，有銎口沿，圆弧刃，靠下部有对穿的小方孔（图四一：14）。另中国历史博物馆还库藏形制基本相同的器物一件（新 C5，1836），高 15.8 厘米，宽 12.6 厘米，圆弧刃，半圆形銎，銎部最厚处 3.2 厘米。在靠上部中间有对穿的钉孔（图四一：15）。据传出自湖北。后两件与前 3 件器形基本相同，出土地点相同或相近，似为同时代的遗物。1977 年 3 月，湖北随县淅河公社三大队商代遗址出土一件，半圆銎，口沿有边沿。器身为长方形，中空，上部中央有一圆孔，一面凸刃，刃近弧形。长 17 厘米，宽 10 厘米，壁厚 0.5 厘米（图四一：16）[2]。另外，1962 年汉阳纱帽山出一件[3]，定为西周器物。荆州地区博物馆征集一件，出土于江陵，时代定为西周[4]。1981 年 3 月，又在秭归县三间公社官庄坪西周

① 湖北省博物馆：《盘龙城商代二里岗期的青铜器》，载《文物》1976 年第 2 期，第 33 页。
② 随州市博物馆：《湖北随县发现商代青铜器》，载《文物》1981 年第 8 期，第 46 页。
③ 湖北省博物馆库藏品。
④ 荆州地区博物馆藏品。

晚期到东周中期的遗址中出一件[1]。

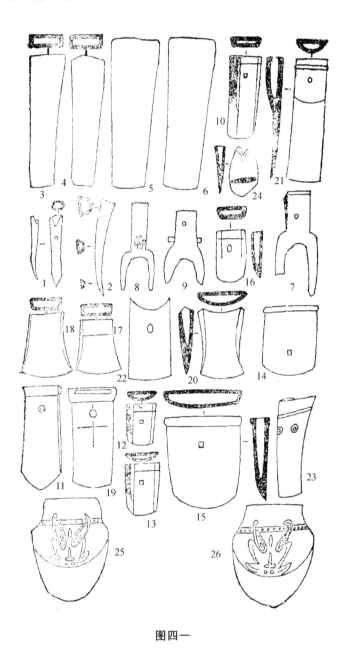

图四一

　　大型的空头条形端刃器在河南也多有出土。1980 年河南罗山县蟒张乡天湖村出两件，12:23，长方銎，束腰弧刃，单斜面，长 10.8 厘米，刃宽 9 厘米，銎部 6.2×2.1 厘米，銎口有宽沿。9:3，弧刃，一侧翘起，梯形銎，长 12.3 厘米，刃宽 10 厘米，銎部 6.5×2.1 厘米，单斜面刃（图四一：17、18）①。1964 年，河南安阳三家庄生产队商代窖藏出一件（G1:4），束腰长体，上端有半圆形銎，銎外有箍。器体横剖面呈长方形，正面有十字形凸棱，其上有一圆孔。通其正背，銎深占器体的 2/3，器背平直，正面斜刃，刃微弧而厚，上有许多小缺口和磨痕，证明是实用器，通长 21 厘米，宽 9.2 厘米，銎部为 9.3×3.7 厘米（图四一：19）②。出土于安阳，中国社会科学院考古研究所安阳工作队征集一件，器呈空头长条形，銎口下弧，通长 13.7 厘米，銎部 9.8×2.5 厘米，刃宽 9.5 厘米，器体一面平，一面鼓起斜下，形成单刃（图四一：20），定为殷器③。1978 年郑州石佛岗出土一件，器长 28 厘米，空头长条形，半圆形銎，銎部 7×3 厘米，刃宽 8.1 厘米，銎部前后有饕餮纹（图四一：21），刃部有使用痕迹，定为商代之物。④

　　相同或类似的发掘品，江苏仪征县破山口西周墓出一件，器长 17.2 厘米，刃宽 9.8 厘米，銎部两侧伸出，长条形銎，便于纳木，中上部有对穿的长方形孔，刃微损缺，似经用过（图四一：22），原作斧⑤。刘兴先生说："它很像现在的锹，应该是锸。"⑥ 因銎部较厚，似定耜为宜。山西省侯马镇上马村 13 号墓出一件⑦，为春秋器物。广西恭城县秧家大队出一件，时代定为东周⑧。福建莆田县城郊公社下郑大队龙班山出一件，为东周之物。此件长 21 厘米，上宽 10.6 厘米，刃宽 8.7 厘米，器面呈长条形，微隆起，背稍内凹，侧面呈弧形，扁圆形銎，弧刃。器身横饰两道弦纹和

　　① 河南省信阳地区文管会等：《罗山天湖商周基地》，载《考古学报》1986 年第 2 期，第 174 页。

　　② 孟宪武：《安阳三家庄发现商代窖藏青铜器》，载《考古》1985 年第 12 期，第 1140 页。

　　③ 中国社会科学院考古研究所安阳工作队陈列室展品（1982 年）。

　　④ 郑州市博物馆库藏品。

　　⑤ 尹焕章：《仪征破山口探掘出铜器记略》，载《文物》1960 年第 4 期，第 85 页。

　　⑥ 刘兴：《吴国农业考略》，载《农业考古》1982 年第 2 期，第 119 页。

　　⑦ 山西省文管会侯马工作站：《山西侯马上马村东周墓葬》，载《考古》1963 年第 5 期，第 242 页。

　　⑧ 广西壮族自治区博物馆：《广西恭城县出土的青铜器》，载《考古》1973 年第 1 期，第 34 页。

一对凸圈纹，背面有两条竖棱直达器刃（图四一：23），原定为镈[1]，然器长且宽，似定耜为宜。

此型器物的传世品，除前引上海博物馆展出的一件外，还于《邺中片羽》初集卷下第5页著录一件。

Ⅱ、空头叶形耜刃套。此型器形如树叶，刃部尖圆，已知的有5件，皆出四川地区。1959年于彭县竹瓦街遗址出两件，尖圆刃，后腰收成扁长銎，銎平面中部有长三角形空隙，銎的切面成菱形，两件同型同大（銎部略有小异），全长34厘米，最宽处19.5厘米，銎宽13厘米（图四一：24），原作钺，时代定为殷末周初[2]。然而，钺为大斧，装与刃向平行的柄用以横砍。此器一面微凸，一面稍凹，且为叶形尖圆刃，不宜为斧甚明，似宜装直柄为耜。1980年2月又于彭县竹瓦公社七大队四队出土3件。形制纹饰相同，大小相近。舌形刃，上部内收成肩，正面饰牛头纹，肩饰带状圈点纹，背面仅肩部有凸弦纹两条。标本14号，长16.2厘米，宽12.6厘米，銎宽8.4厘米（图四一：25、26），原作钺，时代定为西周[3]。这3件与前两件器形基本相同，因銎部稍异，刃部及两侧都有严重的磨损痕迹，与斧钺只磨损刃部两面者不同，而是长期使用于土壤所致，似定耜为宜。此型刃套，嵌于带柄的木叶，与甲文、金文的耜字十分相似。

Ⅲ、凹字形耜刃套。凹字形青铜刃器亦为出土较多的一种，上部为銎槽，下边为刃。它也是多种工具的刃套，耜的要比镈的宽，比锄的厚。如以宽度8厘米以上、銎部厚度1.5厘米以上的为耜的刃套，其出土物各地常有发现。河南罗山县蟒张乡天湖村商代墓葬出一件，器呈凹字形，宽身，下边为平刃，上为凹形銎槽，长10.5厘米，宽9.3厘米，銎部厚度1.9厘米（图四二：1）[4]。湖北圻春县毛家嘴西周遗址出土一件，形制与上件略同，高10.8厘米，宽10.5厘米，銎部厚度1.7厘米（图四二：2）[5]。湖南省湘潭县青山桥公社高屯大队老屋生产队西周窖藏出土一件，器呈凹字形，两腰微收，两刃角外撇，一面平，一面隆起，高6.8厘米，

① 柯凤梅等：《莆田县发现一件青铜器》，载《福建文博》1979年第1期，第4页。
② 王家祐：《记四川彭县竹瓦街出土的铜器》，载《文物》1961年第11期，第5页。
③ 四川省博物馆等：《四川彭县西周窖藏铜器》，载《考古》1981年第6期，第497页。
④ 信阳地区文管会：《罗山县蟒张后李商周墓地第二次发掘简报》，载《中原文物》1984年第4期，第10页。
⑤ 中国科学院考古研究所湖北发掘队：《湖北圻春毛家嘴西周木构建筑》，载《考古》1962年第1期，第1页。

刃宽9.2厘米，銎部厚1.8厘米（图四二：3）[1]。出土于湖南地区，湖南省博物馆征集的约9件，标本东（一）1:1，锈蚀呈浅绿色，高和刃宽均为12.3厘米，銎口长9.8厘米，銎口宽2.1厘米，重365克（图四二：4）。湘潭出土的一件〔东（一）1:346〕，高和刃宽均为10.9厘米，重375克。岳阳出土的一件〔东（一）1:313〕，呈浅绿色，高6.8厘米，刃宽9厘米（图四二：5）。皆定为西周器物。[2]

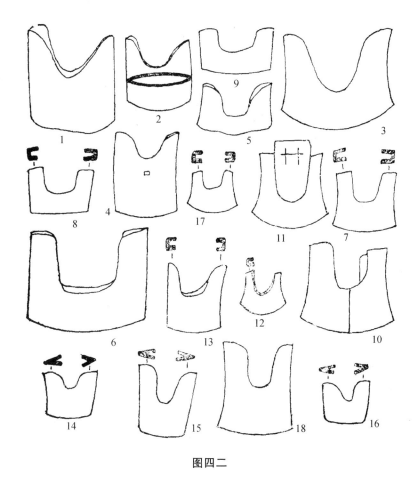

图四二

①　袁家荣：《湘潭青山桥出土窖藏商周青铜器》，载《湖南考古辑刊》1辑，第24页。
②　高至喜：《湖南商周农业考古概述》，载《农业考古》1985年第2期，第118页。原作A型I式锸7件，II式锸4件，后者包括湘潭青山桥小托所出的两件，其中一件已见前述，另一件銎部厚1厘米，较薄，似定为锄较宜。

　　此型的东周遗物，多出江浙地区。1982 年江苏溧水、句容各出一件，前者（3:1338），高 7.2 厘米，刃宽 8.6 厘米，有凹字形銎槽，銎部厚 1.8 厘米（图四二：6）①。出土于南京，南京博物院征集一件，器呈凹字形，高 8 厘米，刃宽 9.4 厘米，銎部厚 2 厘米（图四二：7）②。1959 年浙江杭州西湖出土一件，高 7.7 厘米，刃宽 10 厘米，銎部厚 2 厘米，有使用痕迹（图四二：8）③。1968 年玉环县三立坦出土一件，约高 6 厘米，刃宽 11 厘米（图四二：9）④。出土于绍兴，绍兴市文管会征集一件（5:184），器呈凹字形，弧刃，有銎槽，面部有中脊线，高 10 厘米，刃宽 10.4 厘米，銎部厚 2.2 厘米（图四二：10）⑤。1963 年永嘉县永临区西岸大队出一件，器呈凹字形，高 9 厘米，刃宽 9.7 厘米，銎部厚 2.2 厘米。凹形銎槽内插入一铜质空头斧形器。后者高 7.6 厘米，銎口部 4.8×2.5 厘米。耜正面稍凹，背面稍弧，插入凹形銎中的斧形器亦然，两器衔接，凹弧和磨损程度相同（图四二：11），可证为长期插接使用，并非偶然放置⑥。这大概是一种耒耜两用器，取下耜刃套，则为较窄的单齿扁刃铜耒，适合在石子多、树根密的田地里耕作。而在石子少、树根稀的田地里，则宜加上耜刃套耕作。

　　此型的东周遗物，在其他省区也有出土。如 1980 年湖北江陵溪峨山楚墓出一件，器呈凹字形，刃部弧形，较锋利，高 9.8 厘米，刃宽 11 厘米（图四二：12）⑦。1976 年云南祥云县禾甸公社检村大队古墓出一件，器呈凹字形，凹陷之两内向中空为銎，高 9.4 厘米，刃宽 11.5 厘米。⑧

　　此型器物的传世品更不鲜见。吉林省博物馆库藏一件（448 号），高 9.5 厘米，刃宽 8.6 厘米，銎部厚 2 厘米（图四二：13）。该件是由上海博物馆拨交，原编号 38638，定为商器。上海博物馆展出 3 件，皆为凹字形，一件约高 9 厘米，刃宽 9 厘米，銎部厚 2.5 厘米（图四二：14）；一件约高 13 厘米，刃宽 10 厘米，銎部厚 2 厘米（图四二：15）；一件约高 8 厘

---

①　镇江博物馆库藏品。
②　南京博物院库藏品。
③　浙江省博物馆库藏品。
④　台州地区文管会藏品。
⑤　绍兴市文管会库藏品。
⑥　徐定水：《浙江永嘉出土的一批青铜器简介》，载《文物》1980 年第 8 期，第 16 页。
⑦　湖北省博物馆江陵工作站：《江陵溪峨山楚墓》，载《考古》1984 年第 6 期，第 523 页。
⑧　大理州文管会：《云南祥云检村石椁墓》，载《文物》1983 年第 5 期，第 40 页。

米，刃宽8.1厘米，銎部厚2厘米（图四二：16）。皆定为西周之器。南京市博物馆展出一件，高8厘米，刃宽9厘米，銎部厚2厘米（图四二：17）。合肥市文管会文物陈列室（1985年11月于明教寺内）展出一件，刃微弧，约高9.5厘米，刃宽9.2厘米，两侧有铸缝（图四二：18）。后两件皆定为东周之器。

此上例举及提到的各式耜铜刃套即有52件，绝大多数宽度在9—12厘米之间，与《考工记》"耜广五寸"（约合11.5厘米）的记载略合。《考工记》所记是周代官工业生产耜的标准尺寸，在漫长的殷周历史中，全国广阔的地域里，耜的宽度不会完全一样。即令在同一朝代同一地区，耜也会有大小宽窄的不同。如1969年—1977年发掘的安阳殷墟西区墓葬，发现在墓壁上留下的工具痕迹是多种多样的。像M269墓壁上留下的工具痕迹，长16厘米，宽10厘米；M1010墓壁上的刃宽8厘米，M300墓壁上的刃宽9厘米和12厘米[①]。一是墓壁工具痕迹刃宽8厘米，一是布依族踏犁铁质刃套宽8厘米，这都是我们把上述各型器物刃宽在8厘米以上的定为耜刃套的根据。对于《考工记》所记耜的尺寸，只求略合，不能求全同。

三　耜向犁、锸的发展

大致到了春秋战国间，耜向两个不同的方向发展：一个是耜体加厚加宽，耜刃中部锐出，呈等腰三角形，向犁的方向发展；一个是耜体变薄变宽，向锸的方向发展，并出现类似双齿扁刃耒，但刃部较宽的双刃锸。

春秋战国以来，牛耕开始发展，原来用脚踏而耕的耜，必须在形制上有所变化，才能适应新耕作方法的需要。牛耕是横拖犁前进翻土的。为了便于破土向前，耜刃中部锐出呈等腰三角形，逐步发展为犁铧。原来接插耜头的庇增大弯曲度，使所接插的犁铧入土斜度增大，便于横拖起土前进。又因牛力比人力大，又大大加宽犁铧，使犁地翻土的面增大。为了能够承受由于翻土面增大的压力，犁铧还必须起脊加厚。而东周正逢铁器使用较多的时代，犁铧遂多以铁铸制。从地下发掘的实物看，山西侯马市北

---

① 中国社会科学院考古研究所安阳工作队：《1969—1977年殷墟西区墓葬发掘报告》，载《考古学报》1979年第1期，第37页。

西庄东周遗址、河北易县燕下都遗址、山东临淄齐故城遗址、滕县古薛城遗址、河南辉县固围村战国墓葬中，都出土有东周时的铁犁铧①。从刊登有图像的几处战国犁看，形制基本相同。以辉县固围村战国 2 号墓出土的2:58 号铁犁铧为例，器呈倒人字形，顶端只一面起脊，两边刃长：一为17.5 厘米；一为 18 厘米，两翼端间相距 23.5 厘米（图四三：1）。这种战国犁铧与《陶斋吉金录》所图示的唐代犁铧（图四三：2）来比较，等腰三角形的铧刃，没有唐犁的尖锐，铧面中脊部分没有后者凸出。制作也比后者粗糙得多。可以看出，战国犁铧还未完全脱离耜的状态，是犁的原始形态。但是，用这种犁翻地比原来的耜要快好几倍，它的宽度约 1 尺，套在 1 尺多长的木庇上，用牛拖拉前进，宽 1 尺深 1 尺的小水沟，走一趟就可以完成。

从耜向犁的转变是逐步完成的，其间必定有一些过渡类型的器物。特别是在江浙地区，由于锡、铜原料丰富而以铁工具代替铜工具的过程比较缓慢，因此这种转变中的中介类型器物可能使用的时间较长。上海博物馆展出两件：一件耜刃套略呈宽短的空头条形，腰微束，刃外侈又于中部锐出成等边三角形。长方形銎，器中一圆孔，銎部一面残，约高 10.9 厘米，刃宽 12 厘米，銎部厚 2 厘米（图四三：3）。另一件呈长条形，形制与上件类似，刃部正面起中脊，底面平，銎部略成半圆，约高 11 厘米，刃部最宽处 10 厘米（图四三：4）。这两件大概是从空头条形耜刃套向犁铧演变的中介形态。

1975 年江苏溧水县出土的一件，器虽仍呈凹字形，但刃部中部锐出成等边三角形，并于器面起中脊，高 12 厘米，最宽处约 10 厘米（图四三：5）②。1980 年江苏丹阳县云林公社出土的一件（3:1274），略呈凹字形，但刃部锐出为等腰三角形，面部起中脊，又似不规则的倒人字形。高 10.6厘米，刃宽 14.3 厘米，銎部厚 2 厘米（图四三：6）③。1972 年江苏丹徒县丁岗公社出土的一件（3:936），形制有些类似上件，但刃部更锐出，面

---

① 山西省文管会侯马工作站：《侯马北西庄东周遗址的清理》，载《文物》1959 年第 6 期；第 43 页；中国历史博物馆考古组：《燕下都城址调查报告》，载《考古》1962 年第 1 期，第 13、15 页；山东省文管处：《山东临淄齐故城试掘简报》，载《文物》1961 年第 6 期，第 292 页；庄冬明：《滕县古薛城发现战国时代冶铁遗址》，载《文物参考资料》1957 年第 5 期，第 82 页；中国科学院考古研究所：《辉县发掘报告》科学出版社 1956 年版，第 82、91 页。

② 南京博物院内，1982 年 5 月吴文物联展陈列品，原作耦犁。

③ 刘兴：《吴国农业考略》，载《农业考古》1982 年第 2 期，第 119 页。

部起中脊，更近似不规则的倒人字形。高 15.2 厘米，上宽 13.5 厘米，刃宽 12.6 厘米，銎部厚 1.5 厘米（图四三：7）①。这 3 件中，第一件近似一般的凹字形耜刃套，第三件近似犁铧，第二件两者兼似，属中间状态，代表凹字形铜耜刃套向犁铧演变过程中的三个阶段。

出土于南京地区，南京博物院征集的一件，器呈倒人字形犁铧形，中部起脊，后接长方条形（类似空头条形端刃器）銎。通高 13.5 厘米，两边刃最宽处 14.5 厘米，一边残。中间銎口部 6×3.3 厘米，中銎与犁铧形边刃有薄片相连，中銎长 7.2 厘米，高出薄片面 2 厘米（图四三：8）②，此件似如浙江永嘉县西岸大队所出耒、耜两用器一类器物（见图四二：11）向犁演变中出现的中介形态。

在铜耜向犁演变的同时，点种竿也向耧犁转变。由于农业技术的发展，除了点种之外，还出现条播。而条播必须在耕地上开出浅沟，原来的点种竿尖端嵌装的是心形铜片，只适于点种，不宜用于开沟，因为开沟阻力大，工具要稍粗大结实，并在器形上便于破土前进；于是做成包裹尖端的犁状铜刃套，装在点种竿端部，这便是最初的耧犁。这类器物时有出土，1975 年江苏溧水县出一件（3:1337），底部平，中部微凸，上面隆起，尖为三角形而锋利，銎为钝三角形孔，长 7.8 厘米，宽 6.8 厘米，重 112 克（图四三：9）③。另上海博物馆展出一件，器呈长条形，等边三角形尖刃，器面起脊，三角形銎。高 9 厘米，宽 6 厘米（图四三：10）。因为条播是在翻耕过的土地上开浅沟，不太费力，也简单易行。大概是在装有铜耧犁刃套的木杆上装上长辕或加绳索，由人牵引耕作。可能由此得到启示，翻耕土地也采用这种牵引前进的开沟办法，促成了由耜向犁的转变。最初的犁耕也可能用人力，后来则以牛力代替。

由于开荒、开沟、翻地等吃力的工序由耜的一种发展形式——犁来承担，原来人们用脚踏耕地的耜只承担挖掘较松软土壤的作业，不需要那么厚，于是向薄和宽的方向发展，形成耜的另一种发展形式——锸。锸刃套一部分仍保留凹字形，如上海博物馆展出的一件东周铜锸，器呈凹字形，高 12 厘米，刃宽 16 厘米，銎部厚 1.5 厘米，器面有 2 孔（图四三：11）。

_____

① 刘兴：《吴国农业考略》，载《农业考古》1982 年第 2 期，第 119 页。
② 南京博物院库藏品。
③ 刘兴：《吴国农业考略》，载《农业考古》1982 年第 2 期，第 118 页。

而东周锸刃套的主要形制是向短而宽发展，形成空头边刃器（或称一字形锸），即刃部由原空头条形端刃器粗刃套的短边，转到长边。这类形制的铜质器物出土较少，山西博物馆库藏一件，器呈长方形，一个长边为矩形直銎，一个长边为刃，高 6.2 厘米，宽 13 厘米，刃部一角残（图四三：12）。出土于山西，可能为东周器物。东周的一字形锸刃套出土较多的是铁质的。1953 年郑州二里冈战国墓出土的铁器中有两件：一件高 5 厘米，刃宽 12 厘米，銎部厚 1.4 厘米；一件高 4 厘米，刃宽 11.5 厘米，銎部厚1.1 厘米（图四三：13）[1]。山东临淄齐故城出土的一字形铁锸刃宽 13.7厘米[2]。1957 年在洛阳小屯村一号战国墓出土的一字形铁锸刃套宽达 25 厘米（图四三：14）。[3]

　　粗向锸发展过程中，又分为两支：一支是加宽粗刃，已见前述；另一支是又增加一个粗刃，形成双刃锸。1979 年 1 月，于湖北江陵县纪南城古井遗址出土东周双刃锸 3 件，其中一件（J82:35）保存较好，只柄端稍残，全器通长 109 厘米，柄长 59 厘米，柄下至铁口刃端 50 厘米，其中板长 13.5 厘米，齿长 33.5 厘米，柄下径 4 厘米，上径 3.5 厘米，以柄为界，板宽 7.5 厘米，窄边 5 厘米，双齿各宽 5 厘米，中空 3.5 厘米，头端套凹字形铁刃套，高 7 厘米，宽 8 厘米。柄上细下粗，上近圆下近方，上部微向后曲，双齿微向前倾。中段较直，宽边为使用时脚踏用力之处，窄边已缺一角。板面及双齿上部制作时未经刨光，留有砍制痕迹，双齿入土部分经长期摩擦，十分光滑，柄中部及右齿下部有碰砸痕迹（图四三：15）[4]。这件器物的出土，为我们提供了两刃锸难得的样品。

　　在汉代，大概是单刃锸和两刃锸并行。1973 年在长沙马王堆 3 号汉墓的填土中发现一件保存完好的西汉前期单刃铁口锸，为我们具体了解古锸的另一形制提供了又一个完整的样品。全器长 139.5 厘米（约合汉制 5尺），重 1400 克。铁刃套呈凹字形，刃宽 13.1 厘米，高 11 厘米，重 265克。锸柄和锸面（木叶）系用一块整料制成，锸面窄长，上部两肩宽度和

①　河南省文物工作队：《郑州二里冈》，科学出版社 1959 年版，第 71—73 页。

②　山东省文管处：《山东临淄齐故城试掘简报》，载《文物》1961 年第 6 期，第 292 页。原作锄。

③　中国科学院考古研究所洛阳发掘队：《洛阳西郊一号战国墓发掘记》，载《考古》1959 年第 12 期，第 656 页。

④　湖北省博物馆江陵纪南城工作站：《1979 年纪南城古井发掘简报》，载《文物》1980 年第 10 期，第 47 页。原称耒耜。

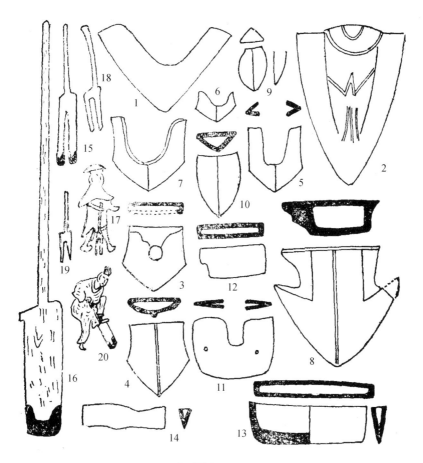

图四三

高度都不相同，左肩比右肩宽，并且多出一块三角形的踏脚，便于着力。同时左肩又低于右肩，两者不在一条平线上，使用时便叮将应力分散，否则，应力集中，木柄与锸面连接处容易折断（图四三：16）。它的器形设计和制作，都合乎科学原理①。此外，四川彭山岩墓、重庆江北②、成都天回山 3 号崖墓、郫县红星一社汉墓和宜宾市翠屏村汉墓出土的陶俑或石俑，手中都执有如马王堆墓所出的单刃凹形铁口锸③。在长沙 203 号汉墓

---

① 文保：《马王堆三号汉墓出土的铁口木锸》，载《文物》1974 年第 11 期，第 46 页。

② 重庆博物馆，历代文物艺术陈列室 1982 年 3 月展品。

③ 于豪亮：《汉代的生产工具——锸》，载《考古》1959 年第 8 期，第 440—441 页；匡远滢：《四川宜宾市翠屏村汉墓清理简报》，载《考古通讯》1957 年第 3 期，图版陆之 7，原作铲。

中出土的木俑，除持有单刃锸 3 件外，还有两刃锸 9 件①，提供了两类锸同时共存的例证。1972 年在河南灵宝县的汉墓（M3）中，出土了一件持两刃锸的陶俑（M3:32），此前该县文化馆于 1955 年在犁湾原村还收集一个持两刃锸的陶俑②。在江苏铜山汉墓石刻上还刻有两刃锸的图像（图四三：17）③。另外在汉代武梁祠石刻画像中，神农和夏禹各手持一件工具（图四三：18、19），与陶俑所执者大体相同，基本上也是两刃锸④。在过去很长一个时期里，笔者把东周到汉代的这种两刃锸，认为就是甲文、金文中反映的双齿耒，现在看来这种认识不正确。因为耒与耜的区别主要不在单齿和双齿，耒就有单齿的，它与耜的区别只在耒的刃口比耜窄。因此，双齿耒也应该是刃口比较窄的。而两刃锸是在原来就有的比较宽的耜刃的基础上，又增加一个同等宽度的耜刃，其刃口宽度是耜的两倍以上，如何能名之为耒呢？另外，一般说耒与锸因刃宽不同，在工具结构上也有差别。耒因刃口窄（不论单齿还是双齿），而在耒端上部固置一个横木，便于脚踏刺地，甲文、金文的耒字，一般都画有这条小横木。而锸的刃口比较宽，脚可踏锸肩刺地，不再固置脚踏横木。还因需要脚踏锸肩，其木叶部分增长至原固置横木的部位。已出土保存完整的两刃锸和单刃锸及其图像，都无脚踏横木，木叶部分也都比较长。稍晚一些的河南邓县画像砖墓中《郭巨埋儿画像砖》上的踏锸图，形象地描绘出长木叶锸和踏锸肩的使用方式（图四三：20）⑤。这种因刃窄、宽而出现的不同的结构，也为我们提供了一个区别耒、锸的明显标志。在西周以前，像耜刃一样宽的双刃锸是不存在的，当时为了将耕地做成畎亩，开挖广、深各 1 尺的小水沟，人们将两个耜联系并在一起，两人并耕，以提高工效，即所谓耦耕。《考工记·匠人》郑玄注："古者耜一金，两人并发之……今之耜歧头两金，象古之耦也。"郑玄所说汉代歧头两金的耜，即两刃锸。另外耒与锸的主要功用也不同，前者多用于农耕，后者多用于土方工程。

由于犁和锸都是从耜发展而来的，在这个变化的初期，耜的旧名仍在

---

① 中国科学院考古研究所：《长沙发掘报告》，科学出版社 1957 年版，图版捌捌：2、3、4，第 125 页。

② 李京华：《持耒俑》，载《农业考古》1981 年第 2 期，第 85 页。

③ 曾庸：《汉代的铁制工具》，载《文物》1959 年第 1 期，第 17 页。

④ 冯云鹏：《金石索·石索三》，汉武梁祠石室画像一之四。

⑤ 河南省文化局文物工作队：《邓县彩色画像砖墓》，文物出版社 1958 年版，第 17 页。

沿用，犁铧和锸的新名问世不久，特别是文人，善引典故，习用古称，于是反映在文献上就出现了耜、锸二名的互用和耜、锸、铧三字互释的情况。《庄子·天下篇》："禹亲自操橐耜。"《韩非子·五蠹篇》作禹"身执耒臿。"《淮南子·要略篇》作"禹身执虆臿。"《史记·秦始皇本纪》作禹"身自执筑臿。"《孟子·滕文公上》："盖归反虆梩而掩之。"赵岐注："虆梩（即耜），笼臿之属。"《说文》也释"梠（耜），臿也。"《释名·释用器》说："锸，插也，插地起土也。……或曰铧。铧，刳也，刳地为坎也，其板曰叶，象木叶也。"高诱注《淮南子·精篇神》说："臿，铧也。"铧字《说文》作"茀"，释云："茀，两刃臿也。"《方言》五说：臿，"宋魏之间谓之铧，或谓之锌，江淮南楚之间谓之锸，……东齐谓之梩（耜）。"《广雅》也认为锸在"宋魏曰茀，齐人曰梠"。这大概是有的地区有的人乐意接受新称谓，有的地区有的人仍以旧名称呼已演变了的新工具。文献中这种耜、锸互用和耜、锸、铧互释，一度给我们了解耜的形制带来麻烦，近人关于耜的形制有很多争论，其原因盖出于此。我们认为：只要弄清耜的发展过程，特别是春秋战国以来耜向犁和锸两个方向发展，对文献记载上的这种状况就可以做出合理的解释，有关耜的形制问题的争论也将易于解决。

四　有关耒、耜的几种不同意见

这里有两方面的问题：一是研究耒耜在使用材料上的不同意见；一是对耒、耜形制的不同说法。先谈前一个问题。

30 年代，徐中舒先生在《耒耜考》一文中认为甲骨文和金文中的"ㄅ"（小篆作 台）为耜的象形字，首次以古文字形象论证耜的形制[1]。后学者多宗之。近来王贵民先生提出不同意见，认为：（1）甲骨文、金文中的"ㄅ"字，不是耜的象形字，后代用它作耜字的偏旁，也不是取其形状，而是取其声音。（2）"台字在甲骨文第三期出现作'ㄣ'，它是由第一期的'ㄕ'字简化来的。凡是第一期用ㄕ的地方，第三、四期用ㄣ，句式和内容几乎相同。""这一字两形的衍变轨迹，就是从繁到简，也合乎古文字发展的规律，后来一直用简体，金文如此，小篆作 台。不过，战国时期又加偏

---

① 徐中舒：《耒耜考》，载《历史语言研究所集刊》第二本一分。

旁作‘ꝏ’，就是今天的‘以’。”（3）考古发掘和传世的农具也没有“ㄣ”字形的耜[①]。王先生的这些意见值得重视，但要作为大家接受的不移之论，还需进一步论证。今提出以下三个问题，供参酌。其一，耜字以㠯为偏旁是取其声音，所言极是；但这并不排除兼取其形状，不能构成㠯不是耜的象形字的理由。例如耕的偏旁井，既是取其声音，也是兼取形状。其二，甲骨文、金文中的“ㄣ人”、“ㄣ”，“ㄣ人”三字，前后二字可否视为“以”字的不同写法，以战国金文的写法可逆证甲骨文一期作“ㄣ人”中的“ㄣ”，表示耜柄与人手臂的结合，而不是手中提挈一叶形器物。前、中两字可否视为既相联系又有不同的两个字。前者执耜刺地，以之为用，用示刺地的动作，是动词；后者只画出耜形，代表工具本身，是名词。在古文字的发展中，语法上出现动名相因的使用方法，动词可做名词，名词也可做动词，于是使用ㄣ取代ㄣ人，但这并不影响“ㄣ”是耜的象形字这一结论。其三，象形文字毕竟还是文字，不是绘画，既要简化，又要美化，还要方便书写，所反映的事物，只能示其匡廓而已，于细微处岂能尽合。从甲文的ㄣ到小篆的㠯，二者在形象上就差别很大，前者宽头为叶形，后者为方形。在漫长的古代，广阔的疆域里，耜的宽头自是形制各异（其中包括石质和铜质的叶形耜头），要求文字一一如状绘制，则是不可能的；而只能示以较长木柄装一个宽头这一基本特征。如以出土物不能全合ㄣ形，认为ㄣ不是耜的象形字，以此例之，则人也不是人的象形字，马也不是马的象形字。这样的结论显然是与事实不符合的。

关于耒耜形制本身的不同意见，主要有：耒耜是不同的两件工具还是一件工具上不同的部位；耒耜是用脚踏而耕的直插式工具，还是横砍式的锄，抑或横拖式犁地的犁。现分别述议如下。

认为耒耜是一件工具上不同部位的意见有下列说法：

京房注《易·系辞》说：“耜，耒下耓也。耒，耜上句木也。”《集韻》释：“耓，耒下木也。”《齐民要术·耕田》引许慎《说文》：“耒，手耕曲木也。耜，耒端木也。”颜师古注《汉书·食货志》：“耜，耒端木也。”《玉篇》亦云：“耜，耒端木也。”这是把耒的下端木质部分称作耜。

《庄子·天下篇》中《释文》引《三苍》说：“耜，耒头铁也。”郑玄注《礼记·月令篇》说：“耒，耜之上曲也。”“耜者，耒之金也。”这是

① 王贵民：《“㠯”非耜形新探》，载《农业考古》1983年第2期，第137—138页。

把耒下接插的金属刃套叫做耜。

戴侗《六书故》说："耜，耒下刺土臿也。"韦昭注《国语·周语》："入土曰耜，耜炳曰耒。"这是把耒的刺土部分叫做耜，不论这部分是木质的还是金属的。万国鼎先生是同意这种意见的，他说："耒耜……这一农具的木柄叫做耒，刺土部分叫耜，合称耒耜。"[1] 孙常叙先生和上述意见既相似，又不完全相同。把耜看作是耒耜这一件工具的一个部位，在这一点上他们是相同的。但孙认为耜"应该是被接插在耒体下部（从脚踏横木以迄尖端）的一个可以拆下来的配件。它是可以在耒下随时抽换的一个独自成形而依存于耒的农具组成部分"。他不同意把耒端入土部分笼统称作耜的意见。他还认为：接插在耒下的配件，最初是石制的。以后发展为木制和金属制的。这与把耜只看作是"耒端木"或"耒头铁"、"耒之金"的意见又有区别[2]。刘仙洲先生编的《中国古代农业机械发明史》和邹树文先生等所著的《中国农学史》（上册）第二章中，基本上同意孙常叙的意见。

把耒耜看成是两种不同的工具的主要有徐中舒、杨宽先生等。他们之间的意见也不完全一样。徐中舒先生认为："耒与耜为两种不同的农具。耒下歧头，耒为仿效树枝式的农具；耜下一刃，耜为仿效木棒式的农具。"[3] 杨宽先生也同意耒和耜是不同的两种工具，但他认为："歧头与否，并不是耒和耜的根本区别。早期的耒大都歧头，后期的耒就不一定是歧头的。例如《考工记》所记述耒的结构，就不是歧头的。早期的耜固然大多是单刃的，但到汉代就很多是歧头的，即所谓两刃臿。"他说："耒和耜的基本区别，在于耒是尖刃的，耜是平刃的。""'歧头两金'的耜，是所谓两刃臿……都是长方形的平刃。"他还认为："带有金属锋刃的耜叫钱。"[4]

以上意见在耒耜为一件工具，抑或为两种工具上有分歧，但大致都认为耒耜是用脚踏而耕的农具；而另一类意见则完全不同。唐人陆龟蒙的《耒耜经》说："耒耜农书之言也，民之习通谓之犁。"元人王祯所撰《农书》卷十二画的耒耜图，也是一个横拖式的曲木杖古犁。近人陆懋德先生宗之，认为耒耜就是"最初用人拉，其后用牛拉"的犁。他说："耒耜二

---

① 万国鼎：《耦耕考》，载《农业史研究集刊》第 1 册，科学出版社 1959 年版，第 75 页。
② 孙常叙：《耒耜的起源及其发展》，上海人民出版社 1959 年版，第 28 页。
③ 徐中舒：《耒耜考》，载《历史语言研究所集刊》第二本一分。
④ 杨宽：《古史新探》，中华书局 1965 年版，第 6、27、37—38 页。

字合言之，即是犁之总名；分言之，则耒即是犁柄，而耜即是犁之刃。"①

还有一种意见，认为耜是横击式的工具锄。如吕振羽先生据金文ϧ字推测说："视其形象，盖用作碎土锄草之具也；后世之'锄'或即由其脱化。"② 吴泽先生也据以推论说："观其形制，就知与耒不同，ϧ有长木柄，柄端装一宽阔近长方形的犁器，为横击式，不用足踏，用手举ϧ，以之锄草翻浅土之用……即后来的锄头。""吕的犁器为铜，不是石……今吕作ϧ，不作ϧ，环箭在边端，可见其吕的形制与铜钁、铜戈、铜钺相仿，是一有力的横击式的铜器耕具。"③ 吕说只是或然之词，吴说虽口气比较肯定，但也只从字形分析，无更多的根据。《易·系辞下》说："神农氏作，斲木为耜。"吴说只以铜锄为耜，与古文献所记相去甚远，因而和者甚寡。

对于上述不同的意见，我们有两点看法：

第一，我们同意耒、耜为两种不同工具的意见。因为把耒和耜看成是一件工具上的不同部位，主要是后人的注释，而比它早的，被注释的文献本身，并没有耒耜为一器的明确概念。这些文献大致有如下几种情况。

《礼记·月令篇》："天子亲载耒耜。""命农……修耒耜具田器。"《世本·作篇》："垂作耒耜"，"咎繇作耒耜"。《孟子·滕文公下》："农夫岂为其出疆而舍其耒耜哉。"《韩非子·说疑》："燕君子哙……又亲操耒耜。"《管子·蓄国》："耒耜械器，种穰粮食，毕取瞻于君。"这一类是耒耜连称，但大多是作为农器的概称，并不具体指某种工具，因此，很难说明必为一器。

另一类如《考工记》所说："匠人为沟洫，耜广五寸，二耜为耦，一耦之发，广尺深尺谓之畎。"这里着重要说明的是一耜所能发掘土方的大小，也很难得出耜这个工具就只有五寸宽一尺长而不包括它的柄部的结论。相反，在《吕氏春秋·任地篇》载："六尺之耜，所以成亩也；其博八寸，所以成甽也。"明确指出耜的长度为 6 尺，刃部宽为 8 寸，这里显然是说耜包括柄和耜刃两个部分的。清人阮福说："耜乃举其全体并木身金底而言之也。"④ 这一点上是说对了。

第三类是耒耜分开说的。如《夏小正》："正月农纬厥耒。"《易·系

① 陆懋德：《中国发现之上古铜梨考》，载《燕京学报》第 37 期，1949 年 12 月。
② 吕振羽：《殷周时代之中国社会》，三联书店 1962 年版，第 38 页。
③ 吴泽：《古代史》，1953 年修订本，第 116—117 页。
④ 《皇清经解》第 1384 卷。

辞下》："斲木为耜，揉木为耒。"《世本·作篇》："垂作耒，垂作耜"[①]。《诗·周颂·载芟》："有略其耜。"《良耜》："畟畟良耜"。《小雅·大田》"以我覃耜。"《国风·七月》："三之日于耜。"《韩非子·五蠹》："言耕者众，执耒者寡。"《吕氏春秋·上农》："野有寝耒。"《国语·周语》："民无悬耜。"《逸周书·考德》："破木为耜耰。"《庄子·胠箧》："罔罟之所布，耒耨之所刺。"《管子·轻重丁》："子使吾萌春有以傳耜。"《海王篇》："耕者必有一耒一耜一铫……。"《礼记·礼运》："治国不以礼，犹无耜而耕也。"《祭义》："昔者天子为藉田千亩……躬秉耒。"《淮南子·氾论训》："古者剡耜而耕。"《主术训》："一人蹠耒而耕。"《盐铁论·未通篇》："民蹠耒而耕。"有这么多的文献，大部分是先秦文献都把耒、耜分别叙述，特别是《管子·海王篇》将耒、耜并举，更可证不是一器，而是两种工具。

第二，关于耒耜的不同意见，绝大多数都是从不同的角度、或从某个局部来谈耒、耜而产生的。由于耜是从耒发展而来的，从形制上看，耜的上部本与耒无异，如从分解耜的结构来说，自然会产生"入土曰耜，耜柄曰耒"一类的说法。又由于耜的发展是由木制、石制到金属制这样一个演变过程，如单从某一阶段看，自然会产生耜是"耒端木"、或"耒之金"、"耒头铁"等不同的说法。春秋战国以后，耜又向犁和锸两个不同的方向发展，于是有人就以锸的形状说明耜，有人则以横拖式犁的形状说明耜。我们觉得这些意见各从不同的侧面反映了耒、耜这两种工具在发展过程中某个阶段上的真实，是有根据的。它为我们全面地、发展地了解耒、耜提供了宝贵的材料。正是依靠这些材料，才有可能如前面所做的，探索出耒、耜的基本形制和其发展过程。而这个结论反过来又帮助我们认识上述有些意见的各自不同程度的片面性。

插图目次

图三九

1. 西藏错那县勒布区门巴族使用的木质掘土工具庐
2. 西藏珞巴族使用的青杠锹（1、2 采自《简明中国历史图册》（1），第 50 页）
3. 南非洲布施曼人使用的有重石及角尖的掘土杖（采自 E. C. Curwen，Plough and

① 雷学淇校辑本。

pasture，p. 58）

4. 安阳小屯地 305 号灰坑的木耒痕迹（采自《考古》1961 年第 2 期，第 66 页）

5. 装有金属刃套耒的正面示意图

6. 江苏海安县青墩遗址出土的角耒（采自《考古学报》1983 年第 2 期，第 156 页，图一一：18）

7. 新疆哈密五堡出土的木耜（采自《农业考古》1983 年第 1 期，第 108 页，图七：右）

8. 装有金属刃套耜的正面示意图

9. 云南布依族踏犁示意图

图四十

1. 西安半坡遗址出土的石耜（采自《西安半坡》，第 65 页，图五九：4）

2. 河南新郑裴李岗出土的石耜（采自《考古》1978 年第 2 期，第 75 页，图五：8）

3. 河南陕县庙底沟出土的石耜（《庙底沟与三里桥》，第 59 页，图三九：3）

4. 河北三河县孟各庄出土的石耜（采自《考古》1983 年第 5 期，第 410 页，图八：7）

5. 河南南阳黄山出土的石耜（采自《中国考古学会第三次年会论文集》第 53 页，图一：9）

6. 四川南充县明家嘴出土的石耜（采自《考古》1983 年第 6 期．第 498 页，图三：4）

7. 辽宁建平县敖包山出土的石耜（采自《考古与文物》1984 年第 2 期，第 18 页，图二：左）

8. 长春近郊出土的亚腰形石耜（采自《农业考古》1982 年第 2 期，第 124 页，图一）

9. 内蒙古林西县西门外黄土坡出土的石耜

10. 内蒙古巴林右旗益司毛道村出土的石耜

11. 内蒙古阿鲁科尔沁旗德博勒庙区出土的石耜（9、10、11 采自《考古学报》1957 年第 1 期，第 10 页，图一：1，第 11 页，图二：9、10）

12. 吉林省乾安县出土的石耜

13. 长春新立城出土的石耜（12、13 采自《考古》1960 年第 4 期，第 32 页，图一：11、15）

14. 河南临汝县大张村出土的石耜（采自《考古》1960 年第 6 期，图版壹：9）

15. 河南南召县二郎岗出土的石耜（采自《文物》1959 年第 7 期，第 59 页，图26）

16. 河南镇平县赵湾出土的石耜（采自《考古》1962 年第 1 期，第 25 页，图四：1）

17. 浙江余姚河姆渡出土的骨耜（采自《文物》1976 年第 8 期，图版贰）

18. 江苏海安县青墩出土的骨耜（采自《考古学报》1983 年第 2 期，第 156 页，图一一：22）

图四一

1. 云南江川县红营大队出土的点种竿铜刃（采自《文物资料丛刊》第 8 期，第 96 页，图四：4）

2. 广东肇庆市北岭松山战国墓出土的铜耒刃套（采自《文物》1974 年第 11 期，第 73 页，图一二：4）

3、4. 河南殷墟妇好墓出土的殷代双齿扁刃铜耒刃套（据《殷墟妇好墓》，图版六四：1、2，缩绘，原作锛）

5、6. 河南安阳市小屯村武官大墓出土的殷代双齿扁刃铜耒套（采自《考古学报》第 5 册，图版贰肆：3、2，原作锛）

7. 上海博物馆藏西周铜耒（据 1982 年展出实物摹绘）

8. 铜耒（采自《小校经阁金文拓本》第 10 卷，第 75 页）

9. 殷代铜耒（采自《远东古物馆刊》第 20 期 PL.20，2）

10. 湖北黄陂县盘龙城出土的商代铜耜

11. 殷周铜耜（据上海博物馆馆藏实物摹绘）

12、13. 湖北黄陂县盘龙城出土的商代铜耜（10、12、13 采自《文物》1976 年第 2 期，第 33 页，图三二：4、9、8）

14、15. 商代铜耜（据中国历史博物馆库藏实物测绘）

16. 湖北随县淅河公社三大队出土的商代铜耜（采自《文物》1981 年第 8 期，第 48 页，图五：1）

17、18. 河南罗山县蟒张乡天湖村出土的商代铜耜（采自《考古学报》1986 年第 2 期，第 175 页，图二三：8、9）

19. 河南安阳三家庄出土的商代铜耜（采自《考古》1985 年第 12 期，图版捌：3）

20. 河南安阳出土的商代铜耜（据中国社会科学院考古研究所安阳工作队陈列室 1982 年展品测绘）

21. 郑州石佛岗出土的殷代铜耜（据郑州市博物馆库藏实物测绘）

22. 江苏仪征县破山口出上的西周铜耜（采自《文物》1960 年第 4 期，第 85 页，图 6）

23. 福建莆田县龙班山出土的战国铜耜（采自《福建文博》1979 年第 1 期，第 11—12 页之间图版）

24. 四川彭县竹瓦街出土的铜耜（采自《文物》1961 年第 1 期，第 5 页，图 4 右）

25、26. 四川彭县竹瓦公社七大队四队出土铜耜（采自《考古》1961 年第 6 期，图版陆 7、8）

图四二

1. 河南罗山县蟒张乡天湖村出土的商代铜耜（据信阳地区文管会藏实物测绘）

2. 湖北圻春县毛家嘴出土的西周铜耜（采自《考古》1962 年第 1 期，第 5 页，图

七：2)

3. 湖南湘潭县老屋生产队出土的西周铜耜（采自《湖南考古学辑刊》第 1 期，第 24 页，图六：下）

4. 湖南省博物馆藏西周铜耜

5. 湖南岳阳出土的西周铜耜（4、5 采自《农业考古》1985 年第 2 期，第 123 页，图二、图三）

6. 江苏溧水县出土的东周铜耜（据镇江博物馆藏实物测绘）

7. 南京博物院藏东周铜耜（据库藏实物测绘）

8. 浙江杭州西湖出土的东周铜耜（据浙江省博物馆库藏实物测绘）

9. 浙江玉环县三立坦出土的东周铜耜（据台州地区文管会提供照片摹绘）

10. 浙江绍兴出土的东周铜耜（据绍兴市文管会库藏实物测绘）

11. 浙江永嘉县西岸大队出土的东周铜耜（采自《文物》1980 年第 8 期，图版叁：4）

12. 湖北江陵县溪峨出土的战国铜耜（采自《考古》1984 年第 6 期，第 522 页，图十：8）

13. 吉林省博物馆藏铜耜（据库藏实物测绘）

14、15、16. 上海博物馆藏西周铜耜（据 1982 年展出实物摹绘）

17. 南京市博物馆藏的东周铜耜（据 1982 年展出实物摹绘）

18. 合肥市文管会藏的东周铜耜（据 1985 年于明教寺展出实物摹绘）

图四三

1. 河南辉县固围村 2 号战国墓出土的铁犁（采自《辉县发掘报告》，第 91 页，图版陆肆：5）

2. 《陶斋吉金录》所画的唐犁

3、4. 上海博物馆藏向犁转变中的铜耜（据 1982 年展出实物摹绘）

5. 江苏溧水县出土的向犁转变中的铜耜（据 1982 年 5 月吴文物联展陈列实物摹绘）

6. 江苏丹阳县云林公社出土的向犁转变中的铜耜）

7. 江苏丹徒县丁岗镇出土的向犁转变中的铜耜（6、7 采自《农业考古》1982 年第 2 期，第 119 页，图四：2，照片二）

8. 南京博物院藏的铜犁（据库藏实物测绘）

9. 江苏溧水县出土的铜楼犁（采自《农业考古》1982 年第 2 期，第 118 页，图二）

10. 上海博物馆藏的铜楼犁（据 1982 年展出实物摹绘）

11. 上海博物馆藏东周铜锸（据 1982 年展出实物摹绘）

12. 山西博物馆藏东周铜锸（据库藏实物测绘）

13. 河南郑州二里冈战国墓出土的铁锸（采自《郑州二里岗》，插图二八：17）

14. 河南洛阳小屯一号战国墓出土的铁锸（采自《考古》1959 年第 12 期，第 656 页，图三：10）

15. 湖北江陵县纪南城出土的双刃铁口锸（采自《文物》1980 年第 10 期，第 47 页，图九：7）

16. 长沙马王堆 3 号汉墓出土的铁刃锸（采自《文物》1974 年第 11 期，第 46 页，图一）

17. 江苏铜山汉墓石刻上两刃锸的图像（采自《文物》1959 年第 1 期，第 17 页，图 15）

18. 武梁祠石刻神农所执工具示意图

19. 武梁祠石刻夏禹所执工具示意图

第八章　铚、艾

《诗·周颂·臣工》载:"命我众人,庤乃钱镈,奄观铚艾。"郑玄注:"奄,久;观,多也。教我庶民具汝田器,终久必多铚、艾。"这里是把铚、艾都作田器解的。《吕氏春秋·上农》说:"祸因胥岁不举铚、艾,数夺民时,大饥乃来。"可知铚和艾都是需要举以操作的农具。

一　铚是割取禾穗的工具

《说文》载:"铚,穫禾短镰也。从金,至声。金表示工具所属的质材。在西周以前,用以制作工具的金自然是铜了;至是工具的名称。《说文》:"至,鸟飞从高下至地也。"表示到达的意思,用作工具的名称是借取其声。《诗·周颂·良耜》:"穫之挃挃。"毛传:"挃挃,穫禾声也。"《释名·释用器》也说:"铚,穫禾铁也。铚铚,断禾穗声也。"

旧说的后一部分解释是对的,但《说文》对"至"字本意的解释似可商榷。至本训来。《礼记·乐记》:"物至知知。"郑玄注:"至,来也。"《杂记》:"大功将至。"郑玄注:"至,来也。"而"鸟飞从高下至地也",乃示降、落之意,释来不确。我意至原是麦类作物成熟结成穗的象形字。至字甲文作🌾①、🌾②,金文作🌾③、🌾④,皆像麦类作物结穗而果实成熟之状,表示到达收获之时。于是便将收获作物穗的工具名之曰铚。毛传于《诗·周颂·臣工篇》说:"铚,穫也。"孔安国传于

---

① 《乙》八六五八。
② 《后》二、一六、一一。
③ 《至孟鼎》。
④ 《齐镈》。

《尚书·禹贡》篇说："铚，刈，谓禾穗。"孔颖达疏："禾穗用铚以刈，故以铚表示禾穗也。"《小尔雅·广物》说："禾穗谓之颖，截颖谓之铚。"这些似有差别的训释，如果从至为农作物穗的角度去理解，便豁然贯通。

小麦原称"来"。《诗·周颂·思文》有"贻我来牟"，《臣工》有"於皇来牟"。《说文》："来，周所受瑞麦。"（注者多以牟为大麦，来为小麦。）因此，至具有来的意思，首先是取其为来的穗，由此借引，进谓达到最后作物成熟而为之收获的阶段。《说文》说："至，来也。"段玉裁注："瑞麦之来为行来之来。"亦似从这一角度训释的。至字具有极致、到达等意，都可以从这里引申而得。

概括起来说，至是麦类穗的象形字，进而成为整个农作物穗的代称。收获农作物穗的铜工具加金旁而名铚，即由此而来。铚的读音（陟栗切），是取断禾穗声"挃挃"而来。

在农业发展的早期阶段，人们是只收获禾穗的。这一点在改革前的我国边疆后进少数民族地区还可以看得到。如云南的怒族，西藏米林、墨脱、察隅、隆子、朗县等处的珞巴族，主要用手掐或小刀割取谷穗，将禾秸丢弃田中，或自行腐烂，或在地里干了以后，烧为灰烬，作为肥料。从考古资料看，大约在仰韶文化时期以前，我国的原始农业基本上还处在只收获禾穗的阶段，连禾秸收割农作物的大量出现约在龙山文化时期，但某些地区一部分作物只割取禾穗的做法，直到进入阶级社会之后仍长期存在。我国新石器时代遗址出土的大量陶刀、石刀、蚌刀、骨刀就是当时收获禾穗用的工具，也就是早期形态的铚。主要形状有宽短梯形、矩形和半月形（图四四：1—11）。初期的铚，不穿孔，于左右两侧开缺口系绳，便于手握使用（图四四：1—4）。后来随着技术的进步，于铚上穿孔系绳。先是穿一个孔，系竖绳套，后来穿两孔，于两孔间系一绳套，比一孔的竖绳套拇指较易伸入，握拿使用更为方便。

二 各种不同形制的铜铚

青铜冶炼业发展以后，不可避免地人们要用青铜工具来完成原石、蚌、骨铚割取禾穗的相当部分的任务，但这些工具有哪几类形状，如何使用？研究者甚少。本文想在这里做一些探索。

（一）双孔石刀形铜铚

初期的铜工具往往是仿同类石工具的形制而制作的，铜铚也不例外。在考古发掘中，就出土有形制大体与新石器时代双孔石刀（即石铚）相同的铜铚，但数量不多。1953 年 3 月，在湖北红安县新寨乡金盆古遗址出土了一件西周的铜铚（原作双孔铜刀），器扁平略成矩形，一个长边为刃，一个长边为背略厚，靠背约中部有双孔，器长 6 厘米、宽 3.5 厘米（图四四：12）①。1975 年 10 月，江苏苏州葑门内河道程桥下河底出土两件东周铜铚，器略呈半月形，中部近边背处有二穿孔，刃部正面有锯齿，反面平滑。一件长 10.4 厘米、宽 4.5 厘米；一件长 10.7 厘米、宽 4.5 厘米（图四四：13、14）②。1977 年 12 月，云南昆明市上马村五台山古墓出土一件东周铚，弧背、直刃，略呈半月形，有双孔，高 4.1 厘米、刃宽 12 厘米（图四四：15）③。在此之前，于 1974 年 3 月在云南呈贡县龙街石碑村第一期古墓中出土东周铜铚 4 件，器呈半月形，弧背平刃，中部靠背有二圆孔，用以穿绳，刃宽 9—12 厘米，高 3.8—4.5 厘米（图四四：16）④。另上海物馆中国历史文物陈列室 1982 年展出一件，弧背直刃，略呈半月形，靠背处有 4 孔。器身下半部有箆齿纹，至刃形成锯齿，长 8 厘米、宽 4.5 厘米（图四四：17），定为春秋之器，亦应属此式。

这种形制的铜铚和后一类相比，器体扁平或稍凹，两穿孔在中间靠背处。战国和后世铁铚基本上继承了这类形制。例如 1974 年 6 月在辽宁宽甸县双山子战国遗址里出土的七件铁铚（原称双孔铁刀）⑤，新中国成立前在旅顺南山里遗址出土的汉代铁铚⑥，都与新石器时代的双孔石刀和这种铜铚相似。

这种形制的铜铚是如何操作使用的呢？现在华北各地农村使用的一种

　　① 湖北省文管处：《湖北红安金盆遗址的探掘》，载《考古》1960 年第 4 期，第 39 页。

　　② 廖士豪等：《苏州葑门河道内发现东周青铜文物》，载《文物》1982 年第 2 期，第 90—91 页。

　　③ 云南省文物工作队：《昆明上马村五台山古墓清理简报》，载《考古》1984 年第 3 期，第 216 页。

　　④ 云南省博物馆文物工作队：《云南呈贡龙街石碑村古墓群发掘简报》，载《文物资料丛刊》第 3 期，第 87 页。

　　⑤ 许玉林：《辽宁宽甸发现战国时期燕国的明刀钱和铁农具》，载《文物资料丛刊》第 3 期，第 126 页。

　　⑥ 安志敏：《中国古代的石刀》，载《考古学报》第 10 册，1955 年版，第 41 页。

铁质爪镰，器多呈半月形，上部靠背有两孔系绳，形制与上述铜铚大体一样。这种爪镰用几层厚布钉在上部的孔上，作成一垫，并加上一个布制或皮制的套环。使用时，将右手拇指伸入套环，用左手握住禾穗，再由右手用爪镰的刃把它切断，或单用右手拿着爪镰把禾穗切下，再转递左手握住[①]。古代此类形制的铜铚，大概也是这样使用的。

（二）双孔蚌壳形铜铚

在出土的周代铜铚中，有一种器形弯曲度大，酷似蚌壳形的，双孔靠下约在器物中部，这显然是仿蚌铚而制作的铜铚。1979 年 10 月，江苏句容县出土的一件春秋铜铚，器形似半个蚌壳，在中部有两个平行的圆孔，可以穿绳系在指上，它的内侧靠刃半部有斜平行的篦齿状纹，外面光滑，有刃口，并有使用磨损痕迹。长 10.9 厘米、腰宽 4.8 厘米（图四四：18）[②]。1977 年 8 月，安徽贵池县徽家冲春秋时的窖藏中发现 4 件，形制基本相同，平沿、浅腹、圆底，酷似长形蚌壳。底部重心处，有两个圆穿，内侧有细纵线的梳齿纹，外侧平刃斜削，刃成弧形。长 8.5 厘米、腰宽 3.5 厘米（图四四：19、20）[③]。另孟麟的《泉布统志》卷三下第 13 页著录一件，从图形看，两端为圆形，两孔较大而居中，当为蚌壳形铜铚，下半部有篦齿纹至刃成齿，长 9.6 厘米、最宽处 4 厘米（图四四：21）。可能为东周器物。

这类形制的铜铚，因器体凹弯度大，似便于握拿，其操作使用方式当与上类同。

（三）木背夹刃铜铚

青铜工具比石、蚌、骨工具无疑优越得多，所用原材料却比后者少得多，在从后者向前者的转变中，大量出现了器身大部分用硬木制作只于刃部施金的铜木结构工具，铜耒、铜耜、铜锄、铜镢、铜斧、铜锛基本上都是如此，铜铚也当不例外。过去在研究青铜工具时，只将与新石器时代双孔石刀、蚌刀相似的名之为铜铚，对于因二者之间转变而引起

① 刘仙洲：《中国古代农业机械发明史》，科学出版社 1963 年版，第 59 页。
② 刘兴：《吴国农业考略》，载《农业考古》1982 年第 2 期，第 120 页。
③ 安徽省博物馆：《安徽贵池发现东周青铜器》，载《文物》1980 年第 8 期，第 22 页。

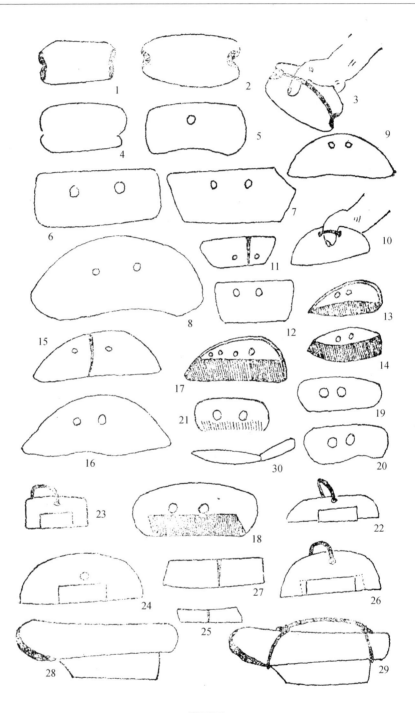

图四四

的工具质材结构及形制的变化未曾注意。近年来随着民族学资料的日益
丰富，为我们提供了例证，启迪了思路。我国一些地区的少数民族，像
贵州的苗族、水族、侗族，云南的布依族，湘西的土家族等都使用一种
铁木结构的摘刀，也叫卡子，主要用于割取禾穗，也可割草。这种工具
一般是用长方形或半月形的木板做成背，成匚或冂形，于缺口处镶嵌矩
形的有刃铁片。铁片的尺寸一般较小。如 1982 年 5 月在北京故宫端门城
楼举办的《少数民族文物展览》中陈列的两件布依族的摘刀，其矩形铁
片一件高 2 厘米、刃宽 5 厘米，嵌于略成半月形的木背中；一件高 3 厘
米、刃宽 4.5 厘米，嵌于略为长方形的木背中。二件木背上中部都有一
孔，拴有绳套，供套在手指上使用（图四四：22、23）。1985 年 10 月，
在北京民族宫举办的《湘西自治州土家族苗族民族展览》中展出的土家
族的卡子，矩形铁片高 2.5 厘米、刃长 4 厘米，嵌入略成半月形的木背
中，全器通高 6 厘米、长 12 厘米，木背上中部有一圆孔，供拴绳使用
（图四四：24）。贵州苗族的摘刀，其形制大小皆与此类似。"摘刀除收
糯谷穗外，也能收谷子、红稗、蓝靛和割草。在苗族的民歌里唱道：
'谷子熟了，谷子黄了，我们做好摘刀，在竹柄上安上一块铁片，然后
去收割谷子。'男女均能使用摘刀，每次摘一两株稻穗……妇女一天能
收割 100 斤糯谷，男子每天只能收割 60 斤，说明妇女在收割中占有特殊
地位。"[①]

　　从一些少数民族主要使用摘刀割取禾穗和其显著功效来看，从古代
石、铜工具转变中大量出现铜木结构工具来考虑，在古代割取禾穗使用
类似摘刀一样的铜木结构铜铚则是十分可能的，并且它很可能是铜铚的
主要形制。不过，在考古发掘中因这类工具的木背部分已经腐烂，而能
看到的只是短小的铜片，考古报告中往往不作为工具著录，或归之杂器
或归之牌饰，如稍有磨损即当作破碎铜片弃置。致使铜铚的主要形制泯
灭，不为人们所知，就像在马克思主义产生以前，人类原始社会的状况
和制度不为人们所知一样。革命导师马克思和恩格斯用他们建立的辩证
唯物主义的方法，借助民族学资料，研究人类原始社会的状况，揭示其
发展规律，创立了关于人类社会原始公社制度的一系列理论。我们在研
究古代社会的生产工具方面，借取民族学资料，不仅是遵循了革命导师

---

　　① 宋兆麟：《贵州苗族的农业工具》，载《农业考古》1983 年第 1 期，第 178—179 页。

使用过的正确方法，而且同与社会形态的研究相比较，则更直接、更具体、更具有可比性。因此，研究青铜铚的工作，应当包括在先秦发掘品中寻找有可能做成如摘刀形制的青铜刀片遗物。在已发表的考古报告中这类遗物不无所见。例如河南偃师二里头早商遗址就出土有体小而薄的长方形青铜刀片（图四四：25）①，将它镶嵌于半圆形的木背中，完全可以复原成一件铜木结构的铜铚（图四四：26）。再如河北磁县下七垣商代遗址中，出土一件略成矩形的青铜刀片，背较厚，直刃，长7厘米、宽2厘米（图四四：27）②。用它也可以复原一件铜木结构的铜铚。这类形制铜铚的刀片呈矩形，是在装木背后的外露部分。在装木背前，刃部以外的三个边，是否为笔直的边，是否组成规则的矩形，都不影响铜铚的安装，它们可以高低不齐，可以稍斜。如果照此考虑，出土先秦青铜刀片中，可以做铜铚的，数量则相当可观。

（四）骨背铜铚

铜铚的青铜刀片较小，不好握拿，除装上木背便于操持外，也可能装上骨背，以利握拿使用。1976年4月，甘肃临夏莲花公社魏家台子齐家文化遗址出土一件骨背铜刀，长7.2厘米、宽2.6厘米、厚0.2—0.5厘米，略呈弧形，由动物肋骨磨制而成，柄侧开槽，铜刀镶嵌在槽内并加黏合，铜刀长4.7厘米，刃口锋利，铜刀与骨柄黏合牢固（图四四：28）③。与三个边皆嵌入木背的摘刀式铜铚不同，这件的铜刀片只背边嵌入骨背，而其余三边外露。揣其形制，可能为铜铚的又一形式，虽未在骨背上穿孔系绳套，但由于骨背两端长出，可以于两端挂绳为套（图四四：29），也能套在手指上使用。

此外，我们于第二章中已经论及的，出土的形制多样的数以千百计的先秦时代的青铜削刀，有相当大的部分也用于割取禾穗，兼有铚的功用。可以断言，仅从收割禾穗这个工序上看，使用青铜工具也不是个别的，而是大量的。

---

① 中国社会科学院考古研究所二里头工作队：《河南偃师二里头早商宫殿遗址发掘简报》，载《考古》1974年第4期，第238页。
② 河北省文管处：《磁县下七垣遗址发掘报告》，载《考古学报》1979年第2期，第205页。
③ 田毓璋：《甘肃临夏发现齐家文化骨柄铜刃刀》，载《文物》1983年第1期，第76页。

三 艾即带木柄的镰刀,是收割的工具

艾是什么样的工具呢？陆德明释文于《诗·周颂·臣工》篇说："艾，音刈。"《诗·国风·葛覃》："葛之覃兮……是刈是濩。"郑笺："艾本亦作刈。"《说文》："刈，乂或从刀。"徐锴曰："乂，象刈草之刀形。"《国语·齐语》："挟其槍、刈、耨、鎛。"韦昭注："刈，镰也。"可知艾就是带柄的镰刀。

随着原始农业的发展，人们从只收获禾穗进入连禾秸收获作物阶段，生产上的这种需要产生了相应的工具镰刀。最初的镰刀是将石铚、蚌铚等加长，在一端捆扎上略成直角或125度角的木柄，或于木柄端部穿孔，将石、蚌铚的一端插入。甲骨文乂字写作乂、乂①、乂②等形，就是这种早期镰刀的象形字。随着文字的繁衍，随后就出现了艾字。艾是个象意字，是表示用镰刀割草的动作。从艾字的出现推想：原始农业在进入连禾秸收获作物之前，可能出现这样一个阶段，即第一步先收割禾穗，第二步再收割禾秸。艾是表示用镰刀收割禾草，与用铚收割禾穗相区别。到了进入连禾秸收获作物的阶段，这种区别就没有必要了。《穀梁传》庄公廿八年载："一年不艾而百姓饥。"这里的艾就是作收获农作物解的。刈是个缦益字，出现的可能晚。后来的人总觉得用乂字表示镰刀还不够明确，又于旁边加刀，以进一步表示为乂形锋刃器。在古汉语中是名、动相因的，动词可作名词，名词也可作动词，所以古文献中艾、乂、刈三个字作动词就是收获农作物或割禾秸，作名词就是镰刀。三个字又可以相互通假。所以《臣工》篇的艾，就是乂或刈。《方言》说："刈，鉤。江淮陈楚之间谓之铫，或谓之锅。白关而西谓之鉤，或谓之镰，或谓之锲。"后世镰行而其他诸称并废，以关西方言的称谓变成了该器物的通称。

从考古发掘资料来看，在新石器时代早期，如河南新郑裴李岗遗址已有石镰出土，但镰刀的大量出现却在新石器时代的晚期，如大汶口文化、龙山文化及与其相似的文化遗址里，有石、蚌、骨等不同质量的镰刀出土。其中以石镰较多、蚌镰次之，骨镰较少。并有一种带锯齿的，称锯

① 《前》一、四四、七。
② 《后》一、二、一。

镰，或称齿刃镰，其中石质的较少，蚌质的较多。大概人们在使用蚌镰的过程中，因磨损而出现锯齿状的刃口，功效甚佳，以后就有意制造一些锯齿刃口的镰刀。后来的铜齿刃镰多做蚌壳形，就是仿效蚌齿刃镰制作的。

　　我国进入铜器时代后，是否也用铜和青铜制作镰刀呢？回答应该是肯定的。不少学者指出，谈论青铜农具的问题，必须以考古发掘的实物为依据，所言极是。但是，人们对于某些出土物的正确认识，并不是睹物即就的；而往往是逐步提高的。如对齿刃铜镰的认识，在相当长的一段时间里当做王莽时的货币，后来又有不少中外学者认为是铜锯，只是在近几年才比较一致地认做是铜镰。只此一种器物，对它的正确认识就经历了一百多年几代人的努力方才获得，看来正确认识地下出土物诚非易事，同时也说明正确的认识来自不断地探索和努力追求。学科的分工往往使一些造诣很深的学者难以避免知识的片面性，由于知识片面而形成的低水平认识，因为是出自权威学者，往往又被当成进一步认识事物应遵循的"规律"，从而影响对事物认识的提高。因此，在研究青铜农具问题上，既不能甩开地下出土物不管，做无米之炊；也不能满足于对出土物的已有认识，故步自封。既要重视权威学者的意见，也要重视一般考古和历史学工作者的意见，而有时候正确的认识来自后者。基于此，本文列举的先秦铜镰，既有权威学者认可的，也有地方考古工作者识别的，还有可能是镰而被定为他物的，总之要尽可能多地提供实物线索，以利这一问题研究的开展。

四　各种不同形制的铜镰

　　已经出土的先秦铜镰，主要分无銎镰、有銎镰两大类，两类中都有若干型，各型下还有不同的式。现主要以有无銎分类，以刃部形状分型，各型下尽量例举不同式的铜镰，以期统属分明，各式并见。

（一）无銎镰

　　此类是铜镰的原始形态，脱胎于新石器时代晚期的石镰、蚌镰，装柄处无銎。又可分为锋刃镰、素面齿刃镰和篦纹面齿刃镰三型。

　　1. 无銎锋刃镰

　　此型因装柄处不同，又分无穿无栏、有穿、有栏、窄柄、带砍刃等式。

　　I、无穿无栏者。形制更接近石镰，其出土物时代最早。甘肃广河齐家文化遗址出土一件，弓背凹刃，一头尖，一头宽。长18厘米、宽3厘米、背厚0.2厘米。（图四五：1）① 时代相当于夏代的甘肃玉门市火烧沟遗址亦出土一件，形制与上件类似，弧背凹刃，尖略残。长18厘米、宽3.5厘米、背厚0.1—0.2厘米（图四五：2）②。另新中国成立前，安特生收藏的一件中国铜镰，长19.6厘米，弧背无齿。据称为卡尔白克所赠。关野雄于《中国考古学研究》第132页说：此镰与朝鲜渭原出土的铁镰相似。后者呈弯刀形，无銎无穿。此铜镰亦当属此式。

Ⅱ、装柄端有穿者。亦属铜镰早期形制的一种。在商代的出土物中，有一件可能是此式铜镰。该器1953年出于河南安阳殷墟大司空村，原作刀。器呈薄片长条形，上缘凸起，刃边略作凹入，尖端微向下弯，具有一般金属镰刀的典型特征。从图片看，较宽的一端有一圆穿，似用以捆缚固柄。长12.3厘米、最宽处2.35厘米、厚0.15厘米（图四五：3）③。1959年4月，在江苏仪征破山口的西周墓葬中亦出土此式铜镰一件。该器装柄处较宽，有三个穿孔，用以固定柄部，愈到刃部愈窄，镰身较薄，长14.2厘米（图四四：5）④。此器之为镰，多数学者并无异议，但也有个别专家力排众说。其理由：一是装柄处为三穿孔，"除此之外至今未见到过这种三孔铜镰，该器是为孤例"；二是与镞、戈、斧、斤、钺、矛等兵器共出，"在兵器群中置入一件农具，是令人费解的"。从而断言"不是农具中的镰，恐怕不会大错"⑤。然而，这两点理由不足以否定该器为镰是显而易见的。其一，大量出土物证明，功用相同的器物往往因时代、地区、部族不同，而在形制上有所差异，即令是同一时代同一地区的出土物，在形制上也有多样性。如安徽贵池县里山公社徽家冲窖藏中同出的4柄青铜铲，形制各不相同。一件斜肩，铲面呈短宽梯形；一件平肩，铲面呈半月形；一件方肩圆刃；一件方肩平刃⑥。因此，要求铜镰具有完全相同的形制，则

---

① 甘肃省博物馆，甘肃历史文化展览室1982年陈列品。

② 甘肃省博物馆：《甘肃文物考古工作三十年》，载《文物考古工作三十年》，文物出版社1979年版，第142页。器物尺寸据甘肃省博物馆库藏实物测记。

③ 马得志等：《一九五三年安阳大司空村发掘报告》，载《考古学报》第9册，1955年版，第51页。

④ 尹焕章：《仪征破山口探掘出铜器记略》，载《文物》1960年第4期，第85页。

⑤ 白云翔：《殷代西周是否大量使用青铜农具的考古学观察》，载《农业考古》1985年第1期，第73页。

⑥ 安徽省博物馆：《安徽贵池发现东周青铜器》，载《文物》1980年第8期，第21页。

属脱离实际的苛求。另外，同异还要看是否为基本形制，在基本器形上破山口铜镰与上海市金山县戚家墩遗址 1963 年所出的铜镰基本一致，只前者于装柄处有三穿孔，后者为一穿孔，这种不同是非基本形制。一孔可以穿绳固柄，三孔可多捆扎几道使柄更加牢固，这不会引起器物功用的改变。犹如青铜戈有短胡一穿的，也有长胡三穿的，后者不会因多两穿而不成其为戈。其二，先要指出，该墓出土物原定为斧、斨、钺的，是否真都是兵器，似可商榷，其中也可能有铲、耜之类的器物。因而"在兵器群中置入一件农具"云云，纯属主观设想之命题，难以作为推论的前提。不过，在发掘墓葬中农具、兵器、礼乐器共出的情况，倒不鲜见。但这并不足以成为否定其为农具的理由。《仪礼·既夕礼》载：随葬"用器，弓矢、耒耜、两敦两杅盘匜"。贾疏："谓常用之器，弓矢兵器，耒耜农器，敦杅食器，盘匜洗浴之器，皆象生时而藏之也。"《仪礼》是一本记载周代统治者社会活动中各种礼制的书，所述不是个别事件的举例，而是当时社会所通行的制度。所举随葬器物，弓矢为兵器之代称，耒耜为农具之代称，敦杅盘匜为礼乐器之举例。从一些周代墓葬出土物来看，既有敦杅盘匜等一类礼乐器，也有戈矛剑镞等兵器，另外一类则为工具，其中当然应有农具。把周代墓葬出土物与文献相对照，不仅不能否定三者同出器物中之有农具，而且是更有力地证明其为农具的性质。因此，用前述两点理由，认为破山口出土的铜镰不为镰，恐怕不会不是大错。

Ⅲ、装柄端有栏者。此式铜镰的发掘品，出自江苏连云港地区华盖山西周晚期到春秋初期的墓葬中，该器（40178）弧背凹刃，长 15.1 厘米、柄部宽 7.5 厘米，柄及刃尖残，装柄处有一突出 0.4 厘米的栏（图四五：6），从上限可定为西周之器①。1978 年 12 月，浙江海宁县硖石北华介桥于挖河工程中出土两件类似的铜镰，弧背凹刃，一头尖，一头平齐，宽头有凸起的栏，并有一穿孔，一件约长 11 厘米，宽 5.5 厘米；一件约长 13 厘米，宽 4.5 厘米，后者器中有一大孔（图四五：7、8）②。同样形制的铜镰在上海博物馆中国历史文物陈列室 1982 年还展出一件，弓背凹刃，一端宽齐有凸棱作栏，背边至另一端斜下成尖，约长 11.5 厘米、最宽处 5.5 厘米（图四五：9），定为商器。前两件也曾于 1982 年在浙江省博物馆展

①　李洪甫：《连云港地区农业考古概述》，载《农业考古》1985 年第 2 期，第 101 页。
②　浙江省博物馆，浙江历史文物陈列室 1982 年展品。

出，亦作为商器。然而，江浙地区出土的铜质锋刃镰发掘品，尚无商器，最早为西周的；但也一般早于东周的齿刃铜镰，故此三件铜镰的时代，似定为西周为宜。另故宫博物院藏一件传世品此式铜镰，背较厚、弓背凹刃，较宽的一头末端有凸棱作栏，长 18.4 厘米、最宽处 4.2 厘米（图四五：10），定为春秋器物。

Ⅳ、窄柄锋刃铜镰。1933 年安徽寿县朱家集李三孤堆楚王墓出土二件锋刃铜镰，一件属 I 式铜镰，另一件（标本 2:628$\frac{1}{2}$）背弧起，刃内弯，一端有较细的短柄，背部至另一端斜下成弯尖。长 15.8 厘米、宽 2.2 厘米、背厚 0.4 厘米（图四五：11）。此为无銎锋刃铜镰的又一式，属战国器物[①]。

Ⅴ、柄端带砍刃者。已知的只一件，1969—1977 年间出自河南安阳殷墟西区墓葬，原作刀。器身弯曲，背弧刃凹，一头尖刃，一头平刃。长 19.6 厘米（图四五：12、13）[②]。此件当属两用镰，即于平刃端稍前缚扎固柄，一端为弯曲而长的镰刀，用于割禾，一端为较短的平刃刀，可用于砍劈切割。今日陕西扶风县即有这种形制的铁质两用镰，只在装柄处有一铁銎，用以装柄，其他皆与上件同（图四五：14）。当属此式铜镰遗制。

从铜镰的发展序列看，无銎锋刃镰比较原始，但因其形制简单，易于制作。今日各地使用的铁镰仍有采用这种形制的。如陕西孟源一带使用的一种铁镰，镰身无銎，只用几个铆钉定在柄端固柄（图四五：4）。

2. 无銎素面齿刃镰

此型与前一型相比，刃部为锯齿状，与后一型相比，镰面尤篦齿纹。从考古发掘来看，一是出土这型镰的残片，一是器形完整的镰。对前者有不同意见，这里先讨论前者。

I、1975 年 6 月，安徽含山县孙家岗商代遗址出土有带锯齿的铜片状物，可能是此型镰的残片。背部微呈外弧形，刃部残存细小的锯齿一排，残长 6.9 厘米，宽 2.8 厘米，背厚 0.2 厘米，越接近锯齿部分则越薄（图四五：15），原报告定为镰[③]。近来云翔先生连续在两篇文章中大谈铜锯与

---

① 安徽省博物馆库藏品。

② 中国社会科学院考古研究所安阳工作队：《1969—1977 年殷墟西区墓葬发掘报告》，载《考古学报》1979 年第 1 期，第 89 页。

③ 安徽省展览、博物馆：《安徽含山县孙家岗商代遗址调查与试掘》，载《考古》1977 年第 3 期，第 167 页。

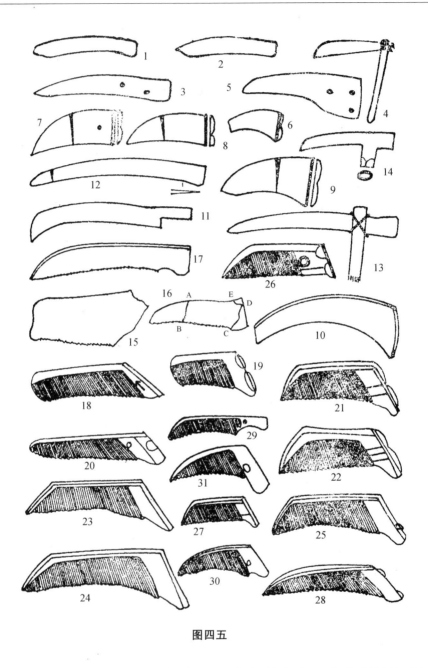

图四五

铜镰的区别，认定此件"并非铜镰，而是铜锯的残片"，但他所举的理由，
几乎没有一条能站得住的。首先，他经过精心拣选材料，概括出锯和镰的
历史发展过程，得出"铜镰的出现要比铜锯晚得多"的结论，从而判定

"在铜镰尚未出现的商代"，此件不可能为铜镰①。然而，本章多处例举的材料，却恰巧得出相反的结论，铜镰的出现要比铜锯早得多，商代也有铜镰。如果说云翔先生对笔者所举的材料（多数为地方考古工作者识别的铜镰）不肯点头，也至少说明在这个问题上还有不同意见，如何能作为既定的正确结论去鉴别新出土物的功用和时代呢？理由之二是："镰无内凹背者，一般为直背或凸背。"此条就镰的全形来说是对的，而对局部来说，就未必如此。早期的素面齿刃铜镰多脱胎于齿刃石镰，后者很多在靠近装柄端处呈内凹背。例如 1979 年河南新郑县裴李岗第三次发掘中出土的 M74:5 号齿刃石镰（图四五：16）就是如此，倘若古人就是仿此类石镰做成铜镰如图四五：16，而图中 A、B、C、D、E 包括的范围正是所遗留铜镰的残片部分，这种可能性不能完全排除。理由之三是：齿刃铜镰"刃一般内凹，直刃的则较少"。此条立论已不能排除直刃齿镰，自无说服力。而实际上有相当部分的齿刃镰为直刃，刃部的凹陷是使用磨损所致。至于孙家岗之铜镰系一块局部残片，它既可能为直刃镰之一段，也可能是凹刃镰之一段。如何能以它刃部之平直与否为判定镰或锯的标准呢？理由之四是："殷周的铜镰中凡齿刃者，均在其一面有阳线纹，而罕见素面者。此条更不足为据，实际上素面齿刃铜镰安徽就有出土（见后），湖北还有有銎素面齿刃镰与篦纹齿刃镰同出于一个地点的例子（见后），现在湖北咸宁县使用的齿刃铁镰就是素面的。可见这条理由主要是囿于见闻所致。理由之五是：说"孙家岗遗址的发掘者在 1978 年发表文章时，已把它改称铜锯了"。这是指发表于《文物》1978 年 8 期的综合报道中，在谈及孙家岗遗址的出土物时提到有"铜锯"，只此二字，并无任何有关改定的论述。相反，于 1983 年召开的中国考古学会第四届年会上，安徽省文物研究所的杨德标、杨立新先生提供的题为《安徽江淮地区的商周文化》论文中，仍称含山孙家岗商代遗址所出为"有锯齿形刃的铜镰"。就此件属镰或属锯，笔者先后两次去合肥，与安徽省博物馆的吴兴汉先生交换意见，吴先生是孙家岗遗址发掘者和简报的撰写者，他说："简报是我写的，自然代表我的观点，但馆内有的同志认为是锯。"可见所谓的"孙家岗的发掘者……已把它改称锯了"云云，与事实并不完全相符。

以上 5 条是云翔先生将孙家岗铜镰改定为铜锯的全部理由，皆不足为

---

① 云翔：《锯镰辨析》，载《文物》1984 年第 10 期，第 65—68 页。

锯（据）；下面我要说两条可能是镰的理由。其一，从器面看，背部厚，越接近齿刃部分越薄，一般说，这是铜镰的特点。已出土的先秦条形铜锯片，器面都是等厚的。商代的刀形锯，刀面较宽，背部虽较厚，但齿刃上部有相当宽度等厚。如河北藁城县台西村所出刀形铜锯，锯齿以上 3 厘米宽的部分等厚 0.1 厘米。陕西兰田怀珍坊出土的两件刀形铜锯，较小的一件器面全部等厚 0.1 厘米，较大的一件宽 6.1 厘米，锯背虽厚 0.3 厘米，但锯齿以上 3/4 的宽度（约 4.5 厘米）等厚 0.1 厘米。所以需要一定的宽度等厚，是为了能使锯子切割入工件一定的深度。孙家岗齿刃铜片的宽度仅 2.6 厘米，又不等厚，因而它既不可能为条形锯片之局部，也不可能是刀形锯的残片。

既不等厚又比较窄的锯片，只有某些削刀背上的锯才有。这类锯是切割竹简等薄片的小锯，不要求锯入工件较深，因此锯片部分宽度不超过 1 厘米，其背部与削刀刃相连。而孙家岗齿刃铜片比削背锯要宽得多，其背部较厚而不是刃，故也不属于削锯的残片。因而，它很可能是齿刃铜镰的残片。

其二，孙家岗齿刃铜片的齿形向一边倾斜，一般说，这是先秦铜镰的特征。先秦铜锯与后世铁锯不同，绝大部分锯齿的形状为二等边三角形，锯齿向一边倾斜的极为个别，而且都属等厚的条形锯片。而孙家岗齿刃铜片，从其完整部分的边部看，为一端宽，一端窄，不属条形锯片；而正与一端宽、一端窄，齿刃向宽端倾斜的先秦铜镰的这些特点相符合。云翔先生在文章中申称："在使用考古材料时，必须尊重原始报告的结论，即使对原报导中的某些问题有疑问，如果缺乏重新说明它的足够条件，也不宜轻易否定和改变原有的结论"，我很赞成这种态度，我看孙家岗的殷代中期铜镰还是维持原简报的命名为宜。

Ⅱ、完整器形的无銎素面齿刃铜镰，1933 年安徽寿县李三孤堆楚王墓出土两件。形制基本相同，弓背凹刃，刃部为齿状，背部较厚，越接近齿刃部分越薄，背边到尖端斜下成尖状向刃内弯，另一端较宽而下部凹入，似便于缚柄，刃齿略向固柄端倾斜。一件长 16 厘米，最宽处 2.6 厘米，背厚 0.3 厘米（图四五：17），为战器物[①]。从楚王坟完整器形无銎素面齿刃铜镰的出土，其宽度、越接近齿刃部分越薄，以及齿刃向固柄端倾斜

[①] 一件由安徽省博物馆 1959 年送中国历史博物馆收藏，一件为安徽省博物馆藏品。

等，也可证与其特点相似的上述孙家岗齿刃铜片不是锯而是镰。

3. 无銎篦纹面齿刃铜镰

这型出土最多，但多出南方各地，北方较少。大概是脱胎于蚌齿镰。一般装柄端有栏，用以固柄，有的还有一孔，可以穿绳捆扎。其器形有宽窄长短之不同，背、刃有平弧直凹之差别，可以区分为不同的式，似在一定程度上反映所属时代的早晚。

Ⅰ、最早的一件，1954年出自山东济南市大辛庄商代遗址，背略直，刃略凹，一面有齿痕，下有锯齿，向把手处倾斜，背面光滑。装柄端较宽而边较直，另一端边稍弧而带方，整个器形似不规整的平行四边形。有长期使用痕迹，长9.5、宽2.4厘米（图四五：18）。原简报定为商器①。1957年王思礼先生对所定时代提出异议，认为"说它是周代遗物也可以"②，是或然之词，而非肯定意见。其所以如此，因为在大辛庄遗址的战国层中，"出土有商代骨器、卜骨、石器等"③，此镰虽得之于比较混乱的层土，但不能必其为东周之器。近来有人捡起王说，将大辛庄铜镰明确断为"并非殷周，当为东周"。但主要论据是"目前发掘出土带有阳线纹的齿刃铜镰，几乎全为东周时期遗物"。使用的是器形类比法。在考古发掘中，因无法断定出土物的年代，往往采用器形类比法，这本是没有办法的办法，它的可靠性只具有相对意义，不能把它绝对化了。特别是对不同地区的出土物作器形类比，划归同一时代，它的可靠性就更低了；而对工具器形的类比尤其如此。其一，因为工具在形成一种稳定的形制之后，变化最慢。今日之铁爪镰与殷周的铜铚形制基本相同；今日之铁铲与殷周的铜铲形制也大体类似，即可为证。因此，在使用青铜工具的殷代、西周与东周，有些工具的形制相同或大体类似是不难理解的。在这个不长的阶段用工具器形的类比，说明某种可能性，仅供参考，似无不可；但要得出断然肯定的意见，特别是要推翻已有的结论，是远远不够的。其二，各地区经济发展有早有晚，使用铜工具的时代有先有后。一般说包括山东在内的我国北方大概在龙山文化晚期就使用铜工具，而江浙地区则晚得多。两地出土的某些铜工具总令有些相似，有何根据说它们必为同时代的器物呢？例

①　山东省文管处：《济南大辛庄商代遗址勘察纪要》，载《文物》1959年第11期，第9页。

②　王思礼：《对大辛庄采集的小型青铜锯的意见》，载《文物参考资料》1957年第12期，第60页。

③　李步青：《济南大辛庄遗址试掘简报》，载《考古》1959年第4期，第185页。

如有銎方肩和圆肩长方形铜铲，在北方多为殷代西周遗物；而在南方则多为东周之器，虽然它们器形相似或相同。既不能以北方所出为准，将南方东周铜铲的时代改定为殷和西周；也不能用南方东周铜铲的器形去匡套，将北方所出殷和西周铜铲的时代，改定为东周。此中道理不言而喻。有鉴于此，我看在无充分证据之前，还是暂以原简报所言为是，等以后有更可靠的根据和不移之论，再择善而从。

　　和大辛庄铜镰器形完全相同或比较接近的，在南方东周铜镰的发掘品中一无所见，只吴云的《两罍轩彝器图释》卷八第十五页所著录的一件传世品与之接近。该器背直，刃稍凹，一面有箆齿纹至刃成齿，一面平，铭一牛字。刃边长10.2厘米、背边长7.5厘米，柄端宽6.2厘米，另一端边弧而转角带方，宽3.5厘米。整个器形也略呈不规则的平行四边形（图四五：19）。吴云作为周器著录，认为是"田中刈器"。另倪模的《古今钱略》卷二十第十七页著录一件，略与大辛庄铜镰接近，器形较小。这一式形体皆较短，很像铜铚的加长，器形似较古老，可能为无銎箆纹齿刃镰中比较早的一种。

　　Ⅱ、1980年安徽舒城县九里墩大队出土9件，整个器形有些近似上式，但较窄长。九件同式，背面光滑平整，正面为箆齿纹，齿刃，末端有上下两个突出的脊。标本85号，长16.6厘米、宽4.3厘米、厚0.3厘米，装柄处有一穿（图四五：20）。定为春秋器物①。此式与他处所出略有不同，可能属地区特点，也可能属时代稍早的形制。

　　除以上靠北地区所出二式外，江、浙、湖北、广东所出者为以下三式。

　　Ⅲ、直背直刃，背边至尖端处小角度陡下，形成宽短的梯形。1972年江苏金坛县所出的8件中，有6件基本属此式，或其磨损后刃部稍凹的形式。标本3：7214，长13.5厘米、宽4.7厘米（图四五：21），标本3：7215长13厘米、宽4.5厘米（图四五：22），定为东周器物。这两件可作此式的标准器②。

　　1958年3月浙江绍兴城关镇西施山出土的一件长15.5厘米（图四五：23）③，1975年绍兴万家山所出两件中的一件，长14.5厘米、宽3.8厘米

---

① 安徽省文物工作队：《安徽舒城九里墩春秋墓》，载《考古学报》1982年第2期，第237页。
② 南京博物院库藏品。
③ 沈作霖：《绍兴出土的春秋战国文物》，载《考古》1979年第5期，第458页。

（图四五：24）①，1971 年浙江嵊县朱孟煤矿古遗址出土的一件，通长 17
厘米、顶端长 12.5 厘米、刃口长 14.2 厘米、柄长 7.1 厘米，重 90 克
（图四五：25）②，皆属此式稍有磨损的形式。江苏苏州葑门内河道程桥下
所出 4 件中的两件，属此式严重磨损后的器物③。广东罗定县背夫山战国
墓所出的一件亦类此式。铜镰器薄，一面光平，另一面器上边缘和柄下部
边缘有一道宽带，装柄部有一圆孔，刃缘有细密的锯齿，刃面饰平行细密
而凸起的斜线纹，前端斜下角度较小，收为尖锋。器长 15.2 厘米、高 4.2
厘米、刃长 11 厘米（图四五：26）④。

　　另传世品中，日本奈良天理参考馆所藏两件中的一件，重庆博物馆所
藏两件中的一件，故宫博物院所藏的一件，日本人类学会人类学教室所藏
淡崖神田孝平氏遗藏品一件，皆属此式。最后一件，直背直刃，状略如宽
短梯形，刃边长 15.5 厘米、背边长 10 厘米、宽 4.1 厘米、近刃处厚 0.2
厘米、近背处厚 0.3 厘米，一面有篦齿状凸线，至刃成齿，另一面平（图
四五：27）。亦为此式中比较规整的一件⑤。

　　Ⅳ、1975 年 11 月，湖北江陵雨台山楚墓中出土的一件，弓背凹刃，
背边至尖端大角度斜下形成刃向内凹的镰尖，整个器形略呈半月形，一面
有篦齿纹，至刃成齿，另一面平，约长 11.5 厘米、宽 3.5 厘米（图四五：
28）。时代定为战国早期⑥。此件为无銴篦纹齿刃镰又一式的比较规整的器
物。江苏苏州葑门内河道程桥下所出 4 件中的两件，1972 年金坛县所出 8
件中之两件，又 1982 年所出土的一件，1978 年句容县出土的一件，1977
年苏州新苏丝织厂出土的 6 件，浙江绍兴万家山所出两件中之一件，1971
年余杭县仇山出土的一件，吴兴县埭溪镇出土的一件，皆为这一形式。

　　传世品中，上海博物馆 1982 年展出的 4 件，日人黑川幸七氏所藏的一
件，京都藤井氏有邻馆所藏的两件，重庆博物馆所藏两件中的一件，《古
今钱略》卷二十所著录 4 件中的 3 件，《吉金所见录》卷十六第 3 页所著
录的一件，《泉布统志》卷三下第 12 页所著录的一件，李学勤《战国题铭

---

①　浙江省博物馆，浙江历史文物陈列室 1982 年展品。

②　浙江省博物馆库藏品。

③　廖士豪等：《苏州葑门河道内发现东周青铜文物》，载《文物》1982 年第 2 期，第 90—91 页。

④　张大礼：《广东省首次发现齿刃铜镰》，载《农业考古》1985 年第 1 期，第 69 页。

⑤　长谷部言人：《铜锯》，载《人类学杂志》第五十八卷，第四号，第 181 页（日文）。

⑥　荆州博物馆：《江陵雨台山楚墓发掘简报》，《考古》1980 年第 5 期，第 397 页。

概述》（上）所引述的一件（传河北易县出土），都基本上属这一式。

　　V、日本天理参考馆收藏的另一件中国无銎箆纹齿刃铜镰与上述各件皆不同，器呈弯月形，背弧凸出，凹刃明显，器体窄长，装柄端有一孔，宽度反窄于器身中段（图四五：29）①。国内藏品无与全同者，有两件在刀身有箆齿纹段相似，但柄端皆宽。一件是 1972 年江苏高淳县所出，长 12 厘米，最宽处 4 厘米、最窄处 2.8 厘米，尖端下弯而器成新月形，装柄端较宽有一穿（图四五：30），定为春秋器物②。另一件是 1955 年出自浙江杭州西湖，除装柄端稍宽外，余皆与之相似。长 12.5 厘米（图四五：31），定为东周器物③。

　　总之，无銎箆纹齿刃铜镰已知的约为 88 件，其中发掘品为 60 件，出自山东、安徽、湖北、江苏、浙江、广东 6 个省的 19 个县 25 个以上的地点。一般说，发掘品靠北的，时代要早一些，形制也古老一些。从江苏苏州葑门内河道程桥下、金坛县、浙江绍兴万家山等处Ⅲ式与Ⅳ式共出，二者似无时代上的先后，而是同期的不同式别。这二式在江浙地区的发掘品大都为春秋或春秋战国之际的出土物，在东周时段中比较靠前，明确定为战国的，只有湖北江陵雨台山的一件和广东罗定背夫山的一件，都在外省。但是这类器物的征集品和传世品大多定为战国，其实并无什么可靠依据，无非是那种出土物断代中宁晚勿早这一传统原则的体现。知名的考古学家往往以断晚体现其学风之严肃认真；然而要揭示事物的发展规律，必须如实反映事物存在的时期，断早了固然不对，断晚了也是错误，因为它们都不能正确地反映事物本来的发展线索。有鉴于此，出自江浙地区的这两式的征集品和传世品，将下限断在春秋战国之际，其他南方各地的笼统断作东周，这样似乎接近历史实际。

　　由于古代齿刃铜镰多出土于长江下游地区，便有人据此认为"齿刃铜镰的存在当与水稻种植有关"④。但从民族学资料来看，二者之间似无必然联系。如凉山彝族种植稻子，并不用齿刃镰收割。云南省宁蒗县和四川省盐源县之间的纳西族，不种水稻，但却使齿刃镰用于收割燕麦、青稞、小

---

　　①　水野清一等：《世界考古学大系·6 殷周时代》，引述并图示（日文），平凡社昭和 33 年版，第 141 页。

　　②　镇江博物馆库藏品。

　　③　浙江省博物馆库藏品。

　　④　云翔：《齿刃铜镰初论》，载《考古》1985 年第 3 期，第 264 页。

麦，稗子和荞麦等①。云南景洪县基诺山区的基诺族，也使用齿刃镰，"主要用于收割旱谷、荞麦等农作物"②。从现在既种水稻又使用齿刃铁镰的地区看，如福建省闽侯县，齿刃镰用于"收割水稻、麦类及小茎秆作物，也可割草"。湖北省浠水县用于"收割稻、麦类等作物"③。大概齿刃镰也可收水稻就像也可收割麦类一样。说它的存在"当与水稻种植有关"，还缺乏根据。

齿刃镰所以自古就有，至现在仍在使用，是因为有它自己的长处。这即是齿刃部分不需要经常加磨。锋刃镰当在其刃部锐利时，固然好使，但在使用中很快变钝，需要经常加磨，特别是青铜镰，比后世刃部施钢的铁镰更易磨损。加磨镰刀的频率增加，费时费功。而收获时节，农活最急，古人有"收麦如救火"之说。为了弥补锋刃镰的这一缺点，齿刃铜镰应运而生。铜镰身正面的篦齿纹线较厚而凸出，两线纹间较薄而凹下，使用中磨损掉较薄凹下部分的镰面，即突出棱线部分成齿。旧齿磨损，新齿再生，循环往复于使用过程之中，不用事先加磨，省时省功。现在使用刃部施钢的铁镰，锋刃镰的缺陷一定程度上有所减轻，但仍存在；齿刃镰的优点相对不如过去突出，可还比较方便，故不少地区仍在使用。有的地区把它们使用的齿刃铁镰叫做"永不发齿镰。"这种命名即说明它现在仍以这一优点而为人们所重用。

4. 早期铜戈可能兼作镰用

先秦时代普遍使用的一种叫戈的青铜兵器，形状与镰近似。二者的渊源关系，正像著名考古学家郭宝钧先生所说，"戈是由镰刀演化面来的"④。中国农业发展较早，镰的使用较普遍，因而从镰演变来的戈成为先秦兵器的主要器械。大概最初的铜镰，由于获得锐利的锋刃，自然也要做兵器用，就像我国边疆后进民族所使用的工具铁砍刀，也用作武器一样。而从铜镰演化而来的最初的铜戈，自然也会兼作镰用。不少知名的考古学家从镰的古称与戈相通和某些偏旁从戈的字与农事有关中看出了二者之间的兼

---

① 宋兆麟：《凉山彝族的犁耕农业》，载《农业考古》1981年第2期，第107页；《泸沽湖畔摩梭人的农业》，载、《农业考古》1982年第1期，第117、119页。

② 王军：《基诺族的刀耕火种》，载《农业考古》1984年第1期，第281页。

③ 中华人民共和国农业部编：《农具图谱》第2卷，通俗读物出版社1958年版，第159—160页。

④ 郭宝钧：《中国青铜器时代》，三联书店1978年版，第176页。

用关系。唐兰先生说："镰刀称为'刉'（见《说文》）或'钩'（见《方言》），就是兵器的'戈'又称为'句兵'的原因。镰刀又叫'镰'（见《方言》），又叫'划'（见《广雅》）就是兵器的'戈'。"从戈的字，如甲骨文的 𢦔，写做 𢦔，那就是用戈来斫伐草木的意义。《诗·周颂·载芟》说"俶载南亩"。郑玄读"载"为"菑"，古注以斩伐草木，翻埋入土叫菑。"俶载南亩"，就是开始翻地的意思。是农事的第一道工序，所以"哉"和"载"都有开始的意义①。陈梦家先生也说："农具中之有锋刃者稍加改造，即成为兵器，二者之间，在初并无太大的区别。……青铜制的殷代戈，其形状是以镰形为基础的，所以镰称为镰或划，与戈同音，戈虽可刺杀，但以句援为主，所以称为勾兵，正如镰之称钩一样。"②

此外，还有一个"𢦔"字，《说文》释："绝也，从从持戈；一曰田器古文，读若咸。"徐铉说："𢦔，锐意也，故从从，子廉切。"段玉裁注："绝者，刀断丝也。引申为凡断之称，断之亦曰𢦔，与殲义相近。一说谓田器字之古文，如此作也，田器字见于全书者铦、钛、钤、镰皆田器，与𢦔同音部，……疑铦字近之。"《说文》："铦，锸属。从金舌声，读若棪，桑钦读若镰（息廉切）。余疑𢦔为古镰字，𢦔甲文作𢦔③、"𢦔"④，并非二人持（荷）戈之形；而是以戈断其根部。所从之从，似二禾省。其形近人，乃简化为从。以戈断禾根部，乃镰也。𢦔字后借为殲义，则另造镰字为工具名，气、镰皆同音部。

综上所言，戈兼有镰的功用，于文献、字形不无踪迹可寻。因此，我推想最早的铜戈，如1975年秋河南二里头遗址三期出土的二件铜戈，窄长、无胡、无栏，援中部起脊⑤，正与石镰中部厚，背、刃皆薄者同。形制原始。此型铜戈可能为戈、镰兼用之物。

（二）有銎镰

和上一类的主要不同之点即在一端有铜銎，便于装柄，是铜镰比较成

① 唐兰：《中国古代社会使用青铜农器问题的初步研究》，载《故宫博物院院刊》总二期，1960年版，第16页。

② 陈梦家：《殷墟卜辞综述》，第549页。

③ 《乙》七三一二。

④ 《续》一八四。

⑤ 中国社会科学院考古研究所二里头工作队：《偃师二里头遗址新发现的铜器和玉器》，载《考古》1976年第4期。

熟的形制，基本上类似后世的有銎铁镰，但出土较少。有銎铜镰也分单刃、双刃、素面齿刃、箆纹面齿刃四型。各型还有不同的式。

1. 有銎单刃镰

即只在镰的弯曲内凹边有锋刃，为有銎铜镰的基本形制。1957 年 3 月于云南剑川县海门口出土一件，器呈长条形，背弧刃凹，背边至尖端斜下成向刃部内凹的镰尖，一端稍宽有銎，长 20 厘米、宽 4 厘米（图四六：1）。这是有銎铜镰发掘品中较早的一件，时代相当于殷末[①]。1979 年 12 月，又于呈贡县龙街小古城天子庙一、二期滇墓出土两件，短圆銎，隼嘴形刃，对穿固柄。标本 41:200，銎径 2.5 厘米、深 4.3 厘米、长 15.3 厘米。为战国器物[②]。

2. 有銎双刃镰

即镰身上下长边皆为刃。已知的为故宫博物院藏的两件传世品，属不同的式。

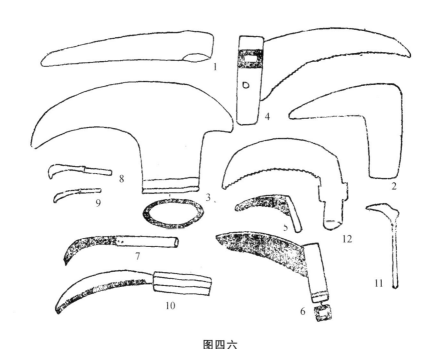

图四六

① 云南省博物馆库藏品。
② 昆明市文管会：《呈贡天子庙滇墓》，载《考古学报》1985 年第 4 期，第 521 页。

Ⅰ、标本新 62874，镰背亦作刃，略弧，至尖端斜下成镰尖，另一端有较长的銎，銎口为梯形。器长 14.5 厘米，最宽处 3.5 厘米，銎口部高 2.2 厘米、长边 4.5 厘米、短边 4.2 厘米、銎长 10.7 厘米（图四六：2）。此件唐兰先生于《中国古代社会使用青铜农器问题的初步研究》一文中引用，定为西周之器。

Ⅱ、标本新 44817，形如弯月，弧背亦作刃。銎部在一端靠里，形成左、右长短二镰刃。镰身长 9 厘米，最宽处 2.7 厘米、銎口部高 1.7 厘米、宽 3 厘米，扁圆銎（图四六：3）。此件亦似可定为西周之器。度其形制，可能为多功用工具。钩作镰，推作铲，似还可兼作武器。

3. 有銎素面齿刃镰

已知的湖北襄阳县陆寨大队山湾土岗古墓出土一件（M2:10），刀身略呈弯月形，有锋尖。刃部呈锯齿状，但齿形较小。镰身为素面接于方形甬上。甬为方銎，并有一穿。器呈翠绿色，銎内朽木有钉眼痕迹，甬长 9.2 厘米，刃长 11.5 厘米（图四六：4）。定为东周器物①。

4. 有銎篦纹齿刃镰

已知的有 3 件，形制大同小异。

Ⅰ、湖北襄阳县陆寨大队山湾土岗古墓出一件（M11:6），镰身略呈弯月形，有尖锋，刃部呈锯齿状，刀背与甬平直，镰身一面有篦齿纹。甬长 6.5 厘米、刃身长 8.5 厘米（图四六：5）。定为东周器物②。此件与上件有銎素面齿刃镰同出一地，时代略同，二者似无时代早晚，而为同时代的二型。

Ⅱ、另两件出自河南淅川县下寺春秋墓，器形略似今北方铁镰，弓背凹刃，一端有方銎，可装柄，装柄角度比今日使用的铁镰要大。镰身正面有篦齿纹，至刃部成齿，两件同式同大。镰身长 11 厘米、柄长 7.1 厘米、柄銎部为 1.8×1.5 厘米、背厚 0.3 厘米、最宽处 3 厘米（图四六：6），定为春秋器物③。

总计已知出土先秦时代的铜铚、镰在 132 件以上（其中发掘品 97 件，传世品 35 件），此外还有相当数量可能属于这两种工具的，以及大量兼有

---

① 湖北省博物馆：《襄阳山湾东周墓葬发掘报告》，载《江汉考古》1983 年第 2 期，第 7—15 页。
② 同上。
③ 河南省文物研究所藏品。

铚、镰功用的青铜器物。可知当时用于收割的青铜工具是大量的。从形制演变看，大体上前者简单，后者复杂；前者原始，后者进步。反映出青铜铚镰发展变化的序列，这只有在长期大量使用的基础上才会形成。当然形制上原始的，不一定出土物的时代都早，这是因为一些形制原始的器物在社会上长期使用的结果。

（三）铜镰的装柄方法与装柄角度

作为镰刀，一般是装横柄。乂字的形象，即在镰身上装一个横柄，铜镰也当如此；但也有装直柄的。从现今的例子看，齿刃、锋刃铁镰都有装直柄的。如福建省闽侯县尚手铁业社生产的"改良镰刀"，为月牙形铁镰身，刃口有锯齿，装有直柄（图四六：7）[①]。再如贵州苗族使用的三种形制的锋刃铁镰，其中有两种是装直柄的（图四六：8、9）[②]。笔者1982年于浙江温州市铁货摊上，看到大量出售的一种铁质齿刃镰，装的也是直柄（图四六：10）。这些直柄铁镰的共同特点是：装柄部位窄于镰身的前大半部分。据此，遗留的先秦铜镰中有如下几件可能装直柄。一是日本奈良天理参考馆藏的一件齿刃铜镰（见图四五：29）；一是安徽寿县朱家集李三孤堆楚王坟出土的一件锋刃铜镰（见图四五：11）。装柄部都较镰身窄，似以装直柄为宜；但也不排除装横柄的可能；或者这类形制的镰两种装柄法共存。

装柄的方法，无銎镰无论是装直柄还是装横柄，大概是：（1）镰身装柄部分窄的，以窄端插入凿于木柄端部的孔中（装直柄插入顶端直孔，装横柄插入端部横孔）。（2）装柄端部有栏并宽于前端的，以尖端插入，使镰身穿过木柄端部之孔，止于凸起的栏处固定。（3）装柄端无栏的，用缚扎的办法固柄。以上三种情况中，有的镰身装柄端有1—3个穿孔，都是用于穿绳缚扎使之更加牢固。而有銎镰则是以木柄插入銎中。

装柄的角度，有銎镰以銎口向与镰身的夹角为准，云南剑川县海门口出土的锋刃镰，约为90度；湖北襄阳山湾出土的齿刃镰约为110度；河南淅川县下寺出土的齿刃镰与山湾镰略同。无銎镰有栏的，以栏端向与镰身夹角为准，浙江海宁县硖石北华介桥出土的锋刃镰约为90度；1982年

① 中华人民共和国农业部编：《农具图谱》第2卷，通俗读物出版社1958年版，第159页。
② 宋兆麟：《贵州苗族的农业工具》，载《农业考古》1983年第1期，第173页。

江苏金坛县下坝出土的齿刃镰（3:1348）约为 114 度；1972 年高淳县出土的一件齿刃镰（3:845）约为 110 度；1978 年句容县出土的一件齿刃镰（3:1155）约为 120 度；1971 年浙江嵊县朱孟煤矿出土的齿刃镰（02629）约为 115 度；余杭县仇山出土的一件齿刃镰（02278）约为 117 度。概而言之，江浙地区的锋刃镰为 90 度，齿刃镰在 110 度到 120 度之间。无銎、无栏靠缚扎固柄的各类镰，其装柄角度当与上述同类各件大略相同。

对照近代的情况，锋刃铁镰装柄的角度也有大于 90 度的。如陕西南郑县有一种镰刀"镰把与镰刃的角度大于 90 度"，使用"在土壤疏松、石块多的地里收割，不会连根拔，或镰尖碰到石头"（图四六：11）[①]。在古代锋刃铜镰中自然也会有主要用于某种活茬而装柄角度大于 90 度的；但大部分都是 90 度左右的。这是因为锋刃向下与镰背成相反方向，拉动 90 度角的柄，易于切割。另外，现在使用的齿刃铁镰也有装 90 度角柄的，如湖北咸宁县就使用这种镰（图四六：12），古代齿刃铜镰也不会没有，如安徽寿县朱家集李三孤堆楚王坟出土的一件素面齿刃铜镰（见图四五：17）。就有可能装 90 度角柄；但绝大部分齿刃镰都装大于 90 度角的柄，因为与镰背相反而向下的齿尖，又分出左右两侧向的齿刃，拉动大于 90 度角的柄，也是便于切割。古今裁物制器，为便于用，其理一也。

插图目次

图四四

---

① 中华人民共和国农业部编：《农具图谱》第 2 卷，通俗读物出版社 1958 年版，第 157 页。

10. 双孔石刀使用方法示意图〔9、10 采自《简明中国历史图册》(1)，第 91 页〕

11. 山东梁山青堌堆出土的双孔蚌刀。（采自《山东梁山青堌发掘简报》，图二：3，载《考古》1962 年第 1 期，第 29 页）

12. 湖北红安县金盆西周遗址出土的矩形双孔铜铚（采自《考古》1960 年第 4 期，图版拾壹：4）

13、14. 苏州葑门河道内出土的半月形铜铚（采自《文物》1982 年第 2 期，第 91 页，图五）

15. 云南昆明市上马村五台山出土的半月形铜铚（采自《考古》1984 年第 3 期，第 215 页，图六：7）

16. 云南呈贡县龙街石碑村第一期古墓出土的半月形铜铚（采自《文物资料丛刊》第 3 期，第 97 页，图九：3）

17. 上海博物馆藏四孔铜铚（据实物摹绘）

18. 江苏句容县出土的蚌壳形铜铚（采自《农业考古》1982 年第 2 期，第 121 页，照片三）

19、20. 安徽贵池县徽家冲出土的蚌壳形铜铚（采自《文物》1980 年第 8 期，第 24 页，图三：11、12）

21. 《泉布统志》著录的蚌壳形铜铚（采自卷三下，第 13 页）

22、23. 云南布依族的摘刀（据实物摹绘）

24. 湘西土家族的卡子（据实物摹绘）

25. 河南偃师二里头早商遗址出土的青铜刀片（采自《考古》1974 年第 4 期，第 238 页，图三：7）

26. 用二里头青铜刀片复原为木背夹刃青铜铚示意图

27. 河北磁县下七垣商代遗址出土的青铜刀片（采自《考古学报》1979 年第 2 期，第 204 页，图二一：1）

28、29. 甘肃临夏魏家台子齐家文化遗址出土的骨背铜铚（采自《文物》1983 年第 1 期，第 76 页，插图）

30. 西藏米林县珞巴族使用的铁小刀

图四五

1. 甘肃广河齐家文化遗址出土的无銎锋刃铜镰（据实物测绘）

2. 甘肃玉门市火烧沟遗址出土的无銎锋刃铜镰（据实物测绘）

3. 河南安阳殷墟大司空村出土的无銎锋刃铜镰（采自《考古学报》第 9 册，图版拾肆：2）

4. 陕西盂源使用的铁镰（据实物摹绘）

5. 江苏仪征破山口出土的西周无銎锋刃铜镰（采自《江苏省出土文物选集》图 68）

6. 江苏连云港华盖山出土的西周无銎锋刃铜镰（据实物测绘）

7、8. 浙江海宁县硖石北华介桥出土的无銎锋刃铜镰（据实物摹绘）

9. 上海博物馆藏无銎锋刃铜镰（据实物摹绘）

10. 故宫博物院藏无銎锋刃铜镰（据实物测绘）

11. 安徽寿县朱家集李三孤堆楚王坟出土的窄柄锋刃铜镰（据实物测绘）

12、13. 河南安阳殷墟西区墓葬出土的带砍刃铜镰及其装柄示意图（前者采自《考古学报》1979 年第 1 期，第 94 页，图六九：10）

14. 陕西扶风县使用的带砍刃铁镰（据实物摹绘）

15. 安徽含山县孙家岗商代遗址出土的齿刃铜镰残片（采自《考古》1977 年第 3 期，第 167 页，图二：4）

16. 河南新郑县裴李岗出土的石镰（采自《考古》1982 年第 4 期，第 338 页，图二：5）

17. 安徽寿县李三孤堆楚王坟出土的无銎素面齿刃铜镰（据中国历史博物馆藏实物测绘）

18. 山东济南市大辛庄出土的无銎篦纹面齿刃铜镰（采自《文物》1959 年第 11 期，第 9 页，图 47）

19. 《两罍轩汇图释》著录的无銎篦纹面齿刃铜镰（采自卷八，第 15 页）

20. 安徽舒城县九里墩大队出土的无銎篦纹面齿刃铜镰（采自《考古学报》1982 年第 2 期，图版贰壹：5）

21、22. 1972 年江苏金坛县出土的无銎篦纹面齿刃铜镰（据实物测绘）

23. 浙江绍兴西施山出土的无銎篦纹面齿刃铜镰（采自《文物考古工作三十年》，图版拾玖：6）

24. 绍兴万家山出土的无銎篦纹面齿刃铜镰（据实物摹绘）

25. 浙江嵊县朱孟煤矿古遗址出土的无銎篦纹面齿刃铜镰（采自《文物》1972 年第 3 期，第 76 页，图二）

26. 广东罗定背夫山出土的无銎篦纹面齿刃铜镰（据实物测绘）

27. 日本人类学会人类学教室所藏淡崖神田孝平氏遗藏的无銎篦纹面齿刃铜镰（采自《人类学杂志》第五十八卷第四号，第 182 页，照片）

28. 湖北江陵雨台山楚墓出土的无銎篦纹面齿刃铜镰（采自《考古》1980 年第 5 期，图版叁：5）

29. 日本天理参考馆藏无銎篦纹面齿刃窄柄铜镰（采自《世界考古学大系·6 殷周时代》第 141 页）

30. 江苏高淳县出土的无銎篦纹面齿刃铜镰（据实物测绘）

31. 浙江杭州西湖出土的无銎篦纹面齿刃铜镰（据实物测绘）

图四六

1. 云南剑川县海门口出土的有銎锋刃铜镰（据实物测绘）

2、3. 故宫博物院藏的有銎双刃铜镰（据实物测绘）

4. 湖北襄阳县陆寨大队山湾土岗出土的有銎素面齿刃铜镰（采自《江汉考古》1983 年第 2 期，第 10 页，图一四：1）

5. 湖北襄阳县陆寨大队山湾土岗出土的有銎篦纹面齿刃铜镰（采自《江汉考古》1983 年第 2 期，图版柒：6）。

6. 河南淅川县下寺春秋墓出土的有銎篦纹齿刃铜镰（据实物测绘）

7. 福建省闽侯使用的直柄铁镰（采自《农具图谱》第二卷，第 159 页插图）

8、9. 贵州苗族使用的两种直柄铁镰（采自《农业考古》1983 年第 1 期，第 173 页，图一）

10. 浙江温州市地区使用的直柄铁镰（据实物测绘）

11. 陕西南郑县装柄角度大于 90 度的铁镰（采自《农具图谱》第 2 卷，第 157 页，插图）

12. 湖北咸宁县使用的有銎素面齿刃铁镰（据实物摹绘）

中　编

青铜生产工具与中国
奴隶制社会经济

辩证法告诉我们，事物不是孤立发展的，而是相互联系的。青铜农具既然大量使用，必然要和其他事物发生联系，留下其影响所及的痕迹。首先它与农业生产直接有关。农业生产的发展及其各种技术环节上的进步，工具的形制及使用方式，很多是与大量使用青铜农具分不开的。诸如大规模进行农田水利建设，从撂荒制向休闲农作制和连耕制的发展，农田施肥、土地深耕、中耕除草成为农业生产的重要环节，土壤学知识的产生等，概言之，即从原始农业向传统农业技术的过渡，这些情况在以木、石农具为代表的生产力水平下，虽经历四五千年而不能发生；而在冶铜术发明后，随即出现。这不正是青铜农具大量使用的明证吗？

　　当时的青铜产量不多，决定了主要农具的铜木结构形制，并形成了耦耕的劳动方式。青铜农具既大量使用，但又不够普遍，不能完全排挤掉石器，在社会关系上决定了既产生奴隶制剥削，又形成残留着农村公社的东方奴隶制类型社会。

第九章　大禹治水和夏商西周的农田水利建设

我国是世界农业起源的中心之一，一些最主要的粮食作物如稻、粟、黍、大豆等都是最早在我国驯化栽培成功的。正是较早发展的农业促进我国较早地跨入文明社会的门槛，并孕育了古代灿烂的文化，使中国成为"世界文明发达最早的国家之一"①。

青铜工具的使用，使我国较早发达的原始农业出现了划时代的变化。大规模治水和农田水利建设谱写了这一历史巨变的极其光辉的首篇。春秋时人风胡子说："禹穴之时，以铜为兵，以凿伊阙、通龙门，决江导河，东注于海，天下通平。"② 这里"以铜为兵"的兵，是刃器的意思，包括兵器和工具。由于利用了铜刃器工具，才干出了"凿伊阙，通龙门，决江导河"的伟大治水业绩，并有可能进行相当规模的农田水利建设。

一　大禹治水

大约在5000年前，我国进入了原始社会末期，农业已发展到锄耕阶段，并开始成为社会的基本经济部门。人们为了便于进行农业生产，从原来居住较高的丘地向较低的平原迁移。但是，他们所居住和农耕的平原往往要受到山洪和河水泛滥的侵害，更多的低地还被淹没于积水之中，特别是居住在较低地区的部落，情况更为严重。《管子·揆度》载："共工之王，水处十之七，陆处十之三。"农业生产的进一步发展，要求排除积水，治理水害。与此同时，铜工具开始使用，增强了人们同大自然作斗争的能

---

① 《毛泽东选集》合订本，人民出版社1964年版，第586页。
② 《越绝书·越绝外传记宝剑第十三》。

力，也为治水创造了条件。

（一）"疏川导滞"的方针与治水的成功

最初治水是各部落各自为政的。方法是修筑一些简单的堤埂，用以挡住洪水的漫延。这样治水出现两个问题：一是当气候激烈变化，河水猛涨时，简单的堤埂抵挡不住洪水的冲击，房屋被冲毁，田地被淹没，酿成更严重的损害。二是各自为政地堵截洪水，必然要以邻为壑，殃及其他部落。《国语·周语》载太子晋的话说："古之长民者，不堕山，不崇薮，不防川，不窦泽。昔共工氏弃此道也……欲壅防百川，堕高堙卑，以害天下。"《淮南子·本经训》也说："共工振滔洪水，以薄空桑。"指的就是这种情况。客观实践要求各部落联合起来统一治水。大禹的父亲鲧，就是第一任联合治水的总指挥，但因仍用筑堤堵截的老办法，所谓"鲧障洪水"[①]，没有取得成功。

大禹接替父亲鲧治水后，总结过去失败的教训，采取了"高高下下，疏川导滞"的方针[②]。《淮南子·原道训》说："禹之决渎也，因水以为师。"即根据水流运动的客观规律，因势利导，疏浚排洪。经过 10 多年的艰苦努力，使漫出河床的洪水和积涝归入河漕。治水获得空前的成功，出现"水由地中行……然后人得平土而居之"的局面[③]。据《尚书·禹贡》载，经这次疏治过的河流有漳水、恒水、卫水、济水、黄河、灉河、沮河、漆水、潍河、淄河、淮河、沂水、沱江、潜水、伊水、瀍水、涧水、洛水、黑水、和川水、弱水、泾水、渭水、沣水、漾水、降水、沧浪水、三澨水、澧水、泗水、沇水、汶水等。湖泽有大陆泽、雷夏泽、大野泽、彭蠡、震泽、云梦泽、荥波泽、菏泽、孟猪泽、猪野泽、荥泽等。涉及今天黄河、长江、淮河、汉水、汝水各主要水系，范围相当广阔。

（二）对否定大禹治水诸种说法的辨析

关于大禹治水，学术界有不同意见。30 年代顾颉刚先生认为大禹是天神，或为动物图腾，或为南方民族中的神话人物，或为西方民族传说中的

---

① 《国语·鲁语上》。
② 《国语·周语下》。
③ 《孟子·滕文公下》。

人物，总之否认他是历史上存在过的人物，因而否认大禹治水实有其事。直到 70 年代末，顾先生说：这些"主要的见解我还是坚持下去"①。这是一种比较极端的意见，多数学者并不赞同这种观点。他们主要在大禹治水的深度和广度方面有不同看法：如认为大禹只尽力于沟洫，兴建小规模井田灌溉系统②；只治理汾河平原的洪水③；治理黄河"上不及龙门，下不至碣石，当在伊阙底柱之间耳"④；治理黄河中下游⑤等等。近人认为大禹治水涉及江、汉、淮、汝水系的人似不多见。对于各种意见我们都作过认真的考虑，对于所依据的材料也认真做过研究，还没有发现有什么直接的过硬材料能否定或大部分否定《禹贡》所记述治水的基本情况；恰巧相反，大量材料，其中不少是史料价值很高的文献，却从不同程度、不同角度上证明了这一情况。下面从 6 个方面予以说明。

　　第一，否定大禹是人或否定其大部分治水成就，主要都以《尚书·禹贡》篇的写作时代较晚为由，而此点却大有商榷的余地。首先《禹贡》的写作时代是有不同意见的。除战国说之外，往上还有春秋说⑥、西周说⑦、夏代说⑧等。而战国说的主要根据为以下 4 条：（1）我国春秋时代才出现铁，钢的出现在战国，《禹贡》梁州的贡品中有铁、镂。据《说文》云：镂就是钢。（2）《禹贡》九州中的名称，源出春秋战国的国名。（3）《禹贡》九州的地理范围与战国时代地域相当。（4）九州、五服之说，是战国时代儒家思想的产物。⑨ 4 条中后 3 条都是似是而非之论，弹性很大。以往皆以第一条最确凿无疑。然而近年来考古发掘中，有些铁出土物的上限已跨入西周末，春秋的钢制品也已经发现，这就很难排除《禹贡》写作于春秋以上的可能。其实镂作钢解，是汉代人的说法，本不足为确指之据，《禹贡》中的铁，也有陨铁的可能，而以陨铁为刃的兵器，殷代和西周的

　　① 见《古史辨》第 1 册，上海古籍出版社 1982 年版，第 21、112、118、121 页；《古史辨》第 7 册下，开明书店 1931 年版，第 117 页。

　　② 吕思勉：《唐虞夏史考》，载《古史辨》第 7 册下，开明书店 1931 年版，第 275 页。

　　③ 马宗申：《关于我国古代洪水和大禹治水的探讨》，载《农业考古》1982 年第 2 期，第 6 页。

　　④ 钱穆：《周初地理考》，载《燕京学报》第 10 期，1931 年，第 1973 页。

　　⑤ 武汉水利电力学院等：《中国水利史稿》上册，水利电力出版社 1979 年版，第 40 页；方楫：《我国古代的水利工程》，新知识出版社 1955 年版，第 4 页。

　　⑥ 王成组：《从比较研究重新估定禹贡形成的年代》，载《西北大学学报》1957 年第 4 期。

　　⑦ 辛树帜：《禹贡制作时代的推测》，载《西北农学院学报》1957 年第 3 期。

　　⑧ 《尚书·禹贡》篇序。

　　⑨ 李长傅：《禹贡释地》，中州书画社 1982 年版，第 2 页。

都有发现，这就又很难排除《禹贡》写作于西周以上的可能。大家都承认，时代愈早，所记史实愈可靠。退一步讲，即以《禹贡》确系写作于战国，也不能说它没有使用战国以前的材料，并不能排除它所记大部分为真确史实的可能，犹如成书于 20 世纪的郭沫若主编《中国史稿》，不能说它所记中国历史全属或大部分属子虚乌有一样。

第二，在涉及水系之多方面，先秦诸子所记大体与《禹贡》一致。如《孟子·滕文公上》说："禹疏九河，瀹济、漯而注诸海，决汝、汉，排淮、泗而注之江。"《荀子·成相》篇说："禹有功，抑下鸿，辟除民害逐共工，北决九河，通十二渚，疏三江。"《墨子·兼爱中》说："古者禹治天下，西为西河渔窦，以泄渠孙皇之水。北为防原泒，注后之邸，嘑池之窦，洒为底柱，凿为龙门，以利燕代胡貉与河西之民，东为漏大陆、防孟诸之泽，洒为九浍，以楗东土之水，以利冀州之民，南为江汉淮汝，东流之，注五湖之处，以利荆楚干越与南夷之民。"《吕氏春秋·爱类》说："昔上古龙门未开，吕梁未发，河出孟门，大溢逆流……禹于是疏河决江，为彭蠡之障，乾东土所活者千八百国。"《古乐》又说："禹立……通大川，决壅塞，凿龙门，降通漻水以导河，疏三江五湖，注之东海，以利黔首。"《庄子·天下》篇说："昔者禹之湮洪水，决江河而通四夷九州也，名山（山是川的错字）三百，支川三千，小者无数……置万国。"《管子·轻重戊篇》说："夏人之王，外凿二十虻，蝶十七湛，疏三江，凿五湖，道四泾之水，以商九州之高，以治九薮。"

先秦诸子学术观点各不相同，经常相互诘难，辩论十分激烈，有时甚至达到狂骂的程度。如果某派因宣扬自己学派的观点而伪造《禹贡》或虚构大禹治水的故事，定会遭到其他学派的揭露和攻击。在学术观点严重对立情况下，也不存在各家联合编造伪书和虚假故事的可能。然而，在他们之间的大量驳辩中，却看不到有关大禹治水不真实的指责，而是众口一词，惊人的一致。这说明大家的议论都是根据同一历史事实。至于《楚辞·天问篇》中"洪泉极深，（禹）何以填之？"的发问，从问题本身就可以看出，引起屈原怀疑的是对大禹的神化和过分渲染的部分，并非治水史实本身。

第三，禹业之伟、禹迹之广在《诗经》、《尚书》、《左传》和金文中都有多处记载，可与《禹贡》相互印证。如《诗经》中的《商颂》本是作于殷代晚期的颂歌，因为诗中谈及伐楚的事，过去有人主要据此定它为春秋宋诗，理由是商代不可能有伐楚的事。现在甲骨文中已发现伐楚的记载，定为春秋宋诗的主要依据已不存在，理应恢复《商颂》殷诗的声誉①。《诗·商颂·长发》说："洪水芒芒，禹敷下土方，外大国是疆，幅陨既长。"郑玄注："禹敷下土，正四方，定诸夏，广大其竟界。"可证禹通过治水，扩大了他的统治范围。《殷武》篇说："昔有成汤……天命多辟，设都于禹之绩，岁事来辟。"郑玄注："乃令天下众君诸侯立都于禹所治之功，以岁时来朝觐于我殷王。"可见商初在一定程度上恢复了夏初的统治范围。该篇还记载了殷高宗武丁伐楚的战绩，即"深入其阻，衰荆之旅"，并透露出这样做是在维护禹的业绩。此外，写作于西周的《诗·大雅·文王有声》篇中有"丰水东注，维禹之绩"。写作于春秋的《鲁颂·閟宫》篇中有"缵禹之绪"等。再有，春秋时的《齐侯镈钟》铭文载："虩虩成唐（即成汤），有敢（即严字）在帝所，尊受天命……咸有九州，处禹之堵。"《秦公殷》铭文载："鼏宅禹赍。"王国维说："赍"当是"蹟"的借字，"禹赍"即"禹蹟"。② 还有，《左传》襄公四年载："芒芒禹迹，画为九州，经启九道。"《尚书·立政》说："其克诘尔戎，以陟禹之迹，方行天下，至于海表，罔有不服。"《史记·殷本纪》引汤诰曰："古禹皋陶久劳于外，其有功乎民，民乃有安，东为江，北为济，西为河，南为淮，四渎已修，万民乃有居。"《尚书·益稷》记大禹自己的话也说："予决九川，距四海。"上述引文皆出自记载我国古史最权威的著作和实物，写作于商、西周、东周等不同的时期，所记大禹之事，不仅无一与《禹贡》相抵触，而且各自从不同的侧面与《禹贡》相印证。

第四，从考古资料来看，继北方仰韶文化之后的龙山文化，分布地域甚广，东至黄河之滨，西到渭水中游，北至辽东半岛，南达湖北境内。分布在以上各地区的龙山文化，既有它的一致性，也带有不同地区的特点。此外，在龙山文化分布地区周围，还分布着一些在时间上与龙山文化大致相当的古代文化，如渭水以西的齐家文化，长江流域的马家浜文化、屈家岭文化、良渚文化等。这些文化与龙山文化有某些接近之处，也有相互影响的痕迹，以致有的学者称长江流域和南方的这类文化为"龙山形成期"

---

① 周满江：《诗经》，上海古籍出版社1980年版，第18—20页；刘毓庆：《"商颂"非宋人作考》，载《山西大学学报》1980年第1期，第61—68页。

② 王国维：《古史新证》第一、二章，载《古史辨》第1册，上海古籍出版社1982年版，第267页。

或"似龙山文化"。① 在龙山文化中，以分布在豫西、晋南的"河南龙山文化"晚期文化发展最突出，它的绝对年代，据碳14测定的两个数据：一是洛阳王湾三期为公元前2390年；一是临汝煤山为公元前2005年②。这一时间范围与夏王朝早期年代大体一致。由此推断，河南龙山文化晚期很可能就是夏王朝早期的一种文化遗存。而那些与河南龙山文化晚期在时代上大致相同的其他类型的龙山文化，以及所谓的"似龙山文化"，很可能就是大禹通过治水纳入其统治范围的各氏族部落的文化遗存。各地受到夏文化的影响而产生某种相同文化的地区已如此之广，而在治水中联合和在政治上受到夏王朝初期短暂统治的地区就有可能更远。这也可与《禹贡》所记大禹活动范围之广相互印证。

第五，地质学家丁文江先生说："江、河都是天然水道，没有丝毫人工疏导的痕迹——江尤其如此。""龙门是黄河出峡的口子，河面在峡中，宽不过几十丈，两岸峭壁却有一千尺多高……非人工所能为力的。""砥柱又叫三门，是因为有两块火成岩侵入煤系的岩石之中，煤系软而火成岩硬，所以受侵蚀的迟速不一样。煤系被水冲开一丈，被风蚀低一丈，火成岩却不过了十分之一的影响，成功了所谓三门，与禹何涉。"因此得出"禹治水之说绝不可信"的结论③。这样提出问题是与对当时治水的深度和要解决的任务理解不同有关。我们认为我国古代河流主要是千万年水流冲刷和地质变动造成的，但并不排除当时力所能及地给予治理的可能。例如龙门，若说此全为禹时所凿，这是不可能的。如果是峡口有十几米岩石伸向河中心，碍住河水不能畅通，大禹凿而通之，也并非没有可能。开砥柱三门的事如果也这样理解，就不好说绝对办不到。大禹治水主要解决的是"决壅塞"，把大量积水溢流导入江河，即洪水归槽的问题，而不是说整个江河水道都是大禹开凿的。如此理解，则大禹治水既可信，又是人工所能及的。

第六，凡是认为大禹是神或否定他的业绩的各种说法，仔细研究他们的论点，没有任何一家据有确凿的直接资料；而皆出于一种简单的推

---

① 安志敏：《新石器时代考古三十年》，载《文物》1979年第10期。

② 《河南、山西地区龙山文化——商代遗址C14年代表》，见《考古》1979年第6期，第557页。

③ 丁文江：《论禹治水说不可信书》，载《古史辨》第1册，上海古籍出版社1982年版，第208页。

论。如顾颉刚先生说："若禹确是人而非神，则我们看了他的事业真不免要骇昏了。"理由是禹在 13 年中跑不了这么多路，做不了这么多事。[①]又如许道龄先生讲："除非夏禹是位下凡神仙，在那公元前 23 世纪的新石器时代（？），必不能做偌大'凿龙门、疏九河、决九川、浚畎浍'的工作。"[②] 问题出自把大禹的时代设想得太落后了。其实不然，人类社会历史发展的无数事例表明：越靠近近代，社会物质生活发展越快，反之则越慢。我国从鸦片战争到现在的一百多年中的发展变化，远远大于从秦始皇到道光皇帝两千多年的发展变化，而后者肯定又要远远大于从大禹到东周之间的发展变化，因为这一段时间只有一千多年，时代又更古远。因此，不应把夏、商、周三代之间的差距看得很大，古人三代并称，同誉为圣世，并非无因。依我看，夏、商、周三代之间的差距可能与后世元、明、清三朝之差距略等。如此考虑，东周时已能开凿数百里长的人工灌渠和运河多条，则大禹时较大范围地决壅塞，导洪水入江、河，自然是可能的了。

另外，人类历史发展的现象，往往是复杂曲折的，稍前一些的不一定都比稍后一些的落后，后人没有做到的，不一定前人都做不到。值得特别指出的是：人类社会在跨向文明门槛时所产生的强大活力绝不能低估。大体处在这一社会阶段的蒙古族人征服了欧、亚、非三大洲广大地区，建立了元帝国和四大汗国，后来的明、清两代统治者虽也有诸多文治武功，但在这一点上都望尘莫及。我们能否据此就认为成吉思汗和他的儿孙们为神而非人呢？否认元帝国及四大汗国的存在呢？显然是不能的。

（三）治水的真实性及成功的原因

综观各种文献关于大禹治水的记载，虽不无神化和渲染夸大之处，但基本事实是可信的。与其他神话传说不同，这里看到的主要不是宣扬神力魔法，而是记述人的艰苦努力、正确的治水方针、科学的治水措施、必要的组织形式和劳力动员等，给人以历史事件记录的真实感。

首先，大禹为治水事业而献身的精神是十分感人的。《尚书·益稷》

---

① 顾颉刚：《讨论古史答刘、胡二先生》，载《古史辨》第 1 册，上海古籍出版社 1982 年版，第 111—112 页。

② 许道龄：《从夏禹治水说之不可信，谈到禹贡著作的时代及其目的》，载《禹贡半月刊》第 1 卷，第 4 期，1934 年。

载：禹的妻子涂山氏生下儿子启只 4 天，"启呱呱而泣"，禹不能照顾婴儿和产后的妻子，离家治水。《史记·夏本纪》载："禹伤先人父鲧功之不成受诛，乃劳身焦思，居外十三年，过家门不敢入。"在治水过程中，禹亲临第一线，吃大苦、耐大劳，带头苦干。《庄子·天下》篇说："禹亲自操橐耜，而九杂天下之川，腓无胈，胫无毛，沐甚雨，栉疾风。"《韩非子·五蠹》篇也说："禹之王天下也，身执耒臿，以为民先，股无胈，胫不生毛，虽臣虏之劳，不苦于此矣。"

其次，除献身精神外，大禹治水还有正确的方针。《国语·周语》说："伯禹念前之非度，厘改制量。"即吸取了鲧治水失败的教训，改"鲧障洪水"的老办法为以疏导为主的方针，利用水自高处向低处流的自然趋势，顺地势把壅塞的川流疏通，把洪水引入已疏通的河道、洼地或湖泊，然后"合通四海"。《吕氏春秋·贵因》说："三代所宝，莫如因，因则无敌。禹通三江五湖，决伊阙，沟回陆，注之东海，因水之力也。"这是说治水所以获得成功，是根据水流运动的规律，借助水自身的力量，采用了正确方针的结果。

其三，大禹治水使用科学手段和工具。《史记·夏本纪》载："（禹）左准绳、右规矩"，"行山表木，定高山大川。""准绳"大概如今之铅垂线一类的东西，"规矩"即圆规和角尺，都是基本的测量工具。"行山表木"，《尚书·益稷》作"随山刊木"。大约是原始的水准测量。"表"为标记显示之意，"刊"有削的意思，大概是刻尺度作为测量的标桩[①]。大禹左手提着铅垂线，右手拿着角尺和圆规，亲自测定标桩，哪里是什么天神，倒是很像一位懂技术的领导干部。这是治水所以成功的重要原因之一。《周髀算经》说："故禹之所以治天下者，此数之所由生也。"汉人赵君卿注："禹治洪水，决疏江河，望山川之形，定高下之势，除滔天之灾，释昏垫之厄，使东注于海而无浸逆，乃勾股之所由生也。"这是说大禹利用测量工具，在治水的测算中发展了数学。

其四，大禹治水还有一个强有力的领导班子。《史记·夏本纪》载："禹乃遂与益、后稷奉帝命"治水。《国语·周语下》说：大禹治水"（共）工之从孙、四岳佐之"。共工氏是一个较有治水经验的部落，不过

以前是单干，以邻为壑，为此，其首领受到惩罚。大禹在统一规划的大规模治水活动中，又吸收其部落晚辈参加治水领导机构，是很必要的，即可借鉴其治水经验，又可争取该部落在治水中合作。《荀子·成相》篇说："禹傅土，平天下，躬亲为民劳苦，得益、皋陶、横革、直成为辅。"在辅佐禹治水的领导成员中，有一些是部落联盟的"官员"和部落首领；有一些则是禹在各地治水过程中发现的有治水学识的贤人。《吕氏春秋·求人》载："禹东至榑木之地，日出九津、青羌之野、攒树之所，㩻天之山，鸟谷、青丘之乡，黑齿之国。南至交趾、孙朴、续樠之国，丹粟、漆树、沸水漂漂、九阳之山，羽人、裸民之处，不死之乡。西至三危之国，巫山之下，饮露吸气之民，积金之山，共肱、一臂、三面之乡。北至人正之国，夏海之穷，衡山之上，犬戎之国，夸父之野，禺疆之所，积水、积石之山。不有懈堕，忧其黔首，颜色黧黑，窍藏不通，步不相过，以求贤人，欲尽地利，至劳也。得陶、化益、真窥，横革、之交五人佐禹。故功绩铭乎金石，著于盘盂。"很显然，这样一个由部落联盟"官员"、部落头人和"科技人员"组成的领导班子，是实实在在从事治水工作的有效机构，它是大禹治水获得成功的重要保证。

其五，大禹还拥有治水所必需的权力。从黄帝到大禹正是我国从原始社会向阶级社会过渡的阶段，也是国家逐步形成的阶段。行政统治机构和权力也在产生和加强。舜"流四凶族，浑敦、穷奇、梼杌、饕餮，投诸四裔。"[①] 和"殛鲧于羽山"[②]，就是行使这种权力的事例。禹受舜命治水，同时被赋予必要的权力，所以禹能"命诸侯、百姓兴人徒以傅土"[③]。在统一规划下一道命令，各部落动员民众，先后开工。治水是当时的普遍要求，以治水相号召，各部落易于联合，并采取一致行动。少数不肯合作的，则用武力征服。所谓"逐共工"和"伐三苗"可能与治水有关。大概大禹抓总体规划，洪水主要是各部落自行治理的。禹亲临指挥的只能是一些主要河道的主要工段，更多的治水情况是通过各部落头人的汇报获得的。《左传》哀公七年载："禹合诸侯于涂山，执玉帛者万国。"可能就是治水的汇报会或庆功会。各部落所汇报的治水成绩中自会有浮夸和不真实

---

① 《左传》文公十八年。

② 《尚书·舜典》。

③ 《史记·夏本纪》。

的成分，如果这样理解《禹贡》所载治水成果的真实性及其所含的虚假性，也许更符合当时的实际。

通过治水，禹的权力进一步加强，不仅取得了部落联盟首领的职务，而且建立了奴隶制的世袭王权。《韩非子·饰邪》说："禹朝诸侯之君会稽之上，防风之君后至而斩之。"大禹俨然君临天下了。

总之，关于大禹治水的记载，其主要方面为治水史实的写照，是我们祖先为治理洪水而斗争的生动画卷和获得成功的伟大记录，是世界上古治水史中仅见的壮举。它体现了我国先民在征服自然的过程中不屈不挠的斗争精神和人定胜天的决心及勇气。

二　夏商西周的农田水利基本建设

大禹治水与农业的关系至为密切。治水是农业发展提出的要求，治水过程中即伴随着农田水利基本建设，治水的主要成果乃是农业获得了进一步的发展。西汉初陆贾在《新语·道基》中说："后稷乃列封疆，画畔界，以分土地之所宜，辟土殖谷，以用养民。种桑麻，致丝枲，以蔽形体。当斯之时，四渎未通，洪水为害，禹乃决江疏河，通之四渎，致之于海，大小相受，百川顺流，各归其所。然后人民得去高险，处平土。"这是对治水的缘起及与农业密切关系的确切说明。就在大禹治水的领导班子中，有专管农业的后稷，还有益，这两人的职责是帮助大禹规划农田水利建设和发展农业。

治水为农业生产创造了条件，农业生产的发展是治水的必然结果。如兖州地区黄河、濮河（今俗称赵王河）、沮水（也叫清水河）治理以后，形成"桑土既蚕"的沃壤，徐州地区的淮河、沂水治理后，"蒙、羽其艺"，即蒙山和羽山一带的土地能够种植庄稼。[1]《史记·夏本纪》载："禹……开九州，通九道，陂九泽，度九山，令益予众庶稻，可种卑湿。"《尚书·益稷》记载大禹自己的话也说："予决九川，距四海，浚畎浍距川，暨稷播，奏庶艰食鲜食……丞民乃粒。"这里的"陂九泽、度九山"和"浚畎浍距川"都属农田水利基本建设。

---

[1] 《尚书·禹贡》。

（一）井田规划与农田水利基本建设及其沟洫制度

我国古代实行过的井田制，耕地是规划为配有排灌系统的方田的。畎和浍是这个排灌系统中小的和大的水渠。《论语·泰伯》记孔子的话说："禹吾无间然矣……卑宫室而尽力乎沟洫。"沟和洫也是这个排灌系统中不同水渠的名称。因此，历代学者都以这里的畎、浍、沟、洫为井田制水利系统作解。近年来，在洛阳矬李后冈第二期文化煤山类型的遗址中，发现有宽 4 米，深约 0.4 米的水渠，证实在大禹时代确有沟洫等排灌水渠的存在。[①]

《诗·小雅·信南山》说："信彼南山，维禹甸之，畇畇原隰，曾孙田之。我疆我理，南东其亩。"毛传说："曾孙，成王也。"郑玄解释诗意说："信乎彼南山之野，禹治而丘甸之，今原隰垦辟，又成王之所佃，言成王乃远脩禹之功。……六十四井为甸，甸方八里，居一成之中，成方十里。"甸和成都是井田制系统中的计算单位，这里把甸用作动词，就是规划井田及其相应水利系统的意思。这首诗是歌颂周成王的，当作于西周。"疆"是划分井田疆界，"理"是依照地势高低、水势顺逆规划好水利沟洫系统。"南东其亩"是根据地势和水势的顺逆做成畎、亩（即沟、垄）南北向或东西向的田。值得注意的是：周成王的这些做法是"远脩禹之功"，即从夏禹那里继承下来的。此外，《诗·大雅·韩奕》载："奕奕梁山，维禹甸之。"是说这里的井田原也是禹时规划整治的。

商代对农田的整治和水利建设在甲骨文中可以看到一部分情况。甲骨文的田字作畾、畕、畕、等形。象形文字是对所反映事物形状的描绘，可知在殷代耕地是规划得颇为方正的，其中并有田埂纵横，区分为若干相等的区域，与周代文献所记井田制的区划大体吻合。

甲骨文有"壅田"（或释为"衰田"）的记载。例如：

1. 癸巳卜，宾，贞：令众人□入羊方壅田。

贞：勿令众人。六月。[②]

2. 己酉卜，争，贞：收众人，乎从夏，出王事。五月。

甲子卜，品，贞：令𠂤壅田于□，出王事。[③]

---

①　洛阳博物馆：《洛阳矬李遗址试掘简报》，载《考古》1978 年第 1 期；吴汝祚：《夏文化初论》，载《中国史研究》1979 年第 2 期，第 140 页。

②　《甲》3510。

③　《前》7，3，2。

3. 癸□〔卜〕，□，贞：□□令𠂤𦥑田于先侯。十二月。①

4. ……令日𦥑田〔于〕先侯。十二月。②

5. 戊辰卜，宾，贞：令永𡐦田于苗。③

6. □□贞：王令多〔尹〕〔于〕羊𡋟田。④

𦥑、𡐦、𡋟，一般都认为是同一字的不同写法。饶宗颐先生以其字从臼、从用、从土，释为壅，认为壅田是向禾苗根部壅土⑤。张政烺先生释为"裒"。《诗·小雅·常棣》："原隰裒矣，兄弟求矣。"《毛传》："裒，聚也。"《淮南子·本经》："菑榛秽，聚埒亩，芟野菼，长苗秀。"据此，张先生认为："裒田就是造新田……首先是刨地，扒高垫低，使之平坦，然后再打垄。"⑥ 裘锡圭先生对于其字的读音从饶说，但不同意"壅田"是向禾苗根部壅土的解释，可能有见于甲骨文所载这项工序多在六月、十二月，即夏至日、冬至日前后进行，这类时令，特别是后者，北方一般无禾苗可供壅土。但他认为"壅田"内容大体为张说"裒田"中的"平整土地打垄等工作"。⑦ 其说可从。

其他如徐中舒先生释𡉚为贵，以贵为隤。胡厚宣先生从徐中舒说，又谓"贵亦读作溃"，"贵田者，盖犹耨田。"陈梦家先生也谓"𡉚象壅土之形，疑为粪字。"另外有不少学者释𡉚为圣，并据《说文》云："汝颍之间谓致力于地曰圣，从土从又，读若兔窟（苦骨切）。"但是如何致力于地，各家说法不一，最有影响的是垦田说。清人毛际盛、王宗涑谓"豤（垦）正字当作圣"。于省吾先生从之，并广征博引，训豤为发田，为起土。认为"甲骨文的圣田，𡉚田，或𦥑田即豤田"。⑧ 另有温少峰，袁庭栋、王贵民先生亦作"垦田"解。⑨ 肖楠先生则认为"𡉚是一种开垦农田的方

① 《前》6，14，6。

② 《虚》620。

③ 《前》2，37，6。

④ 《粹》1222。

⑤ 饶宗颐：《殷代贞卜人物通考》，香港大学出版社1959年版，第258页。

⑥ 张政烺：《卜辞裒田及其相关诸问题》，载《考古学报》1973年第1期，第95、101页。

⑦ 裘锡圭：《甲骨文中所见的商代农业》，载《全国商史学术讨论会论文集》，河南省滑县印刷厂1985年印，第334—336页。

⑧ 见于省吾：《甲骨文字释林》，中华书局1979年版，第236页。

⑨ 温少峰等：《殷墟卜辞研究——科学技术篇》，四川省社会科学院1983年印，第197页；王贵民：《就甲骨文所见试说商代的王室田庄》，载《中国史研究》1980年第3期，第57页。

法"①，等等。总而言之，绝大多数学者都认为坘田是对耕地的整治或对土壤的加工。

甲骨文有"土田"的记载。例如："甲戌卜……令🔣坘田……不……"②；"癸未卜，宾，贞：🔣坘田，不来归，十二月。"③："🔣"字张政烺先生释为"土"字，上部从𝑈，即足趾，下部从土（字旁小点是属于土字的），读为度。土田即度田。《周礼·春官·典瑞》："土圭以致四时日月，封国则以土地。"郑玄注："土地犹度地也。"《地官·大司徒》："凡建邦国，以土圭土其地，而制其域。"郑玄注："土其地犹度其地。"④ 其字从趾，盖取意于以步度地。度地是农田规划，修治为方块田的一个重要工序。

甲骨文有"🔣"字⑤。《说文》："畕，比田也。"又说："畺，界也。从畕，三，其界画也。或从疆土，作疆。"可知畺即疆字。畕是相邻的两块方田，所从之弓是丈量方田的工具。

卜辞有"乙卯贞：呼𠂤人🔣"的记载。陈邦怀释🔣是量的初字，意为呼𠂤人量度土地也。《周礼·夏官·量人》郑注："量犹度也，谓以丈尺度地。"⑥ 这里从事量度土地的𠂤人的"𠂤"字也从弓，以示所操持之工具。《仪礼·乡射礼》载："侯道五十弓。"唐贾公彦疏："六尺为步，弓之古制六尺，与步相应。"故1步即1弓，同是丈量土地的单位。

有一个殷代的青铜觯，铭文为"🔣父己"。🔣字两田之间的"◁"，当为丈量方田之矩。《周髀算经》云："方出于矩"⑦，可知当时为了把耕地规划成整齐的方田，不仅用弓丈量，还要用矩正形。《汉书·食货志》在谈到古代井田制的规划情况时说："建步立亩，正其经界。六尺为步，步百为亩，亩百为夫……井方一里是为九夫，八家共之，各受私田百亩，公田十亩……余二十亩以为庐舍。"从甲骨文有"坘田"、"土田"、"彊"字、殷金有"🔣"字，可证通过丈量划分成方块井田，并加以整治，在殷

---

① 肖楠：《小屯南地甲骨缀合篇》，载《考古学报》1986 年第 3 期，第 282 页。

② 《甲》359。

③ 《甲》3479。

④ 张政烺：《释甲骨文尊田及土田》，载《中国历史文献研究集刊》第 3 集，岳麓书社 1982 年版，第 14 页。

⑤ 《后》2、2、17。

⑥ 陈邦怀：《殷代社会史料征存》卷下，第 4 页。

⑦ 崔志远：《天津市新收集的商周青铜器》，载《文物》1964 年第 9 期，第 34 页。

代已经有了。

甲骨文中有"𒀭"①、"𒀭"②、"𒀭"③等字，这都是畎（甽）字的不同写法。据《考工记》载：畎是田间宽深各一尺的小水沟。《国语·晋语》中说：中行范氏的子孙，"将耕于齐……为畎亩之勤"。《国语·周语下》说："天所崇之子孙，或在畎亩。"韦昭注："下曰畎，高曰亩。亩，垄也。"《汉书·食货志》载："后稷始甽田，以二耜为耦，广尺深尺曰甽，长终亩，一亩三甽，一夫三百甽。"段玉裁对这段话的解释是："长终亩者，长百步也。六尺为步，步百为亩……深者为甽，高者为田。皆广尺，三百甽，积广六百尺，长百步，亦长六百尺。故一夫百亩，其体正方。"④据以上诸条，井田制下的1亩田，是划分为宽1步长100步的"长亩"，1个长亩又分为广尺深尺的3个长畎，两畎之间的高地也宽1尺，叫田（又叫亩、垄）。一夫所耕的百亩田，是由300条长畎与300条长垄相间并在一起，恰好宽也是100步，是正正方方的一块田。《尚书·梓材》记周公的话说，"为厥疆畎"，大概就是指如上面所说的，通过丈量，划分井田疆界做成畎亩的意思。从殷代、甲文有"𒀭"、"𒀭"、"彊"等字，可证周人治田的这些措施，殷代也是有了的。

"后稷始甽田"虽然出自汉代人的文字，但不无所本。我们还可以从《诗经》中的有关记载得到印证。《诗·大雅·公刘》载：周族的远祖公刘居邰（今陕西武功县）时就"迺埸迺疆"。毛传说："埸，畔也"⑤，疆字前面解释过了。"迺埸迺疆"就是通过丈量将耕地规划成井田疆界和畦畔。《史记·夏本纪》载："封弃于邰，号曰后稷。"因此，公刘在邰地治田的这些措施很可能就是后稷留下来的古制。公刘迁豳（今陕西旬邑县）以后，又采取"相其阴阳、观其流泉"、"度其隰原"、"止基迺理"、"既顺迺宣"等一系列与治田有关的措施。"相其阴阳"是说选择向阳土温较高的土地为耕地。"观其流泉"是说考察以利农田灌溉之用的水源。"隰"和"原"是选作农田的两种土地。《尔雅·释地》说，"下湿曰隰"，"广平曰原"，即是低下湿润和宽广平坦的土地，都是比较肥美不乏水源、宜

---

① 《乙》115。
② 《乙》2044。
③ 《前》四、一二。
④ 段玉裁：《说文解字注》，十一篇下畎字注。
⑤ 《诗·小雅·信南山》注。

于农作物生长的沃壤，它成为周族所选择耕地的主要部分。《诗·小雅·皇皇者华》有"原隰裒矣"，《信南山》有"畇畇原隰，曾孙田之"，《黍苗》有"原隰既平，泉流既清"，即其明证。"度其原隰"即是在经过选择的这两种土地上，丈量划分井田疆界。"既顺"即"迺理"。《说文》说，"顺，理也。"段注："顺之所以理之，川之流，顺之至也。"《考工记》载："凡沟逆地防谓之不行、水属不理孙谓之不行。"郑玄训"孙"为"顺"，理孙即理顺。这句话的意思是：凡开沟渠如果违反了地势的高低就无法使水流通过，因为水的灌注如不顺地势高低，就不能畅流。"既顺"和"迺理"即是按地势高低规划和开辟出水能畅流的排灌系统。"宣"，《考工记》说："半矩谓之宣"，可知是一种测量工具。"迺宣"亦即测量土地规划井田之意。毛传说《公刘》篇是召、康公戒成王之诗，当作于西周。公刘为夏末周族的首领，因而以上种种措施也是夏代整治农田的一部分内容。

《诗·大雅·绵》载：古公亶父迁于岐下，"乃疆乃理，乃宣乃亩"，即仍然是通过测量规划成井田疆界，做成畎亩，并建立相应的水利排灌系统。《大雅·绵》一般都认为是西周时的作品，上距商末不远，所记比较可信。古公亶父为殷代晚期周族的首领，他所采取的这些措施，也是殷代整治农田的一部分内容。

周族通过长期农田基本建设的实践，到了西周时代，耕地规划和整治已出现较高水平。《周礼·地官·遂人》载："凡治野，夫间有遂，遂上有径，十夫有沟，沟上有畛。百夫有洫，洫上有涂。千夫有浍，浍上有道。万夫有川，川上有路，以达于畿。"在井田上不仅配有排灌系统，而且配有道路系统。《诗·周颂·载芟》载："千耦其耘，徂隰徂畛。"郑玄注："畛，谓旧田有径路者。"可相互印证。《考工记》载："匠人为沟洫。耜广五寸，二耜为耦，一耦之伐，广尺深尺谓之畎。田首倍之，广二尺、深二尺谓之遂。九夫为井，井间广四尺深四尺谓之沟。方十里为成，成间广八尺深八尺谓之洫。方百里为同，同间广二寻深二仞谓之浍。"《遂人》和《考工记》所记的可能是不同地区的井田规划，所以内容不完全相同，但皆配有系统的水利排灌工程。这大概是一个标准化的方案，只有少数"样板田"的水利工程才可能做到如此成龙配套。但于此亦可窥西周农田基本建设之一斑。

（二）水利设施的设计及其功用

关于水利设施的具体设计及其功用，见于《周礼》一书的有如下一些记述。《稻人》载："稻人掌稼下地，以潴畜水，以防止水，以沟荡水，以遂均水，以列舍水，以浍泻水。"潴，一名偃潴，或渭陂塘。今大者谓之水库，小者谓之蓄水池。"以潴畜水"即修建陂塘把水蓄聚起来防止其流失。防，即堤。"以防止水"有两种情况：一是修建陂塘必须筑堤以止流水；一是筑堤阻拦河水导入灌溉洪道。"以沟荡水"是说把陂塘中的水或河水导入沟渠（略如今之干渠、支渠、斗渠等），平缓而畅流到田边。"以遂均水"是说将沟渠流来的水，均分导入田首受水小沟遂中。"以列舍水"是说把遂中的水，再导入一排排并列的畎中，舍有居舍之意，即水流至此，则溉田得其所矣。"以浍泻水"是说有余水或发大水时，可以把多余的水通过浍排泄到川中去。浍既可能如今日水库之泄洪渠，也可能是田尾之排水沟。

关于堤防的设计，《考工记·匠人》载："凡为防，广与崇方，其杀叁分去一，大防外杀"。郑玄注："崇，高也。方，犹等也。杀者薄其上"。贾公彦疏："假令堤高丈二尺，下基亦广丈二尺。云其杀叁分去一者，三四十二，上宜广八尺者也。""大防外杀"是说做大的堤防，上杀的坡度还要大于1/3。

《考工记·匠人》还记载对堤防、渠道设计的合理要求。它说："凡沟，必因水势；防，必因地势。善沟者，水漱之。善防者，水淫之。"郑玄注："漱，犹啮也。"当是冲刷去淤泥的意思。郑司农注："淫，读为廞，谓水淤泥土留著，助之为厚。"这段话的意思是：开渠和筑堤都要善于利用水势和地形，因借水力冲刷走渠道的淤泥，因借地势使淤泥留著堤前，使堤防更加厚固。所谓"善沟者"和"善防者"，当是该时代的水利工程专家，他们的水渠和堤防设计能达到上述要求，如不是具备一定的水文学知识是办不到的。

《考工记·匠人》还载："梢沟三十里而广倍。凡行奠水，磬折以叁伍。欲为渊，则勾于矩。"这里的"梢沟"，可能指长有可做梢料的植物（如芦苇等）的沟，大约是指排水沟。排水沟的断面随着它所控制的排水面积的逐渐增加而逐级扩大，大约每隔30里，排水渠的横断面要增加一倍，所谓"奠水"，郑司农云："奠读为停"。似指灌渠进口前面的水源。

"磬折以叁五",是说渠道进水口处要做成类似石磬的样子,堰形要有150°左右的夹角,而其横段与折段的长度应是3:5(图四七:1)。所谓"勾于矩",即渠系建筑物做成直角形,当是指渠道中的跌水(图四七:2)。从以上记述,可以看出西周农田水利设施及其建筑设计已达到相当水平。《周礼》(包括《考工记》)虽成书于东周,但使用了很多较早的材料。有关沟洫制度及其设施的记述,当是西周配有排灌系统井田的情况。

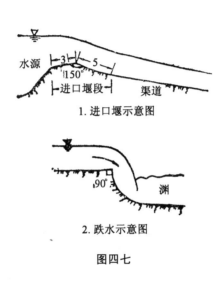

1. 进口堰示意图

2. 跌水示意图

图四七

总之,大规模治水和对耕地较细致的整治加工并建立相应的水利设施,明显地开始于夏代前夕并持续进行于其后。在此之前,从农业发明到大禹以前,使用木石农具大约有五六千年之久。岁月漫长,而于农田水利基本建设无可称述者,知木石农具之不能为此。夏代以后,面貌改观,其生产工具必有重大变化,这变化舍去青铜农具的大量使用,就很难找到更合理的说明。

插图目次

第十章 西周的农作制与殷周 的耕作技术

　　我国是世界农业发源地之一，在素称发达的农业的基础上孕育了灿烂的中国古代文明。然而，在有关中国农业史和经济史的研究中，很多著述并未能如实地、正确地反映这一过程，特别是对夏、商、西周三代农业生产力的描述，更与实际相去甚远。突出地表现在两个问题上：一是说不使用或不大量使用青铜农具，全部或基本上仍使用木石农具；一是说三代农业为耕地一般年年更换或至多耕种 3 年就撂荒的火耕农业。这两个问题在论述中互为因果、互补互证，构成中国古代经济落后论的两大支柱。本书以反映事物本来面目为出发点，于前八章中以大量文献资料和考古资料，从正面论证了先秦时代大量使用青铜农具的情况，彻底动摇了前一支柱；本章将论述在大量使用青铜农具的条件下农作制和耕作技术方面出现的变化，动摇一下后一支柱。这两个"动摇"也是互补互证，以期如实地或比较接近真实地反映中国古代经济发展的线索。

一　关于菑、新、畲的不同意见

　　凡谈到西周农作制的文章，总是要提到菑、新、畲 3 个字，对这 3 个字争论也较多，我们就从这 3 个字说起。

　　《诗·周颂·臣工》载："嗟嗟保介，维莫（暮）之春，亦又何求？如何新畲？"《诗·小雅·采芑》载："薄言采芑，于彼新田，于此菑亩。"《诗经》中提到菑、新、畲的仅此两处。《毛传》解释说："田，一岁曰菑，二岁曰新，三岁曰畲。"《尔雅·释地》的解释与《毛传》完全相同。这是一类解释。《易·无妄·六二爻辞》载："不耕获，不菑畲。"《礼记·坊记》引此条，郑玄注："田，一岁曰菑，二岁曰畲，三岁曰新田。"

许慎的《说文》、虞翻的《周易·无妄注》都与此同。这又是一类解释。这两类解释以《毛传》最早,据说为西汉初鲁人毛亨所作,毛亨的诗学传自子夏,其训诂大抵以先秦学者的意见为依据,保存了许多古义,故以《毛传》所释最为可信。对于《毛传》的"田,一岁曰菑,二岁曰新,三岁曰畲"的注释,由于各人的理解不同,又产生种种不同的说法,主要有以下6种:

清人黄以周认为:菑、新、畲是3年轮种一次的"再易之田"上的3个耕作过程,即第一年除去树根杂草叫菑,第二年翻地使土壤解散叫新,第三年下种收获叫畲①。

刘师培先生认为:"一岁曰菑,即三岁之中仅有一岁可耕也。""二岁曰新,即言三岁之中仅有二岁可耕也。""三岁曰畲,即言三岁之中每岁皆可耕也。"②

徐中舒先生认为菑、新、畲是村公社的三田制。他说:"根据欧洲村公社的三田制,我们假定西周村公社全部可耕之地也是分为三个相等的部分,其田菑为休耕的田,新为休耕后新耕的田,畲为休耕后连续耕种的田……第一年如此,第二年仍耕这三部分田,不过其中菑、新、畲已转为新畲菑。同例,第三年又转为畲、菑、新。如图:

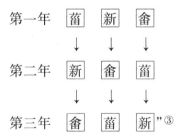

另外,游修龄先生也认为,"菑是休闲的田,但在休闲期间要清除杂草耕翻入土,为第二年的新田、第三年的畲田创造肥力条件。"④ 与徐说

① 黄以周:《儆季杂著·群经说·释菑》。
② 刘师培:《古政原始论》卷五《田制原始论》,载《刘申叔遗书》第19册。另吴泽先生于《中国历史大系古代史》第137页说:"一易之田曰畲,再易之田曰菑……新田即不易之田也。"盖采郑玄《礼祀·坊记注》的说法,如将畲、新二字互换,则与刘师培说基本一致,故附记于刘说之下。
③ 徐中舒:《试论周代的田制及其社会性质》,载《中国的奴隶制与封建制分期问题论文选集》,三联书店1956年版,第457页。
④ 游修龄:《殷代的农作物栽培》,载《浙江农学院学报》1957年第2卷第2期,第154页。

接近。

杨宽先生认为："菑田、新田、畬田的正确解释应该是三种垦种不同年数的农田。""第一年初开垦的荒田叫菑田，第二年已能种植的田叫新田，第三年耕种的田叫畬田。"①

郭文韬先生认为："菑是垦耕第一年的田；新田是垦耕后第二年的田；畬是垦后第三年的田。这种情况表明：当时对土地的利用，一般不超过三年，在连续耕种三二年之后，就弃耕摺荒，而易地耕种。当时的摺荒是长期的和不定期的。"② 邹树文先生等在所写的《诗经时代的农业生产》一文中也是这个看法，他们说："《诗经》里只提到垦后第三年的畬田，而没有提到垦后第四年的田，正反映当时改良土壤和保存地力的条件还未具备，所以垦出来的土地在通常情况下，至多三年就不能再种下去了。……只有摺荒。""为什么周王在《臣工》篇里只问及如何新畬，而没有问菑田呢？正因为菑田是新垦的田，地力最好，也就不必问了。"③

著名农史学家石声汉先生认为是 3 类不同的撩荒地："一类是刚收过一料，旧茬还在地里，称为菑（茌的古写法）；一类旧茬已被卷土重来的天然植被吞没了，正在复壮过程中，称为畬（意是肥力在蓄积中）；还有一类，是现在已经长出小灌木（以'亲'——即榛作为代表）来，需要用斧子（斤）来砍掉，作为垦辟对象的新田（新字的构成，就是用斤伐亲'榛'，也就是新鲜，未经用过等意义）。"并认为 3 类撩荒地不必"坚持一年、二年、三年十分僵死的规定"，而应"放宽时限，只从原则上推定，用植物群落演进形式来解释"。石声汉先生的这一意见，生前未曾发表，是由参与整理遗稿的马宗申先生在一篇论文中引述的，并认为这"是迄今所见到的最新、最科学的解释"。但同时又说："似以不变动《尔雅·释地》成说为宜（指菑、新、畬的次序）……同样的可用他的新解进行解释：（1）菑——始返草也，为天然植被开始恢复生长时期；（2）新——形同生荒地也，为植被群落滋生蕃衍的时期；（3）畬——治田也，为开垦期。"马先生认为："西周初农夫们所使用的稼穑地，很可能是每年轮换一

---

① 杨宽：《古史新探》，中华书局 1965 年版，第 12、21 页。另张政烺先生认为：殷周"开荒，大约分三个阶段，须三年完成，即周人所谓菑、畬、新田，菑才耕，畬火耕，最后作疆畎，聚埒亩，成为新田。"如以新、畬二字互换，则与杨宽说近似，故附记于此。

② 郭文韬：《中国古代农作制之史的考察》，载《中国农报》1963 年第 9 期。

③ 万国鼎等：《中国农学史》上册，科学出版社 1984 年版，第 40 页。

次的。""一般的土地在一次收获后，便必须实行撂荒。"①

这几种意见，以哪一种最正确呢？

从东汉以来古人的注解来看，菑字主要解释成以下三种意思。Ⅰ、孙炎（三国魏人）注《尔雅》云："菑，始灾杀其草木也。"据此，黄以周进一步阐发说："菑字从艸、巛、田，会义。巛者灾也，以烧薙杀草为本意。"这是把菑解释成用火烧草的意思。Ⅱ、郭璞注《尔雅·释地》说："今江东呼初耕反草曰菑。"《诗·皇矣》释文引《韩诗》说："反草曰菑。"《诗·良耜》郑玄注，读俶载为"炽菑"，解释说："农人测测以利善之耜，炽菑是南亩也。"这是把菑解释成在初耕地上用耜翻草。Ⅲ、许慎《说文解字》说："菑，不耕田也。从艸、甾。"徐锴注："当言从艸、从巛、从田。田不耕则草塞之，故从甾。"陈奂《诗毛氏传疏》说："不耕为菑，犹休不耕者为莱。"这是把菑解释成休耕地。根据以上古人对菑字的字义解释，结合《毛传》"田，一岁曰菑"及《周礼》有关记载来考虑，前四说分别把菑解释为：（1）三年轮种一次的"再易之田"上第一年的芟柞草木工序；（2）三岁之中仅有一岁可耕的下地；（3）三田制中的休耕地；（4）第一年初开垦的荒田。我们认为这些解释都是有所据的，从西周农业生产发展的水平来看，都是有可能的，很难说哪个必对，哪个定错。

再看看对畬字的注释。《说文解字》说："畬，三岁治田也。"《诗经》正义引孙炎说："畬，和也，田舒缓也。"《周易》释文引董遇说："悉耨曰畬。"根据以上注释，结合《毛传》"田，三岁曰畬"及《周礼》有关记载考虑，前四说分别把畬解释为：（1）三年轮种一次的"再易之田"上第三年的下种收获工序；（2）三岁中每岁皆耕的上地；（3）三田制中连续两年耕种的田；（4）开垦后第三年连续耕种的田。这些解释也都是有一定道理的。从西周农业生产发展的水平看，也都是有可能的。由于《诗经》的原文仅就一个"畬"字，《毛传》的解释也仅"三年"二字，汉以后的古注，用今天的农业术语说，类似"熟地"的意思，前四种说法大致都是根据这种意思引申出来的。在他们中间很难说谁体会得更确切一些。我们倾向于将菑、新、畬看做是西周开荒治田过程中分3年进行的3个工序：第一年砍伐林木，放火烧荒，或翻草入土，进行初耕，这叫菑田。垦荒后

① 马宗申：《略论"菑新畬"和它所代表的农作制》，载《中国农史》1981年第1期，第63、64、66页。

第二年的田，可以试播一些作物，一般是撒播缦种，粗放耕作，这叫新田。经过两年的垦种，土质"舒缓"，到第三年做成疆畎，有沟有垄，能排能灌，这叫畲田。有一些没有林木、草小土沃的荒地，从垦荒到做成疆畎只需两年。有的注释说："田二岁曰畲"，大概指的就是这种情况。

关于菑、新、畲的第5、6种解释，和前四种之间的距离较大，和我们的看法正相反，下面谈几点商榷性的意见。

第5种解释说："菑田是新垦的田，地力最好。"但从菑字的本意和引申的意思，都很难得出这样的结论。《尚书·大诰》说："厥父菑，厥子乃弗肯播，矧肯穫？"可知菑是播种和收获前的农作工序，它并不包括后二者。《尚书·梓材》说："惟曰若稽田，既勤敷菑，惟其陈修，为厥疆畎。"畎是田垄间的小水沟，疆是井田疆界，包括田间的阡陌地畔。据此，可知菑的工序尚在规划出井田疆界，做成垄沟之前。这两段话都是《尚书》的正文，比后世的注释要可信得多。菑既是没有经过整地、播种、收获这样一系列重要农作工序的田，怎能得知它是"地力最好"的田呢！

他们说：畲是"到三年就不能再种下去"的田，因地力衰竭"只有撩荒"，这从畲字的原意及其古注中也都是得不出来的。《周易·无妄》说："不耕穫，不菑畲，则利有攸往。"王弼释"不耕穫、不菑畲"是"不耕而穫，不菑而畲"。这两句话互为对文，畲是菑的成果，就像收获是耕地的成果一样，郑玄在《礼记·坊记注》中的解释也与此类似，他说："言必先种之，乃得穫；若先菑，乃得畲也。安有无事而取利者乎。"据此，畲只能是比菑更好的田，而不是相反。至于地力衰竭、只有撩荒这方面的任何一点意思更是寻找不出来的。

他们对菑、新、畲的解释是缺乏根据的，而进一步把这种解释说成是西周普遍的耕作制度，就更没有根据了。他们说："当时（西周）对土地的利用，一般不超过三年，在连续耕种三二年之后，就弃耕撩荒，而易地耕种。"理由是："《诗经》里只提到垦后第三年的畲田，而没有提到垦后第四年的田，正反映当时改良土壤和保存地力的条件还未具备，所以垦出来的土地在通常情况下，至多三年就不能种下去了……只有撩荒。"我们觉得这个理由十分牵强：第一，就像上面所叙述的，菑、新、畲的主要解释有6种之多，其中多数并不解释为开垦并连续耕种1、2、3年的田，那么所谓"没有提到垦后第四年的田"就无从谈起。第二，如以上面我们所解释的意见为是，即菑、新、畲是开荒治田过程中分三年进行的3个主要工序，那么到了第三年，治田过程已经完成，还有什么必要提到第四年呢？第三，退一步讲，即以第 5 种意见对菑、新、畲的解释是对的，也只能说明西周在某些地区或某种程度上存在有这种情况，也没有根据得出当时"垦出来的土地通常情况下，至多三年就不能再种下去了……只有撩荒"这样具有普遍性的结论。

第 6 种意见把菑、新、畲（或菑、畲、新）解释成撩荒地复壮过程中 3 类不同状况的土地，也是缺乏根据的。因为实际上实行火耕的撩荒地，复壮长出小灌木，需要用斧来砍掉作为垦辟的对象，成为重新利用的土地，一般说不是 3 年所能完成的。其所描述 3 类土地上植物群落演进的层次，也不是各间隔 1 年而能出现的。如果说这一复壮过程需要七八年或更长一些，植物群落演进的各个层次需两三年或更长一些，这就与《毛传》和《尔雅》关于"田，一岁曰菑，二岁曰新田，三岁曰畲"的说法相去甚远。《毛传》和《尔雅》的作者，去古未远，对于菑、新、畲的解释应该是可信的。问题出在说的太简略，后人可以有不同的理解，但是抛弃了其最基本的训释，就成为毫无根据的臆猜。至于西周"一般的土地在一次收获后便必须实行撩荒"的说法，既是毫无根据的，也是不符合历史实际的。

二　后世历史上和后进民族中残留的火耕农业

火耕农业又称刀耕火种农业。它的残余形态在我国历史上长期存留，古文献中每有描述。《盐铁论·通有篇》："荆扬……伐木而树谷，焚莱而播粟。"唐元稹在一首诗中说："田仰畲刀少用牛"，"田畴付火罢耘锄。"[1]宋许观的《东斋记事》说："沅湘间多山，农家唯种粟，且多在冈阜，每欲布种时，则先伐其林木，纵火焚之，俟其成灰，即播种于其间，如是则所收必倍，盖史所言刀耕火种也。"[2] 宋范大成《劳畲耕》序云：四川巫山县"峡中刀耕火种之地也。春初斫山，众木尽蹶，至当种时，伺有雨候，则前一夕火之，借其灰以粪。明日雨作、乘热土下种，即苗盛倍

---

[1]　元稹：《酬乐天得微之诗知通州事因成四首》，载《元氏长庆集》第 21 卷。
[2]　载《龙威秘书》第 5 函。

收。"① 清屈大均《广东新语·食语·谷》记："当四五月时天气晴霁，（东粤）有白衣仙子者（猺族的一支），于斜崖陡壁之际，劙杀阳木，自上而下悉燔烧，无遗根株，俟土脂熟透，徐转积灰，以种禾及吉贝绵（棉），不加灌溉，自然秀实，连岁三四收，地瘠而弃，更择新者。"

　　火耕农业的残余形态直到近现代在我国南方和西南少数民族居住地区仍有保留。如海南岛"黎人……所居凭深阻峭，无平原旷野，伐树火之，散布谷种于灰中，即旱涝皆有收获。逾年灰尽，土硗瘠不可复种，又更伐一山，岁岁如之"②。清末夏瑚在《怒俅边隘详情》中记述云南贡山县独龙族的情况是："江尾虽间有俹（俅）牛，并不用之耕田，农器亦无犁、锄，所种之地，唯以刀伐木，纵火焚烧，用竹锥地成眼，点种苞谷。若种荞麦、稗、黍等类，则只撒种于地，用竹帚扫匀，听其自生自实，名为刀耕火种，无不成熟。今年种此，明年种彼，将住房之左右前后地土分年种完，则将房屋弃之也，另结庐居，另坎地种。其已种之地，须荒十年、八年，必俟其草木畅茂，方行复坎复种。"③ 直到新中国成立前夕，独龙族基本上没有脱离早期刀耕火种的阶段，"这里绝大多数土地叫做'削姆朗'，意即用刀子耕作的土地，每年冬春（也有在夏天）选择地段，砍除树木杂草，待草木干枯后聚而焚之。利用焚烧后的草木灰做肥料，不再施肥，也不翻土"。播种后"一般薅草一至二次，甚至不薅"，"耕种一年后肥力耗尽，即行抛荒。"④ 另如云南的景颇族，"其人多山居，迁徙无常……无犁锄，唯以刀砍伐树，晒干，纵火焚之，播种于地，听其自生自实，名曰刀耕火种。其法，今年种此，明年种彼，依次轮植，否则地力尽而不丰收矣"。⑤ 金屏县的苦聪人在1957年定居以前，以刀耕火种农业为主，"林地砍烧后，待土凉即行播种，灰烬便是天然肥料，既不翻土，也不清理耕地……种子播在树干与树根的间隙中"，"除草，有的地方除两次，头一次用手拔，第二次一般用刀砍，有的地方用手拔一次，也有的地方根本不除草。""耕地只种植一年就要抛荒。""苦聪人每年都要迁移。"⑥ 西藏察隅

---

① 载《石湖居士诗集》第16卷。
② 屈大均：《广东新语》第14卷，《食语·谷》。
③ 载李根源：《永昌府征文》。
④ 李根蟠等：《试论我国原始农业的产生和发展》，载《中国社会经济史论丛》第1辑，山西人民出版社1981年版，第53页。
⑤ 尹明德：《滇缅北段界务调查报告》。
⑥ 李根蟠等：《苦聪人早期原始农业的生产和生活》，载《中国农史》1982年第1期，第71页。

县的僜人在 1967 年下山前从事刀耕火种农业的情况大致也是这样。①

在外国历史上或后进民族中留存的火耕农业亦大率类同。如住在美洲西北岸的齐奴克印第安人将农耕地上的"树木尽行烧去，其后再由妇女用木棒石锄掘松土地，栽种马铃薯"。"一块土地利用三四年以后，地力耗竭，不能再有充分收获，便另辟新地耕种。"② 古代美洲的马耶人"从事刀耕火种的农业。用石斧砍伐森林并将其烧毁。雨前播种，不翻地，只用尖棒挖一个个小洞，放入几粒种子。马耶人用作食物的主要作物是玉米……一块土地上最多不过能收获三年，以后就丢荒六年至十年"。"马耶人有时就丢下自己的城市而到新的地方去。"③ 恩格斯在《论日耳曼人的古代历史》一文谈到日耳曼人的情况时引恺撒的报道说："他们的耕地只种一年，第二年总要耕种一块新土地。这大概是火耕法，直到现在，在斯堪的那维亚和芬兰北部，还采用这种方法：把森林（除森林以外，只有沼泽地和泥炭地，这些土地当时还不适于耕作）烧掉，把树根马马虎虎地拨一拨，再把这些树根和松过的表层土壤一起烧一遍。然后在这块施过灰肥的土地上播种谷物。"④ 这些中外民族学资料，使我们对上古火耕农业直接有关的农作技术有了比较具体的了解。从历史文献描述和后进民族保留火耕农业的情况概括起来有如下特点：

刀耕火种地一般分布在边远山区林深草茂之处，以砍伐焚烧林木茂草为灰肥，直接播种于灰中，一般不再施用其他肥料。

当年（耕作年）砍烧当年播种，一般不翻地，不中耕除草，少数进行极粗率的锄草一二次。基本上没有田间管理。很多都是种植一年就撂荒，也有连续种植 2 年、3 年、4 年的。由于土地利用年限短，不大规模的整修耕地，没有明显的田疆界畔，更谈不上有整齐划一、阡陌纵横的如井田制那样的规划。一般无灌溉渠道。

以刀耕火种农业为主的少数民族，如 1957 年定居以前的云南金平县的苦聪人，1967 年下山以前的西藏察隅县的僜人，一般都没有农业土壤学方面的知识、改良土壤的实践和田地翻耕的理论，其他有关农作技术知识也比较贫乏。

---

① 据在西藏长期从事民族调查工作的吴从众先生口述。
② 陈国强：《农业的起源及原始形态》，载《厦门大学学报》1976 年第 1 期，第 85—86 页。
③ C. H. 托尔斯托夫等主编：《普通民族学概论》第 1 册，科学出版社 1960 年版，第 57 页。
④ 载《马克思恩格斯全集》第 19 卷，人民出版社 1963 年版，第 486 页。

　　以后世残留形态窥知上古的火耕农业，其技术措施及相关的科学知识水平，亦大率如此；而西周，乃至稍早一些的殷、夏的情况是怎样的呢？我们可以做一些对比。

三　殷周的耕作技术远远超过火耕农业阶段

　　农作制又叫耕作制，是在一定的自然条件、社会经济条件和一定的科学技术水平下形成的用地养地的制度。一个时代的农作制并不是孤立存在的。从其内部看，每一种农作制都由一系列农业技术措施构成，其中以种植制度为中心，包括土壤的耕作和改良，以及施肥、灌溉、田间管理等各方面技术环节。从其外部看，还与社会的分工、人们的定居、村落的形成、都市的出现等一系列问题相互紧密联系。因此，判定该时代的农作制，就不能以对某几个字的字义解释为主要依据，即令所做的解释是正确的；也不能以个别史实为依据，即令这些史实是真实的；而必须从全面的、相互联系的观点出发，对其相关的各方面的情况，特别是直接有关的重要情况加以考察，才能做出正确的回答。从地球上各地农业发生和发展的顺序看，一般是由低级到高级，经过原始生荒耕作、熟荒耕作、休闲耕作、连作和轮种、复种这样几个阶段的。如果真的像第5、6种意见所说的，西周的耕地，一般"在一次收获后便必须实行撂荒"，或是垦种"二年最多三年就要弃耕撂荒，撂荒又是长期的和不定期的"，从农业发展史的角度考虑，这种情况属火耕农业的原始生荒制或熟荒耕作制前期的情况。处在这个农业发展阶段的社会，由于耕地利用年限短，经常转移，人们也就不能较长期地定居，因此不可能出现大规模的定居村落，更谈不上形成人口聚集的城镇。由于农业生产水平低，这时人们主要是性别年龄上的分工，还不能形成广泛的社会分工，还没有独立的手工业从农业中分离出来，更谈不上有商业或商人的出现。而西周的情况是怎样的呢？大规模的定居村落不仅普遍存在，而且还有如镐京、洛阳等人口密集的都城，不仅有完全脱离农业的各种独立手工业部门的存在，而且技术上的专门化水平已达到很高的程度，当时制造的一些产品，如造型庄重、结构复杂、花纹繁缛的青铜礼乐器，使今日之冶铸工艺师们为之赞叹。西周如此发达的社会，怎能设想它是建筑在火耕农业这样落后的基础之上的呢？

在殷代和西周，作为与农作制密不可分的耕作技术，更是远远超过火耕阶段。

（一）农田水利建设有较高水平，耕地较固定

如前所述，火耕农业是与农田水利基本建设无缘的。而我国于夏代前夕即开始了大规模的治水，并进行相应的农田水利建设，已存在井田的规划和畎、浍、沟、洫等排灌系统。商代时，每年 6 月和 12 月前后进行大规模农田基本建设。平整土地，用步和弓度量耕地，并以矩正形，规划成整齐划一的方田，其中有田埂纵横，区分为若干相等的区域，田间又有用作灌溉的畎。周人的祖先，从夏末的后稷、公刘到商末时的古公亶父，都十分重视农田水利基本建设，他们很重视选择向阳、土温较高的土地为耕地，并注意利用灌溉农田之水源。规划成长百步（600 尺）宽一步（6 尺）的长亩，其中三畎与三垄相间。一夫所耕的百亩田，为300 条长畎和 300 条长垄相间，宽长都是 100 步，是方方正正的一块田，形成周人井田制的方田亩积和基本格局。到了西周，农田水利的修治进一步提高。在井田中间，有完整的排灌沟洫系统，称作遂、沟、洫、浍、川；有与之相应的道路系统，称作径、畛、涂、道、路。这类井田，不是当年开垦即可修治而成的，大概一般要 3 年的时间（上章已详为论述，此处从略）。《诗·小雅、白华》说："彪池北流，浸彼稻田。"《信南山》说："疆场翼翼，黍稷彧彧。"正是这种规划整齐划一，并配有排灌系统农田的写照。《诗·大雅·洞酌》说："洞酌彼行潦，挹彼注兹，可以濯溉。"这又是取水灌溉的农田。很显然，这样的农田怎么会耕种 1 年，或至多 3 年就撂荒呢？

（二）农田已经施肥

火耕农业焚烧天然植被，利用其草木灰，实际就是一种施肥措施，但只能施之于开垦荒地的第一年。因此，土地连续耕作，并保证好收成，就必须另行施用粪肥、绿肥等其他肥料。殷代农田已经施用粪肥，这在较后的文献中已有论及。《氾胜之书·区田法》说："汤有旱灾，伊尹作为区田，教民粪种。"氾胜之是公元前 1 世纪的人，是当时有名的农学家。他记载殷代已有"粪种"，这一点胡厚宣先生在甲骨文中找到了当时的记录。例如武丁时的卜辞说："庚辰卜，贞：翌癸未屎西单田，受虫（有）年。

十三月。"① "屎" 字甲骨文作"屋"、"屋"，从尸从少，象人大便之形。这段话的意思是：在闰十三月庚辰这一天占卜，问由庚辰起到第四天癸未这一天，打算在西单平野的田地上，施用粪肥，将来能够得到丰收么？武丁时的卜辞又说："屎有足。二月。"② "……屎（屎）屮（有）足乃坓田。"③ "坓"，前面已经说过，应释"壅"、或"衰"，壅田或衰田是聚土作垄畎。这两条卜辞是说，在二月，备足粪肥，就聚土作垄畎。

屎字，张政烺先生释肖，认为肖田即《诗·周颂·良耜》"其镈斯赵，以薅荼蓼"中之赵，即用锄具除草，肖字应读为赵。并以今证古，例举河北省南部（广平、新河一带）有一种小薅锄叫作捎，也叫作捎子。春末夏初草小根浅，用捎除草，叫做捎地。用捎则贴地铲草，并不松土④。张说所引古今二例皆属田间除草，但在北方殷历二月和润十三月的节气，特别是后者似无禾苗可供田间除草。如谓垦荒或翻耕休闲地，则又非小锄具所能胜任。因之，释肖不确。

屎字，张雪明先生释"尼"，认为是便溺的"溺"字的本字。"尼当施肥于田，或当肥料讲。""尼田或泥田即灌水、施肥于田。"⑤ 张雪明说与胡厚宣说释字有别，其实质内容则相同不二。

关于屎字，陈梦家先生说："屎我御史（《珠》114），释屎则无法说通。"⑥ 但据胡厚宣先生细审金祖同的《殷契遗珠》144 片原拓，我上一字不是屎字，其字作仳，从人从水，其字固当释"伙"，与从人从丶、灬的屎字不同，不能相混为一⑦。温少峰等同志还认为，即令是同为屎字，也"并非无法说通，此辞之'我'，乃地名，并非第一人称代词。卜辞中以'我'为地名者并不少见，如《人》七〇六，《外》二四，《粹》一五五七，《铁》七六·二，《乙》八五二六等片'才（在）我'之'我'，就肯定为地名无疑。'屎我，御史'之'御史'为官名。此辞乃卜问令御史在

---

① 《续存》下 166。

② 《续存补》7195。

③ 《前》5、27、6；详见胡厚宣《再论殷代农作施肥问题》，载《社会科学战线》1981 年第 1 期，第 104 页。

④ 张政烺：《甲骨文肖与肖田》，载《历史研究》1978 年第 3 期，第 72—73 页。

⑤ 张雪明：《释"尼田"》，载《武汉大学学报》（哲学社会科学版）1978 年第 4 期，第 52—53 页、55 页。

⑥ 陈梦家：《殷墟卜辞综述》，第 538 页。

⑦ 胡厚宣：《殷代农作施肥说补证》，载《文物》1963 年第 5 期，第 31 页。

'我'这个地方施用粪肥之事，辞意通顺，并无不通之处。"因之认为
"'𡰪'字释为屎，形义皆合，无须生疑"①。

甲骨文有牢〔𭉮〕、庠〔𤘡〕，厩〔𩵋〕、圂〔𡇈〕等字②。这说明当
时的牛、羊、马、豕等家畜已经圈养。牲畜圈中多积粪便，提供更多的肥
源，为商代人农田施肥创造了方便条件。甲骨文中似有施用圈肥的记载。
例如："甲戌卜，贞：殷圂氏。"③"贞：殷圂氏。"④圂字卜辞作𡇈，从两
豕在𠆫，𠆫者，上象庇覆，一象其栏。罗振玉释为圂字⑤。《说文》："圂，
豕厕也，从口，象豕在口中也。"《一切经音义》九引《仓颉篇》："圂，
豕所居也。"殷，《说文》释："辟也，象舟之旋，从舟从殳，殳所以旋
也。"俗多因之为殷移之殷。氏读作致，《说文》："致，送诣也。"据此，
胡厚宣先生认为卜辞之"殷圂氏"，其意是说，"殷动粪便，使之均匀，然
后再把它送到田地里去。"⑥温少峰等认为"殷圂"应读为"擘圂"，《广
雅·释诂》："擘，除也。""殷圂"就是除圈、清圈，将已成之干粪运出。
"殷圂，氏"，就是清圈除粪，并送到田间施用之意⑦。二人所言小异大同，
亦即《急就篇》所说的"屏厕清溷粪土壤"之意。

西周农业生产施肥的记载亦不鲜见。孟子在回答北宫锜问西周的班爵
之禄时说："……下士与庶人在官者同禄，禄足以代其耕也。耕者之所获，
一夫百亩，百亩之粪，上农夫食九人，上次食八人，中食七人，中次食六
人，下食五人。庶人在官者其禄以是为差。"⑧大概西周下士的俸禄多一点
的可以养活九人。为了说明"下士与庶人在官者同禄，禄足以代其耕"这
个可能是当时规定俸禄等级的原则，孟子对一个农夫所耕百亩田的产量，
估计是偏高了一些，但是他所说的"百亩之粪"，却明确告诉我们西周的
农业生产中是使用着粪肥的。《周礼·地官·阜人》载："草人掌土化之

---

① 温少峰等：《殷墟卜辞之研究——科学技术篇》，四川省社会科学院出版社 1983 年版，第
216 页。

② 孙海波等：《甲骨文编》卷二，第 5、6 页；《后》下 3、15。

③ 《拾》12、3。

④ 《后》下 3、15。

⑤ 罗振玉：《殷虚书契考释》，1914 年，第 23 页。

⑥ 胡厚宣：《再论殷代农作施肥问题》，载《社会科学战线》1981 年第 1 期，第 106—107 页。

⑦ 温少峰等：《殷墟卜辞研究——科学技术篇》，四川省社会科学院出版社 1983 年版，第
217 页。

⑧ 《孟子·万章下》。

法，以物地，相其宜而为之种。凡粪种，骍刚用牛，赤缇用羊，坟壤用麋，渴泽用鹿，咸潟用貆，勃壤用狐，埴垆用豕，疆㯺用蕡，轻爂用犬。"这是对9种不同性质的土壤，施用不同种类的肥料，以达到改良土壤提高产量的目的。"疆㯺用蕡"的蕡，是大麻子。用大麻子做基肥，在古代是有可能的，因为在新中国成立前有些地区就有用大豆做基肥的。清人江永则认为是"用捣过麻油之渣，布诸田"。邓植仪先生认为是用"多子实之草如麻之类"以为肥料[①]。大概江永的说法可能性较大。除蕡之外的其他8种，都是畜兽名，粪种就是以这些畜兽的粪施于不同的土壤做基肥然后下种。其说细微之处，是否尽合乎于科学，似尚可推敲，但作为一种认识，无疑是因地制宜思想在施肥上的反映。

　　除了用畜兽的粪便作肥料外，西周时还大量利用绿肥。《礼记·月令》篇载："季夏之月，土润溽暑，大雨时行，烧薙行水，利以杀草，如以热汤，可以粪田畴，可以美土疆。"这是说，六月里，要把野草割来焚烧，或是用水灌上，使之腐败，用作肥料。《周礼·秋官·薙氏》亦载："薙氏，掌杀草。春始生而萌之，夏日至而夷之，秋绳而芟之，冬日至而耜之。若欲其化也，则以水火变之。"郑玄注："谓以火烧其所芟萌之草，已而水之，则其土亦和美矣。"这些都是当时使用绿肥的记载。

　　对于西周农业生产是否施肥的问题，是有争论的。争论主要涉及的是上述有关记载是否可信的问题。我们认为是可信的，主要有以下两点理由：

　　第一，《孟子》虽是战国时的作品，但所言"百亩之粪"是在讲述西周的班爵之禄中提到的，是作为比算西周班爵之禄的一个内容，是作为孟子所了解的西周情况而谈论的。《月令》篇据杨宽先生考证，是春秋战国间增订成的[②]。而从其所描述"天子亲载耒耜……躬耕帝籍"等情况来看，讲的是西周的事情。它是一本"皇历"性质的书，是从到了某个时候该做某种农活的角度说到施肥的问题。《周礼》，多数人认为是战国时的作品，是一本东周人记述西周官制的书，它是从基层农官职事范围的角度谈到施肥的。东周人去西周不远，当时人对西周材料的掌握比后来的人要直接的

---

　　① 邓植仪：《有关中国上古时代农业生产的土壤鉴别和土地利用法则的探讨》，载《土壤学报》第5卷第4期，1957年。

　　② 杨宽：《月令考》，载《齐鲁学报》第2期，1941年7月。

多，丰富的多，一般说来他们所记述的西周情况是可信的。特别是这三本书的作者从不同角度都提到了施肥问题。不同角度说明了他们之间并不是在同一个问题上的相互抄袭；都提到了施肥就使这三本书的有关记载可以相互印证，并增加材料的可信程度。其实记载几千年中国历史的二十五史，有几部不是后代人撰述前代人的事呢？如以东周人记述西周之事皆不可信，例此推之，记载中国历史的材料，可信的就所剩无几了。

第二，《诗·小雅·良耜》说："其镈斯赵，以薅荼蓼，荼蓼朽止，黍稷茂止。"这是说将铲除的杂草，使其朽烂，用以肥田，讲的近似施用绿肥的情况。可与《月令》、《周礼·薙人》相印证。

（三）已有一定程度的土壤学方面的科学知识

《周礼·地官·大司徒》载："以土宜之法，辨十有二土之名物，……以阜人民，以蕃鸟兽，以毓草木，以任土事。辨十有二壤之物，而知其种，以教稼穑树艺。"在这里已有土和壤不同的提法。郑玄注："以万物自生焉则言土，土犹吐也。以人所耕而树艺焉则言壤，壤和缓之貌。"可以看出，在周代（包括西周）已将自然土壤与耕种土壤（耕作土壤、农业土壤）加以区别。以绿色植被自然生长的土地叫土，这种土是自然土壤，只具有自然肥力，未经过人们的加工。经过人的垦殖和合理耕作而熟化后的土就叫壤，这种壤不仅仅有自然肥力，而且还具有人工肥力。这种对土和壤既有区别又相联系的科学认识，是我国先民在长期生产实践中获得的。只能是先有人们种植农作物和不断加工，将自然土壤变成质地舒缓柔和的熟土，成为农业土壤的长期实践，才会产生这种认识。相反，如果土地不需要加工，而只是追逐自然植被茂盛地区加以砍烧，耕种一年或至多三年就撩荒，就没有区分土和壤的必要，不会有上述科学认识的产生。

另有，在《周礼·地官·草人》中将土壤分为骍刚、赤缇、坟壤、渴泽、碱泻、勃壤、埴垆、彊檗、轻爂等9种。据万国鼎先生研究，这9种土壤以今天土壤学的名称来说，它们大致是：

骍刚：指赤刚土。

赤缇：指赤黄色的土。

渴泽：略同于现在所谓湿土。

碱泻：指盐渍土。

勃壤：指可以或容易解散为粉末的土壤，可能是沙土。

坟壤：可能是黏壤。

埴垆：是黏质土。

疆㙑：可能是指比骍刚、埴垆更坚硬的土。

轻㙦：大概就是指沙土。①

《草人》在谈到这9种土壤时还提出"相其宜而为之种"，即根据不同性质的土壤，种植不同种类的作物。还说明了用施用不同肥料去改良不同土壤的办法，即所谓"土化之法"。另在《周礼·地官·遂人》中，又将耕地分为上地、中地、下地。以上这些都是从土壤的色泽、性质以及肥沃度等方面来认识土壤的记载，而认识的角度也主要是以土壤与农作物生长之间的关系着眼的。可见当时已经有了一定水平的土壤学知识。

此外，在《尚书·禹贡》篇中，也是以土壤肥力为主，并依据土壤颜色、质地、植被和土壤水文状况等作为鉴别土壤的标准，将全国九州的土壤分为9种，又按各种土壤的肥力不同，分为3等9级。根据肥力的等级安排农业生产，制定了适当的贡赋。

禹贡划分为冀、兖、青、徐、杨、豫、梁、雍州。冀州即今之河北、山西一带，"厥土惟白壤"，"厥田惟中中"，"厥赋惟上上错"。（错，杂也。此地区的赋杂有其他等级）孔安国传："无块曰壤，水去土复其性，色白而壤。"即指土面一干，盐分复因蒸发而聚合。今晋、冀平原多盐渍土，微呈白色，正与此合，兖州即今之山东西部地区，"厥土黑坟，厥草惟繇，厥木惟条，厥田惟中下，厥赋贞"。（贞，正也，即起马税意）孔安国传："色黑而坟起。繇，茂；条，长也。"马融注："坟，有膏肥也。"②王闿运说："坟、肥，声转通用字，人治为壤，自肥为坟，土皆黑肥，所谓九州沃地。"③鲁西在黄河下游，丘陵地分布着淋溶褐色土及山地棕色森林土，加之草木茂长，土壤中含有大量腐殖质，则于古代当为灰棕壤，即黑坟。青州为今之山东半岛，"厥土白坟，海滨广斥，厥田惟上下，厥赋中上"。白坟指该地区广见的山地棕色森林土，惟在古代多森林，所积腐殖质因沿海湿润而较丰，但为酸性，成为灰壤，多在海拔较高之地分布。斥，即盐渍土，清人胡渭说："今登莱二府，东西长八九百里，三面滨海，

① 万国鼎：《中国古代对于土壤种类及其分布的知识》，载《南京农学院学报》第1期，1956年9月。

② 尹世积：《禹贡集解》，商务印书馆1957年版，第9页。

③ （清）王闿运：《尚书笺·禹贡》，载《湘绮楼全书》第一函第6册，第5页。

皆可以煮盐，'海滨广斥'盖谓此也。"① 徐州为今之苏北、皖鲁边区，
"厥土赤埴坟，草木渐包，厥田惟上中，厥赋中中"。孔安国传："土黏曰
埴。渐，进长。包，丛生。"是说土壤为赤色，土质有粘性和油腻状，而
且坟起。草木茂盛丛生。该地区的丘陵地每为发育于第四纪、洪积红色黏
土层之灰化棕壤及普通棕壤，现在它的表土多为黑色或棕色，而心土是红
色。在古代可能为红色土所显露，也可能是探查土下层以定名为赤埴坟。
特别是这一地区的淮、沂两河流域经过治理后，"蒙羽其艺"，即种植了相
适宜的农作物。

　　扬州为今之江、浙、皖南，该地区"筱簜既敷，厥草惟夭，厥木惟
乔。厥土惟涂泥，厥田惟下下，厥赋下上错。"郭璞云："筱为小竹，荡为
大竹。"孔安国传："涂泥，地泉湿。"宋傅寅《禹贡说断》引张九成说：
"土惟涂泥，谓卑湿也。"是说盛长大小竹类，草木高大，土湿如泥。当指
黏质湿土，与今江浙一带土质相合。荆州为今之湖南湖北一带，"厥土惟
涂泥，厥田惟下中，厥赋上下。"与这一地区为湿土（水稻土，南方沼泽
土）分布地亦相吻合。豫州为今之河南地区，"厥土惟壤，下土坟垆，厥
田惟中上，厥赋错上中。"孔安国传："高者壤，下者垆。"《说文》："垆，
黑刚土也。"马融云："豫州地有三等，下者坟垆也。"孔颖达疏："豫州
直言壤，不言其色，盖州内之土不纯一色，故不得言色也。"是说豫州较
高的土地和一部分土地的上层为各种颜色的壤土，柔和而不板结，一部分
低地和壤土的底层为坟垆土，黑色而坚硬。前者当指河南平原部分的石灰
性冲积土，包括盐渍土和石灰性冲积土，皆为黄河冲积的次生壤土。后者
当指分布于河南低地的石灰性冲积土底层之深灰黏土与石灰结核而言，结
核多连结成层，当地农民今仍称"垆土"或"砂薑"，继为丘陵土与次生
黄土所掩覆，也就是格拉西莫夫院士所称的"潜育褐色土。"无论就地区
而言，或就土层排列而言，皆与今日相符合。梁州为今之四川地区，"厥
土青黎，厥田惟下上，厥赋下中三错。"孔安国传："色青黑而沃壤。"王
肃曰："青，黑色；黎，小疏也。"是说土色青黑而质细松，肥沃而物易
生，该地区成都平原及沿各河流域为深灰色无石灰性冲积土，并有一定肥
力，应为柔土。四川盆地丘陵为黄壤型紫色母岩上的侵蚀土（紫色土）。
当时山林竹木蔬果遍野，土壤中腐殖质丰富，故色泽黑，大部分为沃质土

────────

① 胡渭：《禹贡锥指》第31卷，第16页。

壤,皆与青黎之说相合。于梁州还特别指出"岷嶓既艺",即在岷山、嶓冢山一带已经种植相适宜的庄稼。雍州为今之陕西地区,"厥土惟黄壤,厥田惟上上,厥赋中下。"秦川多淡栗钙土,系发育于原生黄土,就是现在的黄土,与黄壤之说亦合。

综上所述,禹贡所载土壤分布似经过相当的测定,对土壤肥力之鉴别,符合一定的科学观点,如对淋溶较微之"黄壤"(黄土)列为"田上上",肥力最高;淋溶适度之"赤埴坟"(灰化棕壤或普通棕壤),列为田上中,为普通肥壤;含盐之内陆"白壤"(盐渍土),列为"田中中",为较瘠土壤;淋溶稍强之"黑坟"(灰化棕壤,或普通棕壤),列为"田中下",为硗瘠土壤。这样与今日类比,大致不差。至于梁、荆、扬各州之"青黎"与"涂泥"(无石灰性冲积土、水稻土等),虽土质肥沃,但因当时对这些地区垦殖较差,不能很好地利用,分别列为"田下上"、"田下中"、"田下下"。禹贡多以所生长着的植物判断土壤之瘠肥,而以农作物的生长并注意到实际垦殖利用状况定田之高下。这种开发较高地区的田等高、开发较低地区的田等差的状况,正好从一个侧面说明,当时的农业已不主要是处于焚烧自然植被为肥力的火耕农业阶段,而达到主要是通过人为加工使田地保持肥力的阶段。而人为加工离不开深耕和施肥这两个重要措施。至于贡赋的等级与田的等级并不完全符合,这是考虑到不同地区的开发先后,水利灌溉之有无,实际收入的多寡,以及交通方便与否等一系列因素。[①]

《禹贡》在《尚书》中是作为《夏书》的,旧说是夏禹所作;近人多认为成书于战国而否定其史料价值。然而,如上章所述,其主要根据是:我国春秋时代才出现铁,钢的出现在战国,梁州的贡品中有铁、镂。(据《说文》云:镂就是钢。)可是据近十多年的考古发掘,有些铁出土物的上限已跨入西周末,春秋的钢制品也已经发现。特别是以陨铁为刃的兵器,殷代和西周的都有发现,这就很难排除《禹贡》写作于春秋以前的可能。王国维以其文字疑为西周人手笔。据近人辛树帜考证,认为《禹贡》是西周的官书[②]。从《禹贡》对土壤的分类水平来看,颇与《周礼》相近,这

[①] 参考张汉洁《我国古代对土壤地理的研究和贡献》,载《土壤学报》第 7 卷第 1—2 期,1959 年,第 23—25 页;王云森:《中国古代土壤科学》,科学出版社 1980 年版,第 162—166 页。

[②] 辛树帜:《禹贡新解》,农业出版社 1984 年版。

也可以作为辛说可信的一个根据。退一步讲，即令《禹贡》成书于战国，也不能否认《禹贡》中使用西周以前的材料。李民先生在《"禹贡"与夏史》一文中，从《禹贡》看夏代的区域，从《禹贡》的"贡赋"与夏代的物产方面，详细论证了《禹贡》中使用了大量的夏代史料。[①]

《周礼》、《禹贡》有关土壤学的论述，其反映的时代较早，还可与战国的另一著述相对比，从中得到证实。在《管子·地员》篇中有比《禹贡》、《周礼》详细得多的关于土壤学的论述。它主要是根据土壤与植被的规律及土壤肥力，把九州一般地区的"土宜"情况分为上中下三等，区别为 18 个土类，即上土有粟土、沃土、位土、蕴土、壤土、浮土 6 类；中土有怷土、垆土、壏土、剽土，沙土、塙土 6 类；下土有犹土、壅土、垍土、穀土、凫土、桀土 6 类。与此相适应，于每土类述及宜生长的作物及果木两类，每一土类又下分为 5 个土种，故 18 个土类中有 90 个土种，36 种适宜种植的谷类作物和不同果木。

《地员》篇除对当时九州的土壤分别类型，安排农业生产外，还对特种地区土壤的开发利用给以探讨，即所谓"相土尝水"。根据地下水位的高低与土壤的关系，对平原地区的盐碱土及丘陵和山地土壤的开发利用加以论述，涉及土壤质地、宜生谷种、宜生草木、水泉深浅、丘陵地及山地的高下等次各方面的相互关系。例如说大平原中的"赤垆，历、疆、肥，五种无不宜，其麻白，其布黄，其草宜白茅与蓲，其木宜赤棠，见是土地，命之曰四施，四七二八尺而至于泉。"意思是：赤垆土的性质是疏松、刚强而又肥沃，种各种稼禾皆宜，所产的麻洁白，织出布来精细，生长的植物有白茅、小芦苇和杜梨。地下水位是二十八尺[②]。这样，把土壤、农作物、草本植物联系起来，特别是把植物的品质与土壤性质结合起来，已具有把天然草木作为农作物栽培的指示植物的含义。

通过各方面的具体描述，《地员》篇总结为"凡草木之道，各有谷造，或高或下，各有草物。叶下于蘴，蘴下于莞，莞下于蒲，蒲下于苇，苇下于蓷，蓷下于萎，萎下于茾，茾下于萧，萧下于薛，薛下于蓷，蓷下于茅。凡彼草物，有十二衰，各有所归"是说各种土壤和各种小地形，都直接影响着植物的生长，在某种土壤和某种地形下就会生长适宜

---

① 李民：《尚书与古史研究》，河南人民出版社 1981 年版，第 50—56 页。
② 据夏纬瑛《管子地员篇校释》，农业出版社 1981 年版，第 6—7 页。

的植物，从平原的水边到陆地不同高度生长着荷、菱、莞、香蒲、芦苇、小芦苇、萎蒿、扫帚菜、艾蒿、莎草科植物、益母草及白茅。这 12 种植物，各位于高下等次不同的地方生长，这已具有植物生态地理学方面的知识。其观察方法和现在的植物方面的"样线法"很近似①。据万国鼎先生考证：《地员》篇所记不同土壤种类在全国的分布，大体上符合事实；其所作关于土壤性状的描写、分类和肥瘠排队，也是大体上合理的（当然还不能很准确）②。据夏纬瑛先生考证，其所说植物的垂直分布，是符合实际情况的③。《地员》篇能够把土壤与植被关系作较深入的自然的分析，把土壤进行详细的分类，明确各类所适宜的植物，这就使人类从事农业生产实践初步摆脱了盲目性。这样比较系统的土壤学著作是凭空地、突然地写成的吗？不可能的。它只能在前人已有的土壤学知识的基础上，从事一番艰苦地总结前人成就和实地调查，才能写得出来。《地员》篇比起《禹贡》、《周礼》，在土壤学方面是大大地前进了一步。它与后者在土壤种类的区分及其性状的描写上有很多不一致的地方，但大体上是相通的，又可相互印证。这正好说明此二者不是同一时代的著作，而又有先后承继的关系。《地员》篇据夏纬瑛先生考证是战国时的作品，那么比它粗糙、浮浅得多的《禹贡》、《周礼》中关于土壤的论述为西周以前的材料就十分可信了。

（四）田地翻耕和深耕

土壤学知识来自对土壤的较高水平的利用，深翻耕作是耕地相对固定下利用土壤的一个重要手段。在殷人的农业生产中翻耕土地已是不可少的环节。例如卜辞云："〔□□卜〕，㱿贞：王大令众人曰〔协田，其〕受。〔年。十一月。〕"④ "叀辛亥协田。十二月。"⑤ "弜己巳，叀懋田协，受有年。"⑥ 协字从三力。三示以多，力为单齿耒，协田即多人执单齿耒共同协

---

① 据夏纬瑛《管子地员篇校释》，第 31—37 页；张汉洁：《我国古代对土壤地理的研究和贡献》，载《土壤学报》第 7 卷，第 1—2 期，第 26 页。
② 万国鼎：《中国古代对于土壤种类及其分布的知识》，载《南京农学院学报》第 1 期，1956 年 9 月。
③ 夏纬瑛：《管子地员篇校释》，中华书局 1958 年版。
④ 《前》7、30、2，缺字据《续》2、28、5，《合》1 等补。
⑤ 《零拾》89。
⑥ 《人文》2062。

力翻耕土地。这在中外后进民族中至今仍能看到。例如西藏错那县勒布区的"门巴族在翻耕土地的时候往往是几十人并排一起，各持一耒，共同协作开发土地"。① 协田这个词最初就是这么形成的。但在商代使用协田这个词，大概是作为翻耕土地的术语；既可能是多人协耕，也可能是双人和单人的翻耕，不能拘泥于初义。

甲骨文藉字作"𦔮"②，像人持耒发土。王贵民先生认为："藉就是启土深耕"，卜辞记录"藉"的活动将近30例，从有记录月份的卜辞来看，多是冬春之际，"当是播种前的深耕"。③ 其说可从。用耒耜等工具翻土和深耕田地，可以将耕地挖松，改善土壤的水分、养分、空气、温度等状况，有利于植物根系伸展，同时也把表面火耕所烧的草木灰或所施用的肥料翻入地里，可以提高土壤肥力，加快土壤的熟化过程，田地可以较长期地耕种。

至西周时，已有一套土壤翻耕的理论。《国语·周语上》记述有虢文公所谈的一段这方面的道理。他认为立春前后时，"土气震发……土乃脉发"。"阳气俱蒸，土膏其动，弗震弗渝，脉其满眚，谷乃不殖。"意思是：这时土壤中的水分（"土气"）和温度（"阳气"）开始上升，土壤的结构开始松动（"土脉乃发"），同时土壤中的肥力也开始发生作用（"土膏其动"），如果不及时去翻动它疏通它（"弗震弗渝"），即翻耕土地，就不能使土壤结构和解，也就没有可供农作物生长的水分和肥力，而是使土壤的脉络阻塞患病（"脉其满眚"）。这样，种下的谷子就不能繁殖（"谷乃不植"）④。《氾胜之书》在谈到耕田时说："春冻解，地气始通，土一和解……以此时耕田，一而当五，名曰膏泽，皆得时功。"这里讲的就是虢文公所说的道理。虢文公是西周晚期人，他在氾胜之前800多年，就已经知道了这个道理。

土壤学知识和土壤翻耕的理论是在对土地利用有较高水平的基础上才会产生，在砍倒烧光的火耕农业阶段，土地利用的水平很低，也很少翻耕土壤，因此就不可能产生上述的知识和理论。

---

① 杜耀西：《珞巴族农业生产概况》，载《农业考古》1982 年第 2 期，第 149 页。

② 《乙》三九八三。

③ 王贵民：《商代农业概况》，载《农业考古》1985 年第 2 期，第 29 页。

④ 杨宽：《古史新探》，中华书局 1965 年版，第 17 页。

（五）重视中耕除草

《淮南子·氾论训》说："古者剡耜而耕，摩蜃而耨。"高诱注："蜃，大蛤；耨，耨除草秽也。"最早我国先民多使用大蚌壳为除草工具。然而在火耕农业阶段，由于耕地逐年（或二三年）转移，基本上不进行中耕除草，这已为中外民族学资料所证实。因此，比较多地进行中耕除草，则是耕地相对固定以后的事，而青铜农具的使用，则又为这一工序的完成在质量的提高和次数的增加方面提供了可能，于是中耕除草遂成为农业生产中普遍而经常化的一环。

殷代甲骨文中有关中耕除草的记载已不鲜见。例如："贞，雨不足，辰，亡匄？"[①]"庚辰卜，大贞：雨不足，辰，不佳年？"[②] 此处的"辰"为用辰耨田之义，为动词。"匄"有乞求之义，意思是：雨量不足，通过耨地保墒能够得到丰收，无需他求。[③]

随着文字的演进，辰字多借为他用[④]，初义渐泯。甲骨文中又多以从"艸"或从"林"、从"辰"、从"又"的字，表示中耕除草，其形为"薅"、"薅"[⑤]，即为"薅"字，为后世"薅"的初文，《说文》："薅，拔去田草也。"即中耕除草。卜辞云："辛未贞：今日薅田？"[⑥] "……田薅……"[⑦]"有仆在曼，宰在〔　〕（地名），薅，夜焚廪三。"[⑧] 这都是有关中耕除草的明确记载。另外，甲骨文的农字作"薅"、"薅"[⑨] 从"林"从"辰"或从"艸"从"辰"。前者以示将长有树木的森林地改变成可用蚌壳中耕除草的耕地则为农；后者以示用蚌壳除草中耕即为农。从其字取意，已知殷代农业生产中除草中耕已为重要环节，以至可以作为农事之代称。或谓"初民之世，森林遍布，营耕者于播种之先，必先斩伐其树木，

---

① 《遗》四五四。

② 《前》七、三〇、一。

③ 温少峰等：《殷墟卜辞研究——科学技术篇》，四川省社会科学院出版社 1983 年版，第 214 页。

④ 常正光：《辰为商星解》，载四川大学学报丛刊第 10 辑《古文字研究论文集》。

⑤ 孙海波等：《甲骨文编》，中华书局 1965 年版，第 23—24 页。

⑥ 《合》28087。

⑦ 《合》9498 反。

⑧ 《合》583 反、584 反。

⑨ 孙海波等：《甲骨文编》，中华书局 1965 年版，第 107—108 页。

故其字从林也"。① 此言似指以辰砍伐林木为农字本义，则不确。因为当时砍伐森林则非斧、斤莫属，在这个工序上蚌壳一类的锄具是无能为力的。

中耕除草为商代农业生产中重要环节，还可从西周初十分重视这一环节中得到印证。《逸周书·大开》记周公旦的话说："若农之服田，务耕而不耨，维草其宅之；既秋而不获，维禽其飨之，人而获饥，云谁哀之。"这里以除耨与收获比言，可知其为农业生产中最重要工序之一。

商代重视中耕除草的确证，又为西周有关的记载，提供了发展规律性的说明而确凿无疑。《诗·周颂·载芟》中描述了从耕地、播种、田间管理到收获的全部农事过程，其中特别强调中耕除草的工作，即所谓"厌厌其苗，绵绵其麃。"《毛传》说："麃、耘也。""麃"，《说文》作"穮"，释作"耨钼（锄）田也。""绵绵其麃"是连续不断耨耘的意思。《诗经正义》引郭璞《尔雅注》说："芸不息也。"也正是这个意思。由于连续多次耨耘，所以才能"厌厌其苗"，即禾苗生长得很茂盛。《国语·周语》记载西周农民耕作的情况是："日服其镈，不懈于时"，即逐日不断地耨耘。这样做的好处是：可以除尽田间的杂草，以免其与幼小的禾苗争肥争水；同时也起到了松动土壤的中耕作用。中耕能使地面微水管的通路切断，阻碍土中水分的上升地面蒸发，可以保墒润土。这在禾苗生长幼小，遮盖地面力不强，而又干旱多风的北方春天，是十分重要的措施。在西周，人们往往还把中耕和培土结合起来。《诗·小雅·甫田》载："或耘或籽，黍稷薿薿。"《毛传》说："籽，雝本也。"即向作物根部雝土的意思。雝土可使作物根扎得深，吸收水分和肥料的面积大，又能耐旱，所以才能"黍稷薿薿"，即很茂盛地生长。总之殷代和西周如此重视中耕除草，这与很少进行中耕除草的火耕农业之间有很大的距离。

从使用的锄具看，西周农民"日服其镈"，镈字从金，使用的是铜工具。那么甲骨文的蓐字从辰，殷代是否使用的全是蚌制锄具呢？我觉得不能这样看，文字有其稳定性，所反映的现实生活变了，文字不一定马上跟着就变，有的长期不变。如今日用的桶字从木，但现实生活中所使用的桶，则大部分不是木质的。同样的道理，蓐字从辰，并不能说明当时蓐具一定都是蚌壳制的。从中耕除草已为殷代农业之重要环节看，这与一定数量青铜锄具的使用是分不开的。

---

① 杨树达：《积微居甲文说卜辞琐记·释农》，第28页。

四　《周礼》中有关西周农作制的记载应当肯定

西周的农作制究竟是什么样的呢？我们认为应当对《周礼》中有关的记载持肯定的态度。《周礼》虽成书于东周，但它记述的是西周的事情，是战国时的人根据当时掌握的西周的材料写成的，其间虽有作者有意系统化加工的痕迹，但它确也保存了西周的大量史实，特别是在先秦其他文献中得到印证的部分，更应视为可信材料。尤其是农作制度，是长期发展中形成的，变化最慢，东周早期与西周晚期区别不大，何况行文明确指述的是西周制度，何据置疑。

（一）休闲耕作制和连作制

《周礼·地官·大司徒》载："凡造都鄙，制其地域而封沟之，以其室数制之。不易之地家百亩，一易之地家二百亩，再易之地家三百亩。"郑司农注："不易之地，岁种之，地美，故家百亩。一易之地，休一岁，乃复种，地薄，故家二百亩。再易之地，休二岁，乃复种，故家三百亩。"这里是说有三种不同农作制的土地：即 1. 实行连耕制的不易之地；2. 土地分成相等的两块，每年耕作一块，休耕一块，逐年调换的二圃制耕作：3. 土地分成相等的三块。每年耕种一块，休耕两块，逐年轮换地定期休闲耕作。《周礼·地官·遂人》载："辨其野之土地，上地、中地、下地，以颁田里。上地，夫一廛，田百亩，莱五十亩，余夫亦如之。中地，夫一廛，田百亩，莱百亩，余夫亦如之。下地，夫一廛，田百亩，莱二百亩，余夫亦如之。"郑玄注："莱，谓休不耕者。"可知《遂人》所说的"上地，夫一廛，田百亩，莱五十亩"是另一种耕作制，即 4. 将耕地分成相等的三块，每年耕种两块，休耕一块，逐年轮换的三圃制。《遂人》所说的中地，下地，与《大司徒》的"一易之地"，"再易之地"同，即实行上述的 2、3 耕作制。

《周礼·地官·小司徒》载："乃均土地，以稽其人民，而周知其数。上地，家七人，可任也者家三人；中地，家六人，可任也者二家五人；下地家五人，可任也者家二人。"郑玄注："一家男女七人以上，则授之以上地，所养者众也。男女五人以下，则授之以下地，所养者寡也。正以七人、六人、五人为率者，有夫有妇，然后为家。自二人以至于十为九等，

七、六、五者为其中。"这是说，将上地分给家庭人口多的；将下地分给家庭人口少的；家庭人口不多不少的分中地。在西周所实行的井田制中，一夫授田的标准是百亩，如果土地肥沃程度较差，不能连耕而需要休闲，就根据土地需要的不同休闲期限，加授二分之一、一倍、两倍的土地，使每夫每年都有百亩土地可耕种。这是用分配不同数量的土地，以调剂各家所得到的肥沃程度不同的土地，目的是要使每夫所受的土地在质量上大体相等于可连耕的 100 亩土地。上述的《大司徒》、《遂人》中分配土地的办法，就是如此。与前二者相反，《小司徒》中却用家庭人口之多少，以调剂各家所受肥沃程度不同的土地，这是为什么？唯一合理的解释，就是各家所受的都是 100 亩可连耕的土地，但其肥沃程度仍然不完全相同，其中仍可分为上、中、下三级，而以人口多少不同的家庭，以次分授给上、中、下级可连耕的土地。

西周时代的区域划分大致是这样的：周王和诸侯国君所居住的城廓叫"国"，城郭以外有相当距离的周围地区叫"郊"或"四郊"。在"郊"以外有相当距离的周围地区叫"野"，在"野"中靠近边境的地区称都鄙。郊内的土地主要是分配给国人，即分配给居住在国中或城郊与统治者同族的劳动者的。"野"中一般是周王或诸侯国君的直属领地，土地是分配给直属于他们的奴隶性质的农夫耕种。"都鄙"一般属"王子弟公卿大夫采地"的地区①，这些贵族居住的较小一些的城堡称"都"，"都"周围的地区叫"鄙"。这里的土地主要是分配给属于这些贵族的奴隶性质的农夫耕种。据《周礼》的记载及郑玄的注解，上引三段文字，正是在"一夫百亩"这个总原则下，对这三种不同地区的土地的不同分配办法。《小司徒》说的是对"国人"的土地分配办法，这部分土地在城郊，比较肥沃，可连耕，同时也因靠近城市，人口较集中，只能"一夫百亩"，只是把更肥沃一些的分配给家庭人口多的，以此保持他们生活上的大体平均。《遂人》说的是周王或诸侯国君直属领地上的土地分配，这部分土地是在郊外的"野"，肥沃程度较差，几乎没有可连耕的，所以分别分配了不同期限的休耕地。《大司徒》说的是"王子弟公卿大夫采地"上土地的分配。这里远在边境，大部分土地都是一易、再易的定期休闲耕作地，但在贵族们居住的都城周围，也会有一些平坦肥沃的"不

---

① 见《周礼·地官·大司徒》郑玄注。

易之地"，可以连年耕种。

那么西周时代是否有火耕农业，是否有耕种 1 年、2 年最多 3 年就要撂荒的土地呢？回答是肯定的。前面已经提到过，直到新中国成立前，我国西南边疆少数民族居住的一些地区还在不同程度上保留着火耕农业，据此推论，早在 3000 年前的西周时代，在一部分土地上实行火耕农业则肯定是有的。《诗·大雅·旱麓》载："琴彼柞棫，民所燎矣。"《棫朴》载，"芃芃棫朴，薪之槱之。"《诗·小雅·正月》载："燎之方扬，宁或灭之。"郑玄注："火田为燎。""槱，……积木烧也。"这里说的可能是火耕地的耕作，也可能是前面所说的治田三个工序中菑田这个工序，或者二者兼而有之。在西周时代地广人稀，林木茂密，人们开垦荒地总是先要放火烧荒，然后在第二、三年加工整治，做成畎亩，一般 3 年就可完成开垦整地的过程。但在有些情况下，如烧荒过多，劳力不足，3 年内做不能畎亩，或肥料不足不能连年耕种，这样就有可能对一部分耕地进行较长期的火耕。但这部分火耕地在《周礼》有关分配土地的规定中没有明文记载，可以断定它不占主要地位。

根据以上论述，对西周的耕作制度可以大体上做这样一个估计：从耕地数量上说，包括二田制、三田制在内的定期休闲耕作的土地可能占多数；但在国郊和都城周围也有很大部分的土地是可连耕的；同时也在一定数量的土地上实行火耕。

有的学者认为，《周礼》所记者为"轮荒农作制，是撂荒农作制的高级阶段，即熟荒农作制阶段，它与休闲农作制有本质区别，不能把它们混为一谈"。并用〔苏〕维尔宾等著《农作学》一书描述西欧中世纪的休闲农作制的话，"全部耕地都要进行耕作"[1] 为依据，认为休闲农作制中的休闲地是要"休而耕的"；而《周礼》中所记的休闲地"莱"，据郑玄注"谓休不耕者"。所以"二者截然不同"。[2] 有的学者还认为《周礼》所记无三田制，并引考茨基所著《土地问题》第三章中的这样一段话为依据："农村公社的每一成员……一般讲来是强制的轮作法在支配者，在每一块土地内或在每一块田亩上，份地所有者必以同一的方法经营。每年三块田中有一块空闲着，另一块种植冬麦，第三块种春谷。田地的耕作每年轮

① 〔苏〕维尔宾等著，孙渠等译：《农作学》，高等教育出版社 1959 年版，第 299 页。
② 郭文韬：《中国古代的农作制和耕作法》，农业出版社 1981 年版，第 5 页。

换者。"① 而《周礼》所记，无"强制的轮种法"，故"非三田制"。② 我们觉得可否这样看，作为农作制度，在一定时间内利用土地的频率是其技术的主要方面；各类农作制基本上都是以此为依据区分的。其他方面，如是否为"强制的轮种法"，不属农作制的技术问题，而是社会关系方面的原因。残存于东西方阶级社会的农村公社有不同的作法，中国与外国不同，欧洲各个国家之间也不完全相同，可以看作属地区特点。至于休闲地的翻耕与否，是属实现休闲耕作制的手段之一，也可因地制宜，有的地休闲期间翻耕可提高肥力，有的地休闲期间不翻耕，宿草类以提高肥力，于播种前一并翻耕。犹如近世江西余江县地区在水田中种植"红花草子"，于播种前才翻耕入土，以提高土地肥力一样。因之，此条亦可视为地区特点。另外，认为周代的休闲地就是都不翻耕，也缺乏可靠的根据。郑玄注所说的"莱，谓休不耕者"的"耕"，可理解为主要指播种，或包括播种在内的整个农作过程而言。《荀子·王制》说："圣王之制……春耕、夏耘、秋收、冬藏，四者不失其时，故五谷不绝，而百姓有余食也。"这里的春耕即指播种。其他如《商君书·农战》："今一人耕而百人食之。"《韩非子·五蠹》："言耕者众，执末者寡。""古者丈夫不耕，草木之实足实也。""今修文学……则无耕之劳，而有富贵之实。"《和氏》："显耕战之士。"《史记·秦始皇本纪》："内立法度，务耕织。"《汉书·食货志》："或耕豪民之田"，等等。这些"耕"字，都作包括播种在内的整个农作过程讲。郑玄所言的"莱，谓休不耕者"，主要指休闲地不播种或不进行包括播种在内的整个农事过程，不能单纯地理解为不翻耕。

（二）瞻前顾后合乎生产发展规律

西周的农作制度，并不是孤立的，突然出现的。它是我国数千年农业长期发展的结果，又是东周农业发展的起点。因此，考察西周上、下两头农业发展的情况，有助于我们对西周农作制度做出正确的判断，有助于我们对有关文献弄清其真伪，做出合理的解释。

农史学家一般都认为抛荒耕作制是人类发明农业后第一个农作制，其中又可分为生荒耕作制和熟荒耕作制两个阶段，前者更原始。但对两个阶

① 考茨基：《土地问题》，三联书店 1955 年版，第 26 页。
② 万国鼎等：《中国农学史》（初稿）上册，科学出版社 1984 年版，第 40 页。

段的描述不完全相同。

如万国鼎先生认为，"当初地多人少，抛荒是无限期的，开垦的总是生荒地，这是生荒农作制。后来生产工具和栽培技术渐有进步，人口渐多，而且土地已变为奴隶主私有，人们已不能自由地迁徙到新的地方去，因此当用完了最后一块生荒地之后，就不得不回到抛荒一二十年的土地上去耕种，于是变为熟荒农作制"①。陈国强先生也有类似的说法，他说："最早一块生荒地被开垦后，由于未照顾保护地力，因此土地一年一年坏下去，农作物的产量一天比一天减少，于是最后人类只好放弃它，任其荒芜，另外再辟新耕地，这是原始利用'处女地'栽种植物的办法，就是生荒耕作法。生荒耕作法只有在地广人稀，没有土地私有制的条件下才能普遍存在。""金属时代初期，由于工具改进，加以人口增加……人类对耕过的土地不再是永远废置，贫瘠田地在天然的草本植物及木本植物影响下，隔一段时间，又逐渐恢复地力，人类便再用来耕作，这种办法就是熟荒耕作法，土地间隔休闲的时间自数年至数十年不等。"②〔苏〕A. A. 维尔宾等所著《农作学》和江苏科技出版社出版的《农业辞典》中，对生荒耕作制和熟荒耕作制的说法大体类似。这类意见强调以垦种的是生荒地还是熟荒地为区别，主要在于加工对象不同，二者在耕作技术、土地利用频率上似乎显不出区别，两者都既可耕种 1 年即转移，也可连续耕种 2 年、3 年或更长，达到地力衰竭另辟新耕地为止。其实利用间歇一二十年天然植被更迭而复壮的熟荒地，对于火耕农业的肥力则足够了；而砍伐这种地上的林木，在同种工具和同一技术水平下，要比生荒地上的容易得多。因此，只要有复壮而有肥力的熟荒地，人们是不愿花费更大气力去利用生荒地的。因此，这类区分生、熟荒耕作制的标准是不科学的，在民族学资料中也很难看得到的。

李根蟠先生等在《苦聪人早期原始农业的生产和生活》一文中谈到云南苦聪人的火耕农业时说："由于不翻地，不施肥，依靠林木焚烧的灰烬做肥料，所以耕地只种植一年就要抛荒。抛荒若干年后再重新砍耕，这就是年年易地的'生荒耕作制'。"他在另一篇文章中又说：生荒耕作制是"一块地上垦种一年（特别情况下或有例外）后抛荒若干年"。熟荒耕作制

①　万国鼎：《农史文献中所见的农作制》，载《中国农报》1962 年第 2 期。
②　陈国强：《农业的起源及原始形态》，载《厦门大学学报》1956 年第 1 期，第 87 页。

是"在一块土地上垦种若干年后抛荒若干年。"① 这种意见只强调垦种 1 年就抛荒是生荒耕作制,不管垦种的是生荒还是熟荒地。

宋兆麟先生在谈到云南独龙族和苦聪人的火耕地时说:"火耕地比较松软肥沃,特点是焚而不耕,事后就能用尖木棒和木手锄播种了。由于不进行翻地和火耕的局限性,火耕地肥力减退很快,土壤容易板结,一般种一两年就要丢荒,另外砍伐新的土地,这就是原始生荒耕作制,它是与火耕农业相适应的……生产技术的改进,为新式农具的发明和制造提供了必要的物质条件,火耕农业逐渐为耜耕所取代。耜耕农业的特征:一是普遍运用耒耜进行人工翻地,改变土壤结构;二是实行定期休耕和人工施肥,增加了地力,提高了产量,延长了土地使用年限。这就是熟荒耕作制。"②

后两种意见强调翻耕土地和施肥的进行与否,与此相适应,其重要区别点是生荒耕作制连续耕作的时间短(李说为一年,宋说一两年),熟荒耕作制则较长。但未涉及或具体规定撂荒土地的大致年限,特别是宋说与休闲耕作制又无明确界限,亦似不太全面。综合上述三种意见,全面考虑耕作技术、连续耕作时间、撂荒土地的年限三方面的因素,结合后进民族残存火耕农业的实际,拟对农作制的各主要发展阶段作如下表述:以火烧生荒地或间隔一二十年以上(各地植被复壮过程有快慢)熟荒地的草木为肥料,不再施肥,不翻地,耕作期限以一年为主(间或有连耕二三年者),基本上年年易地而耕,则为生荒耕作制。火烧间隔一二十年以下、三年以上熟荒地的草木为肥料,用木石耕具浅翻土地,翻耕次数不多,不再施用别的肥料,连续耕作以三四年的为主(也有一二年者),则为熟荒耕作制。使用金属耕具较深较多次地翻耕田地,施用其他肥料,有规则地耕作二年以下休闲地的,则为休闲耕作制。如果深耕和施肥的技术水平进一步提高,田地不休耕而连续耕作,则为连耕制。与此相适应,依次后一农作制比前一农作制时期,耕地相对固定,农业工具的种类增多,功能完善,拥有的粮食数量增多,居住村落的规模增大和时期延长。如果以上说法可取,我国原始农业大概在距今七八千年左右,便进入了熟荒耕作制阶段。近年来考古发掘的成果为说明这一阶段的农业提供了丰富的材料。在北

---

① 李根蟠等:《苦聪人早期原始农业的生产和生活》,载《中国农史》1982 年第 1 期,第 71 页;《试论我国原始农业的产生和发展》,载《中国社会经济史论丛》第 1 辑,第 57 页。

② 宋兆麟:《河姆渡遗址出土骨耜的研究》,载《考古》1979 年第 2 期。

方，发现有山西怀仁鹅毛口、河南新郑裴李岗、河北武安磁山村、河南密县莪沟北岗等新石器时代早期遗址。这些遗址约距今 7000 到 8000 年之间，除出土石斧外，普遍发现石锄、石铲（大者为石耜）、骨耜、石镰刀、石磨盘等农业工具，并有较大的定居村落。以距今 7800 年左右的河南新郑裴李岗新石器遗址为例，1977 年、1978 年两次发掘，出土（包括采集）大量石制农业生产工具，计石斧 13 件，石铲 44 件，石镰 8 件，石磨盘 48 件，石磨棒 16 件等。石铲一般长 26 厘米，宽 9 厘米，厚 1.5 厘米，最大的长 33.5 厘米，宽 17 厘米，厚 1.5 厘米。通体磨光，铲身两侧磨成圆弧形刃，刃部多有使用痕迹。显然是加柄后翻地的工具。石镰为拱背形，刃部有细小的锯齿，柄部较宽，略向上翘，下部磨有系绳缺口，大部分长在 10—17 厘米之间，宽 5 厘米左右。石磨盘均为砂岩琢磨而成，有鞋底形、柳叶形和椭圆形等形状，其中 26 件底部有柱状短足。一般长 50—60 厘米，高 5—6 厘米，最大的长 71 厘米，高 8.5 厘米。磨面有长期研磨下凹的痕迹。此一处遗址出土磨盘近 50 件，可以想见当时需要加工的粮食是较多的。石磨棒呈圆柱形，中部较粗，两端略细，有的经过长期研磨，呈扁圆形或三角形。磨棒的长短大小是与磨盘成套的，最长的 57.5 厘米，直径 5 厘米，最短的长 19.2 厘米，直径 4.4 厘米[①]。另外，于距今约 7300 年左右的河北武安磁山新石器时代遗址中，除出土大量的石制农具外（计斧 154 件、铲 31 件、磨盘 11 件、磨棒 16 件等），并于灰坑下层发现有近 2 米厚的绿灰土，为腐烂的粮食。绿灰土底部角上，分放有猪骨 3 堆，是我国目前发现最早的家畜遗骨之一，表明这些粮食可能是用作家畜饲料的。[②] 从以上所述的情况看，出土的石制农业工具磨制精致，分工明确，从砍伐林木，翻地松土，耕种收获到粮食加工，都有相应的工具，成龙配套，如此齐全，并有大量的粮食作物，用作饲养家畜的饲料。这说明早在距今 7000 到 8000 年间，我国的农业已经发展到一个比较高的阶段。

距今约 6700 年左右的西安半坡仰韶文化遗址是我国新石器时代中期农业发展的典型代表。该遗址发现比较完整的房屋遗迹 40 多处，储藏东西的窖穴 100 多个，生产工具和生活用具将近万件之多，是一个大规模的

---

　　① 开封地区文管会等：《河南新郑裴李岗新石器时代遗址》，载《考古》1978 年第 2 期；《裴李岗遗址 1978 年发掘简报》，载《考古》1979 年第 3 期。
　　② 邯郸市文管所等：《河北磁山新石器遗址试掘》，载《考古》1977 年第 6 期，第 363—364 页。

长期定居的村落遗址。出土农业生产工具约 798 件，计石斧 313 件、石锛71 件、石铲 13 件，石锄 19 件，石制砍伐器 59 件，收割谷类的石刀和陶刀 217 件，加工粮食的石制碾磨器 11 件，石杵 14 件，骨铲 81 件。数量较多、种类复杂、用途广泛。出土的陶器很丰富，完整的和能够复原的将近1000 件（破碎的陶片在 50 万片以上），大都与食用谷物有关。如作蒸煮食物用的鼎、釜、甑等，作饮食用的碗、盆、钵等，作储藏粮食用的瓮、罐等。在半坡遗址的窖穴中，一个带盖的陶罐保存有完好的粟粒，另一个陶罐中保存有白菜或芥菜一类的种子。此外还发现有堆积粮食腐朽后形成的谷灰，呈灰白色半透明状，厚达 18 厘米。综上所述，可以看出半坡人已经过着比较长期的定居生活，从事着比较发达的农业生产，种植粟等谷物和蔬菜。①

距今约 6700 年左右的浙江余姚河姆渡遗址是我国南方新石器时代中期农业生产发展的代表。该遗址出土陶器、骨器、石器等工具达千件以上，还出土有数量很多、品种丰富的植物果实枝叶及动物的遗骸，并发现大量的、比较进步的木构建筑遗址。

河姆渡出土的农业生产工具中最重要的是骨耜，数量较多，仅在第一期发掘中第四层文化层就出土 76 件。都用偶蹄类动物的肩胛骨制成，个体较大。装上木柄后，便是相当完备的原始翻地工具。

与骨耜一同出土的还有稻谷。在遗址第四层十多个探方广达 400 平方米的范围内，普遍发现稻谷、谷壳、稻秆、稻叶等堆积，厚度从 10—20厘米到 30—40 厘米，最厚处达 70—80 厘米，谷壳和稻叶还保持外形原有形态，稻谷已经炭化。据对部分完整谷粒外形的鉴定结果，多数为栽培稻的籼稻，少数为粳稻。这些事实说明当时已有比较发达的水稻种植业，很可能大米已成当时该地人们主要的食物。②

综上所述，早在距今约 8000 年到 6000 年间的新石器时代早期和中期，在北方以种粟类为代表，在南方以栽培水稻为代表的比较发达的原始农业在我国同时发展起来了。一般都认为这时的农业已进入"熟荒耕作制"。如黄崇岳先生认为："这时出现了石锄。石铲和骨耜等可作翻土之用的典

---

① 中国科学院考古研究所：《西安半坡》，文物出版社 1963 年版。

② 游修龄：《对河姆渡遗址第四层文化层出土的稻谷和骨耜的几点看法》，载《文物》1976年 8 期；宋兆麟：《河姆渡遗址出土骨耜的研究》，载《考古》1979 年第 2 期，155 页。

型农业工具。镰刀等收割工具、石磨盘等粮食加工工具也大量涌现。标志着人们学会翻土以增加地力，达到熟荒耕作的水平，粮食的栽种成为稳定的生活来源，在此物质基础上，开始繁殖家畜，出现了大型的定居村落。"① 何柄棣先生则有更高的评价，他说："有一种自给的农业体系在公元前5000年前后首先出现于仰韶文化中心区。"并引述农作物栽培史专家杰克·哈兰博士的论断，"仰韶时期耕作法与刀耕火种制度的方法不同，后者至少需要每年实际耕种面积的八倍的土地，长期休耕，才能行的通；而仰韶时期的耕作者耕地的部分土地需要两年的休耕期"。认为"黄土的优越的保墒能力能够毫不困难地连续耕种小米"②。游修龄先生根据河姆渡出土的实物描述当时的农业生产过程是："人们从事水稻生产，第一步是放火烧掉砍倒枯干的树木，再开沟引水，用水灌淹，这就需要使用骨耜。水稻是一种喜水湿的作物，种植这种作物，在灌水和排水的技术上有一定的要求，比如做成田埂和田塍，使得水流从高到低在各田块间流过；而田埂和田塍的修建也需要骨耜。"他还说："在几块土地上轮流倒换种植；不必经常流动，这样相对地导致了较长期的定居生活……在耕作制上称这一时期为熟荒耕作制。从河姆渡遗址第四层出土大量骨耜、成堆的稻谷、谷壳和木结构住屋来看，可以肯定当时人们已经过着长期耕作的定居生活，稻米已是主要食粮。"③ 宋兆麟先生也说："河姆渡遗址堆积很厚，有比较讲求的干栏式建筑，普遍使用陶器和大量饲养家畜，说明当时已经过比较稳定的定居生活……大量骨耜的出土就是实行精耕细作和开发水利的重要物证，……从耕作技术上看，当时已经采用了熟荒耕作制。"④ 从新石器早、中期已达到的这种农业生产水平出发，再经过三四千年的发展，到了西周时代实行土地的连耕和定期休闲耕作制，是完全合乎规律的。如果说西周的耕地一般都是垦种1年、2年最多3年就要弃耕撂荒，撂荒又是长期的和不定期的。这比早于西周三四千年的裴李岗、半坡、河姆渡等遗址时代的农业还要落后，显然这样的结论是不合适的。

---

① 黄崇岳：《从出土文物看我国的原始农业》，载《中国农业科学》1979年第2期，第90页。

② 〔美〕何柄棣：《中国的文明：对其长期性的原因的探索》，载《中国史研究动态》1978年试刊。

③ 游修龄：《对河姆渡遗址第四层文化层出土的稻谷和骨耜的几点看法》，载《文物》1976年第8期，第22—23页。

④ 宋兆麟：《河姆渡遗址出土骨耜的研究》，载《考古》1979年第2期，第158页。

　　上面说的是西周前的农业，下面再看看紧接西周的东周时代的农业。《春秋经》载："庄公七年（前687），秋大水，无麦、苗。"《左传》解释说："秋无麦、苗，不害嘉谷。"《公羊传》解释说："庄公七年，秋大水，无麦、苗。无苗则曷为先言无麦，而后言无苗？一灾不书，待无麦，然后书无苗。何以书，记灾也。"杜预注《左传》说："今五月，周之秋，平地水出，漂杀熟麦及五稼之苗。""黍稷尚可更种，故曰不害嘉谷。"据以上各条所述，其一，夏历五月春播的黍稷苗和将要成熟的冬麦同时受灾。其二，五月冬麦受灾之后，还可以再种黍稷，等到大秋收获。据此可知，当时很有可能存在冬麦夏收，再夏种黍稷秋收的轮作栽培和复种。到了战国，这种情况更多。《吕氏春秋·任地》篇载："今兹美禾，来兹美麦。"这是说今年丰收好禾，接着种麦，来年再丰收好麦。而麦收后又接着种黍、稷，等到大秋收获。《荀子·富国》篇说："今是土之生五谷也，人善治之，则亩益数盆（量器），一岁而再获之。"这是一年连收两茬作物的明确记载。《管子·治国》篇说："常山之东，河汝之间，蚤生而晚杀，五谷之所蕃熟也。四种而五获，中年亩二石，一夫为粟二百石。"这又是四年五熟（或解释为四季都能种植作物，多次收获五谷）的记载。到东周，特别是战国，已有轮作复种制，这在治农史的学者中几乎是共同的看法。如万国鼎先生认为：战国时代在连耕农作制的"基础上发生了轮作和复种的萌芽"[1]。万国鼎等先生编写的《中国农学史》（上册）中具体指出：《吕氏春秋》中"很明白地道出了复种栽培"[2]。胡锡文先生在《中国小麦栽培技术简史》一文中也说："在作物栽培方面，利用轮作之法，粟收以后种麦，使粟麦两季，皆得连续丰收。"[3] 郭文韬先生则进一步作出全面性的估计，他说："早在战国时代，在黄河流域广大地区，轮作复种制已经占有相当大的比重。"[4] 他们中有的估计高一点，有的低一点，但都认为已有轮作和复种制。而轮作栽培和复种，是为了更有效地利用土地。在耕作制上是逐渐向两年三熟、三年四熟、一年两熟发展。这在原始生荒耕作制和熟荒耕作制下不可能发生，在全部土地都是定期休闲耕作制下，也很难发生，只有在大量土地长期连耕的情况下，才会有这种要求出现。从东周有

[1]　万国鼎：《农史文献中所见的农作制》，载《中国农报》，1962年第2期。
[2]　万国鼎等：《中国农学史》（上册），科学出版社1984年版，第94页。
[3]　中国农业科学院农业遗产研究室：《农业遗产研究集刊》第1册，第57页。
[4]　郭文韬：《中国古代的农作制和耕作法》，农业出版社1981年版，第7页。

轮作栽培和复种的发展，可证西周定有大量的土地可以连耕，那么，说西周实行包括二田制、三田制在内的定期休闲耕作制的土地可能占多数，只有可能估计偏低，绝不可能估计过高。

最后，将本章的意思概括一下：第一，从苗、新、畬的字义解释中绝得不出这样一个结论，即西周的耕地一般都垦种一年或二年最多三年就要弃耕撂荒，撂荒又是长期的和不定期的。第二，从横的方面看，西周与农作制有关的耕作技术水平都远远超过了火耕农业阶段，而与较进步的农作制相适应。第三，从纵的方面看，把西周的农作制描绘成原始生荒耕作和熟荒耕作制前期的火耕农业显然是不适宜的，因为这比早于西周三四千年的裴李岗、半坡、河姆渡等遗址时代的农业还要落后。应当充分重视殷代和西周因大量使用青铜农具而带来的耕地深翻、耘锄加强及施肥效益提高等农作技术进步的作用，根据西周有关文献的记载，参照东周农业发展的水平，肯定《周礼》中有关西周农作制为休闲耕作制和连耕制的记载是符合历史实际的。

第十一章　青铜耕具与耦耕

耦耕是战国以前的一种耕作方式，研究中国古代农业科技史和农业经济史都要涉及它。然而究竟使用何种质材、哪种结构的工具？如何具体耕作？如何配合操作？先秦文献无明确记载，汉、晋人的注解十分简略，唐以后各家揣猜解说，意见纷纭。目前看到的主要有十种说法，相互驳难，攻其疏漏，看来尚无任何一家能成确说。但是，综观各家所言，立说者多有所据，不无见地；驳难者亦多中要害，指出其不足。因而，不同说法常从不同角度不同侧面提供某些合理的因素，相互驳难又常发各说中不合理的成分。彼此修正，相互补充，使耦耕之真义日显渐明。有见于此，本章拟举各家之言，述议其得失，从中吸取合理因素，去其不合理成分。特别是把耦耕与所使用的青铜农具及其铜木结构联系起来，和使用青铜工具后耕地普遍整治为畎亩联系起来考虑，以成第十一家之说，或为耦耕之真解。

一　耦耕十说述议

有关耦耕的不同说法，主要涉及对所使用工具耜的形制及其质材、劳动中配合的方式和经济协作性质方面的不同理解，下面结合各家观点的介绍，予以剖析说明。

（一）二人执二耜并头耕作说

明确提出此说的是清人程瑶田。他在《沟洫疆理小记·耦耕义述》中说："耜之长，自本至末尺有一寸，其本广五寸，本有銎，以受末者也。用以耕，一人之力能任一耜，而不能以一人胜一耜之耕。何也？无佐助之者，力不得出也。故必二人并二耜而耦耕之，合力同奋，刺土得势，土乃迸发，以终长亩不难也。"近人杨宽先生是同意这种说法的。他说："在两人合力同奋之下，在同时'推'之后，又同时'发'，毕竟容易把土翻起。"①陈文华先生也积极主张此说，并表述得更具体。他说："耦耕就是两人执二耜（耒、锸）同时并耕，一人向右翻土，一人向左翻土。"理由是：耜的宽度只有五寸，要开"广尺深尺"的沟，如果一人耕作，"使用的是形同周代的木耜、或石耜，要直挖五寸宽一尺深的土是非常困难的。因此就得改变方法，先挖右边表面的五寸，再挖左边的五寸。然后再挖下面右边的五寸和左边的五寸。这样不停地改变动作和位置（挖沟不是松土，还要考虑挖出来的土往那里抛），这就要耗费很多体力……但是，如果是两个人同时用耜挖掉上面的五寸土，再挖下面的五寸土，就比较方便，劳动效果比一个人好得多，从而提高劳动生产率。"②

程瑶田以耒尖套上宽 5 寸、长 1.1 尺的头部为耜，整个器形类似后世的铁锹，其说出自《考工记》中的《车人》和《匠人》条（详后），这大体是对的。但是没有提及耜头部分的质材，这是个缺点，因为工具的质材，往往与使用方式相互关联（详后）。而陈文华先生例举周代的木耜、石耜，用以说明耦耕的必要性，似可商榷。这一说以耦耕为二人并耕是有古文献为据的，但对耦耕的具体描述可能与实际情况不符，对二人各执一耜的前提下需要并耕的道理说得很不充分，有些牵强作解，因而引出很多人的非难。如万国鼎先生指出："耜广五寸，两耜并耕，合计宽一尺，等于 6.93 市寸。两人同时在此 6.93 市寸宽的土地上推耜入土，而且各踏一耜，实在容不下两人的脚，操作非常不方便。不但不能提高效率，反而妨碍工作的顺利进行。所以这一种说法，只是书斋里的脱离实际的推测。"③我们认为：如不能说明二人执二耜并耕确有显著工效，挤在一起干活显然是不必要的。

（二）两人运用二耜相对而耕说

《诗·小雅·大田》唐孔颖达疏说："计耦事者，以耕必二耜相对，共发一尺之地，故计而耦之也。"宋林希逸所著《考工记解》说："耦者，二

---

① 杨宽：《古史新探》，中华书局 1965 年版，第 10 页。

② 陈文华：《试论我国农具史上的几个问题》，载《考古学报》1981 年第 4 期，第 422—423 页。

③ 万国鼎：《耦耕考》，载《农史研究集刊》第 1 册，科学出版社 1959 年版，第 77 页。

人对耕也。"这种说法大概是错误的。两人面对面地共发一尺之地,自然是站在要挖掘小水沟的两岸了,两耜相距一尺同时刺土,然后同时向后扳动耜柄,将一尺之土块共同抬出地面。这样挖小水沟在实际操作中困难很大。已挖出土方的豁口,在刺土耜的侧面,相距一尺的两耜的正面,既无豁口,又因两耜同时被推入土而增加阻力,使刺土的动作变得十分费力。耜的"锹头"长1.1尺,两耜相距一尺面对面地发土,耜刃难免要相撞而被损坏。所以,这种说法也是书斋里脱离实际的推测。

(三) 两人共踏一耜而耕说

最早提出这种看法的是徐中舒先生,他说:"古代耦耕,二人共踏一耒或耜,故耒或耜的柄之下端接近刺地的歧头处,或安装犁鑃处,安装一小横木,左右并出,适为两人足踏之处。"① 后来,何兹全先生又进一步论证说:"在木制农具时代,两人共踏一耜不仅是可能的,而且是必须的。对于木制的耒耜,推耜端入土是比较困难的,因此有两人共踏的必要,更重要的是木制耒耜本身的条件,也决定必须是两人共踏,推耜入土时,脚踏耜上的横木,如果只有一隻脚踏横木的一端,力量不平衡,易于使耒耜毁坏。"为了寻找这种说法的文献根据,何先生强调说:《考工记》郑玄注:"'古者耜一金,两人并发之'这句话……解释为两人共执一耜,并力发土……似乎是郑氏的原意,而且在语法上也更合乎逻辑。"②

这种说法的最大弱点是与他据以得出这种说法的根据相矛盾的。郑注明明讲"古者耜一金",即耜有一个金属的刃套或"锹头","并发之"显然是指有金属刃套或"锹头"的耜。而何先生却据以得出"木制耒耜","两人共踏不仅是可能的,而且是必须的"结论。把郑注第一句的金属耜,抽换为木制耒耜,以就合对郑注第二句"并发之"的解释,这在逻辑上是不顺的,同时也不符合历史事实。《考工记》所载周代官手工业中有"攻金之工六",其中"段氏为镈器",即段氏这个基层工官所管理的单位,专门生产农具。《诗·周颂·臣工》载:"命我众人,庤乃钱镈,奄观铚艾。"这里提到的农具钱、镈、铚,其字都从"金"旁。《国语·周语上》记述西周晚期人虢文公的话说:"民莫不震动,恪恭于农,修其疆畛,日

---

① 徐中舒:《论西周是封建社会——兼论殷代社会性质》,载《历史研究》1957年第5期。

② 何兹全:《谈耦耕》,载《中华文史论丛》第3辑,中华书局1963年版。

服其镈，不懈于时。""民莫不"三字说明镈的使用较为广泛，"修其疆畔，日服其镈，不懈于时"说明镈也在农夫自己的份地上使用，而且一年使用的时日很长。这里的镈，其字也从"金"旁。"金"在先秦文献中，大多数情况下是指铜。另外，迄今为止，尚未有确切定为殷代和西周的铁器出土，因此，这从"金"的钱、镈、铚等农具只能是铜质的了。耜在殷周是主要的翻地农具，翻地在农活中是最重最主要的活茬，殷周既已使用铜农具，耜自不会例外。如前所述，《诗经》中提到耜的共有4处，有3处都加上了表示锋利的形容词，则耜必有铜质刃套无疑。另从考古发掘来看，殷和西周的青铜耜刃套都有出土。① 因此，何先生认为"木制的耒耜"，"决定必须是两人共踏"的说法是没有根据的。同样理由，上述陈文华先生例举木耜或石耜以说明二人执二耜并耕的必要性，也是没有根据的。

此说的另一理由是：耒耜脚踏横木左右并出，适为两人足踏之处。如一人只踏一端易于毁坏。这也是不能成立的。从民族学资料来看，西藏错那县勒布区门巴族翻地用的青冈杈，就是中原地区古代所使用过的单齿耒一类的工具，它的脚踏横木为左右并出，但是却是单人使用的工具。米林县那伊公社珞巴族翻地的木锹，就是中原地区古代所使用过的木耜一类的工具，它的脚踏横木也左右并出，也是单人操作的工具②。看来横木左右并出，是为了一人左右脚可踏，或可踏其左右的方便，并非为双人左右共踏所设。单人使用上述两种工具，都是足踏其横木之一端，并没有产生工具易于毁坏的担心。相反，很多人对于共踏倒很不放心。如汪宁生先生说："如果两人并肩共踏一耜是因为足踏耜上横木，易使木制的耒耜折断，实际上，若是两人共踏，除非每次刺土都能做到分秒不差地一齐用力，恐怕更易使耒耜折断的。"③

（四）一耕一耰配合说

万国鼎先生在他所写的《耦耕考》中认为："耦耕也许是一人耕一人耰配合进行的耕作法。"耰是碎土摩田的工序。所以要实行耕耰配合是

① 陈振中：《殷周的耒耜》，载《文物》1980年第12期，第64—65页。
② 胡德平等：《从门巴、珞巴族的耕作方式谈耦耕》，载《文物》1980年第12期，第67—68页。
③ 汪宁生：《耦耕新解》载《文物》1977年第4期，第75页。

"因为我国北方通常春旱多风，耕起的土块，最容易干燥，除沙质土壤外，一般土壤干燥后，不容易破碎，特别是黏质土（强土）很难破碎，所以需要耕后随即摩耢。……因此最好的办法是：组成二人小组，一人掘地发土，一人跟着把掘发出来的土块打碎摩平。因此推想，耦耕就是这样耕和耢配合着进行的一种工作方法。"① 1976 年出版的郭老主编《中国史稿》第一册中，有关耦耕的描述就采用了这种说法。

对于这种说法，何兹全先生提出异议。他说："一人耕一人耢的耕作方法，不一定要求比耦、合耦。一人耕一人耢固然可以，一人耕二人耢，或二人耕一人耢也非绝对不可；就是一个人边耕边耢，耕一会再耢一会也无不可。……一个壮年汉子带着一个或两个儿童或一个老汉去耕耢，也完全是可以的。一人耕一人耢的工作形式，不会产生耦耕这个'耦'字的概念。"② 我们认为耕和耢这两个工序的工作量是不平衡的。耕地是刺地发土，比较费力；耢是把新发出的土打碎摩平，要省事得多。大概两三个人耕，一个人耢就可以了。民族学所提供的资料正是这样。如美洲印第安人的"歧楚阿农民耕地时所用的工具……就是所谓的察基塔克略（Чакитаклья），这是在横头有一突出部分的狭铲子。不过铲口是铁的，不再是从前的木头或青铜的了。""歧楚阿人在耕地上工作时，通常以三人为一组，其中二人（男子）用察基塔克略翻起土壤，而第三人（妇女或儿童）在后面击碎翻起的土块。"③ 我国西藏的门巴族和珞巴族，也有一对一耕和耢的，但耢的都是妇女或儿童（详后）。因此，古代的耦耕如果以壮年男子二人一组，一人耕一人耢，后者的工作量就太轻松了。在奴隶主的公田上集体耕作，很难设想奴隶主会采取这样的分组方法，因为采用这种分组方法要使一半奴隶少干活。这也不可能在个体家庭农户之间的协作中广泛出现，因为耢的工序妇女、儿童皆可胜任，本家即可解决，何需外求。

这一说的主要根据是《论语·微子》中的这样一段话："长沮、桀溺耦而耕，孔子过之，使子路问津焉。"先问长沮，后问桀溺，桀溺答话后，就不睬子路，"耰而不辍"。万先生从而认为耰是耦耕工作中的一部分，由

---

① 万国鼎：《耦耕考》，载《农史研究集刊》第 1 册，科学出版社 1959 年版，第 80—81 页。

② 何兹全：《谈耦耕》，载《中华文史论丛》第 3 辑，中华书局 1963 年版。

③ 苏联科学院米克鲁霍—马克来民族学研究所著，史国纲译：《美洲印第安人》，三联书店1960 年版，第 280—281 页。

此设想出一耕一耰的二人分组的耦耕方式。这种耦耕方式之不可取处上文已明；至于《微子》所记的情况也不难解释。耦而耕者只有长沮和桀溺二人，可能为个体农户之间的协作，个体农户的田间活茬，往往不是单打一的。因此除耦耕外，耰的工序也要捎带完成。如何兹全先生上边所指出的，"耕一会再耰一会，也无不可"。孔子使子路问路时，大概正逢他们耰一会的时间。《微子》只提到桀溺"耰而不辍"，并未说长沮在耕，因此一耕一耰为耦耕的文献根据也是不充分的。

（五）面对面一蹃一拉说

孙常叙先生在他所著的《耒耜的起源及其发展》一书中认为："耦耕是两人一组面对面一蹃一拉共发一耜的耕作方法。"他说："耦耕时，在两人面对面共同使用的耜上系着一条绳子的。耕地时，一人把耒，同时用脚向下踏着耜上耒下的横木，使耜深入土中；另一人跟他合耦，对面立着，待耜已入土之后，他向怀里用力拉绳，使入土的耜向前推块掘地发土而出。两个人，一个蹃耒入土，一个拉耜发土。这一蹃一拉的动作，决定他们必须是对面合耦的。"[①]（图四八：1）。刘仙洲先生在他所编的《中国古代农业机械发明史》中，也认为这样解释耦耕是"比较正确的"。

孙先生提出的文献根据主要有二：一是词义的训释，认为"耦的词义就是面对面的"。他引《说文》"偶，桐人也"。并根据钱大昕《说文校讹字》改"桐"为"相"，以"相人"即相对，认为是"耦"的本义。其实此处是说木偶相人，与耦义无直接关系，耦字《说文》另外作解为："耒广五寸为伐，二伐为耦。"另一个文献根据是《国语·齐语》的"深耕而疾耰之"。孙先生引《文选·长杨赋》"使农不辍耰"条下注引晋灼曰："以耒推块曰耰。"据此，把耰解释成用绳子拉动耜发土的动作。其实，"推块曰耰"的"推"字实系"椎"字之误，万国鼎先生于《耦耕考》一文中广征博引，论证甚详，可见孙先生据以立说的文献根据全靠不住。

据孙书第63页所画的耦耕示意图看，拉耜的这根绳子是系在耜刃上部脚踏横木附近的。万国鼎先生指出："这里正是耕者扳耒柄发土所依靠的杠杆作用的支点所在处，或者还略高于支点，拉绳时必然会抵消掉踏耒

---

① 　孙常叙：《耒耜的起源及其发展》，上海人民出版社1959年版，第56页。

的耕者扳耒发土所用力的一部分。"其"操作方法根本违反力学原理"[1]。但对万先生的意见，又有人提出异议，如说："如果拉绳和扳耒动作同时进行，那是会互相抵消效力的，如果是先扳耒，然后当扳耒者正要将土翻起时再拉绳，那就不会互相抵消。"[2] 我们觉得，针对孙先生所设计的相对耦耕的操作方法来说，万先生的意见是对的。另外，当时的耜面宽只有五寸（约11厘米多），既能刺地入土，又能扳柄松土，那么也就将一小块土壤顺手发出地面，并不费力，没有必要再多一人拉绳。

（六）因耕具不同耕作形式变化说

胡德平、杜耀西两先生在《从门巴、珞巴族的耕作方式谈耦耕》一文中，引用民族学资料，提出耦耕的方式是：使用单齿木耒时二人并二耒而耕，使用双齿木耒和木耜时变为一人翻地，一人碎土摩田的方式。要评论此说的长短，不能不先弄清所依据的民族学资料本身。"（西藏错那县勒布区）门巴族翻地的木杈，用质地坚致的青冈树木制成，因此叫青冈杈（图三九：1）。木杈实际是一根尖头木棒，长约170厘米，最粗直径10厘米，下端削成正面平滑，背部圆凸起脊的尖锥。距尖端约60厘米处，用竹绳缚一段长约15厘米的横木，左侧伸出较长，便于脚踏。使用时，双手（右手在上、左手在下）握柄，左脚蹬横木使木杈与地面成60—70度角向下刺土，一般刺土深20—30厘米；随后双手向下猛压杈柄，把土翻上来。"

"用木杈翻耕土地，通常是两个男子各持一杈，'夹掘一穴'。同时，对面有两个'帮忙'的妇女，手执木锄，将翻上来的土块打碎摩平。这样，两个男子并排掘一块土退一步，两个妇女跟随着进一步，形成一退一进的形式。除了这样四人成组的形式外，也有一人翻地、一人碎土的，但一个人用木杈，只能松土，不易翻耕。""（西藏米林县那伊公社）珞巴族翻地的工具是木锹，长150厘米左右，锹头宽约15厘米，长约47厘米，正面平直，背面圆突起脊，形似长形树叶，在锹头上方安装一个脚踏横木，柄端有一个用于手握的横梁（图三九：2）。使用时，双手握紧柄端横梁，脚踏横木，用力向下刺土，尔后双手合力下压木柄，土即可翻上来。

---

① 万国鼎：《耦耕考》，载《农史研究集刊》第 1 册，科学出版社 1959 年版，第 79 页。
② 陈文华：《试论我国农具史上的几个问题》，载《考古学报》1981 年第 4 期，第 418 页。

与门巴人二人各持一权合作翻土的方式不同,珞巴人是一人一锹单独翻土。只是遇到生土或坚硬的土质,才由二人各持一锹'夹掘一穴'。但有一对一的人'帮忙'则是一样的。"①

从提供的民族学资料来看,珞巴族的木锹(类似古代的木耜)显然比门巴族的木权(类似古代的单齿木耒)进步。木锹是从木权发展而来,为古代单齿木耒向木耜发展找到了类似的例证。但不同工具出现的不同耕作形式,都不是耦耕。珞巴族的一人用木耜翻地,一人碎土,碎土者大概是妇女,这不是耦耕,已见前述。就是门巴族的两个男子各执一权,"夹掘一穴"也不是耦耕,更确切一些说,它是协耕。协耕既可以是两人,也可以是多人。杜耀西先生在他的另一篇文章中介绍门巴族的耕作情况时说:"他们工作的时候常常二人各持一耒,共发一块土地……同时门巴族在翻耕土地的时候往往是几十人并排一起,各持一耒,共同协作,开发土地。"② 这种协耕,在人类使用尖头木棒的时代,已经开始。如大洋洲的巴布亚人,"使用的耕地工具是一根长约2米的尖头硬木棍,叫乌迪亚,两三个或更多的男子站在一排,把削尖了的乌迪亚深深插在地里,同时用力,一下子翻起一大块土来。如果土壤很硬,那末在同一块地方把乌迪亚插入两次,然后才翻土。妇女们跟在男子的身后(按指工作位置的前后——引者)跪着爬行,两手紧握着小而窄的铲子,把男子翻起的土块捣碎。在他们身后是许多年龄大小不同的儿童,他们用手把土搓碎"③。可见协耕不一定必是两人一组的耕作方式,因而不是耦耕。所以需要协耕,是因为尖头木棒和单齿耒只能松土,不易翻耕。而我国古代的耦耕,使用的是耜,入土器面较宽,本身具有翻土的功能,也便于单人操作,但却实行的是耦耕。因此,不能用协耕的原理和事例说明耦耕。恰巧相反,上文所提供的民族学资料证明,从单齿耒发展到木耜后,协耕变为单人持一耜耕作,而不是耦耕或"并耕"。既然胡、杜二先生以门巴族的二人用二单齿耒的协耕为耦耕是不对的;而有的人又据此以说明我国古代二人用二耜耦耕的必要性,那就更不对了。

————————

①　胡德平等:《从门巴、珞巴族的耕作方式谈耦耕》,载《文物》1980年第12期,第67—68页。

②　杜耀西:《珞巴族农业生产概况》,载《农业考古》1982年第2期,第149页。

③　陈国强:《农业的起源及原始形态》,载《厦门大学学报》1956年第1期,第91页。该文引自《澳大利亚和大洋洲各族人民》上册,中译本,三联书店1980年版,第514页。

（七）一人拉犁一人扶犁或二犁并耕说

陆懋德先生在他写的《中国发现之上古铜犁考》一文中说："耜是犁头，而最初之犁是用人拉……如以人言，则是二人同时工作，即是一人在后扶犁，一人在前拉犁，如此二人并耕，是之谓耦也。如以犁言，则是二犁同时工作，即一犁二人在左，一犁二人在右，如此二犁并耕，亦谓之耦。"[①] 再早，清人承培元、夏炘有类似的说法[②]，陆氏可能参考其说。这里牵扯到殷周的耜是一种如何操作的工具的问题，是像今天的铁锹式的，以脚踏着用一"推"一"发"的动作耕地呢？还是像犁一样，有一向前拉的力量使其前进破土耕地呢？我们认为是前者。万国鼎先生在《耦耕考》一文中，据《考工记》有关记载，对耜的形制加以复原，并给予图示（图四八：2）。绝大多数学者都认为万氏所复原的耜图基本上是正确的；笔者也曾于《殷周的耒耜》一文中详为考究[③]。耜为后世铁锹一类的工具则是可以肯定的。

图四八

<hr>

① 陆懋德：《中国发现之上古铜犁考》，载《燕京学报》第 37 期，1949 年 12 月。

② 清承培元：《说文引经证例》第 13 卷第 20 页载："古一犁驾二牛或两人挽之，长沮桀溺耦耕是也。"清夏炘：《学礼管释》，卷十三《释二耜为耦》："观于二耜为耦为二人并耕，则引而辁之者必有牛无疑矣。"

③ 陈振中：《殷周的耒耜》，载《文物》1980 年第 12 期。

再从古文献中有关耒耜操作方式的记载来看，耜的使用需要"举趾"，即"举足而耕"，动作是一"推"一"发"，耕作的进行是向后退，就和现在用脚踏铁锹翻地类似①。这与犁依靠牵引力拉耕向前进，完全是两回事。犁铧在土中几乎和地面平行，刃锋向前，一般尚需牛力拉耕；而耜的"锹头"入土与地面接近垂直，耜刃向下，一个人拉不动，两三个人也未必拉得动。陆氏以春秋以前的耜为犁，工具都弄错了，自然所设计的耦耕方式也就难以成立。

（八）换工协作说

汪宁生先生在他所写的《耦耕新解》一文中认为："古代耦耕不是使用耒耜的方法问题，而是劳动人民在各项农业劳动中广泛实行的一种劳动协作，这种协作常常是通过换工方式进行的。耦耕的组成不是出于共同使用某种工具的需要，而是因为在社会生产力低下的条件下，两人一起劳动本身就可提高劳动效率。"② 这种说法，一是缺少文献根据，二是不能说明为什么必须实行"耦耕"，即二人一组的耕作方法。个体农户之间的协作换工，两户之间可以进行，三户、四户之间也可以进行，通过互助协作，同时在某户地里劳动的可能是两人，也可能是三人、四人、五人、六人……而这些人在劳动过程中为什么必须要分成两人一组，汪先生是没有说清这个道理的。如果说耦耕不应理解为两人一组的耕作方式，也不必拘泥于两户，或两个劳动力之间的换工协作；三户、四户，或四个、五个劳力之间的换工协作都叫耦耕，耦耕即是个体农户之间的换工协作。这种结论显然是不正确的。因为个体农户之间的换工协作，一直到合作化前仍在我国农村广泛存着，能说殷周时实行的耦耕一直延续到近代、现代吗？显然是不能的。如果这样说：耦耕首先是一种耕作方式，这种耕作方式在有些情况下具有个体农户之间的互助合作性质，那就对了。

（九）一男一女共同耕种说

吴郁芳同志在《耦耕新探》一文中同意汪宁生先生的"耦耕不是农业劳动中的一种耕作方式，而是农业劳动中的一种组织形式"的观点；但不

---

① 详见本书第七章。
② 汪宁生：《耦耕新解》，载《文物》1977年第4期，第78页。

同意劳动小组"按劳动力的强弱来组成",即"男请男伴,女请女伴,老人约老人,小孩约小孩"的说法。他说:"耦耕即是一男一女共同耕种。在个体婚时代,组成耦耕的即一对夫妻;在对偶婚制时代,组成耦耕的是一对有着性关系的临时配偶。"并认为:"耦耕的习俗在原始民族中是普遍存在的。"同时引述巴戈包人、巽他群岛的纳达人、冈比亚的黑人以及我国云南省的布朗人等后进民族男女共同进行农业生产的情况为例证①。然而,这些例子并非耦耕,而是协耕。大体和我们在前边提到的大洋洲的巴布亚人、美洲印第安人的歧楚阿农民和我国西藏门巴族的协耕一样,是较多的男子和较多的妇女一起劳动,还有为数众多的儿童,是一种不严格、非固定的共耕农业的原始分工,其劳动分组并不是必为一男一女相配合。另外,《论语·微之》所载"长沮、桀溺,耦而耕"。子路向他们问路,先问长沮,后问桀溺,二人皆不大理睬。作为儒家弟子的子路,如耦耕者为一夫一妇,自当只问其夫即可,无再问其妻之理。特别孔子骂他们是"鸟兽不可与同群",大概二人皆为男性,没有妇女,否则要骂"唯女子与小人为难养"了。《说苑·正谏》篇记载:"楚庄王筑层台延石千里,延壤百里……有诸御己者违楚百里而耕,谓其耦曰:吾将入见于王……若与予同耕则比力也,至于说人主不与子比智矣,委其耕而入见庄王……遂解层台而罢民。"这里说两人耦耕是"比力也"。诸御己称与他耦耕的人为"子",子在东周为男子的尊称。这些都说明这对耦耕的二人皆为气力相当的男子;而不是一男一女。由此可见,耦耕为一男一女组合劳动说,既无确切的民族学材料可资佐证,也无可靠文献记载为其依据。如谓个体家庭的夫妻一起劳动(而这类劳动又不能必为一夫一妇,有时老人小孩也参加)即为耦耕,则耦耕在今天亦普遍存在。这实际等于说:先秦无耦耕。

(十)　三人操作双拉锹说

郭仁先生在《耦耕遗风一例》中介绍了吉林省通化、永吉等县目前仍在使用的双拉锹及其操作方式,并认为"这种拉锹的形制及其操作方法,当是保留古代耦的基本形制及耦耕的耕作方法"。"这种拉锹的形制是由两件耜形器组成。……它是在木制的耜板前端安装一个铁制的楼角形器—耜冠,耜板和耜柄采用一块长木制成,板宽 10 厘米左右,耜板连耜冠长约

---

①　载《文博》1986 年第 4 期,第 14 页。

35 厘米，柄长 2 米左右，末端直径 2 厘米左右。它的配套是在两件耜板之中段两侧各穿一孔。内侧两孔穿皮条，将两件单耜连系在一起，外侧两孔各系短绳（一般多用草绳）为操作时提拉之用”（图四九：1）。

“这种拉锹的操作，是一人操两根木柄，向前推进，两人各操短绳提拉助力，三人协同，将锹尖斜向下插，再将所铲起的泥土掀翻在一侧。如此，向下铲一下，向上掀翻一下，连续操作，其效果与犁相同。在挖掘沟渠时，三人一往一返便成一条小型沟渠。……同时为了减轻劳动强度，也有两人操柄，四人拉绳助力操作的。”[①]

郭仁先生提供的资料是十分重要的。特别是他在文中提出的“耦是一种配套的农具，所谓耦耕，即当是用这种耦进行耕作”的论断，是近人研究耦耕中最光辉的见解，它成为我们打开耦耕这个千古之谜的钥匙。但是，郭先生描述的操作方式，依我看，并不是耦耕。

笔者看到郭仁先生的文章后，立即意识到这可能是解决古代耦耕问题的契机，便登门向郭先生求教，又按他的指点，到吉林省永吉县阿拉底大队亲眼查看双拉锹这种工具和观察其实地操作过程，对它的效用也做了进一步的了解。笔者看到的双拉锹与郭先生介绍的大同小异。二锹各通长212 厘米、锹头长 39 厘米，其中镶凹形铁铧部分长 27 厘米、锹头木叶部分宽 10 厘米，两锹于木叶和铁铧的内侧上部各有穿孔，用绳索相连，两锹头的间隙距约 2—3 厘米。于两锹头木叶外侧上部亦各有一穿孔，各系一条或两条绳索（图四九：2）。这种双拉锹并不用于翻耕土地，而专用于稻田里打畦埂、挖较深较大的水渠和攒粪堆等活茬。其操作方式：通常是有两人各执一锹柄，用两人各拉一锹（各系一条绳者），或用四人各两人同拉一锹（各系两条绳索者），形成四人或六人共同操作的方式。近年来，为了节省劳力，也往往用一人合握二锹柄，用二人各拉一锹，形成三人一组的操作方式。使用过程中没有脚踏的动作，没有明显的一推一发的区分，后者执柄送锹入土的动作，与前者拉锹发土的动作同时进行，连成一气，形成有强大力量的摆动，土块发出后，因有这种摆动的惯力，可以送到较远较高的地方，不能翻留在执柄者的足前左右。因而只适于打畦埂，挖较大水渠和攒粪堆，不宜于翻耕。

该大队使用的还有另外一种功用相同的工具，是长柄铁拉锹。通长也

---

① 郭仁：《耦耕遗风一例》，载《农业考古》1982 年 2 期，第 152 页。

是212厘米,锹头全部为铁板制成,连銎长42厘米,锹面长30厘米,宽24厘米。锹面上部左、右各穿一孔各装一铁环,各系一或两条绳索(图四九:3)。使用时只需一人执柄,其他与双拉锹同。这显然是从双拉锹发展而来的工具。用一柄面宽体长的铁板锹,代替木、铁结构的双拉锹。不过前者较重,宜于壮劳力使用。

据该大队二小队党支部书记车仁植说,三人使用双拉锹,其工效为壮劳力单人使用一般铁锹(短柄的,用脚踏掘土)的两倍,如四人、六人使用工效更高。在农活中,挖渠打畦埂是重活,要把掘出的土送到较高较远处,如使用一般铁锹,必须由壮劳力干这种活茬;而使用双拉锹,因器体轻,多人合作,妇女儿童皆可上阵。因此,双拉锹至今仍广泛使用而不衰。虽也有专用于打畦埂、挖渠的长柄铁拉锹,因需壮劳力操作,仅在抢畦埂时使用。该大队党总支书记裴明守也说:双拉锹比长柄铁拉锹还要兜土多,工效高,强弱劳力都可使用。很多人一起动作,单个人不能偷懒。

综上所述可以看出,双拉锹不是用于翻耕土地的耦,而是为专门活茬特制的长柄耦,那种三人、四人、六人配合的操作方式,也不是用于翻地的耦耕。虽然如此,双拉锹的形制、使用效用和多人操作某种手工工具的事实,都对解开耦耕之谜大有帮助。

二 耦耕真解

集各家中合理的因素,去其不合理的成分,以较早文献为依据,考究工具和耕作方式之沿革,类比推求,我以为耦耕所使用的工具和操作方式当如下:

永吉县阿拉底大队使用的长柄铁拉锹是从铁木结构的双拉锹发展而来的。二者功用相同,都是专用于打畦埂、挖沟渠、攒粪堆的工具。前者是后来才有的,战国以前只有后者。西周以前似无铁工具,双拉锹的刃套应是铜制的。它是当时开挖沟、洫、浍等较大水渠的主要工具。我们现在将这两类工具因使用于不同活茬而出现形制上的差异作一类比。目前用于翻耕土地的铁锹与这种长柄铁拉锹基本相同,只是柄短,锹面没有穿孔和系绳铁环。可以推知,古代用于开挖沟、洫、浍的双拉锹与用于翻耕土地的这类工具形制也基本相同,也只是柄短、锹面两外侧没有系绳的穿孔。我们的这一推论与较早文献记载恰相符合。《考工记》载:"车人为耒,庛长

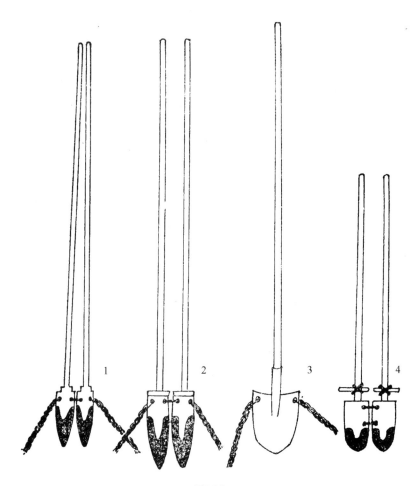

图四九

尺有一寸，中直者三尺有三寸，上句者二尺有二寸，自其庇，缘其外，以
至于首，以弦其内，六尺有六寸，与步相中也。"郑司农注："庇读为其颖
有疵之疵，谓末下歧。"郑玄注："庇读为棘刺之刺。刺，末下前曲接耜。"
《考工记》又载："匠人为沟洫，耜广五寸，二耜为耦。一耦之伐，广尺深
尺谓之畎。"郑玄注："古者耜一金，两人并发之。……今之耜歧头两金，
象古之耦也。"唐贾公彦疏："耜为末头金，金广五寸，末面谓之庇，庇亦
当广五寸。"从以上各条可知，古代耒、耜的区别只在于刺土的庇部分，
下歧（指双齿耒）者为耒，下宽扁者为耜，其上部形制完全相同。据此，

则全耜的形制是：耜头（庛）大部分为木质，刃部装有金属刃套，全长 1.1 尺、宽 5 寸，耜柄上段有 2.2 尺稍向后倾斜（上句者），下段较直者为 3.3 尺（中直者），三部分加起来通长 6.6 尺，但因三部分不在同一直线上，内弦较短，而为 6 尺（约 138 厘米）。古代 6 尺为步，故云"与步相中"。用现代铁锹翻地，因锹面全为铁制，其宽度约为古耜的两倍，故用脚踏锹头肩部即可，古耜宽只有 5 寸（约 11 厘米多），且耜头上部为木质，因而应在耜头上装置一脚踏横木。耦是把两柄耜，如同双拉锹那样用绳索并连起来，为了不致相互碰撞，合耦的耜，其脚踏横木应是内侧较短，外侧较长。（图四九：4）操作方法是：二人各执一耜柄，同时用脚踏外侧横木，一推一发，翻耕土地。翻起的土堆于足前之左右为垄，耜下即挖成畎。上引《考工记》的"二耜为耦"，郑玄注的"今之耜歧头两金，象古之耦也"，"两人并发之"，正是对上述工具及其耕作方式的形象描述。另如郑玄注《周礼·地官·里宰》说："二耜为耦，此言两人相助，耦而耕也。"《汉书·食货志》云"二耜为耦"，唐颜师古注："并二耜而耕也。"《左传》庄公二十八年"二五耦"下，晋杜预注："二耜相耦，广一尺，共起一伐，言二人俱垦。"以上主要是晋、汉以前人的论述，去古不远，对于耦耕似应有所了解，所言皆与我们推论的工具及其耕作方式相合，无一例外。

为什么必须要实行"耦耕"，这是与当时农田实施的畎亩制度、耕具的质材和社会经济关系分不开的。下面分别予以论述。

（一）耕地整治为畎亩与耦耕

我国农业的发展，经历了漫长的新石器时代。到了大禹的时代，因铜工具开始使用，便进入了一个新的阶段。由于洪水和积涝被导入江河，使大片较低地区变成耕地，人们从原来居住的较高的丘地向较低的平原地区迁移，并对耕地进行较细致的整治，井田制及与其有关的畎亩制度和沟洫制度大概产生于这一时期，实施于夏、商、西周。

据先秦文献记载，我国古代实行过的井田制，耕地是规划为配有排灌系统的方田的。面积大小不同方田的名称是：亩、夫、井、甸、成、同等等，与其相应的大小不同水渠的名称是畎、遂、沟、洫、浍等。井田制下的一亩田，是划分为宽一步、长一百步的"长亩"，一个长亩又分为广尺深尺的三个长畎，两畎之间的高地也宽一尺，叫田（又叫亩、垄），一夫所耕的百亩田,是由三百条长畎与三百条长垄相间并在一起,恰好也是一百步,是正正方方的一块田。①

据《考工记》所载,畎的宽深都是一尺,两柄耜并连起来的耦,宽也是一尺,长为 1.1 尺,因为刺土有一定的倾斜度,所以"一耦之伐"恰好挖成宽深各一尺的畎。做畎不是松土,而是要做成沟、垄,要求把畎中的土方搬到足前两旁做垄。耦因二耜相连,起土面宽。系连二耜的是绳索,其间又有 2—3 厘米的间隙距,二人从畎中抬土时,器面中部软折下凹,两耜向中间夹聚土壤,兜土量大。因而工效较高。如果改用一人执一耜挖两次,或两人各执一耜并挖,起土时,因耜面较窄,土从耜两侧下滑,大部分土仍留在畎中,工效较低。一耦之伐,要远远多于单个的二耜之伐,这就是所以进行耦耕的原因所在。

两人同时踏耦耕作,操作上是否困难很大呢?否!既然耦耕工效明显,即令操作技术上比较复杂,人们也会通过反复练习,做到业精技熟,何况只要求同时踏耦、发土,并不复杂,如配以节奏明显的歌谣或劳动号子,做到整齐划一,并不困难。而两耜系连之间又有 2—3 厘米的间隙距,如动作稍有不齐,也可起缓冲作用,不致影响工效。另永吉县双拉锹的三人、四人、六人的熟练配合操作事例,也足以说明两人踏耦发土,并非难事。

(二) 耕具的铜木结构与耦耕

所以需要耦耕,还与当时所使用工具的质材和形制有关。在使用木耒、木耜和石耜的阶段,刺土费力,翻地、作畎、开沟洫不易,农田整治水平较低,耕地不可能普遍规划为具有畎亩和配有排灌系统的方块井田,因而就不需要耦耕或大规模大面积的耦耕。再者,土地虽已有如上述较细致的规划和整治,如果当时有如后世铁锹那样的工具,其锹面已有两耜的宽度,器体既薄又锋利,刺土较易,发土较多,单个人完全可以操作,也不需要耦耕。三者,如当时已广泛使用牛耕,也不需要耦耕。然而,当时用于耕翻土地的主要是铜木结构的耜。铜,特别是青铜在当时产量有限,比较珍贵,不可能大量用于制作如后世铁锹那样的大型耕具,做一些形制类似的青铜铲,器体很小,主要用于锄草,用于翻耕土地的耜,耜头器面

---

① 详见本书第九章。

绝大部分为木质的，只于刃部施金，装一个青铜刃套。木质器面如果做得如后世铁锹那样薄，就易折毁，只能做得较厚（二厘米以上）。厚了，不能做得如后世铁锹那样宽。宽了，刺土阻力大，一人之力不能胜一耜之耕，因而只能做成宽约五寸左右，其刺土阻力，大体适合一个人的脚力踏耕。因而要挖宽、深各一尺的畎，最有效的办法是将二耜系连起来，两人耦耕。

（三）农村公社残留与耦耕

耦耕也是与当时的社会经济关系紧密联系的。我国从新石器时代末期开始，由于青铜工具的使用，为个体劳动创造了一定的物质基础，并使社会产生了剩余劳动，正因为出现这两方面的条件，才出现土地公有私耕的农村公社，进而发展为阶级社会。但是，青铜工具尚不能完全排挤掉木、石工具，不能像铁器那样普遍使用，因而它为个体劳动所提供的条件是不充分的，它所能提供的剩余劳动也是有限的，还不能造成公社成员间财产分配的重大不平均。这又使农村公社不能瓦解，其结果是：农村公社只能"带着它的非常显著的残余进入历史"①。实施于夏、商、西周的井田制，从生产关系方面说，就是带进阶级社会的非常显著的农村公社残余。

从根本上讲，耦耕本身就是由于生产工具的落后，个体劳动条件不充分的结果，它不能独立于农村公社之外，而需要农村公社组织协作。由于这时的农村公社存在于阶级社会，因而它又是奴隶制国家的基层组织。《周礼·地官·里宰》载："里宰……以岁时合耦于锄，以治稼穑，趋时耕耨。"郑司农云："锄读为藉。"杜子春云："锄读为助。"郑玄注："谓锄者，里宰治处也，若今弹街之室，于此合耦，使相佐助。"先郑、杜子春与后郑各说了问题的一个方面，丁里宰处合耦以后，这对劳动力要在性质不同的两类田地上劳动。前者所说的藉、助，是在奴隶主公田上的无偿劳动②，耦耕具有奴隶劳动的性质；后者所说的是在合耦者两家私田上的劳动，具有个体农户间互助的性质。《逸周书·大聚》说："五户为伍，以首为长，十夫为什，以年为长，合间立教，以威为长，合旅同亲，以敬为

---

① 《马克思恩格斯选集》第 3 卷，人民出版社 1972 年版，第 187 页。
② 《诗·周颂·载芟》叙下毛传说："籍（藉）田，天子千亩，诸侯百亩。籍（藉）之言借也，借民力治之。"《说文》末部说："古者使民如借，故谓之藉。"《孟子·滕文公上》："'殷人七十而助……惟助为有公田，由此观之，虽周亦助也。'"助者藉也。"

长。饮食相约，兴弹相庸，耦耕俱耘。"论者多据此认为耦耕就是个体农户间的换工互助，或只具有这种性质。其实这时的农村公社组织已变为阶级剥削和压迫的工具，由它所组织的耦耕和俱耘不单是在劳动者份地上耕种，而首先是要到剥削者的公田上去劳作。

由于公田、私田上都需要耦耕，因此，合耦是春耕前的一件大事。周代的皇历，《札记·月令》载："季冬之月……命农计耦耕事，修耒耜，具田器。"即在每年农历十二月，国家下令，要基层组织抓紧合耦，落实耦耕的对儿。耦耕需要协力同耕，合踏共发，二者的工作量是相等的。如一强一弱，影响工效。同时还具有某种换工的性质，因此要求体力大致相当。楚庄王时人诸御己"谓其耦曰……与予同耕则比力也"，即一例证①。《左传》昭公二十六年云"庸次比耦"也是同样的意思。据程瑶田说："合耦者，察其体裁，齐其年力，比而选之，能使彼此佐助而耦耕也。"②大体是可信的。

有的学者认为：耦耕不仅存在于耕地，而且存在于一切农活，特别是也存在于"中耕除草"。主要根据有两条。一是《逸周书·大聚》的"耦耕俱耘"；一是《诗·周颂·载芟》的"千耦其耘"。其实前者所言之耦耕和俱耘为两种农活，于耕翻土地则为耦耕；于中耕除草，既可能是原耦耕的两人互助干活，也可能是另外一些人，或增加另外一些人，既不用耦，也不是二人并列操作的形式，故不言"耦耘"，而说"俱耘"，词义明白准确，何需他解。至于后者，也难以确认为"耦耘"。《载芟》篇是西周春耕藉田时唱的颂歌，歌词按生产程序描述了耕地、播种、禾苗生长、中耕除草、收获，最后做酒祭祖。顺序很清楚，不相混淆。有关"中耕除草"的描述是"绵绵其麃"。毛传说："麃，耘也。"《说文》云："穮（麃），耨锄田也。""绵绵"，《韩诗》云："众貌。"孙炎曰："言详密也。"郭璞曰："芸不息也。"王肃云："芸者其众绵绵然不绝也。"无一作"耦耘"解，也无其他"耦耘"的描述。可知耘者虽众而绵绵不绝，却是"俱耘"，而不是"耦耘"。在此之前是有关禾苗生长情况的描述，再前是播种情况的描述，又再前才是耕地情况的描述，其词曰："载芟载柞，其耕泽泽，千耦其耘。"毛传说："除草曰芟，除木曰柞。"郑玄注："将耕，

---

① 《说苑·正谏》。
② 程瑶田：《沟洫疆理小记·耦耕义述》，载《皇清经解》第 541 卷。

先始芟柞其草木，土气烝达而和，耕之则泽泽然解散，于是耘除其根株。"
郑玄的这一注释是通读了全诗，根据每句诗在农业生产过程中所处的工序
而加注的，因而是正确的。这里的"其耘"是耕地的内容之一，可能在耦
耕的同时由其他劳动力进行，也可能在耦耕后，由耦耕者进行加工。它既
不是中耕除草，更不是"耦耘"。因此，说耦耕存在于中耕除草和其他一
切农活中是缺乏根据的。

《诗·周颂·噫嘻》载："亦服尔耕，十千维耦。"通常解释为：两万
人在藉田上耦耕。揣情度理，集中如此多的人在一起干农活，不用说古
代，就是今天也是很不容易组织的。徐中舒先生以"十千"为"十个千亩
之省称"。"千亩"为周天子藉田的名称。"十千维耦"是说在十个千亩上
耦耕。[①] 此说颇有见地。此外，是否还可作另一种解释。前引《周礼·考
工记》载："匠人为沟洫，耜广五寸，二耜为耦，一耦之发，广尺深尺谓
之畎。"《汉书·食货志》载："后稷始甽田，以二耜为耦，广尺深尺曰甽，
长终亩，一亩三甽，一夫三百甽。"这里的耦，却也有计算耕地工作量和
面积的单位的意思。孙常叙先生曾讲过类似的意思[②]，是可取的。如以开
挖宽深各一尺长 600 尺的畎为一耦（计算工作量的单位），则三耦为一亩
的耕地工作量，300 耦为 100 亩的工作量，则耦又进而成为计算耕地面积
的单位。在这两种意义上，宽深各一尺长 600 尺的畎也可称为耦，挖畎可
称为作耦。《国语·吴语》说"农夫作耦"，即含有此意。《礼记·月令》
所载每年农历十二月的"命农计耦耕事"，除了选配好耦耕的对儿外，还
可能要用上述方法计算出耦耕的工作量和面积。准此，则"十千维耦"可
释为在有一万条畎的藉田上耦耕，约合 3300 多亩，这样与西周天子藉田
称千亩的记载，大体对口。例此，《载芟》篇的"千耦其耘"可释为在有
一千条畎的藉田上清除耦耕发出的树草根株。

通过以上叙述，可知耦耕以畎亩制度、铜木结构耕具为条件，与残留
的农村公社和井田制相联系。究其根源，皆与大量使用青铜农具有关。耦
耕的产生，可以早到夏初。《荀子·大略》说："禹见耕者，耦立而式。"
《大戴礼记·曾子制言下》也说："昔者，禹见耕者五耦而式。"《世说新

---

①　徐中舒：《试论周代田制及其社会性质》，载《中国的奴隶制与封建制分期问题论文选集》，第 462 页。

②　孙常叙：《耒耜的起源及其发展》，上海人民出版社 1959 年版，第 53 页。

语·言语第二》载："昔伯成耦耕，不慕诸侯之荣。"《吕氏春秋·恃君览·长利》载："伯成子高辞诸侯而耕，禹往见之，则耕在野。"可知伯成也是大禹时代的人。各种记载都说大禹时有耦耕，当不无所据。耦耕在夏、商、西周应为主要的耕作形式（和它同时存在的也还有单耜耕作）。到了东周，随着铁工具的使用和牛耕的推广，进一步为个体劳动创造了条件，并使生产力有较大的发展，带有农村公社性质的井田制逐步瓦解。这时耕地中的畎亩区划有的虽然仍旧保存，但开畎起垄多用牛耕。当时的铁犁铧，以河南辉县固围村出土的 2:58 号战国铁犁铧为例，顶端一面起脊，两边刃长分别为 17.5 厘米和 18 厘米，两翼端间相距 23.5 厘米（图四三：1）。其宽度约为周尺一尺稍多，犁铧装在木犁头上，耕深也在一尺以上，所以宽深各一尺的畎，用牛拉犁，一次即可完成。工效比耦耕高得多。春秋时大概牛耕、耦耕并用，战国时牛耕基本上代替耦耕。战国或汉人写的文献，谈到耦耕的，多为追述春秋以前的事，很少是战国以后的纪实，正是这种情况的反映。

插图目次

第十二章　青铜生产工具与中国
奴隶制社会的特点

我国古代在手工业和农业中都是大量使用青铜生产工具的。以青铜生产工具为代表的生产力水平决定了我国奴隶制社会发展的一系列特点。关于前者于上编中已详为论述，本章只讨论后者。通过对二者之间本质联系的探索，阐明我国奴隶制社会诸特点产生的规律性；而这些合乎规律的历史特点的存在，又可反过来证明我国古代的确是大量使用青铜生产工具的。也就是说，为有大量使用青铜工具历史事实的存在，才会使与石器时代相适应的中国原始社会产生质的变化，而且是以如下的方式和特点变化。

一　中国奴隶制社会的特点

青铜生产工具比木、石、蚌质生产工具既耐用又锋利，它增强了与自然斗争的力量，在一定程度上为个体劳动创造了物质基础；同时也较大地提高了生产力，使人的劳动能够生产出超过维持劳动力所必需的产品。正是在出现上述条件下，原始社会土地公有共耕的氏族公社或家庭公社开始把土地分配给各个家庭使用，向土地公有私耕的农村公社转变；占有新的劳动力也成为人们向往的事。恩格斯在谈到这些情况时指出："在既定的总的历史条件下，必然地带来了奴隶制。"[①]

人们从发明冶铸铜及其合金到发明铁器，如果没有更先进的外来文化的影响，需要经历很长的时期，埃及、巴比伦、印度等诸文明古国的历史是这样，中国的古代历史也是这样。在相当长的使用铜和青铜生产工具的

---

① 《马克思恩格斯选集》第4卷，人民出版社1972年版，第157页。

时期中，由于生产工具的不断改进，生产力水平的逐步提高，使人的劳动力能够生产出超过维持劳动力所需产品的部分越来越大，进一步为奴隶制的产生准备了经济条件。恩格斯说："先要在生产上达到一定的阶段，并在分配的不平等上达到一定的程度，奴隶制才会成为可能。"① 然而后者的历史发展过程是从农村公社的上下两端同时开始的，即上端是管理公社事务的各级氏族贵族向侵占公社财产、榨取公社成员剩余劳动的方向发展，进一步发展为奴隶主阶级；下端是公社成员向个体私有化迈进而分化成富人、穷人，富人随着役使人数的增多而形成为奴隶主阶级，穷人受其役使，丧失自由而成为奴隶阶级。但是，两端的发展是否为同步的，是要受制于生产力发展水平；而在青铜生产工具所提供的生产力水平下，上端发展迅速，下端迟缓，从而形成了我国奴隶制社会的一系列特点。

（一）农村公社非常显著的残余被带进阶级社会并长期保持

青铜生产工具虽然为个体劳动提供了一定的物质条件，但又很不充分。恩格斯指出："青铜可以制造有用的工具和武器，但是并不能排挤掉石器；这一点只有铁才能做到，而当时还不知道冶铁。"② 因为在当时的生产技术水平下，生产青铜要耗费大量的人力、物力，低下的农业生产力水平所能提供满足手工业者消费的粮食有限，不可能超过此限度投入更多的劳动力用于开矿冶铜。这就使青铜工具不能大量生产，显得比较珍贵。它在农业生产中的使用，不如后来铁器那样普遍，石器还占有相当的比重。很显然，这样薄弱的技术装备还不能为个体劳动提供充分的物质条件。个体家庭的耕作还不能完全摆脱公社而单独进行；相反，在不同程度上需要公社的协助。我国古代普遍实行的耦耕，即是在公社组织下所进行的协同耕作。③

其次，在青铜生产工具不能排挤掉石器的情况下，人的劳动力所能生产的财富虽然能够超过单纯维持劳动力所需要的数量，但还不是很多。它尚造不成各个家庭之间财产分配上的重大不平均，达不到迅速而大量地瓦

---

① 《马克思恩格斯选集》第 3 卷，人民出版社 1972 年版，第 200 页。
② 《马克思恩格斯选集》第 4 卷，人民出版社 1972 年版，第 157 页。
③ 学术界对耦耕的解释，已知的有十一种说法。分属两类：一是使用工具过程中两人或多人的配合；一是劳动人民在各项农业劳动中广泛实行的一种劳动协作。两类说法都认为是在公社组织下的互助合作。

解农村公社的程度。正像恩格斯指出的，"至于说到公社，那末只有在其成员间的财产差别很小的条件下，它才可能存在"①。在这种情况下，即使较富裕的家庭，所能够容纳奴隶服役的幅度也不大。因为要"能使用奴隶，必须掌握两种东西：第一，奴隶劳动所需的工具和对象；第二，维持奴隶困苦生活所需的资料"②。当时家庭间财产有限的不平均，还不能提供这两方面的充足条件。这样，公社成员既不能分解为土地私有的"一群群私有生产者"③，也分化不出私人使用大量奴隶服役的奴隶主阶级，这就是下端私有化和分化过程迟缓的原因。其结果是：农村公社只能"带着它的非常显著的残余进入历史"④而长期保持，不过性质上已变成奴隶制国家统治剥削广大农民的基层组织。

我国行之于"三代"的井田制，就是带进阶级社会的农村公社显著残余。在古文献记载的传说中，具有农村公社性质的井田制，它的产生可以早到黄帝。汉武梁祠石室黄帝画像旁题字云："黄帝多所改作，造兵、井田。"⑤《玉海》卷一七六田制引《李靖问对》说："黄帝始立邱井之法，井分四道，八家处之，其形井字，开方九焉。"唐杜佑《通典·食货典》说："昔黄帝始经土设井，以塞争端，立步制亩，以防不足。使八家为井，井开四道，而分八宅，凿井于中。一则不泄地气，二则无费一家，三则同风俗，四则齐巧拙，五则通财货，六则存亡更守，七则出入相同，八则嫁娶相媒，九则有无相贷，十则疾病相救。是以性情可得而亲，生产可得而均。"宋刘恕的《通鉴外纪》中也有大致类似的记载，清钱塘的《三代田制解》亦云："井田始于黄帝，洪水之后，禹修而复之。"汉唐以来井田始于黄帝的这些说法似有所本。《韩非子·难一》："历山之农者侵畔，舜往耕焉，期年，甽亩正。""农者侵畔"是以耕地分配给个体家庭为前提的，"甽亩正"即确定了合理分配的地界，这里就透露出实行井田制的一点信息。另外如传说中的"尧让天下于许由"⑥，许由不受，遁耕于野。"舜授禹，伯成子高辞为诸侯而耕，禹往见之，则耕在野。……子高曰：夫子阖

---

① 《马克思恩格斯全集》第39卷，第148页。
② 《马克思恩格斯选集》第3卷，人民出版社1972年版，第200页。
③ 同上书，第350页。
④ 同上书，第187页。
⑤ 冯云鹏：《金石索·石索三》，汉武梁祠石室画像一之四。
⑥ 《庄子·逍遥游》。

行邪？无落吾事，伛伛乎耕而不顾。"① 这都反映了个体家庭耕作的存在。《荀子·大略》："禹见耕者耦立而式，过十室之邑必下。"《大戴礼记·曾子制言下》："昔者禹见耕者五耦而式，过十室之邑则下，为秉德之士存焉。"这又反映了个体家庭的耦耕是在"十室之邑"这一农村公社机构组织下进行的。

关于夏禹划分井田的传说，在正统的经书上也有蛛丝马迹可寻。《尚书·益稷》记载大禹"浚畎浍距川"。畎和浍，在先秦文献中一般都解释为井田制灌溉系统中小的和大的水渠。《论语·泰伯》记孔子的话说："禹吾无间然矣……卑宫室而尽力乎沟洫。"这里的"沟洫"历代学者皆以井田沟洫，即井田制的水利系统作解。《诗·小雅·信南山》："信彼南山，维禹甸之。"郑玄解释诗意说："信乎彼南山之野，禹治而丘甸之……六十四井为甸，甸方八里，居一成之中。"甸和成都是井田制系统中的计算单位，这里把甸用作动词，就是划分井田的意思。

从黄帝到夏禹，在中国原始社会中处于一个什么样的阶段呢？据《易·系辞下》记载，远在黄帝之前的神农氏时代已经有了农业。到了黄帝、尧、舜的时代，则"垂衣裳而天下治，盖取诸乾坤，……重门击柝，以待暴客。"晋韩康伯注："垂衣裳以辨贵贱，乾尊坤卑之义也。"可知这时已有尊卑的等级。同时，财产的占有不均也出现了。富者需要装设两道宅门，击柝巡夜来防止"盗贼"。黄帝时代的这种变化还可以从商鞅的一段话中得到印证，《商君书·画策》："神农之世，男耕而食，妇织而衣，刑政不用而治，甲兵不起而王。神农既没，以强胜弱，以众暴寡。故黄帝作为君臣上下之义，父子兄弟之礼，夫妇妃匹之合。内行刀锯，外用甲兵，故时变也。"从记载的这些古传说中看，到了黄帝时代，已经进入中国原始社会的末期，而大禹的"浚畎浍距川"是在传子之前，正处于阶级社会的前夕。从社会发展史的角度看，从黄帝到夏禹恰好是出现农村公社的阶段。古史传说中井田制产生于这一时期我觉得是可信的。

夏禹把部落联盟大酋长的职位传给了儿子启，这标志着以"禅让"政治为特征的原始公社制度的结束，而开始了"家天下"的阶级社会。但是以井田制为主要内容的农村公社并没有瓦解，而是如恩格斯所说的，"带着它的非常显著的残余进入历史"，历夏、商、西周，至春秋开始崩溃，

---

① 《庄子·天地》。

与整个中国奴隶制社会共存并终。杜佑的《通典·食货典》中说："昔黄帝始经土设井，……迄乎夏殷，不易其制。"钱塘的《三代田制解》说："井疆沟洫之制，殷因于夏，周本于殷。"宋人高承概述井田"肇于黄帝，成于大夏，备于周，毁于秦也"[①]。

　　恩格斯把带到阶级社会的农村公社称作"非常显著的残余"，我体会至少包含如下的意思，即是严格区别农村公社与其保存于阶级社会后发生的实质变化。前者是属于从原始公社制向文明社会过渡时期的经济范畴，从大的时限上说，仍属于原始社会的范围；后者已变为阶级剥削和压迫的基层组织，它的性质为所处阶级社会占主导地位的生产资料所有制形式和社会关系所决定，因时因地而异。不仅后者与前者不能同日而语，就是后者相互之间，亦各有千秋。所以，从形式看。有些确系保存比较完整，"非常显著"，但实质已变，只能看作"残余"。有些学者不注意这种区别，认为"井田制就是马克思、恩格斯所说的马尔克或农村公社，农业公社在中国的具体表现形式"[②]。严格地说，这样的提法是不确切的。应当看到，作为农村公社性质的原始形态的井田制在进入历史后产生了质的变化，这是主要方面；其所保存的农村公社形式的一面是次要方面，后者也不都是一仍其旧，而往往是"推陈出新"，发生很多变化。如农村公社的主要经济活动，统一规划耕地和水利排灌系统及定期分配耕地仍继续进行，但土地的农村公社公有已变为奴隶主阶级国家的国有，农村公社乃作为国家基层政权组织而行使这一职能。它不仅是组织公社生产、成员间互助的机构，而首先是国家借以管理土地、户口、催交赋税、征调力役的基层政权组织。在中国奴隶制社会中，农村公社的显著残留是最根本的总特点，其余或为其某方面的表现形式，或为其所派生。

（二）君主专制政体

　　在青铜工具不能排挤掉石器的生产力水平下，每个劳动力所能提供的剩余产品虽然有限，但在一个较大的范围集聚起来，便是十分庞大的财富。财富是诱惑人的，但不是谁都可以聚敛到手的。这时只有管理公社事务的各级氏族贵族才能有方便条件。他们"当仁不让"，利用职权，通过

---

① 《丛书集成初编·事物纪原·利源调度部·井田》。
② 金景芳：《中国古代史分期商榷（上）》，载《历史研究》1979年第2期，第50页。

各种手段侵占这些剩余劳动之后，变成为一个非常富有的阶层，从而形成执政的奴隶主阶级。在分配不平等的发展过程中，所谓上端发展迅速，其经济原因即在此。既然奴隶主阶级是由清一色的原氏族贵族的各级头领转化而来，它必然要和原始社会后期以血缘关系为基础的父权制大家族联系在一起，即将家族的亲疏尊卑制度与国家各级行政统治结合起来。在这里，聚敛公社成员剩余劳动高居于各小公社之上被称做共同体之父的君主，是所有土地和劳动力的"更高所有者或唯一的所有者"[①]，即所谓"溥天之下，莫非王土；率土之滨，莫非王臣"[②]。这种土地和人身占有的高度集中，形成了政治上的专制政体。而其下端，由于公社成员间财产分配的不平均很有限，役使奴隶劳动的两个前提条件不具备，使得如像希腊、罗马那样的私人占有大量奴隶的劳动奴隶制发展不起来；从而，也就在公社成员中不能分化出土地私有、役使大量奴隶的奴隶主阶级。于是在奴隶主阶级中不能形成反对氏族贵族奴隶主阶层的力量，如同希腊、罗马曾经实行过的奴隶主的"民主政体"在这里缺乏必要的基础。在这种条件下，正如恩格斯所指出的，"当国家政权出现的时候，公社的耕地还是共同耕种的，或者只是在一定时间内交给各个家庭使用，因而还没有产生土地私有制，在这样的地方，国家政权便以专制政体而出现"[③]。

因为有如上的原因，我国进入阶级社会而形成的夏、商、周三代国家，都是君主专制政体。担任最后一任部落联盟大酋长的禹，在他上台前后握有大权时，就以专制君主的面貌出现，当时的法官皋陶"令民皆则禹，不如言，刑从之"[④]。"禹朝诸侯之君会稽之上，防风之君后至而禹斩之。"[⑤] 他已握有生杀予夺的大权。他还极力培植儿子启的势力，造成实际上的既定继承人。"益干启位，启杀之。"[⑥] "有扈氏不服，启伐之，大战于甘……遂灭有扈氏，天下咸朝。"[⑦] 夏启用暴力夺取并巩固了王位，他具有至高无上的权力，并声称这种权利是天给予的。在甘战前夕，启召集六军将士宣示："今予惟恭行天之罚……用命，赏于祖。弗用命，戮于社。

① 《马克思恩格斯全集》第 46 卷上，人民出版社 1979 年版，第 473 页。
② 《诗·小雅·北山》。
③ 《马克思恩格斯全集》第 19 卷，人民出版社 1963 年版，第 541 页。
④ 《史记·夏本纪》。
⑤ 《韩非子·饰邪》，并见《国语·鲁语下》。
⑥ 《晋书·束皙传》，引《竹书纪年》。
⑦ 《史记·夏本纪》。

予则孥戮汝。"① 夏桀是一个有名的暴君，"残贼海内，赋敛无度，万民甚苦"②。甚之"乃召汤而囚之夏台"③。他的种种倒行逆施所以能够付诸实现，国家政权的王权至上而无有效约束的制度，不能不是重要原因。

商王也拥有主宰一切的权力。他通过所设立的"尹"、"卿士"、"多卜"、"占"、"作册"、"小臣"、"司工"等政务、宗教和事务各方面的官职进行国家的统治。商王对全国的土地和劳动者有最高所有权。除自己直接统治广大地区外，还"裂土"分封子弟功臣为诸侯，并用武力征服一些方国，迫使其首领臣服受封，从而获得对该地区的统治权。各诸侯国相当于商王的地方政权一级的组织。商王可以在诸侯国进行生产活动，垦辟耕地，打猎，巡游，举行占卜祭祀活动，以及在对外战争中作为进行军事行动的起讫点；而诸侯有为王室戍边和贡献各种物品的义务，有的还将域内一部分耕地划归王室，并为其耕种，产品归王室收获。在有大规模战争时，诸侯要率领其军队随王从征④。在商代，只有商王称王，百官及诸侯皆为其臣下。从商汤开始，盘庚、武丁诸帝皆自称"余一人"⑤，这充分反映了四海之内，唯我独尊的专制君主的口吻。他对臣民动辄以杀戮相威胁。《尚书·汤誓》："尔不从誓言，予则孥戮汝，罔有攸赦。"《尚书·盘庚（上）》："予制乃短长之命。"《盘庚（中）》："我乃劓殄灭之，无遗育，无俾易种于兹新邑。" 商代君主专制政体反映在意识形态上则是对上帝的崇拜，认为上帝有很大的权威，可以"令雨"、"令足年"、"降旱"、"降祸"，可以保佑战争胜利、人们平安等等，而商王是天上帝身边的人。《叔夷钟》："虩虩（赫赫）成汤，有严在帝所。"意谓伟大的成汤，从上帝那里得到统治人民的权力，商王的一举一动都是执行上帝的使命，成汤是"専受天命，剪伐夏祀"⑥。盘庚称"尔谓朕曷震动万民以迁，肆上帝将复我高祖之德……恭承民命，用永地于新邑"⑦。天上主宰一切的上帝是按人间的王权创造的，正像恩格斯所指出的，"没有统一的君主就决不会

---

① 《尚书·甘誓》。
② 《韩诗外传》卷十。
③ 《史记·夏本纪》。
④ 详见杨升楠：《卜辞中所见诸侯对商王室的臣属关系》，载《甲骨文与殷商史》，第128—169页。
⑤ 胡厚宣：《释"余一人"》，载《历史研究》1957年第1期，第75—78页。
⑥ 《叔夷钟》铭文。
⑦ 《尚书·盘庚（下）》。

出现统一的神"，"神的统一性不过是统一的东方专制君主的反映"①。

实行分封制的君主专制政体，在西周，组织更加完备。它与嫡长子世袭的宗法制紧密结合。周王直接统治地区叫"王畿"，王位由嫡长子世袭，别子和功臣分封给土地、臣民，"建国"为诸侯。诸侯君位由嫡长子世袭，别子和姻戚分封给采地，"立家"为大夫。大夫由嫡长子世袭，别子封田为士。士由嫡长子世袭，不再分封，别子为庶人。这种以"授土"、"授民"为核心内容的分封制，是对"溥天之下，莫非王土；率土之滨，莫非王臣"这一最高所有权的确认。分封制是一种权力和财产分配结合在一起的等级隶属世袭体制，权力的上下关系同时又体现着财产占有或享有的多寡，依次分封各级形成严格的等级隶属关系。并与家族亲疏尊卑的宗法制度互为表里，由宗法制规定的各类奴隶主世袭大家族长的地位，同时构成王、诸侯、大夫、士依次相隶属的等级阶梯。国家政体与奴隶制大家族二位一体，从而强化了周王的最高统治权。

周王通过所设立的三公（太师、大傅、太保）、六卿（太宰、太宗、太史、太祝、太士、太卜）、五官（司马、司空、司徒、司士、司寇）等一整套官僚机构，来管理庞大奴隶制国家的各方面事务。"礼乐征伐自天子出"②，全局性的政令皆发自周王，所分封的诸侯国和大夫实际是周王朝的两级地方组织。各封国的诸侯要定期朝见周王，汇报情况，听取周王的指令，要向周王交纳贡物，提供力役，派遣作战军队和承担保卫王室的义务。周王还定期亲临诸侯国巡狩，督察生产和政治情况，"入其疆，土地辟，田野治，养老尊贤，俊杰在位，则有庆，庆以地。入其疆，土地荒芜，掊克在位，则有让"③。一些较大封国内的重要官职也归周王任命，或派监国使臣。《礼记·王制》："大国三卿，皆命于天子……次国三卿，二卿命于天子……天子使其大夫为三监，监于方伯之国，国三人。"出土的周代遗物应监甗、仲幾父簋、善鼎、叔赵父爯（即荣监镖）等青铜器，皆为周天子派往诸侯国的监国使臣所做的铜器。在仲幾父簋铭文中将"诸侯"与"诸监"并提，可见监国使臣地位之高，权力之大④。诸侯国的军

---

① 《马克思恩格斯全集》第 27 卷，人民出版社 1972 年版，第 65 页。
② 《论语·季氏》。
③ 《孟子·告子下》。
④ 郭沫若：《释应监甗》，载《考古学报》1960 年第 1 期；耿铁华：《关于西周监国制度的几件铜器》，载《考古与文物》1985 年第 4 期。

政大事，监国使臣都可随时向王朝中央报告。其中有越规或失职者，周王就要"刑不祭，伐不享，让不贡，告不王"①。所谓"一不朝则贬其爵，再不朝则削其地，三不朝则六师移之"②。封国的存亡，权柄操在周王。周王可以封国赐爵，也可以废君灭国。如密国康公不献三女，"一年，王（周恭王）灭密"③。齐哀公荒淫田游，"周（夷王）烹哀公"④。诸侯国对于所分封的卿、大夫也有大体类似的隶属关系和支配权力。这种以分封制为手段而产生的等级隶属君主专制政体，是当时经济条件下合乎规律的产物。近年来有些学者钩隐发微，否认"三代"君主专制政体的存在，而描绘为"原始民主制"⑤或"贵族民主制"⑥，这是不符合历史实际的。

（三）土地国有

在氏族贵族通过侵占农村公社土地和劳动者而成为执政的奴隶主阶级的同时，为了维护他们既得的利益，氏族制度的"各机关也相应地从人民意志的工具转变为旨在反对自己人民的一个独立的统治和压迫机关了"⑦，即形成国家政权。带进阶级社会的农村公社的土地公有制顺当地转变为奴隶主阶级国家的土地国有制。原由农村公社规划农田、水利排灌系统和平均分配耕地的两大任务，自然转移为国家统一进行。但是，这一性质上的转变是通过上端的侵占而完成的；公社内部的经济活动并未出现大的变动。因此，统一规划农田、水利排灌系统和平均分配耕地的继续实施，既是土地国有的具体体现，也是农村公社显著残留的重要内容。更确切地说，二者都是农村公社蜕化后的表现形式，它构成实行井田制的重要条件。

从古史传说中可知，黄帝之后的历届部落联盟大酋长，对于水利排灌事业极为重视，这是与农业已经成为社会主要生产部门并出现农村公社性质的井田制分不开的。而这时土地的规划和与其相适应的一套水利排灌系统的兴建都是由公社及其联合体来进行。大禹的"浚畎浍距川"说的就是

---

① 《国语·周语》。
② 《孟子·告子下》。
③ 《国语·周语》。
④ 《史记·齐太公世家》及《索隐》注。
⑤ 林子纯：《孔孟书中所反映的古代中国城市国家制度》，载《历史研究》1980年第4期。
⑥ 张凤喈：《商周政体初探》，载《社会科学战线》1982年第3期。
⑦ 《马克思恩格斯选集》第4卷，人民出版社1972年版，第161页。

这种情况。进入阶级社会后，由于生产力的发展水平仍然较低，公社未能瓦解，土地私有者间的联合无从出现，只好由国家干预，而国家拥有这一经济职能，又反过来起到延缓公社瓦解和巩固土地国有制的作用。

本书第九章所记述的夏、商、西周所进行的较大规模的农田水利基本建设，就是国家统一规划耕地和水利系统的具体实施。三代所同，特别是周族，记载较多而且较完整，其统一规划耕地和水利排灌系统的职能，既产生于建立周王朝之前，又保存于建立周王朝之后，并一直延续到东周。

在周代文献中经常提到"南亩"和"东亩"。如《诗经》的《载芟》，《良耜》、《大田》、《甫田》中都曾说到"南亩"；《韩非子·外储说右上》、《吕氏春秋·简选》、《商君书·赏刑》等书中都曾说到"东亩"或"东其亩"。如前所述，井田制下的一亩田，是划分为宽一步（6 尺）长 100 步（600 尺）的长亩。一个长亩又划分为广尺深尺的 3 个长畎（或作甽、畎），两畎之间的高地叫垄（或叫田、亩），也宽一尺。一夫所耕的百亩田是由 300 条长畎与 300 条长垄相间并在一起，恰好长宽都是 100 步，是正正方方一块田。畎、垄东西向的叫东亩，南北向的叫南亩。畎是用来灌溉和排水的，把田开成东亩或南亩，是由国家根据地势之高低和水势之顺逆统一安排划分的。如果不顾地势和水势任意划分，就会损害生产。《左传》鲁成公二年（前 589）记载这样一件事：这年六月，晋、鲁、卫、曹等国的联军在鞍的地方打败齐国的军队，齐派宾媚人向晋求和，晋国考虑到以后再和齐国打仗，便于兵车通行，要求齐国把田都改成东亩，作为媾和条件。宾媚人回答说："先王疆理天下，物土之宜而布其利，故诗曰：'我疆我理，南东其亩。'今吾子疆理诸侯，而曰尽东其亩而已，唯吾子戎车是利，无顾土宜，其无乃非先王之命也乎？"可见，由国家根据"物土之宜而布其利"，统一规划把田开成南亩和东亩的情况一直到春秋时还保持着，而这就是"先王疆理天下"的内容。宾媚人的这段话，是对"我疆我理，南东其亩"诗句的最好注释。

作为农村公社主要特征的定期平均分配耕地，在进入阶级社会后仍被保留下来。孟子说："夏后氏五十而贡，殷人七十而助，周人百亩而彻。"可知夏、商、西周三代都实行平均授田的制度，只是一夫所受的面积，夏五十亩，殷七十亩，周百亩，三代有所不同。这个不同反映了生产力由低到高的发展过程。

关于周代一夫受田百亩，先秦文献中记载较多。孟子除在《滕文公》

篇谈到西周井田制下"周人百亩而彻"，"八家各私百亩"外，还于《万章下》谈到西周的班爵之禄时说："一夫百亩。"于《尽心上》说："百亩之田，匹夫耕之。"可见孟子所谈西周人受田百亩，并非偶尔提及，而是多处申述。此外，《荀子·大略》篇说："故家五亩宅，百亩田，务其业。"《王霸》说："百亩之守，事业穷，无所移之也。"《管子·巨乘马》篇说："一农之量，壤百亩也。"《山权数》篇说："地量百亩，一夫之力也。"《管子》、《荀子》成书于战国，他们所说的一家百亩，虽未指明时代，但不外有两个可能，一是引述古制，这自然与《孟子》所说相合；另一个是战国各国仍然存在着"一夫百亩"的普遍现象。但是，这时井田制基本上瓦解，土地私有，土地买卖出现，各国也不曾有统一的"一夫百亩"的分配土地的制度。那么这种"一夫百亩"的普遍现象是哪里来的呢？那只能是西周井田制下"一夫百亩"份地，因其瓦解而归各家私有的情形。这就有力地证明孟子所说西周分配土地的标准是"一夫百亩"之可信。根据洛阳金村出土的战国铜尺和商鞅量来推算，西周时一尺合今 0.23公尺，西周时的百亩，合今 31.2 亩。

一夫受田百亩是一个基本原则，按照这个原则，在不同情况下，又有很多具体的规定。《周礼·地官·大司徒》："不易之地家百亩，一易之地家二百亩，再易之地家三百亩。"这是对不休耕、休耕一年、休耕二年土地各不相同的分配办法。《周礼·地官、遂人》："辨其野之土，上地、中地、下地，以颁田里。上地夫一廛，田百亩，莱五十亩；余夫亦如之。中地夫一廛，田百亩，莱百亩；余夫亦如之。下地夫一廛，田百亩，莱二百亩；余夫亦如之。"郑玄注"莱，谓休而不耕者"。可知这里的上地是实行三圃制的土地，即分配给一夫的 150 亩耕地中，每年都耕种百亩，轮休 50亩。这里的中地、下地与《大司徒》所载的"一易之地"、"再易之地"的分配办法基本相同。《吕氏春秋·乐成》记史起（魏襄王时人）的话说："魏氏之行田也以百亩，邺独二百亩，是田恶也。"这里说的虽是魏国井田制崩溃后份地归农民私有时的土地占有情况，但这种情况无疑乃是战国以前平均分配土地所遗留下来的。从史起的话可证《周礼》中关于平均分配耕地的各种规定是可信的。

《周礼·地官·小司徒》："乃均土地，以稽其人民，而周知其数。上地家七人，可任也者家三人；中地家六人，可任也者二家五人；下地家五人，可任也者家二人。"大概在"不易之地"中，还有上中下之分，对于这种情况，用家中人口多的分配上地、人口少的分配下地的办法来调剂。户主一夫授田百亩之后，家中有余夫的还可以授余夫田。余夫按多数人的解释是成年未婚的男子①，授田的标准是 25 亩，这个标准在不同情况下分配上、中、下耕地和田、莱的比例与户主一夫的比例相同。《周礼·遂人》所说的"余夫亦如之"就是这个意思。

在三代，平均分配耕地的方法似有不同，表现出耕地缓慢地，但在逐步地向固定化发展。《大戴礼记·夏小正》："正月……农率均田。"《夏小正》相传是夏代的历法，《礼记·礼运》载孔子语："吾得夏时焉。"郑玄注："得夏四时之书，其存者有《小正》。"《史记·夏本纪》说："孔子正夏时，学者多传《夏小正》云。"可见孔子是看见过《夏小正》这本书的。这本老皇历中记载夏代每年正月"农率均田"是可信的。当时进入阶级社会不久，保存农村公社每年平均分配耕地的习惯是很自然的。

《礼记·月令》："孟春之月……王命布农事，命田舍东郊，皆修封疆，审端经术，……田事既饬，先定准直，农乃不惑。"《周礼·地官·遂人》："以岁时稽其人民而授之田野。"这两本书有关分配土地的记载大体属西周情况。《月令》也是一本皇历性质的书，是从每年到某个时候该做某项农活的角度谈到分配土地的。《周礼》是记载周代官制的书，是从地方基层官吏职事范围的角度谈到分配土地的。《周礼》的"岁时"，参照《夏小正》和《月令》，应为每岁正月。可知到了西周，还要每年正月分配一次土地。但是，基于以下四点理由，我认为西周每年正月的分配土地方式，大部分是抽补调整，而不是打乱平分。其一，每年平均分配一次土地是农村公社早期的制度，中国从黄帝时代产生农村公社到夏代仍实行这种分配方式是合理的，如果说到了西周还是一仍其旧，毫无变化，则于事物发展的常理不合。其二，《月令》说："审端经术，……先定准直，农乃不惑。"《周礼》说："稽其人民而授之田野。"皆不像《夏小正》直言"均田"。细揣文献记载上的这种差别，不正是反映了不同时期分田方式的变化吗？其三，前述《周礼》中对不同质的土地采取不同数量（对较瘠薄的土地视等差加授 1/2、1 倍、2 倍）的分配办法，也便利于抽补调整方法的实行。其四，我国云南西双版纳傣族地区民主改革前残存公社中每年一次

---

① 关于"余夫"另有三说：1. 户主以外的有余力人员，见赵岐注《孟子，滕文公上》。2. 户主以外的男子，见《汉书·食货志》。3. 一家 5 口以外的人员，见《公羊传》宣公十五年何休注。

的分配土地，大部分实行抽补调整的方式。它为形象而具体地说明西周平均分配土地方式提供十分近似的例证①。照顾原耕基础上的抽补调整，为份地的进一步固定化和私有化创造了条件。

《公羊传》宣公十五年何休注："圣人制并田之法而口分之。一夫一妇受田百亩……三年一换土易居，财均力平。"这里所说的"三年一换土易居"应该是从夏代每年均田到西周每年抽补调整中间的一个过渡形态。可能有两种情况：一是第一年打乱平分，后两年固定不动；一是后两年还要作小的抽补调整。从文献记载每年正月都有分配土地的活动看，后一种情况应是大量的。在西双版纳可以看到类似的情况，有些村寨平分土地后，经过若干年的抽补调整，出现耕地占有极不平衡而引起重大争执时，又打乱平分②。可以看出，这种若干年打乱平分与每年抽补调整相间的分配方法，是走向稳定地每年抽补调整的过渡形式。

《汉书·食货志》："井方一里，是为九夫，八家共之，各受私田百亩，公田十亩……民年二十受田，六十归田。七十以上，上所养也。十岁以下，上所长也。十一以上，上所强也。"有的学者说："从前须三年一换的土地，现在改为授田制，只要一次授给之后，人民就可以长久保有使用权，以至六十还田时为止，实际上父亲还田时，也就是儿子受田时，因此这一种授田制度，人民几乎是可以长久保有使用的。"根据民族学资料来看，这种说法可能与历史实际不符。在云南西双版纳傣族残存的公社中，劳动者的一生被分为四个时期：15岁以前未达负担年龄，不分田；15岁至婚前开始"学习"负担，分得相当于成人1/4或1/2的份地；婚后至50岁为正式负担时期，分得一份份地，缴纳全部负担（年满18岁未婚的人也分给一份份地，缴纳全部负担）；50岁以后本人方可卸除负担，转由子女继承。无子女的，抽回所耕份地。这里说的是分配份地的年龄界限，至于有资格分配份地的人每年如何分到份地，一般"采取抽补调整，少数情况下也采取打乱平分"③。据此可知，《汉书·食货志》所载"民年二十受田，六十归田"，与傣族婚后至50岁分得一份份地，50以后不分田是同性质的。它不能导致所分份地的"长久保有使用"；而是在其分田年岁界限

①　马曜等：《从西双版纳看西周》，载《学术研究》（云南）1963年第1期，第17页。
②　同上书，第14页。
③　中国科学院民族研究所云南少数民族社会历史调查组：《傣族简史简志合编》（初稿），1964年4月印，第116、122页。

内的人，还要参加每年的或"均田"、或"抽补调整"、或"三年一换土易居"。

（四）土地所有权的国王所有与各级贵族享有、公社占有的分割和租税合一的剥削

进入阶级社会并成为统治者压迫剥削广大劳动者的农村公社，是一种政社合一的基层组织，它是通过上端的侵占使原来的土地公社所有制蜕变为奴隶主阶级的国家所有制，但占有和使用仍归农村公社，并无大的变动。在君主专制政体的奴隶主阶级的国家中，国王是国家的最高代表，因此土地国有与王有合二而一，王位是世袭的，这里的国有实际上也是一种私有。氏族贵族通过侵占公社财产而形成的奴隶主阶级不只是一个国王，而是一批人。他们在形成剥削阶级的过程中，因原来职权范围大小不同，而所能侵占的公社财产多寡有别，他们各自实际上是职权范围内公社成员剩余劳动的享有者。这批人中，多数为王室家族的成员，国王所有土地的收益，一部分归他们分享，自在情理之中。我国古代所实行的权力和财产结合在一起的君主专制下的分封制，即是这种情况的制度化，原来的土地公社所有制变化分割为国王所有、各级贵族享有和农村公社占有。

在中国古代，土地王有常常涂有神秘色彩和罩上天帝灵光。《山海经·海内经》："帝乃命禹卒布土以定九州。"《诗·商颂·玄鸟》："古帝命武汤，正域彼四方，方命厥后，奄有九有。"《大盂鼎》："丕显文王受天有大命，在武王嗣文作邦，闢厥匿，匍有四方，畯正厥民……粤我其遹省先王，受民受疆土。"九州土地原是上帝命大禹布敷的，历朝历代的国王是根据上帝的意志而拥有它，这就为土地王有增加了权威性。土地王有，成为王者的私产，可以赏赐给任何人；因而它是实行分封制的前提条件。反言之，只要是全面实行分封制，其土地必然为国王所有。

据近人研究，分封制始于夏，继行于殷、周①。西周因时间靠后而传留记载较多，为我们提供了分封制的很多具体内容。《国语·周语》记周襄王的话说："昔我先王之有天下也，规方千里以为甸服……其余均分公、侯、伯、子、男。"如将原商都及其附近地区（河南安阳一带）和"殷民

---

① 郭沫若：《中国史稿》第1册，1976年版，第209页；胡厚宣主编：《甲骨文与殷商史》，上海古籍出版社1983年版，第128—133页。

七族"封赐给武王弟康叔，建立卫国；将原奄国的地区（山东曲阜一带）和"奄商之民"、"殷民六族"封赐给周公的长子伯禽，建立鲁国；将原夏朝所在地（山西太原以南）和"怀姓九宗"封赐给成王弟唐叔，建立晋国；将原蒲姑地区（山东临淄一带）和臣民封赐给功臣姜尚，建立齐国；等等。相传武王、周公、成王时代，先后分封71国，其中武王的兄弟之国15人，同姓40人①。各受封国诸侯，除自己直接占有一部分土地、臣民外，其余再分封给大夫、士。受封各级对土地只有享有权而无私有权，土地不能买卖，所谓"田里不鬻"。

国王所有、诸侯、大夫、士享有的土地，虽有直接使用无产奴隶劳动（即劳动奴隶制类型的剥削，详后。）的部分，但比重不大；大多数仍为农村公社占有。公社的名称因地区、时期不同，称为邑、里、社或书社等。邑之名夏商已有。《尚书·汤誓》："夏王率遏众力，率割夏邑，有众率怠勿协。"这里指的是被剥削的农业劳动者众所居之邑，自属农村公社。甲骨文："呼从臣氾有齄卅邑。"②"齄"为君主册封、赐予臣下之意。商王一次即赐给从臣氾30个邑，从其数量之多，可知这里的邑不是较大的城邑，而是小的农村公社单位。《宜侯矢簋》载，西周康王封赐宜侯"厥△邑三十又五"。《齐子仲姜镈》载，春秋初齐侯赐给鼶叔（即鲍叔）"二百又九十又九邑"③。等等。

西周时也有赏赐里的。《大簋》："王呼吴师召大易（赐）趞睽里。"是说周懿王把原封给睽的里，改赐给大。《尔雅·释言》："里，邑也。"毛传注《诗·韩奕》亦云："里，邑也。"《周礼》中里宰的职事是"掌比其邑之众寡……"可证里即是邑。

周代还有分赐社和书社的。《商君书·赏刑篇》："武王与纣战于牧野之中，大破九军，卒裂土封诸侯，士卒坐阵者，里有书社。"《吕氏春秋·慎大览》："武王胜殷……与谋之士，封为诸侯，诸大夫赏以书社。"《管子·版法》亦云："武王伐纣，士卒往者，人有书社。"唐司马贞的《史记索隐》注《孔子世家》说："古者二十五家为里，里则各立社，则书社者，书其社之人名于籍。"《战国策·秦策》载："赐之二社之地。"高诱注：

<hr/>

① 《左传》定公四年；《左传》昭公二十八年。
② 《戬》四三一。
③ 郭沫若：《两周金文辞大系图录及考释》，第210页。

"邑皆有社，二社二邑。"可知，邑、里、社、书社，名虽各异，其实皆为农村公社的称谓。这里需要指出的是：在殷周，有少数邑发展成为都城，仍沿称邑或大邑，其规模较大，主要为统治者及工商奴隶居住的场所，与农业劳动者众或庶人居住的作为农村公社的小邑应加以区别。另外统治者还立有"大社"、"王社"、"国社"、"侯社"①等，与劳动者的"社"或"书社"在名称上已有区别，更不容混淆。邑、里、社或书社作为农村公社是与井田制紧密联系在一起的。在东周，有些井田制瓦解的地区，它只作为地方基层政权组织而存在，基本上失去了农村公社的性质；但在了解公社的历史沿革、组织规模方面，仍是很重要的材料。

从邑、里、社或书社用于各级封赐可知，封赐者和受封赐者的土地，大多数为不同名称的村社占有。这些村社的户数不尽相同，大体与各类地区不同井田的规划相适应。有的地方采取十进位制，以"十夫"、"百夫"、"千夫"、"万夫"构成井田制的体系，耕种这类井田的农村公社户数，则为十的倍数或约数。如百室之邑、十室之邑②、50家为里③、25家为里④等。有些地区以9夫为井，方一里；方十里为成，百井；方百里为同，万井，构成另一体系。这一类又分井中有公田者为一井8家，公田在井外者为一井9家。前者的农村公社的户数为8的倍数。如8家共井⑤、一里72户⑥、一里80户⑦等；后者为9的倍数。如邑为36户⑧。影响公社户数不同的原因，除井田规划不同外，还有不同地区人口的稠稀、管理条件的方便与否等。在《穀梁传》庄公九年中"十室之邑"同"百室之邑"并提，可知在同一时期中大、小村社是并存的，就像今天的农村生产队因各种因素不同而有大有小一样。

无论王有或贵族享有土地上的农村公社，都是他们借以统治和剥削劳动者的基层组织。因此，各级封赐往往以公社为单位。劳动者要通过公社才能领得自己的一份"私田"，并由公社组织实现各种剥削。孔子说："先

---

① 《礼记·祭法》。
② 《左传》成公十七年；《穀梁传》庄公九年。
③ 《国语·齐语》；《鹖冠子·王铁》。
④ 《周礼·遂人》。
⑤ 《汉书·食货志》。
⑥ 《尚书大传·周传·洛诰》。
⑦ 《公羊传》宣公十五年何休注。
⑧ 《周礼·小司徒》。

王制土，籍田以力，而砥其远迩。赋里以入，而量其有无。任力以夫，而议其老幼……其岁收田一井，出稯禾秉刍缶米。"① 各级统治者对劳动者的各种剥削和压榨主要是通过里（或邑、社）实现的；而通常不直接通过生产者个体家庭。《周礼·遂人》："里宰掌比其邑之众寡，与六畜兵器，治其政令，以岁时合耦于锄，以治稼穑，趋其耕耨，行其秩序，以待有司之政令，而征敛其财赋。"恰与孔子所言互证。其中"籍田以力"、"合耦于锄"，即《穀梁传》所说的"古者公田十一"，"藉而不税"②，《公羊传》的"古者十一而藉"③ 都是在公田上榨取无酬劳动的剥削。《夏小正》的正月"初服于公田"，《孟子》的"殷人七十而助"和甲骨文的"人三千藉"、"众作藉"④，也是同类形式的剥削。在井田制下，"助耕公田"是主要的剥削形式，此外还有征收其他各类贡纳和力役，而这一切都是通过公社组织耕作和征敛而实现的。

由于统治者对农业劳动者的剥削压榨主要是通过村社而不是通过村社成员个人进行的，因而村社这一级政权机构具有较广泛的权限，对劳动者的管理也十分严格。《汉书·食货志》："在野曰庐，在邑曰里……春令民毕出在野，冬则毕入于邑……春将出民，里胥平旦坐于右塾，邻长坐于左塾，毕出然后归，夕亦如之。……冬，民既入，妇人同巷，相从夜绩，女工一月得四十五日。必相从者，所以省费燎火，同巧拙而合习俗也。"所有这一切都说明公社成员的地位十分低下，所受剥削非常沉重。提供无酬劳动是在被强制并严格监督下进行的。他们同奴隶一样可以被主人赏赐、抵债⑤。奴隶主贵族对他们有生杀予夺之大权。一句话，他们的人身被奴隶主阶级所占有。正如马克思所指出的："凌驾于所有这一切小的共同体之上的总合的统一体表现为更高的所有者或唯一的所有者，实际的公社却只不过表现为世袭的占有者。""单个的人从来不能成为所有者，而只不过是占有者，实质上他本身就是作为公社统一体的体现者的那个人的财产，即奴隶"，"因此，剩余产品……不言而喻地属于这个最高的统一体。"⑥

---

① 《国语·鲁语下》。

② 《穀梁传》宣公十五年，哀公十二年。

③ 《公羊传》宣公十五年。

④ 《续》2·28·5；《粹》1299 片。旅顺博物馆藏卜辞，转引自《中国史稿》第 1 册，第184 页。

⑤ 《大盂鼎》铭文：《留鼎》铭文。

⑥ 《马克思恩格斯全集》第 46 卷（上），人民出版社 1979 年版，第 473、493 页。

有人说:"溥天之下,莫非王土",是国家主权的表现,不是土地所有制。这种说法在秦汉以后是正确的;而在"三代"就不对了。因为国家主权与土地所有权的分离,是以私人对土地的占有为前提的,而这只有在农村公社瓦解之后才能出现。较高的生产力水平所能产生的较多的剩余劳动,是农村公社瓦解的必要的条件,也是租税分离后私人土地所有者能获取地租的必要余额。但是,在"三代"以铜生产工具为代表的生产力水平,所能提供的剩余劳动有限,既不能使农村公社瓦解,也无土地私有者获取的余额。统治者占有公社而使其成为政社合一的基层组织,公社土地公有制蜕变为奴隶主阶级的国有制,各级奴隶主对劳动者的行政统治权和经济剥削权不是分离的,而是统一的。因而就像马克思指出的,"国家既作为土地所有者,同时又作为主权者而同直接生产者相对立,那末,地租和赋税就会合为一体"①。

(五)官营经济突出发展,奴隶劳动相对集中于官营经济,特别是无产奴隶劳动相对集中于官营工商业中

在我国古代,官营经济的突出发展,是一系列经济和政治条件发展的必然结果。这首先是土地和臣民的最高所有权皆属奴隶主阶级的国家及其最高代表国王,国王和所分封的各级奴隶主贵族的经济本具有国有性质。其次在分封制下,各级奴隶主贵族的行政统治权与经济剥削权合而为一,因而各级贵族的经济皆具有官营性质。另外,还因为公社未能瓦解,像古典社会下那种由公社成员上升而来的平民奴隶主以及与官营经济相对立的平民奴隶主经济未曾形成,所以形成前者的突出发展。

在农业中,官营经济的出现是各级氏族贵族通过侵占公田及在其上的劳动而形成的。公社成员"在公田上的劳动变成了为公田掠夺者而进行的徭役劳动"②。助法是主要的剥削形式。因而形成称做"公田"的各级贵族的自营地,它与称做"私田"的农民份地在空间上是分开的。据孟子和《汉书·食货志》的说法,前者与后者的比例是1:8或1:10③。这样可以大

---

① 马克思:《资本论》第3卷,人民出版社1975年版,第891页。
② 马克思:《资本论》第1卷,人民出版社1975年版,第265页。
③ 《孟子·滕文公上》:"方里而井,井九百亩,其中为公田,八家皆私百亩,同养公田。"《汉书·食货志》:"井方一里,是为九夫,八家共之,各授私田百亩、公田十亩,是为八百八十亩,余二十亩以为庐舍。"

致推算出各级奴隶主贵族的自营地约占全国耕地面积的 1/9 到 1/11。孟子说："夏后氏五十而贡，殷人七十而助，周人百亩而彻，其实皆什一也。"可知夏、商、周三代奴隶主阶级所占的"公田"和劳动者份地的面积大小有不同，但在实行助法时，二者的比例大体相同。在生产力水平不高，公社尚未瓦解的情况下，上端的侵占使土地公社所有蜕变为奴隶主阶级的国有。奴隶主阶级官营性质的庞大自营地就在这样的条件下必然而顺利地出现了。

奴隶主阶级在自营地上，除"助耕公田"剥削外，也有直接使用无产奴隶劳动的。如甲骨文载："王令多〔羌〕垦田。"① 多羌的"身份明显为被征服的异族奴隶"②。有一个铜器《不娶殷》，为西周夷王时器，铭文记述奴隶主贵族不娶因伐猃狁有功，国君伯氏赐给不娶"臣五家，田十田，用从乃事"。看起来这五家奴隶原来就是耕种这千亩田的，赏赐给不娶后，让他们继续种田。据《周礼·天官·甸师》所载，周天子的藉田中也直接使用一部分无产奴隶劳动。管理周王室藉田的官叫甸师，下设"下士二人，府一人，史二人，胥三十人，徒三百人。"其任务是"掌帅其属而耕王藉"。胥和徒都是奴隶。《诗·小雅·甫田》："倬彼甫田，岁取十千，我取其陈，食我农人。"《七月》："采荼薪樗，食我农夫。"这里的劳动者由主人管饭吃，当属甸徒一类的奴隶。这类人在春秋时称隶农。《国语·晋语》："其犹隶农也，虽获沃田，而勤易之，将不克飨，为人而已。"他们没有私田，完全在主人的田地里耕作。

和在农业中一样，我国古代官营工商业的突出发展，既是生产力水平发展不高的表现，又是有一定程度发展的结果，它既不能产生于石器时代，也不能保持其垄断规模于铁器时代（指官工商业所占比重之高），而是与以青铜生产工具为代表的生产力水平相适应。它最初就是直接从青铜冶铸业发展而引起的。铜及其合金冶铸工业的发展，使社会分工进一步扩大。如果说原始社会中原来的手工业，如制陶、制骨、磨制石器等由于技术比较简单，或为农业劳动者所兼营，或为"导致暂时的分工"的个别匠人独自所完成③；那么铜器，特别是青铜器的制造就不同了。它所需的技术比较复杂，要求由

---

① 《粹》1222。

② 王贵民：《就甲骨文所见试说商代的王室田庄》，载《中国史研究》1980 年第 3 期，第 67 页。

③ 《马克思恩格斯选集》第 4 卷，人民出版社 1972 年版，第 156 页。

专业劳动者来承担。金属矿藏并不是到处都有的，铜与锡的矿藏往往相距很远，加上采矿劳动之艰巨，冶铸工艺之复杂，个体家庭既无条件进行生产，也无力于农暇兼营，"暂时分工"的个别匠人也只能献技于某一工序，无力包揽全部生产过程。因此，青铜器的生产只能由公社及其联合的更大集体，组织众多的专业劳动者，大力协作，分工合作，才能进行。这样，就使得原来狭小共同体中的"固定分工"①进一步扩大化，社会化。这种手工业在向奴隶制转化过程中，由于农村公社未能瓦解，公社成员间财产分配的不平均有限，分化不出私人占有大量奴隶的工商业奴隶主，因而就便当而顺利地演变为由国家经营的奴隶制官手工业。

商业的情况也是这样。最初在各共同体之间进行产品交换的原不是个人，而是家族、氏族等等，是在其头领组织下进行的。后来随着共同体的扩大，人口增加，尤其是氏族间的联合或相异诸氏族冲突、一个把一个吞并，加上生产力提高而引起的社会分工发展，这一方面使部落内部共同体之间产品交换的地域日益广阔，种类更加增多；另一方面手工业生产，特别是金属冶铸业的发展需要从部落内外更广大的范围内寻求原料和交换产品。在当时，农村公社未能瓦解，分化不出独立的私商，这一必需而繁多的产品交换任务仍由公社及其联合体统一组织人力完成。在向奴隶制的过渡中，它又便当而顺利地演变为奴隶制的官营商业。

对于资财雄厚、规模庞大的官营经济来说，役使奴隶劳动的两个条件（即第一，奴隶劳动所需的工具和对象；第二，维持奴隶困苦生活所需的资料）都是具备了的，因而在官营经济中奴隶劳动是大量的。其中无产奴隶的劳动如果说在农业中因农村公社未瓦解而受到制约的话，那么在便于管理的官营工商业中则是主要的。

从地下大量的出土物可知，商代存在着发达的青铜冶铸、制陶、骨器、玉器、漆器、皮革、纺织、竹木、舟车等手工业和较高水平的建筑业。规模较大的手工业作坊绝大部分集中于王都和各级贵族的都邑。如在殷墟的宗庙宫室遗址附近，发现许多炼渣和器范，说明那里设有规模宏大的铜器作坊。附近还发现了炼铜工匠住的房舍，还有以器范随丧的工匠墓地。在郑州商城遗址，也发现了商代前期的炼铜遗址，还发现有相当规模的制骨、制陶和酿酒作坊。均分布在都城城墙以外的四周，在作坊附近是手工业劳

---

① 马克思：《资本论》第 1 卷，人民出版社 1975 年版，第 395 页。

动者的乱葬坑①。这些作坊当属商王室经营的。商王设有"多工"，"尹工"、"司工"等工官，管理各类手工业，各类手工业劳动者总称"百工"。从商王占卜的甲骨文有"夲（幸）工"、"取工"、"丧工"、"我工祸"等记载来看，百工则无疑为官营作坊的手工业奴隶。②

在西周，"工商食官"③，官府占有工商业者并进行垄断性经营。《考工记》一书虽成书于东周，但所记官工业情况大概西周时就有了的。官工业拥有30个工种，涉及运输、生产工具、兵器、乐器、容器、玉器、皮革、染色、建筑等各个行业。"处工就官府"④，专业手工业者绝大多数属官营经济，称"百工"，设有"司工"、"尹工"等官吏进行管理。在官营作坊中，生产用料及百工食宿皆由官府提供，按"工师"设计的官方"图程"生产各类器物。"工有不当，必行其罪"，并设有监工，整日嚷叫，督促众工劳作⑤。产品绝大部分供应官府，不能在市场出卖。官府也占有贾人，为统治者经营商业，设有"司市"、"质人"、"贾师"等官职，对贾人和市场交易进行管理⑥，工商劳动者皆世袭其业，所谓"工之子恒为工"、"商之子恒为商"⑦、"工贾不变"⑧。这种情况一直延续到春秋初。在西周铜器《师𡢁簋》和《伊簋》铭文中，"百工"皆与臣、妾归为一类，当属手工业奴隶。

（六）王权支配下的社会分工与商品经济不发展

马克思说："不同的公社在各自的自然环境中，找到不同的生产资料和不同的生活资料。因此，它们的生产方式、生活方式和产品，也就各不相同。这种自然的差别，在公社互相接触时引起了产品的互相交换，从而使这些产品逐渐变为商品。"⑨并指出：这种不同共同体间开始的商品交换

①　安金槐：《试论郑州商代城址——隞都》，载《文物》1961年第4、5期，第73—80页；河南省博物馆：《建国以来河南考古的重要收获》，载《文物》1972年第10期，第3页。

②　陈建敏：《甲骨文金文所见商周工官工奴考》，载《学术月刊》1984年第2期，第71—75页。

③　《国语·晋语》。

④　《国语·齐语》。

⑤　《礼记·月令》。

⑥　《周礼·地官·司市》、《质人》、《贾师》。

⑦　《国语·齐语》。

⑧　《左传》昭公二十六年。

⑨　马克思：《资本论》第1卷，人民出版社1975年版，第390页。

"从此深入到公社内部，对它起着破坏作用"①。我国远古北方居民，主要生活在黄河流域谷地，土地肥沃，气候适宜，自然条件适合农业生产的发展，从而较早地孕育了古代文明。但是，辽阔的谷地，自然条件单一，在相当大的范围内，各共同体所处的地理环境大体相同，相互间的产品交换有限，商品交换发展很慢，从而对共同体内部的分解显得无力。正如马克思指出的，"交换手段拥有的社会力量越小……把个人互相联结起来的共同体的力量就必定越大"②。我国古代农村公社之所以不能瓦解，带着非常显著的残余进入历史，并长期保持，除了生产力水平不高外，商品交换的不发展也是重要原因之一。

我国古代商品交换不发展，但不能因此认为没有社会分工或分工程度很低。马克思指出：社会分工是商品生产存在的条件，但"不能反过来说商品生产是社会分工存在的条件"③。我国古代，社会分工、手工业内部的分工和协作都达到了比较高的水平，但都是以直接的支配服从关系，特别是以奴隶制关系作为基础。它是有计划的由权力机关决定的社会劳动组织。《吕氏春秋·上农》："凡民自七尺以上属诸三官，农攻粟，工攻器，贾攻货。"形成"庶人、工、商务守其业，以共其上"④ 的格局。社会各部门的劳动力主要由奴隶制国家统一安排，各类职业是世袭的，规定"农不移，工贾不变"⑤。在考古发掘中，已出土青铜器数量之多、工艺之精、器形之大是世界古史中仅见的。这说明我国古代拥有极为发达的青铜手工业，在规模和工艺上都远远超过任何国家。出土的殷代司母戊大鼎重达875 公斤，有人根据制器当时的化铜设备和技术状况推算，仅铸此鼎就需二三百人同时协作才能完成⑥。青铜手工业的分工程度也是比较高的。这至少要分成采矿、选矿、运输、制范、冶铸等工种。《考工记》："攻金之工六"，"筑氏执下齐，冶氏执上齐，凫氏为声，栗氏为量，段氏为镈器，桃氏为刃"。这可能是西周的情况，是说铸造青铜器物的工种又有六种不同的分工。《考工记》还记有"攻木之工七……攻皮之工五，设色之工五，

①　马克思：《政治经济学批判》，人民出版社 1955 年版，第 23 页。

②　《马克思恩格斯全集》第 46 卷（上），人民出版社 1970 年版，第 104 页。

③　马克思：《资本论》第 1 卷，人民出版社 1975 年版，第 55 页。

④　《国语·周语上》。

⑤　《左传》昭公二十六年。

⑥　杨根等：《司母戊大鼎的合金成份及其铸造技术的初步研究》，载《文物》1959 年第 12 期，第 28 页。

刮摩之工五，博埴之工二"。可见整个官手工业的分工水平都是比较高的。在国家统一安排下，虽有较细的分工，各部门之间也有大量的产品相互满足需求，但大部分不是商品生产。这犹如后世"工场手工业内部各局部劳动之间的联系，以不同的劳动力出卖给同一个资本家，而这个资本家把它们作为一个结合的劳动力来使用为媒介"一样。这种工场手工业内部的分工虽然达到很高的程度，但它是由资本家按生产过程的要求统一组织进行的，因而"局部工人不生产商品"。[①] 即内部各部门之间的产品并不相互作为商品来生产。明乎此，就弄清了我国奴隶制社会商品生产不发展的原因。马克思所说的"家长制的，以生产直接生活资料为目的"[②] 的奴隶制度就是指这种情况。

二　东方奴隶制与封建农奴制的区别

近年来有不少学者怀疑或否定马克思主义关于人类五种社会依次发展的规律性论断，尤其是否定奴隶制社会为人类社会必经阶段之说。其立说的主要论点是把耕种份地的东方奴隶制类型的奴隶与有一定程度独立经济的封建农奴混为一谈。其实它们之间有质的差别。

（一）生产力水平不同，所处的历史进程阶段不同

列宁指出："发展似乎是重复以往的阶段，但那是另一种重复，是在更高基础上的重复（'否定的否定'），发展是按所谓螺旋式而不是按直线式进行的。"[③] 人类社会的发展正是这样，在从低级向高级的发展中，通过"否定的否定"这一辩证法所揭示的轨迹螺旋式地上升。在生产力水平极其低下时，单个人无法独自生存，人们只能集体进行生产活动，同时每个劳动者也不能提供剩余产品，从而形成公有制的无剥削、无压迫的原始公社制社会。但随着生产力的发展，剩余劳动的出现，原始公社制社会遂为有剥削有压迫的私有制社会所代替，然而，当生产力高度发展，社会物质生活极大丰富时，生产过程的社会化导致公有制社会的再次出现，又进入

① 马克思：《资本论》第 1 卷，人民出版社 1975 年版，第 393 页。
② 马克思：《资本论》第 3 卷，人民出版社 1975 年版，第 371 页。
③ 《列宁选集》第 2 卷，人民出版社 1972 年版，第 584 页。

无剥削无压迫的共产主义社会。原始公社制社会与共产主义社会都是公有制，这一点上是相似的，但本质不同。二者的主要区别点是：一个与极低下的生产力水平相结合在一起，一个以最高的生产力水平为其组成部分。不能丢开生产力水平只看生产关系方面的原则而把二者混为一谈。

从世界历史发展看，阶级社会的三种形态也是在生产力发展的不同程度上依次形成的。如前所述，在以大量使用青铜工具，但还不能排挤掉石器的生产力水平下形成东方奴隶制社会，它出现于从原始公社制社会瓦解并向奴隶制社会发展的阶段；而封建农权制是奴隶制瓦解之后出现的一种封建制度，它与铁器普遍使用后生产力有进一步发展相适应。在这之后，当蒸汽机出现、生产力空前提高、商品经济极大发展后，便出现资本主义社会。在三个剥削制度社会发展中，东方奴隶制下的被剥削者与封建农奴在耕种份地、有一定程度独立经济这一点上是相似的，但二者是不同历史进程上的产物。这犹如月之上弦与下弦，看起来都是半个月亮，但在天体运行中，分别出现于不同的日期、不同的方位，也不是同一个半边，不能等同起来。区别东方奴隶制和封建农奴制也不难，它们既是不同生产力水平下的产物，只要不是丢开而是结合其生产力水平来考察，其性质自明。

马克思主义认为：每个社会形态，物质生产是它的第一位的和最基本的内容。其特定内容正是区别不同社会形态的主要依据。斯大林说："生产、生产方式既包括社会生产力，也包括人们的生产关系，而体现着两者在物质资料生产过程中的统一。"[1] 生产力是生产方式的物质内容，生产关系是它的社会形式。社会形态是生产方式与上层建筑的统一。判定一个社会形态属什么性质，主要是看生产方式。即将生产关系和生产力结合起来考察，才能做出正确的结论。如果只看生产关系方面的一些原则，丝毫不考虑生产力发展水平方面的情况，势必要将原始公社制社会与共产主义社会混同起来，这种混同的不妥之处是显而易见的。同样道理，绝不可丢开各自的生产力发展水平，把东方奴隶制与封建农奴制混同起来。

在以往的理论著述中，多有"社会形态是经济基础和上层建筑的统一"一类的提法。在社会形态这一范畴中不包括生产力，这应该说是一个错误。大概是受这一理论的影响，我国建立社会主义制度后，长期以来不重视生产力的发展，而自我欣赏于"一大二公"的过渡，并由此产生一系

---

① 斯大林：《列宁主义问题》，人民出版社1964年版，第646页。

列"左"的错误。百闻不如一见，近二三十年所亲身经历的种种事实，使我们更体会到认识社会形态决不可离开生产力发展水平，否则，既不能正确认识现实社会形态而导致工作诸多失误，也不能正确反映历史上的社会形态，使认识偏离历史实际，歪曲社会历史发展的基本线索，造成理论上的混乱。

（二）有一定独立经济的劳动者也可以是奴隶，主要看人身被占有的程度

有人又说：它们各自属不同历史进程中的产物，这是对的；但东方奴隶制下的劳动者有独立的经济，因而不是奴隶，此说很难成立。在人类社会似乎是重复而螺旋式的发展中，除了奴隶社会中出现没有独立经济的奴隶外，在资本主义社会中还出现没有独立经济的无产者。它们在没有独立经济这一点上是相似的；但却各自为不同性质社会形态下的劳动者。它们之间质的差异，不能靠有无独立经济来区别；而是奴隶的人身被奴隶主完全占有，无产者的人身是自由的。

是否可以用有无独立经济来区别奴隶和封建农奴呢？我看也不能。诚然，马克思说过："奴隶要用别人的生产条件来劳动，并且不是独立的。"[1] 这是从理论抽象的高度谈论劳动奴隶制下的奴隶，只说的是奴隶中的一种。马克思还说过："吃穿好一些，待遇高一些，特有财产多一些，不会消除奴隶的从属关系和对他们的剥削。"[2] 这里说的奴隶就有特有财产，又是奴隶中的一种。在东方奴隶制下，残存公社中的劳动者虽耕种一定数量的份地，马克思说"他本身就是作为公社统一体的体现者的那个人的财产，即奴隶"。又说"所以奴隶制在这里并不破坏劳动的条件，也不改变本质的关系"[3]。具体而明确地指出，这里的被剥削者为奴隶，其社会形态为奴隶制。

如果不是从理论抽象的高度，而是看奴隶制社会的实际，拥有财产的奴隶相当多。据古罗马作家瓦罗（M. T. Varro）所记，在罗马共和国时期，"买到一个奴隶，照例有一份特殊财产跟着奴隶一同过来"[4]。照例二字即说明拥有特殊财产的奴隶绝不是个别的。所以到罗马后期，法律允许奴隶

---

① 《马克思恩格斯全集》第 25 卷，人民出版社 1974 年版，第 891 页。
② 《马克思恩格斯全集》第 23 卷，人民出版社 1972 年版，第 678 页。
③ 《马克思恩格斯全集》第 46 卷（上），人民出版社 1979 年版，第 493 页。
④ M. T. 瓦罗著、王家绶译：《论农业》，商务印书馆 1981 年版，第 141 页。

独立地经营自己的经济，奴隶还可以签订与这种经营有关的契约。有时奴隶还有储蓄来赎取自身的自由。① 再如希腊时代，受斯巴达人奴役的赫罗泰（或译作希洛人）也属有产奴隶的一种。又如民主改革前我国凉山彝族的奴隶制中，呷西和安家（一译为阿加）同时属被主子完全占有的可以买卖、屠杀的奴隶，但前者为单身的没有自己独立的经济，后者为婚配成家的，由主子拨给耕食地，自耕自食，而向主子负担沉重的劳役②。这里两类奴隶共存于同地同族同一奴隶主之下，可见，有无独立经济不影响他们都属于奴隶这个根本性质上的相同。

那么用什么来区别奴隶和封建农奴呢？如同用劳动者的人身被占有与人身自由来区别奴隶和无产者一样，也可用占有程度的不同来区别奴隶与封建农奴。从社会发展来看，封建农奴（或封建农民）是劳动者从人身完全被占有的奴隶向人身完全自由的无产者发展过程中的一种形态，其人身介于完全被占有与完全自由之间。因此，用人身的被占有与否，以及被占有的程度完全可以区分阶级社会下三种不同劳动者的性质。恩格斯说："在亚细亚古代和古典古代，阶级压迫的主要形式是奴隶制，即与其说是群众被剥夺了土地，不如说他们的人身被占有。"③ 列宁也指出："奴隶主把奴隶当做自己的财产，法律把这种观点固定下来，认为奴隶是一种完全被奴隶主占有的物品。农奴制农民仍然遭受阶级压迫，处于依附地位，但农奴主—地主不能把农民当作物品来占有了，而只有权占有农民的劳动并强迫他担任某种劳役。"④ 斯大林论述得更简明扼要，他说："在奴隶占有制度下，生产关系的基础是奴隶主占有生产资料和占有生产工作者，这些生产工作者就是奴隶主可以把他们当作牲畜来买卖屠杀的奴隶。""在封建制度下，生产关系的基础是封建主占有生产资料和不完全地占有生产工作者——农奴。"⑤ 我们研究历史，一是要从历史实际出发。如前所述，中国奴隶制社会中有有产、无产两种奴隶，古典奴隶制社会中也是一样，民族学资料亦大体相同，东方其他各古国当不例外。苏联学者 Г. Ф. 伊里因在

---

① 苏联司法部全联盟法学研究所编：《国家与法权通史》第 1 分册，中国人民大学出版社1954 年版，第 145 页。

② 胡庆钧：《关于奴隶制下普遍奴隶制与农奴的问题》，载《思想战线》1979 年第 6 期，第30 页。

③ 《马克思恩格斯全集》第 21 卷，人民出版社 1965 年版，第 387 页。

④ 《列宁选集》第 4 卷，人民出版社 1972 年版，第 46 页。

⑤ 斯大林：《列宁主义问题》，人民出版社 1964 年版，第 650 页。

研究古代印度奴隶制社会的状况后指出："当人成了财产交易的客体，当人像任何动产一样可以辗转买卖的时候，奴隶占有制度就确立了。"也是归结为劳动者的人身被占有，而不是有无独立的经济。① 二是对于经典作家的有关论述要全面理解，不能以其一时一地一事之说绝对化，而否定其全面系统的论述。总之，用有独立经济来否定东方奴隶制之下奴隶的性质，于历史事实和马克思主义理论两个方面都无站得住的根据。

三　东方奴隶制社会与古典奴隶制社会

理论来自实践，奴隶制的理论来自奴隶制社会发展的实践，是从后者抽象概括出来的，是它的本质联系。因此，理论和历史相比，后者更具有权威性。要探讨奴隶制社会的理论，最好的办法是从奴隶制社会的历史实际出发。

（一）两类奴隶制社会形成的历史过程及其特点

地理环境对古人类的分布、活动影响很大。在亚洲、非洲大陆的尼罗河流域、两河流域、印度河和恒河流域、黄河流域，很早就有人类分布在这些地区活动，利用肥沃的土地、充足的水源、进行了农作物的驯化和栽培，各自成为世界农业最早发源地之一。在有比较发达农业的基础上，各自产生了世界上较早的奴隶制国家。

在尼罗河谷地，于公元前3000纪出现了埃及王国，它经历了早期王国、古王国、中王国、新王朝、利比亚·赛斯等时期。公元前671年埃及为亚述帝国占领，前525年沦为波斯帝国的一个行省。前334年马其顿希腊东侵，它成为亚历山大帝国的管辖区。前305年亚历山大部将托勒密建立了王朝。前30年又沦为罗马帝国的一个行政区。公元476年西罗马帝国灭亡，埃及成为拜占庭帝国的一部分，并过渡到封建社会。奴隶制社会长达3500年。

在两河流域，于公元前3000纪，苏美尔地区形成了最初的城市国家。后来经历了阿卡德国家、乌尔第三王朝、古巴比伦王国、巴比伦第二、第

---

① 廖学盛摘译自论文集《印度史的关键问题》，莫斯科1981年，第69—71页。载《史学理论》1987年第4期，第184页。

三、第四王朝。公元前 729 年，两河流域被亚述帝国征服。前 538 年，又为波斯帝国所占领。前 331 年，再沦为亚历山大帝国的一部分。前 305 年，亚历山大部将塞琉古建立叙利亚王国。前 64 年又为罗马帝国所占领。公元 476 年，西罗马帝国灭亡，两河流域为拜占庭帝国的一部分，并过渡到封建制社会。奴隶制也长达 3500 多年。

印度河流域，据考古发掘证明，约于公元前 2500—前 1750 年进入文明社会，建立古代南亚最早的奴隶制国家，于公元前 18 世纪开始衰落。前 2000 纪中叶，迁移来的操印欧语的部落亚利安人又建立早期奴隶制国家，并逐步向东往恒河谷地迁徙。于前 1000 纪初，传说建立月种王朝、日种王朝等奴隶制小国。前 6—前 4 世纪，恒河流域的摩揭陀国日益强大，逐步征服各小国，统一恒河谷地。而印度河流域一部分地区于前 6 世纪末为波斯帝国所征服统治。前 327 年又转为亚历山大帝国（马其顿希腊东侵）的一部分。前 324 年，旃陀罗笈多组织军队，驱逐希腊马其顿军后，又推翻恒河流域的难陀王朝，自立为王，为摩揭陀国孔雀王朝。至阿育王时，于公元 261 年征服南印度的羯陵伽，形成了印度历史上第一个幅员广大的统一帝国。公元 120—162 年，印度河、恒河流域为中亚细亚兴起的贵霜帝国所征服。公元 3 世纪以后，贵霜帝国衰落。摩揭陀的一个小国君旃陀罗笈多一世逐步统一各国，建立笈多王朝，领土包括恒河流域、中印度和旁遮普的一部分。约 6 世纪过渡到封建制社会。奴隶制社会约 2600 多年。

在黄河流域，约于公元前 21 世纪开始，建立奴隶制的国家夏商周三个王朝，至公元前 221 年秦始皇统一全国，过渡到封建社会，奴隶制社会约近 2000 年。

和以上东方各古国相比，欧洲地区真正进入文明社会要晚得多。虽然在考古发掘中于爱琴海地区克里特岛，发现有可能属于公元前 2000 纪左右的奴隶制国家文明——中期米诺斯文化；但随后文明中断。另在希腊伯罗奔尼撒半岛迈锡尼等地的考古发掘中，发现了迈锡尼文化，可能是由阿卡亚人于公元前 1600 年前后进入希腊中部和南部创立的迈锡尼国家的文化，其后文明亦中断毁灭。

公元前 12 世纪中叶，经济和文化落后的希腊人中的多利亚人入侵克里特岛、伯罗奔尼撒半岛等希腊南部地区。前 8 世纪以后，希腊各族先后建立奴隶制的城邦国家，主要有米利都、以弗所、卡尔息斯、雅典、斯巴达、阿果斯、科林斯和麦加腊等。约至前 4 世纪，形成发达的奴隶制。后来经历马其顿时期，征服埃及、两河流域和印度河流域。到前 2 世纪中叶归入罗马帝国的版图之内。公元 476 年西罗马帝国灭亡后，进入封建制社会。从希腊各族建立城邦国家算起，奴隶制社会经历 1200 多年。

在意大利半岛，约在公元前 6 世纪时形成奴隶制国家。于前 4—前 2 世纪间，形成为发达的奴隶制国家。至前 1 世纪末征服希腊半岛、尼罗河流域和两河流域，建立罗马大帝国。公元 476 年西罗马帝国灭亡，过渡到封建制社会。奴隶制社会经历了约 1000 多年。

从以上历史事实可以看出，东方奴隶制社会出现得比较早，希腊、罗马的古典奴隶制社会出现得晚。后者比尼罗河、两河流域晚 2000 多年，比黄河、印度河流域晚一千四五百年，也略晚于恒河流域。另外尼罗河流域和两河流域各古国相互吞并频繁，又共为亚述、波斯奴隶制帝国所征服，而希腊、罗马的奴隶国家也都先后征服并统治过尼罗河流域、两河流域和印度河流域。它们之间彼此渗透，影响甚大。唯独黄河流域，只有本土王朝的更替，而无较大规模外来强大势力的侵灭，其文明是"殷因于夏礼"，"周因于殷礼"①，一脉相承，独立发展。因此，真正要总结社会发展的规律，中国社会历史的发展，应受到重视。

两类奴隶制社会各有什么特点呢？最关键的是生产力水平不同。东方奴隶制是以青铜工具为代表的生产力水平下产生的奴隶制社会形态，前面我们以中国古代为例所列举的六个特点，大体上也是东方各古国奴隶制社会的特点。希腊罗马的古典奴隶制社会是在使用铁工具为代表的生产力水平下出现的奴隶制社会形态，但是后者是接受了前者长期建立起来的物质文明而产生的。大约在公元前 19 世纪，东方文明古国地区，在长期冶炼青铜的技术基础上，发明了冶炼铁的技术，后来由卡里布人把铁经由小亚细亚运到爱琴海地区传入希腊、罗马。约于公元前 1000 纪，希腊、罗马都有了自己的冶铁业。这样，就在奴隶制发展的古典时期开端之前，生产力的发展已经达到一个较高的水平。

铁工具可以做到排挤掉石器而普遍使用，为个体劳动创造了必要的条件，并较大地提高生产力，创造出较多的剩余劳动。由此而引起的土地公有私耕农村公社的出现以及成员间财产分配不平均的发展过程都比较迅速而为时短暂；社员中富有者的产生及其急迫向往使用奴隶劳动，使得从公

---

① 《论语·为政》。

社两端开始的私有化过程同步发展。农村公社较快地瓦解。在形成的奴隶主阶级中，除原来的氏族贵族阶层外，还有从公社成员中分化出来的平民奴隶主阶层。在后者战胜前者的时期和地区，便出现了奴隶主的民主政体。

希腊、罗马地区海陆交错、山川各异的多样性地理环境，使共同体间产品各不相同的部分较多，彼此用以交换的物品数量较大，因而较早地发展了商品生产，并深入到公社内部。"它使群的存在成为不必要，并使之解体。"① 私人占有大量奴隶的劳动奴隶制发展起来。而商业的进一步发展又"使家长制的、以生产直接生活资料为目的的奴隶制度，转化为以生产剩余价值为目的的奴隶制度"②。

使用铁工具而出现的较多剩余劳动，商业发展而出现的为出售产品而生产，都成为劳动奴隶制扩大发展的条件和动力，对奴隶劳动力的需求日益增加。但在劳动奴隶制下，劳动者的境遇十分悲惨，造成奴隶的大量死亡。在扩大生产和补充缺员的紧迫需求下，掠夺战争就成为获得最便宜奴隶的有效方法；而大量外籍奴隶的掠取，又成为劳动奴隶制走向发达高峰的必要条件。概言之，铁工具的使用，农村公村瓦解，商业比较发展，更频繁的掠夺战争，私人劳动奴隶制的巨大发展和在一定条件下的民主政体，这就是与东方不同的古典奴隶制的特点。恩格斯在谈到日耳曼人国家的形成过程时曾经指出：由于当时日耳曼人社会发展所处的"野蛮状态"，使"他们还没有达到充分发展的奴隶制：既没有达到古代的劳动奴隶制，也没有达到东方的家庭奴隶制"③。在这里恩格斯把上述两类社会同称为奴隶制并给予科学命名。

两种奴隶制社会都有无产、有产奴隶，但二者的比重不同，在进入文明时期的东方各古国中，由于将残余的农村公社带进阶级社会，农业劳动者的人身虽被占有，但仍耕种份地，并有自己的家庭及其经济，当时被征服的外族奴隶多为族居，也具有同样的情况。所以这类有产奴隶在被剥削者当中占多数，因此一般将这类奴隶制剥削形式称东方奴隶制，以其早而多地出现于东方古国故名。恩格斯所说的"东方家庭奴隶制"即指这种形

---

①　《马克思恩格斯全集》第 46 卷（上），人民出版社 1979 年版，第 497 页。
②　马克思：《资本论》第 3 卷，人民出版社 1975 年版，第 371 页。
③　《马克思恩格斯选集》第 4 卷，人民出版社 1972 年版，第 153 页。

式的剥削关系①。在东方奴隶制社会中，无产奴隶少于有产奴隶，但也占相当比重。希腊、罗马的奴隶制社会中，由于农村公社瓦解，被占有和奴役的本族和外族成员，多数为单个人，因而无族、无家、无产奴隶的人数较东方奴隶制社会中的要多得多。对这种奴隶制剥削一般称古典奴隶制。恩格斯所称的"劳动奴隶制"即指这种形式的剥削关系。在古典奴隶制社会中，有产奴隶亦占相当比重。两种奴隶制社会中，你中有我，我中有你，只不过比重不同罢了。

（二）常规形态与变异形态

　　两类奴隶制社会形成的条件、过程及其特点已见前述，然而如何正确认识它们，并在理论上做出概括，还是一个长期争论而未得到解决的问题。

　　把东方奴隶制与封建农奴制等同起来，看作是封建制社会的论点，我们在前面已作过辩证，此处不赘。在承认古代东方为奴隶制的说法中，最有影响的是"两个阶段论"和"两种类型论"。所谓"两个阶段论"即把古代奴隶制社会划分成两个阶段，古代东方是早期的、不发达的奴隶制社会，古代希腊、罗马是发达的奴隶制社会。最早提出此说的是苏联学者 А. И. 米舒林，他说："原始奴隶制形式是古代东方国家奴隶制的典型形式，是奴隶制的一种'变种'，这种变形早在公社所有制尚未衰亡时就已经开始形成。由于原始奴隶制形式正好在东方国家中显得最富有生命力，于是阻碍了这种奴隶制变形的发展，使它不能达到古代奴隶制的更高形式。"② 后来此说得到 В. В. 斯特鲁威的赞同并加以论证，他在所著《古代东方史》第二版中，把古代东方说成是原始奴隶制社会历史，而把古代希腊、罗马说成是古代世界奴隶制发展的最高阶段。"两个阶段论"于40年代前后在苏联学术界曾一度占上风。

　　我国学者最早提出"两个阶段论"的是日知，他认为：亚细亚生产方式是以集体所有与公社成员的劳动力为基础的，这正是"古代东方奴隶制

---

　　① 侯绍庄等：《论我国奴隶制社会的特点》，载《民族论丛》第2辑，铁道部第二工程局印刷厂印，1982年12月出版，第66页。

　　② 见 А. Н. 卡札玛诺娃：《公元前六至四世纪克里特的奴隶制》，载《奴隶制社会历史译文集》，三联书店1955年版，第150页。

的原始阶段或低级阶段"。"它在历史的发展中与古典的奴隶制前后相承的。"① 其他如著名学者童书业、王亚南等也主张"两个阶段论"。

所谓"两种类型论"即是把古代奴隶制社会划分为古代东方和古代希腊、罗马两种发展道路不同的类型。是针对"两个阶段论"而提出来的。50 年代苏联学者卢里叶首先提出这一观点，他认为古代东方和古代希腊、罗马不是互相交替的发展阶段，而是两个并存的奴隶社会类型②。进而由久梅涅夫系统论证了这一观点。他认为古代东方和古代希腊、罗马在社会制度及命运上的差异，不能归结为发展阶段之先后，而是发展道路本身不同。他说："在古代东方和古典的奴隶占有制社会的历史上，我们看到的不是奴隶占有制的两个连续发展阶段，而是各具特点的两种奴隶占有制社会类型。"③ 此说于五六十年代在苏联占上风，一些教科书皆按"两种类型论"编写。

我国学者主张"两种类型论"的大概以吴泽先生最早而论证又最详，他说："东方还在以家庭公社为基础的农村公社初期，便开始进入奴隶制社会；西方则是到农村公社的彻底瓦解时，才进入奴隶社会。东方和西方奴隶制社会形成的'始点'是不同的。""东方是沿着保持和加强农村公社乃至家庭公社的组织，发挥集体力量，发展农业生产的途径形成的；西方则是沿着分解农村公社，发展个体家庭，自由土地私有制的途径形成的。""所以，东西方奴隶制形成的途径是不同的。"④ 其后，侯外庐、黄松英、赵锡元等先生也持这种观点。沙文汉先生更形象地说：两类奴隶制是"同类而别种"。⑤

上述二论，各自从不同的角度进行理论概括，各从一个侧面反映了历史的实际，但深度都不够。例如从世界范围看，在东方各古国发生了东方奴隶制社会，后来又在希腊、罗马发展成为古典奴隶制社会，形成两个阶段。再就希腊、罗马地区看，先有青铜器的克里特文化和迈锡尼文化，并可能建立了东方奴隶制类型的国家，后来又出现了古典奴隶制类型的国

① 日知：《与童书业先生论亚细亚生产方式问题》，载《文史哲》1952 年 3 月号。
② 见苏联《古代史通报》1952 年第 4 期，第 172—173 页；1953 年第 2 期，第 233 页。载苏联《历史问题》1966 年 11 期，第 67 页。
③ 久梅涅夫：《近东和古典社会》，载《史学译丛》1958 年第 2、3 期。
④ 吴泽：《关于奴隶制社会形成的年代、始点、途径及标志问题》，载《历史教学问题》1958 年第 9 期，第 9 页。
⑤ 沙文汉：《中国奴隶制度的探讨》，载《浙江学刊》1983 年第 4 期，第 94 页。

家。总的看，或曰粗看，好像是先后相承的两个阶段；但仔细一推敲，又有问题。希腊的古典奴隶制并不是在自身的克里特文化和迈锡尼文化基础上成长起来的，中间有缺环，是在后者中断以后，而由外来落后民族接受了东方诸古国的文化成就，特别是引进了铁器以后，从原始公社制开始发展起来的。而两个阶段的提法给人以这样的印象，奴隶社会的发展，一般都应从初级阶段发展到高级阶段，而实际情况是大多数国家只有前者而无后者。因此，说东方奴隶制社会与古典奴隶制社会是奴隶制发展进程中前后相承的两个阶段，似尚欠确切。

"两种类型论"，在马克思和恩格斯的著述中都提到过类似的意思，似乎较前者更有根据一些。另外，分别从不同地区和民族看，确系是两种不同类型的奴隶制，也合乎历史实际。然而，出现两种类型并不是各自在该地区独立发展的结果，而是相互影响的结果。两种类型的提法并不能反映这一历史事实。总之，上述两论都是从历史发展一定阶段的表象来概括，虽然各自反映某些历史的真实性，但未揭示出其本质联系。

我们认为对历史上存在过的两种奴隶制社会，应从历史唯物主义和唯物辩证法的理论高度加以总结。首先应从生产力决定生产关系，生产关系一定要适合生产力发展水平这一理论来总结。它是历史唯物主义最基本的原理，属于这一原理轨迹下的变化，是基本的，第一位的，常规的。然后再按唯物辩证法的要求，去寻找在这个发展过程中的相互影响。和前者相比，后者是非基本的，第二位的，衍生的。准此，东方奴隶制出现得最早，是在以青铜生产工具为代表的生产力水平下形成的奴隶制。当铁工具代替青铜工具而生产力有巨大发展时，东方奴隶制社会便为地主土地所有制的封建制社会所代替。前面以中国古代社会为例，详述了这种变化的过程和各个方面。这一过程基本上是独立发展的，未受外界的重大影响。实际上东方奴隶制社会以其出现时代之早，也不可能有更先进的社会来影响它。因此，它属社会发展中的常规形态。古典奴隶制社会出现得较晚，是一些较落后民族接受了前者长期建立起来的物质文明，特别是铁器的使用这一较高的生产力水平下而出现的；又同便于商业发展的地区特点相结合，使古典奴隶制发展到极其发达的程度。它的出现不是本地区本民族生产力自然增长的结果，而是受外地区外民族的影响，因此古典奴隶制社会属变异形态。苏联学者米舒林把东方奴隶制说成是"奴隶制的一种变种"，这完全是西欧中心论的偏见，实际上正好相反。

下　编

铁器的使用与中国奴隶制
社会的崩溃

中国奴隶制社会是建立在青铜工具既大量使用，又不能排挤掉石器的生产力水平之上的东方奴隶制类型社会。冶铁术的发明及铁器使用的日益普遍化，使生产力产生巨大变化，与之相适应，原社会的各种关系亦随之产生变化并逐步走向解体。

　　在东周，农业方面开展了更大规模的农田水利建设，以铁犁牛耕和精耕细作为技术特点的传统农业逐步形成。生产力飞跃发展，导致以残留农村公社为基础的井田制瓦解，为地主土地所有制的发展创造了条件；同时"工商食官"的制度也被突破。商品经济的发展起到了促进这一变化的作用，反映先进生产力与落后生产关系之间矛盾的劳动者反抗奴隶主贵族的斗争，新旧势力的斗争，是这一变化得以实现的动力。

第十三章　先秦铁器的使用

铁器的使用在人类历史上曾产生过划时代的作用。恩格斯指出："铁已在为人类服务，它是在历史上起过革命作用的各种原料中最后的和最重要的一种原料。"[①] 我国什么时候发明冶铁术和开始使用铁器，什么时候进入铁器时代，这是我国经济史中的重要问题。弄清这个问题，阐明我国光辉灿烂的冶铁技术发展史，同阐明我国在其他方面对人类历史所作的杰出贡献一样，对于"人民认识自己的历史和创造的力量是一件很要紧的事"[②]。准确地描述我国铁器的发明和早期的使用过程，以及如何逐步代替青铜器工具，对于正确地说明我国先秦时代生产力的发展、社会关系的变化，尤其是必不可少的一个方面。

一　春秋以前中国冶铁术的发明与进步

论述中国使用铁的历史，往往要和世界其他各地使用铁的历史相比照；还因为我国先秦缺乏有关冶铁的系统、全面的记载，而所保存和发现的分散片断的资料，也只有借助于冶铁技术本身发展的一般规律，才能得到正确的说明。所以在这里有必要先谈一下世界其他各地历史上使用铁的简略情况。从世界历史来看，人类是经过使用陨铁、块炼铁、冶铸生铁这样三个阶段的。

人类最早发现的铁，是天空中落下来的陨石。陨石是铁和镍、铬等金属的混合物，含铁的比重很高。通过锻打，制成器物。世界上许多文化发

---

① 《马克思恩格斯选集》第 4 卷，人民出版社 1972 年版，第 159 页。

② 毛泽东语录，见《毛主席参观了安徽省博物馆》，载《文物参考资料》1958 年 12 期，第 3 页。

展较早的民族，都有使用陨铁的历史。如属于古埃及史前时代的（约前3500）格尔泽（Gerzeh，位于开罗南80公里）墓中，曾出土两组共9个陨铁做成的管状小珠。在属于公元前2000年的十一王朝的一个墓里，还出土过用陨铁制成的镶银的辟邪护符。在西亚，属于公元前2500年的两河流域乌尔王墓中，也出土过陨铁碎片。由于从天上掉下来的陨铁数量很少，当时的铁被看成是带有神秘性的最珍贵的金属，还不可能使用在生产上，但陨铁的使用，使人们开始接触并逐渐认识了铁，对于后来铁矿的冶炼是有启发的。

人们使用陨铁经过一个相当长的时期以后，才发明了从铁矿石中冶炼铁的技术。古代炼铁大多是采用赤铁矿和磁铁矿。当冶铁术发明的初期，炼铁炉是很小的，构造也很简单。炉身用石头和泥砌成，不到10尺高，里面装上层次相间的木炭和铁矿石，用羊皮做成风囊，生火后，从炉身下部侧面的小孔中用风囊鼓风，有些甚至不用人工鼓风，让其慢慢地自然燃烧。这样，铁水达不到很高的温度，不能保持熔化的状态，流不出炉外。每次所炼的铁，要等到炉子冷却后，才能将铁块取出。这种铁块还夹有矿石中所含非金属杂质熔成的渣滓，最常见的是铁橄榄石，需要烧红后经过多次锻打才能排除，得到较纯的软铁块，然后切成小块，锻成各种用具。用这种方法炼成的铁叫块炼铁。据目前已知的资料，小亚细亚东部的赫梯人在公元前1400年左右，已发明冶铁术。接着在埃及、爱琴海等地区开始有铁器的使用。公元前1200年以前，叙利亚南部已经有铁锄、铁镰刀见于应用。铁器在意大利开始使用是在约公元前12世纪；在俄国、德国、斯堪的纳维亚半岛大约是在公元前10世纪。

人们在冶炼块炼铁技术的基础上，加大加高炉身，改进鼓风设备，使炉温提高，能将全部矿石充分熔化，并在熔化中吸收相当多的碳，变成生铁，流出炉外，用以浇铸各种用具。这种冶铸生铁技术的发展，是冶铁史上的重大进步。它使铁的生产率大为提高，生产中铁的应用更加普遍。可是这一重大进步是经过了一个相当长的时期才取得的。在欧洲，直到13、14世纪才掌握了冶铸生铁技术，在此之前一直停留在块炼铁阶段。

在冶炼生铁的初期，受到温度不够高和硅含量较低的影响，不能使生铁中的碳在冷却凝固时成为石墨状态，而成为碳化三铁（Fe_3C，即渗碳体），与奥氏体状态的铁在1146℃共同结晶（即共晶），这种共晶产物习称莱氏体。这种生铁切面呈白色，称白口铁，性脆而硬。随着冶炼技术的发展，通过提高冶炼温度和降低冷却速度，使其在共晶温度凝固过程中，奥氏体以外的碳可以成为石墨析出，而不生成渗碳体，奥氏体则在冷却时析出一部分石墨，最后在727℃（含碳约0.76％）转变为珠光体。这样形成的石墨一般成片状，含有片状石墨的铁切面呈灰色，称灰口铁。灰口铁硬度比白口铁底，但脆性较小，具有良好的耐磨性能和润滑性能，以及消减机体本身振动的消振能力，其耐腐蚀性也高于一般钢铁。在生铁中同时具有灰口和白口组织的称麻口铁。其性能也介于二者之间。白口铁通过退火进行柔化处理，可增强其韧性，称展性铸铁，也叫可锻铸铁。人们根据所生产器物的不同用途，生产、使用不同种类的铸铁，这都是在冶铸生铁技术进一步发展以后的事。[①]

（一）殷代和西周前期陨铁的使用

中国的殷和西周前期，大约尚处在使用陨铁的阶段。1972年，在河北藁城台西村的商代中期遗址中，出土了一件铁刃铜钺。铁刃宽达60毫米，在铜外部分已经断失，铜身夹住的部分约厚2毫米，深10毫米，残刃已全部氧化。经有关部门利用光学显微镜、扫描电子显微镜和电子探针等工具对铁刃样品进行物相和成分分析，认为铁刃与铁矿石所冶炼的钢铁不同，它不含有人工冶炼而不可避免带有的来自铁矿石的夹杂物，如硅酸铁等。在铁刃中却含有很高成分的镍和钴，并具有层状的分布。它们是原来合金中镍和钴分别聚集到铁的两种不同原子排列的、片状的结晶中的结果。根据高镍区的镍含量，考虑到铁的氧化，以及风化后氧化镍从氧化铁中流失，高镍区原有的镍含量将在12％以上。这种镍的分布只有在平均含镍量超过6％的铁镍合金，从800℃左右冷却，冷却速度在每一万年1℃以下才能产生。这种结晶条件不可能在人工环境中得到，因此铁刃的原材料只能来自天体的碎块，即当时或早些时候陨落的流星铁。[②]

---

① 参考李恒德《中国历史上的钢铁冶金技术》，载《自然科学》第1卷第7期，1651年；
　　杨宽：《中国土法冶铁炼钢技术发展简史》，上海人民出版社1960年版，第1—10页；
　　李众：《中国封建社会前期钢铁冶炼技术的探讨》，载《考古学报》1975年第2期；
　　戴裔煊：《石器怎样发展到铁器》，载《学术研究》1963年第1期；
　　Robert Maddin等：《铁器时代是怎样开始的》，华觉明译，载《科学》1978年第4期。
② 见叶史《藁城商代铁刃铜钺及其意义》，载《文物》1976年第11期；
　　李众：《关于藁城商代铜钺铁刃的分析》，载《考古学报》1976年第2期。

　　1977 年 8 月，在北京市平谷县南独乐河公社刘家河大队商代中期的墓葬中又出土铁刃铜钺一件。刃部已锈蚀残损，残长 8.4 厘米，阑宽 5 厘米，直内，钺身一面扁平，一面微凸。形制与藁城县台西村所出者大体相同，但约小 1/3。经北京钢铁学院研究人员用 x 光透视，铁刃包入铜内的根部残存约一厘米，尚有少量铁质未氧化。铁刃残部锈块有明显分层现象，经光谱定性分析含有镍，没有发现钴的谱线。根据已有的资料对照，估计仍为陨铁锻制。① 这些都是商代使用陨铁的可靠物证。

　　1931 年 6 月，河南浚县辛村出土了 12 件青铜兵器，后被古董商人盗卖出国，现藏美国华盛顿的弗里尔美术馆（Freer Gallry of Art）。从这 12 件青铜兵器的形制和饰纹来看，似属商代晚期之物，其中一件青铜残戟上有铸铭"大保"，另一件铜刀上铸铭"康侯"字样，有人据此认为应是西周初期之器。其中两件青铜兵器有铁刃，一件是铁刃铜钺，作饕餮纹，形制和藁城出土的钺相似，铁刃保存稍好；一件是铁援铜戈，作虬龙纹，铁援局部断失。日本学者梅原末治曾对此加以研究，被误认为是由冶炼的铁所制。1970 年，美国人盖登斯（R. J. Gettens）等进一步作了科学分析，发现铜钺的铁刃中还残留一些含高镍和低镍的铁粒，具有陨铁的一些特点，说明铁刃是陨铁制成的，铜戈的铁援只残存含镍较少的那种铁晶体，估计也是陨铁的。② 这是西周前期使用陨铁的可靠证据。

　　以上 4 件铁刃（援）兵器，一件出土于冀中的台西，一件出土于冀东的平谷，两件出于豫北的浚县，出土地相隔数百里或近千里。这说明殷到西周前期这一时期使用陨铁已不是偶发的现象，而在地域上是相当广阔的。从兵器制作方法来看，是先将陨铁加热锻打成仅厚 2 毫米的薄刃，然后再嵌铸到铜钺身里面。这种加工技术，在距今 3000 年前的殷和西周前期，不能不说是很高超的。从陨铁使用的地域广阔和技术高超有两点值得住意：1. 商代中期和西周初已不是开始使用陨铁的时期，它的开始使用时期应在商代前期或夏代。征之文献，《尚书·禹贡》载："（梁州）厥贡璆、铁、银、镂、砮、磬。"如果这里的铁是指陨铁，那末《禹贡》有关夏代的这段记载，似属可信。《司马法》曰："夏执玄钺。"宋均说："玄钺用铁。"③ 这玄钺很可能就

<hr/>

　　① 北京市文物管理处：《北京平谷县发现商代墓葬》，载《文物》1977 年第 11 期。
　　② 梅原末治：《关于中国出土的一群铜利器》，载《京都大学人文科学研究所创立廿五周年纪念论文》，1954 年；R. J. Getens 等：《两件中国古代的陨铁刃青铜武器》，1971 年，英文版。
　　③《史记·周本纪》刘宋裴骃《集解》引，见标点本第 1 册，第 125 页。

是前述的那种铁刃铜钺。《逸周书·克殷解》记载："商辛自燔于火，武王斩之以黄钺，二女既缢，武王斩之以玄钺。"《史记·周本纪》有同样的记载。大概在夏、殷和西周初，玄钺如同后世的上方宝剑一类的东西，是象征最高权力的行刑之器。从天上掉下来的陨铁，因其稀少而益显珍贵，更带有神秘性，自然成为制造玄钺的合适材料，以此行刑，似可借取"天降大罚"之意。如此考虑，愈觉得玄钺必为铁刃铜钺了。2. 制作陨铁兵器需要有专业的技术熟练的手工业奴隶。周初的一个铜器《班毁》，铭文中有"王令毛公以邦冢君、土驭、戉人伐东国瘠戎"句，其中"戉人"的"戉"，与春秋中叶《齐叔夷钟》铭文中"造戜徒四千"的"戜"字形相近，郭沫若院长认为都是铁字的初文或省文[1]；黄展岳先生也认为："从文字衍变看，'戉'、'戜'的出现自应早于'铁'，'戜'，'戉'与'戜'同。"[2] 联系殷、周都有制造精巧的陨铁兵器考虑，此"戉人"很可能就是制作陨铁兵器的手工业奴隶。陨铁的长期使用，专业陨铁锻造者经验的积累，导致了我国利用铁矿石冶炼铁技术的发明。

（二）春秋中、晚期冶铸生铁的使用和钢铁兵器的出现

从各种文献的记载来看，春秋中期和晚期，铸铁工具在农业和手工业中已有较多的使用。《国语·齐语》记载管仲对齐桓公的话说："美金以铸剑戟，试诸狗马；恶金以铸钼、夷、斤、斸，试诸壤土。"《管子·小匡》篇也记载管仲的话说："美金以铸戈剑矛戟，试诸狗马；恶金以铸斤、斧、钼、夷、锯、欘，试诸木土。"郭沫若院长认为：这里的"美金是指青铜，恶金是指铁，……铁在未能锻成钢之前，品质赶不上青铜，故有美恶之分"[3]。认为这是正确的，其所以正确，郭老的这个论断在《管子》本书中就可以得到证明。

《齐语》和《小匡》篇谈到恶金所铸的钼，即是锄；夷，是削草平地的锄类；斤，形似锄而小，主要为砍木平木工具；欘，即钁，是掘地的工

---

　　① 郭沫若：《班毁的再发现》，载《文物》1972 年第 9 期；《希望有更多的古代铁器出土——关于古代分期问题的一个关键》，载《文史论集》，人民出版社 1961 年版，第 96 页。
　　② 黄展岳：《关于中国开始冶铁和使用铁器的问题》，载《文物》1976 年第 8 期，第 63 页。
　　③ 郭沫若：《希望有更多的古代铁器出土——关于古代分期问题的一个关键》，载《文史论集》，人民出版社 1961 年版，第 96 页。

具；锯，是锯木的工具①。从行文来看，这几件工具是作为农具和手工业工具的类称而被列举的。如果要更概括一些说，即恶金是用以铸农具和手工业工具的。而这种用以铸农具和手工业工具的恶金是哪一类金属呢？《管子·海王》篇记管仲的话说："今铁官之数曰：一女必有一针、一刀，若其事立。耕者必有一耒、一耜、一铫，若其事立。行服连轺辇者必有一斤、一锯、一锥、一凿，若其事立。不尔而成者天下无有。"《管子·轻重乙》篇记齐桓公的话说："衡谓寡人曰：一农之事，必有一耜、一铫、一镰、一耨、一椎、一铚，然后成为农，一车必有一斤、一锯、一釭、一钻、一凿、一钺、一軻，然后成为车。一女必有一刀、一锥、一箴、一钵，然后成为女。请以令断山木，鼓山铁，是可以毋籍而用足。"这两段记载明白无误地用管仲和齐桓公自己的话说出了他们前边所说的用以铸农具和手工业工具的恶金不是别的，正是铁。

　　对于郭老把恶金解释为铁的意见，有些学者是不同意的。如黄展岳先生说："美金是指优质的铜，恶金是指劣质的铜，……与铁根本扯不上。"②这种说法是可以商榷的。其一，如果把"铸钼、夷、斤、斸，试诸壤土"的恶金解释为劣质的铜，就必须承认齐桓公时实行了这样一个重大的政策性措施，即用铜大量铸造农具，这个结论无论从文献记载，还是地下发掘都难以找到根据。黄先生在《近年出土的战国西汉铁器》一文中说："战国的铁农具基本上是继承殷周的木石农具，中间并没有经过主要是使用青铜农具的阶段。"③此说与上说似乎是相互否定的，难以并存的。其二，如果把黄先生相互否定的二说都翻过来，像唐兰先生所指出的那样，则二说既可并存，又能相辅相成。唐兰先生认为：商和西周两代"曾经普遍（应该是大量）地使用青铜农器"，"春秋时代诸侯割据，战争比过去多，兵器需要得更广"。"所以管仲代齐桓公出的主意是：美金——即青铜——用以铸造剑戟等兵器，恶金——即铁——用以铸造钼、夷、斤、斸等农器，这样齐国的兵器就大为充足。"④这样，不就前后贯通，顺理成章了吗？

　　关于春秋时代铁器的使用，文献中还有多处记载。如《管子·海王》

---

① 《国语·齐语》韦昭注："夷，平也，所以削草平地。斤，形似钼而小。斸，斫也。"
② 黄展岳：《关于中国开始冶铁和使用铁器的问题》，载《文物》1976年第8期，第64页。
③ 载《考古学报》1957年第3期，第105页。
④ 唐兰：《中国古代社会使用青铜农器问题的初步研究》，载《故宫博物院院刊》总2期，1960年。

篇中，记述了管仲相齐桓公，提出"官山海"的盐铁政策，即由官府管理制盐业和铁冶业的政策。文中还提到齐国的"铁官"。在《轻重乙》篇中，管仲和齐桓公又讨论了在"断山木、鼓山铁"中，调"发徒隶而作之"的利弊。而在金文中，齐灵公时（前581—前554）器物《齐叔夷钟》铭文里，有"造戜徒四千"的记载。郭沫若院长认为："戜"应该就是铁字的初文或省文。将《管子》所述与《齐叔夷钟》铭文相对照，可以看出，在春秋中叶齐国的官工业中，确曾有过为数众多的采铁冶炼的官徒。

《齐语》和《小匡》篇所提到的农具和手工工具都是铸的，说明早在齐桓公时（前685—前643）已有了冶铸生铁的生产。发展到春秋晚期，不仅能铸造小件工具，还能铸造大型的"刑鼎"。《左传》昭公二十九年（前513）载："晋赵鞅、荀寅帅师城汝滨，遂赋晋国一鼓铁，以铸刑鼎，著范宣子所为《刑书》焉。"能将有不少条文的《刑书》铸在铁鼎上，这是冶铁术达到相当水平的条件下才能做到的事，它说明了这时已经能够同时冶炼并浇铸多量的"铸铁"，并且已经能够用较大的"铸型"来浇铸有铭文的大型铁器了。

春秋晚期，由于冶铁技术的进步，铁的质量提高，过去一直用青铜铸造的兵器也开始用铁铸造。《越绝书·越绝外传》记宝剑："欧冶子、干将凿茨山，泄其溪，取铁英，作为铁剑三枚：一曰龙渊，二曰泰阿，三曰工布。毕成，风胡子奏之楚王。风胡子曰：当此之时，作铁兵，威服三军，天下闻之，莫敢不服，此亦铁兵之神。"《吴越春秋·阖闾内传》亦载："干将者，吴人也。与欧冶子同师，俱能为剑。……莫邪，干将之妻也。干将作剑，采五山之铁精，六合之金英，……而金铁之精，不销沦流，于是干将妻乃断发剪爪，投于炉中，使童女童男三百人鼓橐装炭，金铁乃濡，遂以成剑，阳曰干将，阴曰莫邪。"这两个故事在细节上虽有一些神话色彩的渲染，但它所反映的冶炼技术方面的状况，是值得重视的。从童女童男三百人鼓橐装炭来看，使用的冶炼炉是相当高大的，并有较好的鼓风设备。从所制作的宝剑来看，据《越绝书》和《吴越春秋》说：龙渊是"观其状如登高山，临深渊"；泰阿是"观其钣巍巍翼翼，如流水之波"；工布是"钣从文起，至脊而止，如珠不可衽，若流水不绝"；干将是"作龟文"；莫邪是"作漫理"。用现在的话说，这些宝剑上有龟裂文和水波纹。另据《战国策·赵策》记马服君赵奢的话说："吴干之剑，肉试则断牛马，金试则截盘匜"，是非常锋利的。根据所制宝剑的这些特点，说明当时可能已有少数经验丰富的工匠，从千百次的实践中初步掌握了炼钢和热处理技术。杨宽先生认为这些宝剑已是如古代印度、波斯、阿拉伯、土耳其、日本等东方国家所造成的"镔铁"，即所谓"布拉特钢"，因为在古代只有这种"布拉特钢"才会有龟裂纹和水波纹①。这种说法是值得重视的。

从地下发掘来看，出土春秋铁器（或可能是春秋铁器）的有表六所列的 27 个地点，分属于山东、山西、河南、河北、湖南、湖北、陕西、甘肃、江苏、云南、内蒙古等 11 个省（自治区）21 个县（市）中，原春秋时的齐、晋、秦、楚、吴等主要诸侯国地区都有铁器出土，这在一定程度上说明铁器使用的广度。出土铁器的种类有钁、铲、犁铧、耙、锄（镈）等农具，有斧、凿、锤、削、刮刀等手工业工具，有鼎、带钩等用具，还有剑、镞等兵器，这说明人们生产、生活的各主要方面都开始使用铁器。从所出土铁器的时代看，春秋早、中、晚期都有，趋势是时间晚的多于时间早的。从冶炼技术的角度看，有块炼铁锻制的，有生铁浇铸的，也有中碳钢制作并经过热处理的。这些都与文献记载略合，从而也就证明了文献上有关春秋时期使用铁器的记载是可信的。

有的同志对文献上有关春秋时期使用铁器的记载全部否定，一条也不剩②。这种做法是可以商榷的。他们否定这些记载的重要理由之一是：这些文献不是当时的记载，而是较晚时期写作的。因此，就不管书中所记述的是哪朝哪代的事件，一律看作是成书年代的情况，如认为"《管子》一书乃战国秦汉文字总汇，基本上反映了战国末至汉代的真实情况"③。这是一种缺乏分析的带有片面性的意见。如果按照这种意见例推，岂不得出《新唐书》是北宋人所撰修，基本上反映了北宋时代的真实情况的结论吗？这个结论的不妥之处是显而易见的。

《管子》一书，虽非管仲所作，但《韩非子》中已经提到它④，其写作年代当在战国。战国距春秋最近，这时的人记述管仲相桓公治齐的种种措施，或本文献资料，或据口头传闻，绝不会全是凭空捏造。其依托失实之处固然不无，而记载真实的地方肯定很多。因此，对《管子》所记载的史实，必须采取分析的态度。凡能于其他可靠文献、或出土实物中得到印

---

① 杨宽：《中国土法冶铁炼钢技术发展简史》，上海人民出版社 1960 年版，第 158 页。
② 黄展岳：《关于中国开始冶铁和使用铁器的问题》，载《文物》1976 年第 8 期，第 63 页。
③ 同上。
④ 《韩非子·五蠹》："今境内之民皆言治，藏商、管之法者家有之。"

证者，理应视为可信史料。前面所引《管子》中关于铁的记载，就是本着这个原则的，因而也是可信的。郭沫若院长说："齐桓公时已有铁的使用……铸铁为耕具。"[①] 这意见是很正确的。

关于《左传》的文字，史学工作者一般多取肯定态度；但所记赵鞅等"赋晋国一鼓铁，以铸刑鼎"一事，从南宋的欧阳士秀、清初的周永年、卢文弨、袁枚直到现在的一些学者，却持否定态度，他们的理由主要有三条：（1）认为"古人铸鼎皆以铜，未闻以铁"[②]。这大概是他们否定《左传》这段文字的事实根据。从近年考古发掘来看，这条理由是不能成立的。1976 年 4 月湖南长沙杨家山 65 号墓出土了春秋晚期的铁鼎，1977 年 7 月长沙窑岭 15 号墓又出土了春秋战国之际的铁鼎，经金相学鉴定，前者为莱氏体组织，即铸造生铁，后者有放射状（条状菊花形）的石墨，系麻口铁铸件。在此之前还出土过战国的好几个铁鼎。如湖南长沙北门外桂花园第 108 号墓中出土铁鼎 1 件，广西平乐县银山岭战国墓出土铁鼎 1 件，陕西大荔县朝邑公社北寨子大队战国秦墓中出土铁鼎 1 件，长沙东郊柳家大山战国墓中出土铁鼎 1 件。另外，还在长沙烈士公园、识字岭、常德德山、湖北鄂城县桂花园、宜昌前坪、襄阳县蔡坡、云梦县睡虎地、河北平山县三汲公社等地都出土有战国时的铁足铜鼎[③]。至于汉墓出土铁鼎更是屡见不鲜。可见古人铸鼎不仅有用铁的，而且在地域上南北皆有；时间上春秋末已经开始，延续很久；技术上于春秋战国之际，已能铸出麻口铁鼎。（2）认为王肃的《孔子家语·正论解》引《左传》此段时"一鼓铁"作"一鼓钟"，应以引文校改《左传》原文。按一般校书常例，都是以原书文字校改后世引文，何况《孔子家语》乃系王肃伪作，抄袭古书每多易改，今以其所引之文必为正确，《左传》原文必为有误，实难凭信。（3）认为《左传》此段文字不通，应当改为："……遂赋晋国，一鼓钟，（以）铸刑鼎，……"意思是："令晋国中行赋税，统一量制，同时颁布范宣子的《刑书》于鼎上，这些都是变法措施。"但是，这样校改断读后的传文，更觉不顺，于是又将"以"字疑为衍文[④]。增字解经，古人立为禁例，减

---

① 郭沫若：《希望有更多的古代铁器出土——关于古代分期问题的一个关键》，载《文史论集》，人民出版社 1961 年版，第 96 页。

② 见卢文弨《抱经堂文集》第 19 卷《与周林汲太史书》。

③ 均见附表六、表八。

④ 黄展岳：《关于中国开始冶铁和使用铁器的问题》，载《文物》1976 年第 8 期，第 64 页。

字释传，似亦应属不妥。再者，诚如校改后所解释的，一鼓钟为统一量制，与铸刑鼎同为"变法措施"，必于先后文中有所论述，而《左传》只有评述铸刑鼎之事，而无议论统一量制之文，其他文献亦无赵鞅统一量制之记载，可见这种校改与解释多属臆猜，实无根据。综上所述，《左传》有关赵鞅用铁铸刑鼎的记载，尚无足以否定之确据；相反，从《国语·齐语》、《管子·海王》等篇记述春秋使用铁器之多，从《齐叔夷钟》铭文"造戕徒四千"所反映春秋冶铁规模之大，从地下发掘有春秋晚期钢制品和铸铁鼎的出土，都说明《左传》这段用铁铸刑鼎的记载是可信的。

关于《越绝书》和《吴越春秋》中记载春秋晚期用铁制铸宝剑的故事，也不应因成书于汉代而一律予以否定，应根据其他文献，特别是先秦文献的记载，地下发掘，冶铁技术发展水平等方面的情况，加以比照，核定其真伪。从地下发掘来看，甘肃灵台县景家坪春秋早期墓葬中出土铜柄铁剑一柄，河南陕县后川 2040 号墓出土了属于春秋晚期的金质腊首铁剑 1 件，比照当时冶铁技术比较先进的吴、楚两国，用铁甚至用钢铸制宝剑自然是可能的。特别是 1976 年在长沙杨家山 65 号墓出土了春秋晚期的一柄钢剑，经取样分析。金相组织为球状珠光体，组织较均匀，珠光体颗粒平均直径约为 0.003 毫米，由珠光体组织的形状和均匀程度看出，原体即含碳 0.5% 左右的中碳钢，经淬火和高温回火呈调质处理状态。这把制作技术水平较高的钢剑的出土，就为吴、楚铸剑故事的真实性提供了可靠的物证。再从文献记载来看，《淮南子·务修训》载："服剑者……墨阳、莫邪"，"弃干将、镆邪而以手战则悖矣。"《盐铁论·论勇》篇载："所谓利兵者，非吴越之铤，干将之剑也。"《庄子·刻意》篇说："夫有干越之剑者。"《吕氏春秋·拟似》篇说："相剑者之所患，患剑之似吴干者。"《荀子·议兵》篇说："仁人之兵……延则若莫邪之长刃，婴之者断；兑则若莫邪之利锋，当之者溃。"《战国策·赵策》说："吴干之剑材难"，"夫吴干之剑，肉试则断牛马，金试则截盘匜。"《战国策·齐策》说："今虽干将、莫邪，非得人力，则不能割刿矣。"这样多的文献，特别是不少的先秦文献中都提到"干将之剑"、"吴干之剑"，而这种剑是能"金试截盘匜"的，即能将青铜制作的盘、匜截断，自然不是青铜制作的，而是用钢铁，甚至有可能是如杨宽先生所说的"布拉特钢"制造的了。总之，从地下发掘的实物，从大量文献的记载，都说明《越绝书》和《吴越春秋》中记载春秋晚期用钢铁铸造宝剑的故事完全是有根据的，是可信的。

关于春秋末期使用铁兵器的问题，《越绝书·越绝外传》记宝剑中还有这样一段论述："楚王曰：夫剑，铁耳。固能有精神若此乎。风胡子对曰：时各有使然。轩辕神农赫胥之时，以石为兵，断树木为宫室，死而龙藏，夫神圣主使然至黄帝之时，以玉为兵，以伐树木为宫室，凿地。夫玉亦神物也，又遇圣主使然，死而龙藏。禹穴之时，以铜为兵，以凿伊阙，通龙门，决江导河，东注于东海，天下通平，治为宫室，岂非圣主之力哉。当此之时，作铁兵，威服三军，天下闻之，莫敢不服，此亦铁兵之神，大王有圣德。"《越绝书》一般认为是东汉人袁康所撰，是一本记述春秋晚期吴、越二国史地的书，或据文献，或采传闻，也应当说是有一定根据的。上文提到的楚王是楚昭王（公元前 515 年—前 488 年），风胡子是他的臣下。风胡子所说的这段话，概括了我国从上古到春秋末兵器发展的重大变革历史，即神农时使用石兵器，黄帝时使用玉兵器，夏禹时开始使用铜兵器，春秋末开始使用铁兵器。据近人对上古史的研究，这个概括大体上是正确的。这样一个具有相当科学水平的概括，袁康如无大量的反映历史真实的材料作为依据，单靠凭空捏造是得不出来的。总之，通过以上多方面的分析和印证，得出春秋晚期开始使用铁兵器这个结论，我看是不勉强的。之所以不勉强，我们是从这样三个方面相互联系考虑的。第一，春秋中叶以后铁器已在工、农业生产中较多地使用，并已经有冶铸生铁的生产。从冶铁技术发展的水平看，春秋晚期使用钢铁兵器是很自然的。第二，一部分文献直接有铸剑和使用铁兵器的记载，这些记载又为更多的文献，特别是先秦文献所证实。大量文献证实春秋晚期使用铁兵器，就为这一时期出土铁剑、钢剑的断代增加了可靠性。第三，灵台景家坪出土的铜柄铁剑、后川 2040 号墓出土的金质腊首铁剑，杨家山 65 号墓出土的钢剑皆断代为春秋早期或春秋晚期，反过来又增加了文献记载的可靠性。这样，既符合事物本身发展的规律，又于文献、考古两个方面相互得到印证，如此得出春秋晚期出现使用钢铁兵器趋势的结论还是比较妥当的。当然也可用另外一种考虑问题的方法加以否定，如：春秋晚期铸剑和使用铁兵器的记载出自较晚的文献，不可信。后川 2040 号墓中一部分器物也有战国早期的特征，该墓出土的金质腊首铁剑宜从下限。灵台景家坪的铜柄铁剑，笔者曾询问过某高校的一位考古专家，他说："我将它定为战国。"这样，就使杨家山 65 号墓出土的春秋晚期钢剑成为孤证。既为孤证，只能说明是偶发的现象，不能说明使用铁兵器的发展趋势。既为孤证，它的断代的可靠性也很容易被动摇。这样一来，春秋晚期开始使用钢铁兵器的结论不是被否定了吗？不过，我们是不赞成用后一种方法考虑问题的，因为事物本来是按自身的规律发展的，又是相互联系的。而后一种方法既不考虑事物本身发展的规律，又不考虑与其相互联系的其他方面，而是割裂地、孤立地考察问题，自然得不出较恰当的结论。

（三）西周晚期使用块炼铁的合理推论和有可能属于或接近该时代的遗物

如上所述，春秋中期铸铁工具已在农业、手工业中较多地使用，春秋晚期又出现钢铁兵器，那么中国发明冶铁术和开始使用块炼铁在何时呢？有一类意见认为这个时期在西周，甚至是殷周或殷周以前。杨宽先生说："公元前513年晋国铸刑鼎的技术已经大大超过了'块炼法'的阶段。如果这时冶铁术刚发明不久，还在'块炼法'阶段，试问怎样能得到大量液体的铸铁，铸造出这样一件著有'刑书'的大铁鼎呢？……春秋时代已不是刚发明冶铁术的时期，而是冶铁术发展时期，中国冶铁术的发明，应该是远在春秋以前的。"他比照欧洲从生产"块炼铁"到"冶铸生铁"是经历了一个相当长时期的冶炼技术发展历史，从而推断说："周人在西周时代发明冶铁技术是可能的。"[1] 他认为："（诗经）《公刘篇》所说的需要'取厉取锻'的工具，（尚书）《费誓》所说的在出征前需要锻的戈矛，很可能是'块炼法'所炼成的锻铁块制成的。"[2] 再如童书业先生认为："中国的开始用铁时代……而应当至迟是殷周时代了。……中国的农具开始用铁制造。则可能是西周时代。"[3] 童说把发明冶铁术的时间似乎比杨说又提早了一些，定在殷代。认为冶铁术发明于殷代的还有胡澱咸先生[4]。比这更早的是周则岳、傅振伦先生，他们认为中国冶铁术起源于夏代[5]。认为"中国铁的发现和使用，应在夏代建国之前，即中国原始社会末期"的则

---

① 杨宽：《中国古代冶铁技术的发明和发展》，上海人民出版社1957年版，第17、20页。
② 同上。
③ 童书业：《从中国开始用铁的时代问题评胡适派的史学方法》，载《文史哲》1955年第2期。
④ 胡澱咸：《试论殷代用铁》，载《安徽师范大学学报》（哲学社会科学）1979年第4期，第83页。
⑤ 周则岳：《试论中国古代冶金史的几个问题》，载《中南矿冶学院学报》1956年第1期，第97—98页。
　傅振伦：《中国铁器的发明》，载《兰州大学学报》（哲学社会科学）1979年第2期，第86页。

有阙勋吾先生①。我们认为杨宽先生以西周作为中国冶铁术发明时期的推断是有相当道理的；不过，到目前为止还未发现西周有铁器的可靠凭据。从已出土的实物来看，可以十分牢靠地定为西周铁器的一件也没有。《公刘篇》的"取厉取锻"和《费誓篇》的"锻乃戈矛"，也有可能是锻陨铁或锻青铜，不能必其锻"块炼铁"。另外，《公刘篇》讲述的是周族先公的事，《费誓篇》所记的是周公东征时的事，是在西周初及其以前。与地下已出土铁器实物的年代相距甚远，故对杨说暂不能完全择从。至于童、周、阙等先生的说法，作为一种可能性，也是存在的；但可靠的根据更少，距已出土实物的年代更远，就更难择从了。

　　还有一类意见，将发明冶铁术和开始使用铁器的时间说得比较晚。如中国科学院考古研究所编著的《新中国的考古收获》一书中认为："我国最早的铁器可以上溯到春秋、战国之际；当然，实际使用铁器的时间可能较此稍早。"黄展岳先生说："被发现的铁器年代会比实际开始使用铁器的时间晚些，但相距不会太久，估计其间距离大约几十年到一百年。所以，我把开始冶铁和使用铁器的时间推定在春秋后半叶，即公元前6、7世纪间。"②又如章鸿钊先生，将"始用铁器时代"定在"春秋战国之间，即公元前五世纪"，似乎比前二说还要晚③。凡是将发明冶铁术和开始使用铁器时代说得比较晚的同志，他们都对文献中有关春秋时期使用铁器的记载或不太重视，或怀疑其真实性，或全部否定；而主要是，甚至仅仅是用已经出土的少数铁器作为依据，来推定中国发明冶铁术和开始使用铁器的时代。我们觉得，无论是文献资料、金文记载，还是发掘实物，如果把它孤立起来，不与其他资料相互联系、相互印证，就很容易得出片面性的结论和错误的意见。就以地下发掘实物来说，首先能够出土那些器物是带有很大的偶然性的。历史上确实使用过的大量铁器能为文献所记载的只是很少数。而这些铁器或因后代改铸而未能保存下来；或因铁质不精，埋藏铁器之处的地质条件较差而被锈蚀消失掉④；或埋入地下，又因地质条件较好

---

　　①　阙勋吾：《试探中国何时开始用铁》，载《中国历史文献研究集刊》第3集，岳麓书社1982年版，第204页。

　　②　黄展岳：《关于中国开始冶铁和使用铁器的问题》，载《文物》1976年第8期，第63页。

　　③　章鸿钊：《中国铜器、铁器时代沿革考》，载《石雅》一书的附录。

　　④　铁的氧化性比铜大，有杂质的铁更是较易腐蚀，而氧化后，因地下水含有二氧化碳，变成碳酸氢铁，而这种物质是可以溶于含有二氧化碳的水的。见阮鸿仪《从冶金的观点试论中国用铁的时代问题》，载《文史哲》1955年第6期。

而保存到现在，但仍未为我们所发现；而能为我们今天发现和出土的，是历史上实际使用过的铁器的极少一部分。因此，今天已经出土的铁器实物和文献关于铁器的记载都只能各自反映实际事物的某些局部，只有把这些局部联系起来，才有可能认识事物的全貌。如果是相互否定，某些文献记载的铁器因为至今尚未出土而认为它根本没存在过，这犹如用见到的夏天不结冰的黄河去否定冬天结冰的黄河一样，显然是不妥当的。其次，出土铁器的墓葬和遗址的断代，大部分并无记有绝对年代的实物可据，而是根据葬制、出土器物的种类、形制等方面推定的。而这种方法推定的年代与墓葬、遗址的实际年代往往是有距离的。出土同类器物的遗址，因地区不同，它们之间的年代有可能相差数百年或千年以上；不同类器物的遗址，也有可能处于同一个时代。这一点可以从近代社会各个地区的生产、经济发展不平衡中得到说明。墓葬的情况也应是如此，特别是东周，正处于"礼崩乐毁"的大变动时期。这时，一方面有破旧立新、追求时髦的人物，另一方面也有好古喜旧、抱残守缺的人物，如春秋晚期的孔子就主张"行夏之时，乘殷之辂，服周之冕"[1]。西周时的盛酒器物觚，是上圆下方，有四条棱角，后来改为圆筒形，没有棱角了，孔子很看不惯，说道："觚不觚，觚哉！觚哉！"[2] 大概孔子用的觚仍然是老样子的。直到战国晚期的荀子，他虽然具有某些法家倾向，主张革新；但对有些具体的制度和器物还是认为旧的好，他主张："声，则凡非雅声者举废；色，则凡非旧文者举息，械用，则凡非旧器者举毁。夫是之谓复古，是王者之制也。"[3] 这种情况反映在墓葬方面，自然有采用新制的也有采用旧制的，随葬的器物自然有新式的也有老式的，虽然它们都是同时代的墓葬。正因为如此，用上述方法断定墓葬年代时，往往需要一个较长的时间幅度，如出土铁削一件的湖南常德德山 12 号楚墓，原报告推定该墓"应属于春秋或稍早，迟到战国初期。"[4] 比春秋稍早应是西周末，这是上限。下限迟到战国初期，中间有三四百年的幅度，如果断定的时间幅度很小，如几十年或 100 多年，很难说真有什么绝对把握。由于这一时期墓葬的情况比较复杂，在断代问题上也往往产生不同的意见。如殷涤非先生在《试论东周时期的铁农具》一

---

① 《论语·卫灵公》。

② 《论语·雍也》。

③ 《荀子·王制》。

④ 湖南省博物馆：《湖南常德德山楚墓发掘报告》，载《考古》1963 年第 9 期，第 461 页。

文中，将原断代为战国的山西长治市分水岭 14 号、12 号古墓改断为春秋
中期；① 郭沫若院长在《信阳墓的年代与国别》一文中，将原断代为战国
后期的信阳长台关 1 号墓改定为春秋末期②。鱼易先生在《东周考古上的
一个问题》一文中，根据东周大量有关铁器的文献记载，提出"在东周墓
断代上是否有稍向后拉的做法"的意见③。这些情况反映了在东周墓的断
代问题上还有不少的讨论余地。因此，用本身的时代尚在讨论而未最后确
定的出土铁器，作为否定东周文献关于铁器记载之根据，这是不过硬的。
其三，对于已经出土的实物，要做出正确的分析和结论，也必须参证其他
多方面的材料，否则孤立地就事论事，就容易导致片面或错误的结论。如
河南三门峡市上村岭 234 座东周墓，出土铜戈 23 件、石戈 503 件、骨戈 6
件、蚌戈 8 件④。单就这一处墓葬看，石兵器远远超过铜兵器，能不能得
出东周时仍以石兵器为主的结论呢，如果孤立地看，只能得出这个实际上
是错误的结论；如果参证其他方面的资料，就可以否定这种错误的结论。
再如在发掘中有不少战国墓葬出土一些铁镢，铁铲之类的工具，但在数量
上比同墓出土的青铜器要少得多，而且多在墓底或填土中。能否得出这时
铁器的生产和使用比青铜器少得多、铁器的生产和使用刚刚开始呢？我们
认为这需要结合其他多方面的资料，对这种情况做出合理的解释。我们所
发掘的多为贵族墓葬，当时青铜贵美，多做彝器和侍卫用的兵器（有一些
做仪仗用的），用以死后随葬，而铁为恶金，多做生产工具，不屑随葬。
墓底和填土中有铁镢、铁铲之类，说明掘墓挖土实际所使用的正是铁工
具，这与文献关于铁工具在生产中广泛应用的记载正相符合。

对于推定我国发明冶铁术和开始使用铁器的时代问题，我们主张全面
考虑、统筹兼顾，既要考虑到冶铁技术本身发展的规律，也要考虑到出土
铁器的状况，还要考虑到文献有关铁的记载。综观三者，比照推求，我们
认为将此一时期定在西周晚期是比较适宜的。一方面此时距齐桓公时，即
铁器在工、农业生产中较多地使用并已能生产铸铁，已经有 200 年左右。
从冶铁技术发展规律的角度看，在进步到冶铸生铁之前，必须要有一段初
级的"块炼铁"阶段，至少应该有这 200 年左右做这个阶段。另一方面由

① 殷涤非：《试论东周时期的铁农具》，载《安徽史学通讯》1959 年第 4、5 期合刊。
② 郭沫若：《信阳墓的年代和国别》，载《文物参考资料》1958 年第 1 期，第 5 页。
③ 鱼易：《东周考古上的一个问题》，载《文物》1959 年第 8 期，第 64—65 页。
④ 中国科学院考古研究所：《上村岭虢国墓地》，科学出版社 1959 年版，第 19—20 页。

于中国从殷周以来已掌握了较高的青铜冶铸技术，同时又因有庞大的官营手工业，可以集中人力、物力，建造高大的炼铁炉。进行大规模的冶铁生产。1976 年，山西省灵石县静升公社旌介村商代墓葬出土一柄含铁铜钺。经山西省地质局实验室化验，钺身各部位含铁量不同，刃部含量为 8.02％，阑中部含量为 4.5％，内部含量为 3.82％，而刃部含镍量只有 0.002％，说明它不可能是由陨铁所锻造的铁刃。如此高的含铁量显系经过冶炼铸入的。它的制作可能使用的铜矿石中伴生铁矿，一炉熔化，混铜铁而成①。这说明在商代，有些高大的冶铜炉有时可以达到熔化铁矿石的温度。当时这是偶然的，到西周晚期发明冶炼块炼铁后，则渐积偶然而成为必然，掌握其冶炼规律，从而使"块炼铁"阶段大大缩短为 200 年左右，便进入冶铸生铁阶段。从文献记载来看，《诗·秦风·驷𫘧》载："驷𫘧孔阜，六辔在手，公之媚子，从公于狩。"诗序说此诗是"美襄公也"，应是西周晚期秦襄公时的诗。𫘧，注家说马色如铁故名𫘧。有些古版本中，如唐石经初刻就直接作铁。狩，毛传说："冬猎曰狩。"诗意是：在冬天，秦襄公乘坐由四匹毛色如铁而高大的马所驾的车，和臣下一起去打猎。《礼记·月令》篇载：在冬 3 个月里，"天子……乘玄路，驾铁骊"。此处记载贵族冬天乘坐由毛色如铁的马所驾的车，与《诗·驷𫘧》同。《礼记·月令》在另一处又记载："季春之月……命工师、令百工审五库之量，金、铁、皮、筋、角、齿、羽、箭、干、脂、胶、丹、漆，毋或不良，百工咸理，监工日号，毋悖于时。铁与金（铜）、皮革、筋等同为官工业每年开工时所必备的原料，自然指的是矿石中所冶炼的铁。"《月令》篇据杨宽先生考证是春秋战国间增订成的②。从所载"天子亲载耒耜……躬耕帝藉"的情况看，与《国语·周语》所记虢文公谈论西周天子亲耕藉田的情况略同，因此，该书所记述的大部分应是西周的事。所记"驾铁骊"又与《诗·秦风·驷𫘧》合，因此，将其有关铁的记载，视为西周末年情况，不为无据。从地下出土的实物来看，目前虽无完全确定为西周的铁器，但有可能是西周晚期或接近西周末期的铁器却是存在的。

1. 现藏日本的"芮公纽钟"，铭文作"芮公作旅钟，子孙永宝用"。这具铜器口呈椭圆形，顶上有一纽，器身中部又有一纽，在顶纽基部（即舞

---

① 戴遵德：《山西灵石县旌介村商代墓和青铜器》，载《文物资料丛刊》第 3 期，第 46—47 页。

② 杨宽：《月令考》，载《齐鲁学报》第 2 期，1941 年 7 月出版。

部）有大量铁锈涌出，而器内相当于顶纽基部处，露出两个切断的铁制角形管，似为悬挂振舌的铁环痕迹。日人杉村勇造推断此钟的制作年代应在芮国尚未遭受秦、晋两国压迫以前，即公元前 708 年以前，推定为西周时的器物①。我国考古学界有的学者认为"这件铜器其实是大型铃，题铭是伪刻的，底本是《西清古鉴》36.6 芮公钟。它并不是西周的钟。"② 有的学者又认为"是一枚摹刻西周芮公钟铭文的日本铜铎，摹刻的底本则可能是流入日本的芮公甬钟。"③ 但皆似无确据。他们的说法可以是一种有分量的意见，但还不足以完全否定前者。此外，这里还举一件有铁锈的铜器，可与"芮公纽钟"相呼应。1972 年 12 月，在陕西扶风县北桥出土西周窖藏铜器 9 件。其中甬钟甲，钟体瘦长，甬中空与腹腔相通，器壁厚重。干与甬间有绳纹旋，篆上饰圆圈纹和云纹，钲间没有明显的四周边缘标记。从器形花纹看属西周中叶以后之作。该钟钟体绝大部分呈翠绿色，唯舞部有铁锈痕迹，呈赭石色④。此器出铁锈的部位与"芮公纽钟"全同，建议有关部门对此器作进一步的考究，看其内部有无铁制角形管之类的东西。

2. 新中国成立后两次于湖南麻阳县九曲湾古铜矿中出土木槌、铁锤、铁凿等工具。木槌经 C_{14} 测定，年代为 2730 ± 90 年（公元前 780 ± 90），此件遗物的上限为西周末，铁锤等也不能完全排除有西周末期之物的可能。高至喜、熊传新先生据此认为："楚人早在春秋时甚至可早到西周末期即已进入麻阳开采铜矿。"⑤

3. 前面提到的 1958 年 10 月出土铁削一件的湖南常德德山 12 号楚墓，原报告推定该墓的上限稍早于春秋，则此铁削就有可能为西周末之物。

4. 1977 年，甘肃灵台县梁源公社景家坪春秋早期墓中出铜柄铁剑一件⑥。1979 年永昌县三角城出凹形残铁锸一件。该遗址属沙井文化，相当于春秋早期⑦。另外，最近在陕西陇县边家庄春秋早期墓中出土有铜柄铁

① 杉村勇造：《芮公纽钟考》，载《中国古代史の诸问题》，1954 年版，第 73—90 页。
② 李学勤：《近年考古发现与中国早期奴隶制社会》，载《新建设》1958 年第 8 期，第 53 页。
③ 黄展岳：《关于中国开始冶铁和使用铁器的问题》，载《文物》1976 年第 8 期，第 65 页。
④ 罗西章：《陕西扶风县北桥出土一批西周青铜器》，载《文物》1974 年第 11 期，第 86 页。
⑤ 高至喜等：《楚人在湖南的活动遗迹概述》，载《文物》1980 年第 10 期，第 57 页。
⑥ 甘肃省博物馆：《甘肃省文物考古工作三十年》，载《文物考古工作三十年》，文物出版社 1979 年版，第 145 页。并见《考古》1981 年第 4 期，第 229 页。
⑦ 甘肃省博物馆文物工作队：《甘肃永昌三角城沙井文化遗址调查》，载《考古》1984 年第 7 期，第 598 页。

短剑，墓葬时代的上限跨入西周末。① 河南三门峡市虢国墓地出土了西周晚期的玉柄铁剑。

以上几件铁器，或可能为西周晚期之物，或与西周末期之他物同出，或所出遗址、墓葬时代上限达到或接近西周末期。因而不能排除它们制作于西周晚期或末期的可能性。这一点可从汉墓中往往出土先秦铜器，甚至是殷商铜器的事例得到说明。因此，我们将我国发明冶铁术和开始使用块炼铁的时间定在西周晚期，从文献到出土实物都应该说是多少有些根据的。

二　战国时期钢铁器物的普遍使用和冶铁技术的巨大发展

西周晚期发明冶铁术并开始冶炼块炼铁后，铁器就在我国逐步使用，春秋中期以后，冶铸生铁大量生产，铁器使用日益增多。到了战国时代，铁器得到广泛应用。这时在比较广阔的范围内，都有铁矿的开发、铁器的生产和使用。在工、农业生产中，铁器已成为主要的生产工具。至战国晚期，铁兵器已代替铜兵器而成为主要的作战武器。这一时期，冶铁技术也有重大的发展。

（一）铁矿开发、铁器生产和使用的地区相当普遍

《山海经·五藏山经·中山经》载："出铜之山四百六十七，出铁之山三千六百九。"《管子·地数》篇也有与此完全相同的记载。《山海经》中的《五藏山经》，据蒙文通先生考证，写作于东周梁惠王十年（公元前361 年）以前②，《管子·地数》篇一般也认为是战国时的作品。两书完全相同的这段记载，除绝对数字可能有些夸大外，所记铁矿普遍得到发现和开采，并且超过了铜矿的开采，这会是战国时代的事实。《五藏山经》中具体指出产铁的山就有 36 处。据郝懿行《山海经笺疏》，这些产铁的山大部分是可考的（见表七），分布于今陕西、山西、河南、湖北、湖南等省，

---

① 见《人民日报》1988 年 4 月 5 日。
② 蒙文通：《略论〈山海经〉的写作时代及其产生地域》，载《中华文史论丛》第 1 辑，中华书局 1962 年版。

即在战国时代的秦、赵、韩、楚、魏等国统治地区，其中以韩、楚两国的较多。这与其他文献记载和地下铁器出土的情况基本上是相符合的。

随着铁矿的普遍开采，战国时已经总结出了一套探矿的经验。《管子·地数》篇说："上有丹沙者下有黄金；上有慈石者下有铜金；上有陵石者下有铅、锡、赤铜；上有赭者下有铁，此山之见荣者也。"① 赭，就是紫红色，含铁成分高的土带紫红色。根据土壤所显示的这种颜色来探找铁矿，这种知识只有在铁矿较多、较长时期开采的基础上才能总结出来。

铁器生产和使用的地区也是相当普遍的。从表八所列的 278 篇地下发掘的报导、简报、报告等资料来看，发现战国冶铁遗址和出土战国铁器的有辽宁、吉林、内蒙古、河北、河南、山东、山西、陕西、湖北、湖南、安徽、江西、江苏、浙江、广东、广西、四川、云南、贵州、甘肃、宁夏、新疆、黑龙江等 23 个省（区）155 个县（市）约 331 个以上的地点，原燕、韩、齐、楚、赵、魏、秦 7 国所统治的广大地区都有铁器出土或冶铁遗址的发现。其中以楚、韩、赵等国地区出土铁器较多，与文献记载略合。另外在边疆少数民族地区也有铁器出土，这说明战国时期中原地区铁器的生产和使用已经相当普遍，在它的影响下，边疆少数民族地区也开始使用铁器。从出土的种类来看，有镬、镰、锸、锄、铲、耙、犁等农具；有斧、锛、凿、钻、锤、削、锥、针及铁范等手工业工具；有剑、戟、矛、匕首、刀、杖、镞、弩机、镈、胄等武器；也有鼎、釜、盘、权、颈锁、脚镣、车具、带钩、环、管、钉等各种用具。种类繁多，数量较大，涉及人们生产、生活的各主要方面，一定程度上反映了铁器生产和使用的深度和广度。有些地区出土铁器十分密集，如湖南长沙约有 200 余座战国楚墓中都出土铁器，说明该地铁器生产和使用相当普遍。有的冶铁遗址反映出较大的生产规模。像河北兴隆县寿王坟战国遗址中，出土铁铸范 87 件，可铸锄、镰、镬、斧、凿、车具等农业、手工业生产工具及器物，并有大量的红烧土，木炭屑和筑石基址在附近发现。在铁铸范出土的地方西约 1.5 公里的古洞沟有两个古代铁矿井，又在兴隆县鹰手营子和隆化县各发现铁斧一件，在兴隆封王坟发现残铁锄两件，其形制和上述斧范、锄范所铸基本相同。这些情况说明：铁铸范出土的地方是一个具有一定规模的

---

① 《管子·地数》篇在另一处又载："山上有赭者其下有铁，上有铅者其下有银。一曰上有铅者其下有钲银，上有丹沙者其下有钲金。上有慈石者其下有铜金，此山之见荣者也。"

手工业铁器铸造工场，他们利用的原料和燃料，就是附近山上出产的铁矿石和木材，所出的产品供附近地区使用。[①]　再如河北易县燕下都故城中，于虚粮冢、高陌村、武阳台等处发现冶铁作坊遗址和铸造铁兵器作坊遗址4处。在这些遗址中发现较多的铁块，炼铁渣、炉渣、红烧土、草泥土、草灰、炼铁锅残壁以及大量的铸铁遗物。表八所列燕下都故城前后11次发掘出土的铁器达700余件。其中1966年发掘的21号遗址出土铁器就有420件。生产工具、兵器、车具都有，并与大量铸范同出。可知这里在战国时是一个生产规模相当庞大的冶铁手工业中心。还有，河南登封县告城镇古阳城遗址，也发现战国时代的冶铁遗址，出土有熔铁炉的残块，陶鼓风管残片，泥制鼓风管、木炭屑和大量陶范。其中能看出所铸铁器形制的计有镢、锄、镰、斧、刀、削、戈、箭杆、环、方棱形条和带钩等10余种。另外还出土残铁锄、残铁镢等器物。河南新郑县仓城村的郑韩故城也发现有战国时的冶铁遗址。出土大批铸造铁器的陶范，计有镢、铲、刀等的内外范，并发现有木屑、炼渣及残鼓风管等，还出土有锛、铲、刀等铁器。其他如在河北磁县下潘汪遗址、栢阳城遗址、平山县古中山国遗址、邯郸古赵王城遗址、山东滕县古薛城遗址、曲阜鲁国故城、临淄齐国故城、陕西临潼武屯公社秦都栎阳故址、河南西平县酒店原楚棠溪遗址、商水县扶苏故城遗址，也都发现了战国时的冶铁遗址。其中如临淄的两处战国冶铁遗址，一处面积约4万到5万平方米，另一处约3万到4万平方米，范围都比较大，可以想见其生产规模是不小的。[②]

（二）铁器成为主要的生产工具，铁兵器到战国晚期已成为主要的作战武器

前面已经说过，春秋中叶铁器已在工农业生产中有较多的使用，经过二三百年的发展，到战国时期，在大部分地区成为主要的生产工具。战国中期有位"为神农之言者许行"，只重视农业生产而轻视社会分工，孟子和他的追随者陈相辩论时说道："许子以釜甑爨，以铁耕乎？"[③]可见"铁耕"这时已经是很普遍的事。从地下发掘的实物来看，分布于23个省（区）、155个县（市）的约331个以上的出土战国铁器地点中，就有约

---

① 郑绍宗：《热河兴隆发现的战国生产工具铸范》，载《考古通讯》1956年第1期。
② 均见表八。
③ 《孟子·滕文公上》。

198 处出土铁生产工具，其中多数是铁农具。可见铁生产工具特别是铁农具的使用是相当普遍的。有些遗址出土铁生产工具的数量还比较大，如河南辉县固围村 5 座战国晚期墓中出土的 179 件铁器中，除 86 件铁铤铜镞及其他器物 10 件外，其余都是生产工具，计有犁 4 件（另有残犁片 3 件不计数）、镬 4 件、锄类 36 件、铲 10 件、镰刀 1 件、斧 12 件、凿 1 件、削 5 件、刀类 9 件、钉 1 件①。河北易县燕下都 22 号遗址出土的 64 件铁器中，就有 50 件是生产工具。计有铁刀 12 件、刮刀 2 件、凿 1 件、镬 6 件、锤 1 件、锥 17 件、斧 7 件、锄 1 件、镰 2 件、铲 1 件。21 号遗址又出土工具 40 件。广西平乐县银山岭战国墓出土的 181 件铁器中，有 177 件为生产工具，计有锄 89 件、斧 10 件、锛 6 件、凿 4 件、刮刀 59 件、削 9 件。河南洛阳市原东周王城南城墙北边 62 号战国粮窖出土铁制农业和手工业工具 32 种 126 件。其中有镰、镢、铲、耙齿、锛、斧、凿、錾、削刀、锥、钩、叉等，总重量达 800 余斤，河南新郑郑韩故城东城内西南部（仓城村南）战国冶铁作坊遗址所出的大量陶范中，多数为镬、锄、镰、铲、凿、削的范，其中又以镬、锄范的数量最多。这里出土的铁器绝大多数是镬、锄、铲、锛、刀、削、凿、镰、锥等生产工具，其中也以铁镬、铁锄的数量最多。湖南资兴旧市曹龙山、送塘山墓葬出铁生产工具 30 件。辽宁敖汉旗老虎山遗址在 1970 年到 1975 年的三次发掘中，出土铁生产工具 140 余件，其中绝大多数是铁农具。辽宁抚顺市莲花堡燕国遗址出土 80 件铁器，全部是生产工具，其中农具约占 85%②。前面提到的河北兴隆县出土的 87 件铁铸范，其中有 85 件是铸造农具和手工业工具的。河北石家庄市市庄村战国遗址出土的 47 件铁器中，多数为生产工具，这个遗址还出土少量的石器和蚌器农具，而铁农具占整个农具的 65%③。以上诸例有力地说明：战国时代，铁器已经在大部分地区的农业、手工业生产中取代石器、蚌器和铜器而成为主要的生产工具。

春秋晚期由于冶铁技术的发展，铁的质量提高，已经开始用铁做兵器。进入战国，由于战争次数日益增多，战争规模逐渐扩大，对于兵器的需求量也就因之增大。在这种形势下铁兵器得到较迅速的发展。江淹《铜

---

① 中国科学院考古研究所：《辉县发掘报告》，第 82—91 页。

② 王增新：《辽宁抚顺市莲花堡遗址发掘简报》，载《考古》1964 年第 6 期，第 288 页。

③ 河北省文管会：《河北石家庄市市庄村战国遗址的发掘》，载《考古学报》1957 年第 1 期，第 88 页。

剑赞》说："古者以铜为兵。春秋迄于战国，战国迄于秦时，攻争纷乱，兵革互兴，铜既不克给，故以铁足之。铸铜既难，求铁甚易，故铜兵转少，铁兵转多。"大概到了战国晚期，铁兵器已经代替铜兵器成为主要的作战武器。

　　从文献记载来看，战国时的著作，或稍晚一些的著作中谈到战国时兵器的，以铁兵器居多。如《荀子·议兵》篇有"铁钸"，《战国策·韩策一》有"铁幕"，《吕氏春秋·贵卒》篇有"铁甲"、"铁杖"，《墨子·备穴》篇有"铁钩钜"，《杂守》篇有"铁钘"，《韩非子，南面》篇有"铁殳"，《八说》篇有"铁铦"，《内储说上》篇有"铁室"，《史记·范雎传》有"铁剑"，《魏公子传》有"铁椎"等。前面说过，吴、楚两国在春秋晚期都以铸造铁兵器而著称。进入战国，楚国又并吞吴国，将两国制造铁兵器的技术力量合而为一，因此楚国的铁兵器在战国是很有名的。《史记·范雎传》记秦昭王的话说："吾闻楚之铁剑利。"宛（今河南南阳）是楚、韩交界的地区，战国时这里的冶铁业相当发达。此地曾一度属韩，后为楚国占有。《荀子·议兵》篇说："楚人……宛钜、铁钸，惨如蜂虿。"可见楚国士兵作战使用的很多是宛地制造的铁兵器。韩国也有不少地区以制造铁兵器而著称。《战国策·韩策一》记苏秦的话说："韩卒之剑戟，皆出于冥山、棠溪、墨阳、合伯、邓师、宛冯、龙渊、太阿。"棠溪、龙渊都在今河南省西平县，所谓宛冯就是指宛，所谓邓师就是指邓，在今河南孟县东南①。墨阳大概也在今河南原郑国的地方。是著名的制造宝剑的地方。《淮南子·修务》篇以"墨阳、莫邪"并称，《盐铁论·论勇》篇说："楚，郑之棠溪、墨阳，非不利也。"可见韩国的铁兵器也是很有名的，故有"强楚劲韩"的称号②。

　　从地下发掘来看，战国晚期铜兵器的出土数量仍然很大，特别是北方六国。因此有人认为"北方六国直到战国晚期仍使用青铜兵器，用铁制造兵器可能还存在着技术上的困难"③。我们认为对这种情况要具体分析。大凡出土铜兵器较多的都是贵族墓葬，战国晚期时的青铜兵器多为贵族侍卫使用，带有仪仗性质。贵族死后，多以其侍卫所用青铜兵器附葬，这一点

---

①　见杨宽：《战国史》，上海人民出版社 1957 年版，第 15 页。

②　《盐铁论·论勇》篇。

③　中国科学院考古研究所：《新中国的考古收获》，文物出版社 1961 年版，第 64 页。

可从李学勤所著《战国题铭概述》一文中看到一些信息①。至于士兵作战实际使用的还是以铁兵器为主。我们从对一些出土铁兵器墓葬的具体分析中，大致可以得出这一结论。如1956年报道的总共出土33件铁兵器的湖南长沙、衡阳两地的一些墓葬，形制都不大，同墓出土的器物以陶器为主，很少铜器。原"报告"认为"这种墓葬，是属当时一般庶民阶级的"。这意见似乎笼统一些，从原报告所列举出土铁兵器的几个墓葬来看，似属武士墓。如出土铁矛的长沙黑槽门第2号墓，同墓出土的器物仅有陶鼎、陶敦、陶壶。铁矛放在死者头部的龛坑内，显系死者生前所使用的武器。再如出土铁戟一件的长沙月亮山第19号墓，同墓出土的器物有铁剑、铁匕首、陶鼎、陶壶、陶敦等。出土另一件铁戟的衡阳六区公行山第2号墓，同墓出土的器物有陶鼎、陶敦、陶豆、铜镜等②。这些情况都说明死者的身份不是大贵族，而是武士一类的人物，附葬兵器系生前随身携带之物，即生前作战所使用的武器。1965年10月，在河北省易县武阳台发现一座战国武士丛葬坑，坑中埋葬的死者，可能与一次战争或屠杀有关。在坑内出土的兵器计有剑、矛、戈、戟、镦、刀、匕首、弩机、距末、箭镞等10种95件。其中铁兵器有剑、矛、戟、镦、刀、匕首等6种62件；弩机、镞等2种20件为铁铜合制，铜兵器有剑、戈、镦和距末等4种13件，铁、铜两类兵器中，镦和距末实际上只是兵器的附件，如附件不计为一种兵器，则铁兵器有5种51件，铜兵器仅有剑和戈各1件，数量很少③。这些武器分散置于这些死者的身旁，可以断定是死者生前所使用的。这大体反映了在实际战争中所使用铜、铁兵器的比例。前面所引苏秦的话说："韩卒之剑戟皆出于冥山、棠溪、墨阳、合伯、邓师、宛冯、龙渊、太阿。"这些地区都是以出铁兵器而著称的。韩卒，即韩国的士兵，他们作战使用的剑戟当为铁兵器，这与长沙、衡阳武士墓和河北易县武阳台武士丛葬坑发掘出来的情况正相符合。

随着冶铁生产的发展、铁器使用的日增，原来由青铜制造的生产工具和兵器，也逐步改为由铁来制造。甚之，有些已经铸造好的青铜工具和兵器，也改铸为其他器物。《左传》鲁襄公十九年载："季武子以所得于齐之

①　载《文物》1959年，第7—9页。

②　湖南省文物工作队：《长沙、衡阳出土战国时代的铁器》，载《考古通讯》1956年第1期。

③　河北省文管处：《河北易县燕下都44号墓发掘报告》，载《考古》1975年第4期，第230页。

兵，作林钟，而铭鲁功焉。"铜器里还有一个《居簋》，铭文载："居趄戡曰：君舍（予）余三镛（铁），城负（赔）余一斧，才锡，负（赔）余一斧，寮负（赔）余一斧，赶舍（予）余一斧，余铸此賸几。"[①] 唐兰先生认为："镛"就是"铁"，是农家铡草用的铡刀。铭文是说：居用3把铡刀、4把斧，改铸了这个簋[②]。这种将青铜工具和兵器改铸为其他器物的情况，大概春秋末就已发生，到战国末则更盛。1933年出土于安徽寿县东乡朱家集李三孤堆的楚王熊忑所铸的铜器中，有两件就是由青铜兵器改铸的。一件是鼎，铭文为："楚王熊忑战隻（获）兵铜，正月吉日，作铸乔鼎，以共蔵常（蒸尝）。"还有一个是盘，铭文只将"乔鼎"二字改作"少（抄）盘"，其余与鼎的铭文全同。据郭沫若院长考证，熊忑即楚幽王熊悍，"战隻（获）兵铜"是指公元前235年"秦魏伐楚"一役，在这次战争中楚国获胜，把缴获的铜兵器不再作为兵器使用或改铸成其他类型的兵器，而是将它改铸成为鼎、盘之类的彝器[③]。到了秦始皇二十六年统一六国之后，则便"收天下兵，聚之咸阳，销以为钟鐻金人十二，重各千石，置廷宫中"[④]。就基本上结束了铜兵器的历史时代。

（三）冶铁技术的重大发展

战国时代，由于铁器的普遍使用而使社会经济迅速发展，社会经济的发展又要求有大量的和高质量的铁器来满足日益发展的生产和其他方面的需要，因而就刺激了冶铁技术较快地发展。这一时期冶铁技术发展的主要方面有铁铸范的使用，铸件柔化退火和展性铸铁工艺的推广，钢制品及其热处理淬火工艺的广泛应用等。

春秋中、晚期虽已有了冶铸生铁的生产，但那时铸造铁器，使用的全是陶范，这种范只能用一次，生产效率受到一定限制。到了战国便出现了用铁范铸造铁器。1953年在兴隆县寿王坟燕国遗址出土的战国晚期铁范，对了解当时铸造技术的进步提供了可靠而重要的物证。这批铁范共42副

---

① 铭文于《筠清馆金文》卷五，第15页和《攗古录金文》卷二之三，第85页均有著录；唯释读各异，本文取唐兰先生的释读。

② 唐兰：《中国古代社会使用青铜农器问题的初步研究》，载《故宫博物院院刊》总2期，1960年。

③ 郭沫若：《青铜时代》，人民出版社1954年版，第299页。

④ 《史记·秦始皇本纪》。

87 件，折合重量 190 余斤。计有：

Ⅰ、锄范一副共 3 件。是双合的，上小下大，边缘有 3 个凸凹接合的子母口。一扇是器范，一扇为平板，有作四角椎状穿通范心用的内范，背后有带弓形的把手。

Ⅱ、双镰范两副，是每副一件的单扇铸范，每范一次可同铸两镰。

Ⅲ、镬范。每副两件，分内范和外范，无平板。计出土 25 副，其中 3 副缺外范，一共是 47 件。范身上宽下窄。外范作挖心楔形，背有与锄范相同的带弓状把手。内范作楔形，与外范合为一套。

Ⅳ、斧范。每副 3 件，计出土 11 副，其中 3 副缺内范，一共是 30 件。它与镬范不同的是两扇有子母口相接的双合范，其他大体相同，但外范的内面构造复杂。上部一面有注口，两扇下部都挖出，裤外周有双凸棱的斧形。子母口在外范上边和内范正中。

Ⅴ、双凿范。一副，计两件。有外范和内范，一次可铸双凿。范身上宽下窄，外范作双凿形的挖心，中有隔梁。内范作双叉形，体短。

Ⅵ、车具范。每副几件不详，计出土两件，都是单扇的外范，从注口观察它们不是一副。根据试制模型，它很可能是车的轴头范。[①]

1959 年冬，于河北磁县栢阳城遗址也发现几件战国的铁范。1976 年又在江西新建县大塘赤岸山战国遗址也出土有铁质斧范。

从这些铁范的情况可以看出，战国时已有较高水平的铸铁模范设计和铸造工艺。不仅有单合范，而且还有比较复杂的复合范和双型腔。范的外形的设计，保证了铸造时各部分的温度均匀。同时还采用了防止铸件变形的加强结构和现在也不是太容易处理的金属型芯。铁范的应用，是铸造工艺上的一项重要发展。这种范能连续使用，铸成的器物比较精细，不必再做太多的加工，可以大大提高生产效率和降低成本。在欧洲，一些国家约在 16 世纪才开始用金属型芯制造生铁炮弹，比我国晚约 1900 年。

铸件生铁工具，虽有很多优点，但性质过脆，易于断裂。为了克服这个缺点，于是便有铸件柔化退火和展性铸铁工艺的出现。地下发掘实物证明，我国早在春秋战国之交时已经掌握了这种工艺。洛阳博物馆于洛阳市水泥制品厂古遗址中挖掘出土的铁锛，经鉴定和检验是公元前 5 世纪的白口铁铸件。铁锛表面存在一毫米左右的珠光体层，使易脆裂的白口铁件具

---

① 郑绍宗：《热河兴隆发现的战国生产工具铸范》，载《考古通讯》1956 年第 1 期。

有一些韧性，从而改善了工具的性能。这种组织是展性铸铁的前身或初级阶段，它是通过较低温度（即稍高于727℃）短时间的退火得到的。与这件铁锛同时出土的也属于春秋战国之交的一把铁铲，金相检验证明是白口铁经柔化处理得到的展性铸铁。基体为纯铁素体脱炭层，有发展得比较完善的团絮状退火石墨，这是使用较高的温度（900℃左右）和较长的退火时间（3至5天）而形成的。这件铁铲是迄今发现最早的展性铸铁。至于战国中、晚期的铁器遗物中，经金相检验发现为展性铸铁的则更多。如1951年于河南辉县固围村出土的战国中期铁带勾，1957年于湖南长沙出土的战国铁铲，1965年于河北易县燕下都44号墓出土的战国晚期铁镬、六角锄和镈[1]。可知将白口铸铁件通过柔化退火形成展性铸铁的工艺在战国中晚期已被广泛地应用于各种用具。在欧洲，最早的展性铸铁是在1720年出现的，比我国要迟两千年以上。

通过对战国很多生铁铸件所做的金相学检验，发现这时已能根据不同工具的使用要求，进行不同的柔化处理工艺。如河北易县燕下都战国后期44号墓出土的铁锄，是由白口铁铸件经控制脱碳热处理制成的。銎部中间为莱氏体，稍外有少量团絮状石墨，最外部为柱状晶铁素体。后者是在约730—900℃间脱碳退火时，铁素体从最先脱碳的外部向内逐渐生长得到的组织。这种结构有很硬耐磨的心部，外边由柔韧的铁素体层保护，具有良好的耐用性能。在使用中，表面层磨耗露出中间层作为刃口，解决了某些农具要求有坚硬锋利耐磨的刃口而又具有韧性的矛盾[2]。另外，从湖南长沙窑岭15号墓出土有放射状石墨的麻口铁铸鼎，说明早在春秋战国之际，通过提高冶炼温度和降低冷却速度而形成白口铁中就夹有凝固时生成的片状石墨的麻口铁了。

前面谈过，文献记载春秋末吴、楚两国所制的宝剑可能是钢制品，1976年又在湖南长沙杨家山65号墓出土了一柄春秋晚期的钢剑，系球状珠光体，近似于经过热处理的调质钢。这说明在公元前5世纪前期我国劳动人民已掌握了炼钢技术和初步的热处理技术。不过，从记载铸制宝剑的情况和到目前为止仅出土一柄春秋末期钢剑来看，那时炼钢技术和热处理

---

　　① 李众：《中国封建社会前期钢铁冶炼技术的探讨》，载《考古学报》1975年第2期。孙廷烈：《辉县出土的几件铁器底金相学考察》，载《考古学报》1956年第2期。
　　② 北京钢铁学院压力加工专业：《易县燕下都44号墓葬铁器金相考察报告》，载《考古》1975年第4期。

技术的应用尚不普遍。到了战国时代，随着铁工具和武器的普遍使用，炼钢技术和热处理技术也得到较大的发展和应用。因此，在考古发掘中战国时代的钢制品实物是屡见不鲜的。如江西新干县袁家村战国粮仓遗址出土的两把铁斧，据上海冶金研究所测定，刃部有钢。西安半坡村第98号秦墓出土的一件铁凿，经过检验，推测其工艺过程是用含碳量较高的钢，经过多次加热锻打，逐步由表层至内部改变含碳量而制成的①。再如从河北易县燕下都44号墓出土的5种51件铁兵器中，选送了6件交给北京钢铁学院作金相考察，发现其中就有5件是钢制品。钢剑 M44:12（器物的编号，下同）和残剑 M44:100，初步确定是将块炼铁的海绵铁锻成薄片，增碳后，将断面上含碳不匀的薄片加热叠在一起锻打，或先对折后再叠在一起锻打成形，经过淬火，得到坚硬锐利的淬火高碳钢刃部和具有韧性的高碳层（珠光体为主）和低碳层（铁素体为主）层叠组织。钢戟 M44:9 是将增碳的钢片叠在一起锻打，或将铁片叠好增碳锻打成形，整体淬火得到的。钢矛 M44:115 和镞铤 M44:87，也都是用块炼铁分别渗碳为 0.25% 及 0.2% 低碳钢锻制而成，它们是由铁素体和珠光体组成，是将奥氏体在空气中冷却时产生的正火组织②。于此可见，战国后期主要兵器已普遍使用钢制品，这是与铁兵器成为主要的作战武器分不开的。

＊　　　　＊　　　　＊　　　　＊

通过以上论述，可以得出结论：我国是世界上最早发现和使用铁的国家之一。约在公元前21世纪到前10世纪的夏代、商代和西周前期，就已使用陨铁。约在公元前9世纪前后的西周晚期，发明了冶铁术和开始使用块炼铁。由于我国已有高度发展的青铜冶铸业，技术上有所借鉴，同时又有庞大的官营手工业，便于集中使用物力、人力和技术力量，能够建造高大的炼炉，组织大量的人力"鼓橐装炭"，因此在发明冶铁术后，只经过200年左右的"块炼铁"阶段，便在公元前7世纪的春秋中叶，就能够生产冶铸生铁。而欧洲最早的生铁出现在13世纪末至14世纪初，比我国晚两千年还多。

---

① 华觉明等：《战国两汉铁器的金相学考察初步报告》，载《考古学报》1960年第1期。
② 北京钢铁学院压力加工专业：《易县燕下都44号墓葬铁器金相考察报告》，载《考古》1975年第4期；李众：《中国封建社会前期钢铁冶炼技术的探讨》，载《考古学报》1975年第2期。

　　由于冶铸生铁生产的发展，铁的生产量增加，春秋中期开始，铁器较多地使用于农业和手工业生产，春秋晚期（即前6世纪末到前5世纪前期）又进一步用铁和中碳钢制造兵器，并初步掌握了热处理工艺。进入战国时期（前475—前211），齐、楚、燕、韩、赵、魏、秦七国统治的广大地区内，都有铁矿的开发、铁器的生产和普遍使用。在工、农业生产中，大部分地区铁工具已代替木、石工具和青铜工具而成为主要的工具。战国晚期，铁兵器也代替青铜兵器而成为主要的作战武器。在中原地区铁器普遍使用的影响下，战国时有些边远的少数民族地区也开始使用铁器。

　　战国时期铁器的普遍使用和需求增大，又进一步促进了冶铁技术的发展。这时开始使用铁铸范，使生铁铸造器物的生产率和质量都大大提高，白口铸铁件的柔化退火处理和形成展性铸铁的工艺在春秋战国之交发明，至战国中、晚期已被广泛地应用于工、农业生产工具的制作，并能根据不同工具的使用要求进行不同的柔化处理工艺，春秋战国之际，通过提高冶炼温度和降低冷却速度以形成白口铁中夹有凝固时就已生成的片状石墨的麻口铁，也已经出现，块炼铁渗碳钢及其初步的热处理工艺在春秋末期已经产生。到战国中、晚期，兵器和工具已广泛用块炼铁渗碳所得到含碳量程度不同的钢件来锻制，并能够经过淬火而得到坚硬锐利的高碳钢刃部。以上事实说明：在古代，我国的钢铁冶炼技术在一些主要方面，一直居于遥遥领先的地位。勤劳、勇敢、智慧的中国人民以自己伟大的生产实践和卓越的创造力为世界冶金业的发展作出了巨大的贡献。

　　铁工具代替青铜工具，使生产力发生巨大变化。战国时人们发现的铁矿多于铜矿。《管子·地数》篇说："出铁之山三千六百有九"，"出铜之山四百六十七。"具体数字不一定准确，但当时已知的铁矿大大多于铜矿则可以肯定的。丰富并易于开采的铁矿藏和使产量大增的生铁冶炼技术，为铁工具的普遍使用提供了可能，因而铁工具使用的普遍程度远远超过被它代替的青铜工具，能够做到排挤掉石器。还因为铁料较多，制作出的每类工具特别是农具的个体变大，提高了每件工具的工作效率。这样，青铜工具量少器小的缺点得到克服，使生产力出现新的飞跃。原来的以青铜生产工具为代表的生产力状况下相适应的东方奴隶制类型的中国社会，也随之产生变化，而逐步走向崩溃。

表六 　　　　　　　　　　已出土春秋铁器一览表 *

发掘时间及地点	冶铁遗址概况或出土铁器种类数量	资料来源	备注
1977 年于甘肃灵台梁家源公社景家坪春秋墓	出土铜柄铁剑 1 件	甘肃省博物馆：《甘肃省文物考古工作三十年》，载《文物考古工作三十年》第 145 页，文物出版社 1979 年版；《考古》1981 年第 4 期第 229 页	原报告说：此剑"对于研究春秋时代铁器的使用具有一定的意义"。并定为春秋早期墓
1979 年于甘肃永昌县三角城	出凹形残铁锸 1 件	甘肃省博物馆文物工作队：《甘肃永昌三角城沙井文化遗址调查》，载《考古》1984 年第 7 期第 598 页	属沙井文化，相当于春秋早期
1977 年以来于陕西凤翔秦都雍城秦国贵族墓葬	出土铁铸等	陕西省文管会：《建国以来陕西省文物考古的收获》，载《文物考古工作三十年》第 130 页；陈铁梅等：《碳 14 年代测定报告》（三），载《文物》1979 年第 12 期第 79 页	北大 C_{14} 测定该处 1 号墓出土木炭标本为距今 2820 ± 105 年，该墓属春秋前期
1981 年于陕西凤翔县纸坊公社马家庄大队 1 号建筑群遗址	铁锸 1 件出于填土之中	陕西省雍城考古队：《凤翔马家庄一号建筑群遗址发掘简报》，载《文物》1985 年第 2 期第 26 页	原报告认为遗址"属春秋中期"
1983 年于陕西清涧县李家崖墓葬	出土铁釜 1 件	陕西省考古研究所陕西考古队：《陕西清涧李家崖东周、秦墓发掘简报》，载《考古与文物》1987 年第 3 期第 14 页	原报告定春秋中晚期

续表

发掘时间及地点	冶铁遗址概况或出土铁器种类数量	资料来源	备注
1956 年于山西侯马市北西庄东周遗址	出土铁残犁铧 1 件	山西省文管会侯马工作站:《侯马北西庄东周遗址的清理》,载《文物》1959 年第 6 期第 43 页	原报告认为:"一件残铁犁铧的出现,说明早在春秋时期铁已被应用于生产工具方面"
1959 年于山西芮城龙泉村春秋中晚期 1 号灰坑	内埋置入骨 7 具,从上往下数第 4 层骨架上发现一枚带圆形长铁柄的三棱形铜镞,此箭是从背的脊椎骨第四节射入的	山西省文管会等:《山西芮城永乐宫新址墓葬清理简报》,载《考古》1960 年第 8 期第 21 页	原报告认为,"它(灰坑)的年代也应当是春秋中晚期的"
1973 年于山西长子县城西半圈沟、牛家坡 7 号墓	出铁铤铜镞 7 件,并出铜刀铁鞘	山西省考古研究所:《山西长子县东周墓》,载《考古学报》1984 年第 4 期第 512、514 页	7 号墓属春秋晚期墓
1956 年于山东青岛市崂山郊区东古镇村东周遗址	出铁带钩 1 件,铁铤铜镞 5 件	山东省文管处:《青岛市崂山郊区东古镇村东周遗址》,载《考古》1959 年第 3 期第 146 页	原报告定为东周遗址,从出土大量石器、陶器看,应为东周前期或更早
1971—1972 年于山东淄博市郎家庄 1 号东周殉人墓	出铁削 2 件	山东省博物馆:《临淄郎家庄 1 号东周殉人墓》,载《考古学报》1977 年第 1 期第 77 页	原报告认为:"此墓当属于春秋末期或迟到战国初期"
1964—1965 年于河北易县燕下都古墓	出铁刮刀 1 件	河北省文物工作队:《1964—1965 年燕下都墓葬发掘报告》,载《考古》1965 年第 11 期第 550 页	原报告认为该墓属于春秋晚期至战国早期

续表

发掘时间及地点	冶铁遗址概况或出土铁器种类数量	资料来源	备注
1973 年于内蒙古伊克昭盟杭锦旗桃红巴拉匈奴墓	出铁刀 2 件，另出两件圆形锈铁块	田广金：《桃红巴拉的匈奴墓》，载《考古学报》1976 年第 1 期第 134—138 页，田广金等：《西沟畔匈奴墓反映的诸问题》，载《文物》1980 年第 7 期第 14—15 页	原报告中田广金定为战国墓，后据 C_{14} 测定该墓木炭标本为公元前 665 ± 105 年，改定为春秋墓
1957 年于河南陕县后川 2024 号古墓	出铁剑 1 柄	黄河水库考古队：《1957 年河南陕县发掘简报》，载《考古通讯》1958 年第 11 期第 74 页	原报告定此墓为春秋晚期，后在《新中国考古收获》一书中，将此剑作为"春秋晚期到战国早期"的铁器来论述
1976 年于河南新郑县唐户村 7 号墓	出残铁器 2 件，发现于墓底	开封地区文管会等：《河南省新郑县唐户两周墓葬发掘简报》，载《文物资料丛刊》第 2 期第 52 页	原报告认为："是目前在中原地区发现的第一件年代可靠的春秋晚期铁器"
1979 年于河南淅川县下寺春秋墓	出玉茎铁匕首 1 件	河南省丹江库区文物发掘队：《河南省淅川县下寺春秋楚墓》，载《文物》1980 年第 10 期第 18 页	原报告定为春秋中期墓
1981 年于河南扶沟县西南隅古城下墙基的春秋文化层内	出土残铁镬 1 件	周口地区文化局：《扶沟古城初步勘查》，载《中原文物》1983 年第 2 期第 69 页	属春秋器物

续表

发掘时间及地点	冶铁遗址概况或出土铁器种类数量	资料来源	备注
1964 年于江苏六合程桥镇 1 号墓	出土铁块 1 件，经鉴定为白口生铁	江苏省文管会等：《江苏六合程桥东周墓》，载《考古》1965 年第 3 期第 113 页	原报告认为 1 号墓的时代"大体相当于春秋末期"
1972 年于江苏六合程桥镇 2 号墓	出铁条 1 件，经鉴定为块炼铁锻制而成	南京博物院：《江苏六合程桥 2 号东周墓》，载《考古》1974 年第 2 期第 119 页	原报告将 2 号墓"定为春秋末期"
1952 年于湖南长沙东郊龙洞坡 52·826 号墓	出铁匕首 1 件	黄展岳：《关于中国开始冶铁和使用铁器的问题》，载《文物》1976 年第 8 期第 67 页	在《长沙发掘报告》中原定为战国墓。黄展岳认为属"春秋末的铁器"。暂从黄说
1951—1952 年于湖南长沙识字岭 314 号墓	出铁锛（黄文作锸）1 件	中国科学院考古研究所，《长沙发掘报告》第 37、66 页，书末登记表一。同上黄展岳文	原报告定该墓为战国墓，黄展岳改定为春秋末期墓。暂从黄说
1952—1956 年上半年于湖南长沙一期楚墓	出铁铲（黄文作锸）1 件，铁削数件	湖南省博物馆：《长沙楚墓》，载《考古学报》1959 年第 1 期第 53 页。同上黄展岳文	原报告将一期楚墓定为"战国初期或春秋末期"。黄展岳确定为春秋末期。暂从黄说
1955 年于长沙丝矛冲 6 区 1 号墓	出铁口锄 1 件，出于墓的足端底部，伴出的有陶鬲形器。陶豆	高至喜：《评长沙发掘报告》，载《考古》1962 年第 1 期第 47、48 页	高至喜说："与鬲形器共存的铁口锄"时代大部属于春秋，最晚可到战国初
1958 年于湖南常德德山 12 号墓	铁削 1 件	湖南省博物馆：《湖南常德德山楚墓发掘报告》，载《考古》1963 年第 9 期461 页	原报告说：该墓"应属于春秋或稍早，迟到战国初期"

续表

发掘时间及地点	冶铁遗址概况或出土铁器种类数量	资料来源	备注
1976 年 4 月于湖南长沙杨家山 65 号墓	出铁鼎、铁削、钢剑各 1 件。经鉴定钢剑为含碳量 0.5% 左右的中碳钢所制。金相组织比较均匀，可能进行过热处理。铁鼎为铸造生铁	长沙铁路车站建设工程文物发掘队：《长沙新发现春秋晚期的钢剑和铁器》，载《文物》1978 年第 10 期第 44—47 页	原报导"断定它是春秋晚期的墓葬"
1980 年初于湖南麻阳县九曲湾古铜矿井中	出土木槌、铁凿、铁锤等工具	高至喜等：《楚人在湖南的活动遗迹概述》，载《文物》1980 年第 10 期第 51 页	与铁器伴出的木槌据 C_{14} 测定，年代为公元前 780 ±90 年。暂定春秋早期
1973 年于湖北大冶铜绿山春秋铜矿老窿	出铁工具有：锄 1、斧 1、锤 2、耙 1	湖北省博物馆：《湖北古矿冶遗址调查》，载《考古》1974 年第 4 期第 253 页；铜绿山考古发掘队：《湖北铜绿山春秋战国古矿井遗址发掘简报》，载《文物》1975 年第 2 期第 3 页	前文认为：这些工具"都是春秋至战国前期型的"。后文认为：此矿井"是春秋时代开掘的"
1972 年于云南江川李家山 21 号古墓	出铜柄铁剑 1 件	云南省博物馆：《云南江川李家山古墓群发掘报告》，载《考古学报》1975 年第 2 期第 140 页。王大道：《云南滇池区域青铜时代的金属农业生产工具》注（1），载《考古》1977 年第 2 期第 96 页	原报告定该墓为"战国末至西汉初"。王大道据 C_{14} 测定该墓木炭标本为公元前 550 ±105 年，定为春秋晚期墓

　*包括可能属于春秋的铁器，时代跨到战国的，于备注栏内注出。所录发表的考古资料到 1987 年 6 月为止。

表七　　　　　　　　《山海经》记载出铁之山 36 处一览表

《山海经》出铁之山		考证地点
西山经八处	符禺之山其阴多铁	陕西省渭南县东北
	英山其阴多铁	陕西省渭南县东北
	竹山其阴多铁	陕西省渭南县东南
	泰（秦）冒之山其阴多铁	陕西省延安县
	龙首之山其阴多铁	陕西省西安市北
	西皇之山其阴多铁	
	鸟山其阴多铁	
	盂（孟）山其阴多铁	
北山经六处	虢（号）山其阴多铁	
	潘侯之山其阴多铁	
	白马之山其阴多铁	山西省阳泉市西北
	维龙之山其阴多铁	在白马之山南 180 里
	柘山其阴有铁	在维龙之山南 300 里
	乾山其阴有铁	
中山经二十二处	溇山其阴多铁	山西省吕梁县南
	密山其阴多铁	河南省新安县
	橐山其阴多铁	河南省陕县西
	夸父之山其阴多铁	河南省灵宝县东南
	少室之山其下多铁	河南省登封县北
	役山多铁	河南省郑州市西
	大騩之山其阴多铁	河南省密县
	荆山其阴多铁	湖北省南漳县西
	铜山其上多金、银、铁	
	玉山其下多碧、铁	
	岐山其下多铁	陕西省凤翔县东南
	骊山其阴多铁	
	虎尾之山其阴多铁	
	又原之山其阴多铁	
	帝困之山其阴多铁	约在河南省泌阳县、南阳县之间
	兔床之山其阳多铁	约在河南省嵩县、南阳县之间
	鲜山其阴多铁	
	求山其阴多铁	
	丙山多黄金、铜、铁	
	风（凤）伯之山多铁	
	洞庭之山其下多银、铁	洞庭湖旁
	暴（景）山其下多文石、铁	在洞庭之山东南 180 里

〔注〕据郝懿行：《山海经笺疏》，并参考杨宽《中国土法冶铁炼钢技术发展简史》第 50 页编制。

表八　　　　　　　　　　已出土战国铁器一览表 *

省别	发掘时期及地点	冶铁遗址状况或出土铁器种类、数量	资料来源	备注
辽宁	1927 年于金县高丽寨	出土铁器有：斧形器 10 多件，锹形器 1、镰形器 3、枪形器 2、凿形器 1、钉状器 1、有孔铁板 4 件以上	滨田耕作：《貔子窝》，第 60、61 页。佟柱臣：《东北原始文化的分布与分期》，载《考古》1961 年第 10 期第 559 页	佟柱臣认为：这些铁器为战国遗物
	1928 年于旅大市牧羊城	出铁斧残片十数个，铁制刀子 2 件和铁镞等	原田淑人等：《牧羊城》，第 21—22 页。佟柱臣：《考古学上汉代及汉代以前的东北疆域》，载《考古学报》1956 年第 1 期第 35 页	佟柱臣认为：这些铁器出土时与明刀并存，多属汉代以前遗物
	1941 年于复县大岭屯	出铁斧铁矛等，铁器与明刀钱同出	三宅俊成：《大岭屯城址》，第 1—19 页。同上佟柱臣文	佟柱臣认为：牧羊城大岭屯均有半瓦当或明刀钱出土，"时间可以早到战国"
	1952 年于锦州市大泥洼	出铁锛 1 件，铁镰两件	刘谦：《锦州市大泥洼遗址调查记》，载《考古通讯》1955 年第 4 期第 34 页	
	1954 年前于鞍山羊草庄	出铁镰、铁锸、铁锄、铁镢、铁铲等	李文信：《东北考古报告》，1954 年在第三届考古训练班上的讲稿。转引自同上佟柱臣文	
	1963 年于赤峰市蜘蛛山战国初遗址	出土铁器有：斧 9、凿 1、轴瓦 1、三棱形铁铤铜镞 4，铁镞 1074 枚	中国科学院考古研究所内蒙古工作队：《亦峰蜘蛛山遗址发掘》，载《考古学报》1979 年第 2 期第 238—239 页	

续表

省别	发掘时期及地点	冶铁遗址状况或出土铁器种类、数量	资料来源	备注
辽宁	1957 年于抚顺市莲花堡	出土铁器有：斧 1、镰 2、掐刀 3、刀 1、凿 2、钻 1、锥形器 3、鱼钩 1、锄 2、镐 1、镢 60 多件	王增新：《辽宁抚顺市莲花堡遗址发掘简报》，载《考古》1964 年第 6 期第 288 页	该遗址年代定为"战国晚期到西汉初期"
	1958—1960 年于旅顺口区牧城驿 2 号 3 号战国墓	第 2 号墓出铁器残片 1 件，第 3 号墓出铁镰 1 件	旅顺博物馆：《旅顺口区后牧城驿战国墓清理》，载《考古》1960 年第 8 期第 14、18 页	
	1958 年于锦西县乌金塘	出铁镢 1 件	锦州市博物馆：《辽宁锦西县乌金塘东周墓调查记》，载《考古》1960 年第 5 期第 9 页	铁镢系民工挖掘出土，伴出的有铜剑
	1940 年前、1970 年、1974 年、1975 年于敖汉旗老虎山	1940 年前出土铁权 2 件。1970 年出土上百件铁铲等生产工具。1974 年出土的铁器有：权 1、镰 5、锄 9、凿 1、铲 6、镢 14、掐刀 1、箭杆 600 余枚。1975 年出土铁镢 3 件	敖汉旗文化馆：《敖汉旗老虎山遗址出土秦代铁权和战国铁器》，载《考古》1976 年第 5 期第 335 页	
	1952 年于锦州市营盘遗址	出铁锛 2 件	阎宝海：《辽西省五年来发现很多古墓葬与历史文物》，载《文物参考资料》1954 年第 2 期第 92 页	
	1944 年于赤峰附近之冷水塘城、上水泉、土城址、五里岔西望楼址、蜘蛛山遗址、山湾小土城址、老爷庙等汉前遗址	出土汉代以前的遗物：冷水塘有铁斧等；上水泉有袋状铁斧残片 3 块；土城址有袋状铁斧残片 30 余块，其他不明器形片多件，铁柄铜镞 1 件；五里岔西望楼址有铁器片 10 件；蜘蛛山遗址有铁屑铁斧；山湾小土城址有铁柄铜镞 4 件，袋状铁斧残片多件；老爷庙有袋状铁斧残片	佟柱臣：《赤峰附近新发现之汉前土城与古长城》，载《历史与考古》第 35—39 页，沈阳博物馆 1946 年版；《考古学上汉代及汉代以前的东北疆域》，载《考古学报》1956 年第 1 期第 36—37 页	

续表

省别	发掘时期及地点	冶铁遗址状况或出土铁器种类、数量	资料来源	备注
辽宁	1954 年前于海城县	出土铁锄铁镰	李文信：《古代的铁农具》，载《文物参考资料》1954 年第 9 期第 82 页；佟柱臣文同上《考古学报》第 40 页	
	1956 年于赤峰红山后	三棱形铁杆铜镞，于地表和连裆鬲一起采集	吕遵谔：《内蒙赤峰红山考古调查报告》，载《考古学报》1958 年第 3 期第 38 页	
	于辽阳、清远县	发现有战国铁器	辽宁省博物馆编：《辽宁省出土文物展览简介》第 15—16 页，1973 年印	
	1974 年于宽甸县双山子甸房后山坡上小山洞里	发现铁镢 2，铁锃（原称双孔铁刀）7 件	许玉林：《辽宁宽甸发现战国时期燕国的明刀钱和铁农具》载《文物资料丛刊》第 3 期第 126 页	
	1974 年于桓仁县四河公社大甸子大队	出铁刀 1 件	曾昭藏等：《桓仁大甸子发现青铜短剑墓》，载《辽宁文物》1981 年第 1 期第 27 页	
	1977、1978 年于建平县水泉村战国燕文化遗存	出土铁镢、掐刀、锥、残片等	辽宁省博物馆等：《建平水泉遗址发掘简报》，载《辽海文物学刊》1986 年第 2 期第 25 页	
	1979 年于凌源县安杖子	出土铁锄 2 件	辽宁省博物馆中国历史陈列室展品（1981 年陈列品）	

续表

省别	发掘时期及地点	冶铁遗址状况或出土铁器种类、数量	资料来源	备注
辽宁	1980 年于建平县喀喇沁河东遗址	出铁镢 2 件，铁斧 1 件	辽宁省博物馆文物工作队等：《辽宁建平县喀喇沁河东遗址试掘简报》，载《考古》1983 年第 11 期第 980 页	
吉林	1954 年以前，于吉林市骚达沟石棺墓山咀子 1 号棺	出铁一小段	佟柱臣：《吉林的新石器时代文化》，载《考古通讯》1955 年第 2 期第 8 页	原报告认为：这类墓的年代，"可以说是自春秋以迄汉初之际了"
	1974 年，大安县月亮泡公社汉书大队北岗尖	出铁銎形斧和刀。出表面附有铁锈的炼渣	吉林大学历史系考古专业等：《大安汉书遗址发掘的主要收获》，载《东北考古与历史》第 138 页	该文认为遗址的年代"约当战国至汉"
	1977 年于奈曼旗沙巴营子战国晚期地层中	出土有斧、锛、镢、锄数十件铁制工具，其中以铁镢最多。还出土成束的铁铤铜镞	华泉：《评奥克拉德尼可夫关于螺旋纹、犁耕和铁的谬论》，载《文物》1977 年第 8 期第 39 页	该文引自吉林大学考古专业和吉林省博物馆发掘资料
	1978 年，吉安县五道岭沟门南山坡积石墓	出铁箭头 2 件	集安县文物保管所：《集安发现青铜短剑墓》，载《考古》1981 年第 5 期第 470 页	战国晚期
	1979 年，桦甸县横道河子公社西荒山屯东山顶古墓	出铁器 12 件。其中锛 5、铲 3、刀 4	吉林省文物工作队等：《吉林省桦甸西荒山屯青铜短剑墓》，载《东北考古与历史》，1982 年第 1 期第 143—147 页	战国晚期到汉初
	1983 年，东丰县大架山遗址、税局后山	大架山出铁镢 6 件，税局后山出铁镢 1 件	洪峰：《吉林东丰县南部古遗迹调查》，载《考古》1987 年第 6 期第 522 页	战国晚期

续表

省别	发掘时期及地点	冶铁遗址状况或出土铁器种类、数量	资料来源	备注
黑龙江	1977 年，东宁县团结遗址第一期	出铁镰铁锥等	杨虎等：《黑龙江古代文化初论》，载《中国考古学会第一次年会论文集》第 91 页	该文将遗址第一期定为"春秋战国"
	宾县老山头小堡寨	出小铁刀，有銎铁斧等	同上文，第 85 页	该文将遗址定为"战国，下限可能到汉代"
内蒙古	1954 年于郡王旗第六区枣儿核沟古遗址（该旗于 1958 年与扎萨克旗合并后称伊金霍洛旗）	出土铁杆，与陶鬲并出	《郡王旗第六区发现陶片和陶鬲》，载《文物参考资料》1954 年第 8 期第 160 页	原报告说："完整的早期的鬲……它说明了这个地方可能至少在战国时期就已经有了汉文化"
	1975、1976 年于准格尔旗川掌公社勿尔图沟八垧地梁八·M7 一期战国墓	出铁钩一件	崔璇：《秦汉广衍故城及其附近的墓葬》，载《文物》1977 年第 5 期第 32 页	
	1963 年于陈巴尔虎旗完工墓葬群	出土铁器有：锹 2、刀 10、带扣 4、环 5，及一些残铁块	内蒙古文物工作队：《内蒙古陈巴尔虎旗完工古墓群清理简报》，载《考古》1965 年第 6 期第 280 页。《内蒙古文物考古工作三十年》，载《文物考古工作三十年》第 75 页	《内蒙古文物考古工作三十年》一文中说：此墓群的"时代也不会晚于公元前三世纪"

续表

省别	发掘时期及地点	冶铁遗址状况或出土铁器种类、数量	资料来源	备注
内蒙古	1978 年 8 月于准格尔旗玉隆太村匈奴墓	出铁鹤咀镐 1 件、铁马衔 1 件、铁铺首 1 件	内蒙古博物馆等：《内蒙古准格尔旗玉隆太的匈奴墓》，载《考古》1977 年第 2 期第 111—113 页。田广金等：《西沟畔匈奴墓反映的诸问题》，载《文物》1980 年第 7 期第 15 页	原报告定为"战国至汉时的匈奴墓"。田广金等改定为战国晚期墓
	1979 年于准格尔旗布尔陶亥公社西沟畔匈奴墓	出铁剑 1 件、铁匕 1 件、铁锥 1 件、铁马衔 1 件、铁马镳 2 件	伊克昭盟文物工作站等：《西沟畔匈奴墓》，载《文物》1980 年第 7 期第 5—6 页	
	1981—1982 年，凉城县永兴公社毛庆沟村饮牛沟古墓	出铁鹤咀斧 1、铁刀 1、铁短剑 1、铁带钩 1 件	内蒙古文物工作队：《凉城饮牛沟墓葬清理简报》，载《内蒙古文物考古》第 3 期第 28—29 页（1984 年 3 月出版）	
	1930 年于易县北董村老姥台	出土铁锛。又出铁柄铜镞 37 件	傅振伦：《燕下都发掘品的初步整理与研究》，载《考古通讯》1955 年第 4 期第 23 页	
河北	1958 年于易县燕下都城址高陌村，虚粮冢冶铁遗迹	在高陌村西北约 1000 米处，发现灰土文化层，东西长约 700 米，南北宽约 300 米，有大量铁渣和烧土堆积，出土铁锛、铲、锥、犁、镰、镢、斧、凿等。在内城北墙以北的"虚粮冢"以东的地方，也发现炼铁剩的炉渣。该城址还出土大量铁铤铜镞	中国历史博物馆考古组：《燕下都城址调查报告》，载《考古》1962 年第 1 期第 13、15 页	

续表

省别	发掘时期及地点	冶铁遗址状况或出土铁器种类、数量	资料来源	备注
河北	1961—1962 年于易县燕下都故城 5 号、18 号、21 号、23 号遗址	铸铁作坊遗址三处：两处（21 号、23 号）分布于"虚粮冢"以东，一处（5 号）在高陌村西北 650 米处，皆发现有较多的铁块炼铁渣、炉渣、红烧土、草泥土和草灰等；23 号是遗址中面积最大的一处，约 17 万平方米，在南半部采集有两块炼铁锅残壁以及其他铸铁遗物多件。18 号遗址在武阳台西北 750 米处，发现铁块、炼铁渣、炉渣等较多的遗物，同时发现小铁杆，疑为镞的铁铤，此处可能为兵器作坊	河北省文化局文物工作队：《河北易县燕下都故城勘察和试掘》，载《考古学报》1965 年第 1 期第 95—96 页	
	1964 年 3 月于易县燕下都 22 号遗址	出铁器 65 件，计有刀 12、刮刀 2、宽刃凿 1、镞 6、锤 1、锥 17、斧 7、五齿锄 1、镰 2、铲 1、铁条 1、器柄 1、有孔器板 1、镢 1、带钩 2。还有铁杆铜镞 9 件	河北省文化局文物工作队：《燕下都第 22 号遗址发掘报告》，载《考古》1965 年第 11 期第 568—569 页	
	1964 年 5 月于易县燕下都第 16 号墓	出土铁器有：镢 5、铲 3、锤 1、削 1，共 10 件	河北省文化局文物工作队：《河北易县燕下都第 16 号墓发掘》，载《考古学报》1965 年第 2 期第 98—99 页	

续表

省别	发掘时期及地点	冶铁遗址状况或出土铁器种类、数量	资料来源	备注
河北	1965 年于易县燕下都 44 号墓	出土铁器有：胄 1、剑 15、矛 19、戟 12、镈 11、刀 1、匕首 4、锄 1、镢 4、带钩 3、环 7、钩 1，共 79 件。还出铁廓底坐铜弩机 1 件。铁铤铜镞 19 件	河北省文管处：《河北易县燕下都 44 号墓发掘报告》，载《考古》1975 年第 4 期第 230 页	
	1965 年，于易县郎井村燕下都第 13 号遗址	出土铁器有：镰 1、锛 3、锥 1、削 1、铁带钩 1、铁铤铜镞 2 件	河北省文物研究所：《河北易县燕下都第 13 号遗址第一次发掘》，载《考古》1987 年第 5 期第 416—422 页	
	1965—1967 年于易县燕下都故城	出土燕国奴隶主残酷迫害奴隶的铁颈锁和铁脚镣 9 副	河北省文管处陈应琪：《燕下都遗址出土奴隶铁颈锁和脚镣》，载《文物》1975 年第 6 期第 89 页	战国
	1966 年，易县燕下部 21 号遗址	出土铁器 420 件（残镞铤残铁器碎块，铁块不包括内）计有锛 17、铲 1、镰 2、凿 13、锤 2、斜刃刀 1、工具刀 4、矛 5、剑 4、镦 12、镈 51、镞 2、铁甲片 261、残铁器片若干、环形器 3、环形钩销若干、钳销 1、带穿铁器 1、脚镣 1、镰 1、铁料若干、铁板若干、铁铤铜镞 83、并有大量铸范	河北省文管处：《河北易县燕下都第 21 号遗址第一次发掘报告》，载《考古学集刊》第 2 集第 74—79 页	战国中晚期

续表

省别	发掘时期及地点	冶铁遗址状况或出土铁器种类、数量	资料来源	备注
河北	1973 年，于易县燕下都第 23 号遗址南部	出土铁器有锄、镬、锸、铁料等。收集到铁镰、铁削等物	河北省文管处：《燕下都第 23 号遗址出土一批铜戈》，载《文物》1982 年第 8 期第 47 页	
	1977—1978 年于易县燕下都辛庄头村西战国 30 号墓	出金柄铁剑 2 件，铁剑 1 件	河北省燕下都文物保护与考古发掘工作领导小组办公室：《燕下都文物考古简讯》第 5 期，1978 年 4 月 1 日印	
	于承德北面 40 公里之头沟村	出铁斧等	乌山喜一：《满洲东西记》，第 30—33 页。佟柱臣：《考古学上汉代及汉代以前的东北疆域》，载《考古学报》1956 年第 1 期第 36 页	
	于滦平燕国城址内	出铁斧 1 件	同上佟柱臣文第 33 页	
	1953 年于兴隆寿王坟战国冶铸遗址	出土铁质铸范 87 件。其中锄范 3、双镰范 2、镬范 47、斧范 30、双凿范 2、车具范 2。并发现有大量红烧土木炭屑。在冶铸场西约 1.5 公里的古洞沟，现存两个古代矿井，当为铁范原料产地。又在附近曾发现铁斧 1、铁锄 2、形式与斧范、锄范所铸相同	郑绍宗：《热河兴隆发现的战国生产工具铸范》，载《考古通讯》1956 年第 1 期第 32—35 页	

续表

省别	发掘时期及地点	冶铁遗址状况或出土铁器种类、数量	资料来源	备注
河北	1955 年于石家庄市市庄村战国遗址	出土铁器47件，器形完整者有、镢、削等。另外还出有带子母口的连接在一块的方铁条、铁片等	河北省文管会：《河北石家庄市市庄村战国遗址的发掘》，载《考古学报》1957 年第 1 期第 88 页	
	于兴隆县鹰手营子及隆化县	各出土铁斧 1 件，其形制与兴隆寿王坟出土斧范所铸模型同类	殷涤非：《试论东周的铁农具》，载《安徽史学通讯》1959 年第 4、5 期合刊第30 页	
	1956 年于武安县午汲古城	春秋战国时的陶窑中出土铁口锄两件，以及铁削等物。战国末至西汉时的陶窑中出铁镰、铁锛等	河北省文管会：《河北省武安县午汲古城中的窑址》，载《考古》1959 年第 7 期第 338 页	
	1956 年、1957 年于邢台曹演庄战国遗址	出土铁器有；锛、斧、铲、镢、刀、镰等多件	河北省文管会：《邢台曹演庄遗址发掘报告》，载《考古学报》1958 年第 4 期第 45 页	
	1958 年于邢台市西东董村战国墓	出土铁器有镢、带钩、匕 3 种，共 14 件	河北省文化局文物工作队：《1958 年邢台地区古遗址古墓葬发现与清理》，载《文物》1959 年第 9 期第 67 页	
	1956 年于邢台市西南申家庄村北遗址	采集到的铁器有铧、镰、锛各 1 件	唐云明：《邢台市发现一处古遗址》，载《文物参考资料》1957 年第 3 期第 79 页	原报道认为："这个遗址可能是战国到汉代的"
	1956 年于邢台市火车站西侧邢台专区粮库院内战国文化层遗址	出土铁铲、铁镢等生产工具	河北省文化局发掘组：《邢台市发现商代遗址》，载《文物参考资料》1956 年第 9 期第 70 页	

续表

省别	发掘时期及地点	冶铁遗址状况或出土铁器种类、数量	资料来源	备注
河北	1957 年于抚宁县荣庄遗址	搜集有双翼式铁镞及小铁锛各 1 件，残铁器数件	唐云明：《抚宁县发现古遗址》，载《文物参考资料》1958 年第 6 期第 71 页	原报道认为："可能是战国以前的遗物"
	1958 年、1959 年于天津南郊巨葛庄战国遗址	出土铁器有锄 1、镢 1、凿 2、铲 1，共 5 件。另有残铁片 30 余块、铁铤铜镞 2 件	天津市文化局考古发掘队：《天津南郊巨葛庄战国遗址和墓葬》，载《考古》1965 年第 1 期第 14 页	
	1956 年 12 月于天津东郊贝岗	地面采集铁锛 1 件	天津市文物组等：《天津东郊发现战国墓简报》，载《文物参考资料》1957 年第 3 期第 69 页	原报道认为："这些遗物和古墓年代相当于战国时期"
	1965 年于天津市北仓砖瓦厂战国遗址	出土铁器有方銎锄、斧、镢、凿等，形制与燕下都、兴隆等地的燕国铁器相同	《天津市发现战国建筑遗址》，载《人民日报》1965 年 8 月 20 日。《天津市文物考古工作三十年》编写组：《天津文物考古三十年》，载《文物考古工作三十年》，第 24 页	
	1940 年于邯郸赵王城城址	出土铁凿 1 件	驹井和爱、关野雄：《邯郸》，第 82 页	
	1957 年、1959 年于邯郸百家村战国 25 号墓	出土残碎铁削 2 件	河北省文化局文物工作队：《河北邯郸百家村战国墓》，载《考古》1962 年第 12 期第 626 页	
	于邯郸齐村 24 号赵墓	出土小铁锄 1 件	中国科学院考古研究所：《新中国的考古收获》，第 61 页	

续表

省别	发掘时期及地点	冶铁遗址状况或出土铁器种类、数量	资料来源	备注
河北	1972 年于邯郸市区古赵王城附近战国遗址	出土铁铤铜镞多捆，每捆 150 枚。战国炼铁遗址两处（2 号、3 号），遗址有大量的铁渣、炭渣、红烧土	邯郸市文管所，《河北邯郸市区古遗址调查简报》，载《考古》1980年第 2 期第 146 页	
	于邯郸市西北赵王陵	出铁铲 5、铁镞 1、铁镢 1、残铁削 1、铁削 1 件	河北省文管处等：《河北邯郸赵王陵》，载《考古》1982 年第 6 期第 602、604 页	战国
	1957、1970、1973年，邯郸市邯郸故城西城、北城、大北城	王域遗址西城夯土台 4 号出铁锛等物，北城内插箭岭遗址出铁斧，大北城中段出红烧土块和铁渣等。并有规模较大的炼铁遗址 2 处。另出铜镞 181 枚，大部分为铁铤	河北省文管处等：《赵都邯郸故城调查报告》，载《考古学集刊》第 4 集第187 页	与前面有部分重复
	1959 年于磁县下潘汪遗址	出土铁铤铜镞 1 件。还采集到台模铁镢范 1 件	河北省文管处：《磁县下潘汪遗址发掘报告》，载《考古学报》1975 年第 1期第 111 页	
	1959 年于磁县栢阳城	出土几件战国铁范	同上。另见傅振伦：《中国铁器的发明》，载《兰州大学学报》（社科版）1979 年第 2 期第 90 页	
	1960 年于沧县肖家楼村西北战国墓	出土残铁镢 1 件，伴出的有刀币两束	天津市文管处：《河北沧县肖家楼出土的刀币》，载《考古》1973 年第 1期第 35 页	

续表

省别	发掘时期及地点	冶铁遗址状况或出土铁器种类、数量	资料来源	备注
河北	1974—1978 年于平山县三汲公社原中山国古灵寿城及 1 号、6 号中山王墓	在古城址发现战国时的制铜、制铁器的作坊，出土陶范多件及铁渣。于遗址采集和墓葬出土的铁器有镢、锛、铲、锄、镰、削及铁箍等 61 件。1 号王墓还出土铁足铜鼎 1 件，铜头铁杖 1 件，铜环铁盆 2 件	河北省文管处：《河北省平山县战国时期中山国墓葬发掘简报》，载《文物》1979 年第 1 期第 1—13 页。并见故宫博物院 1979 年 1 月展出的《河北省平山县战国中山王墓出土文物展览》会上的陈列品	该展览会展出的展品有陶范 6、铁渣 1、铁锛 4、铁铲 1、铁足铜鼎 1、铜头铁杖 1、铜环铁盆 2 件
	1965 年，灵寿县北宅村采集	三棱铁铤铜镞 1 件	陈应祺：《河北灵寿县北宅村商代遗址调查》，载《考古》1966 年第 2 期第 108 页	原报告说："为战国时代遗物"
	1978 年于滦平县小城子燕国墓葬	出土铁带钩等	河北省文管处：《河北省三十年来的考古工作》，载《文物考古工作三十年》第 43 页	
	1976 年于藁城西南 30 里乐乡村遗址	出土战国遗物有铁锄	石家庄地区文化局文物普查组：《河北省石家庄地区的考古新发现》，载《文物资料丛刊》第 1 期第 156 页	
	1985 年，于张家口市庞家堡区白庙村北遗址	出铁刀 1 件，其他铁器 3 件	张家口市文管所：《张家口市白庙遗址清理简报》，载《文物》1985 年第 10 期第 27、29 页	
	于北京市顺义县兰家营	出铁斧 1、铁镰 1 件	首都博物馆，北京简史陈列室展品（1982 年 10 月陈列品）	

续表

省别	发掘时期及地点	冶铁遗址状况或出土铁器种类、数量	资料来源	备注
河南	1930 年于洛阳金村战国墓	出铁带钩1件	W. C. White：《Tombs of old Loyang》，Shanghai 1934，p. 92	
	1953 年于洛阳烧沟附近的战国墓	出土铁器有带钩9件，锛、锄各1件	王仲殊：《洛阳烧沟附近的战国墓葬》，载《考古学报》1954 年第 8 册第 155 页	
	1954 年于洛阳中州路（西工段）战国遗址及墓葬	战国遗址，如墓1115上层及探沟 1101 及 1102 都出不少的碎铁块，还出土铁锛1件。战国初期墓葬中出铁刀 1 件，铁片1件	中国科学院考古研究所：《洛阳中州路（西工段）》，第 34、111 页	
	1955 年春于洛阳汉河南县城东区战国遗址	出土铁斧2件	黄展岳：《1955 年春洛阳汉河南县城东区发掘报告》，载《考古学报》1956 年第 4 期第 38 页	
	1956 年于洛阳涧西 13 号战国墓	出铁镢头 1件，铁刀状器1件	王兴纲等：《洛阳涧西区的两座战国墓》，载《考古通讯》1957 年第 3 期第 67 页	
	1956 年于洛阳中州路南商业局工地战国墓	出土铁器有：锤、凿、锄、镢、锛等，还有残铁器1件	冯蕴华：《河南洛阳战国墓清理记》，载《考古通讯》1957 年第 6 期第 40 页	
	1957 年 5 月于洛阳小屯村东北战国 1 号墓	出土铁器有锸1、斤2、凿1，共4件	中国科学院考古研究所洛阳发掘队：《洛阳西郊一号战国墓发掘记》，载《考古》1959 年第 12 期第 656 页	

续表

省别	发掘时期及地点	冶铁遗址状况或出土铁器种类、数量	资料来源	备注
河南	1972 年于洛阳中州路（西工段）南侧战国车马坑	出铁铜 4 件、铁质条形舆饰 2 件	洛阳博物馆：《洛阳中州路战国车马坑》，载《考古》1974 年第 3 期第 176 页	
	1973 年，于洛阳市小屯村东周王城 4 号墓	出铁锛 3 件，铁凿 1 件，铁刀 2 件	洛阳市文物工作队：《洛阳西郊四号墓发掘简报》，载《文物资料丛刊》第 9 集，第 143—144 页	战国
	1974 年，于洛阳市西工区凯旋路北侧战国墓	出残铁器片 1 件	洛阳博物馆：《河南洛阳出土"繁阳之金"剑》，载《考古》1980 年第 6 期第 491 页	
	1975 年于洛阳水泥制品厂战国早期遗址	出铁铲 1 件，铁锛 2 件	李众：《中国封建社会前期钢铁冶炼技术发展探讨》，载《考古学报》1975 年第 2 期第 5 页	
	1976 年，于洛阳市徐家营大队西高崖遗址	出钢削 1 件。并出铁刀、铁錾斧各 1 件。另铁錾部残片 1 件	洛阳博物馆：《洛阳西高崖遗址试掘简报》，载《文物》1981 年第 7 期第 47 页	该遗址定为东周
	1976 年，于洛阳市原东周王城 62 号战国粮窖	出铁制工、农业工具 32 种 126 件。其中有镰、镢、铲、耙齿、锛、斧、凿、鎏、削、刀、锥、钩、叉等。总重达 800 余斤	洛阳博物馆：《洛阳战国粮仓试掘纪略》，载《文物》1981 年第 11 期第 61 页	
	1934 年于安阳侯家庄南表面战国层	出土铁铲	石璋如：《殷墟最近之重要发现附论小屯地层》，载《中国考古学报》1947 年第 2 册第 74 页	

续表

省别	发掘时期及地点	冶铁遗址状况或出土铁器种类、数量	资料来源	备注
河南	1953 年于安阳大司空村战国墓	出铁带钩1件	马得志等：《1953 年安阳大司空村发掘报告》，载《考古学报》1955 年第 9 册第 76 页	
	1935 年于汲县山彪镇战国墓葬	第5、7、8 号墓各出铁带钩1件，第11 号墓出铁片1件	郭宝钧：《山彪镇与琉璃阁》，第48—51 页	
	1950—1952 年于辉县固围村、琉璃阁、褚邱区战国墓葬	固围村出土铁器有犁4、镬4、锄36、铲10、镰1、斧12、凿1、削5、刀类9、钉1、铁带钩1、匕首1、其他铁器8。还有铁铤铜镞86，共179 件。琉璃阁出土铁斧1件。褚邱区出土错银铁带钩1件	中国科学院考古研究所编：《辉县发掘报告》，第82、91、45、132 页	
	1953 年于郑州二里冈战国墓	出土铁器有镬7、锸2、锄3、削2、铁器1、带钩52件，共66件	河南省文物局工作队：《郑州二里岗》，第71—73 页	
	1954—1955 年于郑州白家庄战国文化层	出土铁镞、铁锛等	河南省文化局文物工作队第一队：《郑州白家庄遗址发掘简报》，载《文物参考资料》1956 年第4 期第3 页	
	1955 年4 月于郑州岗杜战国墓	出土铁带钩9、铁铲1、铁锛4，及不明铁器2件	河南省文化局文物工作队第一队：《郑州岗杜附近古墓葬发掘简报》，载《文物参考资料》1955 年第10 期第13、14 页	

续表

省别	发掘时期及地点	冶铁遗址状况或出土铁器种类、数量	资料来源	备注
河南	1955 年 9 月于郑州南关外战国遗址	出土铁柄铜镞 3 件，铁杆 50 根，铁镰 2 件。又出铁削 1 件	河南省博物馆：《郑州南关外商代遗址的发掘》，载《考古学报》1973 年第 1 期第 89 页	
	1954—1955 年于郑州二里冈第五文物区第一小区战国灰坑	发现一束铁质实心外敷植物纤维的镞杆	河南文化局文物工作队第 1 队：《郑州第五文物区一小区发掘简报》，载《文物参考资料》1956 年第 5 期第 35、40 页	
	1957 年于信阳长台关大墓	出铁带钩 5 件，满身错金银花纹	顾铁符：《有关信阳楚墓铜器的几个问题》，载《文物参考资料》1958 年第 1 期第 8 页	原报告（见《文物参考资料》1957 年第 9 期第 22 页）定为战国后期墓
	1960 年于新郑县仓城村郑韩故城	发现冶铁遗址。出土大批铸造铁器的陶范，计有镢、铲、刀等内外范。并有木炭屑、炼渣及残鼓风管等。冶铁遗址面积约为 2300 平方米。并出土锛、铲、刀等铁器	刘东亚：《河南新郑仓城发现战国铸铁器泥范》，载《考古》1962 年第 3 期第 165—166 页	
	1964—1975 年间于新郑县郑韩故城东城内西南部（仓城村南）	发现战国铸铁作坊，面积 4 万平方米。掘出残炉一座、烘范窑一座和一批陶范及铁器。陶范能看出器形的有镢、锄、镰、铲、锛、凿、削、刀、剑、戟、箭杆和带钩十余种，以镢、锄范数量最多。出土铁器有镢、锄、铲、锛、刀、削、凿、镰、锥等，其中以镢、锄的数量最多。这批铁器可能就是这个作坊的产品	河南省博物馆新郑工作站等：《河南新郑郑韩故城的钻探和试掘》，载《文物资料丛刊》第 3 期第 63 页	

续表

省别	发掘时期及地点	冶铁遗址状况或出土铁器种类、数量	资料来源	备注
河南	1971 年于新郑县郑韩故城外廓城内东南部白庙范村遗址	出土铁刀、铁片和较多的残圆柱状铁铤	郝本性：《新郑"郑韩故城"发现一批战国铜兵器》，载《文物》1972年第 10 期第 32 页	
	1956 年于舞阳县北舞渡镇西北古城遗址城南东夼庄	出土铁刀、铁板斧、铁镢等铁器 14 件	朱帜：《河南舞阳北舞渡古城调查》，载《考古通讯》1958 年第 2 期第 50 页	
	1959 年 12 月于沈丘县城南古墓	出铁釜 2 件	河南省文化局文物工作队：《河南沈丘附近发现古代蚌壳墓》，载《考古》1960 年第 10 期第 17 页	原报告认为："此墓年代上限可能为战国晚期，下限可至西汉初年"
	于西平县酒店（原楚棠溪）	发现战国冶铁遗址	河南省博物馆：《河南文物考古工作三十年》，载《文物考古工作三十年》第 279 页	
	1979 年于淮阳县平粮台四号楚墓	出土带铁铤的铜弩矢	曹桂岑等：《淮阳县平粮台四号墓发掘》，载《河南文博通讯》1980 年第 1 期第 34 页	
	1981 年，于淮阳县城东南瓦房村马鞍冢楚墓	出铁镢、铁质车器、铁箍、铁杠、铁饰件等	河南省文物研究所等：《河南淮阳马鞍冢楚墓发掘简报》，载《文物》1984 年第 10 期第 1—2 页，第 6—12 页	战国晚期
	1953 年，于登封县玉村上层文化	出铁片一块	韩维周等：《河南登封县玉村古文化遗址概况》，载《文物参考资料》1954 年第 6 期第 18 页	

续表

省别	发掘时期及地点	冶铁遗址状况或出土铁器种类、数量	资料来源	备注
河南	1977 年于登封县告城镇古阳城遗址	发现战国时冶铁遗址。出土有熔铁炉残块、陶鼓风管残片、泥制鼓风管、木炭屑和大量陶范，其中能看出所铸铁器形制的有镢、锄、镰、斧、刀、削、戈、箭杆、环、方棱形条和带钩等10余种。另外还出土残铁锄，残铁镢等铁器	中国历史博物馆考古调察组等：《河南登封阳城遗址的调查与铸铁遗址的试掘》，载《文物》1977 年第 12 期第 57—60 页	
	于商水县城西南扶苏故城内西北部	有战国铸铁遗址一处。地面散布铁渣、铁器等物	商水县文管会：《河南商水县战国城址调查记》，载《考古》1983 年第 9 期第 846 页	
	1984 年，上蔡县砖瓦厂（城西卧龙岗）墓葬	出铁镤 2 件。出于椁室周围的填土中	河南省文物研究所：《上蔡砖瓦厂战国楚墓清理简报》，载《中原文物》1986 年第 1 期第 5 页	
山东	1954 年于泰安县东更道村南	出土三足铁盘 1 件	袁明：《山东泰安发现古代铜器》，载《文物参考资料》1954 年第 7 期第 128 页	原报道说：是"楚国祭泰山之物"
	1956 年 3 月于荣城县三冢泊村	出土铁轮 1 件，铁权大小各 1 件，铁钉 1 件	蒋宝庚：《荣城县发现古代铁权铁轮》，载《文物参考资料》1956 年第 8 期第 72 页	原报道认为："铁权应是战国器物，铁轮可能晚些"
	1957 年于滕县古薛城中心黄殿村东部	发现古代冶铁遗址，面积约为 20 亩左右。过去耕地常耕出铁器残片。这次出土铁矿及型、铲等铁器 20 余件。还发现红烧土和灰土	庄冬明：《滕县古薛城发现战国时代冶铁遗址》，载《文物参考资料》1957 年第 5 期第 82 页	

续表

省别	发掘时期及地点	冶铁遗址状况或出土铁器种类、数量	资料来源	备注
山东	1958 年于临淄齐国故城	采集铁器有锛 5、斧 4、镢 2、锄 2、凿 1、铲 1、犁 1、镰 1、锯 1 共 18 件	山东省文管处：《山东临淄故城试掘简报》，载《考古》1961 年第 6 期第 292 页	
	1964—1966 年，1971 年于临淄齐国故城大城西部、崔家庄等冶铁遗址	发现冶铁遗址多处，确定为东周遗址的有以下两处：大城西部炼铁遗址，约 4 万—6 万平方米；大城东北部炼铁遗址，分布比较广，但不集中。遗址比较丰富处在崔家庄东北至村西北一带，面积约 3 万—4 万平方米	郡力：《临淄齐国故城勘探纪要》，载《文物》1972 年第 5 期第 50—51 页	
	1972 年，济南市天桥区区委大院战国墓	出土铁镢 4 件	济南市博物馆库藏品，于中航提供资料	
	1977—1978 年，山东曲阜鲁城遗址墓葬	出错金银铁带钩 1 件	山东省文物考古研究所等：《曲阜鲁国故城》，第 160 页	定为东周墓葬
	1977—1978 年于曲阜鲁国都城	北关北部村旁、故城东北部盛果寺村东和林前村西北有冶铁遗址	《人民日报》1978 年 8 月 8 日第 4 版	
	1978 年于滕县古遗址	采集铁铤铜镞 2 件	中国社会科学院考古研究所山东队等：《山东滕县古遗址调查》，载《考古》1980 年第 1 期第 42 页	
	1980 年，于茌平县南陈庄遗址战国墓	出铁器 1 件	山东大学历史系考古专业等：《山东省茌平县南陈庄遗址发掘简报》，载《考古》1985 年第 4 期第 315 页	

续表

省别	发掘时期及地点	冶铁遗址状况或出土铁器种类、数量	资料来源	备注
山东	1980 年以前，于费县石井公社城后村	发现一批铁杆铜镞	刘心健等：《山东费城县发现"郢爰"》，载《考古》1982 年第 3 期第 288 页	
山西	1954—1955 年于山西长治市分水岭 12 号、14 号古墓	12 号墓出铁器有凿 1、锤 1、锸 4、斧 5，共 11 件。14 号墓出铁器有铲 3、凿 1、锸斧之类 5，共 9 件。皆生铁铸造	山西省文管会：《山西长治市分水岭古墓的清理》，载《考古学报》1957 年第 1 期第 111、116 页	原报告定为战国墓
	1959—1961 年于长治分水岭战国墓	墓 21、35、36 号共出铁锸 8 件。墓 27、40、48、28 号共出铁带钩 4 件。墓 20 号出铁器 1 件	山西省文管会等：《山西长治分水岭战国墓第二次发掘》，载《考古》1964 年第 3 期第 132—133 页	
	1965 年于长治市北郊分水岭 126 号战国墓	出铁锛 2 件，铁铲 1 件，带铁鞘铜剑 1 件	边成修：《山西长治分水岭 126 号墓发掘简报》，载《文物》1972 年第 4 期第 42 页	
	1956 年于侯马镇以西东周烧陶窑址	出土铁针和其他一些铁质器物	山西省文管会侯马工作站：《侯马东周时代烧陶窑址发掘纪要》，载《文物》1959 年第 6 期第 45 页	
	1956—1958 年于侯马地区战国墓（57·H6·M6）	出土铁锥 1 件	山西省文管会侯马工作站：《侯马地区东周两汉唐元墓葬发掘简报》，载《文物》1959 年第 6 期第 48 页	
	1956—1959 年于侯马市牛村战国墓	出上少量铁铤铜镞	山西省文管会：《山西省文管会侯马工作站工作的总收获》，载《考古》1959 年第 5 期第 227 页	

续表

省别	发掘时期及地点	冶铁遗址状况或出土铁器种类、数量	资料来源	备注
山西	1958 年于万荣县庙前村北古城遗址	出土铁铤铜镞 2 件	杨富斗：《山西万荣县发现古城遗址》，载《考古》1959 年第 4 期第 205 页	原报告认为："是从战国一直到汉代这一时期的古城遗址"
	1959 年于侯马市南"龙尾"殉人古墓 2 座	出土错金铁带钩 2 件	畅文斋：《侯马东周殉人墓》，载《文物》1960 年第 8、9 期第 18 页	
	1969 年于侯马市乔村战国 2 号墓	出土铁颈锁 4 件，铁带钩 1 件，错金铁带钩 1 件	山西省文工会写作小组：《侯马战国奴隶殉葬墓的发掘》，载《文物》1972 年第 1 期第 63 页	
	1984—1985 年，于原平县阎庄镇刘庄村塔岗梁东周墓	出铁锛 1 件	山西忻州地区文管处：《原平县刘庄塔岗梁东周墓》，载《文物》1986 年第 11 期第 22 页	定为东周墓
陕西	1934、1944 年于宝鸡斗鸡台战国墓	墓 C4 出土铁茎三棱铜镞 1 件。墓 E8、F9 各出土小铁刀 1 件	苏秉琦：《斗鸡台沟东区墓葬》第 278、280、25、32、36 页	
	1954 年于宝鸡李家崖战国墓	出土铁带钩小铁刀等	中国科学院考古研究所陕西考古调查发掘队：《宝鸡和西安附近考古发掘简报》，载《考古通讯》1955 年第 2 期第 36 页	
	1954—1957 年于西安城东半坡村战国墓葬	出土铁器有带钩 21、锄 1、凿 1、板片 1，共 24 件	金学山：《西安半坡村战国墓葬》，载《考古学报》1957 年第 3 期第 85 页	
	1956 年，于西安半坡村战国墓	出残铁片等	黄石林：《西北大学历史系同学在半坡进行考古实习》，载《考古通讯》1956 年第 6 期第 78 页	

续表

省别	发掘时期及地点	冶铁遗址状况或出土铁器种类、数量	资料来源	备注
陕西	1955—1957 年于长安县沣西乡客省庄 140 号墓	出土铁刀 1 件，带纽铁器 1 件	《沣西发掘报告》文物出版社 1962 年版，第 139—140 页	报告说："这座墓葬的年代大致在战国末到西汉武帝以前"
	1959、1960 年、1961 年于咸阳市东北长陵车站附近之长兴村	在房屋遗址中出土四对带孔铁钉。在北沙坑中发现 1000 多斤铜器和铁器，大都被火烧坏，熔成一块。在南沙坑中采集到斧 2 件，锄 2 件，斗形器 1 件，计 5 件铁器	陕西省社会科学院考古研究所渭水队：《秦都咸阳故城遗址的调查和试掘》，载《考古》1962 年第 6 期第 282、285 页	
	1975—1977 年，于咸阳市黄家沟战国墓	出铁器 17 件	秦都咸阳考古队：《咸阳市黄家沟战国墓发掘简报》，载《考古与文物》1982 年第 6 期第 12 页	
	1979 年，于咸阳市牛羊村秦都咸阳第三号宫殿遗址	出铁环 1 件。连板 2 件为铸件。带环铁钉 2 件、铁斧 1 件	咸阳市文管会等：《秦都咸阳第三号宫殿建筑遗址发掘简报》，载《考古与文物》1980 年第 2 期第 40 页	
	1962—1963 年于临潼县武家屯管庄东村	出土铁铲等战国晚期秦国的器物	朱捷元等：《陕西省兴平县念留寨和临潼县武家屯出土古代金饼》，载《文物》1964 年第 7 期第 35 页	铁铲（锸）1 件，陈列于中国历史博物馆中国通史馆
	1964 年于临潼县武屯公社秦都栎阳故址	出土铁铲 1 件，并有铁块在地下 40 厘米处散掷很多，系烧炼铁液后的炉底废渣中铁粒块	陕西省文管会：《秦都栎阳遗址初步勘探记》，载《文物》1966 年第 1 期第 14 页	

续表

省别	发掘时期及地点	冶铁遗址状况或出土铁器种类、数量	资料来源	备注
陕西	1975 年，于临潼县鱼池村西北	出铁器 8 件。有斧 1、铧 1、铲 2、环首刀 1、六边形锄 1、板凿 1 件	始皇陵秦俑坑考古队：《陕西临潼鱼池遗址调查简报》，载《考古与文物》1983 年第 4 期第 15 页	
	1986 年，于临潼县韩峪乡范家村秦东陵	出铁锸 1 件	陕西考古研究所等：《秦东陵第一号陵园勘查记》，载《考古与文物》1987 年第 4 期第 25 页	
	1970—1973 年，于大荔县朝邑公社北寨子大队战国秦墓	出土铁鼎 1、铁刀 2、匕首鞘 1，共 4 件	陕西省文管会等：《朝邑战国墓葬发掘简报》，载《文物资料丛刊》第 2 期第 77 页	
	于西安南郊赵家堡等地	出土战国铁器有犁、镢、铲、锸、镰多种	雷从云：《战国铁农具的考古发现及其意义》，载《考古》1980 年第 3 期第 261 页表	
	于蓝田鹿塬	出土铁器有犁和铲两种。犁呈"V"形，铲作空首布形	同上	
	1957、1982 年，于神木县纳林高兔、李家畔、老龙池	出残铁剑柄	戴应新：《陕西神木县出土匈奴文物》，载《文物》1983 年第 12 期第 26 页	
	1973 年，于凤翔县石家营公社豆腐村大队姚家岗	出铁铲 1 件	凤翔县文化馆提供资料	
	1976 年于凤翔县八旗屯秦墓	出土铁环，均残破	吴镇峰等：《陕西凤翔八旗屯秦国墓葬发掘简报》，载《文物资料丛刊》第 3 期第 75 页	

续表

省别	发掘时期及地点	冶铁遗址状况或出土铁器种类、数量	资料来源	备注
陕西	1977 年，于凤翔高庄 2—4 期墓	出土铁器有：带钩 4、环 5、削 1、镢 1 件	吴镇峰等：《陕西凤翔高庄秦墓地发掘简报》，载《考古与文物》1981 年第 1 期第 36—38 页	
	1979、1980 年，于凤翔县南指挥乡西村秦墓	出铁铲 1 件，出自填土中。出铁带钩一件	李自治等：《陕西凤翔西村战国秦墓发掘简报》，载《考古与文物》1986 年第 1 期第 14 页	
	1981 年，于凤翔县马家庄战国祭祀坑	出铁锸 1 件	陕西省雍城考古队：《凤翔马家庄春秋秦一号建筑遗址第一次发掘简报》，载《考古与文物》1982 年第 5 期第 20 页	
	1981 年，于凤翔县八旗屯墓地 A 区春秋战国墓	出铁带形饰 1 件	陕西省雍城考古队：《一九八一年凤翔八旗屯墓地发掘简报》，载《考古与文物》1986 年第 5 期第 29 页	
	1983 年，于凤翔八旗屯西沟道墓葬	出铁器 12 件。有斧 2、钉 1、削 1、带钩 1、锸 1、环 4、带饰 2 件	尚志儒等：《陕西凤翔八旗屯西沟道秦墓发掘简报》，载《文博》1986 年第 3 期第 23—25 页	春秋晚期到秦统一
安徽	1933 年于长丰县朱家集李三孤堆（原属寿县）楚王墓	出土铁镢 2 件，钢弩矢 113 件，铁凿 1 件，封土下的墓口是浇灌生铁掩盖	殷涤非：《试论东周的铁农具》，载《安徽史学通讯》1959 年第 4、5 合刊第 30 页。安徽省文物工作队：《安徽文物考古工作新收获》，载《文物考古工作三十年》第 234 页	铁凿 1 件，陈列于中国历史博物馆中国通史馆

续表

省别	发掘时期及地点	冶铁遗址状况或出土铁器种类、数量	资料来源	备注
安徽	1957 年于寿县牛尾岗战国大型木椁墓	出土铁斧头 1 件	修燕山等：《安徽寿县牛尾岗的古墓和五河濠城镇新石器时代遗址》，载《考古》1959 年第 7 期第 371 页	
	1957 年于寿县八公山乡丘家花园	出土小铁锤 1 件	殷涤非等：《寿县出土的"鄂君启节"》，载《文物参考资料》1958 年第 4 期第 8 页	
	1959 年于淮南市八公山区翟家洼岩墓	出土铁棺钉 8 枚	马道阔：《淮南市八公山区发现重要古墓》，载《文物》1960 年第 7 期第 72 页	原报告说："该墓应属战国末至西汉初"
	1977、1979 年，于长丰县杨公公社古墓	出铁矛 2 件	安徽省文物工作队：《安徽长丰杨公发掘九座战国墓》，载《考古学集刊》第 2 集第 57 页	战国
湖北	1956 年于鄂城和大冶县境战国墓	出土铁锄头等	湖北省文管处：《湖北地区古墓葬的主要特点》，载《考古》1959 年第 11 期第 622 页	
	1962 年于江陵太晖观 21 号楚墓	出土铁锥 1 件	湖北省博物馆：《湖北江陵太晖观楚墓清理简报》，载《考古》1973 年第 6 期第 342 页	
	1965 年于江陵纪南城望山 1 号墓	出错金铁带钩 1 件	《湖北江陵三座楚墓出土大批重要文物》，载《文物》1966 年第 6 期第 36 页；黄展岳：《关于中国开始冶铁和使用铁器的问题》，载《文物》1976 年第 8 期第 66、70 页注（43）	原报导和图版说明均误作铜带钩，黄展岳文更正之

续表

省别	发掘时期及地点	冶铁遗址状况或出土铁器种类、数量	资料来源	备注
湖北	于江陵古纪南城遗址	出土铜器数量不多，出土铁器的情况较为常见。出土的铁器有耝、锸、斧、凿、镰、削等	湖北省博物馆：《湖北省文物考古工作新收获》，载《文物考古工作三十年》第 300 页	
	1974 年，于江陵李家台古墓	出铁足铜鼎 2 件	荆州博物馆：《江陵李家台楚墓清理简报》，载《江汉考古》1985 年第 3 期第 22 页	
	1975 年于江陵雨台山楚墓	出土铁锸、铁斧各 1 件	荆州博物馆：《江陵雨台山楚墓发掘简报》，载《考古》1980 年第 5 期第 397 页	
	1975、1976 年，于江陵县纪南城松柏区 30 号建筑遗址	出铁锸 1、铁斧 1、铁凿 1 件	湖北省博物馆：《楚都纪南城的勘察与发掘》（下），载《考古学报》1982 年第 4 期第 483 页	
	1975、1976 年，于江陵县纪南城龙桥河西段。1965 年，于松柏余家湾	出铁斧 1、铁锄 1、铁刀 1、铁锥 1、铁凿 1 件	湖北省博物馆：《楚都纪南城的勘查与发掘》（下），载《考古学报》1982 年第 4 期第 490—495 页	
	1975—1979 年，于江陵楚都纪南城西垣北门、南垣水门遗址	出土铁器有：凹形锄、镰、削、凿、矛、鱼钩等	湖北省博物馆：《楚都纪南城的勘查与发掘》（上），载《考古学报》1984 年第 3 期第 341、347 页	东周
	1978 年，江陵天星观一号楚墓	出铁锛 15、锸 4、锄 1、削刀 3 件	荆州地区博物馆：《江陵天星观一号楚墓》，载《考古学报》1982 年第 1 期第 114—115 页	

续表

省别	发掘时期及地点	冶铁遗址状况或出土铁器种类、数量	资料来源	备注
湖北	1979 年于江陵县纪南城古井遗址	出土铁器有：耒刃套 2 件，镢 1 件，削刀 1 件，坩埚 1 件，釜 1 件	湖北省博物馆江陵纪南城工作站：《1979 年纪南城古井发掘简报》，载《文物》1980 年第 10 期第 47 页	
	于江陵沙冢楚墓	出土铁器有削、刀、锄、斧、锥等，还出土铁足铜鼎和铁铤铜族	雷从云：《三十年来春秋战国铁器发现述略》，载《中国历史博物馆馆刊》1980 年第 2 期第 97 页	
	1971—1972 年于宜昌前坪 23 号战国墓	出土铁锸 1 件，铁剑 1 件，铁足铜鼎 1 件	湖北省博物馆：《宜昌前坪战国两汉墓》，载《考古学报》1976 年第 2 期第 121 页	
	于宜都红套战国遗址	出土"一"字形铁锸及"凹"字形铁口锄	雷从云：《战国铁农具的考古发现及其意义》，载《考古》1980 年第 3 期第 262 页	
	1976 年于宜城楚皇城遗址	发现有铁镢	楚皇城考古发掘队：《湖北宜城楚皇城勘查简报》，载《考古》1980 年第 2 期第 112 页	
	1976 年于宜城楚皇城雷家坡墓地	出铁釜 2 件，铁削 1 件	楚皇城考古发掘队：《湖北宜城楚皇城战国秦汉墓》，载《考古》1980 年第 2 期，第 121 页、122 页表二	原报告认为："这批墓葬的年代其上限不应超出秦昭襄王二十八年（公元前 279 年），而下限不会晚于西汉文景之际"
	于襄阳蔡坡	出土战国铁足铜鼎等	湖北省博物馆：《湖北省文物考古工作新收获》，载《文物考古工作三十年》第 301 页	

续表

省别	发掘时期及地点	冶铁遗址状况或出土铁器种类、数量	资料来源	备注
湖北	1975—1976 年于云梦睡虎地战国7号、3号秦墓	出土铁鍪1件,铁足铜鼎1件,有一为后装的铁耳	湖北孝感地区第二期亦工亦农文物考古训练班:《湖北云梦睡虎地十一座秦墓发掘简报》,载《文物》1976年第9期第56、58页	
	1972年,于当阳县陈家坡墓地	出铁足铜鼎1件	陈振裕等:《当阳沮河下游一九七二年考古调查简报》,载《江汉考古》1982年第1期第23页	
	1979年,于当阳县赵家湖	出铁斧1件	宜昌地区博物馆提供资料	战国
	1979年,于大悟县吕王城遗址一层灰坑	出铁镬和凹形尖刃铁锄各1件	吴泽明:《大悟县吕王城遗址调查》,载《江汉考古》1981年第1期第75页	
	1982年,于大悟县吕王公社吕王城遗址	出铁斧1件,锸1件。锸呈凹形	孝感地区博物馆:《大悟吕王城重点调查简报》,载《江汉考古》1985年第3期第14页	
	1980年,于襄樊市欧庙遗址	出铁锸1件	王善才等:《襄阳、宜城几处东周遗址的调查》,载《江汉考古》1980年第2期第99页	东周
	1976年,于鄂城县桂花园鄂钢53号战国墓	出土铜身铁足鼎2件	鄂钢基建指挥部文物小组等:《湖北鄂城鄂钢53号墓发掘简报》,载《考古》1978年第4期第257页	

续表

省别	发掘时期及地点	冶铁遗址状况或出土铁器种类、数量	资料来源	备注
湖北	1981 年，于随州市擂鼓墩二号基	于填土中出铁铲形器 1 件	湖北省博物馆等：《湖北随州擂鼓墩二号墓发掘简报》，载《文物》1985 年第 1 期第 27—28 页	
	1981 年，于秭归县柳林溪遗址	出铁锸 2 件	湖北省博物馆江陵考古工作站：《一九八一年湖北秭归县柳林溪遗址的发掘》，载《考古与文物》1986 年第 6 期第 12 页	东周
	1984 年，于沙市东区北部荆沙棉纺厂内	出铁斧 1 件	湖北省博物馆；《沙市官堤商代遗址发掘简报》，载《江汉考古》1985 年第 4 期第 2 页	原报导作"周代"
江西	1956 年于清江县营盘里古墓	出土铁斧等	江西省文管会：《江西清江营盘里遗址发掘报告》，载《考古》1962 年第 4 期 181 页	
	1959 年于清江县田家村	出土有残铁器 1 件，似铲之一端	程应麟等：《江西清江出土一批铜兵器》，载《考古》1962 年第 7 期第 384 页	
	1956 年于上高县塔下村	出土铁镢 44 件	薛尧：《江西出土的几件青铜器》，载《考古》1963 年第 8 期第 418 页	
	1963 年于江西定南县田螺塘遗址	采集铁斧 1 件	江西省博物馆：《江西考古资料汇编》（奴隶社会部分）第 97 页，1977 年印	该书认为："田螺塘当是战国遗存"

续表

省别	发掘时期及地点	冶铁遗址状况或出土铁器种类、数量	资料来源	备注
江西	1976 年于九江县新城镇大王岭遗址和磨盘墩遗址	大王岭出土残铁器 5 件，可辨器形者有锸。磨盘墩出土铁器 3 件，其中 2 件当系铁器残片无疑，另 1 件为铁矿石之类	江西省博物馆等：《九江县沙河街遗址发掘简报》，载《江西历史文物》1978 年第 2 期第 1—3 页	原报道认为："这是春秋晚期至战国早期的铁器标本，当无疑问"
	1975 年于武宁县毕家坪战国墓	出土铁斧 1 件	彭适凡：《武宁战国墓葬的清理》，载《文物工作资料》1976 年第 4 期第 3 页	原报道认为："该墓当属战国前期墓葬"
	1976 年于遂川县东头墟遗址	出土铁铤铜镞 75 支，另有锋铤全为铜质者 5 支	江西省博物馆等：《记江西遂川出土的几件秦代铜兵器》，载《考古》1978 年第 1 期第 65—66 页	
	1976 年 1 月于新干县袁家村战国粮仓遗址	出土完整的战国铁斧 2 把，据上海冶金研究所测定，刃部有钢	陈文华等：《新干县发现战国粮仓遗址》，载《文物工作资料》1976 年第 2 期第 2 页。江西省博物馆：《江西考古三十年》，载《文物考古工作三十年》第 244 页	陈文认为：遗址"时代可定为战国时代"
	1974 年，于临川营门里遗址	发现铁斧 20 件，铁口锄 4 件，其形制与广东始兴白石坪战国遗址以及河南辉县固围村战国墓出土的相同	彭适凡：《江西先秦农业考古概述》，载《农业考古》1985 年第 2 期第 112 页	
	1976 年，于新建县大塘赤岸山战国遗址	出一扇铁质斧范，背面带环纽	彭适凡：《江西先秦农业考古概述》，载《农业考古》1985 年第 2 期第 112 页	

续表

省别	发掘时期及地点	冶铁遗址状况或出土铁器种类、数量	资料来源	备注
江西	1981 年，于九江县马迴岭乡磨盘山遗址一坑中	出铁斧 1 件，铁铲刀 1 件，和铁铤铜镞数枚	同上	
	于清江县观上战国墓	去铁蹄足鼎腿	同上	
湖南	1952—1956 年于长沙东南郊中、晚期楚墓（黄泥坑53座、子弹座 35 座、月亮山 52 座、左家公山 31 座、廖家湾 22 座、麻园岭及识字岭各 8 座）	出土铁器有剑 7、戟 1、斧 3、铲 1、锄 1、削形器 5，以及镞、削各数件。还出土有铁足铜鼎。另于长沙近郊其他地区如 56 长军 9 号墓出土铁钁，54 长桂 108 号墓出土铁鼎	湖南省博物馆：《长沙楚墓》，载《考古学报》1959 年第 1 期第 53 页	原报告中长沙早期楚墓所出的铁铲 1 件及铁削数件为春秋器物，录入表六
	1953—1955 年于长沙（南门外魏家堆、北门新河、桂花园、杨家湾、南门外扫把塘、月亮山、北门丝茅冲、南门杜家坡、左家公山、麻园岭、东郊龙洞坡、廖家湾、南门外广场、子弹库、新安公山、黑槽门、烈士公园等）衡阳（六区公行山等）64 座古墓	出土铁器有锄 1、铲 12、钁 4、夯锤 3、锉 1、剑 14、戟 2、匕首 3、刀 10、镞和铁铤铜镞多件、矛 1、鼎 1、栖 1、铁足铜鼎 1，以及其他不能辨出器形者 11 件，共 70 余件	湖南省文物工作队：《长沙、衡阳出土战国时代的铁器》，载《考古通讯》1956 年第 1 期第 77—79 页（《文物》1980 年第 10 期第 55 页高至喜：《楚人在湖南的活动遗迹概述》中说：衡阳市公行山 18 座墓出土铁器 20 件，其中有剑 7 件，矛 4 件，戟 1 件）	原报告中：铁匕 1 件出自长沙龙洞坡 826 号墓，为春秋器物，录入表六。此栏铁器一少部分与前后长沙各有关栏有重复

续表

省别	发掘时期及地点	冶铁遗址状况或出土铁器种类、数量	资料来源	备注
湖南	1956 于长沙沙湖桥战国墓	出土铁镤 1 件，铁剑 3 件。以 B7 号墓所出铁剑最长，虽柄残，犹达 97 厘米。还出残铁器 2 件	李正光等：《长沙沙湖桥一带古墓发掘报告》，载《考古学报》1957 年第 4 期第 44 页	
	1956 于长沙南郊黄土岭清理 41 号战国墓	出土扁形铁棺钉 6 枚。在此之前，长沙桂花园 33 号战国墓，长·大·冬 5 号战国墓中也出土过铁钉	周世荣：《长沙黄土岭战国墓的清理》，载《考古通讯》1957 年第 4 期第 20、21 页	
	1957 年 8 月于长沙南门外小林子冲盲人院战国墓	12 号墓出土铁戟 1 件	湖南省文管会：《湖南长沙小林子冲工地战国东汉唐墓清理简报》，载《考古通讯》1958 年第 12 期第 29 页	
	1957 年于长沙南郊左家塘秦墓	出土铁口锄 2 件	张中一：《长沙发现一座秦代木椁墓》，载《文物参考资料》1958 年第 10 期第 73 页	
	1957 年于长沙陈家大山战国墓	出土铁工具 1 件。并出有铜镞，于镞铤外套有铁管，铁管是铸成的	湖南省文管会：《湖南长沙陈家大山战国墓葬清理简报》，载《考古通讯》1958 年第 9 期第 58、60 页	
	1957 年于长沙烈士公园战国 1 号墓	出土铁足铜身鼎 1 件	周世荣：《长沙烈士公园清理的战国墓葬》，载《考古通讯》1958 年第 6 期 47 页	
	1952 年于长沙南郊扫把塘 138 号墓	出土铁铤铜镞 1 束	高至喜：《记长沙、常德出土弩机的战国墓》，载《文物》1964 年第 6 期第 36 页	

续表

省别	发掘时期及地点	冶铁遗址状况或出土铁器种类、数量	资料来源	备注
湖南	1953 年于长沙仰天湖 53 · 长·仰墓 025 战国墓	出土铁镬 1 件	湖南省文管会：《长沙仰天湖第 25 号木椁墓》，载《考古学报》1957 年第 2 期第 93 页	
	1953、1954 年于长沙左家公山 54·长左 15 号墓	出土木柄铁削 1 件	湖南省文管会：《长沙出土的三座大型木椁墓》，载《考古学报》1957 年第 1 期第 96 页	
	1954 年—1955 年于长沙南门外黄土岭魏家堆战国墓	出土铁口锄等	李正光：《湖南省文物工作队在长沙市南门外魏家堆附近清理了一批战国至元代的墓葬》，载《文物参考资料》1955 年第 10 期第 131 页	
	1955 年于长沙北郊丝矛冲工地第一工区战国墓	出土铁器有铁刀 2 件	湖南省文管会：《长沙北郊丝矛冲工地第一工区的古代墓葬》，载《文物参考资料》1955 年第 11 期第 51 页	
	1951—1952 年于长沙陈家大山、伍家岭、识字岭等地墓葬	墓 406 号出铁环 1 件。墓 321 号出铁铤铜镞，墓 307、251、248、227、260、333、252、317 号各出铁铤	中国科学院考古研究所：《长沙发掘报告》，第 66 页	原报告中 314 号墓出铁锛 1 件，为春秋时器物，已录表六
	1956 年于长沙东面浏阳门外陈家大山战国墓	出土铁剑、铁刀、铁凿、铁柲铜矛等	周世荣：《长沙陈家大山战国、西汉、唐宋墓清理》，载《考古》1959 年第 4 期第 206 页	

续表

省别	发掘时期及地点	冶铁遗址状况或出土铁器种类、数量	资料来源	备注
湖南	1954 年，于长沙市南门外左家公山第四中学建筑工地战国墓	出铁剑 1 柄	戴亚东：《长沙市南郊发现战国时代铁剑》，载《文物参考资料》1954 年第 7 期第 134 页	
	1957 年于长沙南郊左家塘新生砖厂战国 15 号墓	出土铁锛 1 件，残铁器 1 件。出铁铤铜镞 9 件，镞杆套有圆形铁管，管系铸造	高至喜：《记长沙、常德出土弩机的战国墓》，载《文物》1964 年第 6 期第 36、40 页	
	1959 年于长沙东郊柳家大山战国墓	出土铁器有鼎、剑、削、锸、锛、铲等	湖南省博物馆：《长沙柳家大山古墓葬清理简报》，载《文物》1960 年第 3 期第 51 页	
	1974 年于长沙识字岭 74·长识基 M1 号墓	出土铁足铜鼎 2 件	单先进等：《长沙识字岭战国墓》，载《考古》1977 年第 1 期第 62 页	
	1977 年于长沙窑岭 15 号墓	出土铁鼎 1 件，金相检验有放射状（条状菊花形）的石墨，系麻口铸件	长沙铁路车站建设工程文物发掘队：《长沙新发现春秋晚期的钢剑和铁器》，载《文物》1978 年第 10 期第 4? 页	湖南省博物馆：《三十年来湖南文物考古工作》一文中说："约有二百余座长沙战国楚墓中都出土铁器"（《文物考古工作三十年》第 313 页）
	1955 年于株洲洋屋岭战国墓	出土铁片等	高至喜：《湖南株洲战国墓清理》，载《考古》1959 年第 12 期第 686 页	
	1957 年，株洲县三门楚墓 M5	出土铁削	高至喜等：《楚人在湖南的活动遗迹概述》，载《文物》1980 年第 10 期第 54 页	

续表

省别	发掘时期及地点	冶铁遗址状况或出土铁器种类、数量	资料来源	备注
湖南	1952 年于郴州马家坪战国 2 号楚墓	出土铁剑 1 柄, 柄扁平, 全长 1.4 米	张中一:《湖南郴州市马家坪古墓清理》, 载《考古》1961 年第 9 期第 496 页	
	1955 年于耒阳县西郊土坑竖穴墓	出土铁铲等	罗敦静:《湖南耒阳县发现周汉等时代墓葬及古代石斧》, 载《文物参考资料》1955 年第 8 期第 164 页	
	1983 年, 于耒阳县石油公司加油站工地战国墓	出铁器 1 件	湖南省博物馆等:《耒阳春秋战国墓》, 载《文物》1985 年第 6 期第 12 页	
	1978—1979 年, 于溆浦县马田坪	出铁器有剑、刀各 1 件, 凹形锄 2 件, 残铁器 1 件	湖南省博物馆等:《湖南溆浦马田坪战国西汉墓发掘报告》, 载《湖南考古辑刊》第 2 期第 43 页	
	1983—1984 年, 于湖南溆浦县江口古墓	出铁削 1 件	溆浦县文化局:《溆浦江口战国西汉墓》, 载《湖南考古辑刊》第 3 辑第 116 页	战国墓葬
	1956 年, 于平江县瓮江红茶初制厂东周遗址	出上铁斧 1 件	湖南省文管会:《湖南省首次发现战国时代的文化遗存》, 载《文物参考资料》1958 年第 1 期第 40 页	
	1956 年于常德德山战国墓	出土铁斧、铁铲、铁锛各 1 件。另出铜鼎 1 件, 附铁制蹄足	湖南省博物馆:《湖南常德德山战国墓葬》, 载《考古》1959 年第 12 期第 659 页	

续表

省别	发掘时期及地点	冶铁遗址状况或出土铁器种类、数量	资料来源	备注
湖南	1958—1959 年于常德德山镇中、晚期墓葬	墓 32 号出土铁镢 1 件，墓 84 号出土铁镢 1 件	湖南省博物馆：《湖南常德德山楚墓发掘报告》，载《考古》1963 年第 9 期第 465、469 页	报告中早期墓葬出铁削 1 把，为春秋器物，录表六
	1957 年 3 月于湘阴县古罗城猪形山文化层	出铁钉子 1 件	周世荣：《湖南湘阴古罗城的调查及试掘》，载《考古通讯》1958 年第 2 期第 11 页	原报告认为：猪形山文化遗存的时代，上限不会早于春秋战国，下限不会晚于汉代
	1965 年于湘乡东周中、晚期墓	中期墓出铁器有斧 1、凿 2、刀 3、匕首 1，共 7 件。晚期墓出铁刀 2 件	湖南省博物馆：《湖南韶山灌区湘乡东周墓清理简报》，载《文物》1977 年第 3 期第 52、54 页	
	1960 年于黔阳安江白虎瑙楚墓	出土凹字形铁口锄	高至喜等：《楚人在湖南的活动遗迹概述》，载《文物》1980 年第 10 期第 56 页	
	1966 年于大瑶西洋山 1 号楚墓	出土铁铲等物	同上，第 54 页	
	1971 年于岳阳市城陵矶楚墓 M3 号	出土铁剑 1 件	同上，第 52 页	
	1978 年，岳阳市杨林公社杨林大队	出铁斧铁锸	湖南岳阳市文物管理所库藏品	战国
	1977 年、1978 年于益阳县赫山庙一带楚墓	出土铁器有凹字形锄、剑等	高至喜等：《楚人在湖南的活动遗迹概述》，载《文物》1980 年第 10 期第 53 页	

续表

省别	发掘时期及地点	冶铁遗址状况或出土铁器种类、数量	资料来源	备注
湖南	1978 年，于益阳县赫山庙战国墓	出铁斧 1 件，残铁器 3 件	湖南省博物馆等，《湖南益阳战国西汉墓》，载《考古学报》1981 年第 4 期第 535 页	战国
	1978—1979 年，于资兴旧市曹龙山、送塘山墓葬	出土铁器有：锄 16、夯锤 2、锛 1、凿 1、镭 1、削 7、刮刀 2、圆形器 1、扁条形器 1 件	湖南省博物馆：《湖南资兴旧市战国墓》，载《考古学报》1983 年第 1 期第 93 页	
	1980—1981 年，于益阳市羊舞岭战国墓	出铁削	益阳地区文物工作队：《益阳羊舞岭战国东汉墓清理简报》，载《湖南考古辑刊》第 2 期第 73 页	
	1979—1981 年，于益阳市桃花仑、天成垸、赫山镇、羊舞岭等处 93 座楚墓	出铁器 29 件。计剑 2、镞 10、削 4、刀 1、带钩 2、镢 4、镭 5、锄 1	湖南省益阳地区文物工作队：《益阳楚墓》，载《考古学报》1985 年第 1 期第 109 页	与上栏不重复，为两部分材料
	1981 年，于衡阳市江东区五马归槽山东周墓	出铁凿 1 件	衡阳市博物馆：《衡阳市苗圃五马归槽茅坪古墓发掘简报》，载《考古》1984 年第 10 期第 883 页	定为东周墓葬
	1976 年，于汨罗江畔下沙垸古文化遗址	出铁工具等	高至喜：《略谈湖南出土的印纹陶》，载《文物集刊》第 3 集、第 258 页	该文认为遗址的"下限可晚到春秋战国"
	1983 年，于汨罗县汨罗山东周墓	出铁镭 1 件，铁刀 3 件	湖南省博物馆：《汨罗县东周、秦、西汉、南朝墓发掘报告》，载《湖南考古辑刊》第 3 辑第 59 页	东周墓葬出土

续表

省别	发掘时期及地点	冶铁遗址状况或出土铁器种类、数量	资料来源	备注
湖南	1984 年，于湘西土家族苗族自治州古丈县白鹤湾楚墓	出土铁器计有：剑4、刮刀1、削1、斧1、残铁器1，另采集有铁斧及凹形铁锄	湖南省博物馆等：《古丈白鹤湾楚墓》，载《考古学报》1986 第 3 期第 354 页	
江苏	1958 年于武进县奄城内城河	出铁刀、铁镰等	南京博物院等：《江苏省出土文物选集》图 95、图 96	
	于南京市汉中门内城峨眉岭	出土铁足大铜鼎 1 件	南京市博物馆：南京历史文物陈列室展品	
浙江	1959 年于绍兴西施山东周遗址	出土 100 多件铜、铁工具、兵器、饰件等，其中有铁斧、铁锄、铁镰、铁削等	王士伦；《越国文物散记》，载《浙江日报》1962 年 3 月 4 日。沈作霖：《绍兴出土的春秋战国文物》，载《考古》1979 年第 5 期 458 页	铁斧、铁锄各 1 件，陈列于中国历史博物馆中国通史馆
	1963 年于永嘉永临区桥下公社西岸大队	出土铁锸 1 件	徐定水：《浙江永嘉出土的一批青铜器简介》，载《文物》1980 年第 8 期第 17 页	原报告说：这些器物的"年代为春秋末至战国时期"
广东	1962 年于始兴县白石坪山战国遗址	出土铁斧 1 件、铁口锄 1 件	莫稚：《广东始兴白石坪战国遗址》，载《考古》1963 年第 4 期 217 页	
	1974 年于始兴县白石坪、增城县朱村、曲江县马坝、龙归	出土铁斧 3 件、铁锸 1 件	杨式梃：《关于广东早期铁器的若干问题》，载《考古》1977 年第 2 期第 98、99 页	4 件皆为地面采集，器形及采集陶器与 1962 年始兴战国遗址所出土相同

续表

省别	发掘时期及地点	冶铁遗址状况或出土铁器种类、数量	资料来源	备注
广西	1974 年于广西乐平县银山岭战国墓	出土铁器有鼎 1、矛 3、锄 89、斧 10、锛 6、凿 4、刮刀 59、削 9，共 181 件。出土铜铁合制器有铁足铜鼎 2、铜首铁削 1、铁铤铜镞 8，共 11 件。另采集铁钺 2 件	广西壮族自治区文物工作队：《平乐银山岭战国墓》，载《考古学报》1978 年第 2 期第 242—243 页	原报告"推断这批墓是战国时代的……上限有的到战国中期，……下限很可能到秦或西汉初"
四川	1954 年 7 月、11 月，1955 年，1957 年于重庆冬笋坝战国墓四次发掘	船棺墓出铁削 4、铁斧 3、铁物 1、铜柄铁削 1。狭长坑墓出铁削 2、铁斧 1、铁物 4、铜柄铁削 2	四川省博物馆：《四川船棺葬发掘报告》第 65、138—139 页	原报告认为：出土铁器的船棺墓的时代"应在秦举巴蜀以后，其中最晚的可到西汉初"。狭长坑墓的时代与上同
	1955 年 3 月于成都羊子山 172 号战国墓	出铁三足架 1 件，锻铁制成。铜鼎 1 件，有一足毁后又用铁足补的	四川省文管会：《成都羊子山第 172 号墓发掘报告》，载《考古学报》1956 年第 4 期第 8、18 页	
	1954 年 6 月于昭化县宝轮院 14 号墓	出铁镞 1 件	四川省博物馆：《四川船棺葬发掘报告》，文物出版社 1960 年版，第 65 页	
	1972 年，于峨眉县符溪柏香林村	出铁小刀及铁斧残件	四川省博物馆，四川历史文物展览室陈列品	
	1977 年，于西昌市西郊公社一大队一号墓	出铁锸 1 件，铜柄铁剑 1 件	凉山彝族自治州博物馆：《四川西昌一号墓发掘简报》，载《考古学集刊》第 3 集、第 147 页；西昌博物馆：《西昌西郊公社一大队第一号墓清理发掘简报》，载《凉山彝族奴隶制研究》1978 年第 2 期	时代上限为秦灭蜀前后，下限为西汉

续表

省别	发掘时期及地点	冶铁遗址状况或出土铁器种类、数量	资料来源	备注
四川	1977 年，于犍为县金井公社万年大队	出铁锸 2 件	四川省博物馆：《四川犍为县巴蜀土坑墓》，载《考古》1983 年第 9 期第 782—783 页	
	1980 年，于成都市金牛区圣灯公社圣灯大队十队	出铁斧 2 件	成都市文管处：《成都市金牛区发现两座战国墓葬》载《文物》1985 年第 5 期第 41—43 页	
	1980 年，于涪陵小田溪砖厂古墓	出铁削 1 件	四川省文管会：《四川涪陵小田溪四座战国墓》载《考古》1985 年第 1 期第 17 页	
	1981 年，于雅江县呷拉公社本家地郎德古墓	出小铁环 1 件	甘孜藏族自治州文化馆等：《四川雅江呷拉石棺葬清理简报》，载《考古与文物》1983 年第 4 期第 8 页	战国
	1981、1982 年，于荥经县曾家沟墓葬	出铁斧 1 件	四川省文管会等：《四川荥经曾家沟战国墓群第一、二次发掘》。载《考古》1984 年第 12 期第 1084 页	战国早期
	1982—1983 年，于大邑县五龙公社机砖厂战国巴蜀墓	出铁削 1 件	四川省文管会：《四川大邑五龙战国巴蜀墓葬》，载《文物》1985 年第 5 期第 38 页	
	1983 年，于甘孜县仁果乡吉里龙古墓	出土铜柄铁刀 1 件，铁环 1 件	四川省文管会等：《四川甘孜县吉里龙古墓葬》，载《考古》1986 年第 1 期第 34 页	

续表

省别	发掘时期及地点	冶铁遗址状况或出土器种类、数量	资料来源	备注
四川	1983 年，于珙县沫滩公社傅家坝土坑墓	出铁斧 1 件	丁天锡：《宜宾地区文物简讯》，载《四川文物》1984 年第 3 期第 89 页	时代定为战国末西汉初
	于万县大桥乡插柳村河坝	出铁刀、铁剑等	陈福明等：《两千年前刀剑出土砍石刃不卷》，载《北京晚报》1985 年 7 月 10 日	原报道认为是"殷周时代的铁器"；暂从下限，定为战国
云南	1972 年于江川县李家山第一类古墓	出土 II 型六式铜柄铁剑 1 件，铜銎铁刃凿 2 件	云南省博物馆：《云南江川李家山古墓群发掘报告》，载《考古学报》1975 年第 2 期第 140—142 页。王大道：《云南滇池区域青铜时代的金属农业生产工具》注①，载《考古》1977 年第 2 期第 96 页	原报告认为：第一类墓"应在武帝以前，其上限或可能早到战国末"。后 C_{14} 测定 21 号墓年代为公元前 550 年 ± 105 年，即春秋晚期。据此将 21 号墓所出 II 型六式铜柄铁剑 1 件列入表六，其他墓与此墓年代接近，所出土铁器暂作战国铁器处理
	1979 年，于宁蒗县大兴镇古墓	出铜柄铁剑 1 件	云南省博物馆文物工作队：《云南宁蒗县大兴镇古墓葬》。载《考古》1983 年第 3 期第 227—228 页	战国
	1979—1980 年，于呈贡县龙街小古城天子庙一、二期滇墓	出铁削 1 件	昆明市文物管理委员会：《呈贡天子庙滇墓》，载《考古学报》1985 年第 4 期第 544 页	战国

续表

省别	发掘时期及地点	冶铁遗址状况或出土铁器种类、数量	资料来源	备注
贵州	1976—1978 年，于赫章县可乐区乙类战国墓	出土铁器有：剑 5、削 5、刀 2、钎 1、带钩 2 件。铜柄铁剑 2 件	贵州省博物馆考古组：《赫章可乐发掘报告》，载《考古学报》1986 年第 2 期第 246—250 页	
甘肃	1974 年，于平凉县庙庄大队庙咀坪	出土铁器有：锸 1、削 1、铜 1、矛 1、旌首 1 件	魏怀珩：《甘肃平凉庙庄的两座战国墓》，载《考古与文物》1982 年第 5 期第 29—32 页	
	1980 年，于永登县树坪公社赵老湾村	出铁铲形器 2 件，矛镈 1 件，铁锥 1 件，及圆形铁质小管多件	甘肃省博物馆文物工作队：《甘肃永登榆树沟的沙井墓葬》，载《考古与文物》1981 年第 4 期第 34—35 页	属沙井文化遗址墓葬，原报导认为相当于战国
宁夏	1973 年，于固原县西郊公社鸦儿沟大队断山头南坡	出土铁器一残段，可能是剑的残件	钟侃：《宁夏固原县出土文物》，载《文物》1978 年第 12 期第 88 页	原报告说："这批遗物的年代当在战国时期"
	1981 年，于固原县头营王家坪墓葬	出铁锸 1 件	钟侃等：《宁夏南部春秋战国时期的青铜文化》，载《中国考古学会第四次年会论文集》第 204 页	
新疆	1977 年于吐鲁番盆地阿拉沟古代墓葬	在早期的"群葬石室墓"中，发现铁刀等小件器物	《新疆阿拉沟发现春秋至汉代少数民族墓葬群》，载《文物特刊》40 号，1977 年 12 月 15 日印。新疆维吾尔自治区博物馆等：《建国以来新疆考古的重要收获》，载《文物考古工作三十年》第 172 页	C_{14} 测定该墓葬中的一些标本，其年代约距今 2600—2100 年之间，大约相当于春秋晚期至汉代

续表

省别	发掘时期及地点	冶铁遗址状况或出土铁器种类、数量	资料来源	备注
新疆	1976—1978 年于天山东部乌鲁木齐市属南山矿区鱼儿沟竖穴木椁墓	随葬器物有小铁刀	新疆维吾尔自治区博物馆等:《建国以来新疆考古的重要收获》,载《文物考古工作三十年》第173页	C_{14}测定主要墓葬77WYM30的年代,为距今 2345 ± 75 年,相当于战国阶段
	1976—1977 年于帕米尔高原塔什库尔干塔吉克族自治县城北香保保古墓区墓葬	出土小铁刀。铁指环、铁镯等	同上,第 173—174 页。并见《考古学报》1981年第2期第209页	该文说:"这批墓葬的时代,据 C_{14} 测定,其时代大致相当于春秋战国阶段"
	1980 年,米泉县大草滩石堆墓	出铁器皆为小件	新疆社会科学院考古研究所:《新疆米泉大草滩发现石堆墓》,载《考古与文物》1986年第1期第38页	

　*　包括可能属于战国的铁器,时代跨到汉代的,于备注栏内注出。所录发表的考古资料到1987年6月为止。

第十四章 东周大型水利工程的兴建
与农业技术的巨大进步

铁器的大量使用为农业生产提供了数量既多质量又好的工具，使广大田野得到垦辟，农业在更大规模上发展起来，从而对水利事业提出了更大更高的要求；而铁工具的使用又为大规模地发展水利事业提供了必要的手段。

一 东周大型水利工程的兴建

到东周，我国的水利事业发展到了一个新的阶段：修筑了主要用以防洪的黄河长堤，兴建了多处能够灌溉、排水、填淤、洗碱、航运等综合利用的水利工程，开凿了多条主要用以航运兼及灌溉的人工运河。在这些工程的兴修中，涌现出一些杰出的水利工程专家，他们用自己渊博的水文学知识和高超的工程学造诣，排山调水，谱写了我国早期水利建设的光辉篇章。

（一）黄河长堤工程的修筑

筑堤防是人们治水最早使用的方法，共工"壅防百川"、"鲧障洪水"、大禹"陂九泽"都是使用筑堤的方法。西周时也有"防民之口，甚于防川"的议论①，可见这一方法源远流长，始终在不同规模上使用。不过，由于大禹治水主要利用的是疏导的方法，解决了河水归槽的问题，之后，筑堤防只用于小规模的水利建设上。到了东周，黄河下游经过多年的淤积，河水往往出槽洪溢或改道，涉及河患的各诸侯国多有筑堤自利者，因

---

① 《国语·周语上》。

而又出现以邻为壑的情况。公元前651年，齐桓公主持订立的葵丘之会盟约中，有"无曲防"一条，就是想解决这一矛盾。到了战国，经过兼并战争，黄河下游只剩下魏、赵、齐、燕等国。各自国土扩大，人口繁衍，耕地日益垦辟，防止水害、发展农业生产的要求更加迫切，于是大规模的河堤工程相继兴建。西汉人贾让概括当时的情况说："堤防之作，近起战国，壅防百川，各以自利。齐与赵、魏以河为境，赵、魏濒山，齐地卑下，作堤去河二十五里。河水东抵齐堤则西泛赵、魏。赵、魏亦为堤去河二十五里。虽非其正，水尚有所游荡。时至而去，则填淤肥美，民耕田之，或久无害。稍筑室宅，遂成聚落。大水时至漂没，则更起堤防以自救。稍去其城廓，排水泽而居之，湛溺自其宜也。"① 这种黄河下游两岸的高大长堤是以前没有的，贾让说，"堤防之作，近起战国"，当指这种长堤的兴建。此时"以邻为壑"的矛盾仍然存在。直到秦灭六国统一天下，"决通川防"②，矛盾才初步得到解决。

随着堤防的大规模兴建，筑堤技术也有明显进步，并涌现出一些修堤专家，白圭就是其中杰出的一个。韩非说："千丈之堤以蝼蚁之穴溃……白圭之行堤也塞其穴……是以白圭无水难。"③ 白圭自己也说："丹（名丹字圭）之治水也，愈于禹。"④ 战国筑堤技术的进步，是我国古代人民长期研究水运动规律并在治水实践中不断提高的。慎到说："治水者茨防决塞，九州四海相似如一，学之于水，不学之于禹也。"⑤ 这里提到的"茨"是芦苇、茅草之类的植物，"茨防"即是用茨做成的防，大约就是最早的草埽。用草埽防洪这时已普遍应用。

战国筑堤，已知道开辟滞洪区并有养护堤防的种种措施。《管子·度地》篇载："地有不生草者，必为之囊，大者为之堤，小者为之防。夹水四导，禾稼不伤，岁埤增之，树以荆棘，以固其地，杂之以柏杨，以备决水。"其中所说的囊，当是人工开辟的类似今天滞洪区的低地。主要用以削减河流的洪峰，是保证防洪安全的有效工程措施。这段话的意思是：选低注不毛之地作滞洪区，筑堤围之，以增加容蓄洪水的能力。同时在堤上

---

① 《汉书·沟洫志》。

② 《史记·秦始皇本纪》。

③ 《韩非子·喻老》。

④ 《孟子·告子下》。

⑤ 《慎子》。

种植荆棘、柏杨等树木，既可巩固堤身，又为汛期抢险准备了埽料。上述这些措施，在今天的许多防洪工程中仍在采用，而且是效益显著；但它早在2300多年前（或更早）已被我国先民们所采用了。

（二）期思陂和芍陂

期思陂是春秋前期楚国修建的陂塘蓄水工程。《淮南子·人间训》载："孙叔敖决期思之水，而灌雩娄之野。"东汉崔寔《政论》也说："孙叔敖作期思陂。"[①] 期思为楚邑，故城在今河南省固始县东北，雩娄在今固始县南。所说"期思之水"，也称决水。《水经注·决水注》载："决水出庐江雩娄县南大别山，北过其县东，又自安丰县故城西北，经蓼县故城东，又西北，灌水注之。又北入于淮。"[②] 这条决水现在称史河。期思陂即决引史河之水蓄为陂塘，灌溉史、灌二河之间地区。它和以淠水为主源的芍陂（详后）相去200多里。过去的文献中有将此二陂混同为一的，这是不对的[③]。

《荀子·非相》说："楚之孙叔敖，期思之鄙人也。"孙叔敖的水利兴建可能首先是从故乡开始的。因修筑期思陂有功，被楚庄王（前613—前591）提拔为令尹[④]。东汉延熹三年（160）固始令段光在期思县城西北隅孙叔敖庙前所立的《楚相孙叔敖碑》说："宣导川谷，陂障源泉，溉灌坡泽，提防湖浦，以为池沼，钟天地之美，收九泽之利。"[⑤] 这是对孙叔敖兴修水利事业功绩的颂扬。期思陂的效益也是显著的。《意林》说："孙叔敖作期思陂而荆土用瞻。"[⑥] 今河南固始县群众称"百里不求天灌区"者即古代期思陂的后世称谓[⑦]。

芍陂是春秋前期楚国修建的另一项陂塘蓄水工程。位于今安徽寿县安丰城南，今名安丰塘。此处地势，东南西三面较高，雨季山水下灌，冲田毁禾；北面地势低洼，斜向淮河，水的流失很快，不能存以灌田。楚庄王

---

① 缪启愉辑释：《四民月令辑释》，农业出版社1981年版，第118页。
② 据《水经注·决水注》摘录。
③ 徐义生：《关于楚相孙叔敖的期思陂和芍陂》，载《安徽大学学报》1979年第4期，第85页。
④ 《淮南子·人间训》。
⑤ 见宋洪适《隶释》第3卷，第4页下。
⑥ 唐马总：《意林》逸文（据周广业辑本补），载《武殿殿聚珍版全书》第534册。
⑦ 朱成章：《我国最古老的罐溉工程——期思—雩娄灌区》，载《自然科学史研究》1983年第1期。

时（前613—前591），令尹孙叔敖利用这一地势特点，主持修建芍陂（因
水流过芍亭故名）。引淠河和今东肥河作为主水源，将东面的凤阳积石山、
东南面的龙池山，西面的六安龙穴山流来的水都汇集于芍陂中，形成大型
陂塘①。据《水经注·肥水》载："陂周百二十许里"、"陂有五门，吐纳
川流。"其中东北为井门，经过芍陂渎可与肥水相通。西北一门，可通香
门陂（香门陂在芍陂西北，为一小湖，可视为芍陂的一部分）。西南一门
纳淠水入陂。北有二门：一经芍陂渎（芍陂渎有二：一在陂东北；一在陂
正北）通肥水；一经羊头溪、熨湖会烽水渎通肥水。5 个水门，西南一门
为给水之途，其余 4 门均供排水之用。经芍陂渎与肥水直接相通的两个水
门，可以"更相通注"，起调节水量的作用②。水门是控制水流的关键建筑
物，无此，陂塘就不能发挥蓄水和放灌的职能，因此《水经注》描述的水
门设施，在芍陂建设初期，应该是有了的。

　　芍陂的灌溉效益，据《宋书·刘道怜传》说：昔时"芍陂良田万余
顷"。《后汉书·王景传》李贤注也说："陂经百里，灌田万顷。"这大概
说是汉代的情况，春秋时的芍陂当与此相去不远。芍陂的兴建无疑对寿春
地区的农业生产起重要作用，促进了该地区生产的发展和经济的繁荣。

（三）漳水十二渠

期思陂和芍陂兴建后的 200 年，又出现了有名的引漳十二渠。

　　漳水共有四源，都发源于山西的山地，水从山地流到平原其势很急，
每到雨季，水量突增，流经邺地（今河北磁县，临漳一带），往往泛滥成
灾。魏文侯二十五年（前422），西门豹为邺令，"即发民凿十二渠，引河
水灌民田，田皆溉"③。一百余年后，魏襄王（前318—前296）任史起为
邺令，继续修治渠道，"引漳水溉邺"④。左思《魏都赋》云："西门溉其
前，史起灌其后。"即指此事。因"十二渠经绝驰道"，汉初，有官吏"欲
合渠水，且至驰道合三渠为一桥"。由于老百姓强烈反对，未能实现⑤。可
见自战国初至西汉，漳水十二渠的效益一直是相当显著的。

---

　　①　方辑：《我国古代的水利工程》，新知识出版社 1955 年版，第 6 页。
　　②　钮钟勋：《芍陂水利的历史研究》，载《史学月刊》1965 年第 4 期，第 33—34 页。
　　③　《史记·滑稽列传》附褚少孙补西门豹事迹。
　　④　《汉书·沟洫志》。
　　⑤　《史记·滑稽列传》附褚少孙补西门豹事迹。

邺地原是盐碱地，亩产量略等于邻近地区的一半，所以"魏氏之行田也以百亩，邺独二百亩，是田恶也"[①]。而漳河水含有大量的细颗粒泥沙，有机质肥料十分丰富。经过漳水灌田、洗碱、填淤、加肥，改变了自古以来的"斥卤"之地，成为"生之稻粱"的沃壤，"亩收一钟"[②]。邺地变成魏国最富裕的地区之一。

引漳灌邺工程的特点是有坝、多渠口取水。《水经注·浊漳水》载：曹魏时"二十里中，作十二墱，墱相去三百步，令互相灌注。一源分为十二流，皆悬水门"。墱的意思是梯级，就是近代的低滚水堰。十二个堰，十二个口，十二条渠，渠口都有闸门控制。从后世修复该项工程的这些较详细的记载中，大致可以窥知所沿袭战国古制的梗概。

漳水是多沙河流，多渠口引水是古代劳动人民适应这种特点的一种创造，因为河流泥沙的淤积，常使主流摆动迁徙，不能与某一渠口长期相对应，多设渠口，则此塞彼注，不乏水源。淤塞的渠口经过浚疏后仍可灌注，维修与使用两不误。

（四）都江堰

都江堰是后于引漳十二渠一百多年的更为著名的大型水利工程，为秦国于取得蜀地后在岷江中游的灌县兴建的，古称湔堋、湔堰、都安堰，唐代称捷尾堰，宋代以来始称都江堰。岷江上游流经地势陡峻的万山丛林，水势很急。一到成都平原，水流速度突然减小，水中挟带的泥沙随即沉积下来，很容易淤塞河道。每逢夏季大雨，岷江和其他支流水势骤涨，加之常有雪水流注，往往泛滥成灾，而于其他季节雨水不足时，又会造成干旱，农业生产受到严重威胁。秦昭襄王时（前306—前251），李冰为蜀郡守，察看岷江形势，吸取当地人民以往治水经验，经过周密设计，兴建了中国古代这一最大最成功的水利工程——都江堰。

都江堰是一个防洪、灌溉、航运多种效益的综合性水利工程。它由分水鱼嘴、宝瓶口和飞沙堰等主要建筑设施组成。"分水鱼嘴"是中流做堰，形如鱼嘴，把岷江分隔为左右两支。右支南流，是岷江的正流，称外江；左支是人工开凿的渠道，向东流和沱江接通，叫内江。内外二江都分支灌

---

① 《吕氏春秋·乐成》。
② 王充：《论衡·率性》。

溉下游各县，其中又以内江为主。"宝瓶口"是劈开玉垒山建成的渠首工程（被凿开而孤立于内外江之间的山岩称离碓，古代所谓凿离碓，即凿宝瓶口），为引流灌溉并控制内江流量的咽喉。约宽20米、高40米、长80米，因形如瓶口而得名。"飞沙堰"是调节入渠水量、溢洪、排沙的工程。位于宝瓶口西侧前方，遇洪水时，过量的内江水溢过堰顶泄回外江，并把随水挟带而来的卵石、泥沙排到外江去，因名"飞沙堰"。都江堰的规划、设计和施工都具有比较高的科学性和创造性，工程布置十分巧妙。分水鱼嘴、宝瓶口和飞沙堰联合运用，能按照灌溉、防洪的需要，分配洪、枯水流量。

据《华阳国志·蜀志》载，李冰于进水口一带"作三石人，立三水中，与江神要：水竭不至足，盛不没肩。"这些石人显然起着水尺作用，用以测报江水水位的高低。是说水浅到石人脚，灌溉水就会不足，农田就会干旱；水高到石人肩，就会发生洪灾。从石人足和肩两个高程的确定，可知当时不仅有长期的水位观察，并且已经掌握岷江洪、枯水位变化幅度的一般规律。通过内江进水口水位观察，掌握进水流量，然后用分水鱼嘴、飞沙堰和宝瓶口的分水工程来调节水位，将渠道的进水流量控制在所需要的范围以内。这说明早在2300年前，我国在管理灌溉工程中已经掌握并利用了在一定水头下，通过一定流量的"堰流原理"。

《华阳国志·蜀志》又载：李冰"作石犀五头……一在渊中"。有人认为在渊中是说将石犀埋在内江中，它与明代在内江河底埋置"卧铁"的功用是一样的。它埋的深度是作为都江堰岁修淘滩的控制高程，即淘滩要接触到石犀，才能够上深度标准，使河床保持有一定大小的过水断面，这样就可以保证河床顺利地通过比较充足的水流量，保证农田给水。由此可见，当时人们对流量和过水断面关系已有一定的认识和应用，这种数量关系，正是现代流量公式的一个重要方面[①]。由此还可以推知，李冰在修都江堰工程之后，还规定了维护这一工程的方法。著名的治水六字诀"深淘滩，低作堰"，可能李冰时已经就提出来了。"深淘滩"已见前述，"低作堰"是指不要把飞沙堰筑得太高，因为飞沙堰具有溢洪作用，如果筑得高，洪水翻不过堰，就要漫溢灌渠两岸，淹没田地。"深淘滩，低作堰"

---

① 宋正海：《中国古代的水利工程和水文知识》，载《中国古代科技成就》，中国青年出版社1978年版，第282页。

都是指都江堰最基本工程的要求，在李冰时已有定式。作六字诀是希望后人依式维护。

堤堰的做法，据唐《元和郡县图志》载："破竹为笼，圆径三尺，长十丈，以石实中，累而壅水。"这方法大概李冰时就已采用，沿用至后代。岷江多卵石，四川多竹木，编制竹笼装石垒堰，可算是都江堰的一大发明。其优点是就地取材，施工简易，费省效宏。

另外，据《华阳国志·蜀志》和《水经注》等古文献记载，李冰还兴修了其他一些水利工程，其中在今宜宾清除滩险的施工中，在岩石开挖的施工方法上有所创造，"其崖崭峻不可凿，乃积薪烧之"[1]。用火烧岩石后，然后趁势浇冷水或醋，使坚硬的岩石在热胀冷缩中炸裂，便于开凿。

都江堰的兴修，使成都平原的面貌大为改观。《史记·河渠书》载："蜀守冰，凿离碓（碓，古堆字），辟沫水之害，穿二江成都之中，此渠皆可行舟，有余则用溉浸，百姓飨其利。至于所过，往往引其水益用溉田畴之渠，以万亿计，然莫足数也。"《华阳国志·蜀志》也说："（李）冰乃壅江作堋，穿郫江、检江，别支流双过郡下，以行舟船。岷山多梓、柏、大竹，颓随水流，坐致材木，省功用饶。又溉灌三郡，开稻田，于是蜀沃野千里，号为陆海。旱则引水浸润，雨则杜塞水门。故记曰：水旱从人，不知饥馑，时无荒年，天下谓之天府也。"

李冰是战国时代杰出的水利工程师。《华阳国志·蜀志》说："冰能知天文地理"，即具有丰富的水利工程学方面的学识。这学识无疑来自前人长期治水实践的经验，也吸取了当地劳动人民在治水方面的真知灼见。他们从岷江实际出发，群策群力，规划修建了选点正确、布局合理、造价低廉、施工简便、易于维修而工效卓著的都江堰工程。这显示了我们祖先在水利科学上的高深造诣和在征服自然、发展生产上所作的巨大贡献。直到今日，这项水利工程还在发挥它良好的效益。

（五）郑国渠

郑国渠为战国末期秦国于临统一六国前在关中平原北部开凿的灌溉渠道工程。关中平原年降雨量一般只有 600 毫米左右，而且分布很不均匀，春季雨量很少，远远不能满足农耕需要，同时地下水埋藏深度较浅，大量

---

① 《华阳国志·蜀志》。

可溶性盐分借助土壤毛细作用上升至地表，造成土壤的盐碱化，严重危害农作物生长。时至战国末期，秦国攻灭六国统一天下的政治形势正在形成，统治者也有发展生产增强国力的强烈愿望。恰在此时，邻近的韩国怕秦兵东伐，派水工郑国去劝说秦国修建水利工程，意欲使秦国疲于修渠，无力于征讨，秦王政元年（前246年），秦国采纳郑国的建议，凿泾水修渠。不久便察觉是阴谋，欲杀郑国，郑国对秦王说："始臣为间，然渠成亦秦之利也。臣为韩延数岁之命，而为秦建万世之功。"①秦王认为说得在理，仍让继续修渠。大约施工十多年，渠道终于完成，因名郑国渠。

郑国渠工程据《史记·河渠书》载："凿泾水自中山西邸（抵）瓠口为渠，并北山，东注洛，三百余里。"《水经注·沮水注》对于干渠的经行有详细的记载：大约是从泾阳西北仲山西抵瓠口凿引泾水，向东经过宜秋城、池阳故城的北面，横穿冶峪水和清峪水，再往东汇合浊峪水，其下并利用了一段浊峪水的河道，又经过曲梁城北面，会合沮水（石川河），即循着沮水的河道经莲勺故城、汉光武故城、粟邑故城的北面，东注入洛水②。70年代考古工作者据《水经注》等有关记载，结合地形、地貌，进行实地调查，基本上恢复了郑国渠故道的原来面貌。大致流经今泾阳、三原、临潼、富平、蒲城、渭南、白水等县③。当时开渠引灌之后，两岸广阔的农田及时得到浸润，土壤得到洗碱。泾水还含有大量有机质泥沙，能填淤加肥，改造了盐碱地，使这一带变成了丰产区，被誉为"天下陆海之地"④。《史记·河渠书》说："渠就，用注填阏之水，溉泽卤之地四万余顷，收皆亩一钟，于是关中为沃野无凶年，秦以富强，卒并诸侯。"

从郑国渠工程中可以看出，远在两千二百多年以前，我国人民已经有比较高的河流水文学知识。首先，郑国渠渠首工程布置在泾水凹岸稍偏下游的位置，这是十分科学的。在河流的弯道处，除通常的纵向水流外，还存在着横向环流，上层水流由凸岸流向凹岸，河流中最大流速接近凹岸稍偏下游的位置，正对渠口。所以渠道进水量就大得多，同时水里的大量细泥沙也进入渠里，进行淤灌。横向环流的下层水流却和上层相反，由凹岸

①　《汉书·沟洫志》。
②　参考黄盛璋《历史地理论集》，人民出版社1962年版，第113—114页。
③　西北大学历史系考古专业《郑国渠》编书组等：《郑国渠》，陕西人民出版社1976年版，第15—16页。
④　《汉书·东方朔传》。

流向凸岸，同时把比较重因而在河流底层移动的粗沙冲向凸岸，这样就避免了粗沙入渠堵塞渠道的问题。从郑国渠渠首的选择，可证明当时已对弯道环流的作用有所认识而加以利用①。

其次，针对渠道长、泾河水源有限又涨落不均等情况，郑国渠采取了川泽结合和利用客水的措施。先利用泾阳县西北的瓠口（亦叫焦濩泽），作为蓄泄机构，把泾水引入焦濩泽，然后再从焦濩泽开渠东流，使其调节水量。郑国渠还与冶峪水、清峪水等河流横交，并假道于同向顺流的浊峪水、频水的天然河道，从而巧妙地利用了陂泽和其他河流的水源，使长达300里河渠的足量供水、输水得到保证。

其三，据实地调查，郑国渠干渠渠线布置在渭北平原二级阶地的最高线上。其地形特点是西北微高、东南略低。干渠故道宽24.5米，渠堤高3米，深10米。自西向东布置在高处，位于干渠南部的整个灌区都在它的控制之下，这就保证了支渠以及其他下级渠道的自流引水，从而获得了尽可能大的灌溉面积。根据调查结果推算，当年郑国渠干渠平均坡降约为0.64‰。干渠渠线的选择，合理地利用了当地的地形条件，显示了较高的测量和引用技术水平②。

关于自流引水式渠道选取多大的纵坡才能保证顺利地自流引水呢？东周时已有规则性的论述。如《管子·度地》说："夫水之性，以高走下，则疾至于漂石；而下向高，则留而不行。……尺有十分之，三里满四十九者，水可走也。乃迁其道而远之，以势行之。"指出：水是由高处向低处流，如果是渠道坡降过陡，流速大，剥蚀石头，冲毁渠道。如渠道下部高，水不会向下部流。合适的坡降是"尺有十分之，三里满四十九者，水可走也"。尺有十分之，即1寸，3里均匀坡降49寸，水就可以流动，通过很长的渠道把水引向远方。3里坡降49寸，大约为0.9‰③。作为规则性的记载，自然是长期实践的总结，各地经验的概括。在当时的测量和施工水平下，能归纳选择出这样比较合适的坡降度已经很不容

---

① 宋正海：《中国古代的水利工程和水文知识》，载《中国古代科技成就》，中国青年出版社1978年版，第283页。

② 武汉水利电力学院等：《中国水利史稿》，上册，第122页。秦中行：《秦郑国渠渠道遗址调查记》，载《文物》1974年第7期，第33页。

③ 《史记·秦始皇本纪》载："六尺为步。"《大戴礼记·主言》载："三百步而里。"又《司马法》载："六尺为步，步百为亩。"《穀梁传》宣公十五年载："古者三百步为里。"计1里等于1800尺。3里满49寸，相当于1/1100的坡降，即约为0.9‰。

易了。而郑国渠的坡降度则为 0.64‰，又小于当时的一般规则，这就说明水工郑国又用自己的高深学识和伟大实践，进一步发展和丰富了这一规则。

关于郑国渠干渠以下各级渠道的具体设计，无专门记载，大概与前面提到的《考工记·匠人》中的有关论述相去不远。另外《管子·度地》中有两段描述，也可资参考。其一，水流"杜曲则捣毁，杜曲激则跃，跃则倚，倚则环，环则中，中则涵，涵则塞，塞则移，移则控，控则水妄行"。这里是说：渠道在转弯处弯道过急，则会被水流冲坏。渠道局部突然升降，就会出现水跃现象。"倚"和"环"则是对水跃主流旋涡和两旁回流形态的分别描述。产生上述现象就要冲刷土质渠道，带走泥沙，至水流平缓的渠段沉积下来，淤塞渠道，造成水溢渠妄行的事故。这里阐明了渠道不能转弯太急和不能局部陡突升降的道理，这类问题自然是当时设计渠道的禁忌。

其二，"水之性，行至曲，必留退，满则后推前。地下则平行，地高即控"。这是有压管流水力学现象的描述。在灌溉渠系中，特别是在较小的末级渠道中，当渠道穿越难以避开的道路时，往往于地下埋设管道通过之，今称倒虹吸。它是有压管流水力学的应用。"行至曲，必留退，满则后推前"，是说当渠水从一端流入向下弯曲的倒虹吸时，必先灌满倒虹吸，尔后才能"后推前"，从另一端流出。"地下则平行"是指倒虹吸的出口要低于进口，水流就能顺利通过。"地高即控"是说出口高于进口，水流就不能通过。从此段描述，可知至迟在战国的灌溉渠道中，已使用倒虹吸的设施。它也可能使用于郑国渠的灌溉渠道中。

（六）邗沟和鸿沟

邗沟又名邗溟沟，中渎水、韩江。为春秋晚期吴国开凿的沟通江淮的人工运河。吴王夫差南败楚、越后，欲北上与齐、晋争霸，为了使其水军有顺利北上的航道，于公元前 486 年开凿邗沟。《左传》哀公九年载："秋，吴城邗，沟通江淮。"晋杜预注："于邗江筑城穿沟，东北通射阳湖，西北末口入淮，通粮道也。今广陵韩江是。"射阳湖古称射陂，在今淮安县东南 70 里，末口在今淮安县北 5 里。邗沟从今扬州向东北凿渠引长江水到射阳湖，再经射阳湖到今淮安注入淮河。其间具体经行，《水经注·淮水注》有详细记载："中渎水自广陵北出武广湖东、陆阳湖西，二湖东西相直五里，水出其间，下注樊阳湖，旧道东北出至博芝，射阳二湖，西北出郏邪，乃至山阴矣。"可见邗沟是利用湖泊河流相互邻近的自然形势，用人工渠道巧妙地加以沟通所形成的。渠道北过今高邮后，折向东北，出射阳湖后又改向西北，绕了一个大弯（这个大弯道，东汉时才向西改得较直）。这显然是施工时尽量利用天然湖泊，减少开挖长度的结果。

邗沟建成的当年冬天，吴国水军即沿此渠北上伐齐。公元前 484 年，打败齐国，继续北上与晋国争霸。公元前 482 年，又于今山东鱼台和定陶之间开渠，沟通泗水和济水，名曰菏水。夫差率水军循淮河支流北上，由泗入菏，再由菏入济，与晋国争盟于济水岸边的黄池（在今河南省封丘县南）。

邗沟是接通江淮航道最早的水利工程之一。其北通泗水，开凿菏水后，又接通济水，达于黄河，间接沟通了长江与黄河，对于古代中国南北经济、文化交流起到了很大的作用。

鸿沟是战国中期魏国开凿的沟通黄河与淮水的人工运河。魏惠王九年（前 362）迁都大梁（今开封市）。为发展水路交通，于次年即开凿鸿沟。《水经注·渠水注》引《竹书纪年》说："入河水于甫田，又为大沟而引甫水者也。"大约是从北面的黄河或荥泽引水入圃田泽，然后从圃田泽开渠东至大梁。至魏惠王三十一年（前 340），又"为大沟于北郛，以行圃田之水"。即又从大梁再向东开渠，并折而南下，和淮河北面的支流：丹水、睢水、涉水相串通，下接颍水，通于淮河。鸿沟的开凿，沟通了黄河与淮河间的航道，使河、淮间重要水道彼此连接起来，促进了各水道沿岸地区的经济发展和政治联系。《史记·河渠书》说："荥阳下引河，东南为鸿沟，以通宋、郑、陈、蔡、曹、卫，与济、汝、淮、泗会。"反映出该地区当时水运四通八达的情况和各诸侯国间交通的便利。总之，邗沟和鸿沟的开凿，把黄河、淮水和长江流域的水道沟通起来，为后来全国范围的水道交通网的形成，奠定了初步基础。这些人工运河除用于航运外，也兼及灌溉，促进了沿岸农业生产的发展。

以上是兴修和开凿的大规模的灌溉工程和运河，此外还有较小的，如智伯渠、白起渠，以及沙水与汝水之间，夏水、杨水与云梦泽之间，太湖与江、海之间也都开凿有较短的运河，促进了这些地区农业生产的发展及经济交流。

二　农业技术的巨大进步

如果说在夏、商、西周以青铜生产工具为代表的生产力水平下，我国出现了从原始农业向传统农业的过渡，那么到了东周，以铁犁、牛耕为主要技术特点的传统农业则初步奠定基础。连耕制成为主要的农作制形式，在此基础上还出现轮作栽培和复种（本书第十章已有详述）；对土壤与农作物关系的研究达到新水平；强调人力改造土壤；对农时的认识更加精确，注重因地、因时耕作，最有效地利用土地；并总结出适时播种、合理密植、加强管理等精耕细作的经验和理论。

（一）牛耕和犁耕的出现与推广

有关牛耕和犁耕的起源，是中国经济史上的又一重要问题，但是自古至今一直存在不同的说法，未能取得一致的意见。大体可以归纳为以下四类说法：

"史前"说。其中又有早晚的不同。清人赵春沂在《牛耕说》一文中称："牛耕亦当始自神农氏矣。"[1] 较晚一些的，今人有曹毓英、牟永抗等主张犁耕始于新石器时代晚期，并列举内蒙古林西、山西襄汾陶寺、上海松江县汤庙村、江苏吴县光福镇、镇江谏壁烟台山、浙江吴兴邱城、杭州水田畈、桐乡蔡家坟、余姚上林湖、绍兴陶堰、嵊县崇仁、嘉兴新篁等新石器时代遗址中出土的"石犁"为据。他们认为在距今约5000年前"人们的农业生产已经缓慢地开始进入犁耕阶段"。但对犁的牵引，是否使用牛力未作定论[2]。此说失之过早。前者的神农牛耕之说可以断言毫无根据；后者所列举的新石器时代晚期"石犁"，出在北方的实际是石耜，出在南方的实际是石锄，本书已于第七章、第五章中详为论述。

夏商西周说。《山海经·海内经》云："后稷是播百谷，稷之孙曰叔均，始作牛耕。"后稷和大禹一起参加治水，其孙叔均始作牛耕，时间上

---

① 见《皇清经解》卷一千三百八十六，第13—14页，《经义丛钞》。

② 曹毓英：《中国牛耕的起源和发展》，载《农业考古》1982年第2期，第97—100页；

牟永抗等：《浙江的石犁和破土器——试论我国犁耕的起源》，载《农业考古》1981年第2期，第75—83页；

叶玉琪：《吴县出土的石犁》，载《文博通讯》1984年第1期，第31页。

可能相当于夏代。郭沫若先生在《甲骨文字研究》和《奴隶制时代》二书中，从甲骨文的字形中论证"殷人已经发明了牛耕"。认为"犁"、"犁"很像牛牵犁发土的形状，"勹即象犁头，一些小点象犁头起土，嵒在牛上，自然就是后来的犁字。这可证明殷代是在用牛从事耕种了"。[1] 范文澜先生也有类似的说法，他认为甲骨文的畴字作"畴"，"象牲畜犁地时拐弯的犁纹，生象牛蹄。犁，甲骨文作犁又作犁，象牛拉犁发土形"[2]。还有祝瑞开先生也从甲骨文字形中推论出"商代曾用马、牛来犁地耕种"，从金文字形中推论出西周"使用大牲畜马、牛来耕种土地"[3]。一类说法的缺点是证据不足。在无其他资料佐证的情况下，字形的推论，往往可以这样理解，也可以那样成说，难以确指。大概是有见于此，在郭老主编的《中国史稿》第一册第188页上改为"商代可能发明了牛耕"。范老在《中国通史》第一册第45页上也只写作"商时有牛犁，似颇可信"。皆成或然之词。另外，有牛耕则必有犁，夏商西周已使用青铜工具，耒、耜、锄、铲等青铜农具都有出土，唯独未发现这一时代的青铜犁。因此，西周以上有牛耕大概是靠不住的。

汉晋说。北魏贾思勰《齐民要术》序说："赵过（西汉人）始为牛耕，实胜耒耜之利。"唐贾公彦在《周礼·地官》里宰疏云："周时未有牛耕，至汉时搜粟都尉赵过始教民牛耕。"主张晋代始有牛耕的是唐人李善，他在《文选注》中说："古耕以耒而今耕以牛者，盖晋时创制，不沿于古也。"[4] 此一类说法的问题是失之过晚，特别是晋代说与事实相去甚远。在《汉书》的《食货志》、《循吏传》、《平帝纪》和《后汉书》的《任延传》、《王景传》，《刘般列传》、《章帝纪》等多处有关于牛耕或耕牛的记载。在甘肃武威磨嘴子、山西平陆枣园村、山东滕县宏道院、江苏睢宁双沟、陕西绥德、米脂、内蒙古和林格尔等古代遗址和墓葬中，出土有西汉的木牛犁模型、王莽和东汉时的壁画牛耕图和东汉画像石牛耕图，出土汉代铁犁铧的地区也十分广泛。据不完全统计，在北起辽宁，南到贵州，东起山东、福建，西到甘肃、四川的广大地域内，其中包括河北、山西、陕西、河南、江苏、安徽等，共12个省的50多个地点出土汉代的铁犁铧、

---

[1] 郭沫若：《奴隶制时代》，科学出版社1961年版，第7页。
[2] 范文澜：《中国通史》第一册，人民出版社1978年版，第44页。
[3] 祝瑞开：《马、牛耕的兴起在什么时候？》，载《人文杂志》1980年第2期，第62页。
[4] 见《文选》第7卷，第7页。

犁镡以及犁铧铸范。所反映牛耕的技术也比较进步。从犁架的结构看，有犁梢、犁床、犁辕、犁衡到犁箭这样一些畜力犁的主体构件都已具备；已有不同种类的犁铧以适应不同的耕作需要，在犁耕中已有分工，还有用以翻土的犁瓣（亦称犁镜、犁碗）①。从汉代牛耕如此普遍和技术如此进步至少可以说明以下两点：Ⅰ、牛耕始于晋代说，实属无稽之谈；Ⅱ、汉代也不是牛耕的创始时期，而是要早一些。

东周说。这里又有春秋说和战国说的不同。较早提出春秋说的大概是宋人周必大和叶梦得②。今人齐思和、孙常叙等宗其说。主张战国的为清人杭世骏③，今人徐中舒、达人等附其议④。笔者认为，将牛耕问题置于中国古代经济发展的总的进程中加以考察，以东周说为最确。大概春秋时牛耕已较多出现，进入战国则有较大的推广。

据《史记·仲尼弟子列传》载，孔子的弟子中有"冉耕字伯牛"、"司马耕字子牛"的。古人命名皆有所取义，以牛与耕联系起来命名，是当时牛较多用于耕地这一社会现象的反映。对此，清人王引之在《春秋名字解诂》却有别解，他认为"古者耕以人耦，不用牛力，作耕非本义也，耕当为牼。《说文》：牼（口茎切），牛骹下骨也，引《春秋传》曰：'宋司马牼字牛'，即司马耕也。昭二十年《传》有华牼，《孟子·告子》篇有宋牼，是古人多以牼为名，司马牼亦是也，冉耕亦当为冉牼，古字假借耳。"⑤王氏作别解的前提是："古者耕以人耦，不用牛力。"这一前提在西周以前是对的，到东周就不对了。而据以解说东周的人名，自然是错的。其所本《说文》引《春秋传》："宋司马牼字牛"，亦不见今本三传，只《左传》哀公十四年两处提到司马牛，因此，以耕为牼的借字实无根据，前提既错，又无根据，其说非是。

《国语·晋语》载：晋国的范氏中行氏的子孙"将耕于齐，宗庙之牲，为畎亩之勤"。另据贾谊《新书·春秋篇》载，邹穆公曰："百姓煦牛而耕，曝背而耘。"刘向《新序·刺奢》作"百姓饱牛而耕，暴背而耘"。

①　张振新：《汉代的牛耕》，载《文物》1977年第8期，第58—61页。
②　周必大：《周益公文集·平园续稿·曾氏农器谱题辞》；《通考》第1卷《田赋考》引。
③　杭世骏：《道古堂全集》第24卷，《牛耕说》。
④　徐中舒：《耒耜考》，载《农业考古》1983年第2期，第135页；达人：《有关战国时代牛耕的几个问题》，载《文史哲》1963年第1期。
⑤　见《皇清经解》卷一二〇一，第31页。

这都是春秋时牛用于耕田的明确记载。

《论语·雍也》篇云："犁牛之子骍且角，虽欲勿用，山川其舍诸？"唐陆德明《经典释文·论语音义》说："又力幵反，耕犁之牛。"清代朴学大师如惠士奇、刘台拱、刘宝楠等皆以犁为耕牛之义①。对此，魏何晏《论语集解》有不同的注释，他说："犁，杂文"，意为杂文牛。但据其他文献所载春秋时已有较多牛耕的事实来看，特别是早于何晏的《说文》中云："犁，耕也"，"耕，牛犁也"，二字互训，则犁牛作耕牛解比较合理。

《战国策·赵策一》记平原君的话说："秦以牛田，水通粮。"这里所说的不是个别情况举例，而"牛田"指整个秦国。1975 年 12 月，在湖北孝感地区云梦睡虎地出土了秦始皇统一前的大量秦简，内容为秦律 18 种。其中《厩苑律》载："以四月、七月、十月、正月肤田牛。卒岁，以正月大课之。最，赐田啬夫壶酉（酒）、束脯，为旱（皂）者除一更，赐牛长日三旬；殿者，谇田啬夫，罚冗皂者二月。其以牛田，牛减絜，治（笞）主者寸十。有（又）里课之。最者，赐田典日旬；殿，治（笞）卅。"意思是：在四月、七月、十月和正月评比耕牛。满一年，在正月举行大考核。成绩优秀的，赏赐田啬夫酒 1 壶、干肉 10 条，免除饲牛者一次更役，赏赐牛长资劳 30 天；成绩低劣的，申斥田啬夫，罚饲牛者们资劳两个月。如果用牛耕田，牛的腰围减瘦了，每减瘦 1 寸，要笞打主事者 10 下。又在乡里中举行考核，成绩优秀的，赏赐里典资劳 10 天；成绩低劣的，笞打三十下②。秦国对耕牛的饲养、使用和评比考核作为法律条文加以规定，说明用牛耕田肯定是较普遍的社会现象，而不是个别的。《管子·乘马》篇说："距国门以外，穷四境之内，丈夫二犁，童五尺一犁。"犁耕是指"距国门以外，穷四境之内"，也属较大的范围。可见，牛耕和犁耕在战国时确有较大的推广。

达人先生在《有关战国时代牛耕的几个问题》一文中认为："战国是我国牛耕的开始时期"，当时"牛耕使用于生产还是很稀少的现象，"似失之稍晚。他认为"耒耜是战国时代的最主要的耕具"，仍采取用耒耜耦耕的耕地方法。并从文献记载和考古材料两个方面加以论证③。经过对这些

---

① 见齐思和《牛耕之起源》，载《中国史探源》，中华书局 1981 年版，第 90 页。
② 睡虎地秦墓竹简整理小组：《睡虎地秦墓竹简》，文物出版社 1978 年版，第 30—32 页。
③ 达人：《有关战国时代牛耕的几个问题》，载《文史哲》1963 年第 1 期，第 51—53 页。

资料的仔细研究，笔者认为这个论证是不充分的。

　　文献记载有两大类：一类如《周礼·地官》里宰的"以岁时合耦于锄"，《吕氏春秋·季冬纪》的"令告民，出五种，命司农，计耦耕事，修耒耜，具田器"。前一书所记乃西周制度，其书名及内容行文，明白无误；后一书与《礼记·月令》同，其基本内容西周时已形成，以后又有所增补，是周代的老皇历，所记亦为西周之事。皆因其成书于东周，或疑其成书于战国而被看成是战国的情况罢了（中国古史研究中出现的很多混乱，往往都是由此而产生的）。另一类是如《国语·周语中》的"民无悬耜，野无奥草"，《齐语》中的"今农夫……权节其用，耒耜枷芟"，《韩非子·说疑》篇的"燕君子哙……又亲操耒耜，以修畎亩"，《孟子·滕文公》篇的"农夫岂为出疆而舍其耒耜哉？"《礼记·礼运》篇的"治国不以礼，犹无耜而耕也。"这里的耒耜，实际就是耕犁。发论议事，习用古称，这是我国文字写作中的常例，古今都是一样。一直到唐代，陆龟蒙所写耕犁的著作，仍称《耒耜经》；况在东周，正处在耒耜向犁的转变阶段，以耒耜称犁，更不足怪。如果就字论事，就会得出错误的结论。今举一较近的例子。毛泽东主席在《论十大关系》中说："今后社会上的镇反，要少捉少杀。""机关、学校、部队里面清查反革命，要坚持在延安开始的一条，就是一个不杀，大部不捉。""……康泽这样的人也不杀。……这样的人杀了一个，第二个第三个就要来比，许多人头就要落地。""杀错人……一颗脑袋落地，历史证明是接不起来的"①。如果就字论事，就会得出直到新中国成立后，人民政府处决犯人还用刀杀的办法，而不是用枪毙，因为这里用的是"杀"字，而且具体描述为"许多人头落地"、"一颗脑袋落地。"毛泽东是中国共产党的主席，《论十大关系》又是在中共中央政治局扩大会上所做的报告，文献的权威性和可靠性是头等的。这样论证新中国成立后处决犯人仍用刀砍的方法，似乎挑不出毛病，但实际上是错了。同样的道理，如果把战国文献中的耒耜，全当作用脚踏的耕具，那也是错了。

　　达人先生把出土的战国铁犁铧看作是耜，也是不对的。诚然，从长沙203号汉墓出土木俑手执的单刃和双刃的锸形器（达人先生说这就是耒耜）有三角形刃的。这类器物如镶有铁的刃套，则器形必窄，銎槽必深，装镶才能牢固，便于一人脚力踏耕翻地。而出土的战国铁犁铧器形既宽，

鏊槽甚浅。以河南辉县固围村战国墓出土的2:58号铁犁为例，两边刃分别长为17.5和18厘米，两翼外边相距23.5厘米。如果于其上再接宽23.5厘米、长3.5倍以上（木俑所执锸形器器面长宽约为3.5:1）、厚两厘米以上的木叶，一人的脚力无法踏耕。因而它只能是装镶在犁头前部的铁犁铧，用以牛耕。另外，鏊槽很浅，只宜装镶于犁端，牵引向前作直线移动，方不致脱鏊。如作耜刃，踏刺入地后，还要以耜面后部为支点，撬翻耕土，装镶既浅，则耜刃极易脱落。其非耜刃甚明。特别是近年来在陕西的蒲城、礼泉、西安、陇县等地出土了形状和大小都类似的铁器物，皆套接在全铁制犁铧的前端，为铧冠，也可证它不是耜刃套。①

铁犁的使用和牛耕的推广，"使更大面积的农田耕作，开垦广阔的森林地区，成为可能"②。并为个体家庭劳动创造了比较充分的条件，使"一家一户就是一个生产单位"③这种分散的个体生产成为社会基础具有可能性。

（二）土壤肥力与耕作原则

《吕氏春秋·任地》篇云："地可使肥，又可使棘。"是说耕地既可由瘠薄变肥沃，也可由肥沃变瘠薄，关键在人的耕作。这一理论是在人们采取多种办法改造土壤并使耕地经常保持和增加肥力的实践基础上概括出来的；反过来，它又指导人们为提高耕地肥力而采取更多的措施。它为我国后来的"地力常新论"奠定了理论基础。

《任地》篇还说："凡耕之大方：力者欲柔，柔者欲力；息者欲劳，劳者欲息；棘者欲肥，肥者欲棘；急者欲缓，缓者欲急；湿者欲燥，燥者欲湿。"这是提出的土壤耕作上的五大原则。"力者欲柔，柔者欲力。"是说通过人的耕作，要使过于紧密的土壤疏松些，又要使过于疏松的土壤紧密些，调节土壤结构状态，使之松紧适度，便于农作物生长。

"息者欲劳，劳者欲息。"是说既要使已经休息过的土地得到利用，又要使已经利用过的土地得到休息，在利用耕地上要贯彻用地养地结合的原则。在西周以前，主要用休闲耕作的方法；而到东周，大概主要采取垄沟

① 张振新：《汉代的牛耕》，载《文物》1977年第8期，第60页。
② 《马克思恩格斯选集》第4卷，人民出版社1972年版，第159页。
③ 《毛泽东选集》第3卷，人民出版社1968年版，第885页。

互换轮番利用的方式。如后世农书所说的，"今年种畎，明年种亩，互换种之，以休地力。"① 汉代推行的"代田法"就是这种办法。

"棘者欲肥，肥者欲棘。"这条大概指三种情况：（1）与所种作物有关，喜肥大的作物，耕种时必多施肥，不受肥的作物，耕种时不施肥或于瘠薄地下种。（2）在肥料较少时，于瘠薄地多施肥，于肥沃地不施或少施。（3）施肥不能过量。如我们所看到的，粪坑四周和施肥过量的土地，氮素偏高，引起作物贪青徒长，"华而不实"，造成减产。当时大概也已经观察到作物正常生长与土地肥力适度的关系。

"急者欲缓，缓者欲急。"这大概是讲土质变化与耕、锄时机的关系。是说质地坚刚的土地，雨后变得松软，及时翻耕，可以改善过紧的结构；播种后，当遇上干旱土质变硬时，及时中耕可使土壤疏松，利于保墒和作物生长，即所谓"人肥（耜）必以泽，使苗坚而地隙；人耨必以旱，使地肥而土缓"②。但是，如果土地弄得太缓疏了，使苗根松摇，也不利于作物的生长。另外对于过于松散的土地，则应采取不同的措施，使其变得坚刚一些，就像《氾胜之书·耕田》中所说的，"土甚轻者"，耕后"以牛羊践之，如此则土强。此谓弱土而强之也"。

"湿者欲燥，燥者欲湿。"是说作物生长良好与土壤水分适度的关系。要使过于湿润的土壤干爽些，也要使过于干燥的土壤湿润些。为此，则必须于雨多年份注意防洪排涝，干旱年份注意抗旱保墒，低洼地注意防淹排水，高原地注意存水保墒。战国时作物栽种上的"上田弃亩，下田弃圳"③也正是这一原则的应用。

（三）深耕细作

在东周，有很多著作中，每每把深耕和各类形式的锄、耰连在一起说。如《国语·齐语》："深耕而疾耰"，《孟子·梁惠王上》："深耕易耨"，《韩非子·外储说左上》："耕者且深，耨者熟耨"，《庄子，则阳》："深其耕而熟耰"，《管子·小匡》篇："深耕……疾耰。"耰是弄碎土块，平整地面和垄沟，"疾耰"是说在深耕之后，要及时碎土打磨好畎亩。"熟耰"是说要

---

① 孙宅揆：《教稼书》。
② 《吕氏春秋·任地》。
③ 《吕氏春秋·任地》。

仔细整地。"易耨"为治于耨，即善加锄草。"熟耘"是细致地中耕除草，这些都已成为当时农作的普遍措施。"深耕"并不是愈深愈好，而是以见墒为度，即所谓"其深殖之度，阴土必得"。这样才能达到"大草不生，又无螟蜮"的效果①。在《吕氏春秋·辨土》篇中，还根据土壤的结构和墒情，安排出耕地的先后次序，规定了始耕的时间和耕作的次数。要求整地时"亩（垄）欲广以平，甽（沟）欲小以深"，这样"下得阴，上得阳，然后咸生"。播种时要"横行必得，纵行必术，正其行，通其风"。播种量要合适，播种后覆土，厚薄要适度。定苗时要"长其兄而去其弟"，即留强去弱。而且对于肥地的苗要密些，薄地的则要稀些。除草时要严防伤根，等等②。这些从耕翻、整地、播种、田间管理等一整套农业技术上的巨大进步，表明到了东周，特别是战国时，我国农业生产已从粗放经营向精耕细作发展，初步奠定了我国传统农业技术的基础。

（四）二十四节气的划分与农时的进一步精确

周族原是以农艺见长的。从后稷到公刘迁豳、古公亶父迁岐和周武王建立周王朝，一直重视农业生产。农业生产的发展，对"天时"提出更严格、精确的要求，促进了对天文、历法、农时的研究，从而取得了较大的进步。

利用土圭测影定季节和求得一个回归年的长度是一项重大的进展。因为利用观察恒星的位置变化来定季节和求取冬至、夏至，仅只是一种近似的方法。由于岁差的缘故，季节和恒星位置的关系在不断地变化。只有用土圭观测太阳晷影在日中时高度的变化，才能较准确地反映季节变化的本质。周族很早就知道这种方法。《诗·大雅·公刘》载：周族的祖先公刘在豳地"既景（影）乃冈，相其阴阳"。建立周王朝后，传说周公在阳城测影。《周髀算经》中记载周公与商高关于用土圭测日影的谈话，《周礼》中也有使用土圭测日影的记载，通过长期的观测，资料的不断积累，求得回归年长度的数值日趋精密。至晚在春秋时，已知岁实的长度为365.25日，并确立19年7闰法。19年中置7个闰月，是因为19个回归年正好有235个朔望月，一个朔望月等于29.53085日，19个回归年的日数则与235

---

① 《吕氏春秋·任地》。
② 见《吕氏春秋》的《任地》、《辨土》两篇。

个朔望月的日数完全相等。为阴阳合历找到比较理想的一个循环周期。由于 19 年 7 闰法的确立是以岁实为 $365\frac{1}{4}$ 日为基础的，故称四分历。这是当时世界上所使用的最精密的岁实数值。希腊的伽利泼斯历和我国的四分历相当，但比我国晚大约一百多年。

在东周，随着利用土圭测定日影技术的进步，特别是获得岁实长度为 $365\frac{1}{4}$ 日的比较精确的数据以后，就可以确定各年同天气候的寒暖，从而定出了一年的二十四节气。把二年平均分为 24 等分，平均过 15 天多设置一个节气，它反映了太阳一年内在黄道上视运动的 24 个特定位置。所以二十四节气实际上是一种特殊的太阳历。

记载二十四节气最早的书是《周髀算经》，近人多认为是战国时的作品。该书利用土圭测定日影长度的不同，将一年定为：冬至、小寒、大寒、立春、雨水、启蛰、春分、清明、谷雨、立夏、小满、芒种、夏至、小暑、大暑、立秋、处暑、白露、秋分、寒露、霜降、立冬、小雪、大雪，凡八节二十四气。其中二至（冬至、夏至）、二分（春分、秋分）、四立（立春、立夏、立秋、立冬）为八节，每节三气，共二十四气。在《逸周书·时训》中，不仅有全部二十四节气的名称，而且又进一步将每一节气中的 15 天多，均分为三候，成为七十二候。《逸周书》据近人研究，大致也肯定为一部先秦的著作。这些名称另在《吕氏春秋》和《月令》中大部分出现过，因此二十四节气产生于战国当无异议。二十四节气的产生为农时提供了准确的标志，大大方便了农业生产的适时进行。

《吕氏春秋·审时》篇说："凡农之道，厚（候）之为宝"，将农时的把握提到相当高的地位。这首先是耕地要适时，否则得不到好收成。《吕氏春秋·辨土》篇说："今之耕也，营而无获者，其蚤者先时，晚者不及时，寒暑不节，稼乃多菑实。"在《任地》篇中还定出最佳的始耕期，即"冬至后五旬七日，菖始生。菖者，百草之先生者也，于是始耕"。并根据地势高低、土质不同、土壤干湿，定出翻耕的顺序和适时耕作的时机。特别是《审时》篇对粟、黍、稻、麻、菽、麦 6 种作物，作了"先时"、"适时"、"后时"的比较，指出：凡得时的作物，茎秆粗硬高大，子实多并饱满，出米多，吃起来香甜、耐饥；失时的（包括先时和后时的）作物则完全相反。具体表示如表九：

表九　　　　　《吕氏春秋·审时》篇中六种作物得时和失时的比较

作物	先时			得时			后时		
	植株	子实	其他	植株	子实	其他	植株	子实	其他
禾(粟)	(1)茎叶细弱 (2)穗秃钝	(1)有瘪粒	(1)出米不香	(1)茎秆坚硬 (2)穗子长大	(1)子实饱满 (2)糠薄出米多	(1)吃起来有力	(1)茎叶细弱 (2)穗尖细	(1)有青粒 (2)不饱满	
黍	(1)植株高大,但不坚实。 (2)叶繁盛 (3)穗短小			(1)茎高而直 (2)穗长	(1)米圆 (2)糠薄	(1)易舂 (2)有香味	(1)茎小而细长 (2)穗短	(1)糠厚 (2)米粒小,黑黄色	(1)无香味
稻	(1)植株高大 (2)叶太繁盛 (3)穗短小	(1)秕多 (2)糠厚 (3)米薄		(1)植株高大 (2)分蘖多 (3)穗如马尾	(1)子粒饱满 (2)米圆 (3)糠薄	(1)易舂 (2)有香味	(1)茎秆细弱	(1)秕多 (2)糠厚 (3)米粒小	
麻				(1)茎长,节间长 (2)茎细小而坚实 (3)色泽鲜亮	(1)花多子多	(1)纤维厚而均匀 (2)可以免蝗害			
菽	(1)茎长而蔓延 (2)叶稀节疏 (3)荚小	(1)瘪荚多		(1)茎秆坚实 (2)分枝多 (3)叶密 (4)荚多	(1)大粒种豆圆,小粒种豆圆而饱满 (2)子粒重大	(1)吃时有香味 (2)不遭虫害	(1)茎短节疏 (2)植株细弱	(1)不结实	
麦		(1)子粒小而不饱满	(1)易遭虫灾病	(1)穗长,深色 (2)小穗七八对	(1)子粒重大 (2)子粒饱满	(1)吃时有香味 (2)不遭虫害	(1)苗弱 (2)穗青	(1)不成熟	

　　从表九可知，《审时》篇的作者对得时和失时的农作物进行了深入研究：不仅分析与研究了农作物的形态特点，如植株的高矮、叶片的稀密、分枝的多少；而且研究了农作物产量因子的变化，如穗子的大小、结荚的多少，粒子的大小和轻重，稃皮的厚薄，秕粒的有无等。既分析了得时与失时和产量与品质的关系，又研究了得时与失时和粮食加工以及病虫害的关系。最后，又把得时与失时和人们的疾病与健康联系起来。这样就深刻地阐述了不违农时的重要性，并且从植物形态学和生理学的高度，为作物栽培奠定了理论基础。

第十五章 中国奴隶制社会的逐步崩溃

马克思指出:"人们在发展其生产力时,即在生活时,也发展着一定的相互关系;这些关系的性质必然随着这些生产力的改变和发展而改变。"[①]夏、商、西周的奴隶制社会诸种关系,是与以青铜生产工具为代表的生产力水平相适应的,历经一千五六百年的发展,青铜工具、耦耕逐步为铁工具、牛耕所代替,生产技术有显著进步,物质生产有巨大增长,社会生产力出现了飞跃性变化,这样,原有生产力水平下形成的经济、政治等诸种旧关系难以与其相适应,而必然跟着或速或缓地发生变化,逐步走向解体。

一 东周商品经济的发展及其历史作用

在东周,生产力、生产关系、阶级关系都出现一些新的变化,为商品经济的发展,特别是私营商业的兴起创造了条件。而后者的发展又进一步促进了旧制度的解体、新制度的产生。

(一) 商品经济发展的条件

在西周,实行"工商食官"制度,即主要由官府统一经营管理工商业。到了东周,由于生产力的发展,特别是铁工具的大量使用,为个体劳动创造了较充分的条件,提供了私营独立手工业者大量出现的客观可能。同时,这种情况进一步激化了阶级矛盾,官工业中劳动者的逃亡、怠工斗争加剧。迫于形势,有一些官工业部门开始允许私营。《管子·轻重乙》载:"桓公曰:……请以令断山木,鼓山铁,是可以毋籍而用足。管子对曰:不可。今发徒隶而作之,则逃亡而不守,发民则下疾怨上,边境有兵则怀宿怨而不战,未

---

① 《马克思恩格斯选集》第4卷,人民出版社1972年版,第325页。

见山铁之利而内败矣。故善者不如与民量其重，计其赢，民得其十，君得其三，又杂之以轻重，守之以高下，若此则民疾作而为上虏矣。"某些官工业部门允许私营，是政策性的重大转变；另外，如晋文公实行"通商宽农"①，卫国曾推行"通商惠工"等政策②，这些都为民间专业手工业的发展提供了广泛的场所和必要的政治环境。

生产力的发展，特别是铁器的大量使用，使生产部门增多，生产技术改进。和以前相比，生产日益多样化和生产技术日益专门化。原来和农业结合的家庭手工业者，对有一些手工业产品已无法兼顾，需要分离出来成为专业手工业者进行生产；原来生产多种产品的手工业者，已无力一个人完成多种产品的生产，需要分得更细，成为几个不同的专业，由不同的专业手工业者完成。这样，私营专业手工业者便大量发展起来。

据文献记载，东周出现的私营专业手工业者有"为鞼者"（作履之工，或曰作车靷之工)③、"结罛罔、捆蒲苇、织萉屦"者（结绳作捕鸟兽的网，编草蓆，制作麻鞋)④、作"踊"者（制作假足)⑤、"织缟"者⑥、"攻玉"者⑦、制药、洴澼绖（漂絮水中）者⑧、鞼、匏（攻皮之工）、陶（制陶）、冶（铁匠)⑨、"梓匠、轮舆"（木工、制车工)⑩，等等。东周居住城市的专业手工业者，其作坊多集中于专门制造货物和出售货物的肆中，所谓"百工居肆，以成其事"。也有分散居住的。如《吕氏春秋·召类》记："士尹池为荆使于宋，司城子罕觞之。南家之墙，犨于前而不直（犨，犹不直，曲出于子罕堂前）……士尹池问其故？司城子罕曰：南家工人也，为鞼者也。吾将徙之，其父曰：吾恃鞼以食三世矣。今徙，宋国之求鞼者，不知吾处也，吾将不食，愿相国之忧吾不食也。为是故，吾弗徙也。"与相国司城子罕为邻的鞼工，就不住在肆中。

---

①《国语·晋语》。
②《左传》僖公二年。
③《吕氏春秋·召类》。
④《晏子春秋·内篇·杂上》。
⑤《晏子春秋·内篇·杂下》。
⑥《韩非子·说林上》。
⑦《左传》襄公十五年。
⑧《庄子·逍遥游》。
⑨《墨子·节田中》。
⑩《孟子·滕文公下》。

在民间专业手工业者发展的基础上，战国时出现一批大规模经营冶铁、牧畜、制药等业的致富者。如邯郸郭纵"以铁冶成业，与王者埒富。"蜀卓氏的先辈，在赵国"用铁冶富"。迁至临邛后，"即铁山鼓铸，运筹策，倾滇蜀之民，富至僮千人"。山东的程郑，迁至临邛，"亦冶铸，贾椎髻之民，富埒卓氏"。宛孔氏的先辈是大梁人，"用铁冶为业"，迁至南阳后，"大鼓铸，规陂池，连车骑，游诸侯，因通商贾之利，……家致富数千金"。鲁国人曹邴氏"以铁冶起富至巨万"，乌氏倮"畜至用谷量马牛"，巴寡妇清"其先得丹穴，而擅其利数世，家亦不訾"①，等等。社会分工的发展，私营专业手工业的大量涌现，使以直接交换为目的生产，即商品生产增加，手工业各部门之间，工农业之间产品相互需求扩大，交换频繁，促进了商业的发展。

由于铁器的大量使用和牛耕的推广，农业生产力大大提高，农业劳动者的剩余产品增多，出售余粮的数量和农户也相应增多；另一方面统治者通过租税获得更多的农产品，也投放市场，为日益众多的工商业者提供了必需的食品。工农产品量增加及其相互交换是商业发展的主要条件，也是它的主要内容。《孟子·滕文公》篇说：如果不"通功易事"，就"农有余粟，女有余布"，如果能相通，则"梓匠轮舆"便能得食。又说：农夫"以粟易械器"，陶冶"以其械器易粟"。工农业产品在广大劳动者之间的广泛交换，为私营商业的发展提供了广阔的天地。公元前651年，齐桓公会诸侯于葵丘，盟词中有一条便是"无遏籴"②，说明粮食的需求与贸易已在诸侯国之间发展起来。

东周时，由于列国之间交往增多，交通有所改进。据《史记·货殖列传》载，当时北方诸侯国各主要都会之间商路畅通，说明陆路交通有较大发展。水路方面，这一时期开凿了一些人工运河。如春秋晚期，吴王夫差欲北上与齐晋争霸，为了使其水军有顺利北上的航道，于公元前486年开凿邗沟，沟通了江、淮。又于公元前482年，在山东鱼台和定陶之间开渠，沟通了泗水和济水，名曰菏水。这样，通过济水可达黄河，间接沟通了长江与黄河。魏国于公元前361年开凿了鸿沟，在中原地区又沟通了黄河与淮河之间的航道。其他如徐国开凿沙水与汝水之间的运河"通沟陈蔡之间"③。楚国

① 《史记·货殖列传》。
② 《孟子·告子下》。
③ 《水经注·济水注》引《徐州地理志》。

利用夏水、杨水和云梦泽的大小湖泊"通渠汉水云梦之野"①。吴国还开凿沟通太湖与江海的胥浦和胥溪等。这些人工运河的开凿，大大便利了全国水上交通，为南北各地货物及土特产的贩运提供了方便条件。《荀子·王制》说："北海则有走马吠犬焉，然而中国得而畜使之。南海则有羽翮、齿革、曾青、丹干焉，然而中国得而财之。东海则有紫绂、鱼、盐焉，然而中国得而衣食之。西海则有皮革、文旄焉，然而中国得而用之。"即这些土特产品皆来自远道，流入中原进行交换。李斯说：秦宫中的"夜光之璧"、"犀象之器"、"宛珠之簪"、"傅玑之珥"、"阿缟之衣"、"锦绣之饰"等，皆非秦域所产，而来自他乡异国②。东周交通的改善，使上述土特产和奢侈品的大量长途贩运成为可能；而各级统治者用加重剥削而获取的较多剩余产品，为满足其生活享受和特殊需要亦多用以购买土特产和奢侈品。正如王夫之所说："七国者，各君其国，各有其土，有余不足，各产其乡，迁其地而弗能为良。战争频，而戈甲旌旄之用繁；贿遗丰，而珠玑象贝之用呕；养游士，务声华，而游宴珍错之味侈。益之以骄奢之主，后宫之饰，狗马雁鹿祢服珠玩之日新，而非其国之所有。于是贾人者越国度险，罗致以给其所需。""暴君非贾人无以供其声色之玩，污吏非贾人无以供其不急之求。"③ 在这种情况下，又使土特产和奢侈品的贩运贸易较前大大发展。

（二）民间私营商业的发展

在东周，有很大一部分商品，是由生产者之间直接交换或生产者直接出售给消费者的。如大都会中居于肆中的"工肆之人"，一般都是前店后坊，既在自己的作坊中制造手工业品，也在该处陈列所生产的商品出售。另外前面述及的冶铁、畜牧、制药等业的大规模经营者，一般都兼营商业，推销自己的产品。然而，商品生产的日益发展，单个生产者之间的交换变成了社会迫切需要的情况下，则又不可避免地出现了"一个不从事生产而只从事产品交换的阶级——商人"。这些商人"成了每两个生产者之间的不可缺少的中间人，并对他们两者进行剥削。在可以使生产者免除交换的辛劳和风险，可以使他们的产品的销路一直扩展到遥远的市场……它很快就获得了大量的财

① 《史记·河渠书》。
② 《史记·李斯列传》。
③ 王夫之：《读通鉴论》，中华书局1975年版，第55、22页。

富和相应的社会影响"①。

在东周，经商已成致富的重要手段，当时的谚语说："用贫求富，农不如工，工不如商，刺绣文不如倚市门。"② 追逐利润是商人固有的品格，虽千难万险，亦不足惮。《荀子·荣辱》说："贾盗之勇者，……为事利，争货财，无辞让，果敢而振，猛贪而戾，恈然唯利之见。"《墨子·贵义》说："商人之四方，市贾倍蓰，虽有关梁之难，盗贼之危，必为之。"《管子·禁藏》也说："其商人通贾，倍道兼行，夜以继日，千里而不远者，利在前也。"战国时，列国的商业都有较大发展，商人活动频繁。所谓"天下熙熙，皆为利来，天下攘攘，皆为利往。"③ 并出现"万乘之国必有万金之贾，千乘之国必有千金之贾"的情况④。周居天下之中，列国四通，各地的货物特产经此中转，经商者尤多。《史记·苏秦传》说："周人之俗，治产业，力工商，逐什二以为务。"《汉书·地理志》也说："周人之失，巧伪取利，贵财贱义，高富下贫，喜为商贾，不好仕宦"如周人师史，"转毂以百数，贾郡国，无所不至……致七千万。"⑤ 白圭是周人中经商的佼佼者，他能薄饮食，忍嗜欲，节衣服，与用事僮仆同苦乐。他有一套成功的经商经验，为"人弃我取，人取我与。夫岁熟取谷，予之丝漆；茧出取帛絮，予之食"。即把某些尚未形成社会迫切需要，一时供过于求从而价格比较便宜的商品，预先大量购存，等待社会急切需要，求过于供，价格上涨时再行出售，获得巨额利润。他"乐观时变"，善于捕捉商业时机，看中之后，"趋时若猛兽挚鸟之发"。白圭自己也说："吾治生产，犹伊尹、吕尚之谋，孙吴用兵，商鞅行法是也。"后世商人多尊白圭为鼻祖⑥。另外，邹鲁之民，后来从事商业者也很多。《史记·货殖列传》说：邹鲁"及其衰，好贾趋利，甚于周人"。

在商业经营的理论和原则方面，官营和私营有很多一致的地方，并且是相互借鉴的。春秋晚期，计然为越国的官营商业献策说："知斗则修备，时用则知物，二者形则万货之情可得而观已。……积著之理，务完物，无息币。以物相贸易，腐败而食之货勿留。无敢居贵，论其有余不足，则知贵

---

① 《马克思恩格斯选集》第 4 卷，人民出版社 1972 年版，第 162 页。
② 《史记·货殖列传》。
③ 《史记·货殖列传》。
④ 《管子·轻重甲》。
⑤ 《史记·货殖列传》。
⑥ 同上。

贱。贵上极则反贱，贱下极则反贵。贵出如粪土，贱取如珠玉，财币欲其行如流水。”是说要预知不同时间所需的物品，事先做好准备，积蓄物资。掌握好不同时期与所需物资的关系，就可了解各种货物最有利的行情。储物经商之理是：收贮货物要完好，不要把货币滞压在手中。容易腐烂的食物不留。不要居奇过分贪求高价不售，因为市场供求、货物价格的涨落时刻在变化，贵到极限就下跌，跌到极点则上涨。在货物最贵时，像弃粪土一样及时抛售；在商品最贱时，像收珠玉一样，大量购进，使货物和钱币像流水一样的周转。越国用计然的经商理论，指导官营商业，“修之十年，国富”。后来范蠡弃官经商，“乃喟然而叹曰：计然之策七，越用其五而得意，既施之于国，吾欲用之家”①，遂成巨富。白圭的生意经，有很多也是从计然之策借鉴来的。战国末赵人希写说：“夫良商不与人争买卖之贾，而谨司时。时贱而买，虽贵已贱矣；时贵而卖，虽贱已贵矣。”② 说得也是根据市场供求关系来掌握物价涨落时机，及时购进和抛售货物，与计然之策所讲的道理是一致的。

东周的商人大体可分两类：一类是小商小贩。他们或“坐列贩卖”，或沿街叫卖，或肩挑背负，赶赴乡野聚落串售。《孟子·公孙丑下》说：“有贱丈夫焉，必求龙断而登之，以左右望，而罔市利。人皆以为贱，故从而征之。征商自此贱丈夫始矣。”（龙，通垄，田地中的高坎。垄断，谓田野中高而不相连的高土墩子。）是说被称做贱丈夫的民间商人在野外找个高土墩登上去，左右窥测动向，以谋取利润。描述的是小商贩于农村串卖的情景。这些小商贩被称为贱丈夫，大概来自脱离村社的庶人和放免的原城市中官工商业奴隶。《左传》哀公二年载：晋赵鞅攻郑誓师说：“克敌者，上大夫受县，下大夫受郡，士田十万，庶人工商遂，人臣隶圉免。”东周有一部分村社的庶人和食官的工商业奴隶，因有战功遂得自由，其中一些成为小本经营的民间工商业者。个别没落的贵族也有进行小本经商的。如管仲原是姬姓之后，境遇困顿，与鲍叔牙小本经纪在南阳（今山东邹县）合伙经商。因管仲有母而贫，鲍叔牙常让管仲多取财利③。小商小贩的数量应当是比较多的，但因无突出事迹，鲜为史书所记载。

---

① 《史记·货殖列传》。
② 《战国策·赵策三》。
③ 《史记·管晏列传》。

另一类是富商大贾。这类人"多钱善贾",拥有雄厚的资本和役使大量的商业劳动者,用几十辆几百辆大车转运货物。在国内囤积居奇,操纵物价;在诸侯国之间进行大规模的转运贸易,并与各诸侯国统治者上层多有交往或参与一些政治斗争。如春秋末,晋国"绛之富商,韦藩木楗,以过于朝,唯其功庸少也;而能金玉其车,文错其服,能行诸侯之贿"①。郑国的大商人弦高,在半道上遇上偷袭郑国的秦师,假称奉郑君命,"以乘韦先牛十二犒师"。秦师知郑有备,放弃偷袭郑国的打算②。孔子的弟子子贡,"废著(废,发,卖出。著,贮,买进)鬻财于曹、鲁之间。七十子之徒,赐最为饶益……子贡结驷连骑,束帛之币以聘享诸侯,所至,国君无不分庭与之抗礼"③。郑国的某富商欲将被俘在楚国的晋国贵族荀罃装载于货车中偷运归晋,正在谋划过程中,恰好楚国放归荀罃。偷运的计划虽未来得及实现,但这位富商的财力之雄厚,结交诸侯上层之意向是显而易见的④。战国时,阳翟大贾吕不韦,"往来贩贱卖贵,家累千金"。后来帮助被质于赵国的秦国王族子楚归秦,并立为国君,吕不韦因此官居丞相。⑤

这些富商大贾大概多来自特许经营的原官商或去职的原统治者上层人物。如《左传》昭公十六年记载郑子产的话说:"昔我先君桓公,与商人皆出自周,庸次比耦,以艾杀此地,斩之蓬、蒿、藜、藋而共处之。世有盟誓,以相信也。曰:尔无我叛,我无强贾,毋或匄夺。尔有利市宝贿,我勿与知。恃此质誓,故能相保,以至于今。"这批官商人员在郑迁国开发中起了重要作用,其时已至西周晚期,私商经营的各种条件都在发展;同时王权衰落,各诸侯国之间的斗争十分激烈,郑国统治者要借助于商人的支持,因此特许他们自由经营。其中有些人则发展为贩卖珠玉的大商人。再如越国的大夫范蠡,在辅佐越王勾践灭吴之后,"乃乘扁舟,浮于江湖,变易姓名。适齐,为鸱夷子皮。之陶,为朱公。朱公以陶为天下之中,诸侯四通,货物所交易也,乃治产积居,与时逐,而不责于人。……十九年中,三致千金"。"后年衰老而听子孙,子孙修业而息之,遂至巨万。"⑥

---

① 《国语·晋语》。
② 《左传》僖公三十三年。
③ 《史记·货殖列传》。
④ 《左传》成公三年。
⑤ 《史记·吕不韦列传》。
⑥ 《史记·货殖列传》。

富商巨贾中，也有少数是从小商贩或小生产者上升而来的。如鲁国的穷士猗顿，"耕作常饥，桑则常寒"。后向陶朱公请教致富之法，"朱公告之曰：子欲速富，当畜五牸。于是乃适西河，大畜牛羊于猗氏之南，十年之间其息不可计，赀拟王公，驰名天下。以兴富于猗氏，故曰猗顿"。后来又到魏国，从事河东池盐的生产和贩卖，积累了更多的财富。①

民间私营工商业的发展，特别是富商大贾的兴起，是作为"工商食官"制度的对立物而出现的。司马迁说：这类人"千金之家比一都之君，巨万者乃与王者同乐，岂所谓素封者邪，非也。"②"素封"的产生，不仅突破了统一的奴隶制官营工商业管理体制，而且使整个权力和财产统一的分封制等级制度失调，加速其瓦解。

商品交换的发展，必然要引起货币的发展和变化。西周以前，使用的主要是贝币。专职的金属货币为数甚少。铜贝在商代、西周只有少量使用，大多数金属货币仍处于一般等价物阶段。如铜铲（钱）、铜刀，既是可使用的工具，又是媒介交换的货币。从东周开始，用为货币的铜铲、铜刀形体都变小变薄，不适于作工具使用，而成为专职助货币了。铜铸币的大量出现，是从春秋晚期开始；同时也出现银质的铲币及黄金铸币等贵金属货币；并逐步形成不同的货币体系与流通区域：即北方周、晋、郑、卫的铲币区；滨海齐国为中心的刀币区和南方楚国的铜贝（蚁鼻钱）、"郢爰"金版（我国最早的比较原始的黄金铸币）流通区域。战国中、晚期，一种更便于人们接受使用的圆形金属铸币—圜钱，在周、魏、赵、秦和齐、燕地方出现。

恩格斯称金属货币（即铸币）为"商品的商品"，"这种商品以隐蔽的方式包含着其他一切商品，它是可以任意变为任何随心所欲的东西的魔法手段。"③又指出："如果生产商品的社会把商品本身所固有的价值形式进一步发展为货币形式，那末还隐藏在价值中的各种萌芽就显露出来了。最先的和最重要的结果是商品形式的普遍化。……于是商品形式和货币就侵入那些为生产而直接结合起来的社会组织的内部经济生活中，它们逐一破坏这个社会组织的各种纽带，而把它分解为一群群私有生产者。最初，正如在印度所看到的，货币使个人的耕种代替了公社的耕种；后来，货币以最后的分割取消

---

① 《史记·货殖列传》《集解》引孔丛子语。

② 《史记·货殖列传》。

③ 《马克思恩格斯选集》第4卷，人民出版社1972年版，第162页。

了还实行定期重分的耕地公有制（例如在摩塞尔流域的农户公社中，在俄国公社中也开始出现）；最后，货币促成了余留下来的公有森林和牧场的分配。"① 在我国东周，货币促进了作为井田制基础的残余公社的瓦解。

"在使用货币购买商品之后，出现了货币借贷，随着货币借贷出现了利息和高利贷。"② 至东周，特别是战国，随着货币作为购买手段和支付手段等职能的日益发展，高利贷资本也发展起来。过去借贷一般多用实物，此时，货币越来越多地用于借贷。"苏秦之燕，贷百钱之资。"③ 齐国的孟尝君在其封地薛邑放高利贷，一次索债即"得息十万"④。当时放高利贷的除了孟尝君这样的贵族封君外，还有民间的富商蓄贾。齐国有一批"称贷之家"，资本多的能贷钱"千万"。"凡称贷之家出泉三千万……受子息民三万家。"⑤ 放债的利息高的达一倍，即所谓"倍贷"⑥。另外官府也放债。云梦秦简秦律《司空》规定：欠官府债务无力偿还的，要以劳役抵偿债务。每劳作一天，抵偿 8 钱；由官府给予饭食的，每天抵偿 6 钱。可见放债条件之苛。

（三）商业高利贷资本的历史作用

商品经济的发展，特别是民间私营商业、货币经济和高利贷的兴起，并深入残余公社的内部，大大加速了其私有化过程的发展和分解。恩格斯指出："公社的产品愈是采取商品形式，就是说，产品中为自己消费的部分愈小，为交换目的而生产的部分愈大，在公社内部，原始的自发的分工被交换排挤得愈多，公社各个社员的财产状况就愈加不平等，旧的土地公有制就被埋葬得愈深，公社也就愈加迅速地瓦解为小农的乡村。"⑦ 因为它使以前官方或公社之间的交换，转化为个人与个人之间的行为，"它使群的存在成为不必要，并使之解体"⑧。在东周，份地逐步固定化的农民家庭，已经和市场发生较多的关系。魏文侯时（前446—前397），据李悝的计算，农民"一夫挟五口，治田百亩"，岁"余四十五石。石三十，为钱千三百五十，除

① 《马克思恩格斯选集》第 3 卷，人民出版社 1972 年版，第 349—350 页。
② 《马克思恩格斯选集》第 4 卷，人民出版社 1972 年版，第 163 页。
③ 《史记·苏秦列传》。
④ 《史记·孟尝君列传》。
⑤ 《管子·轻重丁》。
⑥ 《管子·治国》。
⑦ 《马克思恩格斯全集》第 20 卷，人民出版社 1971 年版，第 176—177 页。
⑧ 《马克思恩格斯全集》第 46 卷（上），人民出版社 1979 年版，第 497 页。

社闲尝新春秋之祠，用钱三百，余千五十。衣，人率用钱三百，五人终岁用千五百。不足四百五十。不幸疾病死丧之费，及上赋敛，又未与此"①。可以看出，农民除食用粮食自给外，其余所需都要在市场出售粮食换取货币，以货币支付穿衣等其他花费。农夫与市场联系愈多，可能某些人有发财的机会，但为数甚少；而遭受各种形式盘剥的机会则很多，被盘剥而日益贫困甚至破产者则是大多数。这样就使残余公社进一步分化瓦解，正像马克思所说的："商业对于那些互相进行贸易的共同体来说，会或多或少地发生反作用；它会使生产日益从属于交换价值，因为它会使享受和生活日益依赖于出售，而不是依赖于产品的直接消费。它由此使旧的关系解体。"②

商人对残余公社成员的盘剥大致有如下途径和手段：

其一，利用小生产者之间的隔离状况，相互不了解商品生产的费用和劳动时间，不明行情，从中贱买贵卖。马克思指出："只要商业资本是对不发达的共同体的产品交换中起中介作用，商业利润就不仅表现为侵占和欺诈，而且大部分是从侵占和欺诈中产生的。"③

其二，农业生产具有季节性。收获季节，粮价下跌，商人压价收购；早春青黄不接，农民缺乏口粮和种子，商人又高价出售粮食。《管子·七臣七主》说："时有春秋，故谷有贵贱，而上不调潈，故游商得以什伯（或作倍）其本也。"从粮食季节差价中农夫卖出购进两头吃亏，而商人获取高额利润。

其三，古代农业生产，靠天吃饭的成分很大，不可避免地要经常出现丰收年与歉收年的反复。在丰收年，农民"市橐无予"，商人压价收购；歉收年商人又抬价出售粮食。《管子·国蓄》说："岁有凶穰，故谷有贵贱……使蓄贾游市，乘民之不给，百倍其本。"在歉收年份，农夫"操不反之事（不反谓收成不偿其本）而食四十倍之粟。"④ 即用比平时高40倍的价钱吃反销粮。

其四，战国时有"刀布之敛"⑤，大概户口税是收钱的，另外还有其他杂税或物品的征索。期限短，催得急，农夫往往以出售口粮来换钱缴税或购买自己不产而官府索要的物品，商人则乘人之急大杀其价。《管子·轻重甲》说："君朝令而求夕具……农夫橐其五谷，三分贾（价）而去。"

---

① 《汉书·食货志》。
② 马克思：《资本论》第3卷，人民出版社1975年版，第369页。
③ 同上。
④ 《管子·轻重甲》。
⑤ 《荀子·富国》。

即用原价的 3/10 出售粮食。

其五，婚丧病残，农夫之家时或发生。为了应急出售粮食，或暂借高利贷，以后为偿还高利贷而出售粮食，都被商人压价盘剥。所谓商人"蓄积待时，而侔农夫之利。"①"农夫失其五谷"成为"重竭"（赤贫）②。结果是：农夫"解冻而耕，暴背而耨，无积粟之实"，而商人"无把铫推耨之势，而有积粟之实"③。

租税的横征暴敛与商人、高利贷剥削相助为虐，使大量公社农夫破产逃亡。《管子·治国》说："凡农者月不足而岁有余者也，而上征暴急无时，则民倍贷以给上征矣。耕耨者有时，而泽不必足，则民倍贷以取庸矣。秋籴以五，春粜以束，又是倍贷也。关市之租，府库之征，什一之粟，厮舆之事，此四时亦当一倍贷矣。故以上之征而倍取于民者四。夫以一民养四主，故逃徙者有刑而上不能止者，粟少而民无积也。"公社农民破产逃亡，或出卖土地，或"嫁妻卖子"，或"老弱转乎沟壑"，出现"农者寡而游食者众"的趋势④。这些人中有的成为奴隶，有的成为雇佣劳动者，有的成为佃户，有的"附托有威之门"成为依附农民⑤。总之，商业高利贷资本的发展在加速农民分化、促使残余公社分解、人口迁徙流动、四民职业变动、土地买卖等方面，起到重要作用。

商人在剥削公社农民的同时，也剥削享有大批公社的贵族封君。马克思指出："在以往那些生产方式中，商人与之做生意的剩余产品的主要占有者，即奴隶主、封建地主、国家（例如东方专制君主）代表供人享受的财富，对于这些财富，商人会设下圈套。……因此，占主要统治地位的商业资本，到处都代表着一种掠夺制度。"⑥ 这些贵族封君拥有大量的租税收入，是土特产和奇珍珠玉的购买者。商人利用转运商品来自远方，其实际花费、原始卖价鲜为人知，大大抬高转卖价格。这样，贵族封君们所获得的剩余产品绝大部分流入商人的腰包。

一部分农民的破产逃亡，使贵族封君的租税收入减少，日益不足购买商

① 《韩非子·五蠹》。
② 《管子·轻重甲》。
③ 《战国策·秦策四》。
④ 《商君书·农战》。
⑤ 《韩非子·诡使》。
⑥ 马克思：《资本论》第 3 卷，人民出版社 1975 年版，第 370 页。

人设法多途供应的高级奢侈消费品。为了维持和扩大奢侈生活，有的通过横征暴敛以增加收入，结果又导致公社农民更多的破产逃亡，最终不是收入增加，而是减少。有的只好借高利贷，以济所需。但握有大量货币放高利贷的多是商人，则又不得不坠入商人的圈套。于是出现了"千乘之王，万家之侯，百室之君，尚忧患贫"的情况①。东周末年，按分封制应是最高奴隶主贵族的周赧王，以天子之尊而负债累累，无力偿付，经常躲上高台去避债，"债台高筑"一语即始自此。被陷入商人和高利贷资本圈套中的贵族封君，有一些则丧失土地和奴隶，最后让位给商人和高利贷者，后者成为土地和奴隶的所有者。马克思在论述商业和高利贷资本的历史作用时指出，对于资本主义以前的一切生产方式，它会破坏和瓦解这些所有制形式②。东周商业和高利贷资本的发展，对于权力和财产相一致的分封制奴隶主贵族等级制度的崩溃和建立在残余公社基础之上的井田制度的彻底瓦解，都起到了催化剂的作用。特别是在商品经济冲击下出现的土地买卖，既是破坏井田制下田里不鬻的强大动力，又成为地主土地所有制发展的前提条件。

二　奴隶反抗奴隶主贵族的斗争

中国奴隶制的剥削，一种是对人身被占有但仍为残留公社成员的助耕公田（属东方奴隶制类型）；一种是直接役使无产奴隶劳动（属劳动奴隶制类型）。二者皆建立在对生产工作者的完全占有和监督强迫劳动基础上的。对奴隶的这种极端残酷的剥削和压迫，必然要激起奴隶大众的反抗和斗争。随着生产力的变革为个体劳动创造了较充分物质条件的前提下，建立在监督集体劳动基础上的奴隶制生产关系便成了严重束缚生产力发展的桎梏，这就使奴隶反抗奴隶主贵族的斗争进一步激化，最后导致奴隶制的崩溃。

西周时，奴隶怠工、逃亡的现象不断发生。到了东周，这种斗争更加发展。《吕氏春秋·审分篇》说："今以众地者，公作则迟，有所匿其力也。"由于奴隶的这种怠工斗争，公田上的庄稼长得很差。如齐国公田上的禾苗，有的被野草淹没，所谓"维莠骄骄"，"维莠桀桀"③；陈国也是"田在草间，

---

① 《史记·货殖列传》。
② 马克思：《资本论》第3卷，人民出版社1975年版，第371、675页。
③ 《诗·齐风·甫田》。

功成而不收，民罢于逸乐"①，鲁国是"民不肯尽力于公田"，"公田不治"②。除怠工外，奴隶逃亡的斗争也层出不穷。如郑国的子西，其"臣妾多逃"③。齐国的崔杼，"其众皆逃"④；周室的原伯绞，"其舆臣曹逃"⑤；晋国"民闻公命，如逃寇仇"⑥；鲁国"上失其道，民散久矣"⑦，这一时期不少诸侯国在对外战争中发生的"民溃"，是奴隶大规模逃亡斗争的一种形式。如梁国的国君，动辄大兴土木，役使民众，民众已怨气冲天。公元前641年，梁君又扬言"某寇将至"，"秦将袭我"，强迫民众围绕公宫，修筑壕沟。结果"民惧而溃，秦遂取梁"⑧。公元前624年，鲁国联合晋、宋、陈、卫、郑等国讨伐沈国，沈国的民众因不满统治者的剥削和压迫，乘机溃散逃亡，沈国遂被灭亡⑨。其他如蔡国、萧国、莒国、郓国等都在此先后发生过"民溃"。《左传》说："凡民逃其上曰溃"。奴隶的这种大规模的逃亡斗争，给予奴隶主贵族的统治以沉重的打击，有些，如上面谈到的梁国和沈国，直接导致了奴隶制诸侯国的灭亡。

国人反抗奴隶主贵族的斗争，形成当时阶级斗争的一个方面。西周的被剥削者，按地域有野人、国人之分。野人多指被征服部族的成员，住在距国都较远的"野"，国人多为征服者本族成员，住在国都和城郊，和前者相比，国人则稍多一些保留公社成员的身份。但由于都实行井田制，无论在国在野从事农业生产的劳动者所受的剥削没有多大的差别。他们都属最高统治者的奴隶，东周以降，彼此之间的差别也在逐渐泯灭。因此，国人的暴动，亦属奴隶反抗斗争的一部分。这种斗争到西周末年已日趋激化。周厉王任用荣夷公专利，于公元前841年引起"国人"暴动将厉王赶走，即是一例。进入春秋，"国人"反抗斗争的事例更多。仅据《左传》所载，文公十八年：莒纪公因为"多行无礼于国人"，被"国人"杀死。襄公十九年：郑国的奴隶主贵族子孔，"为政也专，国人患之"，被国人杀死。昭

---

① 《国语·周语》。
② 《公羊传》宣公十五年何休注；《汉书·食货志》。
③ 《左传》襄公十年。
④ 《左传》襄公廿七年。
⑤ 《左传》昭公十二年。
⑥ 《左传》昭公三年。
⑦ 《论语·子张》篇。
⑧ 见《左传》、《公羊传》、《穀梁传》僖公十九年。
⑨ 《左传》文公三年。

公二十三年：莒国的子庚舆，"虐而好剑，苟铸剑，必试诸人，国人患之"，被国人赶走。哀公十一年：陈国的司徒，因为"赋封田以嫁公女，有余，以为己大器"，被国人赶走。另外，如公元前 478 年，卫国的工匠因不堪统治者的剥削和压迫，起来反抗，围攻卫庄公。卫庄公跳墙逃奔戎州己氏，为己氏所杀。过了 8 年，卫国的工匠再次暴动，赶走了继卫庄公而立的卫侯辄。工匠是住在国都内的，广义的国人中包括有工商奴隶，因而工匠暴动亦属国人反抗斗争的一部分。

在东周，有的奴隶反抗斗争发展成为较大规模的暴动起义。如公元前 550 年，陈国的奴隶主贵族庆氏征集庶民筑城。因筑城的夹板脱落，庆氏竟以杀人来惩罚，激起役人的暴动。"役人相命，各杀其长"，奴隶主贵族庆虎、庆寅也被起义者杀死①。《左传》昭公二十年载："郑国多盗，取（聚）人于萑苻之泽"，和郑国统治者相对抗。公元前 522 年，郑国的执政子大叔兴兵镇压，遭到起义者的坚决抵抗，所谓"一日一夜，仅能克之"，可想见其战斗之激烈程度。《左传》定公四年载：在楚国的云梦泽中，聚集着用戈矛武装起来的奴隶起义队伍。公元前 506 年，吴国攻破楚都郢，楚王逃入云梦之泽，就受到起义队伍的阻击，"以戈击王"，迫使楚王再逃奔郧。

柳下跖的起义是春秋战国之际较大的一支反抗队伍。《庄子·盗跖篇》说：他有"从卒九千人，横行天下"，所过之处，"大国守城，小国入保。"给予各国统治者以沉重的打击。柳下跖对于那些"不耕而食，不织而衣"，"徼幸于封侯富贵"的奴隶主贵族表示极大的忿慨，他认为："尧有不慈之名，舜有不孝之行，禹有滹涊之意，汤武有放杀之事，五伯有暴乱之谋，世皆誉之，人皆讳之，惑也。"② 这种彻底翻中国奴隶制社会毁誉之案的革命精神，赢得了被剥削劳苦大众的爱戴和拥护，荀子说，他的"名声若日月，与舜禹俱传而不息。"③

总之，日益增多的奴隶怠工、逃亡和暴动起义，沉重地打击了奴隶制度。经济上使公田上的奴隶制生产无法进行，政治上彻底动摇了奴隶主贵族的统治。

---

① 《左传》襄公廿三年。
② 《吕氏春秋·当务篇》。
③ 《荀子·不苟篇》。

三　井田制的瓦解与地主土地所有制的产生和发展

井田制的瓦解和地主土地所有制的产生，是与从公社两端进行的财产私有化的发展相联系的。即一方面下端残余公社农民份地的私有化并分化出民间兼并土地的地主阶级；另一方面上端各级世袭贵族封地、采邑的私有化并逐步发生剥削关系的变化。到了东周，由于生产力的发展，特别是铁器的大量使用和牛耕的推广，使原来发展缓慢的下端加快，与上端趋于同步发展，进而导致地主土地所有制的产生并日益增长。

（一）租税制度和田制的改革与残余公社农民份地的私有化

随着铁器和牛耕的大量使用，为个体劳动提供了必要的物质基础，也使剩余产品增加，特别是商品经济渗入公社，加速了公社成员的分化，有一些劳动力强的家庭在份地之外又开垦出一些耕地。《管子·问篇》有问："人之开田而耕者几何家？"就是指这种情况。这些新开出的地属劳动者私有，无租税负担，大概还可以相互交换甚至买卖。与此同时，由于劳动者怠工和逃亡，助耕公田的剥削方式不易维持，于是各国先后进行租税制度和田制的改革。《国语·齐语》载："桓公曰：伍鄙若何？管子对曰：相地而衰征，则民不移；政不旅旧，则民不偷；……陆、阜、陵、墐、井田畴均，则民不憾。"韦昭注："相，视也。衰，差也。视土地之美恶及所生出，以差征赋之轻重也。"这即是按土地的好坏差别，征收不同等级的租税。与此相联系的是"陆、阜、陵、墐、井田畴均，则民不憾。"据韦昭注，"高平曰陆，大陆曰阜，大阜曰陵"。《说文》云："墐，涂也。"此处为涂泥，意即低湿之地。大概农民在井田份地之外所开垦的耕地多在陆、阜、陵、墐之处。井即井田，此处为平原耕地。《左传》襄公二十五年："井衍沃。"《汉书·食货志》述及井田制时说："此谓平土可以为法者。"大概农民原有的份地多在平原井田之中。这里是说将高平、大陆、大阜、低湿和平原井田各种耕地按收成情况分成等次，定出所征收租税较合理的差别，使之负担均等，农民则宜于接受而不恨。这样做之后，农民的份地就没有必要定期重新分配，而是固定化，即所谓"民不移"。放弃各种形式的耕地定期分配制和集体助耕公田的旧办法，实行耕地固定，按等差征收租税的新办法，大大提高农民的生产积极性，即所谓"政不旅旧，则民不偷"。征收的租税率，据《管子·大匡》

说："按田而税，二岁而税一，上年什取三，中年什取二，下年什取一，岁饥不税。"很显然，这种租税制度是以井田归各家私有和承认新开垦耕地的合法私有为前提的。

接着在晋国也发生了田制的改革。《左传》僖公十五载：在秦晋战争中晋国战败，晋惠公被俘，"晋侯使郤乞告瑕吕饴甥，且召之。子金教之言曰：朝国人而以君命赏，且告之曰：孤虽归，辱社稷矣，其卜贰圉也。众皆哭。晋于是乎作爰田。吕甥曰：君亡之不恤，而群臣是忧，惠之至也。将若君何。众曰：何为而可。对曰：征缮以辅孺子……晋于是乎作州兵"。《国语·晋语三》有大致相同的记载，写为"作辕田"。爰、辕，古注多训易，为易换之意。如韦昭注《国语·晋语三》引贾逵云："辕，易也，为易田之法，尝众以田。易者，易疆界也。"《春秋左传正义》说："服虔、孔晁皆云：爰，易也，赏众以田，易其疆畔。"然而，易田之法，本为周之旧制，此处既称"作爰田"，当为新制。古注家有虑及此者，取牵合之说。如颜师古注《汉书·地理志》"（秦）孝公用商君，制辕田"句下引孟康说："三年爰土易居，古制也，末世寝废。商鞅相秦，复立爰田，上田不易，中田一易，下田再易。爰，自在其田，不复易居也。《食货志》曰'自爰其处'而已是也。辕，爰同。"孟康以爰田自在其田，不复易居是正确的；但训爰为易，与《汉书·食货志》的"自爰其处"曲为牵合，终觉扞格。其实"爰"字亦可训为及、继、袭等意。《说文》："爰，引也，从爰从亏。"段注："爰者相付，取相引之意。亏亦引词，与爰双声。"《说文》又云："爰，物落也，上下相付也。从爪又。"段注："以覆手与之，以手受之，象上下相付。"即把东西从上手交给下手，有承袭的意思。"爰"也可训及。《史记·司马相如列传》："文王改制，爰周郅隆。"索隐："爰，於。及也。……以言文王改制，及周而大盛。""及"即有"继"的意思。《公羊传》庄公三十二年："鲁一生一及。"何休注："父死子继曰生，兄死弟继曰及。"及、继皆有接下来，继承之意。"作爰田"，即实行农民份地的承袭制度，不再进行各种形式的份地定期重新分配。

晋国实行爰田制后，其剥削办法很可能由助法改为征税。《左传》哀公二年载："初，周人与范氏田，公孙龙税焉。"《韩非子·外储说右下》："赵简主出税者，吏请轻重。简主曰：勿轻勿重，重则利入于上，若轻则利归于民。"可知春秋晚期，晋国以税法代替助法。战国初，李悝为魏尽地力之教中所提到的"治田百亩"的农民，交纳的是"什一之税"。

晋国在"作爰田"后，紧接着就是"作州兵"，其目的是"征缮以辅孺子。"杜预注："征，赋也。""作州兵"就是建立新的车马兵甲等军赋制度。据《周礼·地官·大司徒》载，五家为比，五比为闾，四闾为族，五族为党，五党为州。这原是与十进位井田制相应的残余农村公社组织，也是晋国奴隶主贵族对劳动者统治剥削的单位。"作州兵"就是以州为单位，加征一定量的军赋。以前，公社农民的兵甲车马费用负担都在"十一而藉"或"九一而助"之中，只在有战争时，出一些军粮刍草，从这次晋惠公战败开始，征收车马兵甲军赋变为常制。"爰田制"下的农民，自然又增加一份负担。然而，份地固定归农民所有，不仅大大提高农民的生产积极性，而且加强了为保卫土地而作战的积极性。正如晋公文的臣下舅犯、栾枝所说，"列地以分民"，"是以上得地而民知富，上失地而民知贫，古之所谓致师而战者，其此之谓也。"①

稍后，鲁国也实行税制的改革。《春秋经》鲁宣公十五年载："初税亩。"《左传》说："初税亩，非礼也。谷出不过籍，以丰财也。"杜预注："周法民耕百亩，公田十亩借民力而治之，税不过此。"又说："公田之法，十取其一，今又履其余亩，复十收其一。"《穀梁传》说："初税亩，非正也。古者三百步为里，名曰井田，井田者，九百亩，公田居一，私田稼不善则非吏，公田稼不善则非民。初税亩者，非公之去公田而履亩十取一也。"集各家之说，"初税亩"即废去原公田的助法，以各户所耕实际田亩数征税，其中包括原有的份地及新开垦的私田。这一方面使统治者的税收增加，但也同时必须承认农民份地永久占有及所开私田的所有权。

在实行"初税亩"后，于鲁成公元年（前590）"作丘甲"，即税亩之外，按丘（九夫为井，四井为邑，四邑为丘）为单位，征收一定量的丘甲车马费用。后又于哀公十二年（前483）实行"用田赋"。《左传》哀公十一年载："季孙欲以田赋，使冉有访诸仲尼。仲尼曰：……君子之行也，度于礼，施取其厚，事举其中，敛从其薄。如是则以丘亦足矣。若不度于礼而贪冒无厌，则虽以田赋，将又不足。且子季孙若欲行而法，则周公之典在。若欲苟而行，又何妨焉。弗听。"孔子有关此事的议论，《国语·鲁语下》记载更为详尽，他说："先王制土，籍田以力，而砥其远迩：赋里以入，而量其有无，任力以夫，而议其老幼，于是乎有鳏寡孤疾。有军旅之出则征之，无则已。

_____

① 《说苑·政理》。

其岁，收田一井，出稯禾、秉刍、缶米，不是过也。先王以为足。若子季孙欲其法也，则有周公之籍矣，若欲犯法，则苟而赋，又何妨焉。"可知，西周时实行"周公之籍"，车马兵甲之费皆出于籍田，农民本身不负担这项费用。只有在战争时，负担一些军粮刍稿。现在"用田赋"，大概是按亩征收什一的田税之外，又按田来征收车马兵甲之费。"用田赋"的"田"，旧注多谓为一井之田，如韦昭注《国语·鲁语》引贾逵说："田，一井也。"《公羊传》哀公十二年何休注也说："田，为一井之田。"此皆为晋汉人的训释，似有未确。《管子·乘马》："一田为一夫。"《考工记》："匠人为沟洫，耜广五寸，二耜为耦，一耦之发，广尺深尺谓之畎。田首倍之，广二尺，深二尺谓之遂。"郑玄注："田，一夫之所佃，百亩，方百步地。遂者，夫间小沟。"《管子》、《考工记》皆为先秦文献，所云一田为一夫之田，似较可信。"用田赋"即按田百亩为单位征收一定量的军赋，百亩一般为一夫之田，这样就把军赋征收的最低单位落实到每个农户，可能又大体是什取其一。《论语·颜渊篇》说："哀公问于有若曰：年饥用不足，如之何？有若对曰：何彻乎！曰：二，吾犹不足，如之何其彻也？"这可能是合"初税亩"和"用田赋"两项而言。

秦国的税制和田制改革较晚于东方各国。公元前408年，即秦简公七年，"初租禾"①。即由原来的"什一而藉"或"九一而助"改变为征收实物。禾作为粮食品种，即是谷子，古代称粟。单言禾，则为其田间生长结穗时的名称。《公羊传》庄公七年何休注："苗者，禾也。生曰苗，秀曰禾。""初租禾"的"禾"，当为田间结穗粮食作物的代称。"初租禾"很可能就是"践履按行，择其善亩谷最好者税取之"② 的彻法。

公元前359年，秦孝公用商鞅变法。前350年即秦孝公12年实行田制的重大改革。《汉书·食货志》载："秦孝公用商君，坏井田，开阡陌。"《汉书·地理志》载："用商君，制辕田，开阡陌。"秦国的这一改革与东方各国不同之处是：东方各国仍保留原井田的规划，只是按亩向农民所占份地及新开垦私田征税，承认这些耕地的固定化和私有。它对井田制的破坏微而渐，虽遭"非礼也"、"非正也"之讥，而无坏井田之议。秦国则不然，大张旗鼓地废除原井田的规划，推倒原来的阡陌封疆，即《战国策·秦策三》所说

---

① 《史记·六国年表》。
② 《公羊传》宣公十五年何休注。

的"决裂阡陌。"之后又按新的更大的亩积规划耕地，建立新的阡陌封疆，即所谓"开阡陌"、"置阡陌"①。按新的规划进行授田之后，不再重新分配。长期归其耕作，这就是"制辕田"。《史记·蔡泽传》云："商君决裂阡陌，以静生民之业。"《汉书·地理志》注引张晏云："商鞅始割列田地，开立阡陌，令民各有常制。"都说明所授田土比较固定。秦孝公十四年（前348）"初为赋"②，即按新的田制征收租税和军赋，出现"为田开阡陌封疆而赋税平"③的政治效果。和东方各国相比，商鞅的作法显而激，因而战国秦汉间述及坏井田者皆以商鞅为罪魁祸首。

杜佑说：周制步百为亩，亩百给一夫，"商鞅佐秦以地利不尽，更以二百四十步为亩，百亩给一夫"④。每夫的耕地增加了 1.4 倍。秦国所以能够采取与东方各国不同的作法，是因为前者的具体情况与后者有所不同。首先是耕地的垦殖在东方各国比较充分。特别是三晋地区，"土狭而民众，其宅参居而并处……上无通名，下无田宅，而恃奸务末作以处，人之复阴阳泽水者过半。此其土之不足以生其民也"。与此相反，"秦之地，方千里者五，而谷土不能处二，田数不满百万，其薮泽、溪谷、名山、大川之材物，货宝，又不尽为用，此人不称其土也"⑤。其次，在政治形势方面，秦国正致力于攻灭六国的准备，一方面需要大量的兵源，另一方面也需要大量的军需，积极执行"农战"政策。土地政策的主旨是让每个农夫尽可能多地耕种农田，并稳定地权，以鼓励生产的积极性。在这种经济状况和政治形势下，推倒原井田封疆，增大亩积，规划新的阡陌地界，授予每个农夫多一倍以上的耕地，不仅是需要的，而且是有条件实现的。为了加快发展农业生产，商鞅还以优惠条件招徕其他诸侯国人口垦殖秦地。《通典·食货一》说："秦孝公任商鞅，鞅以三晋地狭人贫，秦地广人寡，故草不尽垦，地利不尽出，于是诱三晋之人，利其田宅，复三代。无知兵事而务本于内，而使秦人应敌于外。故废井田，制阡陌，任其所耕，不限多少。数年之间，国富兵强，天下无敌。"

把较多的土地分配给农夫，是要强制其耕种。云梦秦简《田律》规定："入顷刍稿，以其受田之数，无狠（垦）不狠（垦），顷入刍三石，稿二

---

① 《汉书·王莽传》。
② 《史记·秦本纪》。
③ 《史记·商君列传》。
④ 《新唐书·突厥传》论引杜佑曰。
⑤ 《商君书·徕民》。

石。"即是农民所受的土地无论是否垦种，都要交纳刍稿，其强制辟土殖谷之用意十分明显。

1979 年，在四川青川县郝家坪秦墓中出土了秦国的"为田律"木牍。使我们了解到商鞅变法后秦国耕地规划的某些具体情况。文云：

"二年十一月己酉朔朔日，王命丞相戊（茂）、内史匽，民颠（愿）更修为田律：田广一步，袤八则为畛，亩二畛，一百（陌）道。百亩为顷，一千（阡）道。道广三步，封高四尺，大称其高。捋（埒）高尺，下厚二尺。秋八月，修封捋（埒），正疆畔，及癹千（阡）百（陌）之大草。九月，大除道及阪险。十月，为桥，修波（陂）堤，利津梁，鲜草离。非除道之时，而有陷败不可行，辄为之。"①

"二年"，多数学者认为是秦武王二年（前 309）。丞相戊即甘茂。《史记·秦本纪》载："武王二年，初置丞相，樗里子、甘茂为左右丞相。"《史记·甘茂列传》亦云："蜀侯煇、相壮反，秦使甘茂定蜀，还而以甘茂为左丞相。"大概是甘茂定蜀后为新定的蜀地制定的"为田律"。此时距商鞅变法"制辕田"已有 42 年，距前 316 年秦将司马错灭蜀 7 年。大概灭蜀后的近几年内，还未顾得上将商鞅的"辕田制"推及蜀地，乘此次平叛新定，将商鞅之"辕田制"根据蜀地的具体情况加以修改而在蜀地实行，故曰"更脩为田律"。

"更脩为田律"的牍文，经许多专家释读，其意渐明。牍文中的"则"，应为量词。1977 年安徽阜阳双古堆西汉汝阴侯夏侯灶墓中出土的竹简中，有"卅步为则"的记载②，"畛"原是田间小道。《周礼·地官·遂人》说："十夫有沟，沟上有畛。"《说文》云："畛，井田间陌也。"东周以后，井田逐步破坏，畛也渐成为有一定面积田区的名称。《战国策·楚策》云："叶公子高，食田六百畛。"《楚辞·大招》也提及"田邑千畛"。晋国六卿亦以畛记田（见后）。弄清"则"和"畛"，牍文可释读如下：

田每宽 1 步、长 8 则（240 步）为 1 畛。每亩田有 2 畛（即宽 2 步长 240 步），有一条陌道（位于亩端，长相当于亩宽 2 步）。并 100 亩为 1 顷地（宽 200 步，长 240 步，为长方形）。有一阡道（长相当于亩长 240 步）。陌

① 胡澱咸：《四川青川秦墓为田律木牍考释》，载《安徽师范大学报》1983 年第 3 期第 57 页；李昭和：《青川出土木牍文字简考》，载《文物》1982 年第 1 期，第 27 页。

② 转引自胡平生：《青川秦墓木牍"为田律"所反映的田亩制度》，载《文史》第 19 辑，第 216 页。

道和阡道都宽 3 步（垂直相交，每亩陌道长度相加为 200 步）。地界标志为"封"和"埒"。封高 4 尺，它的体积大小与高度相称。埒高 1 尺，基底宽 2 尺。每年秋八月修整封、埒，端正田地的疆界，并且铲除阡、陌等道路上的荒草。

从释读可知，"更修为田律"的亩积比商鞅变法制辕田时又增大 1 倍，每 1 顷田之间有"封"、"埒"地界，大概 1 顷是授予一夫（户）之田，每夫（户）可通过宽 3 步、一横一纵垂直相交的陌道和阡道，出入自己所分到的百亩田，进行耕作。商鞅"制辕田"后，秦国农民分到的土地是固定的，可以长期保有，受到法律保护。云梦秦简《法律答问》说："盗徙封，赎耐。可（何）如为封？封即田千陌。顷半（畔）封殹（也），且非是？而盗徙之，赎耐，可（何）重也？是，不重。"这里明确规定私自移动田界封，要判处赎耐的刑罚。

总之，各国先后通过税制和田制的改革，或微而渐，或显而激，殊途同归，使井田制逐步崩溃，作为井田制基础的残余农村公社最后解体，下端公社农民的份地（包括新开私田）私有化过程终于完成。接着便有农民间的分化及土地买卖出现。恩格斯指出："各个人对于原来由氏族或部落给予他们的小块土地的占有权，现在变得如此牢固，以致这些小块土地作为世袭财产而属于他们了。""但是不久他们也失去了新的土地所有权，完全的、自由的土地所有权，不仅意味着毫无阻碍和毫无限制地占有土地的可能性，而且也意味着把它出让的可能性。""土地所有权刚一确立，抵押制就被发明出来了。"[①] 东周，特别是战国，随着公社农民份地（包括新开垦的私田）私有化过程完成，遂以土地买卖代替井田制下的"田里不鬻"。

（二）各类大地产私有性质的发展与国税、私租分离的趋势

在西周分封制下，封赐的土地主要有封国和采邑两大类。在土地王有前提下，周天子于王畿之外，分封许多诸侯国，同时在王畿之内分封卿大夫采邑。诸侯在封国内也同样分封卿大夫采邑。受封赐贵族对这两类土地只有享有权，而最高所有权在周王。周王可以收回封赐土地，也可转赐他人。但在实际生活中发生这类事件的是极少数，绝大多数则是长期享有。长期享有即具有一定程度的私有性质。受封各级贵族往往像处置其他财产一样来处置自

---

① 《马克思恩格斯选集》第 4 卷，人民出版社 1972 年版，第 163 页。

己的田邑，西周青铜礼器，如《卯簋》、《不娶簋》、《曶鼎》、《格伯簋》、《卫盉》、《五祀卫鼎》、《九祀卫鼎》等的铭文中，就有将受封赐土地用以赏赐、赔偿和交换的记载。分封制是财产和权力结合在一起的等级制度，上一层贵族政权的衰落，即意味着下一级贵族所受赐田邑的自主权增大一步。东周开始，王权衰落，各诸侯国君基本上完全可以支配所属的土地。春秋晚期，有些诸侯公室衰落，其属下的卿大夫可以完全支配其田邑。随着分封制政治秩序的打乱，不同级别上的封赐土地的私有化也在发展。正像西汉人董仲舒所说："周衰，天子微弱，诸侯力政，大夫专国，土专邑。"①

　　在东周，随着铁器的使用和牛耕的推广，农业生产力提高，劳动者的剩余劳动有较大增长，土地收益日丰，各级贵族对土地的争夺更加激烈。仅《左传》所记，如闵公二年：鲁闵"公傅夺卜齮田"。文公八年：晋国"先克夺蒯得田于堇阴"。文公十八年："齐懿公之为公子也，与邴歜之父争田。"成公十一年："晋郤至与周争鄇田"。成公十七年：晋国"郤锜夺夷阳五田"、"郤犨与长鱼矫争田。"昭公九年："周甘人与晋阎嘉争阎田。"昭公十四年："晋邢侯与雍子争鄐田，"等等。田邑的争夺往往导致武装对抗，相互兼并。如隐公五年："宋人取邾田"。僖公二十八年："（晋）执曹伯，分曹卫之田。"宣公元年："齐人取济西之田。"成公四年："郑伯伐许，取钽任冷敦之田。"襄公十九年："（鲁）取邾田自漷水。"襄公二十六年：宋向成等"讨卫，疆戚田，取卫西鄙懿氏六十（邑）"。与诸侯国之间武力夺取田邑的同时，诸侯国内亦大动干戈。如成公七年："（楚）子重、子反杀巫臣之族子阎、子荡，及清尹弗忌，及襄老之子黑要，而分其室。子重取子阎之室，使沈尹与王子罢分子荡之室，子反取黑要与清尹之室。"襄公十九年："（郑）子展、子西……杀子孔而分其室。""齐崔杼杀高厚于洒蓝，而兼其室。"襄公三十年："楚公子围杀大司马蒍掩而取其室。"等等。"室"的财产主要为土田，此外还有妻孥、仆庸和奴隶等。各级贵族间对土田的激烈争夺和兼并，一方面严重破坏了分封制下土地所有权的分割等级享有制度；另一方面充分体现了实际占有者对土地的支配权力空前增大。

　　银雀山汉墓出土的《孙子兵法·吴问》篇记载有关春秋晚期晋国六卿所实行亩制和税制的这样一段话："吴王问孙子曰：六将军分守晋国之地，孰先亡？孰固成？孙子曰：范、中行是（氏）先亡。孰为之次？知是（氏）

---

① 《春秋繁露·王道》。

为次。孰为之次？韩、巍（魏）为次。赵毋失其故法，晋国归焉。吴王曰：其说可得闻乎？孙子曰：可。范、中行是（氏）制田，以八十步为婉（畹），以百六十步为畛，而伍税之。其□田陕（狭），置士多。伍税之，公家富。公家富，置士多。主乔（骄）臣奢，冀功数战，故曰先〔亡〕。"〔"智氏制田，以九十步为畹，以百八十步为畛，而伍税之；"〕"韩、巍（魏）制田，以百步为畹，以二百步为畛，而伍税〔之〕……赵是（氏）制田，以百二十步为畹，以二百卌步为畛，公无税焉。公家贫，其置士少，主金臣收，以御富民，故曰固国。晋国归焉。"① 晋国六卿对各自拥有的土地，可以划分不同的亩制，实行不同的分配方法和税收制度，充分体现了其私有的性质。从亩积普遍增大，特别是赵氏的土地无税来看，这里说的是六卿的一部分土地，可能是农民新开垦出的土地和在兼并战争中侵占的土地。前者因地势位置偏远，土质较差而扩大亩积，相对降低租赋负担，有些可在短期内不收租税；后者也同样做，是为减轻剥削，以示怀柔之意。

随着铁器的大量使用和牛耕的推广，原井田之外的广大耕地也陆续得到垦殖，垦殖者大概多为农民家中的余夫一类的劳动者，但土地一旦被垦殖出来，各级贵族便纷纷插手侵占。所谓"暴君污吏，必慢其经界。"② 如宋、郑之间的隙地，被劳动者开垦出来，新建弥作、顷丘、玉畅、嵒、戈、锡等六邑，郑宋统治者都想插手侵占，相持不下。郑子产与宋统治者达成协议，两家都不占有。后来"宋平元之族，自萧奔郑，郑人为之城嵒、戈、锡。"引起郑宋间为争夺嵒、戈、锡三邑的战争③。诸侯国内这类情况也时有发生。《管子·问篇》："执官都者其位事几何年矣？所辟草莱有益于家邑者几何矣？"可见贵族利用职权侵占劳动者新开垦耕地为其家邑的事比较普遍。

东周时，周天子作为全国土地最高所有权的地位已经动摇，各诸侯国的土地最高所有权便落到诸侯手中，然而诸侯国君对国内各贵族在原有井田外侵占的新开垦土地已无能为力。《左传》襄公十年载："初子驷为田洫，司氏、堵氏、侯氏、子师氏皆丧田焉。故五族聚群不逞之人，因公子之徒以作乱。""为田洫"即是整顿井田疆界沟洫，司氏等所丧的田，大概是他们在所受井田之外又侵占的由劳动者新开垦的耕地，子驷是当时郑国的执政，代表

① 《孙子兵法》银雀山汉墓竹简，文物出版社1976年版，第94页。其中智氏制田原简缺，据竹简整理小组补。补文转引自《文物与考古论集》，文物出版社1986年版，第200页。

② 《孟子·滕文公》。

③ 《左传》哀公十二年。

国君以郑国土地最高所有者的意旨，通过整顿井田疆界沟洫，将劳动者新开垦的耕地收归国君所有，因而引起了丧田者的反抗，杀死了子驷及司马子国、司空子耳，连郑国国君也被劫往北宫。这件事例说明，收回在制度之外侵占的耕地都引起如此强烈的反抗，可知剥夺原有的受封井田将会遇到更大的麻烦。马克思指出："君主们在任何时候都不得不服从经济条件，并且从来不能向经济条件发号施令。无论是政治的立法或市民的立法，都只是表明和记载经济关系的要求而已。"① 在各级贵族所拥有土地的私有性质有巨大发展、原有分封制遭到破坏而难以维持的条件下，获得该诸侯国最高土地所有权的国君，只好放弃恢复原分封制秩序的努力，也不再重建这种制度；而是因势利导，实行新的办法。郑国的子产（被杀子国的儿子）就任郑国的执政后，在继续处理"为田洫"时，采取了不同的作法：一方面将原受封井田及所侵占的新开耕地核查整顿，纳入国家田土户籍编制，征收一定量赋税，即所谓"使都鄙有章，上下有服，田有封洫，庐井有伍"；另一方面也承认各级贵族原受封井田及侵占新开耕地的私有权，让他们继续享有这些土地上的收入。这实际上已具有国税与私租分割的性质。实施之初，贵族们不太习惯，制造舆论，攻击子产说："取我衣冠而褚之，取我田畴而伍之，孰杀子产，吾其与之。"实行 3 年后，贵族们觉得交纳诸侯国的实际赋税负担并不重，但所拥有的土地都得到国家的承认而受到保护，转向拥护这项政策，并唱颂歌道："我有子弟，子产诲之；我有田畴，子产殖之。子产而死，谁其嗣之。"② 在此基础上，子产又于鲁昭公四年（前 538）"作丘赋"。即按井田规划单位丘（《周礼·地官·小司徒》："九夫为井，四井为邑，四邑为丘。"）征收兵甲车马等军需费用。将在发生战争时农民所出的一点军粮刍草，及在打大仗时贵族助出的兵乘变为常制，按占有井田多寡征收军赋。对于拥有众多井田的贵族来说，这是国税、私租分割的制度化。

鲁襄公二十五年（前 548）楚国在赋税制度方面也有改革。《左传》襄公二十五年载："楚蒍掩为司马，子木使庀赋。数甲兵，甲午。蒍掩书土田，度山林，鸠薮泽，辨京陵，表淳卤，数疆潦，规偃猪，町原防，牧隰皋，井衍沃。量入修赋，赋车、籍马，赋车兵、徒卒、甲楯之数。既成以授子木。"《春秋左传正义》引贾逵说："山林之地，九夫为度，九度而当一井也。薮泽

①　《马克思恩格斯全集》第 4 卷，人民出版社 1958 年版，第 121 页。
②　《左传》襄公三十年。

之地，九夫为鸠，八鸠而当一井也。京陵之地，九夫为辨，七辨而当一井也。淳卤之地，九夫为表，六表而当一井也。疆潦之地，九夫为数，五数而当一井也。偃猪之地，九夫为规，四规而当一井也。原防之地，九夫为町，三町而当一井也。隰皋之地，九夫为牧，二牧而当一井也。衍沃之地，亩百为夫，九夫为井。""以为赋税差品。"大概楚国农民在井田之外所开的私田（其中有一些为贵族所侵占）多在地势位置和土质较差的地段。由于春秋以来各国间的战争频繁，军需增多，楚国在原井田收入外，加征车马兵甲之费。这项费用则按实际上占有的田亩数征收，即包括在农民原占有的份地和贵族占有的封地，以及他们所开垦或侵占的私田上征收，以扩大赋源。又因新开私田土质较差而地势位置各异，所以要规定出不同的差别等级，示以负担均平。这实际上是"相地而衰征"办法在加征军赋上的实施，自然以承认农民份地的固定化和新开耕地的私有为前提的。对于各级贵族的封地及所侵占的土地，则具有国税私租分割的性质。

另外，前面提到的晋国"作州兵"，鲁国"作丘甲"，进而"用田赋"，秦国"初为赋"等，也都是在原井田剥削之外，加征军赋，具有税租分割的意义。

从春秋后期开始，各诸侯国对新扩张土地或在内部斗争中没收战败者的土地，一般设郡县由国君委派官吏直接管理，少数宗室、功臣封授采邑的，采邑行政统治权仍归国君，采邑主只享有一部分租税收入，另一部分则归国君。《史记·廉颇蔺相如传》载："赵奢者，赵之田部吏也。收租税，而平原君家不肯出。奢以法治之，杀平原君用事者九人。"可见赵国平原君的封地，除自己享有一部分租税收入外，另一部分还必须交纳赵国国君（即诸侯国政府），性质上属国税私租分割。前者是由国家行政统治权而派生，后者是从所拥有土地上的经济剥削权而产生，两者是分离的。于是井田制下"国家既作为土地所有者，同时又作为主权者……地租和赋税就会合为一体"[①] 的情况开始改变，大土地占有者，通过地租的征收，逐步巩固其私有权，进一步发展为新兴的地主阶级。

在东周，拥有较多土地的，除原有受封赐的世袭贵族（在互相兼并中保存下来的）和新的封君外，还有一部分因军功而受赏赐的人。公元前493年，赵简之与郑国战于铁，誓师曰："克敌者，上大夫受县，下大夫受郡，

---

① 马克思：《资本论》第3卷，人民出版社1975年版，第891页。

士田十万。"战国时，军功赏田已成为各国政治改革、富国强兵的一项重要措施。如吴起为魏西河守，率兵攻秦时曾悬赏，"有能先登者，仕之国大夫，赐之上田宅"。公叔痤为魏将有功，魏武侯赏之田百四十万。魏侯又"索吴起之后，赐之田二十万，巴宁、爨襄田各十万"①。魏国选拔武卒，"中试，则复其户，利其田宅"。秦国的商鞅变法，规定按军功等级占有田宅。秦国的大将王翦在出征前，向秦王"请美田宅园池甚众"，"为子孙业耳"，等等。春秋末期的军功赏田，可能类似新封君的采地，只获得赏田上的租税；但战国后期的军功赏田，情况则有所不同。从王翦所请田宅是"为子孙业耳"看，因军功而获得的土地，其私有性质十分明显。土地完全归受赏赐者所有，并可传之子孙。然而，无论前者或后者，都应是国税私租分割的原则，按规定需要向国家交纳赋税。

　　民间地主是当时私有性质发展最高的一种大地产主。他们主要是从公社解体分化或官营工商业中脱离出的小生产者中上升而来，他们的土地主要是通过经济手段，即买卖而集中的。恩格斯说："从自主地这一可以自由出让的地产，这一作为商品的地产产生的时候起，大地产的产生便仅仅是一个时间问题了。"② 东周以来，随着商品经济的发展和残余公社的瓦解，土地买卖兴起。春秋末年，"中牟之人弃其田耘，卖宅圃而随文学者邑之半"③。战国时，土地买卖的现象日益增多。如赵国的赵括，以"王所赐金帛归藏于家，而日视便利田宅可买者买之"④。《汉书·食货志》在谈到商鞅变法后的情况时说道："除井田，民得卖买，富者田连阡陌，贫者无立锥之地。"《汉书·王莽传》说："秦为无道……坏圣制，废井田，是以兼并起，贪鄙生，强者规田以千数，弱者曾无立锥之居。"仲长统在《昌言·损益》篇也说："井田之变，豪人货殖，馆舍布于州郡，田亩连于方国……盖分田无限使之然也。"从对"田连阡陌"、"田亩连于方国"的拥有者称为"富者"和"豪人货殖"，可知大量购买土地的则主要为新兴的工商业者。

　　概括起来，东周以来较多土地的拥有者，有原分封制下世袭的贵族、新的封君、新的军功地主，以及民间地主。东方各诸侯国始终以前二者占优势。战国晚期秦国则军功地主稍多，而民间地主在各国都是较少的。各类土

①　《战国策·魏策》。

②　《马克思恩格斯全集》第19卷，人民出版社1963年版，第541页。

③　《韩非子·外储说左上》。

④　《史记·廉颇蔺相如列传》。

地拥有者由于形成的途径不同，所拥有土地的私有性质不尽相同；但较之西周分封制下的享有权，其私有性质一般都有所发展。特别是取得诸侯国土地最高所有权的国家，普遍推行国税与私租分割的原则，为地主土地所有制的发展创造了条件。

（三）　新旧势力的斗争与剥削关系的逐渐变化

在西周分封制下，各级奴隶主贵族享有井田的多寡，是和他们在政治上所处的等级相一致的。奴隶制的等级秩序是靠相应的土地、奴隶享有状况来巩固的。随着铁器和牛耕的大量使用，剩余产品增加，同商品经济的联系增多，以及各级奴隶主贵族对封地经营的差别而出现的不平衡发展，使原有的财产享有的阶梯状况产生分化，出现下层富于上层，私家（大夫）富于公家（诸侯国君）的现象。这就使下层、私家的势力得到相应的发展，出现上下相克的斗争。在生产力进一步发展为个体生产创造了物质条件、劳动者怠工、逃亡使助耕公田无法进行，以及劳动者的暴动起义严重动摇奴隶主贵族统治的情况下，从原来的奴隶主贵族中蜕化出一些人，他们为了在上下相克的斗争中战胜对方，采取了新的剥削方法以争取民众的支持。如齐国的大夫田桓子向民众征收赋税使用小斗，把粮食借给民众，用大斗借出，小斗收进，使剥削大为减轻。这样，别处的民众也大量逃亡田氏门下，"归之如流水"，变作他的"隐民"，而其中一部分充实了他的武装力量。晋国的韩、赵、魏等家族也积极发展自己的势力，尽力争取民众。他们有谋士、有武装、有民众，实力超过公室。他们争取民众的办法，在后来赵鞅的一篇誓师词中说得很明白，他说："克敌者，上大夫受县，下大夫受郡，士田十万，庶人工商遂，人臣隶圉免。"[①] 这里获得土地的是有军功的人而不再是世袭贵族；庶人、工、商这些主要从事生产的奴隶性质的人，只要有军功就可以遂士获得一定量的土地；人臣、隶、圉这些主要从事家内劳动的奴隶，有了军功就可放免。在否定旧的剥削制度方面这是一个比较激进的纲领。在鲁国，有季孙氏、叔孙氏、孟孙氏三家。他们，特别是季孙氏，为了壮大自己的力量，"妾不衣帛，马不食粟"，积极聚蓄财力物力。到春秋后期，季孙氏已拥有大量土地和大批"隐民"，有私人武装"甲七千"，力量逐渐超过鲁国公室。公元前562年，三家瓜分公室的一部分臣民，所谓"三分公室而各有其

---

① 《左传》哀公二年。

一，季氏尽征之，叔孙氏臣其子弟，孟氏取其半焉"（《左传》襄公十一年作"孟氏使半为臣"）。再过 25 年，三家进一步瓜分公室的土地臣民，所谓"四分公室，季氏择二，二子各一，皆尽征之"①。三家在瓜分公室的过程中，经历了"臣其子弟"、"半为臣"、"尽征之"的变化，逐步放松人身隶属关系而采用征税的剥削办法。

总的看，这些新势力代表人物的共同点是：他们在发展自己力量过程中，集中了完全归自己支配的大量土地，收留了大批逃亡奴隶、流民作为"隐民"或"私徒属"。《韩非子·外储说右》云："齐尝大饥，道旁饿死者不可胜数也，父子相率而趋田成氏。"《左传》昭公二十五年载：鲁国的季孙氏"隐民多取食焉，为之徒者众矣"。根据当时各方面记载来看，这类"隐民"和"私徒属"对主人有较严格的依附关系，往往被看成是主人的财产，作战时成为主人的亲兵，但是，他们不同于奴隶，主人一般都是分配给他们土地，采取征收租税的剥削办法。新势力属奴隶主贵族中的改革派，他们在斗争中所采取的变革，总的看属旧制度的渐变，然而却在逐步地向新制度接近。他们是后世豪门地主的前身，而其"隐民"、"私徒属"，则是后世依附农民的前身。

战国晚期，分成制的地租剥削关系也开始出现。《吕氏春秋·审分》篇说："今以众地者，公作则迟，有所匿其力也；分地则速，无所匿其迟也。"《管子·乘马》篇说："均地分力，使民知时也。民乃知时日之蚤晏，日月之不足，饥寒之至于身也。是故夜寝早起，父子兄弟，不忘其功，为而不倦，民不惮劳苦。故不均之为恶也，地利不可竭，民力不可殚，不告知以时，而民不知，不道以事而民不为。与之分货，则民知得正矣；审其分，则民尽力矣。"这两篇议论，将监督劳动下奴隶制的或助耕公田的大生产为均地分力的小农生产所代替的原因，说得十分透彻。所谓"与之分货"，"审其分"就是把土地租给农民，收取分成制地租。大概原奴隶主贵族的自营地，即公田，有一些是分租给农民收取分成制地租。这些农民除受地租剥削外，对土地拥有者有较多的人身依附关系。另外，出租给农民土地，收取分成制地租的还有民间地主。西汉人董仲舒概述战国晚期的社会情况是："富者田连阡陌，贫者无立锥之地……或耕豪民之田，见税十五"，即为对分制地租剥削。这类农民与民间地主之间则为租佃关系，人身依附关系较少。

---

① 《左传》昭公五年。

（四）　分封制和世卿世禄制的逐步废除与封建制的中央集权郡县制和官僚制度的建立

西周分封制下是世卿世禄制，诸侯和卿大夫等奴隶主贵族在他们受封的封国和采邑内，政治上的行政统治权和经济上的剥削权合而为一，并且是世袭的，土地不能买卖，地权是稳定的。这些既是奴隶制的分封等级制和世卿世禄制的特点，也是它存在的条件。随着井田制的逐步瓦解，土地归私人所有的合法化，地主土地所有制便发展起来。特别是土地可以买卖之后，地权经常转移，这就使奴隶制的分封制和世卿世禄制失去存在的基础。在地主土地所有制下，获得土地的地主，并不一定就能获得该地区的行政统治权，地主对农民的剥削和压迫，必须依靠中央集权的封建国家通过其各级地方行政机构予以支持和维护。适应这种需要，郡县制和官僚制度便发展起来，这一过程是逐步完成的。

春秋前期，管仲即主张"因能而受禄，录功而与官"①。战国时，各国所进行的一些重要改革中，限制或废除世卿世禄制度是一项重要内容。如公元前445年魏文侯即位，用李悝为相国，实行社会改革，他主张"为国之道，食有劳而禄有功"，"夺淫民之禄，以来四方之士"②。又如公元前383年吴起在楚国变法改革，规定"封君之子孙三世而收爵禄，绝灭百吏之禄秩，损不急之枝官，以奉选练之士"③。再如秦国于公元前359年开始的商鞅变法，规定"宗室非有军功论，不得为属籍"④。这些措施都是限制或废除分封制下的世卿世禄制，为地主阶级在经济上和政治上的发展开辟道路。

与此同时，建立郡县制的改革也在逐步进行。在春秋前期，秦、晋、楚等大国往往把新兼并得来的地方设置为县，由国君任命官吏直接统治。这时的县多设在边境。到了春秋后期，晋国在新旧势力的斗争中，把被打败的旧贵族的封地也置为县，如祁氏之田被分为七县，羊舌氏之田被分为三县⑤。这样，县制开始在内地推行。春秋末年，一些较大的诸侯国家兼并的土地愈来愈多，兼并战争的规模愈来愈大。为了巩固边防，各国又在新兼并的边境

----

① 《韩非子·外储说左下》。
② 《说苑·政理篇》。
③ 《韩非子·和氏》。
④ 《史记·商君列传》。
⑤ 《左传》昭公二十八年。

设郡，郡所管辖面积虽较县为大，但因地处边境，偏僻荒陋，地广人稀，地位比在内地的县为低，所以赵鞅在前线誓师说："克敌者，上大夫受县，下大夫受郡。"到了战国时代，边境逐渐繁荣起来，于是又在郡下划分为若干县，产生了郡县两级的地方组织。如魏国的上郡下置十五县，赵国的上党郡下置二十四县，赵国的代郡下置三十六县，等等。接着郡县两级地方组织在各国内地普遍推行开来。这时，获得土地的新兴地主阶级，必然要使自己在政治上成为统治者，他们通过"见功兴赏"、"因能授官"等各种途径被引进政权，安插在各级行政统治机构内，这便形成了封建的官僚制度。由于地主土地所有制下，土地可以卖买，地权经常转移，因此，官僚制度下的各级官吏也不是世袭的。

总的看，废除分封制和世卿世禄制，建立郡县制和官僚制度的改革，在东周各国尚属局部的，不彻底的，并且经常有反复，各国间也发展不平衡，从全局看尚属渐变过程。直到公元前221年，秦始皇统一天下，在全国范围内废封建、置郡县，才算获得彻底全面的胜利。中央集权郡县制和官僚制度的确立，标志着与地主土地所有制相适应的，并为其利益服务的一套国家机器已经形成。公元前216年，秦始皇"使黔首自实田"①，即自报所占有的土地，私人土地受到全国统一的最高政府的承认与保护，标志着地主土地所有制在全国范围的确立。

中国奴隶制和封建制最根本的区别是：奴隶制社会的经济基础主要是井田制，而封建制社会则为地主土地所有制；奴隶制社会的政治制度是与井田制结合在一起的分封制和世卿世禄制，封建制社会则为与地主土地所有制紧密联系的郡县制和官僚制度。所以，中国奴隶制社会向封建制社会的转变，其核心经济和政治内容即是从井田制转变为地主土地所有制；从分封制和世卿世禄制转变为郡县制和官僚制度。这一转变最后完成于秦统一。因此，中国奴隶制社会转变为封建制社会应以秦统一为界。清代前期人恽敬说："秦者，古今之界也。自秦以前，朝野上下所行者，皆三代之制也；自秦以后，朝野上下所行者，皆非三代之制也。"② 正确地概括出秦前后社会的本质变化。

---

① 《史记·秦始皇本纪》三十一年裴骃集解引徐广曰。
② 恽敬：《三代因革论四》，载《大云山房文稿》。

四　东周的奴隶

中国的奴隶制社会属东方奴隶制类型，在农业生产中，主要是人身被占有但仍生活在残余公社中的庶人，这部分人被分配给土地，有自己的经济，属有产奴隶一类。这是主要部分。另一部分属劳动奴隶制类型，主要在工、商业中，农业中也有一些。劳动者基本上没有独立的经济，他们属官有奴隶。这部分不占主要地位。民间私人占有的奴隶是不多的。东周以来，前一类奴隶的人身地位和剥削关系都有新的变化，前文主要讲这方面的情况，下面着重讲后一类奴隶的情况。

（一）各级奴隶主贵族仍拥有大量奴隶

这是东周以前官奴隶的继续。东周以降，王权衰落，各诸侯国之间的兼并战争频繁，为官奴隶提供了大量战俘这一广阔来源。仅《左传》所记，如隐公六年："郑伯侵陈，大获。"宣公二年：郑宋"战于大棘，宋师败绩……俘二百五十人"。襄公十一年："宋向戌侵郑，大获。"襄公二十七年：晋胥梁带诱"乌余（原齐大夫，攻取卫、鲁、宋等国田邑）以其众出……遂执之，尽获之"。昭公十三年："晋荀吴自著雍以上军侵鲜虞……大获而归。"昭公十七年：晋荀吴帅师灭陆浑，"其众奔甘鹿（甘鹿，周地），周大获"。昭公十八年："鄅人籍稻，邾人袭鄅……尽俘以归。"定公十五年："吴之入楚也，胡子尽俘楚邑之近胡者。"哀公十一年：鲁齐战于艾陵，齐师大败，获"革车八百乘，甲首三千"。战国时，战争规模增大，战俘更多。如魏、韩长期遭受秦国的进攻，除了大量的人口被杀伤外，"父子、老弱系虏，相随于路"。《左传》宣公十二年，载记郑伯向楚投降时说："其俘诸江南以实海滨，亦唯命。其翦以赐诸侯使臣妾之亦唯命"。可知战俘的处理通常是送至边远地区开荒或赏赐给各级奴隶主贵族臣妾之。《墨子·天志下》也说："以攻伐无罪之国……民之格者则劲拔之，不格者系累而归，丈夫以为仆圉胥靡，妇人以为舂酋。"所获战俘的分配，除一部分向周天子或霸主献捷外，大部分归公室所有，其中有一些要赏赐臣下。如晋国灭赤狄潞氏，主帅荀林父受赐"狄臣千室"。齐国灭莱，大夫叔夷受赐厘（莱）仆三百五十和造铁徒四千[①]。《商君书·境内》讲到军

[①] 见《齐叔夷钟》。

功奖励时说："爵吏而为县尉，则赐虏六，加五千六百。"这样，战胜国的各级
贵族和官吏，一般可从战俘中得到数量不等的奴隶。

诸侯国内贵族之间相互并吞也是奴隶的来源之一。如《左传》所记，
昭公十年：齐国的陈、鲍氏伐栾、高而"分其室"。昭公十三年："楚子之
为令尹也，杀大司马薳掩而取其室"等。在相互斗争中，失败的贵族不仅
土田、奴仆、臣妾为人所夺；本身也往往沦为奴隶。如晋国的贵族"栾、
郤、胥、原、狐、续、庆、伯，降在皂隶"①。叔向也因为其弟羊舌虎参与
栾盈的叛乱被罚做奴隶。②

罪人及其家属是官奴隶的又一来源。《吕氏春秋·精通》篇载：钟子
期夜闻击磬的声音很悲哀，使人召击磬者，"答曰：臣之父不幸而杀人，
不得生，臣之母得生，而为公家为酒，臣之身得生，而为公家击磬。臣不
睹臣之母三年矣。昔为舍氏睹臣之母，量所以赎之则无有，而身固公家之
财也。是故悲也。"这是罪犯家属没为官奴隶的一例。《国语·吴语》记越
国的军令，有不听指挥的"身斩妻子鬻"。商鞅变法规定："事末利及怠而
贫者举以为收孥。"③战国的奴隶中有一种叫"胥靡"的，《汉书·楚元王
传》注引应劭说："胥借为接，靡借为縻，接縻谓罪人相接而縻之，不械
手足使役作。"当为罪犯奴隶之一种。

东周时，罪犯奴隶也可以用钱赎回。《吕氏春秋·察微》篇载："鲁国
之法，鲁人为人臣妾于诸侯，有能赎之者，取其金于府，子贡赎鲁人于诸
侯，来而让，不取其金。"齐人越石父于晋国"在缧绁中"，"为人臣仆"。
晏子出使到晋国，"解左骖赎之，载归"④。

在东周，奴隶的所有者，主要是各级食封的奴隶主贵族。一方面他们
所过的奢侈生活需要众多的家内奴隶；另一方面他们所掌握的各级官营工
商业仍保持相当规模，使用大批"食官"的工商奴隶。工商业与农业相
比，奴隶制的变化要迟一些，保留要多一些。农业生产耕作者散在田野，
不要求有高超的技术和复杂的设备，集体劳动则"公作迟，有所匿其力
也"，不好管理。把土地分配给各家收取租税，以代替奴隶劳动或助耕方
式的集体耕作，既省事又可增加收入。官营的较大规模的工商业则不同，

---

① 《左传》昭公三年。
② 《吕氏春秋·开春篇》。
③ 《史记·商君列传》。
④ 《史记·管晏列传》。

官工业有固定的场所，较复杂的设备，要求劳动者有不同层次上技术的配合，地点比较集中。使用奴隶劳动亦便于管理。特别是各级贵族为巩固自己的统治地位和享受上层生活所必需的特殊物品，如兵器、礼器、乐器、车马器、战车、铸钱和制作上层服饰等，向来由官府垄断，岂能轻易撒手。保持较大规模的官营工业，则就必须保持较大规模的官营商业及其从业奴隶，以便进行各种原料的收购，部分多余产品的推销，专买商品的控制与销售，各种奢侈品及特用商品的供应等。由于以上种种原因，东周时私营工商业者虽已出现，但官营工商业仍维持相当规模，在较长的一段时期内，大概仍占主要地位。因此"食官"的工商业奴隶人数相当可观。

有关东周各国的官营工商业，无完整系统的记载，资料比较零散，但亦不无一斑之见。如《国语·晋语四》载，晋文公元年（前636），晋国是"工商食官、皂隶食职"。到晋悼公九年（前564），仍然是"工商皂隶，不知迁业"①。齐国在齐桓公时（前685—前643）实行"四民分业"，"工之子恒为工"，"商之子恒为商"，并有"官山海"政策，实行盐铁专卖，保持庞大的官营商业机构和众多的从业奴隶②。齐灵公时（前582—前554），一次赐给大夫叔夷的造铁徒四千，国君拥有的自在此数之上。鲁国于成公二年（前589）"以执斫、执针、织纴皆百人"贿赂楚国③，一次送出去300个食官的手工业奴隶，其拥有的数目必然很多。《越绝书》卷二记："阖庐以铸干将剑，欧冶僮女三百人。"《吴越春秋》卷四云："使童女、童男三百，鼓橐装炭，金铁乃濡，遂以成剑。阳曰干将，阴曰莫邪。"吴国的官工业中，仅一铸剑作坊就达300人之多。越国用计然的经商理论，指导官营商业，"修之十年，国富"④。其商业规模必然很大，食官的商业奴隶一定很多。战国时奴隶主贵族鄂君经营大规模的贩运贸易。在安徽寿县丘家花园发现的两组鄂君启节，是楚怀王发给的通行证。节上规定：陆路运输的车数一次不能超过五十辆，如以畜力或人力运输，每10匹牲畜或20个背子当一车。水路运输的船数不能超过150条，在这些规定内，凭节可以免税⑤。鄂君显然是一个封君贵族，他经营的商业是

---

①　《左传》襄公九年。

②　《管子·海王篇》、《国语·齐语》。

③　《左传》成公二年。

④　《史记·货殖列传》。

⑤　中国科学院考古研究所：《新中国的考古收获》，文物出版社1961年版，第67页。

官营商业的一种，其规模相当可观，从业奴隶一定不少。另外，《左传》记载春秋时代的各诸侯国几乎都设有"工正"、"工师"、"匠人"、"工尹"、"贾正"等一类的官，管理该诸侯国的工商业奴隶。云梦秦简秦律《工律》有"工室"，为官手工业进行生产的机构。《关市》提到"为作务及官府市"的人，属官营工商业。在《工人程》、《均工》中均述及有关隶妾、隶臣、小隶臣等在官工业中劳作的条文，可见秦国在战国后期仍拥有相当规模的使用奴隶劳动的官营工商业，以至需要在法律条文中定出有关的制度。

此外，各级奴隶主贵族还拥有大量的家内奴隶。《墨子·辞过》说："当今之君，其蓄私也，大国拘女累千，小国累百。"如齐襄公有陈妾数百，吴王夫差有宫妓数千人。鲁国的孟孙氏，其"圉人之壮者"就有三百人。①

（二）民间私人奴隶的发展

随着"工商食官"制度的突破和残余公社的逐步瓦解，在食封贵族之外，出现一批司马迁称之为"素封"的富有者，同时也分化出大量脱离官方控制或公社束缚的贫者。这时整个社会中封建的生产关系虽已出现并逐步在增长，但奴隶制的关系仍是大量的，特别是在官营工商业方面。因而民间富有者中有些人则必然要因袭旧关系进行财富的增殖。因此，东周的民间经营大规模工商业者，往往也使用奴隶劳动。如以冶铁起家的蜀卓氏"富至僮千人"。周人白圭经商，"与用事僮仆同苦乐"。齐国的刀间任用"桀黠奴"（实际是精明能干的奴隶）"使之逐渔盐商贾之利……终得其力，起富数千万"②，等等。

除这些富有的工商业者外，在残余公社分解之际，一般稍富裕的家庭也有占有小量奴隶的。如《庄子·庚桑楚》载："老聃之役有庚桑楚者，偏得老聃之道，以北居畏垒之山。其臣之画然知者去之，其妾之挈然仁者远之。拥肿与之居，鞅掌之为使。"《则阳》篇又载："孔子之楚，舍于蚁丘之浆。其邻有夫妻臣妾登极者……子路往视之，其室虚矣。"这里说的可能是两则寓言，但作者把进山修道的老子弟子和转眼间将屋子就能搬空

---

① 《左传》定公八年。
② 《史记·货殖列传》。

的人家，描述成占有臣妾的人，这无疑是当时社会上小户人家也占有奴隶的反映。

民间私人的奴隶主要是通过买卖或债务而获得的。在东周商品经济进一步发展的情况下，官方也有时通过买卖获得奴隶，如"百里奚白鬻于秦养牲者五羊之皮，食牛以要秦穆公"，① 即其一例；同时官方的奴隶也可卖给私人。前引越王勾践伐吴前下令说：军士不听命者"身斩，妻子鬻"。孙诒让《周礼正义》于《地官·质人》注下引此条，解释说："古罪人没入官者，亦或转鬻私家为奴婢。"所言极是。另外云梦秦简《法律问答》和《告臣》爰书中都记载有官私之间的奴隶买卖之事。然而，私人奴隶则主要来自民间的彼此买卖。在东周，由于连年不断的战争，繁重的租税赋役和商业高利贷资本的侵袭、大量的公社农民破产流亡，有些贵族也败落离散，其出路之一即是自卖或被卖为奴隶。《战国策·秦策四》说：韩、魏"百姓不聊生，族类离散，流亡为臣妾，满海内矣"。奴隶的卖买是大量的。战国时有"卖仆妾售乎闾巷者良仆妾也"的谚语②。《韩非子·六反》说：有的农民"天饥岁荒，嫁妻卖子"。《管子·八观》云：遇上荒年或养军队过多，民无余积，众有遗莩，"则民有鬻子矣"。《揆度》篇："民无糇者卖其子。"《轻重甲》篇："民有卖子者。"另外，《墨子·天志》有"奫于人之墙垣，担格人之子女"；《号令》篇有"卒民相盗家室婴儿"之说；《大戴礼记·千乘》有诱居室家及子女之议，皆说明奴隶买卖及掠卖人口事实之大量存在。《汉书·王莽传》说："秦为无道……坏圣制，废井田……又置奴婢之市，与牛马同阑，制于民臣，颛断其命，奸虐之人，因缘为利，至略卖人妻子。"这是对当时情况的概述。

（三）奴隶也使用于农业生产

在东周，除工商业中大量使用奴隶外，也有少量使用于农作。《国语·晋语》记晋献公卜人郭偃的话说："其犹隶农也，虽获沃田而勤易之，将不克飨，为人而已。"这是奴隶使用于农业生产的明确记载。《韩非子·喻老》说："故冬耕之稼，后稷不能羡也，丰年大禾，臧获不能恶也。"《汉书·司马迁传》颜注引晋灼曰："臧获，败敌所被虏获为奴隶者。"这

---

① 《孟子·万章上》。
② 《战国策·秦策一》。

里把臧获与农业生产联系起来并与后稷对举，知奴隶也用于农业生产。在云梦秦简的《告臣》爰书里有这样的记载："某里士五（伍）甲缚诣男子丙，告曰：'丙，甲臣，桥（骄）悍，不田作，不听甲令。谒买（卖）公，斩以为城旦，受贾（价）钱。'"意思是：某里士伍甲捆送男子丙，控告说："丙是甲的奴隶，骄横强悍，不在田里干活，不听从甲的使唤。请求卖给官府，送去充当城旦。请官府给予价钱。"[①] 秦律以不服从主人指挥而"不田作"的奴隶作为案例，说明在通常情况下奴隶是服从主人指挥而"田作"的。竹简《仓律》还有"隶臣田者，以二月月禀二石半，到九月尽而止其半石"[②] 的条文，这是官方对农业奴隶发放口粮的规定。在二月到九月之间农忙时节，其口粮标准要比服其他劳作的奴隶多半石，对此作为一项规定而载入《仓律》，可见奴隶使用于农业生产不是个别的。

（四）维护奴隶制剥削统治的法律和观念

在东周，西周以来保护奴隶主利益、残酷镇压奴隶逃亡、反抗的法律仍然有效。《左传》文公六年载：晋国赵盾执政，以"董逋逃"为国之"常法"。又昭公七年载：芊尹无宇的奴隶逃入楚王的章华宫，无宇前去捉拿，王宫管事的不让，并说：到王宫捉人，犯大罪过。执无宇去见楚王，无宇说："天子经略，诸侯正封，古之制也。封略之内，何非君土，食土之毛，谁非君臣。故诗曰：普天之下，莫非王土，率土之滨，莫非王臣。天有十日，人有十等，下所以事上也，上所以共神也。故王臣公，公臣大夫，大夫臣士，士臣皂，皂臣舆，舆臣隶，隶臣僚，僚臣仆，仆臣台，马有圉，牛有牧，以待百事。今有司曰：女胡执人于王宫，将焉执之。周文王之法曰：有亡荒阅，所以得天下也，吾先君文王，作仆区之法，曰：盗所隐器，与盗同罪，所以封汝也。若从有司，是无所执逃臣也。逃而舍之，是无陪台也。王事无乃阙乎。"楚王说："取而臣之以往，盗有宠未可得也。遂赦之。"由于无宇引据律典，以理力争，楚王只好交出逃奴，并赦无宇无罪。说明分封制下各级奴隶主贵族占有役使奴隶的规定，虽多被违犯，但仍有一定程度的约束力。这是春秋晚期的事。战国时上述规定仍在起作用。《韩非子·内储说上》载："卫嗣君时，有胥靡逃之魏，因为襄

---

①　睡虎地秦墓竹简整理小组：《睡虎地秦墓竹简》，文物出版社 1978 年版，第 261 页。
②　同上书，第 49 页。

王之后治病。卫嗣君闻之，使人请以五十金买之，五反而魏王不予。乃以左氏易之，群臣左右谏曰：夫以一都买胥靡可乎？王曰：非子之所知也。夫治无小而乱无大，法不立而诛不必，虽有十左氏无益也；法立而诛必，虽失十左氏无害也。魏王闻之曰：主欲治而不听之，不祥，因载而往，徒献之。"卫嗣君想用五十金高价或一个都邑去换回逃亡的奴隶，以维护"有亡荒阅"法律的严肃性，魏襄王也出于同一目的，送回逃奴，既不要金，也不取都邑。

春秋晚期开始，在原来的奴隶主贵族中分化出一部分人，作为新势力的代表进行某些改革，但在深度及广度上都很有限，有些人旧有的法统观念仍支配着他们的行动。《吕氏春秋·爱士》载："赵简子有两白骡而甚爱之。阳城胥渠处，广门之官，夜款门而谒曰：主君之臣胥渠有疾，医教之曰：得白骡之肝病则止，不得则死。谒者入通，董安于御于侧，愠曰：嘻！胥渠也，期吾君骡，请即刑焉。简子曰：夫杀人以活畜，不亦不仁乎，杀畜以活人，不亦仁乎？于是召庖人杀白骡，取肝以与阳城胥渠。"此故事说明奴隶之性命不如白骡，把奴隶当作牲畜来屠杀是当时的政治、法律所允许的。董安于正是按传统的法权观念来处理此事；只是由于赵简子个人的好心肠，才没有那样做。战国时，赵国平原君有一位美妾因讪笑了一位跛者，平原君便杀了美妾的头，亲自向跛者谢罪。秦国的商鞅变法还规定："事末利及怠而贫者举以为收孥。"[①] 另外，大量的奴隶还用于殉葬。《墨子·节葬》篇说："天子杀殉，众者数百，寡者数十。将军大夫杀殉，众者数十，寡者数人。"这些都是奴隶制传统的法权观念支配社会生活的反映。

（五）中国奴隶制社会的下限应止于秦统一

总的看，中国奴隶制社会在东周出现的变化是：农业劳动者的身份和剥削关系出现新的变化，官营工商业奴隶减少，但仍保持相当数量，这些都属于旧社会的渐变。在东周还出现了原来所缺乏的东西，即私人奴隶有所发展，这是残余农村公社瓦解后所出现的合乎规律的现象。就这一现象讲，东周处于发生发展的阶段。因此，就整个东周讲，仍属奴隶制社会。然而，自从秦统一地主土地所有制确立后，整个社会发生方向性的变化，

---

① 《史记·商君列传》。

进入了新的历史阶段。

列宁指出："在具体的历史环境中，过去和将来的成分交织在一起，前后两条道路互助交错。……但是这丝毫不妨碍我们从逻辑上和历史上把发展过程的几大阶段分开。"① 用什么样的标准分开呢？ 马克思指出："在一切社会形式中都有一种一定的生产支配着其他一切生产的地位和影响，因而它的关系也支配着其他一切关系的地位和影响。这是一种普照的光，一切其他色彩都隐没其中，它使它们的特点变了样。这是一种特殊的以太，它决定着它里面显露出来的一切存在的比重。"② 中国奴隶制社会是以土地王有、各级奴隶主贵族分级享有并以残存农村公社为基础的井田制为其特点，属东方奴隶制类型。井田制的瓦解代之而起的是地主土地所有制。地主土地所有制的典型形态是土地归地主私有，将土地分成小块，租给个体农户耕种，收取地租，而不是大农业生产。中国奴隶制社会在工商业方面是工商食官为主要形式的官营大生产。工商食官制度的突破，广泛出现的是独立的个体私营小工商业，虽有资财雄厚的一些民间大工商业出现，但工业多为铁、盐业经营，商业多居贩运贸易，前者限于资源条件，不可能普遍发展，且秦汉以来的历史证明，多为官方垄断或控制；后者与广大人民的生产、生活无关，其发展是有限的。又由于地主土地所有制下，土地可以买卖，地租收入既高又比较稳定可靠，工商业者致富后多购买土地，成为地主，进行地租剥削。即所谓"以末富，以本守"。因此，从秦统一地主土地所有制确立后，它成为中国社会的主要经济关系，并制约着其他经济关系的发展。在地主土地所有制下广泛出现的，作为主要生产形式的小农业和小手工业，正像恩格斯所说，"这种小农业和小手工业都不能容纳大量的奴隶了。只有替富人做家务和供他过奢侈生活用的奴隶，还存留在社会上"③。所以，秦以后中国社会中虽仍存在一部分奴隶制生产，但和地主土地所有制下的封建生产关系相比，只能是支流，并且越来越小。从全局看，从发展趋势看，中国奴隶制社会转入封建制社会应以秦统一地主土地所有制确立为分界线。

---

① 《列宁选集》第 4 卷，人民出版社 1972 年版，第 576 页。
② 《马克思恩格斯选集》第 2 卷，人民出版社 1972 年版，第 109 页。
③ 《马克思恩格斯全集》第 21 卷，人民出版社 1965 年版，第 170 页。

后　记

　　本书是 1988 年春天定稿的，使用有关发表的考古资料到 1987 年底。今天看到清样已是三年以后了。在这期间又出土先秦青铜工具多起。如江西新干县大洋洲乡程家沙洲商墓中出土生产工具 127 件，其中耤、耒、铲、镰、钁、斧等专用及兼用农具占 52 件。河南太康县玉皇阁出土先秦齿刃铜镰 21 件。另在山东莒县、河北邢台市都出土有先秦齿刃铜镰（莒县博物馆苏兆庆馆长及邢台市文管处刘顺超先生面告），等等。这些重要资料的发现对本书所阐发的重要观点又是有力的支持。

　　三年来国际国内政治形势发生重大变化。防止和平演变，以马克思主义和历史唯物主义教育干部和群众，成为政治思想战线上刻不容缓的任务。本书作为阐述历史唯物主义基础理论的读物献给读者，是适时的，有帮助的。

　　本书写作中参考了很多学者的专著和论文，对他们的渊博学识和高深造诣十分崇仰和敬佩。如果说在个别问题上有不同意见，有一些很可能是在学习他们的著述中因理解不深而产生的疑难。师长是不责怪学生提问的。

　　本书在写作过程中，得到考古学界、文博单位的大力支持。这里谨向他们表示敬意。特别是北京大学考古学系资料室主任贾梅仙同志，在本书收集资料的整个过程中得到她多方面的帮助。如果说本书在资料上尚称翔实的话，这是与她的热情帮助分不开的。在此特向贾梅仙同志表示衷心的感谢。

陈振中　1991 年 12 月 1 日
于中国社会科学院经济研究所